单位产品能源消耗限额标准汇编

全国能源基础与管理标准化技术委员会
中国节能协会　编
中国标准出版社

中国标准出版社
北京

图书在版编目(CIP)数据

单位产品能源消耗限额标准汇编/全国能源基础与管理标准化技术委员会,中国节能协会,中国标准出版社编.—北京:中国标准出版社,2014.7
ISBN 978-7-5066-7586-4

Ⅰ.①单… Ⅱ.①全… ②中… ③中… Ⅲ.①工业产品—能量消耗—消耗定额—国家标准—汇编—中国 Ⅳ.①F426-65

中国版本图书馆 CIP 数据核字(2014)第 153582 号

中国标准出版社出版发行
北京市朝阳区和平里西街甲 2 号(100029)
北京市西城区三里河北街 16 号(100045)

网址 www.spc.net.cn
总编室:(010)64275323 发行中心:(010)51780235
读者服务部:(010)68523946

中国标准出版社秦皇岛印刷厂印刷
各地新华书店经销

*

开本 880×1230 1/16 印张 49.25 字数 1 520 千字
2014 年 7 月第一版 2014 年 7 月第一次印刷

*

定价 198.00 元

如有印装差错 由本社发行中心调换
版权专有 侵权必究
举报电话:(010)68510107

前　言

进入新世纪以来，我国经济的飞速发展带动了对能源需求的高速增长，全国一次能源消费总量已由2000年的14.6亿吨标准煤迅速增长到2013年的37.6亿吨标准煤，如此巨大的能源消费量造成了我国能源供应紧张，环境恶化严重。为此，政府高度重视节能减排，不断加大节能减排力度，不仅在“十一五”期间制定并完成了单位GDP能耗降低20％的节能目标，而且又制定了“十二五”期间单位GDP能耗降低16％、单位GDP二氧化碳排放降低17％的约束性指标，把节能减排作为调整经济结构、转变经济发展方式、推动科学发展的重要抓手和突破口。

节能标准作为实现我国节能减排目标的有效手段和全面建设资源节约型社会的重要技术基础，在提高产品能源利用效率，提升用能单位节能管理水平，促进企业技术革新和产业升级，优化产业结构，加快技术和产品更新换代，增强国际竞争力，推动节能政策出台并提供政策实施技术依据等方面发挥着不可替代的作用，对深入推动我国节能工作起着极为重要的作用。

“十二五”期间，节能标准被提到更加突出的位置，也被赋予更高的要求。2012年，国家发展和改革委员会、国家标准化管理委员会联合启动“百项能效标准推进工程”，重点围绕支撑高效节能产品推广、节能评估审查制度、万家企业节能低碳行动、绿色建筑行动、淘汰落后产能等重点节能工作开展标准制修订工作。2013年圆满完成预期目标，共发布节能国家标准101项，其中，强制性“单位产品能耗限额标准”49项。

国务院《2014—2015年节能减排低碳发展行动方案》明确要求“实施百项能效标准推进工程，制（修）订一批重要节能标准”。习近平总书记在2014年6月中央财经领导小组第六次会议上强调“要抓紧修订一批能效标准，只要是落后的都要加快修订，定期更新并真正执行”。为此，国家发展和改革委员会、国家标准化管理委员会启动了2014—2015年新“百项能效标准推进工程”。

为了适应我国能源工作发展的需要，我们组织编辑了《单位产品能源消耗限额标准汇编》，收录了截至2014年6月底发布的与单位产品能源消耗限额相关的现行国家标准76项。本汇编分为七个部分，内容涉及电力、石油石化、钢铁、建材、有色金属、煤炭等重点耗能行业。

由于编者水平所限，不当或疏漏之处在所难免，恳请读者提出意见，以便再版时加以更正。

编　者

2014年7月

目　　录

一、通用标准

二、电力行业

三、石油石化行业

四、钢铁行业

五、建材行业

六、有色金属行业

七、煤炭行业

一、 通用标准

ICS 27.010
F 01

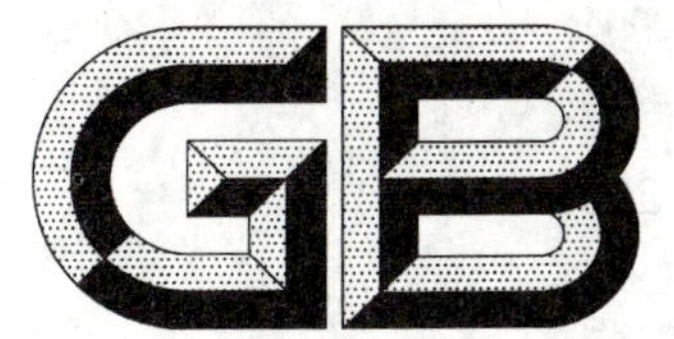

中华人民共和国国家标准

GB/T 2589—2008
代替 GB/T 2589—1990

综合能耗计算通则

General principles for calculation of the comprehensive energy consumption

2008-02-03 发布　　　　2008-06-01 实施

中华人民共和国国家质量监督检验检疫总局
中国国家标准化管理委员会　发布

前　言

本标准代替 GB/T 2589—1990《综合能耗计算通则》。

本标准与 GB/T 2589—1990 相比，主要修改内容如下：

——修改了格式；

——更新了引用标准；

——增加了术语；

——进一步细化了能源种类；

——修改了综合能耗的分类；

——简化了计算公式；

——增加了附录。

本标准的附录 A 和附录 B 是资料性附录。

本标准由国家发展和改革委员会资源节约和环境保护司、国家标准化管理委员会工业标准一部提出。

本标准由全国能源基础与管理标准化技术委员会归口。

本标准主要起草单位：国家发展和改革委员会能源研究所、中国标准化研究院、中国节能监察信息网。

本标准主要起草人：胡秀莲、李爱仙、陈海红、辛定国、张管生、郑彬。

本标准所代替标准的历次版本发布情况为：

——GB 2589—1981；GB 2589—1990。

综合能耗计算通则

1 范围

本标准规定了综合能耗的定义和计算方法。

本标准适用于用能单位能源消耗指标的核算和管理。

2 规范性引用文件

下列文件中的条款通过本标准的引用而成为本标准的条款。凡是注日期的引用文件，其随后所有的修改单(不包括勘误的内容)或修订版均不适用于本标准，然而，鼓励根据本标准达成协议的各方研究是否可使用这些文件的最新版本。凡是不注日期的引用文件，其最新版本适用于本标准。

GB 17167 用能单位能源计量器具配备和管理通则

3 术语和定义

下列术语和定义适用于本标准。

3.1

耗能工质 energy-consumed medium

在生产过程中所消耗的不作为原料使用、也不进入产品，在生产或制取时需要直接消耗能源的工作物质。

3.2

能量的当量值 energy calorific value

按照物理学电热当量、热功当量、电功当量换算的各种能源所含的实际能量。按国际单位制，折算系数为1。

3.3

能源的等价值 energy equivalent value

生产单位数量的二次能源或耗能工质所消耗的各种能源折算成一次能源的能量。

3.4

用能单位 energy consumption unit

具有确定边界的耗能单位。

3.5

综合能耗 comprehensive energy consumption

用能单位在统计报告期内实际消耗的各种能源实物量，按规定的计算方法和单位分别折算后的总和。

对企业，综合能耗是指统计报告期内，主要生产系统、辅助生产系统和附属生产系统的综合能耗总和。企业中主要生产系统的能耗量应以实测为准。

3.6

单位产值综合能耗 comprehensive energy consumption for unit output value

统计报告期内，综合能耗与期内用能单位总产值或工业增加值的比值。

3.7

产品单位产量综合能耗 comprehensive energy consumption for unit output of product

统计报告期内，用能单位生产某种产品或提供某种服务的综合能耗与同期该合格产品产量(工作量、服务量)的比值。

产品单位产量综合能耗简称单位产品综合能耗。

注：产品是指合格的最终产品或中间产品；对某些以工作量或原材料加工量为考核能耗对象的企业，其单位工作量、单位原材料加工量的综合能耗的概念也包括在本定义之内。

3.8

产品单位产量可比综合能耗　comparable comprehensive energy consumption for unit output of product

为在同行业中实现相同最终产品能耗可比，对影响产品能耗的各种因素加以修正所计算出来的产品单位产量综合能耗。

4　综合能耗计算的能源种类和范围

4.1　能源种类

4.1.1　综合能耗计算的能源指用能单位实际消耗的各种能源，包括：

一次能源，主要包括原煤、原油、天然气、水力、风力、太阳能、生物质能等；

二次能源，主要包括洗精煤、其他洗煤、型煤、焦炭、焦炉煤气、其他煤气、汽油、煤油、柴油、燃料油、液化石油气、炼厂干气、其他石油制品、其他焦化产品、热力、电力等。

4.1.2　耗能工质消耗的能源也属于综合能耗计算种类。耗能工质主要包括新水、软化水、压缩空气、氧气、氮气、氦气、乙炔、电石等。

4.1.3　综合能耗计算包括的能源种类，应满足填报国家能源统计报表的要求。各种能源不得重计、漏计。能源的计量应符合 GB 17167 的要求。

4.2　计算范围

指用能单位生产活动过程中实际消耗的各种能源。对企业，包括主要生产系统、辅助生产系统和附属生产系统用能以及用作原料的能源。

能源及耗能工质在用能单位内部储存、转换及分配供应(包括外销)中的损耗，也应计入综合能耗。

5　综合能耗的分类与计算方法

5.1　综合能耗的分类

综合能耗分为四种，即综合能耗、单位产值综合能耗、产品单位产量综合能耗、产品单位产量可比综合能耗。

5.2　综合能耗的计算

5.2.1　综合能耗的计算

综合能耗按式(1)计算：

$$E = \sum_{i=1}^{n}(e_i \times p_i) \qquad \cdots\cdots(1)$$

式中：

E——综合能耗；

n——消耗的能源品种数；

e_i——生产和服务活动中消耗的第 i 种能源实物量；

p_i——第 i 种能源的折算系数，按能量的当量值或能源等价值折算。

5.2.2　单位产值综合能耗的计算

单位产值综合能耗按式(2)计算：

$$e_g = \frac{E}{G} \qquad \cdots\cdots(2)$$

式中：

e_g——单位产值综合能耗；

G——统计报告期内产出的总产值或增加值。

5.2.3 产品单位产量综合能耗的计算

某种产品(或服务)单位产量综合能耗按式(3)计算：

$$e_j = \frac{E_j}{P_j} \qquad \cdots\cdots(3)$$

式中：

e_j——第 j 种产品单位产量综合能耗；

E_j——第 j 种产品的综合能耗；

P_j——第 j 种产品合格产品的产量。

对同时生产多种产品的情况，应按每种产品实际耗能量计算；在无法分别对每种产品进行计算时，折算成标准产品统一计算，或按产量与能耗量的比例分摊计算。

5.2.4 产品单位产量可比综合能耗的计算

产品单位产量可比综合能耗只适用于同行业内部对产品能耗的相互比较之用，计算方法应在专业中和相关的能耗计算办法中，由各专业主管部门予以具体规定。

6 各种能源折算标准煤的原则

6.1 计算综合能耗时，各种能源折算为一次能源的单位为标准煤当量。

6.2 用能单位实际消耗的燃料能源应以其低(位)发热量为计算基础折算为标准煤量。

低(位)发热量等于 29 307 千焦(kJ)的燃料，称为 1 千克标准煤(1 kgce)。

6.3 用能单位外购的能源和耗能工质，其能源折算系数可参照国家统计局公布的数据；用能单位自产的能源和耗能工质所消耗的能源，其能源折算系数可根据实际投入产出自行计算。

6.4 当无法获得各种燃料能源的低(位)发热量实测值和单位耗能工质的耗能量时，可参照附录 A 和附录 B。

附　录　A
（资料性附录）
各种能源折标准煤参考系数

能源名称		平均低位发热量	折标准煤系数
原煤		20 908 kJ/kg(5 000 kcal/kg)	0.714 3 kgce/kg
洗精煤		26 344 kJ/kg(6 300 kcal/kg)	0.900 0 kgce/kg
其他洗煤	洗中煤	8 363 kJ/kg(2 000 kcal/kg)	0.285 7 kgce/kg
	煤泥	8 363 kJ/kg～12 545 kJ/kg (2 000 kcal/kg～3 000 kcal/kg)	0.285 7 kgce/kg～0.428 6 kgce/kg
焦炭		28 435 kJ/kg(6 800 kcal/kg)	0.971 4 kgce/kg
原油		41 816 kJ/kg(10 000 kcal/kg)	1.428 6 kgce/kg
燃料油		41 816 kJ/kg(10 000 kcal/kg)	1.428 6 kgce/kg
汽油		43 070 kJ/kg(10 300 kcal/kg)	1.471 4 kgce/kg
煤油		43 070 kJ/kg(10 300 kcal/kg)	1.471 4 kgce/kg
柴油		42 652 kJ/kg(10 200 kcal/kg)	1.457 1 kgce/kg
煤焦油		33 453 kJ/kg(8 000 kcal/kg)	1.142 9 kgce/kg
渣油		41 816 kJ/kg(10 000 kcal/kg)	1.428 6 kgce/kg
液化石油气		50 179 kJ/kg(12 000 kcal/kg)	1.714 3 kgce/kg
炼厂干气		46 055 kJ/kg(11 000 kcal/kg)	1.571 4 kgce/kg
油田天然气		38 931 kJ/m^3(9 310 kcal/m^3)	1.330 0 kgce/m^3
气田天然气		35 544 kJ/m^3(8 500 kcal/m^3)	1.214 3 kgce/m^3
煤矿瓦斯气		14 636 kJ/m^3～16 726 kJ/m^3 (3 500 kcal/m^3～4 000 kcal/m^3)	0.500 0 kgce/m^3～0.571 4 kgce/m^3
焦炉煤气		16 726 kJ/m^3～17 981 kJ/m^3 (4 000 kcal/m^3～4 300 kcal/m^3)	0.571 4 kgce/m^3～0.614 3 kgce/m^3
高炉煤气		3 763 kJ/m^3	0.128 6 kgce/kg
其他煤气	a）发生炉煤气	5 227 kJ/m^3(1 250 kcal/m^3)	0.178 6 kgce/m^3
	b）重油催化裂解煤气	19 235 kJ/m^3(4 600 kcal/m^3)	0.657 1 kgce/m^3
	c）重油热裂解煤气	35 544 kJ/m^3(8 500 kcal/m^3)	1.214 3 kgce/m^3
	d）焦炭制气	16 308 kJ/m^3(3 900 kcal/m^3)	0.557 1 kgce/m^3
	e）压力气化煤气	15 054 kJ/m^3(3 600 kcal/m^3)	0.514 3 kgce/m^3
	f）水煤气	10 454 kJ/m^3(2 500 kcal/m^3)	0.357 1 kgce/m^3
粗苯		41 816 kJ/kg(10 000 kcal/kg)	1.428 6 kgce/m^3
热力(当量值)		—	0.034 12 kgce/MJ
电力(当量值)		3 600 kJ/(kW·h)[860 kcal/(kW·h)]	0.122 9 kgce/(kW·h)
电力(等价值)		按当年火电发电标准煤耗计算	
蒸汽(低压)		3 763 MJ/t(900 Mcal/t)	0.128 6 kgce/kg

附 录 B
（资料性附录）
耗能工质能源等价值

品　　种	单位耗能工质耗能量	折标准煤系数
新水	2.51 MJ/t(600 kcal/t)	0.085 7 kgce/t
软水	14.23 MJ/t(3 400 kcal/t)	0.485 7 kgce/t
除氧水	28.45 MJ/t(6 800 kcal/t)	0.971 4 kgce/t
压缩空气	1.17 MJ/m^3(280 kcal/m^3)	0.040 0 kgce/m^3
鼓风	0.88 MJ/m^3(210 kcal/m^3)	0.030 0 kgce/m^3
氧气	11.72 MJ/m^3(2 800 kcal/m^3)	0.400 0 kgce/m^3
氮气(做副产品时)	11.72 MJ/m^3(2 800 kcal/m^3)	0.400 0 kgce/m^3
氮气(做主产品时)	19.66 MJ/m^3(4 700 kcal/m^3)	0.671 4 kgce/m^3
二氧化碳气	6.28 MJ/m^3(1 500 kcal/m^3)	0.214 3 kgce/m^3
乙炔	243.67 MJ/m^3	8.314 3 kgce/m^3
电石	60.92 MJ/kg	2.078 6 kgce/kg

ICS 27.010
F 00

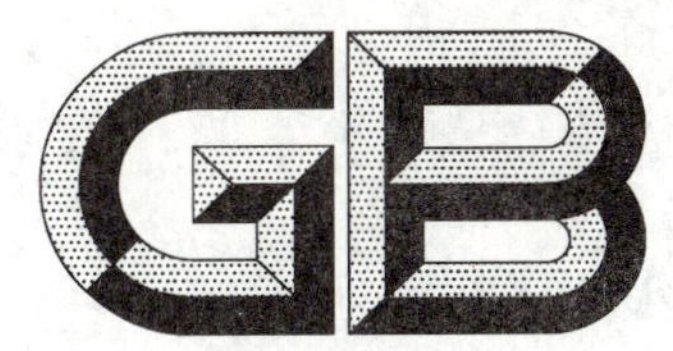

中华人民共和国国家标准

GB/T 12723—2013
代替 GB/T 12723—2008

单位产品能源消耗限额编制通则

General principles for establishing allowance of energy consumption per unit throughput

2013-12-18 发布　　2014-07-01 实施

中华人民共和国国家质量监督检验检疫总局
中国国家标准化管理委员会　发布

前　言

本标准按照 GB/T 1.1—2009 给出的规则起草。

本标准代替 GB/T 12723—2008《单位产品能源消耗限额编制通则》。本标准与 GB/T 12723—2008 相比，主要变化如下：

——修改了英文名称；
——调整了章节结构；
——引用文件进行了删减；
——删除了"生产系统"和"辅助生产系统"的定义；增加了"单位产品能源消耗限定值"、"单位产品能源消耗准入值"和"单位产品能源消耗先进值"的定义；
——对"编制原则"进行了合并、精炼、修改；
——对"单位产品能源消耗限额标准的内容"进行了补充；
——增加了第 6 章"单位产品能源消耗限额的取值原则"；
——增加了第 7 章"单位产品能源消耗限额标准的应用"。

本标准由国家发展和改革委员会资源节约与环境保护司、工业和信息化部节能与综合利用司提出。

本标准由全国能源基础与管理标准化技术委员会(SAC/TC 20)归口。

本标准起草单位：中国标准化研究院、中国建筑材料联合会、中国石油和化学工业联合会、煤炭科学研究总院。

本标准主要起草人：陈海红、李鹏程、李爱仙、林翎、周丽玮、李永亮、姜英、赵跃进、宋云娜。

本标准所代替标准的历次版本发布情况为：

——GB/T 12723—1991、GB/T 12723—2008。

单位产品能源消耗限额编制通则

1 范围

本标准规定了单位产品能源消耗限额标准的内容、编制依据和原则、单位产品能源消耗限额的取值原则以及单位产品能源消耗限额标准的应用。

本标准适用于单位产品能源消耗限额标准的编制。

2 规范性引用文件

下列文件对于本文件的应用是必不可少的。凡是注日期的引用文件,仅注日期的版本适用于本文件。凡是不注日期的引用文件,其最新版本(包括所有的修改单)适用于本文件。

GB/T 1.1 标准化工作导则 第1部分:标准的结构和编写

GB/T 2589 综合能耗计算通则

3 术语和定义

GB/T 2589 界定的以及下列术语和定义适用于本文件。

3.1

单位产品能源消耗限定值 limit value of energy consumption per unit throughput

现有企业(装置)生产单位合格产品(或加工、处理单位原料)所允许消耗的能源量。

3.2

单位产品能源消耗准入值 access value of energy consumption per unit throughput

新建及改扩建企业(装置)生产单位合格产品(或加工、处理单位原料)所允许消耗的能源量。

3.3

单位产品能源消耗先进值 advanced value of energy consumption per unit throughput

企业(装置)生产单位合格产品(或加工、处理单位原料)能源效率达到领先水平所消耗的能源量。

3.4

单位产品能源消耗限额 allowance of energy consumption per unit throughput

企业(装置)生产单位合格产品(或加工、处理单位原料)所允许的能源消耗量。包括:单位产品能源消耗限定值、单位产品能源消耗准入值、单位产品能源消耗先进值。

4 单位产品能源消耗限额标准的内容

4.1 除标准应包含的一般内容外,能源消耗限额标准应主要包括以下内容:

——术语和定义;

——单位产品能源消耗限定值;

——单位产品能源消耗准入值;

——单位产品能源消耗先进值;

——能源消耗统计范围;

——能源消耗计算方法；

——节能措施；

——附录：能源折标准煤参考系数等。

4.2 单位产品能源消耗限定值及单位产品能源消耗准入值应为强制性条款。

5 单位产品能源消耗限额标准的编制依据和原则

5.1 编制依据

编制单位产品能源消耗限额应主要依据以下内容：

a) 国家法律法规、产业政策；

b) 近3～5年行业能源消耗数据；

c) 现有生产装置、工艺技术和用能设备的能效现状及成本效益；

d) 主要生产装置、工艺技术和用能设备的技术发展趋势和节能潜力；

e) 实施节能改造、提升能效的经济可行性。

5.2 编制原则

5.2.1 单位产品能耗限额标准的格式应符合GB/T 1.1的要求。

5.2.2 统计或调查样本应有代表性，且有足够数量，其覆盖的产能原则上应占全行业产能比例的50%。

5.2.3 应依据国家有关产量和能耗的统计规定，明确生产系统、辅助和附属生产系统中应纳入能源消耗统计范围的用能工艺(工序)、装置、设施和设备。

5.2.4 应明确产品产量和能源消耗量的计算方法，并确保计算方法的科学性和准确性。计算方法所涉及的范围要明确。综合能耗的计算方法应符合GB/T 2589的规定。

5.2.5 统计和计算过程中各种燃料的低位发热值应以企业报告期内的实测值为准。没有实测条件的，可参考GB/T 2589中的有关数值。

5.2.6 应根据行业特点明确节能措施。

5.2.7 应根据行业节能技术发展趋势和节能管理需要，适时对单位产品能源消耗限额标准进行修订，不断提升要求。

6 单位产品能源消耗限额的取值原则

6.1 单位产品能源消耗限额指标应能促进行业节能技术进步和能效水平提升，支撑国家节能减排、调整和优化产业、产品结构、化解过剩产能等政策措施。

6.2 单位产品能源消耗限额指标应以现场测试、设计计算、计量和统计资料为基础，运用数理统计等分析方法确定，保证指标的可靠性、可比性和可操作性。

6.3 单位产品能源消耗限定值是评价现有生产企业(装置)单位产品能耗是否满足最低能耗要求的指标，应以淘汰一定比例的现有高能耗落后产能为取值原则。对高耗能、高污染以及产能过剩行业，在基于节能改造的经济可行性分析基础上淘汰比例应不低于20%。

6.4 单位产品能源消耗准入值是评价新建及改扩建企业(装置)是否能够达到准入能耗要求的指标，应基于技术发展趋势和节能潜力分析制定，以本行业国内能效先进水平为取值原则，并具有一定的技术前瞻性。对高耗能、高污染以及产能过剩的重点行业，在技术发展趋势和节能潜力分析基础上，单位产品能源消耗准入值应达到行业“领跑者”的能效水平。可针对重点区域，制定特别的单位产品能源消耗准入值，其取值应达到国际先进的能效水平。

注1:"领跑者"指国内本行业单位产品能源消耗最低的1家或几家企业。

注2:重点区域指国家推进节能减排、大气污染防治等工作的重点区域,如京津冀、长三角、珠三角等区域。

6.5 单位产品能源消耗先进值应以行业国际先进水平为取值原则。是促进现有生产企业(装置)采用先进技术,使单位产品能耗达到先进水平的指标。

7 单位产品能源消耗限额标准的应用

7.1 单位产品能源消耗限额标准可以用于节能目标责任考核、淘汰和化解落后产能、固定资产投资项目节能评估和审查、能效对标、节能监察等。

7.2 用能单位应依据单位产品能源消耗限额标准建立和完善能源监测、统计、内审、考核、监督和奖惩制度,加强全过程的受控管理。

ICS 27.010
F 01

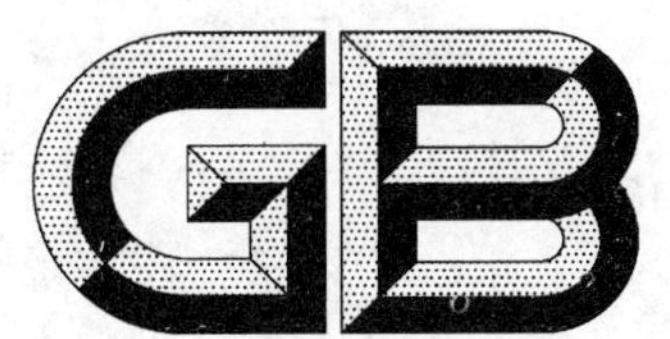

中华人民共和国国家标准

GB 17167—2006
代替 GB/T 17167—1997

用能单位能源计量器具配备和管理通则

General principle for equipping and managing of the measuring instrument of energy in organization of energy using

2006-06-02 发布　　　　2007-01-01 实施

中华人民共和国国家质量监督检验检疫总局
中国国家标准化管理委员会　发布

前 言

本标准的4.3.2、4.3.3、4.3.4、4.3.5、4.3.8是强制性条款，其余是推荐性条款。

本标准代替GB/T 17167—1997《企业能源计量器具配备与管理导则》。

本标准与GB/T 17167—1997相比，主要变化如下：

——标准名称改为“用能单位能源计量器具配备和管理通则”，标准变为强制性标准；

——增加了非工业企业用能单位能源计量器具的配备和管理要求；

——对用能单位、主要次级用能单位、主要用能设备的能源计量器具配备率进行了调整；

——对能源计量器具的准确度等级要求进行了调整。

本标准由国家发展和改革委员会环境和资源综合利用司、国家质量监督检验检疫总局计量司和国家标准化管理委员会工交部提出。

本标准由全国能源基础与管理标准化技术委员会归口。

本标准起草单位：全国节能监测管理中心、国家发展和改革委员会能源研究所、中国标准化研究院、中国有色金属工业标准计量质量研究所、湖南省节能监测中心、中国计量协会冶金分会、中国建筑材料工业协会。

本标准主要起草人：张万路、王顺安、何相助、贾力、李爱仙、辛定国、叶元乔、康治清。

用能单位能源计量器具配备和管理通则

1 范围

本标准规定了用能单位能源计量器具配备和管理的基本要求。

本标准适用于企业、事业单位、行政机关、社会团体等独立核算的用能单位。

2 规范性引用文件

下列文件中的条款通过本标准的引用而成为本标准的条款。凡是注日期的引用文件,其随后所有的修改单(不包括勘误的内容)或修订版均不适用于本标准,然而,鼓励根据本标准达成协议的各方研究是否可使用这些文件的最新版本。凡是不注日期的引用文件,其最新版本适用于本标准。

GB/T 6422 企业能耗计量与测试导则

GB/T 15316 节能监测技术通则

GB/T 18603—2001 天然气计量系统技术要求

3 术语和定义

本标准采用下列术语和定义。

3.1

能源计量器具 measuring instrument of energy

测量对象为一次能源、二次能源和载能工质的计量器具。

3.2

能源计量器具配备率 equipping rate of energy measuring instrument

能源计量器具实际的安装配备数量占理论需要量的百分数。

注:能源计量器具理论需要量是指为测量全部能源量值所需配备的计量器具数量。

3.3

次级用能单位 sub-organization of energy using

用能单位下属的能源核算单位。

4 能源计量器具配备

4.1 能源计量的种类及范围

本标准所称能源,指煤炭、原油、天然气、焦炭、煤气、热力、成品油、液化石油气、生物质能和其他直接或者通过加工、转换而取得有用能的各种资源。

能源计量范围:

a) 输入用能单位、次级用能单位和用能设备的能源及载能工质;

b) 输出用能单位、次级用能单位和用能设备的能源及载能工质;

c) 用能单位、次级用能单位和用能设备使用(消耗)的能源及载能工质;

d) 用能单位、次级用能单位和用能设备自产的能源及载能工质;

e) 用能单位、次级用能单位和用能设备可回收利用的余能资源。

4.2 能源计量器具的配备原则

4.2.1 应满足能源分类计量的要求。

4.2.2 应满足用能单位实现能源分级分项考核的要求。

4.2.3 重点用能单位应配备必要的便携式能源检测仪表，以满足自检自查的要求。

4.3 能源计量器具的配备要求

4.3.1 能源计量器具配备率按下式计算：

$$R_p = \frac{N_s}{N_l} \times 100\%$$

式中：

R_p——能源计量器具配备率，%；

N_s——能源计量器具实际的安装配备数量；

N_l——能源计量器具理论需要量。

4.3.2 用能单位应加装能源计量器具。

4.3.3 用能量（产能量或输运能量）大于或等于表1中一种或多种能源消耗量限定值的次级用能单位为主要次级用能单位。

主要次级用能单位应按表3要求加装能源计量器具。

表1 主要次级用能单位能源消耗量（或功率）限定值

能源种类	电力	煤炭、焦炭	原油、成品油、石油液化气	重油、渣油	煤气、天然气	蒸汽、热水	水	其他
单位	kW	t/a	t/a	t/a	m^3/a	GJ/a	t/a	GJ/a
限定值	10	100	40	80	10 000	5 000	5 000	2 926

注1：表中a是法定计量单位中"年"的符号。

注2：表中m^3指在标准状态下，表2同。

注3：2 926 GJ相当于100 t标准煤。其他能源应按等价热值折算，表2类推。

4.3.4 单台设备能源消耗量大于或等于表2中一种或多种能源消耗量限定值的为主要用能设备。

主要用能设备应按表3要求加装能源计量器具。

表2 主要用能设备能源消耗量（或功率）限定值

能源种类	电力	煤炭、焦炭	原油、成品油、石油液化气	重油、渣油	煤气、天然气	蒸汽、热水	水	其他
单位	kW	t/h	t/h	t/h	m^3/h	MW	t/h	GJ/h
限定值	100	1	0.5	1	100	7	1	29.26

注1：对于可单独进行能源计量考核的用能单元（装置、系统、工序、工段等），如果用能单元已配备了能源计量器具，用能单元中的主要用能设备可以不再单独配备能源计量器具。

注2：对于集中管理同类用能设备的用能单元（锅炉房、泵房等），如果用能单元已配备了能源计量器具，用能单元中的主要用能设备可以不再单独配备能源计量器具。

4.3.5 能源计量器具配备率应符合表3的要求。

表3 能源计量器具配备率要求

单位：%

能源种类		进出用能单位	进出主要次级用能单位	主要用能设备
电力		100	100	95
固态能源	煤炭	100	100	90
	焦炭	100	100	90

表 3（续） 单位：%

<table>
<tr><th colspan="2">能源种类</th><th>进出用能单位</th><th>进出主要次级用能单位</th><th>主要用能设备</th></tr>
<tr><td rowspan="4">液态能源</td><td>原油</td><td>100</td><td>100</td><td>90</td></tr>
<tr><td>成品油</td><td>100</td><td>100</td><td>95</td></tr>
<tr><td>重油</td><td>100</td><td>100</td><td>90</td></tr>
<tr><td>渣油</td><td>100</td><td>100</td><td>90</td></tr>
<tr><td rowspan="3">气态能源</td><td>天然气</td><td>100</td><td>100</td><td>90</td></tr>
<tr><td>液化气</td><td>100</td><td>100</td><td>90</td></tr>
<tr><td>煤气</td><td>100</td><td>90</td><td>80</td></tr>
<tr><td rowspan="2">载能工质</td><td>蒸汽</td><td>100</td><td>80</td><td>70</td></tr>
<tr><td>水</td><td>100</td><td>95</td><td>80</td></tr>
<tr><td colspan="2">可回收利用的余能</td><td>90</td><td>80</td><td>—</td></tr>
<tr><td colspan="5">注 1：进出用能单位的季节性供暖用蒸汽（热水）可采用非直接计量载能工质流量的其他计量结算方式。
注 2：进出主要次级用能单位的季节性供暖用蒸汽（热水）可以不配备能源计量器具。
注 3：在主要用能设备上作为辅助能源使用的电力和蒸汽、水等载能工质，其耗能量很小（低于表 2 的要求）可以不配备能源计量器具。</td></tr>
</table>

4.3.6 对从事能源加工、转换、输运性质的用能单位（如火电厂、输变电企业等），其所配备的能源计量器具应满足评价其能源加工、转换、输运效率的要求。

4.3.7 对从事能源生产的用能单位（如采煤、采油企业等），其所配备的能源计量器具应满足评价其单位产品能源自耗率的要求。

4.3.8 用能单位的能源计量器具准确度等级应满足表 4 的要求。

表 4 用能单位能源计量器具准确度等级要求

<table>
<tr><th>计量器具类别</th><th colspan="2">计量目的</th><th>准确度等级要求</th></tr>
<tr><td rowspan="2">衡器</td><td colspan="2">进出用能单位燃料的静态计量</td><td>0.1</td></tr>
<tr><td colspan="2">进出用能单位燃料的动态计量</td><td>0.5</td></tr>
<tr><td rowspan="6">电能表</td><td rowspan="5">进出用能单位有功交流电能计量</td><td>Ⅰ类用户</td><td>0.5 S</td></tr>
<tr><td>Ⅱ类用户</td><td>0.5</td></tr>
<tr><td>Ⅲ类用户</td><td>1.0</td></tr>
<tr><td>Ⅳ类用户</td><td>2.0</td></tr>
<tr><td>Ⅴ类用户</td><td>2.0</td></tr>
<tr><td colspan="2">进出用能单位的直流电能计量</td><td>2.0</td></tr>
<tr><td rowspan="2">油流量表（装置）</td><td colspan="2" rowspan="2">进出用能单位的液体能源计量</td><td>成品油 0.5</td></tr>
<tr><td>重油、渣油 1.0</td></tr>
<tr><td rowspan="3">气体流量表（装置）</td><td colspan="2" rowspan="3">进出用能单位的气体能源计量</td><td>煤气 2.0</td></tr>
<tr><td>天然气 2.0</td></tr>
<tr><td>蒸汽 2.5</td></tr>
</table>

表 4（续）

计量器具类别	计量目的		准确度等级要求
水流量表（装置）	进出用能单位水量计量	管径不大于 250 mm	2.5
		管径大于 250 mm	1.5
温度仪表	用于液态、气态能源的温度计量		2.0
	与气体、蒸汽质量计算相关的温度计量		1.0
压力仪表	用于气态、液态能源的压力计量		2.0
	与气体、蒸汽质量计算相关的压力计量		1.0

注 1：当计量器具是由传感器（变送器）、二次仪表组成的测量装置或系统时，表中给出的准确度等级应是装置或系统的准确度等级。装置或系统未明确给出其准确度等级时，可用传感器与二次仪表的准确度等级按误差合成方法合成。

注 2：运行中的电能计量装置按其所计量电能量的多少，将用户分为五类。Ⅰ类用户为月平均用电量 500 万 kWh 及以上或变压器容量为 10 000 kVA 及以上的高压计费用户；Ⅱ类用户为小于Ⅰ类用户用电量（或变压器容量）但月平均用电量 100 万 kWh 及以上或变压器容量为 2 000 kVA 及以上的高压计费用户；Ⅲ类用户为小于Ⅱ类用户用电量（或变压器容量）但月平均用电量 10 万 kWh 及以上或变压器容量为 315 kVA 及以上的计费用户；Ⅳ类用户为负荷容量为 315 kVA 以下的计费用户；Ⅴ类用户为单相供电的计费用户。

注 3：用于成品油贸易结算的计量器具的准确度等级应不低于 0.2。

注 4：用于天然气贸易结算的计量器具的准确度等级应符合 GB/T 18603—2001 附录 A 和附录 B 的要求。

4.3.9 主要次级用能单位所配备能源计量器具的准确度等级（电能表除外）参照表 4 的要求，电能表可比表 4 的同类用户低一个档次的要求。

4.3.10 主要用能设备所配备能源计量器具的准确度等级（电能表除外）参照表 4 的要求，电能表可比表 4 的同类用户低一个档次的要求。

4.3.11 能源作为生产原料使用时，其计量器具的准确度等级应满足相应的生产工艺要求。

4.3.12 能源计量器具的性能应满足相应的生产工艺及使用环境（如温度、温度变化率、湿度、照明、振动、噪声、粉尘、腐蚀、电磁干扰等）要求。

5 能源计量器具的管理要求

5.1 能源计量制度

5.1.1 用能单位应建立能源计量管理体系，形成文件，并保持和持续改进其有效性。

5.1.2 用能单位应建立、保持和使用文件化的程序来规范能源计量人员行为、能源计量器具管理和能源计量数据的采集、处理和汇总。

5.2 能源计量人员

5.2.1 用能单位应设专人负责能源计量器具的管理，负责能源计量器具的配备、使用、检定（校准）、维修、报废等管理工作。

5.2.2 用能单位应设专人负责主要次级用能单位和主要用能设备能源计量器具的管理。

5.2.3 用能单位的能源计量管理人员应通过相关部门的培训考核，持证上岗；用能单位应建立和保存能源计量管理人员的技术档案。

5.2.4 能源计量器具检定、校准和维修人员，应具有相应的资质。

5.3 能源计量器具

5.3.1 用能单位应备有完整的能源计量器具一览表。表中应列出计量器具的名称、型号规格、准确度等级、测量范围、生产厂家、出厂编号、用能单位管理编号、安装使用地点、状态（指合格、准用、停用等）。

主要次级用能单位和主要用能设备应备有独立的能源计量器具一览表分表。

5.3.2 用能设备的设计、安装和使用应满足 GB/T 6422、GB/T 15316 中关于用能设备的能源监测要求。

5.3.3 用能单位应建立能源计量器具档案，内容包括：

a) 计量器具使用说明书；

b) 计量器具出厂合格证；

c) 计量器具最近两个连续周期的检定(测试、校准)证书；

d) 计量器具维修记录；

e) 计量器具其他相关信息。

5.3.4 用能单位应备有能源计量器具量值传递或溯源图，其中作为用能单位内部标准计量器具使用的，要明确规定其准确度等级、测量范围、可溯源的上级传递标准。

5.3.5 用能单位的能源计量器具，凡属自行校准且自行确定校准间隔的，应有现行有效的受控文件(即自校计量器具的管理程序和自校规范)作为依据。

5.3.6 能源计量器具应实行定期检定(校准)。凡经检定(校准)不符合要求的或超过检定周期的计量器具一律不准使用。属强制检定的计量器具，其检定周期、检定方式应遵守有关计量法律法规的规定。

5.3.7 在用的能源计量器具应在明显位置粘贴与能源计量器具一览表编号对应的标签，以备查验和管理。

5.4 能源计量数据

5.4.1 用能单位应建立能源统计报表制度，能源统计报表数据应能追溯至计量测试记录。

5.4.2 能源计量数据记录应采用规范的表格式样，计量测试记录表格应便于数据的汇总与分析，应说明被测量与记录数据之间的转换方法或关系。

5.4.3 重点用能单位可根据需要建立能源计量数据中心，利用计算机技术实现能源计量数据的网络化管理。

5.4.4 重点用能单位可根据需要按生产周期(班、日、周)及时统计计算出其单位产品的各种主要能源消耗量。

二、电力行业

ICS 27.010
F 01

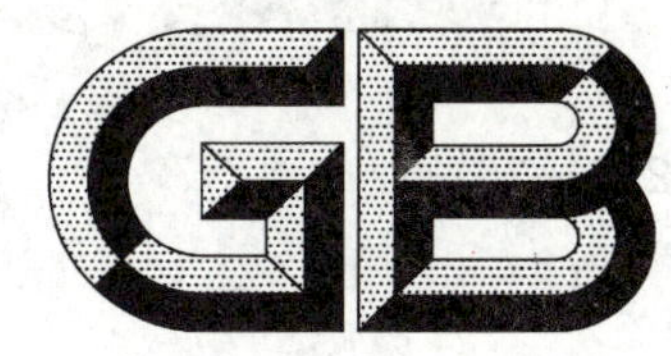

中华人民共和国国家标准

GB 21258—2013
代替 GB 21258—2007

常规燃煤发电机组单位产品能源消耗限额

The norm of energy consumption per unit product of general coal-fired power set

2013-12-18 发布　　2014-09-01 实施

中华人民共和国国家质量监督检验检疫总局
中国国家标准化管理委员会　发布

前　言

本标准的4.1和4.2为强制性的，其余为推荐性的。

本标准代替GB 21258—2007《常规燃煤发电机组单位产品能源消耗限额》。本标准与GB 21258—2007相比，主要变化如下：

——增加了超超临界1 000 MW、600 MW级及超临界300 MW级现有机组单位产品能耗限定值和能耗先进值的基础值；

——修订了现有机组单位产品能耗限定值和能耗先进值的基础值；

——调整了机组单位产品能耗限额的影响因素修正系数；

——修订了新建机组单位产品能耗准入值；

——增加了燃用无烟煤、褐煤煤种及采用空气冷却方式的新建机组单位产品能耗准入值的修正值；

——取消了坑口电站新建机组单位产品能耗准入值。

本标准由国家发展和改革委员会资源节约和环境保护司、国家能源局能源节约和科技装备司提出。

本标准由全国能源基础与管理标准化技术委员会(SAC/TC 20)归口。

本标准主要起草单位：中国电力企业联合会、国电科学技术研究院。

本标准主要起草人：潘荔、米建华、邢德山、那小桃。

常规燃煤发电机组单位产品能源消耗限额

1 范围

本标准规定了常规燃煤发电机组供出单位电量能源消耗(以下简称"能耗")限额的技术要求、统计范围和计算方法、节能管理与措施。

本标准适用于常规燃煤发电生产企业能耗的计算、考核,以及对新建机组的能耗控制。

本标准不适用于供热机组、综合利用机组。

2 规范性引用文件

下列文件对于本文件的应用是必不可少的。凡是注日期的引用文件,仅注日期的版本适用于本文件。凡是不注日期的引用文件,其最新版本(包括所有的修改单)适用于本文件。

GB/T 2589 综合能耗计算通则

GB/T 12497 三相异步电动机经济运行

GB/T 12723 单位产品能源消耗限额编制通则

GB/T 13462 电力变压器经济运行

GB/T 13469 离心泵、混流泵、轴流泵和旋涡泵系统经济运行

GB/T 13470 通风机系统经济运行

GB 17167 用能单位能源计量器具配备和管理通则

GB 18613 中小型三相异步电动机能效限定值及能效等级

GB 19153 容积式空气压缩机能效限定值及能效等级

GB 19761 通风机能效限定值及能效等级

GB 19762 清水离心泵能效限定值及节能评价值

GB 20052 三相配电变压器能效限定值及能效等级

GB/T 21369 火力发电企业能源计量器具配备和管理要求

GB 24790 电力变压器能效限定值及能效等级

GB 28381 离心鼓风机能效限定值及节能评价值

GB 50660 大中型火力发电厂设计规范

DL/T 904 火力发电厂技术经济指标计算方法

DL/T 1052 节能技术监督导则

3 术语和定义

GB/T 12723 界定的以及下列术语和定义适用于本文件。

3.1

供电量 the quantity of power supply

在统计期内机组向电网和电厂非生产用电提供的电量。

3.2

供电煤耗　the standard coal consumption per unit product of power supply

发电机组提供单位供电量所耗用的各种能源总量折算的标准煤量。

4　技术要求

4.1　机组单位产品能耗限定值

企业现有机组的供电煤耗应不高于单位产品能耗限定值。单位产品能耗限定值为表1中单位产品能耗限定值的基础值与4.4的影响因素修正系数的乘积。

表1　机组单位产品能耗限定值的基础值

压力参数	容量级别[a] MW	供电煤耗 gce/(kW·h)
超超临界	1 000	≤288
	600	≤297
超临界	600	≤306
	300	≤319
亚临界	600	≤320
	300	≤331
超高压	200,125	≤360
高　压	100	≤375

[a] 表中未列出的机组容量级别,按低一档标准考核;对于原苏联东欧机组,按低一档标准考核。

4.2　机组单位产品能耗准入值

新建机组的供电煤耗应不高于机组单位产品能耗准入值298 gce/(kW·h)。除对机组燃用无烟煤、褐煤煤种及机组采用空气冷却方式时,按表2给定的增加值修正(即机组单位产品能耗准入值加上供电煤耗增加值)外,其他影响因素不做修正。

表2　新建机组燃用无烟煤、褐煤煤种及机组采用空气冷却方式的供电煤耗增加值

项　　目	供电煤耗增加值 gce/(kW·h)
新建机组燃用褐煤煤种	5
新建机组燃用无烟煤煤种	7
新建机组采用空气冷却方式	14

4.3　机组单位产品能耗先进值

企业现有机组应通过节能技术改造和加强节能管理,使供电煤耗达到单位产品能耗先进值。机组单位产品能耗先进值为表3中的单位产品能耗先进值的基础值与4.4的影响因素修正系数的乘积。

表 3　机组单位产品能耗先进值的基础值

压力参数	容量级别[a] MW	供电煤耗 gce/(kW·h)
超超临界	1 000	≤284
	600	≤292
超临界	600	≤302
	300	≤312
亚临界	600	≤313
	300	≤323
超高压	200,125	≤355

[a] 表中未列出的机组容量级别，按低一档标准考核。

4.4　影响因素修正系数

4.4.1　燃煤成分修正系数

燃煤成分修正系数按表 4 选取。

表 4　燃煤成分修正系数

燃煤成分(质量分数)		修正系数
挥发分(收到基)	>19%	1.0
	≤19%	$1+0.002\times(19-100\ V_{ar})$
灰分(收到基)	≤30%	1.0
	>30%	$1+0.001\times(100\ A_{ar}-30)$

注：V_{ar}、A_{ar} 为燃煤收到基挥发分、灰分。

4.4.2　当地气温修正系数

当地气温修正系数按表 5 选取。

表 5　当地气温修正系数

最冷月份平均气温	修正系数
≤−5 ℃	1.0
−5 ℃<t≤0 ℃	1.005
>0 ℃	1.01

4.4.3　冷却方式修正系数

冷却方式修正系数按表 6 选取。

表6 冷却方式修正系数

冷却方式		修正系数
开式循环	循环水提升高度≤10 m	1.0
	循环水提升高度>10 m	$1+0.01\times(H-10)/H$
闭式循环	—	1.01
空气冷却	间接空冷	1.04
	直接空冷	1.05
注：H 为循环水提升高度，单位为米(m)。		

4.4.4 机组负荷率修正系数

机组负荷率修正系数按表7选取。

表7 机组负荷率修正系数

报告期机组负荷率	修正系数
85%以上	1.0
85%～75%	1.015
75%以下	每降5%，修正系数为前值基础上乘1.015

4.4.5 烟气脱硫剂制备修正系数

烟气脱硫剂制备修正系数按表8选取。

表8 烟气脱硫剂制备修正系数

脱硫方式	湿法脱硫	
	厂内制备脱硫剂	厂内无制备脱硫剂
修正系数	1.005	1.00

4.4.6 烟气脱硫修正系数

烟气脱硫修正系数按表9选取。

表9 烟气脱硫修正系数

燃煤收到基硫分	修正系数
1.5%及以下	1.0
1.5%以上	$1+0.0016\times(100\ S_{ar}-1.5)$
注：S_{ar} 为燃煤收到基硫分。	

4.4.7 烟气脱硝修正系数

当采用烟气脱硝时，烟气脱硝修正系数为1.003。

5 统计范围和计算方法

5.1 能耗统计范围

在统计期内发电生产过程中，从原煤、燃油等能源进入发电流程开始，到向电网和企业非生产单元供出电能的整个生产过程中，用于生产所消耗的各种能源总量折算的标准燃煤量。

包括主生产系统、辅助生产系统和附属生产系统设施的各种能源消耗量和损失量，不包括非生产使用的、基建和技改等项目建设消耗的、副产品综合利用使用的和向外传输的能源量。

企业生产公用系统厂用电按接线方式或按机组发电量分摊到机组后计入统计范围。

现有机组按年度确定统计期。

5.2 能耗计算方法

5.2.1 能耗计算应符合GB/T 2589的规定。

5.2.2 机组供电煤耗计算方法按DL/T 904执行。

6 节能管理与措施

6.1 节能基础管理

6.1.1 企业应按本标准的规定定期对全厂各机组能耗进行考核，建立用能责任制度。

6.1.2 企业应按要求建立能耗统计体系，建立各机组能耗测试数据、能耗计算和考核结果的文件档案，并对文件进行受控管理。

6.1.3 企业应根据GB 17167及GB/T 21369的要求配备能源计量器具并建立能源计量管理制度，各类计量装置应按规程、标准及规定进行定期检定(校准)及调换。

6.2 节能技术管理

6.2.1 耗能设备

6.2.1.1 机组设备和系统选择应符合GB 50660的要求。

6.2.1.2 机组辅助系统应使电动机、泵、风机、厂用变压器等通用耗能设备符合GB/T 12497、GB/T 13462、GB/T 13469、GB/T 13470等相关的用能产品经济运行标准要求，达到经济运行的状态。

6.2.1.3 新建及改扩建企业所用的中小型三相异步电动机、容积式空气压缩机、通风机、清水离心泵、三相配电变压器等通用耗能设备应达到GB 18613、GB 19153、GB 19761、GB 19762、GB 20052、GB 24790、GB 28381等相应耗能设备能效标准中节能评价值的要求。

6.2.2 生产工序

6.2.2.1 在额定工况下机组发电流程各项运行指标应符合相应设计值，符合DL/T 1052的要求。

6.2.2.2 企业应建立完善的燃料采购制备制度，准确计量燃料用量，正确分析燃料特性。

三、石油石化行业

ICS 27.010
F 01

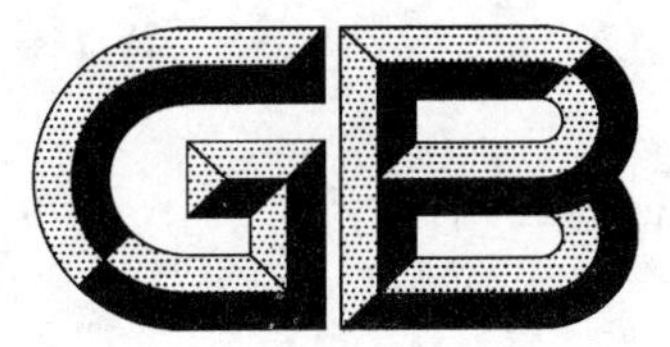

中华人民共和国国家标准

GB 21257—2014
代替 GB 21257—2007

烧碱单位产品能源消耗限额

The norm of energy consumption per unit product of caustic soda

2014-04-28 发布 2015-01-01 实施

中华人民共和国国家质量监督检验检疫总局
中国国家标准化管理委员会 发布

前言

本标准的4.1和4.2为强制性的，其余为推荐性的。

本标准按照GB/T 1.1—2009给出的规则起草。

本标准代替GB 21257—2007《烧碱单位产品能源消耗限额》，与GB 21257—2007相比，主要变化如下：

——修订了烧碱装置单位产品能耗限定值、烧碱装置单位产品能耗准入值、烧碱装置单位产品能耗先进值指标；

——参照GB/T 2589—2008《综合能耗计算通则》，修订了能耗数据统计范围和计算方法。

本标准由国家发展和改革委员会资源节约和环境保护司、工业和信息化部节能与综合利用司提出。

本标准由全国能源基础与管理标准化技术委员会(SAC/TC 20)、中国石油和化学工业联合会归口。

本标准起草单位：中国石油和化学工业联合会、中国氯碱工业协会、天津渤天化工有限责任公司、天津大沽化工股份有限公司、新疆天业(集团)有限公司、新疆中泰化学股份有限公司、上海氯碱化工股份有限公司、沈阳化工股份有限公司。

本标准主要起草人：杨建荣、唐必勇、黄华军、张鑫、李素改、朱建平、李永亮、孙伟善、张文雷、周俊华、刘立初、干成军、武法军、周雄、周军、尹健、刘东升、陈正刚、邹志晶。

烧碱单位产品能源消耗限额

1 范围

本标准规定了烧碱(离子膜法、隔膜法)单位产品能源消耗(简称能耗)限额的技术要求、统计范围和计算方法、节能管理与措施。

本标准适用于烧碱(离子膜法、隔膜法)生产企业能耗的计算、考核,以及对新建项目的能耗控制。

2 规范性引用文件

下列文件对于本文件的应用是必不可少的。凡是注日期的引用文件,仅注日期的版本适用于本文件。凡是不注日期的引用文件,其最新版本(包括所有的修改单)适用于本文件。

GB 209—2006 工业用氢氧化钠

GB/T 2589 综合能耗计算通则

GB/T 12497 三相异步电动机经济运行

GB/T 12723 单位产品能源消耗限额编制通则

GB/T 13462 电力变压器经济运行

GB/T 13466 交流电气传动风机(泵类、空气压缩机)系统经济运行通则

GB/T 14549 电能质量 公用电网谐波

GB 17167 用能单位能源计量器具配备和管理通则

GB 18613 中小型三相异步电动机能效限定值及能效等级

GB 19153 容积式空气压缩机能效限定值及能效等级

GB 19761 通风机能效限定值及能效等级

GB 19762 清水离心泵能效限定值及节能评价值

GB 20052 三相配电变压器能效限定值及能效等级

3 术语和定义

GB/T 12723 界定的以及下列术语和定义适用于本文件。

3.1

烧碱产品综合能耗 the comprehensive energy consumption of product caustic soda

报告期内,烧碱产品生产全部过程中的能源消耗总量。

注:能源消耗总量指生产系统、辅助生产系统和附属生产系统的各种能源消耗量和损失量之和,不包括基建、技改等项目建设消耗的、生产界区内回收利用的和向外输出的能源量。

3.2

烧碱单位产品综合能耗 the comprehensive energy consumption per unit product of caustic soda

用折 100%烧碱单位产量表示的综合能耗。

3.3

烧碱电解单元单位产品交流电耗 the AC electric consumption of ECU per unit product of caustic soda

用电解碱折 100%烧碱单位产量表示的电解单元直接消耗的交流电量,即电解单元工艺电耗,不包

括动力设备等的耗电量。

3.4

烧碱电解单元单位产品综合能耗　the comprehensive energy consumption of electrolysis unit of caustic soda

用电解碱折100%烧碱单位产量表示的电解单元的综合能耗，包括氯、氢处理过程所消耗的能源数量，不包括烧碱蒸发及其他后加工过程所消耗的能源数量。

4 技术要求

4.1 烧碱单位产品能耗限定值

现有烧碱生产装置单位产品能耗限定值包括烧碱综合能耗和烧碱电解单元交流电耗，其指标值应符合表1的规定。

表1 烧碱单位产品能耗限定值

<table>
<tr><th>产品名称及规格[a]
（质量分数）/%</th><th>烧碱单位产品综合能耗/
（kgce/t）</th><th>烧碱电解单元交流电耗[b]/
（kW·h/t）</th></tr>
<tr><td>离子膜法液碱≥30.0</td><td>≤375</td><td rowspan="3">≤2 470</td></tr>
<tr><td>离子膜法液碱≥45.0</td><td>≤500</td></tr>
<tr><td>离子膜法固碱≥98.0</td><td>≤800</td></tr>
<tr><td>隔膜法液碱≥30.0</td><td>≤880</td><td rowspan="3">≤2 530</td></tr>
<tr><td>隔膜法液碱≥42.0</td><td>≤1 100</td></tr>
<tr><td>隔膜法固碱≥95.0</td><td>≤1 200</td></tr>
<tr><td colspan="3">a 产品名称及规格执行GB 209—2006的规定。
b 表中隔膜法烧碱电解单元交流电耗限定值，是指金属阳极隔膜电解槽电流密度为1 700 A/m² 的执行标准。当金属阳极隔膜电解槽电流密度变化时，电流密度每增减100 A/m²，烧碱电解单元单位产品交流电耗减增44 kW·h/t。</td></tr>
</table>

4.2 烧碱单位产品能耗准入值

烧碱生产装置单位产品能耗准入值包括综合能耗和电解单元交流电耗，其指标值应符合表2的规定。

表2 烧碱单位产品能耗准入值

<table>
<tr><th>产品名称及规格[a]
（质量分数）/%</th><th>烧碱单位产品综合能耗/
（kgce/t）</th><th>烧碱电解单元交流电耗/
（kW·h/t）</th></tr>
<tr><td>离子膜法液碱≥30.0</td><td>≤315</td><td rowspan="3">≤2 340</td></tr>
<tr><td>离子膜法液碱≥45.0</td><td>≤450</td></tr>
<tr><td>离子膜法固碱≥98.0</td><td>≤650</td></tr>
<tr><td colspan="3">a 产品名称及规格执行GB 209—2006的规定。</td></tr>
</table>

4.3 烧碱单位产品能耗先进值

烧碱生产装置单位产品能耗先进值指标包括综合能耗和电解单元交流电耗，其指标值达到表3的要求。

表3 烧碱单位产品能耗先进值

产品名称及规格[a]（质量分数）/%	烧碱单位产品综合能耗/（kgce/t）	烧碱电解单元交流电耗[b]/（kW·h/t）
离子膜法液碱≥30.0	≤315	≤2 300
离子膜法液碱≥45.0	≤430	
离子膜法固碱≥98.0	≤630	
隔膜法液碱≥30.0	≤680	≤2 450
隔膜法液碱≥42.0	≤800	
隔膜法固碱≥95.0	≤1 000	

[a] 产品名称及规格执行GB 209—2006的规定。

[b] 表中隔膜法烧碱电解单元交流电耗限定值，是指金属阳极隔膜电解槽电流密度为1 700 A/m^{2}的执行标准。当金属阳极隔膜电解槽电流密度变化时，电流密度每增减100 A/m^2，烧碱电解单元单位产品交流电耗减增44 kW·h/t。

5 统计范围和计算方法

5.1 统计范围

5.1.1 烧碱生产系统：从原盐或盐卤经计量并进入化盐桶前的一级输送设备、电解用交流电经计量进入整流变压器开始，到氯气、氢气经处理送出和成品烧碱包装入库为止的有关工序组成的完整工艺过程和设备。

5.1.2 烧碱辅助生产系统：为生产系统工艺装置配置的工艺过程、设施和设备。包括动力、供电、机修、供水、供气、采暖、制冷、仪表和厂内原料场地以及安全、环保等装置。

5.1.3 烧碱附属生产系统：为生产系统专门配置的生产指挥系统（厂部）和厂区内为生产服务的部门和单位。包括办公室、操作室、休息室、更衣室、澡堂、中控分析、成品检验、电解槽管理及修理、隔膜吸附、阳极涂钌和修复、阳极组装、石棉绒加工和回收、离子膜泄漏试验和修补等设施。

5.1.4 烧碱生产界区：从原盐、电力、蒸汽等原材料和能源经计量进入工序开始，到成品烧碱计量入库和伴生氯气、氢气经处理送出为止的整个电解法烧碱产品生产过程。由生产系统、辅助生产系统和附属生产系统设施三部分组成。

5.1.5 烧碱生产系统能耗量应包括烧碱生产界区内实际消耗的一次能源量和二次能源量。耗能工质（如水、氧气、氮气、压缩空气等），不论是外购的还是自产的均不应统计在能耗量中。

5.1.6 未包括在烧碱生产界区内的企业辅助生产系统、附属生产系统能耗量和损失量应按消耗比例法分摊到烧碱生产系统内。

5.1.7 回收利用烧碱生产界区内产生的余热、余能及化学反应热，不应计入能耗量中。供界区外装置回收利用的，应按其实际回收的能量从本界区内能耗中扣除。但在烧碱生产界区内作为燃料耗用的电解法制烧碱副产品氢气应计入能耗量中。

5.1.8 各种能源应按照GB/T 2589折算为统一的计量单位千克标准煤。各种能源的热值以企业在报告期内实测的热值为准。没有实测条件的,可参考附录A中的各种能源折标准煤参考系数。

5.1.9 能源消耗量的统计、核算应包括各个生产环节和系统,既不应重复,又不应漏计。

5.2 计算方法

5.2.1 概述

烧碱单位产品综合能耗和电解单元单位产品综合能耗的计算应按表1中的产品规格、生产方法分别进行能耗的核算。

5.2.2 烧碱单位产品综合能耗的计算

某种规格烧碱单位产品综合能耗应按式(1)计算:

$$E_{ZH}=E_{DJ}\times(1+x)\times(1+y)+E_{JG} \qquad \cdots\cdots(1)$$

式中:

E_{ZH}——报告期内某种规格烧碱单位产品综合能耗,单位为千克标准煤每吨(kgce/t);

E_{DJ}——报告期内烧碱电解单元单位产品综合能耗,单位为千克标准煤每吨(kgce/t);

x——实际发生的自用碱率;

y——实际发生的碱损失率;

E_{JG}——报告期内某种规格烧碱加工过程的单位产品综合能耗,单位为千克标准煤每吨(kgce/t)。

5.2.3 烧碱电解单元单位综合能耗的计算

报告期烧碱电解单元单位综合能耗应按式(2)计算:

$$E_{DJ}=\frac{\left[\sum_{i=1}^{n}(e_{dsc}\times k_i)+\sum_{i=1}^{n}(e_{dfz}\times k_i)\right]}{P_{DJ}} \qquad \cdots\cdots(2)$$

式中:

e_{dsc}——报告期内电解单元生产系统消耗的各种能耗实物量;

k_i——某种能源折标准煤系数;

i——能源类型;

n——能源种类总数;

e_{dfz}——报告期内电解单元辅助生产系统、附属生产系统消耗的各种能耗实物量;

P_{DJ}——报告期内电解单元电解碱折100%烧碱的产量,单位为吨(t)。

5.2.4 报告期烧碱加工过程的单位产品综合能耗计算

某种规格烧碱加工过程的单位产品综合能耗应按式(3)计算:

$$E_{JG}=\frac{\left[\sum_{i=1}^{n}(e_{jsc}\times k_i)+\sum_{i=1}^{n}(e_{jfz}\times k_i)\right]}{P_{CP}} \qquad \cdots\cdots(3)$$

式中:

e_{jsc}——报告期内烧碱加工过程生产系统消耗的各种能源消耗实物量;

e_{jfz}——报告期内烧碱加工过程辅助生产系统、附属生产系统消耗的各种能源消耗实物量;

P_{CP}——报告期内某种规格烧碱折100%烧碱的成品产量,单位为吨(t)。

5.2.5 烧碱电解单元单位产品交流电耗的计算

烧碱电解单元单位产品交流电耗应按式(4)计算:

$$Q_{DH}=\frac{Q_{DL}}{P_{DJ}} \qquad \cdots\cdots(4)$$

式中：

Q_{DH} ——报告期内电解法烧碱电解单元单位产品交流电耗，单位为千瓦时每吨(kW·h/t)；

Q_{DL} ——报告期内电解单元生产过程实际消耗的电解用交流电量，单位为千瓦时(kW·h)；

P_{DJ} ——报告期内电解单元电解碱折 100%烧碱产量，单位为吨(t)。

6 节能管理与措施

6.1 节能基础管理

企业定期对烧碱产品综合能耗、烧碱单位产品综合能耗和烧碱电解单元单位产品交流电耗进行考核，建立用能责任制度。

企业根据 GB 17167 配备能源计量器具并建立能源计量管理制度。

6.2 节能技术管理

6.2.1 经济运行

企业应使生产通用设备达到经济运行的状态，对电动机的经济运行管理应符合 GB/T 12497 的规定；对风机、泵类和空气压缩机的经济运行管理应符合 GB/T 13466 的规定；对电力变压器的经济运行管理应符合 GB/T 13462 的规定。对各种管网应加强维护管理。

6.2.2 变电、整流工序

6.2.2.1 提高整流器整流相数的脉波数，抑制谐波，6(10)kV 供电母线的脉波数不应低于12，35(66)kV 供电母线的脉波数不应低于 18，110 kV 供电母线的脉波数不应低于 24，与电网连接点执行 GB/T 14549 的有关规定。

6.2.2.2 提高整流自然功率因数，减少高次谐波的危害。

6.2.3 盐水工序

6.2.3.1 鼓励采用膜法一次盐水过滤技术，提高盐水质量。

6.2.3.2 鼓励采用纳滤膜法除硝(芒硝)技术。

6.2.4 电解工序

6.2.4.1 采用新型高效节能零极距(膜极距)离子膜电解槽技术。

6.2.4.2 鼓励采用氧阴极电解法制烧碱节能技术。

6.2.5 蒸发工序

鼓励采用三效逆流离子膜烧碱蒸发浓缩技术，提高蒸发效率，降低汽耗。

6.2.6 氯氢处理工序

6.2.6.1 采用大型透平氯气压缩机和螺杆制冷机组、溴化锂冷水机组，提升氯气液化技术。

6.2.6.2 加强氯化氢合成余热利用。

6.2.7 耗能设备

6.2.7.1 企业应提高电机系统通用设备的能效，用高效节能设备更新淘汰高耗能设备。年运行时间大于3 000 h的设备,电动机的能效应达到GB 18613节能评价值的水平;清水离心泵的能效应达到GB 19762节能评价值的水平;通风机的能效应达到GB 19761节能评价值的水平;容积式空气压缩机的能效应达到GB 19153节能评价值的水平。应使电动机运行在额定负载的75%~80%。

6.2.7.2 企业应提高变电和配电设备的能效,配电变压器的能效应达到GB 20052节能评价值的水平。变电和配电应采用低压集中补偿的方法,采用补偿电容,提高功率因数。

6.2.7.3 企业应提高照明系统的能效,电光源及镇流器应选用能效值达到相关能效标准节能评价值的产品。

附 录 A
（资料性附录）
各种能源折标准煤参考系数表

各种能源折标准煤参考系数见表 A.1。

表 A.1 各种能源折算标准煤的参考系数

<table>
<tr><th colspan="2">能源名称</th><th>平均低位发热量</th><th>折标准煤系数</th></tr>
<tr><td colspan="2">原煤</td><td>20 908 kJ/kg(5 000 kcal/kg)</td><td>0.714 3 kgce/kg</td></tr>
<tr><td colspan="2">洗精煤</td><td>26 344 kJ/kg(6 300 kcal/kg)</td><td>0.900 0 kgce/kg</td></tr>
<tr><td rowspan="2">其他洗煤</td><td>a） 洗中煤</td><td>8 363 kJ/kg(2 000 kcal/kg)</td><td>0.285 7 kgce/kg</td></tr>
<tr><td>b） 煤泥</td><td>8 363 kJ/kg～12 545 kJ/kg
(2 000 kcal/kg～3 000 kcal/kg)</td><td>0.285 7 kgce/kg～
0.428 6 kgce/kg</td></tr>
<tr><td colspan="2">焦炭</td><td>28 435 kJ/kg(6 800 kcal/kg)</td><td>0.971 4 kgce/kg</td></tr>
<tr><td colspan="2">渣油</td><td>41 816 kJ/kg(10 000 kcal/kg)</td><td>1.428 6 kgce/kg</td></tr>
<tr><td colspan="2">纯水</td><td>28.43 MJ/t(6 800 kcal/t)</td><td>0.971 4 kgce/t</td></tr>
<tr><td colspan="2">蒸汽(低压)</td><td>3 763.44 MJ/t(9×10^5 kcal/t)</td><td>0.128 6 kgce/kg</td></tr>
<tr><td colspan="2">油田天然气</td><td>38 931 kJ/m^3(9 310 kcal/m^3)</td><td>1.330 0 kgce/m^3</td></tr>
<tr><td colspan="2">气田天然气</td><td>35 544 kJ/m^3(8 500 kcal/m^3)</td><td>1.214 3 kgce/m^3</td></tr>
<tr><td colspan="2">煤矿瓦斯气</td><td>14 636 kJ/m^3～16 726 kJ/m^3
(3 500 kcal/m^3～4 000 kcal/m^3)</td><td>0.500 0 kgce/m^3～
0.571 4 kgce/m^3</td></tr>
<tr><td colspan="2">焦炉煤气</td><td>16 726 kJ/m^3～17 081 kJ/m^3
(4 000 kcal/m^3～4 300 kcal/m^3)</td><td>0.571 4 kgce/m^3～
0.614 3 kgce/m^3</td></tr>
<tr><td rowspan="4">其他煤气</td><td>a） 发生炉煤气</td><td>5 227 kJ/m^3(1 250 kcal/m^3)</td><td>0.178 6 kgce/m^3</td></tr>
<tr><td>b） 焦炭制气</td><td>16 308 kJ/m^3(3 900 kcal/m^3)</td><td>0.557 1 kgce/m^3</td></tr>
<tr><td>c） 压力气化煤气</td><td>15 054 kJ/m^3(3 600 kcal/m^3)</td><td>0.514 3 kgce/m^3</td></tr>
<tr><td>d） 水煤气</td><td>10 454 kJ/m^3(2 500 kcal/m^3)</td><td>0.357 1 kgce/m^3</td></tr>
<tr><td colspan="2">氢气</td><td>10 802 kJ/m^3(2 580 kcal/m^3)</td><td>0.368 6 kgce/m^3</td></tr>
<tr><td colspan="2">热力(当量)</td><td>—</td><td>0.034 12 kgce/MJ
[0.142 86 kgce/(10^3 kcal)]</td></tr>
<tr><td colspan="2">电力(当量)</td><td>3 601 kJ/(kW・h)[860 kcal/(kW・h)]</td><td>0.122 9 kgce/(kW・h)</td></tr>
</table>

附录A
（资料性附录）
各种能源折标准煤参考系数

各种能源折标准煤参考系数见表A.1。

表A.1 各种能源折算标准煤的参考系数

[illegible]

ICS 27.010
F 01

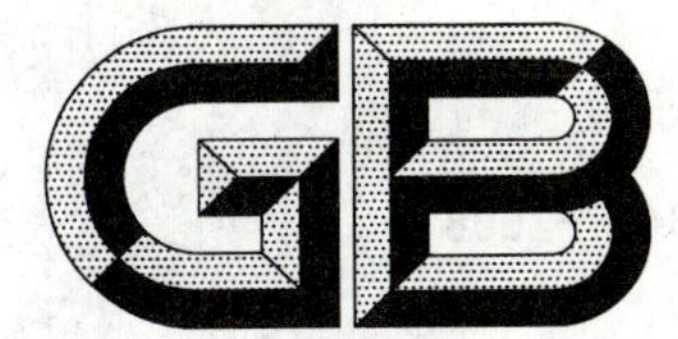

中华人民共和国国家标准

GB 21343—2008

电石单位产品能源消耗限额

The norm of energy consumption per unit product of calcium carbide

2008-01-09 发布 2008-06-01 实施

中华人民共和国国家质量监督检验检疫总局
中国国家标准化管理委员会 发布

前　言

本标准的4.1、4.2为强制性的，其余为推荐性的。

本标准附录A为资料性附录。

本标准由国家发展和改革委员会资源节约和环境保护司、国家标准化管理委员会工业标准一部提出。

本标准由全国能源基础与管理标准化技术委员会归口。

本标准负责起草单位：浙江巨化电石有限公司、中国石油和化学工业协会。

本标准参加起草单位：中国电石工业协会、四川电石溶解乙炔行业协会、山西电石工业协会、青海东胜化工有限公司、宜宾天原股份有限公司、新疆天业股份有限公司、西安西化热电化工有限责任公司、内蒙古白燕湖化工股份有限公司。

本标准主要起草人：吴樟生、吴学红、沈剑平。

本标准参加起草人：向自强、吴清学、李三文、孙万军、明崇伦、张立、陈迎刚、董斌、戎兰狮。

电石单位产品能源消耗限额

1 范围

本标准规定了电石单位产品能源消耗(以下称能耗)限额的要求、统计范围和计算方法、节能管理与措施。

本标准适用于电石生产企业能耗的计算、考核,以及对新建装置的能耗控制。

2 规范性引用文件

下列文件中的条款通过本标准的引用而成为本标准的条款。凡是注日期的引用文件,其随后所有的修改单(不包括勘误的内容)或修订版均不适用于本标准,然而,鼓励根据本标准达成协议的各方研究是否可使用这些文件的最新版本。凡是不注日期的引用文件,其最新版本适用于本标准。

GB 10665—2004 碳化钙(电石)

GB 17167 用能单位能源计量器具配备和管理通则

3 术语和定义

下列术语和定义适用于本标准。

3.1

电石产品综合能耗 the comprehensive energy consumption of calcium carbide

报告期内为生产电石产品消耗的各种能源总量,即生产系统、辅助生产系统和附属生产系统的各种能耗量和损失量,包括作为原料、材料消耗的能源量,不包括生活、基建、技改项目建设所消耗的能源量,石灰生产所消耗的能源量和向外输出的能源量。

3.2

电石单位产品综合能耗 the comprehensive energy consumption per unit product of calcium carbide

用单位折标产量表示的电石产品综合能耗。

3.3

电石单位产品电炉电耗 the electricity consumption per unit product of calcium carbide in electric furnace

用单位折标产量表示的电石炉生成电石所消耗的工艺电量,其中包括烧炉眼用电量,不包括动力设备等的耗电量。

3.4

电石生产界区 the production area or calcium carbide

从焦炭等原材料和能源经计量进入工序开始,到电石成品计量入库的电石产品的整个生产过程。

4 要求

4.1 现有电石生产装置单位产品能耗限额限定值

现有电石生产装置单位产品能耗限额指标包括单位产品综合能耗和单位产品电炉电耗,其限定值应符合表1的要求。

表 1　现有电石生产装置单位产品能耗限额限定值

项　　目	指　　标
单位产品综合能耗限额限定值(tce/t)	≤1.20
单位产品电炉电耗限额限定值(kW·h/t)	≤3 400

4.2　新建电石生产装置单位产品能耗限额准入值

新建电石生产装置单位产品能耗限额准入值指标包括单位产品综合能耗和单位产品电炉电耗，其准入值应符合表 2 的要求。

表 2　新建电石生产装置单位产品能耗限额准入值

项　　目	指　　标
单位产品综合能耗限额准入值/(tce/t)	≤1.10
单位产品电炉电耗限额准入值/(kW·h/t)	≤3 250

4.3　电石生产装置单位产品能耗限额先进值

电石生产装置单位产品能耗限额先进值指标包括单位产品综合能耗和单位产品电炉电耗，其先进值应符合表 3 的要求。

表 3　电石生产装置单位产品能耗限额先进值

项　　目	指　　标
单位产品综合能耗限额先进值/(tce/t)	≤1.05
单位产品电炉电耗限额先进值/(kW·h/t)	≤3 050

5　统计范围和计算方法

5.1　能耗统计范围及能源折标煤系数取值原则

5.1.1　能耗统计范围：从焦炭等原材料和能源经计量进入电石生产界区开始，到电石成品计量入库的电石产品的整个生产过程。由生产系统、辅助生产系统和附属生产系统设施三部分组成。

5.1.2　综合能耗中应扣除向外输出的能源量。向电石生产界区外输出的密闭炉炉气和回收的余热，按向外输出的能源计算。调出的焦(煤)粉、自产自用的石灰，也按向外输出能源计算，其热值按实测低位热值计算。

5.1.3　电石产品综合能耗具体包括以下各项：

a)　电力消耗包括电炉电、动力电、照明用电和除尘设施用电。

b)　电石生产耗用的炭素原料包括焦炭、石油焦、无烟煤、电极糊和其他作为还原剂的炭素等。从进入生产界区后第一道工序开始计量。

c) 干燥焦炭耗用的燃料，热值和计算起点同b)。如用电石生产的余热干燥焦炭时，其余热不计算燃料消耗。

d) 电石生产系统中消耗的各种耗能工质包括冷却水、氧气、氮气、压缩空气，其热值按规定的当量热值计算。

e) 辅助生产系统消耗的能源：在电石生产界区内各辅助工序所消耗的能源(d)项中计算过的不得重复统计)。

f) 附属生产系统消耗的能源包括电石生产界区内维修工段、化验室、控制室、库房及车间办公室等消耗的能源。

5.1.4 辅助和附属生产系统的能源消耗量和损失量按产值比例分摊到产品中。

5.1.5 由于各种能源的热值不同，能源消耗量应折合为标准煤统一的计算单位。企业外购的各种能源，其热值以该地区或该企业在报告期内实测的低位热值为准。没有实测条件的，采用附录A中各种能源折标准煤参考系数。

5.1.6 企业外购电力折当量热值为3 600 kJ/(kW·h)。

5.2 计算方法

5.2.1 电石产品综合能耗(E_{cz})按式(1)计算：

$$E_{cz}=\sum_{i=1}^{n}(e_{ic}\cdot K_i)+\sum_{i=1}^{n}(e_{iff}\cdot K_i)-\sum_{i=1}^{n}(e_{if}\cdot K_i) \qquad (1)$$

式中：

E_{cz}——电石产品综合能耗，单位为吨标准煤(tce)；

e_{ic}——电石产品生产消耗的某种能源实物量，单位为吨(t)或千瓦时(kW·h)或立方米(m^3)；

e_{iff}——电石产品消耗的辅助能源、附属能源和能源损失量，单位为吨(t)或千瓦时(kW·h)或立方米(m^3)；

e_{if}——电石产品生产过程中副产的某种能源实物量，单位为吨(t)或千瓦时(kW·h)或立方米(m^3)；

K_i——某种能源折算标准煤系数，单位为吨标准煤每千瓦时[tce/(kW·h)]或吨标准煤每吨(tce/t)或吨标准煤每立方米(tce/m^3)；

n——能源种数。

5.2.2 单位产品综合能耗(E_{cd})按式(2)计算：

$$E_{cd}=\frac{E_{cz}}{P_b} \qquad (2)$$

式中：

E_{cd}——电石单位产品综合能耗，单位为吨标准煤每吨(tce/t)；

P_b——电石产品折标产量(折成标量300 L/kg)，单位为吨(t)。

电石产品折标产量为将电石产品的实物量按其实际发气量折算为发气量300 L/kg的产品量。

电石产品发气量按GB 10665—2004中4.1规定进行测定。

5.2.3 单位产品电炉电耗(E_d)按式(3)计算：

$$E_d=\frac{Q_{cd}}{P_b} \qquad (3)$$

式中：

E_d——电石单位产品电炉电耗，单位为千瓦时每吨(kW·h/t)；

Q_{cd}——电石产品生产过程中消耗的电炉电总量，单位为千瓦时(kW·h)。

6 节能管理与措施

6.1 企业应定期对电石产品单位能耗进行考核,并把考核指标分解落实到各基层部门,建立用能责任制度。

6.2 企业应按要求建立能源统计体系,建立能耗测试数据、能耗计算和考核结果的文件档案,并对文件进行受控管理。

6.3 企业应根据 GB 17167 的要求配备能源计量器具并建立能源计量管理制度。

6.4 电石生产企业综合能耗的统计、核算应执行相关国家标准,核算规程由企业归口(专业)部门完成。

6.5 为提高用能水平,应采用炉气综合利用、粉料回收、微机控制、清洁生产等节能措施。

附 录 A
（资料性附录）
各种能源、耗能工质折标准煤参考系数

表 A.1 给出了各种能源、耗能工质折标准煤的参考系数。

表 A.1 各种能源、耗能工质折标准煤参考系数

能 源 名 称		平均低位发热量	折标准煤系数
原煤		20 908 kJ/kg (5 000 kcal/kg)	0.714 3 kgce/kg
洗精煤		26 344 kJ/kg (6 300 kcal/kg)	0.900 0 kgce/kg
其他洗煤	a) 洗中煤	8 363 kJ/kg (2 000 kcal/kg)	0.285 7 kgce/kg
	b) 煤泥	8 363 kJ/kg～12 545 kJ/kg (2 000 kcal/kg～3 000 kcal/kg)	0.285 7 kgce/kg～0.4286 kgce/kg
焦炭、石油焦及其他炭素		28 435 kJ/kg (6 800 kcal/kg)	0.971 4 kgce/kg
电极糊		25 090 kJ/kg(6 000 kcal/kg)	0.857 1 kgce/kg
原油、燃料油		41 816 kJ/kg(10 000 kcal/kg)	1.428 6 kgce/kg
汽油		43 070 kJ/kg(10 300 kcal/kg)	1.471 4 kgce/kg
煤油		43 070 kJ/kg(10 300 kcal/kg)	1.471 4 kgce/kg
柴油		42 652 kJ/kg(10 200 kcal/kg)	1.457 1 kgce/kg
焦炉煤气		16 726 kJ/m³～17 981 kJ/m³(4 000 kcal/m³～4 300 kcal/m³)	0.571 4 kgce/m³～0.614 3 kgce/m³
其他煤气	a) 发生炉煤气	5 227 kJ/m³(1 250 kcal/m³)	0.178 6 kgce/m³
	b) 压力气化煤气	15 054 kJ/m³(3 600 kcal/m³)	0.514 3 kgce/m³
	c) 水煤气	10 454 kJ/m³(2 500 kcal/m³)	0.357 1 kgce/m³
煤焦油		33 453 kJ/ kg(8 000 kcal/ kg)	1.142 9 kgce/ kg
粗苯		41 816 kJ/ kg(10 000 kcal/ kg)	1.428 6 kgce/ kg
热力(当量值)		—	0.034 12 kgce/MJ
电力(当量值)		3 600 kJ/(kW·h)[860 kcal/(kW·h)]	0.122 9 kgce/(kW·h)
密闭电石炉炉气		11 119 kJ/m³(2 659 kcal/m³)	0.379 8 kgce/m³
石灰		5 227 MJ/t(12 500 Mcal/t)	0.178 6 tce/t
蒸汽(低压)		3 763 MJ/t(900 Mcal/t)	0.128 6 tce/t
外购水		2.51 MJ/t(600 kcal/t)	0.085 7 kgce/t
软水		14.23 MJ/t(3 400 kcal/t)	0.485 7 kgce/t
除氧水		28.45 MJ/t(6 800 kcal/t)	0.971 4 kgce/t
压缩空气		1.17 MJ/m³(280 kcal/m³)	0.040 0 kgce/m³
鼓风		0.88 MJ/m³(210 kcal/m³)	0.030 0 kgce/m³
氧气		11.72 MJ/m³(2 800 kcal/m³)	0.400 0 kgce/m³
氮气		19.66 MJ/m³(4 700 kcal/m³)	0.671 4 kgce/m³
二氧化碳气		6.28 MJ/m³(1 500 kcal/m³)	0.214 3 kgce/m³

ICS 27.010
F 01

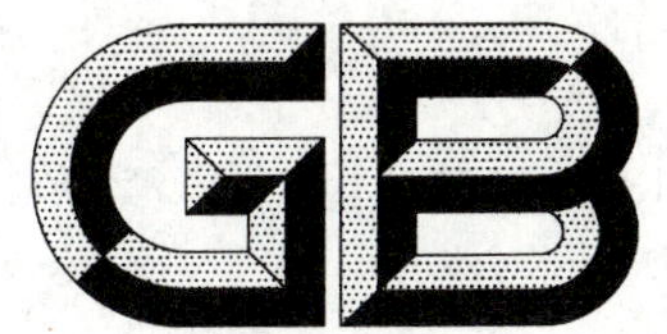

中华人民共和国国家标准

GB 21344—2008

合成氨单位产品能源消耗限额

The norm of energy consumption per unit product of synthetic ammonia

2008-01-09 发布　　2008-06-01 实施

中华人民共和国国家质量监督检验检疫总局
中国国家标准化管理委员会　发布

前　言

本标准的4.1和4.2为强制性的，其余为推荐性的。

本标准的附录A、附录B为规范性附录。

本标准由国家发展和改革委员会资源节约和环境保护司、国家标准化管理委员会工业标准一部提出。

本标准由全国能源基础与管理标准化技术委员会归口。

本标准主要起草单位：中国氮肥工业协会、中国石油和化学工业协会。

本标准主要起草人：王彦益、张荣、隗志安、冉克林、杨春升。

合成氨单位产品能源消耗限额

1 范围

本标准规定了以无烟块煤、各种型煤、土焦(包括碎焦)、天然气、焦炉气等为原料,采用不同工艺技术生产的合成氨单位产品能源消耗(以下简称能耗)限额的要求、统计范围和计算方法、节能管理与措施。

本标准适用于以无烟块煤、各种型煤、土焦(包括碎焦)、天然气、焦炉气等为原料,采用不同工艺技术生产合成氨产品的企业能耗的计算、考核,以及对新建项目的能耗控制。

本标准不适用于以油品、烟煤、褐煤为原料生产合成氨的装置。

2 规范性引用文件

下列文件中的条款通过本标准的引用而成为本标准的条款。凡是注日期的引用文件,其随后所有的修改单(不包括勘误的内容)或修订版均不适用于本标准,然而,鼓励根据本标准达成协议的各方研究是否可使用这些文件的最新版本。凡是不注日期的引用文件,其最新版本适用于本标准。

GB/T 212 煤的工业分析方法(GB/T 212—2001,eqv ISO 11722:1999)

GB/T 213 煤的发热量测定方法(GB/T 213—2003,ISO 1928:1995,NEQ)

GB/T 219 煤灰熔融性的测定方法(GB/T 219—1996,eqv ISO 540:1993)

GB 536 液体无水氨

GB/T 1573 煤的热稳定性测定方法

GB/T 2589 综合能耗计算通则

GB/T 3484 企业能量平衡通则

GB/T 7561 合成氨用煤技术条件

GB/T 11062 天然气发热量、密度、相对密度和沃泊指标的计算方法(GB/T 11062—1998,neq ISO 6976:1995)

GB/T 12497 三相异步电动机经济运行

GB/T 13462 工矿企业电力变压器经济运行导则

GB/T 13466 交流电气传动风机(泵类、压缩机)系统经济运行通则

GB 17167 用能单位能源计量器具配备和管理通则

GB/T 17608 煤炭产品品种和等级划分

3 术语和定义

下列术语和定义适用于本标准。

3.1

合成氨产量 the output of synthetic ammonia

在报告期内,经氨合成塔合成并加以分离出来的氨产品的总量,包括生产过程中回收和自用合成氨的量。以无水液态氨为最终计量状态,其质量标准执行 GB 536。

3.2

合成氨综合能耗 the comprehensive energy consumption of synthetic ammonia

在报告期内,生产合成氨所消耗的各种能量总量。其值等于报告期内合成氨生产过程中所输入的各种能量之总和减去向外输出的各种能量之总和。所有输入和向外输出各种能量,应按规定的计算方

法计算和按规定的折算方法折算为标准煤量。

3.3

合成氨单位产品综合能耗 the comprehensive energy consumption per unit product of synthetic ammonia

用单位产量表示的合成氨综合能耗。

3.4

合成氨原料用优质无烟块煤 high quality anthracite used in synthetic ammonia

能达到表1各项指标的无烟煤。

表 1 合成氨原料用优质无烟块煤技术要求和测定方法

项 目	技术要求	测定方法
粒度/mm	≥25	GB/T 17608
灰分(A_d)/%	≤18	GB/T 212
热稳定性(TS_{+6})/%	≥85	GB/T 1573
软化温度/℃	≥1 350	GB/T 219
注:本表未涉及项目应符合 GB/T 7561 的规定。		

3.5

合成氨原料用非优质无烟块煤 unproper anthracite used in synthetic ammonia

达不到3.4优质无烟块煤的各项指标的无烟块煤和其他煤。

3.6

合成氨原料用型煤 coal briquette used in synthetic ammonia

用无烟粉煤加工成一定大小、一定形状的煤,即人造块煤,如石灰炭化煤球、腐植酸煤球、煤棒等。

4 要求

4.1 现有合成氨生产企业单位产品能耗限额限定值

现有合成氨生产企业单位产品能耗限额限定值应符合表2要求。

表 2 现有合成氨生产企业单位产品能耗限额限定值

原料类型	单位产品综合能耗限额限定值/(kgce/t)
优质无烟块煤	≤1 900
非优质无烟块煤、焦炭、型煤	≤2 200
天然气、焦炉气	≤1 650

4.2 新建合成氨生产企业单位产品能耗限额准入值

新建合成氨生产企业单位产品能耗限额准入值应符合表3要求。

表 3 新建合成氨生产企业单位产品能耗限额准入值

原料类型	单位产品综合能耗限额准入值/(kgce/t)
优质无烟块煤	≤1 500
非优质无烟块煤、焦炭、型煤	≤1 800
天然气、焦炉气	≤1 150

4.3 合成氨单位产品能耗限额先进值

合成氨生产企业单位产品能耗限额先进值应符合表4要求。

表 4 合成氨生产企业单位产品能耗限额先进值

原料类型	单位产品综合能耗限额先进值/(kgce/t)
优质无烟块煤	≤1 500
非优质无烟块煤、焦炭、型煤	≤1 800
天然气、焦炉气	≤1 150

5 统计范围和计算方法

5.1 统计范围

5.1.1 合成氨综合能耗包括生产系统、辅助生产系统和附属生产系统所消耗的各种一次能源量、二次能源量和损失量，不包括建设和改造过程用能和生活用能(指企业系统内宿舍、学校、文化娱乐、医疗保健、商业服务和托儿幼教等方面用能)。

5.1.2 合成氨输出能量是指合成氨系统向外输出的供其他产品或装置使用的能量。合成氨生产系统产生的废气、废液、废渣中未回收使用的、无计量的、没有实测热值以及不作为能源利用的(如直接用于修路、盖房等)，均不得计入输出能量。

5.1.3 合成氨生产回收利用的能量，用于本系统时不得作为输入能量再计入。向外系统输出时，应计入合成氨向外输出能量。如合成氨造气炉的返炭和锅炉的炉渣、造气吹风气、合成放空气、氨贮罐弛放气、副产蒸汽等向外系统输出时，不得折为标准煤从输入原料煤和燃料煤中扣除，而应计入输出能量中。

5.1.4 合成氨生产所必须的安全、环保措施消耗的能量(如硫磺回收、油回收、污水处理等的能耗)，应计入合成氨能耗。

5.1.5 合成氨联醇、联碱、联电等多用户共享的原料、公用工程(蒸汽、含能工质等)能耗，应按有关规定合理分摊。

5.1.6 大修、库损等消耗的能量，应按月分摊。

5.2 计算方法

5.2.1 合成氨综合能耗计算公式

合成氨综合能耗等于合成氨生产过程中所输入的各种能量减去向外输出的各种能量，按式(1)计算：

$$E=\sum_{i=1}^{n}(E_i\times k_i)-\sum_{j=1}^{m}(E_j\times k_j) \quad\cdots\cdots(1)$$

式中：

E——合成氨综合能耗，单位为吨标准煤(tce)；

E_i——合成氨生产过程中输入的第 i 种能源实物量，单位为吨(t)或千瓦时(kW·h)或立方米(m^3)；

k_i——输入的第 i 种能源的折标准煤系数，单位为吨标准煤每千瓦时[tce/(kW·h)]或吨标准煤每吨(tce/t)或吨标准煤每立方米(tce/m^3)；

n——输入的能源种类数量；

m——输出的能源种类数量；

E_j——合成氨生产过程中输出的第 j 种能源实物量，单位为吨(t)或千瓦时(kW·h)或立方米(m^3)；

k_j——输出的第 j 种能源的折标准煤系数，单位为吨标准煤每千瓦时[tce/(kW·h)]或吨标准煤每吨(tce/t)或吨标准煤每立方米(tce/m^3)。

5.2.2 合成氨单位产品综合能耗计算公式

合成氨单位产品综合能耗等于报告期内合成氨综合能耗除以报告期内合成氨产量，按式(2)计算：

$$e=\frac{E}{M} \tag{2}$$

式中：

e——合成氨单位产品综合能耗，单位为吨标准煤每吨(tce/t)；

E——报告期内合成氨综合能耗，单位为吨标准煤(tce)；

M——报告期内合成氨产量，单位为吨(t)，计算方法见附录 A。

5.2.3 各种能源(天然气、煤、电、蒸汽)的热值应按 GB/T 2589 综合能耗计算通则折算为统一的计量单位——标准煤，各种能源折标准煤系数以企业在报告期内实测的热值计算为准。煤和天然气等发热量测定方法按 GB/T 213 和 GB/T 11062 执行。

5.2.4 合成氨单位产品综合能耗的计算方法见附录 B。

6 节能管理与措施

6.1 节能基础管理

6.1.1 建立健全能源管理组织机构，对节能工作进行组织、管理、监督、考核和评价。

6.1.2 制定行之有效的节能制度和措施，强化责任制，建立健全节能责任考核体系。

6.1.3 执行 GB 17167，合理配备和用好能源计量器具和仪器仪表，使计量设备处于良好状态；对基础数据进行有效的检测、度量和计算，确保能源基础数据的准确性和完整性。

6.1.4 执行 GB/T 3484 科学、有效地组织能源统计工作，确保能源统计数据的准确性与及时性，做好能源消费和利用状况的统计分析，定期发布，并做好能源统计资料的管理与归档工作。

6.2 节能技术管理

6.2.1 经济运行

6.2.1.1 企业应使生产通用设备达到经济运行的状态，对电动机的经济运行管理应符合 GB/T 12497 的规定；对风机、泵类和空气压缩机的经济运行管理应符合 GB/T 13466 的规定；对电力变压器的经济运行管理应符合 GB/T 13462 的规定。

6.2.1.2 企业应加强设备的检修、维护工作，提高设备的负荷率，使其长周期运行；应使生产转动设备合理匹配，经济运行；应使静止设备处于高效率低能耗运行状态；应按照合理用能的原则，对各种热能科学使用，梯级利用；对余热和余压，加强回收和利用；对各种带热(冷)设备和管网应加强维护管理，防止跑、冒、滴、漏的现象发生。

6.2.2 节能技术

6.2.2.1 开发利用高效节能的新技术、新工艺、新设备。

6.2.2.2 推进清洁生产，提高资源利用效率，减少污染物排放量。

6.2.2.3 推广热电联产，提高热电机组的利用率。

6.2.2.4 推广“三废”综合利用技术。

6.2.2.5 推广高效率的气化、净化、合成技术。

6.2.2.6 淘汰高能耗、高污染的工艺和设备。

6.3 监督与考核

建立能耗测试、能耗统计、能源平衡和能耗考核结果的文件档案，并对文件进行受控管理。

附 录 A
（规范性附录）
合成氨产量计算方法

A.1 计算范围及方法

合成氨产量以液态氨为最终计量状态，按实物量计算。

合成氨产量包括：厂内各用氨单位的使用量、销售的商品液氨量、合成氨生产过程中的自用量（净化与脱硫用）以及氨罐弛放气、合成放空气、中间槽解析气等气体回收的氨水含氨量（按回收产品折氨100%计）。

合成氨产量不包括：冰机自用氨损失量；净化、氨水脱硫回收的氨水含氨量；碳化清洗塔及回收塔出来的氨水含氨量。

合成氨产量可采用仪表计量或以最终含氮产品的产量折算。

A.1.1 仪表计量产量

为保证液氨流量表准确计量，氨流量表前应安装中间槽用以减压解析液氨中溶解的气体，并对流量表进行温度压力补偿。当企业既有氨产量总氨表，又有各用户的使用量分表时，总表必须与分表平衡，不得超过液氨流量表允许误差值。

A.1.2 以最终含氮产品计算合成氨产量

以最终含氮产品计算合成氨产量时，按含氮产品的实际含量折算氨产量。

计算公式如下：

$$M=\frac{\sum_{i=1}^{n}N_i\times\gamma_i}{0.822\,45\times0.96}+\frac{\sum M_1\times\delta}{0.96}+M_2+M_3+M_4 \qquad (A.1)$$

式中：

M——报告期内合成氨产量，单位为吨（t）；

N——报告期生产的各批合格和不合格化肥实物量，单位为吨（t）；

γ——各批化肥的实际含氮量，数值以%表示，以实测为准（以干基分析含氮量时，应从实物量中扣掉水分）；

M_1——报告期内各批合格和不合格氨水实物量，单位为吨（t）；

δ——报告期内各批氨水含氨量，数值以%表示；

0.96——氨的利用率；

0.822 45——氨的理论含氮量；

M_2——自用氨量，单位为吨（t）；

M_3——商品液氨量，以装瓶或装车量为准，单位为吨（t）；

M_4——氨库期末与期初之差，单位为吨（t）。

当合成氨生产过程用氨的各用户均有氨计量表时，自用氨量以表记值为准；当各用户无表计量时，对自用氨规定如下：铜洗自用氨量为总氨量的0.4%，铜洗后氨洗的自用氨量为总氨量的0.5%，脱硫工艺自用氨为总氨量的1%。

氨水折氨量包括：直接用合成吹出气、中间槽解析气、氨罐弛放气回收生产的合格和不合格农业氨水和工业氨水。氨水折氨量不包括：净化（铜洗）、脱硫回收的氨水、碳化清洗塔及回收塔出来的氨水，也不包括净化（铜洗）和脱硫的自用氨水，及排放掉的合格或不合格的氨水。

附 录 B
（规范性附录）
合成氨单位产品综合能耗计算方法

B.1 合成氨单位产品综合能耗

系指报告期内合成氨综合能耗与报告期内合成氨产量之比。

计算公式如下：

$$e=\frac{E}{M} \tag{B.1}$$

$$E=\sum_{i=1}^{n}(E_i\times k_i)-\sum_{j=1}^{m}(E_j\times k_j) \tag{B.2}$$

式中：

e——合成氨单位产品综合能耗，单位为吨标准煤每吨(tce/t)；

E——合成氨综合能耗，单位为吨标准煤(tce)；

M——报告期内合成氨产量，单位为吨(t)；

E_i——合成氨生产过程中输入的第 i 种能源实物量，单位为吨(t)或千瓦时(kW·h)或立方米(m^3)；

k_i——输入的第 i 种能源的折标准煤系数，单位为吨标准煤每千瓦时[tce/(kW·h)]或吨标准煤每吨(tce/t)或吨标准煤每立方米(tce/m^3)；

n——输入的能源种类数量；

m——输出的能源种类数量；

E_j——合成氨生产过程中输出的第 j 种能源实物量，单位为吨(t)或千瓦时(kW·h)或立方米(m^3)；

k_j——输出的第 j 种能源的折标准煤系数，单位为吨标准煤每千瓦时[tce/(kW·h)]或吨标准煤每吨(tce/t)或吨标准煤每立方米(tce/m^3)。

电折标准煤系数为 0.122 9[kgce/(kW·h)]，其他能源(天然气、煤、蒸汽等)的折标准煤系数以企业在报告期内实测的热值计算为准。煤和天然气等发热量测定方法按 GB/T 213 和 GB/T 11062 执行。

B.2 合成氨单位产品耗入炉原料煤

系指报告期内合成氨耗入炉原料煤总量折标准煤与报告期内合成氨产量之比。

B.2.1 计算公式

$$e_m=\frac{E_m}{M} \tag{B.3}$$

$$E_m=\sum_{i=1}^{n}(E_{mi}\times k_i) \tag{B.4}$$

$$k_i=\frac{Q_i}{\alpha} \tag{B.5}$$

式中：

e_m——合成氨单位产品耗入炉原料煤，单位为吨标准煤每吨(tce/t)；

M——报告期内合成氨产量，单位为吨(t)；

E_m——报告期内合成氨耗标准入炉原料煤总量，单位为吨标准煤(tce)；

E_{mi}——报告期内第 i 批入炉原料煤实物量，单位为吨(t)；

k_i——第 i 批入炉原料煤折标准煤系数；

n——入炉原料煤批次；

Q_i——第 i 批入炉原料煤低位发热量，单位为兆焦每千克(MJ/kg)，测量方法参考 GB/T 213；

α——标准煤低位发热量，其值为 29.307 6 兆焦每千克(MJ/kg)。

B.2.2 入炉原料煤计算范围

B.2.2.1 标准入炉原料煤总量是指报告期内各批投入造气炉的原料煤折标准煤之和，不包括入炉前筛出的粉煤、煤矸石和造气炉的返炭(返焦)。

B.2.2.2 多用户共享的原料气时，应按各产品有效气体用量分摊原料煤耗。

B.2.2.3 合成氨联产甲醇的企业，氨与粗甲醇(折 100%甲醇)单位产品消耗原料的比，按 1∶1.06 分摊共用的原料。合成氨耗标准入炉原料煤分摊计算公式：

$$E_{nm} = E_{znm} \times \frac{M}{1.06 \times N \times x + M} \qquad \text{(B.6)}$$

式中：

E_{nm}——报告期内合成氨耗标准入炉原料煤总量，单位为吨标准煤(tce)；

E_{znm}——报告期内标准入炉原料煤总量，单位为吨标准煤(tce)；

M——报告期内合成氨产量，单位为吨(t)；

N——报告期内粗甲醇实物产量，单位为吨(t)；

x——报告期内粗甲醇中甲醇的平均含量，质量分数数值以%表示。

B.3 合成氨单位产品耗天然气

系指报告期内合成氨耗天然气总量与报告期内合成氨产量之比。

B.3.1 计算公式

$$e_g = \frac{E_g}{M} \qquad \text{(B.7)}$$

式中：

e_g——报告期内合成氨单位产品耗天然气，单位为立方米每吨(m^3/t)；

E_g——报告期内合成氨耗天然气总量，单位为立方米(m^3)；

M——报告期内合成氨产量，单位为吨(t)；

B.3.2 计算范围

"合成氨耗天然气总量"包括用于原料和燃料的天然气。

B.3.3 使用焦炉气、炼厂气、煤田气等制氨，计算方法同 B.3.1。

B.4 合成氨单位产品耗标准燃料煤

系指报告期内合成氨耗燃料煤总量折标准煤与报告期内合成氨产量之比。

B.4.1 合成氨耗燃料煤系指实际投入锅炉的燃料煤，不包括掺烧的造气炉返炭(返焦)和锅炉炉渣等。

B.4.2 锅炉生产的(或外购的)蒸汽为多产品使用时，应按各用户消耗的蒸汽热量分摊燃料煤或外(购蒸汽)的消耗量。合成氨消耗的蒸汽量，包括合成氨生产系统和辅助、附属生产系统所用的蒸汽总量。合成氨生产过程副产的蒸汽不计消耗量，放空或输出的蒸汽也不从消耗中扣除。输出蒸汽热量应计入输出能源。

B.4.3 蒸汽来自企业自备电厂时，应合理分摊自备电厂的燃料煤消耗。

B.4.4 合成氨联产甲醇企业，单位产品合成氨耗燃料煤与单位产品粗甲醇(100%)耗燃料煤的比按1∶1.06分摊公共燃料煤消耗。

B.4.5 外购蒸汽按购入蒸汽的焓值折标准煤，不考虑锅炉效率。

B.5 合成氨单位产品耗电

系指报告期内合成氨耗电总量与报告期内合成氨产量之比。

“合成氨耗电总量”包括合成氨生产系统和辅助、附属生产系统、贮运和码头系统的消耗和损失的电量，也包括生产系统中的事故检修、计划中小修和年度大修耗电，不包括基建项目用能和生活用能(生活用能是指企业系统内的宿舍、学校、文化娱乐、医疗保健、商业服务和托儿幼教等方面用能)。以电表计量为准。

B.5.1 合成氨联产甲醇企业，按单位合成氨耗电与单位粗甲醇(100%)耗电比按1∶0.8分摊公共电耗量。

B.5.2 合成氨热电联产企业：当热电系统全部用合成氨余热、余压发电时，合成氨的耗电量不扣减余热发电量，其发电量计入合成氨输出能源。当热电系统全部或部分利用外购燃料煤发电时，热电系统独立核算，合成氨的耗电量也不扣减自发电量，用于热电联产的合成氨余热、余压的热量，计入合成氨输出能源。

B.5.3 合成氨联产碳铵企业的碳铵工段(属合成氨的脱碳过程)耗电应全部计入合成氨耗电。

B.5.4 合成氨联产纯碱企业采用浓气制碱工艺时，与合成氨系统相对独立的，不存在电耗的分摊；变换气制碱工艺的重碱工段电耗应全部计入碱生产的电耗。

B.6 单位合成氨各种输出能源

系指报告期内合成氨系统输出的各种能源折标准煤之和与报告期内合成氨产量之比。

B.6.1 合成氨吹出气、弛放气、解析气作为能源(原料、燃料)供其他产品或装置使用的(包括作为民用燃料气使用的)按实测低位发热值计入输出能源。

B.6.2 合成氨系统输出的物料(造气炉排出的炉渣、干灰、湿灰和锅炉排出的炉渣等)作为能源供其他产品或装置使用的(如制蜂窝煤、煤球，烧制砖瓦，作热电厂燃料等)按实测低位发热值计入输出能源。

B.6.3 蒸汽锅炉或自备电厂全部利用合成氨系统余热(含自产的炉渣、废气、热水)、余压发电、产汽时(不掺烧其他外购燃料)，其外供蒸汽和外供电量分别折标准煤计入合成氨输出能源。全部为余热自发电量折标准煤系数为0.122 9 kgce/(kW·h)。

B.6.4 利用合成氨生产中的余热来预热物料(或生产用水)，供其他产品或装置使用的(按回收热能量)。回收热能量Q计算公式(B.8)为：

$$Q = D \times C \times (T_{出} - T_{入}) \qquad \text{(B.8)}$$

式中：

D——被预热的物料量，单位为千克(kg)；

C——为被预热物料的比热，单位为兆焦每千克摄氏度[MJ/(kg·℃)]；

$T_{出}$、$T_{入}$——为被预热物料出、入合成氨系统的温度，单位为摄氏度(℃)；

B.6.5 合成氨系统外送冷凝液(热水)供其他产品或用户使用的(包括用于生活目的)，可作为输出能源按其利用热量从综合能耗中扣除(向外输送冷凝液或热水所耗用的电力也应扣除)。计算式见式(B.9)：

$$Q = W \times C \times (T_{出} - T_{环}) \quad \cdots\cdots(B.9)$$

式中：

W——合成氨系统外送冷凝液(或热水)量，单位为千克(kg)；

C——外送冷凝液(或热水)量的比热，单位为兆焦每千克摄氏度[MJ/(kg·℃)]；

$T_{出}$——外送冷凝液(热水)温度，单位为摄氏度(℃)；

$T_{环}$——报告期平均环境温度，单位为摄氏度(℃)。

ICS 27.010
F 01

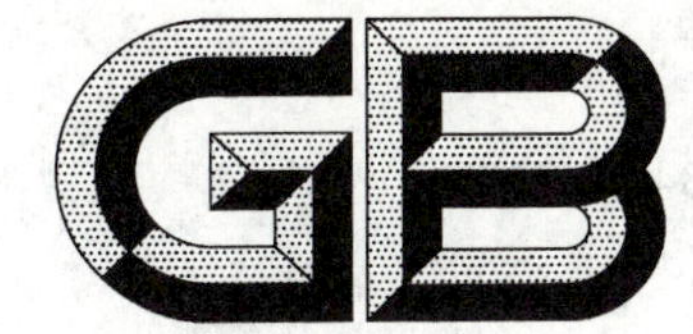

中华人民共和国国家标准

GB 21345—2008

黄磷单位产品能源消耗限额

The norm of energy consumption per unit product of yellow phosphorus

2008-01-09 发布　　2008-06-01 实施

中华人民共和国国家质量监督检验检疫总局
中国国家标准化管理委员会　发布

前　言

本标准的 4.1 和 4.2 为强制性的，其余为推荐性的。

本标准附录 A 为规范性附录，附录 B 为资料性附录。

本标准由国家发展和改革委员会资源节约和环境保护司、国家标准化管理委员会工业标准一部提出。

本标准由全国能源基础与管理标准化技术委员会归口。

本标准主要起草单位：中国石油和化学工业协会、中国无机盐工业协会。

本标准主要起草人：王佩琳、卢柏廷、周献慧、侯永胜。

黄磷单位产品能源消耗限额

1 范围

本标准规定了黄磷单位产品能源消耗(以下简称能耗)限额的要求、统计范围和计算方法、节能管理与措施。

本标准适用于电炉法黄磷生产企业能耗的计算、考核,以及对新建装置的能耗控制。

2 规范性引用文件

下列文件中的条款通过本标准的引用而成为本标准的条款。凡是注日期的引用文件,其随后所有的修改单(不包括勘误的内容)或修订版均不适用于本标准,然而,鼓励根据本标准达成协议的各方研究是否可使用这些文件的最新版本。凡是不注日期的引用文件,其最新版本适用于本标准。

GB/T 2589 综合能耗计算通则

GB 7816 工业黄磷

GB/T 12497 三相异步电动机经济运行

GB/T 13462 工矿企业电力变压器经济运行导则

GB/T 13466 交流电气传动风机(泵类、空气压缩机)系统经济运行通则

GB 17167 用能单位能源计量器具配备和管理通则

GB 18613 中小型三相异步电动机能效限定值及能效等级

GB 19153 容积式空气压缩机能效限定值及节能评价值

GB 19761 通风机能效限定值及节能评价值

GB 19762 清水离心泵能效限定值及节能评价值

GB 20052 三相配电变压器能效限定值及节能评价值

3 术语和定义

下列术语和定义适用于本标准。

3.1

黄磷生产界区 the production area of yellow phosphorus

从磷矿、焦炭、硅石、电力、蒸汽等原材料和能源经计量进入开始,到成品黄磷计量入库和黄磷“三废”经处理送出为止,整个电炉法黄磷产品的生产过程。生产界区由生产系统、辅助生产系统和附属生产系统设施三部分组成。

3.2

黄磷生产系统 the production system of yellow phosphorus

从磷矿、焦炭、硅石经计量并进入其仓库的输送设备、外供电经计量进入电炉变压器及动力变压器开始,到黄磷尾气、各种废气、废水及固体废物经处理后送出和成品黄磷包装入库为止,有关工序组成完整的工艺过程、设施及设备。

3.3

黄磷辅助生产系统 the production assistant system of yellow phosphorus

为生产系统工艺装置配置的设施和设备,其中包括供电、机修、供水、供气、采暖、制冷、仪表等和厂内原料场地以及安全消防装置。

3.4

黄磷附属生产系统　the production accessory system of yellow phosphorus

为生产系统专门配置的生产指挥系统(厂部)和厂区内为生产服务的部门和单位,其中包括办公室、调度室、休息室、更衣室、浴室、中控分析、成品检验等的生产界区内设施和设备。

3.5

黄磷产品综合能耗　the comprehensive energy consumption of yellow phosphorus

在报告期内黄磷产品生产全部过程中的能源消耗总量。即生产系统、辅助生产系统和附属生产系统的各种能源消耗量和损失量,包括作为原料、材料的能源消耗;不包括基建、技改等项目建设消耗的、生产界区内回收利用的和向外输出的能源量。

3.6

黄磷单位产品综合能耗　the comprehensive energy consumption per unit product of yellow phosphorus

用黄磷单位产品产量表示的综合能耗。

3.7

黄磷单位产品电耗　the electric consumption per unit product of yellow phosphorus

用黄磷单位产品产量表示消耗的电量,包括黄磷单位产品电炉电耗和生产系统动力设备和照明等的耗电量、以及黄磷产品分摊的辅助生产系统和附属生产系统动力设备和照明等的耗电量。

3.8

黄磷单位产品电炉电耗　the electric consumption of electric furnace per unit product of yellow phosphorus

用黄磷单位产品产量表示的电炉直接加热消耗的电量,不包括电炉工序动力设备和照明等的耗电量。

3.9

黄磷电炉还原用的单位产品标准焦耗　the standard coke consumption per unit product of yellow phosphorus

电炉还原反应所用炭素原料(焦炭、无烟煤等),按其含碳量折算成黄磷单位产品产量含84%固定碳的焦炭消耗量。

3.10

配合炉料　matched furnace charge

进入黄磷电炉的磷矿和硅石混合物。

3.11

配合炉料组分含量　the composition of matched furnace charge

配合炉料中五氧化二磷、二氧化硅、三氧化二铁的某组分质量与磷矿及硅石质量之和的比值(%)。

3.12

黄磷尾气　exhausting gas of yellow phosphorus

在黄磷生产过程中,收取黄磷产品后燃烧排放或利用前的电炉炉气,包括收磷后未经净化处理的尾气(初始黄磷电炉尾气)和经过净化处理后燃烧排放或利用前的尾气。

3.13

黄磷尾气利用率　utilization ratio of exhausting gas of yellow phosphorus

在生产界区内外用作燃料和生产各种化工产品的黄磷尾气量占总黄磷尾气量的百分数。

3.14

泥磷　sludge phosphor

黄磷生产和使用过程中产生的含元素磷的污泥和含较多污泥杂质的黄磷。

4 要求

4.1 现有黄磷装置单位产品能耗限额限定值

现有黄磷装置单位产品能耗限额指标包括黄磷单位产品综合能耗、单位产品电耗和单位产品电炉电耗，其能耗限额限定值应符合表1要求。

表1 现有黄磷装置单位产品能耗限额限定值

单位产品综合能耗限额限定值/(tce/t)	单位产品电耗限额限定值/(kW·h/t)	单位产品电炉电耗限额限定值/(kW·h/t)
≤3.60	≤14 200	≤13 800
注：当磷矿采用烧结或焙烧工艺时，单位产品综合能耗限额限定值增加0.9 tce/t，单位产品电耗限额限定值增加800 kW·h/t。		

4.2 新建黄磷装置单位产品能耗限额准入值

4.2.1 新建黄磷装置能耗限额准入值应符合表2要求。

表2 新建黄磷装置单位产品能耗限额准入值

单位产品综合能耗限额准入值/(tce/t)	单位产品电耗限额准入值/(kW·h/t)	单位产品电炉电耗限额准入值/(kW·h/t)
≤3.20	≤13 500	≤13 200
注：当磷矿采用烧结或焙烧工艺时，单位产品综合能耗限额准入值增加0.7 tce/t，单位产品电耗限额准入值增加600 kW·h/t。		

4.2.2 新建黄磷装置除满足表2要求外，还应同时符合以下规定：

a) 新建单台黄磷装置电炉变压器容量应不小于 2×10^4 kV·A；

b) 新建黄磷装置的黄磷尾气利用率应不小于90%；

c) 新建黄磷装置的电炉炉渣利用率应不小于95%。

4.3 黄磷单位产品能耗限额先进值

黄磷装置单位产品能耗限额先进值应达到表3要求。

表3 黄磷单位产品能耗限额先进值

单位产品综合能耗限额先进值/(tce/t)	单位产品电耗限额先进值/(kW·h/t)	单位产品电炉电耗限额先进值/(kW·h/t)
≤3.0	≤13 200	≤12 900
注：当磷矿采用烧结或焙烧工艺时，单位产品综合能耗限额先进值增加0.5 tce/t，单位产品电耗限额先进值增加400 kW·h/t。		

5 统计范围和计算方法

5.1 能耗数据统计范围

5.1.1 黄磷产品综合能耗是指在报告期内生产黄磷产品实际消耗的各种能源量，经综合计算后得到的能源消耗量；即在报告期内黄磷生产界区实际消耗的一次能源量(如煤炭、石油、天然气等)、二次能源量(电力、焦炭、煤气、电石、炭素制品、蒸汽等)和耗能工质(如水、氧气、氮气、压缩空气等)；不包括自产的耗能工质，但包括其所消耗的能源。

5.1.2 黄磷生产界区外企业的辅助生产系统、附属生产系统能源消耗量和损失量应按消耗比例法分摊在产品综合能耗中。

5.1.3　碳素砖、润滑油的消耗不计入产品综合能耗中。

5.1.4　焦炭(或无烟煤)消耗以实际入炉量加损失量计算，调出的焦(煤)粉不计入总能耗中。供辅助、附属生产系统的焦(煤)粉按比例分摊法计入产品总能耗中。

5.1.5　黄磷生产界区内回收本界区内产生的余热、余能及化学反应热，不计入能源消耗量中。供界区外装置回收利用的能源，应按其实际回收的能量从本界区能耗中扣除。

5.2　统计方法

5.2.1　各种能源的热值应折合为标准煤。在报告期内实测的企业消耗的一次能源量，均按低(位)发热量换算为标准煤量。没有实测条件的，采用附录B中各种能源折标准煤参考系数。

5.2.2　统计的各种参数必须在同一报告期内。

5.2.3　能源消耗量的统计、核算应包括各个生产环节和系统，既不应重复，又不应漏计。

5.2.4　企业综合能耗的统计、核算必须按相关的国家标准、核算规程执行，由企业的归口(专业)部门完成。

5.3　计算方法

5.3.1　综合能耗的计算应符合GB/T 2589的规定。

5.3.2　黄磷产品综合能耗按式(1)计算：

$$E_{PZ}=E_{PS}+E_{PFF}-E_{PW} \quad \cdots\cdots (1)$$

式中：

E_{PZ}——报告期内黄磷产品综合能耗，单位为吨标准煤(tce)；

E_{PS}——报告期内黄磷生产系统综合能耗，单位为吨标准煤(tce)；

E_{PFF}——报告期内黄磷辅助生产系统、附属生产系统的能耗摊入量和损失量，单位为吨标准煤(tce)；

E_{PW}——报告期内向黄磷生产界区外输出的综合能源量，单位为吨标准煤(tce)。

E_{PS}、E_{PFF}和E_{PW}的计算方法见附录A中A.2。

5.3.3　黄磷单位产品综合能耗按式(2)计算：

$$E_{PZD}=\frac{E_{PZ}}{P_P} \quad \cdots\cdots (2)$$

式中：

E_{PZD}——黄磷单位产品综合能耗，单位为吨标准煤每吨(tce/t)；

P_P——报告期内黄磷产量，单位为吨(t)。

P_P的计算方法见附录A中A.1。

5.3.4　黄磷单位产品电耗按式(3)计算：

$$Q_{PZD}=\frac{Q_{PZ}}{P_P} \quad \cdots\cdots (3)$$

式中：

Q_{PZD}——黄磷单位产品电耗，单位为千瓦时每吨(kW·h/t)；

Q_{PZ}——黄磷产品消耗的电量，即报告期内黄磷生产过程中电炉所耗电量和动力及照明所耗电量，单位为千瓦时(kW·h)。

Q_{PZ}的计算方法见附录A中A.3。

5.3.5　黄磷单位产品电炉电耗按式(4)计算：

$$Q_{PLD}=\frac{Q_{PL}}{P_P} \quad \cdots\cdots (4)$$

式中：

Q_{PLD}——黄磷单位产品电炉电耗，单位为千瓦时每吨(kW·h/t)；

Q_{PL}——黄磷产品电炉所耗电量，即报告期内黄磷生产过程中电炉所消耗的电量，单位为千瓦时(kW·h)。

Q_{PL}的计算方法见附录 A 中 A.3。

6 节能管理与措施

6.1 节能基础管理

6.1.1 企业应定期对黄磷产品综合能耗、黄磷单位产品综合能耗、黄磷单位产品电耗和黄磷单位产品电炉电耗进行考核，并把考核指标分解落实到各基层部门，建立用能责任制度。

6.1.2 企业应根据 GB 17167 配备能源计量器具并建立能源计量管理制度。

6.2 节能技术管理

企业应建立能耗测试数据、能耗计算和能耗考核结果的文件档案，并对文件进行受控管理。

6.2.1 经济运行

企业生产通用设备应在经济状态运行，对电动机的经济运行管理应符合 GB/T 12497 的规定；对交流电气传动风机（泵类、空气压缩机）系统的经济运行管理应符合 GB/T 13466 的规定；对电力变压器的经济运行管理应符合 GB/T 13462 的规定。

对各种管网应加强维护管理，防止跑、冒、滴、漏的现象发生。

6.2.2 电炉工序

a) 加强原料管理，稳定操作，使炉况在最佳状态运行，保证电炉完好；

b) 黄磷炉气采用先进除尘技术，减少泥磷量，提高产量，降低电耗；

c) 改进设备，提高设备效率，降低热损失。

6.2.3 收磷工序

改革工艺，提高磷的收得率。

6.2.4 资源回收和综合利用

a) 加强泥磷管理和处理，回收黄磷；

b) 大力开展综合利用，提高黄磷尾气的利用率；

c) 清污分流、冷热分流，提高水的循环使用率和污水处理的质量，减少污水量；

d) 加强炉渣及其废热的综合利用。

6.2.5 耗能设备

a) 企业应提高电机系统通用设备的能效，用高效节能设备更新淘汰低效率设备。电动机的能效应达到 GB 18613 节能评价值的水平；清水离心泵的能效应达到 GB 19762 节能评价值的水平；通风机的能效应达到 GB 19761 节能评价值的水平；容积式空气压缩机的能效应达到 GB 19153 节能评价值的水平。

b) 企业应提高变电和配电设备的能效，配电变压器的能效应达到 GB 20052 节能评价值的水平。

附 录 A
（规范性附录）
计 算 公 式

A.1 黄磷产量的计算

A.1.1 黄磷产量按式(A.1)计算：

$$P_P = P_{PZ} + P_{PS} + P_{PH} - P_{PWN} \qquad \text{(A.1)}$$

式中：

P_P——报告期内黄磷产品产量，单位为吨(t)；

P_{PZ}——符合 GB 7816 标准的产品和泥磷回收的黄磷量，单位为吨(t)；

P_{PS}——泥磷制磷酸折合的黄磷量，单位为吨(t)；

P_{PH}——泥磷制其他化学品折合的黄磷量，单位为吨(t)；

P_{PWN}——外购泥磷回收的产品黄磷量或制磷酸和其他化学品折合的磷量，单位为吨(t)。

A.1.2 泥磷制磷酸折合的黄磷量 P_{PS} 按式(A.2)计算：

$$P_{PS} = 0.316\,3 \times N_S \times P_S - P_{PW} \qquad \text{(A.2)}$$

式中：

N_S——泥磷制磷酸的质量分数，以%表示；

P_S——泥磷制磷酸的产量，单位为吨(t)；

P_{PW}——外加的黄磷量，单位为吨(t)。

A.1.3 泥磷制其他化学品折合的黄磷量 P_{PH} 按式(A.3)计算：

$$P_{PH} = N_H \times P_H - P_{PW} \qquad \text{(A.3)}$$

式中：

N_H——其他化学品中的磷质量分数，以%表示；

P_H——泥磷制得的其他化学品产量，单位为吨(t)。

A.2 黄磷产品综合能耗的计算

A.2.1 黄磷生产系统综合能耗 E_{PS} 按式(A.4)计算：

$$E_{PS} = E_{PT} + \sum_{i=1}^{n} (e_{ips} \times k_i) \qquad \text{(A.4)}$$

式中：

E_{PT}——黄磷电炉还原用炭素的综合能耗，单位为吨标准煤(tce)；

e_{ips}——黄磷生产系统消耗的除还原反应用炭素以外某种能源消耗量，单位为吨(t)或千瓦时(kW·h)或立方米(m^3)；

k_i——某种能源折算标准煤系数，单位为吨标准煤每千瓦时[tce/(kW·h)]或吨标准煤每吨(tce/t)或吨标准煤每立方米(tce/m^3)；

n——能源总数。

A.2.2 黄磷辅助生产系统、附属生产系统的能耗和损失摊入量 E_{PFF} 按式(A.5)计算：

$$E_{PFF} = \sum_{i=1}^{n} (e_{ipff} \times k_i) \qquad \text{(A.5)}$$

式中：

e_{ipff}——黄磷辅助生产系统、附属生产系统消耗的某种能源能耗和损失摊入量，单位为吨(t)或千瓦时(kW·h)或立方米(m^3)。

A.2.3 输出的综合能源量 E_{PW} 按式(A.6)计算:

$$E_{PW}=\sum_{i=1}^{n}(e_{ipw}\times k_i) \quad \cdots\cdots(A.6)$$

式中:

e_{ipw}——向黄磷生产界区外输出的某种能源实物量,单位为吨(t)或千瓦时(kW·h)或立方米(m^3)。

A.3 黄磷产品所耗电量计算

A.3.1 黄磷产品电耗 Q_{PZ} 按式(A.7)计算:

$$Q_{PZ}=Q_{PL}+Q_{PD} \quad \cdots\cdots(A.7)$$

式中:

Q_{PL}——黄磷产品电炉所耗电量,即报告期内黄磷生产过程中电炉所消耗的电量,单位为千瓦时(kW·h);

Q_{PD}——黄磷产品动力和照明所耗电量,单位为千瓦时(kW·h)。

A.3.2 黄磷产品电炉所耗电量 Q_{PL} 按式(A.8)计算:

$$Q_{PL}=Q_L+\sum_{i=1}^{m}q_{ibs}-Q_K\times P_P \quad \cdots\cdots(A.8)$$

式中:

Q_L——实际用于黄磷电炉加热的电量,单位为千瓦时(kW·h);

q_{ibs}——黄磷电炉变压器损耗及其供电线路损耗量、总供电线路损耗分摊量,单位为千瓦时(kW·h);

m——各种损耗及损耗分摊数;

Q_K——磷矿质量对每吨黄磷电炉电耗影响量,单位为千瓦时每吨(kW·h/t)。

A.3.3 磷矿质量对每吨黄磷电炉电耗影响量 Q_K 按式(A.9)计算:

$$Q_K=\frac{170\ 000}{N_1-0.5}+\left(\frac{7\ 750}{N_1-8}-76\right)\times N_2+\left(\frac{3\ 200}{N_1-3.5}+8\right)\times N_3-7\ 234 \quad \cdots\cdots(A.9)$$

式中:

N_1——配合炉料中 P_2O_5 平均质量分数,以%表示;

N_2——配合炉料中 Fe_2O_3 平均质量分数,以%表示;

N_3——配合炉料中 CO_2 平均质量分数,以%表示。

A.3.4 配合炉料组分 P_2O_5、Fe_2O_3、CO_2 平均质量分数按式(A.10)计算:

$$N_i=\frac{W_X}{1+M_G} \quad \cdots\cdots(A.10)$$

式中:

N_i——分别为配合炉料中某组分(i 为1、2、3)P_2O_5、Fe_2O_3、CO_2 的平均质量分数,以%表示;

W_X——分别为报告期期内磷矿中 P_2O_5、Fe_2O_3、CO_2 加权平均质量分数,以%表示;

M_G——报告期内配合炉料中硅石与磷矿的质量之比。

A.3.5 黄磷产品动力和照明电耗 Q_{PD} 按式(A.11)计算:

$$Q_{PD}=\sum_{i=1}^{n_1}q_{ids}+\sum_{i=1}^{n_2}q_{iffd} \quad \cdots\cdots(A.11)$$

式中:

q_{ids}——黄磷生产系统动力和照明所耗电量及其损耗量,单位为千瓦时(kW·h);

q_{iffd}——黄磷分摊的辅助生产系统、附属生产系统的动力和照明所耗电量及其电力损耗量,单位为千瓦时(kW·h);

n_1——黄磷生产系统动力和照明用电数;

n_2——黄磷辅助生产系统、附属生产系统动力和照明用电数。

A.4 黄磷电炉还原用炭素原料综合能耗的计算

A.4.1 黄磷电炉还原反应用炭素的标准焦耗 E_{JB} 按式(A.12)计算：

$$E_{JB}=\frac{\sum_{i=1}^{l}(e_{it}\times w_{it})}{84\%} \qquad \cdots\cdots(A.12)$$

式中：

e_{it}——黄磷电炉还原用炭素原料(焦炭、无烟煤等)的实物量,单位为吨(t)；

w_{it}——某种还原反应用炭素原料(焦炭、无烟煤等)的固定碳质量分数,%；

l——还原用炭素原料总数。

A.4.2 黄磷电炉还原用炭素综合能耗 E_{PT} 按式(A.13)计算：

$$E_{PT}=E_{JB}\times 0.9714 \qquad \cdots\cdots(A.13)$$

式中：

0.971 4——焦炭折标准煤系数,单位为吨标准煤(tce)。

附 录 B
（资料性附录）
各种能源折标准煤参考系数

B.1 各种能源折标准煤参考系数(见表 B.1)

表 B.1 各种能源折标准煤参考系数

能源名称		平均低位发热量	折标准煤系数
原煤		20 908 kJ/kg(5 000 kcal/kg)	0.714 3 kgce/kg
洗精煤		26 344 kJ/kg(6 300 kcal/kg)	0.900 0 kgce/kg
其他洗煤	a) 洗中煤	8 363 kJ/kg(2 000 kcal/kg)	0.285 7 kgce/kg
	b) 煤泥	8 363 kJ/kg～12 545 kJ/kg(2 000 kcal/kg～3 000 kcal/kg)	0.285 7 kgce/kg～0.428 6 kgce/kg
焦炭		28 435 kJ/kg(6 800 kcal/kg)	0.971 4 kgce/kg
电极糊		25 090 kJ/kg(6 000 kcal/kg)	0.857 1 kgce/kg
石墨电极		33 871 kJ/kg(8 100 kcal/kg)	1.157 1 kgce/kg
原油、燃料油		41 816 kJ/kg(10 000 kcal/kg)	1.428 6 kgce/kg
汽油		43 070 kJ/kg(10 300 kcal/kg)	1.471 4 kgce/kg
煤油		43 070 kJ/kg(10 300 kcal/kg)	1.471 4 kgce/kg
柴油		42 652 kJ/kg(10 200 kcal/kg)	1.457 1 kgce/kg
液化石油气		50 179 kJ/kg(12 000 kcal/kg)	1.714 3 kgce/kg
炼厂干气		46 055 kJ/kg(11 000 kcal/kg)	1.571 4 kgce/kg
油田天然气		38 931 kJ/m^3(9 310 kcal/m^3)	1.330 0 kgce/m^3
气田天然气		35 544 kJ/m^3(8 500 kcal/m^3)	1.214 3 kgce/m^3
煤矿瓦斯气		14 636 kJ/m^3～16 726 kJ/m^3(3 500 kcal/m^3～4 000 kcal/m^3)	0.500 0 kgce/m^3～0.571 4 kgce/m^3
焦炉煤气		16 726 kJ/m^3～17 981 kJ/m^3(4 000 kcal/m^3～4 300 kcal/m^3)	0.571 4 kgce/m^3～0.614 3 kgce/m^3
黄磷尾气		10 036 kJ/m^3～11 708 kJ/m^3(2 400 kcal/m^3～2 800 kcal/m^3)	0.342 9 kgce/m^3～0.400 0 kgce/m^3
其他煤气	a) 发生炉煤气	5 227 kJ/m^3(1 250 kcal/m^3)	0.178 6 kgce/m^3
	b) 焦炭制气	16 308 kJ/m^3(3 900 kcal/m^3)	0.557 1 kgce/m^3
	c) 压力气化煤气	15 054 kJ/m^3(3 600 kcal/m^3)	0.514 3 kgce/m^3
	d) 水煤气	10 454 kJ/m^3(2 500 kcal/m^3)	0.357 1 kgce/m^3
热力(当量值)		—	0.034 12 kgce/MJ
电力(当量值)		3 600 kJ/(kW·h)[860 kcal/(kW·h)]	0.122 9 kgce/(kW·h)
电力(等价值)		11 826 kJ/(kW·h)[2 828 kcal/(kW·h)]	0.404 0 kgce/(kW·h)
蒸汽(低压)		3 763 MJ/t(9×10^5 kcal /t)	0.128 6 tce/t

B.2　各种耗能工质折标准煤参考系数(见表 B.2)

表 B.2　各种耗能工质折标准煤参考系数

品　　种	平均折算热量	折标准煤系数
外购水	2.51 MJ/t(600 kcal/t)	0.085 7 kgce/t
软水	14.23 MJ/t(3 400 kcal/t)	0.485 7 kgce/t
除氧水	28.45 MJ/t(6 800 kcal/t)	0.971 4 kgce/t
压缩空气	1.17 MJ/m^3(280 kcal/m^3)	0.040 0 kgce/m^3
鼓风	0.88 MJ/m^3(210 kcal/m^3)	0.030 0 kgce/m^3
氧气	11.72 MJ/m^3(2 800 kcal/m^3)	0.400 0 kgce/m^3
氮气	19.66 MJ/m^3(4 700 kcal/m^3)	0.671 4 kgce/m^3
二氧化碳气	6.28 MJ/m^3(1 500 kcal/m^3)	0.214 3 kgce/m^3

ICS 27.010
F 01

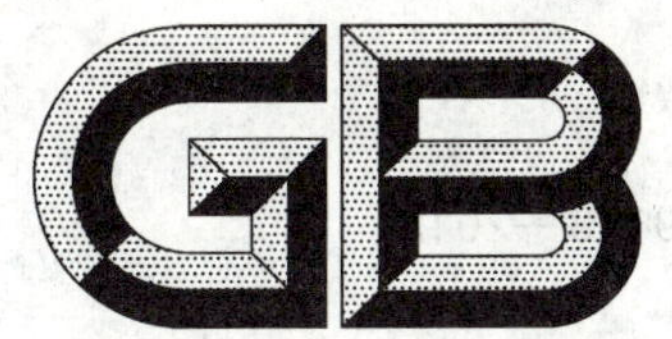

中华人民共和国国家标准

GB 29138—2012

磷酸一铵单位产品能源消耗限额

The norm of energy consumption per unit product of monoammonium phosphate

2012-12-31 发布　　2013-10-01 实施

中华人民共和国国家质量监督检验检疫总局
中国国家标准化管理委员会　发布

前　言

本标准4.1和4.2为强制性的，其余为推荐性的。

本标准按照GB/T 1.1—2009给出的规则起草。

本标准由国家发展和改革委员会、工业和信息化部提出。

本标准由全国能源基础与管理标准化技术委员会(SAC/TC 20)、中国石油和化学工业联合会归口。

本标准起草单位：中国磷肥工业协会、中国石油和化学工业联合会。

本标准主要起草人：武希彦、修学峰、叶学东、陈玉如、黄文雄、孙伟善、李永亮、隗志安、张应虎、陶俊法、王国维、盛勇、杨文元、应健康、喻军、王文富、蒲中云。

磷酸一铵单位产品能源消耗限额

1 范围

本标准规定了生产固体磷酸一铵肥料单位产品的能源消耗(简称能耗)限额的技术要求、计算方法、节能管理与措施。

本标准适用于以硫酸、磷矿、氨为原料,采用二水法、半水法、半水-二水法工艺生产磷酸,及采用传统法、料浆法工艺生产磷酸一铵的企业进行单位产品能耗的计算、控制与考核,以及新建项目的能耗控制。

本标准不适用于用外购商品磷酸生产的磷酸一铵,也不适用于以磷酸、氨等为原料生产工业级磷酸一铵。

2 规范性引用文件

下列文件对于本文件的应用是必不可少的。凡是注日期的引用文件,仅注日期的版本适用于本文件。凡是不注日期的引用文件,其最新版本(包括所有修改单)适用于本文件。

GB/T 2589 综合能耗计算通则

GB/T 3484 企业能量平衡通则

GB 10205 磷酸一铵、磷酸二铵

GB/T 12497 三相异步电动机经济运行

GB/T 13462 电力变压器经济运行

GB/T 13466 交流电气传动风机(泵类、空气压缩机)系统经济运行通则

GB 17167 用能单位能源计量器具配备和管理通则

GB/T 17954 工业锅炉经济运行

3 术语和定义

下列术语及定义适用于本文件。

3.1

传统法磷酸一铵生产工艺 MAP production process of traditional method

先将湿法生产的稀磷酸浓缩到含 P_2O_5 48%以上为原料,在预中和槽、管式反应器或加压反应器中进行氨化;所得氨化料浆再进行造粒、干燥制粒状磷酸一铵,或喷雾干燥制粉状磷酸一铵。

3.2

料浆法磷酸一铵生产工艺 MAP production process of slurry method

直接用湿法生产的稀磷酸为原料,在中和槽或快速氨化蒸发器中进行氨化,再将中和料浆蒸发浓缩,以降低含水量,经喷浆造粒干燥制粒状磷酸一铵,或喷雾干燥、流化造粒干燥制粉状磷酸一铵。该工艺适用于以中低品位磷矿为原料的生产。

3.3

磷酸生产系统 the production system of phosphoric acid

从磷矿石经计量进入原料库或选矿装置输送来的矿浆(粉)经计量进入储罐(料仓)开始,到磷石膏

进入渣场的出口、磷酸储罐输送泵出口为止的包括磨矿、萃取、过滤、磷酸浓缩(传统法)、尾气洗涤、以及成品酸贮存输送等组成完整的工艺过程和设备。

3.4

磷酸一铵生产系统 the production system of monoammonium phosphate

从液氨进入罐区、磷酸储罐出口阀门开始,到成品库(含产品包装、贮运以及成品库用能)为止的包括中和、料浆浓缩(料浆法)、造粒干燥、成品冷却包装、尾气除尘、气体洗涤等组成完整的工艺过程和设备。

3.5

辅助生产系统 the production assistant system

为生产系统工艺装置配置的工艺过程、设施和设备,其中包括动力、供电、机修、供水、供气、采暖、制冷、仪表、磷石膏输送和厂内原料场地设施以及安全、环保装置。

3.6

附属生产系统 the production accessory system

为生产系统配置的生产指挥系统(厂部)和厂区内为生产服务的部门和单位,其中包括办公室、操作室、休息室、更衣室、洗浴室、中控分析、成品检验、修旧利废、滤布清理回收等设施。

3.7

磷酸生产界区 the production area of phosphoric acid

从磷矿石、硫酸、电力、蒸汽等原材料和能源经计量进入工序开始,到磷石膏进入渣场的出口、磷酸进入磷酸罐区为止的、整个二水法及半水法或半水-二水法生产磷酸产品的全过程。由生产系统、辅助生产系统和附属生产系统设施三部分组成。

3.8

磷酸一铵生产界区 the production area of monoammonium phosphate

从磷酸、液氨、电力、蒸汽等原材料和能源经计量进入工序开始,到成品磷酸一铵计量入库为止的、整个传统法或料浆法生产磷酸一铵产品过程。由生产系统工艺装置、辅助生产系统和附属生产系统设施三部分组成。

3.9

磷酸一铵产品能源消耗总量 the comprehensive energy consumption of monoammonium phosphate

报告期内磷酸一铵(含磷酸)生产全部过程中的能源消耗总量。包括生产系统以及按规定分摊到该产品中的辅助生产系统和附属生产系统的各种能源消耗量和损失量,不包括基建、技改等项目消耗的、生产界区内回收利用的和向外输出的能源量。也不包括硫酸、合成氨生产过程所消耗的能源量。

3.10

磷酸一铵单位产品综合能耗 the comprehensive energy consumption for per product of monoammonium phosphate

用折 100% P_2O_5 磷酸一铵单位产量表示的综合能耗,包括直接消耗的能源量,以及分摊到该产品的辅助生产系统、附属生产系统的能耗量和体系内的能耗损失量。单位:kgce/t。

4 技术要求

4.1 现有磷酸一铵装置单位产品能耗限定值

现有磷酸一铵装置单位产品能耗限定值应符合表 1 要求。

表 1　现有磷酸一铵装置单位产品能耗限定值

<table>
<tr><th colspan="2">生产工艺</th><th>产品类型</th><th>单位产品综合能耗
kgce/t</th></tr>
<tr><td colspan="2" rowspan="2">传统法</td><td>粒状</td><td>≤325</td></tr>
<tr><td>粉状</td><td>≤310</td></tr>
<tr><td rowspan="4">料浆法</td><td rowspan="2">Ⅰ类磷矿</td><td>粒状</td><td>≤250</td></tr>
<tr><td>粉状</td><td>≤230</td></tr>
<tr><td rowspan="2">Ⅱ类磷矿</td><td>粒状</td><td>≤340</td></tr>
<tr><td>粉状</td><td>≤310</td></tr>
<tr><td colspan="4">注 1：Ⅰ类磷矿系指用于生产湿法磷酸及磷铵的磷矿原矿或经选别后矿粉(或矿浆)其 P_2O_5 含量>28.5%，杂质含量(主要指 Fe_2O_3 含量＋Al_2O_3 含量)<6.5%。
注 2：Ⅱ类磷矿系指用于生产湿法磷酸及磷铵的磷矿原矿或经选别后矿粉(或矿浆)，其 P_2O_5 含量≤28.5%，且 Fe_2O_3 含量＋Al_2O_3 含量≥6.5%。</td></tr>
</table>

4.2　新建磷酸一铵装置单位产品能耗准入值

新建磷酸一铵装置单位产品能耗准入值应符合表 2 要求。

表 2　新建磷酸一铵装置单位产品能耗准入值

生产工艺	产品类型	单位产品综合能耗 kgce/t
传统法	粒状	≤305
	粉状	≤287
料浆法	粒状	≤210
	粉状	≤205

4.3　磷酸一铵装置单位产品能耗先进值

磷酸一铵装置单位产品能耗先进值应符合表 3 要求。

表 3　磷酸一铵装置单位产品能耗先进值

生产工艺	产品类型	单位产品综合能耗 kgce/t
传统法	粒状	≤283
	粉状	≤270
料浆法	粒状	≤183
	粉状	≤180

5 计算方法

5.1 能耗统计范围

5.1.1 磷酸一铵产品能源消耗量应包括磷酸和磷酸一铵生产界区内实际消耗的一次能源量和二次能源量，以及未包括在磷酸和磷酸一铵生产界区内按消耗比例法或产值分配法分摊到磷酸一铵产品中的辅助生产系统、附属生产系统的能源消耗量和损失量。不包括基建、技改等项目建设消耗的能源和生产界区外的生活用能。耗能工质(如水、氧气、压缩空气等)，不论是外购的还是自产的均不统计在能源消耗量中；但在生产中使用耗能工质所消耗的能源，应统计在能源消耗量中。

5.1.2 回收利用磷酸及磷酸一铵生产界区内产生的余热、余能及化学反应热，不计入能源消耗量中。供界区外装置回收利用的，应按其实际回收的能量从本界区内能耗中扣除。

5.1.3 磷酸和磷酸一铵生产所必须的安全、环保措施消耗的能量，应计入磷酸一铵能耗。

5.1.4 大修、库损及不合格产品等消耗的能量，应按月分摊。

5.1.5 能源消耗量的统计、核算应包括各个生产环节和系统，既不应重复，又不应漏计。

5.1.6 各种能源的热值应折合为统一的计量单位千克标准煤。各种能源的热值应以企业在报告期内实测的热值为准。没有实测条件的，采用附录 A、附录 B 中有关能源折标准煤参考系数。

5.2 磷酸一铵单位产品综合能耗计算

5.2.1 综合能耗的计算

应符合 GB/T 2589 综合能耗计算通则中的规定。

5.2.2 磷酸一铵产量计算

在报告期内以传统法或料浆法生产并经厂级质量部门检验(含复检)符合 GB 10205 中质量要求的产品产量。产品产量以折 100% P_2O_5 计。按式(1)计算：

$$M=\sum_{\gamma=1}^{n}N_i\gamma_i \qquad \cdots\cdots(1)$$

式中：

M ——报告期内磷酸一铵产量(折 100% P_2O_5)，单位为吨(t)；

N_i——报告期内生产各种等级品的实物量，单位为吨(t)；

γ_i ——报告期内生产各种等级品中 P_2O_5 的实测含量，以%表示；

n ——报告期内生产各种等级品的批数。

5.2.3 磷酸一铵产品综合能耗计算公式

报告期内磷酸和磷酸一铵生产界区内消耗的能源数量，包括摊入的辅助、附属系统能源消耗量和能源损失量。按式(2)计算：

$$E=\sum_{i=1}^{n_1}(E_i\times k_i)-\sum_{j=1}^{m_1}(E_j\times k_j)+\sum_{p=1}^{n_2}(E_p\times k_p)-\sum_{q=1}^{m_2}(E_q\times k_q) \qquad \cdots\cdots(2)$$

式中：

E ——磷酸及磷酸一铵产品生产消耗的能源数量，单位为千克标准煤(kgce)；

E_i ——磷酸生产过程中输入的第 i 种能源实物量，单位为千克(kg)；

k_i ——磷酸生产过程中输入的第 i 种能源的折标准煤系数，单位为千克标准煤每千克(kgce/kg)；

n_1 ——磷酸生产过程中输入的能源种类数量；

m_1——磷酸生产过程中输出的能源种类数量；

E_j——磷酸生产过程中输出的第 j 种能源实物量，单位为千克(kg)；

k_j——磷酸生产过程中输出的第 j 种能源的折标准煤系数，单位为千克标准煤每千克(kgce/kg)；

E_p——磷酸一铵生产过程中输入的第 p 种能源实物量，单位为千克(kg)；

k_p——磷酸一铵生产过程中输入的第 p 种能源的折标准煤系数，单位为千克标准煤每千克(kgce/kg)；

n_2——磷酸一铵生产过程中输入的能源种类数量；

m_2——磷酸一铵生产过程中输出的能源种类数量；

E_q——磷酸一铵生产过程中输出的第 q 种能源实物量，单位为千克(kg)；

k_q——磷酸一铵生产过程中输出的第 q 种能源的折标准煤系数，单位为千克标准煤每千克(kgce/kg)；

5.2.4 磷酸一铵单位产品综合能耗计算

在生产界区内，以磷酸一铵单位产品产量所表示的综合能耗量。按式(3)计算：

$$e=\frac{E}{M} \quad \cdots\cdots(3)$$

式中：

e ——磷酸一铵单位产品综合能耗，单位为千克标准煤每吨(kgce/t)；

E ——报告期内生产磷酸及磷酸一铵所耗用的综合能耗之和，单位为千克标准煤(kgce)；

M ——报告期内磷酸一铵产量(折 100% P_2O_5)，单位为吨(t)。

6 节能管理与措施

6.1 节能基础管理

6.1.1 企业应建立健全能源管理组织机构，对节能工作进行组织、管理、监督、考核和评价。

6.1.2 企业应制定行之有效的节能制度和措施，强化责任制，建立健全节能责任考核体系。

6.1.3 企业应根据 GB 17167 的要求建立能源计量管理制度并配备和用好能源计量器具和仪器仪表，使计量设备处于良好状态；对基础数据进行有效的检测、度量和计算，确保能源基础数据的准确性和完整性。

6.1.4 企业应按照 GB/T 3484 的规定，科学、有效的开展能源统计工作，确保能源统计数据的准确性与及时性，做好能源消费和利用状况的统计分析，定期发布，并做好能源统计资料的管理与归档工作。

6.1.5 企业应积极开展能效对标管理工作，与国际国内同行业先进企业能效指标进行对比，确定标杆，通过管理和技术创新，达到标杆或更高能效水平，不断提高能源利用效率。

6.2 节能技术管理

6.2.1 经济运行

企业应使生产设备达到经济运行的状态，对电动机的经济运行管理应符合 GB/T 12497 的规定；对风机、泵类和空气压缩机的经济运行管理应符合 GB/T 13466 的规定；对电力变压器的经济运行管理应符合 GB/T 13462 的规定；对工业锅炉的经济运行管理应符合 GB/T 17954 的规定。

企业应加强设备的检修、维护工作，提高设备的负荷率，使其长周期运行；应使生产转动设备合理匹配，经济运行；应按照合理用能的原则，对各种热能科学使用，梯级利用；对余热和余压，加强回收和利用；对各种带热(冷)设备和管网应加强维护管理，防止跑、冒、滴、漏的现象发生。

6.2.2 节能技术

6.2.2.1 开发利用高效节能的新技术、新工艺、新设备。

6.2.2.2 推进清洁生产,提高资源利用效率,减少污染物排放量。

6.2.2.3 加强磷酸萃取工艺管理,研发新技术,不断提高磷的回收率。

6.2.2.4 开发利用先进高效率的蒸发、浓缩技术和设备,降低蒸汽消耗。加强浓缩工序的余热再利用,提高能源利用效率。

6.2.2.5 企业应提高照明系统的能效,电光源及镇流器应选用能效值达到相关能效标准的产品。

6.3 监督与考核

企业应建立能耗测试、能耗统计、能源平衡和能耗考核结果的文件档案,并对文件进行受控管理。

附 录 A
（资料性附录）
各种能源折标准煤参考系数

各种能源折标准煤参考系数见表 A.1。

表 A.1 各种能源折标准煤参考系数

能源名称		平均低位发热量	折标准煤系数
原煤		20 908 kJ/kg(5 000 kcal/kg)	0.714 3 kgce/kg
洗精煤		26 344 kJ/kg(6 300 kcal/kg)	0.900 0 kgce/kg
其他洗煤	洗中煤	8 363 kJ/kg(2 000 kcal/kg)	0.285 7 kgce/kg
	煤泥	8 363 kJ/kg～12 545 kJ/kg (2 000 kcal/kg～3 000 kcal/kg)	0.285 7 kgce/kg～0.428 6 kgce/kg
焦煤		28 435 kJ/kg(6 800 kcal/kg)	0.971 4 kgce/kg
原油、燃料油		41 816 kJ/kg(10 000 kcal/kg)	1.428 6 kgce/kg
汽油		43 070 kJ/kg(10 300 kcal/kg)	1.471 4 kgce/kg
煤油		43 070 kJ/kg(10 300 kcal/kg)	1.471 4 kgce/kg
柴油		42 652 kJ/kg(10 200 kcal/kg)	1.457 1 kgce/kg
液化石油气		50 179 kJ/kg(12 000 kcal/kg)	1.714 3 kgce/kg
油田天然气		38 931 kJ/m^3(9 310 kcal/m^3)	1.330 0 kgce/m^3
气田天然气		35 544 kJ/m^3(8 500 kcal/m^3)	1.214 3 kgce/m^3
热力(当量值)		—	0.034 12 kgce/MJ
电力(当量值)		3 600 kJ/(kW·h)[860 kcal/(kW·h)]	0.122 9 kgce/(kW·h)

附 录 B
（资料性附录）
不同品质蒸汽的热焓

不同品质蒸汽的热焓见表B.1。

表B.1 不同品质蒸汽的热焓

蒸汽类别	蒸汽压力/MPa	蒸汽温度/℃	蒸汽热焓/(kJ/kg)
饱和蒸汽	0.1～0.25	≤127	2 593
	0.3～0.7	135～165	2 634
	0.8	≥170	2 676
过热蒸汽	15	≤200	2 718
	15	220～260	2 843
	15	280～320	2 927
	15	350～500	3 136

ICS 27.010
F 01

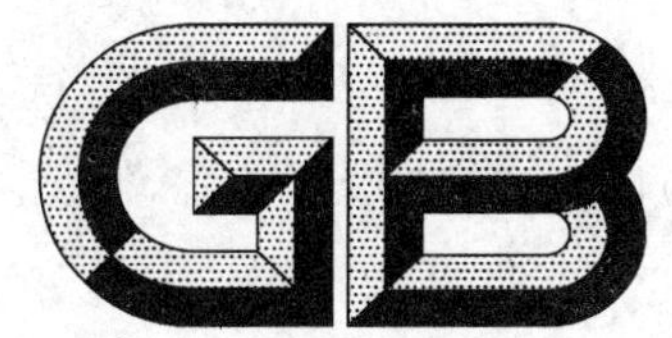

中华人民共和国国家标准

GB 29139—2012

磷酸二铵单位产品能源消耗限额

The norm of energy consumption per unit product of diammonium phosphate

2012-12-31 发布　　2013-10-01 实施

中华人民共和国国家质量监督检验检疫总局
中国国家标准化管理委员会　发布

前言

本标准4.1和4.2为强制性的，其余为推荐性的。

本标准按照GB/T 1.1—2009给出的规则起草。

本标准由国家发展和改革委员会、工业和信息化部提出。

本标准由全国能源基础与管理标准化技术委员会(SAC/TC 20)、中国石油和化学工业联合会归口。

本标准起草单位：中国磷肥工业协会、中国石油和化学工业联合会。

本标准主要起草人：武希彦、修学峰、叶学东、陈玉如、黄文雄、孙伟善、李永亮 、隗志安、张应虎、陶俊法、王国维、盛勇、杨文元、应健康、喻军、王文富、蒲中云。

磷酸二铵单位产品能源消耗限额

1 范围

本标准规定了生产固体磷酸二铵肥料单位产品的能源消耗(简称能耗)限额的技术要求、计算方法、节能管理与措施。

本标准适用于以硫酸、磷矿、氨为原料,采用二水法、半水法、半水-二水法工艺生产磷酸,及采用传统法、料浆法工艺生产磷酸二铵的企业进行能耗的计算、控制与考核,以及新建项目的能耗控制。

本标准不适用于用外购商品磷酸生产的磷酸二铵;也不适用于以磷酸一铵为原料生产的磷酸二铵。

2 规范性引用文件

下列文件对于本文件的应用是必不可少的。凡是注日期的引用文件,仅注日期的版本适用于本文件。凡是不注日期的引用文件,其最新版本(包括所有修改单)适用于本文件。

GB/T 2589 综合能耗计算通则

GB/T 3484 企业能量平衡通则

GB 10205 磷酸一铵、磷酸二铵

GB/T 12497 三相异步电动机经济运行

GB/T 13462 电力变压器经济运行

GB/T 13466 交流电气传动风机(泵类、空气压缩机)系统经济运行通则

GB 17167 用能单位能源计量器具配备和管理通则

GB/T 17954 工业锅炉经济运行

3 术语和定义

下列术语及定义适用于本文件。

3.1

传统法磷酸二铵生产工艺 DAP production process of traditional method

先将湿法生产的稀磷酸浓缩到含 P_2O_5 48%以上为原料,在预中和槽、管式反应器或加压反应器中进行氨化;所得氨化料浆再进行造粒、干燥制粒状磷酸二铵,或喷雾干燥制粉状磷酸二铵。

3.2

料浆法磷酸二铵生产工艺 DAP production process of slurry method

直接用湿法生产的稀磷酸为原料,在中和槽或快速氨化蒸发器中进行氨化,再将中和料浆蒸发浓缩,以降低含水量,经喷浆造粒干燥制粒状磷酸二铵,或喷雾干燥、流化造粒干燥制粉状磷酸二铵。该工艺适用于以中低品位磷矿为原料的生产。

3.3

磷酸生产系统 the production system of phosphoric acid

从磷矿石经计量进入原料库或选矿装置输送来的矿浆(粉)经计量进入储罐(料仓)开始,到磷石膏

进入渣场的出口、磷酸储罐输送泵出口为止的包括磨矿、萃取、过滤、磷酸浓缩(传统法)、尾气洗涤以及成品酸贮存输送等组成完整的工艺过程和设备。

3.4

磷酸二铵生产系统 the production system of diammonium phosphate

从液氨进入罐区、磷酸储罐出口阀门开始,到成品库(含产品包装、贮运以及成品库用能)为止的包括中和、料浆浓缩(料浆法)、造粒干燥、尾气除尘、气体洗涤、成品冷却包装储运等组成完整的工艺过程和设备。

3.5

辅助生产系统 the production assistant system

为生产系统工艺装置配置的工艺过程、设施和设备,其中包括动力、供电、机修、供水、供气、采暖、制冷、仪表、磷石膏输送和厂内原料场地设施以及安全、环保装置。

3.6

附属生产系统 the production accessory system

为生产系统配置的生产指挥系统(厂部)和厂区内为生产服务的部门和单位,其中包括办公室、操作室、休息室、更衣室、洗浴室、中控分析、成品检验、修旧利废、滤布清理回收等设施。

3.7

磷酸生产界区 the production area of phosphoric acid

从磷矿石、硫酸、电力、蒸汽等原材料和能源经计量进入工序开始,到磷石膏进入渣场的出口、磷酸进入磷酸罐区为止的、整个二水法及半水法或半水-二水法生产磷酸产品的全过程。由生产系统、辅助生产系统和附属生产系统设施三部分组成。

3.8

磷酸二铵生产界区 the production area of diammonium phosphate

从磷酸、液氨、电力、蒸汽等原材料和能源经计量进入工序开始,到成品磷酸二铵包装计量入库为止的、整个传统法或料浆法生产磷酸二铵产品的过程。由生产系统工艺装置、辅助生产系统和附属生产系统设施三部分组成。

3.9

磷酸二铵产品能源消耗总量 the comprehensive energy consumption of diammonium phosphate

报告期内磷酸二铵(含磷酸)生产全部过程中的能源消耗总量。包括生产系统以及按规定分摊到该产品中的辅助生产系统和附属生产系统的各种能源消耗量和损失量,不包括基建、技改等项目消耗的、生产界区内回收利用的和向外输出的能源量。

3.10

磷酸二铵单位产品综合能耗 the comprehensive energy consumption for per product of diammonium phosphate

用折 100% P_2O_5 磷酸二铵单位产品产量表示的综合能耗,包括直接消耗的能源量,以及分摊到该产品的辅助生产系统、附属生产系统的能耗量和体系内的能耗损失量。单位为 kgce/t。

4 技术要求

4.1 现有磷酸二铵装置单位产品能耗限定值

现有磷酸二铵装置单位产品能耗限定值应符合表 1 要求。

表 1 现有磷酸二铵装置单位产品能耗限定值

生产工艺	产品类型	单位产品综合能耗 kgce/t
传统法	粒状	≤325
料浆法	粒状	≤260

4.2 新建磷酸二铵装置单位产品能耗准入值

新建磷酸二铵装置单位产品能耗准入值应符合表 2 要求。

表 2 新建磷酸二铵装置单位产品能耗准入值

生产工艺	产品类型	单位产品综合能耗 kgce/t
传统法	粒状	≤305
料浆法	粒状	≤220

4.3 磷酸二铵装置单位产品能耗先进值

磷酸二铵装置单位产品能耗先进值应符合表 3 要求。

表 3 磷酸二铵装置单位产品能耗先进值

生产工艺	产品类型	单位产品综合能耗 kgce/t
传统法	粒状	≤280
料浆法	粒状	≤208

5 计算方法

5.1 能耗统计范围

5.1.1 磷酸二铵产品能源消耗量应包括磷酸和磷酸二铵生产界区内实际消耗的一次能源量和二次能源量，以及未包括在磷酸和磷酸二铵生产界区内按消耗比例法或产值分配法分摊到磷酸二铵产品中的辅助生产系统、附属生产系统的能源消耗量和损失量。不包括基建、技改等项目建设消耗的能源和生产界区外的生活用能。耗能工质（如水、氧气、压缩空气等），不论是外购的还是自产的均不统计在能源消耗量中；但在生产中使用耗能工质所消耗的能源，应统计在能源消耗量中。

5.1.2 回收利用磷酸及磷酸二铵生产界区内产生的余热、余能及化学反应热，不计入能源消耗量中。供界区外装置回收利用的，应按其实际回收的能量从本界区内能耗中扣除。

5.1.3 磷酸和磷酸二铵生产所必须的安全、环保措施消耗的能量，应计入磷酸二铵能耗。

5.1.4 大修、库损及不合格产品等消耗的能量，应按月分摊。

5.1.5 能源消耗量的统计、核算应包括各个生产环节和系统，既不应重复，又不应漏计。

5.1.6 各种能源的热值应折合为统一的计量单位千克标准煤。各种能源的热值应以企业在报告期内实测的热值为准。没有实测条件的,采用附录 A、附录 B 中有关能源折标准煤参考系数。

5.2 磷酸二铵单位产品综合能耗计算

5.2.1 综合能耗的计算

应符合 GB/T 2589 综合能耗计算通则中的规定。

5.2.2 磷酸二铵产品产量计算

在报告期内以传统法或料浆法生产并经厂级质量部门检验(含复检)符合 GB 10205 中质量要求的产品产量。产品产量以折 100% P_2O_5 计。按式(1)计算:

$$M=\sum_{\gamma=1}^{n} N_i\gamma_i \qquad \cdots\cdots(1)$$

式中:

M ——报告期内磷酸二铵产量(折 100%P_2O_5),单位为吨(t);

N_i ——报告期内生产各种等级品的实物量,单位为吨(t);

γ_i ——报告期内生产各种等级品中 P_2O_5 的实测含量,以%表示;

n ——报告期内生产各种等级品的批数。

5.2.3 磷酸二铵产品综合能耗计算公式

报告期内磷酸和磷酸二铵生产界区内消耗的能源数量,包括摊入的辅助、附属系统能源消耗量和能源损失量。按式(2)计算:

$$E=\sum_{i=1}^{n_1}(E_i\times k_i)-\sum_{j=1}^{m_1}(E_j\times k_j)+\sum_{p=1}^{n_2}(E_p\times k_p)-\sum_{q=1}^{m_2}(E_q\times k_q) \qquad \cdots\cdots(2)$$

式中:

E ——磷酸及磷酸二铵产品生产消耗的能源数量,单位为千克标准煤(kgce);

E_i ——磷酸生产过程中输入的第 i 种能源实物量,单位为千克(kg);

k_i ——磷酸生产过程中输入的第 i 种能源的折标准煤系数,单位为千克标准煤每千克(kgce/kg);

n_1 ——磷酸生产过程中输入的能源种类数量;

m_1 ——磷酸生产过程中输出的能源种类数量;

E_j ——磷酸生产过程中输出的第 j 种能源实物量,单位为千克(kg);

k_j ——磷酸生产过程中输出的第 j 种能源的折标准煤系数,单位为千克标准煤每千克(kgce/kg);

E_p ——磷酸二铵生产过程中输入的第 p 种能源实物量,单位为千克(kg);

k_p ——磷酸二铵生产过程中输入的第 p 种能源的折标准煤系数,单位为千克标准煤每千克(kgce/kg);

n_2 ——磷酸二铵生产过程中输入的能源种类数量;

m_2 ——磷酸二铵生产过程中输出的能源种类数量;

E_q ——磷酸二铵生产过程中输出的第 q 种能源实物量,单位为千克(kg);

k_q ——磷酸二铵生产过程中输出的第 q 种能源的折标准煤系数,单位为千克标准煤每千克(kgce/kg)。

5.2.4 磷酸二铵单位产品综合能耗计算

在生产界区内,以磷酸二铵单位产品产量所表示的综合能耗量。按式(3)计算:

$$e=\frac{E}{M} \qquad \cdots\cdots(3)$$

式中：

e ——磷酸二铵单位产品综合能耗，单位为千克标准煤每吨(kgce/t)；

E ——报告期内生产磷酸及磷酸二铵所耗用的综合能耗之和，单位为千克标准煤(kgce)；

M ——报告期内磷酸二铵产量(折 100% P_2O_5)，单位为吨(t)。

6 节能管理与措施

6.1 节能基础管理

6.1.1 企业应建立健全能源管理组织机构，对节能工作进行组织、管理、监督、考核和评价。

6.1.2 企业应制定行之有效的节能制度和措施，强化责任制，建立健全节能责任考核体系。

6.1.3 企业应根据 GB 17167 的要求建立能源计量管理制度并配备和用好能源计量器具和仪器仪表，使计量设备处于良好状态；对基础数据进行有效的检测、度量和计算，确保能源基础数据的准确性和完整性。

6.1.4 企业应按照 GB/T 3484 的规定，科学、有效的开展能源统计工作，确保能源统计数据的准确性与及时性，做好能源消费和利用状况的统计分析，定期发布，并做好能源统计资料的管理与归档工作。

6.1.5 企业应积极开展能效对标管理工作，与国际国内同行业先进企业能效指标进行对比，确定标杆，通过管理和技术创新，达到标杆或更高能效水平，不断提高能源利用效率。

6.2 节能技术管理

6.2.1 经济运行

企业应使生产设备达到经济运行的状态，对电动机的经济运行管理应符合 GB/T 12497 的规定；对风机、泵类和空气压缩机的经济运行管理应符合 GB/T 13466 的规定；对电力变压器的经济运行管理应符合 GB/T 13462 的规定；对工业锅炉的经济运行管理应符合 GB/T 17954 的规定。

企业应加强设备的检修、维护工作，提高设备的负荷率，使其长周期运行；应使生产转动设备合理匹配，经济运行；应按照合理用能的原则，对各种热能科学使用，梯级利用；对余热和余压，加强回收和利用；对各种带热(冷)设备和管网应加强维护管理，防止跑、冒、滴、漏的现象发生。

6.2.2 节能技术

6.2.2.1 开发利用高效节能的新技术、新工艺、新设备。

6.2.2.2 推进清洁生产，提高资源利用效率，减少污染物排放量。

6.2.2.3 加强磷酸萃取工艺管理，研发新技术，不断提高磷的回收率。

6.2.2.4 开发利用先进高效率的蒸发、浓缩技术和设备，降低蒸汽消耗。加强浓缩工序的余热再利用，提高能源利用效率。

6.2.2.5 企业应提高照明系统的能效，电光源及镇流器应选用能效值达到相关能效标准的产品。

6.3 监督与考核

企业应建立能耗测试、能耗统计、能源平衡和能耗考核结果的文件档案，并对文件进行受控管理。

附 录 A
（资料性附录）
各种能源折标准煤参考系数

各种能源折标准煤参考系数见表 A.1。

表 A.1 各种能源折标准煤参考系数

能源名称		平均低位发热量	折标准煤系数
原煤		20 908 kJ/kg(5 000 kcal/kg)	0.714 3 kgce/kg
洗精煤		26 344 kJ/kg(6 300 kcal/kg)	0.900 0 kgce/kg
其他洗煤	洗中煤	8 363 kJ/kg(2 000 kcal/kg)	0.285 7 kgce/kg
	煤泥	8 363 kJ/kg～12 545 kJ/kg(2 000 kcal/kg～3 000kcal/kg)	0.285 7 kgce/kg～0.428 6 kgce/kg
焦煤		28 435 kJ/kg(6 800 kcal/kg)	0.971 4 kgce/kg
原油、燃料油		41 816 kJ/kg(10 000 kcal/kg)	1.428 6 kgce/kg
汽油		43 070 kJ/kg(10 300 kcal/kg)	1.471 4 kgce/kg
煤油		43 070 kJ/kg(10 300 kcal/kg)	1.471 4 kgce/kg
柴油		42 652 kJ/kg(10 200 kcal/kg)	1.457 1 kgce/kg
液化石油气		50 179 kJ/kg(12 000 kcal/kg)	1.714 3 kgce/kg
油田天然气		38 931 kJ/m^3(9 310 kcal/m^3)	1.330 0 kgce/m^3
气田天然气		35 544 kJ/m^3(8 500 kcal/m^3)	1.214 3 kgce/m^3
热力(当量值)		—	0.034 12 kgce/MJ
电力(当量值)		3 600 kJ/(kW·h)[860 kcal/(kW·h)]	0.122 9 kgce/(kW·h)

附　录　B
（资料性附录）
不同品质蒸汽的热焓

不同品质蒸汽的热焓见表 B.1。

表 B.1　不同品质蒸汽的热焓

蒸汽类别	蒸汽压力/MPa	蒸汽温度/℃	蒸汽热焓/(kJ/kg)
饱和蒸汽	0.1～0.25	≤127	2 593
	0.3～0.7	135～165	2 634
	0.8	≥170	2 676
过热蒸汽	15	≤200	2 718
	15	220～260	2 843
	15	280～320	2 927
	15	350～500	3 136

ICS 27.010
F 01

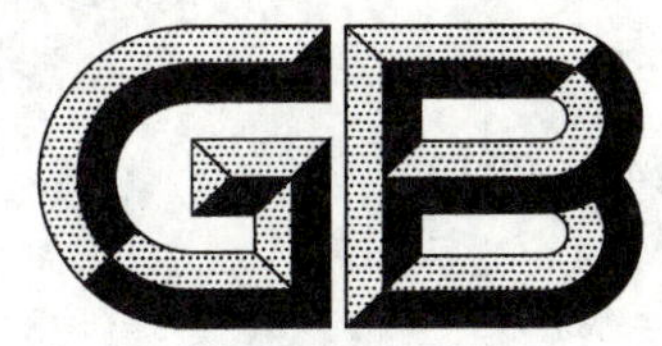

中华人民共和国国家标准

GB 29140—2012

纯碱单位产品能源消耗限额

The norm of energy consumption per unit product of soda ash

2012-12-31 发布　　　　2013-10-01 实施

中华人民共和国国家质量监督检验检疫总局
中国国家标准化管理委员会　发布

前　言

本标准的4.1和4.2为强制性的，其余为推荐性的。

本标准按照GB/T 1.1—2009给出的规则起草。

本标准由国家发展和改革委员会、工业和信息化部提出。

本标准由全国能源基础与管理标准化技术委员会(SAC/TC 20)、中国石油和化学工业联合会归口。

本标准起草单位：中国纯碱工业协会、中国石油和化学工业联合会。

本标准主要起草人：齐玉娥、降立川、孙伟善、李永亮、邹泽民、黄建华、丁喜梅、王春凡。

纯碱单位产品能源消耗限额

1 范围

本标准规定了氨碱法和联碱法生产的纯碱(包括轻质纯碱和重质纯碱)单位产品能源消耗(以下简称能耗)限额的技术要求、计算方法、节能管理与措施。

本标准适用于氨碱法和联碱法纯碱生产企业能源消耗的计算、控制和考核。

2 规范性引用文件

下列文件对于本文件的应用是必不可少的。凡是注日期的引用文件,仅注日期的版本适用于本文件。凡是不注日期的引用文件,其最新版本(包括所有修改单)适用于本文件。

GB 210.1 工业碳酸钠及其试验方法 第1部分:工业磷酸钠

GB/T 12497 三相异步电动机经济运行

GB/T 13462 电力变压器经济运行

GB/T 13466 交流电气传动风机(泵类、空气压缩机)系统经济运行通则

GB 17167 用能单位能源计量器具配备和管理通则

GB 18613 中小型三相异步电动机能效限定值及能效等级

GB 19153 容积式空气压缩机能效限定值及能效等级

GB 19761 通风机能效限定值及能效等级

GB 19762 清水离心泵能效限定值及节能评价值

GB 20052 三相配电变压器能效限定值及节能评价值

3 术语和定义

下列术语和定义适用于本文件。

3.1

氨碱法 Solvay process

以原盐、合成氨、石灰石等为原材料生产纯碱产品的工艺过程。

3.2

联碱法 Hou's process

以原盐、合成氨和二氧化碳等为原材料同时生产出纯碱和氯化铵两种产品的工艺过程。

3.3

纯碱生产附属系统 the accessory system of soda ash production

为生产系统配置的生产指挥系统,原燃料、中间产品、产品的质量控制和生活服务设施,包括办公室、操作室、休息室、更衣室、洗浴室、中控分析、成品检验、设备维修等设施。

3.4

纯碱产品能源消耗总量 the total energy consumption of soda ash

在报告期内正式投产的纯碱产品生产装置在生产全过程中的能源消耗总量,包括事故损耗、设备维修、开停车和年度大修过程的能源消耗,以及分摊到该产品的辅助生产系统、附属生产系统的能耗量和

体系内的能耗损失量;但不包括基建、技改等项目建设过程的消耗以及生产界区内向外输出的能源量。也不包括氯化钙、小苏打、合成氨和热电生产过程所消耗的能源量。

3.5

纯碱单位产品能源消耗 the total energy consumption for per ton of soda ash

报告期内纯碱生产过程中每吨纯碱产品所消耗的全部能源量与输出的全部能源的差值。

4 技术要求

4.1 现有纯碱生产装置能耗限定值

现有纯碱生产装置单位产品能耗限定值应符合表1要求。

表1 现有纯碱生产装置单位产品能耗限定值

生产方法	单位产品能耗限定值(kgce/t)	
	轻质纯碱	重质纯碱
氨碱法	≤420	≤480
联碱法	≤265	≤325

4.2 新建纯碱生产装置能耗准入值

新建纯碱生产装置单位产品能耗准入值应符合表2要求。

表2 新建纯碱生产装置单位产品能耗准入值

生产方法	单位产品能耗准入值(kgce/t)	
	轻质纯碱	重质纯碱
氨碱法	≤370	≤420
联碱法	≤245	≤295

4.3 纯碱生产装置单位产品能耗先进值

纯碱生产装置单位产品能耗先进值应符合表3要求。

表3 纯碱生产装置单位产品能耗先进值

生产方法	单位产品能耗先进值(kgce/t)	
	轻质纯碱	重质纯碱
氨碱法	≤370	≤420
联碱法	≤225	≤275

5 计算方法

5.1 能源消耗量统计原则

5.1.1 纯碱能源消耗量,包括原料加工到纯碱产品进库整个生产系统的消耗以及辅助和附属生产系统的消耗。

5.1.2 生产过程中回收的物料和能源都不扣除，其用于本系统时不另计算消耗；向外系统输出时，应计入输出能源从综合能耗中扣除(如蒸汽、热水等)。

5.1.3 纯碱生产中必须的安全、环保措施所消耗的能源，应计入消耗。如：污水处理等的消耗。

5.1.4 多用户共享的原料气、公用工程(蒸汽、耗能工质等)应合理分摊各项消耗。

5.1.5 纯碱原材料消耗量以实物量统计，能源消耗量无论是一次能源还是二次能源，各种能源的热值应折合为统一的计量单位千克标准煤。各种能源的热值以企业在报告期内实测的热值为准。没有实测条件的，采用附录 A 中各种能源折标准煤参考系数。

5.1.6 耗能工质(如水、氧气、氮气、压缩空气等)，不论是外购的还是自产的均不统计在能源消耗量中。但是，在生产中使用这些耗能工质所消耗的能量，应统计在能源消耗量中。

5.1.7 能源消耗量的统计、核算应包括各个生产环节，既不应重复，也不应漏计。

5.2 纯碱产量计算

经厂级质量部门检验(包括复检)所有指标全部符合 GB 210.1 国家质量标准的产品。若自用纯碱产品质量达到国家标准，可计入产量。产品产量以实物量计。

5.3 纯碱单位产品能源消耗计算

5.3.1 轻质纯碱单位产品能源消耗计算公式

在生产界区内，以轻质纯碱单位产量所表示的能源消耗量(联碱包括相对应的湿氯化铵的能源消耗量)，按式(1)计算。

$$e_q = \frac{\sum_{i=1}^{m} e_i - \sum_{j=1}^{n} e_j}{m_q + \chi \cdot m_z} \qquad \cdots\cdots(1)$$

式中：

e_q ——轻质纯碱单位产品能源消耗，单位为千克标准煤每吨(kgce/t)；

e_i ——生产界区内消耗的某种能源的数量，包括摊入的辅助、附属系统能源消耗量和能源损失量，单位为千克标准煤(kgce)；

m ——生产界区内能源种数；

e_j ——外供蒸汽和热水与基准温度(298 K)下水的焓差，单位为千克标准煤(kgce)；

n ——生产界区外供能源种数；

m_q ——轻质纯碱合格品产量，单位为吨(t)；

χ ——重质纯碱耗轻质纯碱系数(生产 1 t 重质纯碱与所消耗轻质纯碱量的比值，大于 1)；

m_z ——重质纯碱合格品产量，单位为吨(t)。

注 1：焦炭或无烟煤、蒸汽等折算标准煤按实物量计算，其他能源折算标准煤参照附录 A。

注 2：外供蒸汽和热水是指外供至纯碱生产工序以外，并被有效利用的部分。

注 3：采用浓气制碱的联碱企业，合成氨脱碳工序的能耗计入合成氨的能耗，不计入联碱能耗。往联碱输送二氧化碳的低压机的能耗计入联碱能耗。

注 4：采用变换气制碱的联碱企业，压缩机的能耗计入合成氨的能耗，不计入联碱能耗。设在联碱碳化塔前或塔后的升压机的能耗计入联碱能耗。

5.3.2 重质纯碱单位产品能源消耗计算公式

在生产界区内，以重质纯碱单位产量所表示的能源消耗量，按式(2)计算。

$$e_z = \chi \cdot e_q + e_d \qquad \cdots\cdots(2)$$

式中：

e_z ——重质纯碱单位产品能源消耗，单位为千克标准煤每吨(kgce/t)；

χ ——重质纯碱耗轻质纯碱系数；

e_q ——轻质纯碱单位产品综合能耗，单位为千克标准煤每吨(kgce/t)；

e_d ——重质纯碱工序单位产品能源消耗，单位为千克标准煤每吨(kgce/t)，按式(3)计算。

$$e_d = \frac{\sum_{i=1}^{m} e_i - \sum_{j=1}^{n} e_j}{m_z} \quad \cdots\cdots(3)$$

6 节能技术与管理措施

6.1 能源管理

6.1.1 企业应定期对产品单位能源消耗进行考核，并把考核指标分解细化，建立用能责任制度。

6.1.2 企业应按要求建立能耗统计体系，建立能耗测试数据、能耗计算和考核结果的文件档案，并对文件进行受控管理。

6.1.3 企业应根据 GB 17167 的要求配备能源计量器具并建立能源计量管理制度。

6.1.4 生产企业能源消耗的统计、核算应执行相关的国家标准和核算规程。

6.2 生产运行

6.2.1 企业应使生产通用设备达到经济运行的状态，对电动机的经济运行管理应符合 GB/T 12497 的规定；对风机、泵类和空气压缩机的经济运行管理应符合 GB/T 13466 的规定；对电力变压器的经济运行管理应符合 GB/T 13462 的规定。

6.2.2 对各种设备和管网应加强维护管理，防止跑、冒、滴、漏的现象发生。

6.3 耗能设备

6.3.1 企业应提高电机系统通用设备的能效，用高效节能设备更新淘汰高耗能设备。年运行时间大于 3 000 h 的设备，电动机的能效应达到 GB 18613 节能评价值的水平；清水离心泵的能效应达到 GB 19762 节能评价值的水平；通风机的能效应达到 GB 19761 节能评价值的水平；容积式空气压缩机的能效应达到 GB 19153 节能评价值的水平。应使电动机运行在额定负载的 75%～80%。

6.3.2 企业应提高变电和配电设备的能效，配电变压器的能效应达到 GB 20052 节能评价值的水平。变电和配电应采用低压集中补偿的方法，采用补偿电容，提高功率因数。

6.3.3 企业应提高照明系统的能效，电光源及镇流器应选用能效值达到相关能效标准的产品。

附 录 A
（资料性附录）
各种能源折标准煤参考系数

各种能源折标准煤参考系数见表 A.1。

表 A.1 各种能源折标准煤参考系数

能源名称		平均低位发热量	折标准煤系数
原煤		20 908 kJ/kg(5 000 kcal/kg)	0.714 3 kgce/kg
洗精煤		26 344 kJ/kg(6 300 kcal/kg)	0.900 0 kgce/kg
其他洗煤	洗中煤	8 363 kJ/kg(2 000 kcal/kg)	0.285 7 kgce/kg
	煤泥	8 363 kJ/kg～12 545 kJ/kg (2 000 kcal/kg～3 000 kcal/kg)	0.285 7 kgce/kg～ 0.428 6 kgce/kg
焦炭、石油焦		28 435 kJ/kg(6 800 kcal/kg)	0.971 4 kgce/kg
原油、燃料油		41 816 kJ/kg(10 000 kcal/kg)	1.428 6 kgce/kg
汽油		43 070 kJ/kg(10 300 kcal/kg)	1.471 4 kgce/kg
煤油		43 070 kJ/kg(10 300 kcal/kg)	1.471 4 kgce/kg
柴油		42 652 kJ/kg(10 200 kcal/kg)	1.457 1 kgce/kg
热力(当量值)		—	0.034 12 kgce/MJ
电力(当量值)		3 600 kJ/(kW·h)[860 kcal/(kW·h)]	0.122 9 kgce/(kW·h)
蒸汽(低压)		3 763 MJ/t(900 Mcal/t)	0.128 6 kgce/kg

ICS 27.010
F 01

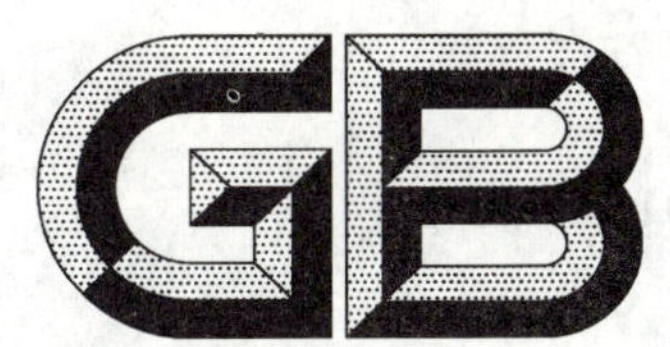

中华人民共和国国家标准

GB 29141—2012

工业硫酸单位产品能源消耗限额

The norm of energy consumption per unit product of sulfuric acid for industrial use

2012-12-31 发布

2013-10-01 实施

中华人民共和国国家质量监督检验检疫总局
中国国家标准化管理委员会
发布

前　言

本标准的4.1和4.2为强制性的，其余为推荐性的。

本标准按照GB/T 1.1—2009给出的规则起草。

本标准由国家发展和改革委员会、工业和信息化部提出。

本标准由全国能源基础与管理标准化技术委员会(SAC/TC 20)、中国石油和化学工业联合会归口。

本标准起草单位：中国硫酸工业协会、甘肃金川集团有限公司、云天化国际化工股份有限公司、中化重庆涪陵化工有限公司、贵州瓮福(集团)有限公司、贵州开磷(集团)有限责任公司、江西铜业、中国恩菲工程技术有限公司、中石化南京工程公司。

本标准主要起草人：齐焉、李崇、孙伟善、李永亮、隗志安、刘玉强、李周、盛勇、杨三可、王国维、王赤卫、董四禄、俞向东。

工业硫酸单位产品能源消耗限额

1 范围

本标准规定了以硫磺、有色金属冶炼烟气、硫铁矿为原料生产工业硫酸单位产品的能源消耗(以下简称能耗)限额的术语和定义、技术要求、能耗统计范围及节能管理与措施。

本标准适用于以硫磺、有色金属冶炼烟气、硫铁矿等为原料生产工业硫酸产品的现有企业能耗限额的计算、考核,以及对新建硫酸项目市场准入能耗限额的控制。

2 规范性引用文件

下列文件对于本文件的应用是必不可少的。凡是注日期的引用文件,仅注日期的版本适用于本文件。凡是不注日期的引用文件,其最新版本(包括所有修改单)适用于本文件。

GB/T 534—2002 工业硫酸

GB/T 2589 综合能耗计算通则

GB/T 3484 企业能量平衡通则

GB/T 12497 三相异步电动机经济运行

GB/T 13462 电力变压器经济运行

GB/T 13466 交流电气传动风机(泵类、空气压缩机)系统经济运行通则

GB 17167 用能单位能源计量器具配备和管理通则

3 术语和定义

下列术语和定义适用于本文件。

3.1

硫酸生产界区 the battery limit of sulfuric acid production

从硫磺、硫铁矿、有色金属冶炼烟气、电力、蒸汽等原材料和能源经计量进入生产系统开始,到成品硫酸计量入库为止的整个硫酸产品的生产过程。(硫酸生产界区到废热锅炉产生蒸汽为止,至于之后蒸汽如何利用,不在能耗的计算范围之内。)由生产系统工艺装置、辅助生产系统和附属生产系统设施三部分组成。

3.2

硫酸综合能耗 the comprehensive energy consumption of sulfuric acid product

报告期内硫酸生产界区内所输入的各种能量之总和减去向外输出的各种能量之总和。所有输入和向外输出各种能量,应按规定的计算方法和按规定的折算方法折算为标准煤量。

3.3

硫酸单位产品综合能耗 the comprehensive energy consumption for per unit product of sulfuric acid

在报告期内,用折100%硫酸单位产量表示的综合能耗。

4 技术要求

4.1 现有工业硫酸装置单位产品综合能耗限定值

现有工业硫酸装置单位产品综合能耗限定值应符合表1要求。

表 1　现有工业硫酸企业单位产品能耗限定值

生产原料类型	单位产品综合能耗 kgce/t	吨酸电耗 kWh/t
硫磺	≤−115	≤85
硫铁矿	≤−100	≤130
铜、镍冶炼烟气	≤16	≤130
铅冶炼烟气	≤22	≤180
锌冶炼烟气	≤−85	≤130
其他有色金属冶炼烟气	≤34	≤270

4.2　新建工业硫酸装置单位产品综合能耗准入值

新建工业硫酸装置单位产品综合能耗准入值应符合表 2 要求。

表 2　新建工业硫酸装置单位产品能耗准入值

生产原料类型	单位产品综合能耗 kgce/t	吨酸电耗 kWh/t
硫磺	≤−140	≤70
硫铁矿	≤−120	≤120
铜、镍冶炼烟气	≤3	≤110
铅冶炼烟气	≤19	≤150
锌冶炼烟气	≤−95	≤120
其他有色金属冶炼烟气	≤−4	≤240

4.3　工业硫酸单位产品综合能耗先进值

工业硫酸单位产品综合能耗先进值应符合表 3 要求。

表 3　工业硫酸单位产品能耗先进值

生产原料类型	单位产品综合能耗 kgce/t	吨酸电耗 kWh/t
硫磺	≤−180	≤60
硫铁矿	≤−135	≤110
铜、镍冶炼烟气	≤−30	≤100
铅冶炼烟气	≤5	≤130
锌冶炼烟气	≤−120	≤110
其他有色金属冶炼烟气	≤−42	≤210

5　统计范围和计算方法

5.1　能耗统计范围

5.1.1　硫酸产品综合能源消耗量是指在报告期内生产硫酸产品实际消耗的各种能源量。它应包括硫酸生产界区内实际消耗的一次能源量和二次能源量，以及未包括在硫酸生产界区内的企业辅助生产系统、附属生产系统能源消耗量按消耗比例法分摊到硫酸产品中的部分。不包括基建、技改等项目建设消耗的能源和生活用能（指企业系统内宿舍、学校、文化娱乐、医疗保健、商业服务和托儿幼教等方面用能）。耗能工质（如水、氧气、压缩空气等），无论是外购的还是自产的均不应统计在能源消耗量中；但在硫酸生产中耗能工质所消耗的能源，应统计在能源消耗量中。

5.1.2　硫酸输出能量是指硫酸系统向外输出的、供其他产品或装置使用的能量。硫酸生产系统产生的废气、废液、废渣中未回收使用的、无计量的、没有实测热值以及不作为能源利用的能量，均不得计入输出能量。

5.1.3　硫酸生产回收利用的能量，用于本系统时不得作为输入能量再次计入；如向系统外输出时，应计入硫酸输出能量。

5.1.4　硫酸生产所必须的安全、环保措施消耗的能量，应计入硫酸能耗。

5.1.5　大修、库损等消耗的能量，应按月分摊。

5.1.6　能源消耗量的统计、核算应包括各个生产环节和系统，既不应重复，又不应漏计。

5.2　计算方法

5.2.1　硫酸综合能耗计算

硫酸综合耗能等于硫酸生产过程中所输入的各种能量减去向外输出的各种能量。按式(1)计算：

$$E=\sum_{i=1}^{n}(E_i\times k_i)-\sum_{j=1}^{m}(E_j\times k_j) \qquad (1)$$

式中：

E ——硫酸综合能耗，单位为千克标准煤(kgce)；

E_i——硫酸生产过程中输入的第 i 种能源实物量；

k_i——输入的第 i 种能源的折标准煤系数；

n ——输入的能源种类数量；

m ——输出的能源种类数量；

E_j——硫酸生产过程中输出的第 j 种能源实物量；

k_j——输出的第 j 种能源的折标准煤系数。

5.2.2　硫酸单位产品综合能耗计算

硫酸单位产品综合能耗等于报告期内硫酸综合能耗除以报告期内硫酸产量。按式(2)计算：

$$e=\frac{E}{M} \qquad (2)$$

式中：

e ——硫酸单位产品综合能耗，单位为千克标准煤/吨(kgce/t)；

E ——报告期内硫酸综合能耗，单位为千克标准煤(kgce)；

M——报告期内硫酸产量，单位为吨(t)；硫酸产量按附录 A 方法计算。

5.2.3　各种能源（天然气、柴油、电、蒸汽）折标准煤系数以企业在报告期内实测的热值计算为准。没有实测条件的，按 GB/T 2589 折算为统一的计量单位—标准煤。

5.2.4　硫酸单位产品综合能耗的计算方法详见附录 B 和附录 C。

6　节能管理与措施

6.1　节能基础管理

6.1.1　企业应建立健全能源管理组织机构，对节能工作进行组织、管理、监督、考核和评价。

6.1.2 企业应制定行之有效的节能制度和措施，强化责任制，建立健全节能责任考核体系。

6.1.3 企业应根据GB 17167的要求建立能源计量管理制度并配备和用好能源计量器具和仪器仪表，使计量设备处于良好状态；对基础数据进行有效的检测、度量和计算，确保能源基础数据的准确性和完整性。

6.1.4 企业应按照GB/T 3484的规定，科学、有效的开展能源统计工作，确保能源统计数据的准确性与及时性，做好能源消费和利用状况的统计分析，定期发布，并做好能源统计资料的管理与归档工作。

6.2 节能技术管理

6.2.1 经济运行

企业应使生产通用设备达到经济运行的状态，对电动机的经济运行管理应符合GB/T 12497《三相异步电动机经济运行》的规定；对风机、泵类和空气压缩机的经济运行管理应符合GB/T 13466《交流电气传动风机(泵类、空气压缩机)系统经济运行通则》的规定；对电力变压器的经济运行管理应符合GB/T 13462《电力变压器经济运行》的规定。

企业应加强设备的检修、维护工作，提高设备的负荷率，使其长周期运行；应使生产转动设备合理匹配，经济运行；应使静止设备处于高效率低能耗运行状态；应按照合理用能的原则，对各种热能科学使用，梯级利用；对余热和余压，加强回收和利用；对各种带热(冷)设备和管网应加强维护管理，防止跑、冒、滴、漏的现象发生。

6.2.2 节能技术

6.2.2.1 开发利用高效节能的新技术、新工艺、新设备。

6.2.2.2 推进清洁生产，提高资源利用效率，减少污染物排放量。

6.2.2.3 推广热电联产，提高热电机组的利用率。

6.2.2.4 推广“三废”综合利用技术。

6.2.2.5 淘汰高能耗、高污染的工艺和设备。

6.3 监督与考核

企业应建立能耗测试、能耗统计、能源平衡和能耗考核结果的文件档案，并对文件进行受控管理。

附　录　A
（规范性附录）
硫酸产量计算方法

A.1　计算范围

在报告期内以硫磺、冶炼烟气和硫铁矿为原料生产的并符合国家标准 GB/T 534—2002 产品质量要求的产品为最终计量状态，此外，还包括从硫酸生产系统中引出的二氧化硫或三氧化硫原料气体生产的硫酸衍生产品。产品产量以折纯为 100%硫酸计量。

A.2　产量计算方法

各种工业硫酸应分别按国家标准 GB/T 534—2002 的规定进行检验，合格者可以统计产量。硫酸衍生产品也要符合相应的国家或行业标准方可折算计入硫酸产量。企业应按报告期内各批量浓度硫酸产品折 100%硫酸计算产量。

按式(A.1)计算：

$$M=\sum_{\gamma=1}^{n}N_i\gamma_i \qquad \cdots\cdots\cdots\cdots (A.1)$$

式中：

M——报告期内硫酸产量，单位为吨(t)；

N_i——报告期内生产的第 i 批硫酸的合格实物量，单位为吨(t)；

γ_i——报告期内生产的第 i 批硫酸的浓度，用质量分数(%)表示，以实测为准；

n——报告期内生产硫酸批次的数量。

附 录 B
（规范性附录）
硫酸单位产品耗电计算说明

B.1 硫酸单位产品耗电

系指报告期内硫酸产品生产的耗电总量与同期内硫酸产量之比，不包括硫酸企业自己的发电量。

B.2 计算范围

“硫酸耗电总量”包括硫酸生产系统和辅助、附属生产系统、贮运系统的消耗和损失的电量，也包括生产系统中的事故检修、计划中小修和年度大修耗电，不包括基建、技改项目用电和生活用能(生活用能是指企业系统内的宿舍、学校、文化娱乐、医疗保健、商业服务和托儿幼教等方面用能)。以电表计量为准。具体的就是指在报告期内硫酸生产中转化用电加热炉、循环水、污水处理、装置界区内的照明、通信、报警、仪表、暖通、变配电所、鼓风机、泵、电除尘器、电除雾器等所消耗的电量。

附 录 C
（资料性附录）
硫酸生产过程中常用能源折算成标煤的折标系数

C.1 硫酸生产过程中常用能源折算成标煤的折标系数

硫酸生产过程中常用能源折算成标煤的折标系数见表 C.1。

表 C.1 硫酸生产过程中常用能源折算成标煤的折标系数

能源名称	平均低位发热量	折标准煤系数
燃料油	41 816 kJ/kg(10 000 kcal/kg)	1.428 6 kgce/kg
柴油	42 652 kJ/kg(10 200 kcal/kg)	1.457 1 kgce/kg
油田天然气	38 931 kJ/m^3(9 310 kcal/m^3)	1.330 0 kgce/m^3
气田天然气	35 544 kJ/m^3(8 500 kcal/m^3)	1.214 3 kgce/m^3
电力(当量值)	3 600 kJ/(kW·h)[860 kcal/(kW·h)]	0.122 9 kgce/(kW·h)

C.2 蒸汽的热力计算

C.2.1 饱和蒸汽

a) 压力 1～2.5 kg/cm^2，温度 127 ℃以下，每千克蒸汽的热焓按 2 593 kJ(620 kcal)计算。
b) 压力 3～7 kg/cm^2，温度 135～165 ℃，每千克蒸汽的热焓按 2 634 kJ(630 kcal)计算。
c) 压力 8 kg/cm^2 以上，温度 170 ℃以上，每千克蒸汽的热焓按 2 676 kJ(640 kcal)计算。

C.2.2 过热蒸汽

压力 150 kg/cm^2
a) 200 ℃以下，每千克蒸汽的热焓按 2 718 kJ(650 kcal)计算；
b) 220～260 ℃，每千克蒸汽的热焓按 2 843 kJ(680 kcal)计算；
c) 280～320 ℃，每千克蒸汽的热焓按 2 927 kJ(700 kcal)计算；
d) 350～500 ℃，每千克蒸汽的热焓按 3 136 kJ(750 kcal)计算。

根据确定的热焓，乘以蒸汽的产量，所得值即为蒸汽热力的量。用该热力量除以标煤的发热量 29 270 kJ(7 000 kcal)/kg，再除以产蒸汽锅炉的效率(效率按 0.8 计)，即得到蒸汽的折标煤量。

ICS 27.010
F 01

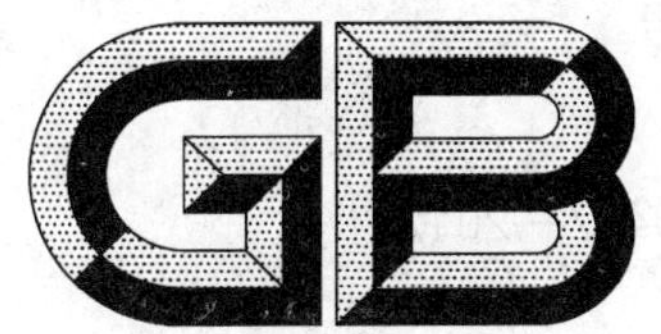

中华人民共和国国家标准

GB 29437—2012

工业冰醋酸单位产品能源消耗限额

The norm of energy consumption per unit product of glacial acetic acid for industry use

2012-12-31 发布　　　　2013-10-01 实施

中华人民共和国国家质量监督检验检疫总局
中国国家标准化管理委员会　发布

前　言

本标准 4.1、4.2 为强制性的，其余为推荐性的。

本标准按照 GB/T 1.1—2009 给出的规则起草。

本标准由国家发展和改革委员会资源节约与环境保护司、工业和信息化部节能与综合利用司提出。

本标准由全国能源基础与管理标准化技术委员会(SAC/TC 20)和中国石油和化学工业联合会归口。

本标准起草单位：江苏索普(集团)有限公司、中国石油吉林石化分公司、石家庄新宇三阳实业有限公司、中国石油和化学工业协会、全国醋酸醋酐行业协作组、上海吴泾化工有限公司、兖矿国泰化工有限公司、大庆油田化工有限公司、山东华鲁恒升化工股份有限公司、河南顺达化工科技有限公司、南通醋酸化工股份有限公司、扬子江乙酰化工有限公司、南宁化工集团有限公司、金沂蒙集团有限公司、中海先锋化工(泰兴)有限公司、河南天冠企业集团有限公司天冠醋酸厂、南京扬子石化碧辟乙酰有限公司。

本标准主要起草人：宋勤华、邵守言、凌晨、曹宏兵、陈大胜、刘艳、张志伟、鲁宜武、袁代红、管琦、刘华安、何玲、王志恒、宿志刚、潘科、王学文、常怀春、杨国杰、金光日、殷雪松、李银江、扈士海、丁彩峰、朱爱华、何捷、卢平安、翟光校、杜建新、吴虎林、张小志、花永康。

工业冰醋酸单位产品能源消耗限额

1 范围

本标准规定了羰基合成法、酒精氧化法、乙烯法生产工业冰醋酸单位产品能源消耗(以下简称“能耗”)限额的技术要求、统计范围和计算方法、节能管理与措施。

本标准适用于羰基合成法、酒精氧化法、乙烯法生产工业冰醋酸产品的企业能耗的计算、考核,以及对新建装置的能耗控制。

2 规范性引用文件

下列文件对于本文件的应用是必不可少的。凡是注日期的引用文件,仅注日期的版本适用于本文件。凡是不注日期的引用文件,其最新版本(包括所有的修改单)适用于本文件。

GB/T 1628 工业用冰乙酸

GB/T 2589 综合能耗计算通则

GB/T 13466 交流电气传动风机(泵类、空气压缩机)系统经济运行通则

GB 17167 用能单位能源计量器具配备和管理通则

3 术语和定义

GB/T 1628 界定的以及下列术语和定义适用于本文件。

3.1

工业冰醋酸产品综合能耗 the comprehensive energy consumption of product glacial acetic acid for industry use

报告期内,醋酸产品全部生产过程中实际消耗的各种能源,进行综合计算所得的能源消耗量。系指用于生产的各种能源,包括主要生产系统、辅助生产系统、附属生产系统消耗的能源,不包括用于生活目的所消耗的能源,不包括基建、技改等项目建设消耗的、生产界区内回收利用的和向外输出的能源量。

3.2

工业冰醋酸产品单位综合能耗 the comprehensive energy consumption per unit product of glacial acetic acid for industry use

本标准醋酸产品单位综合能耗是以折 100%醋酸单位产量所表示的综合能耗量,即企业同一计划统计期内醋酸装置总综合能耗量与合格产品总产量之比值。

3.3

工业冰醋酸生产界区 the battery limit of production of glacial acetic acid for industry use

从原料(一氧化碳、甲醇、酒精、氧气、乙烯等)及能源(电力、蒸汽等)经计量进入开始,到醋酸成品计量入库的全部生产过程。由生产系统工艺装置、辅助生产系统和附属生产系统设施三部分组成。

3.4

工业冰醋酸生产系统 the production system of glacial acetic acid for industry use

从原料(一氧化碳、甲醇、酒精、乙烯、氧气等)进入醋酸生产界区开始到醋酸成品包装入库为止的有关工序组成的完整工艺过程和设备。

3.5

工业冰醋酸辅助生产系统 the auxiliary production system of glacial acetic acid for industry use

为生产系统工艺装置配置的工艺过程、设施和设备。包括供电、供水、供气、采暖、制冷、仪表和厂内原料场地以及安全、环保等装置。

3.6

工业冰醋酸附属生产系统 the accessory production system of glacial acetic acid for industry use

为生产系统专门配置的生产指挥系统和厂区内为生产服务的部门和单位。包括办公室、操作室、休息室、更衣室、中控分析、成品检验、产品计量等设施。

4 技术要求

4.1 现有工业冰醋酸装置单位产品能耗限定值

现有醋酸装置单位产品能耗限定值应符合表1的要求。

表1 工业冰醋酸装置单位产品能耗限定值

工艺		单位产品综合能耗/(kgce/t)
羰基法 (年产20万t醋酸)		≤176
酒精法	空气氧化乙醛	≤500
	氧气氧化乙醛	≤505
乙烯法		≤429

4.2 新建工业冰醋酸装置单位产品能耗准入值

新建年产20万t及以上羰基法醋酸装置、酒精法和乙烯法装置能耗准入值应符合表2的要求。年产20万t以下羰基法醋酸装置应禁止建设。

表2 新建工业冰醋酸装置单位产品能耗准入值

工艺		单位产品综合能耗/(kgce/t)
羰基法 (年产20万t醋酸)		≤124
酒精法	空气氧化乙醛	≤418
	氧气氧化乙醛	≤429
乙烯法		≤300

4.3 工业冰醋酸装置单位产品能耗先进值

企业应通过节能技术改造和加强节能管理,达到表3能耗先进值的要求。

表 3　工业冰醋酸装置单位产品能耗先进值

工　艺		单位产品综合能耗/(kgce/t)
羰基法 (年产 20 万 t 醋酸)		≤106
酒精法	空气氧化乙醛	≤418
	氧气氧化乙醛	≤429
乙烯法		≤300

5　统计范围和计算方法

5.1　统计范围

5.1.1　报告期内工业冰醋酸生产界区实际消耗的一次能源(燃料油、燃料气)、二次能源(电力、蒸汽等)和耗能工质(水、氮气、压缩空气等),包括装置生产、输变电损失、热力管网损失、装置照明、采暖等生活设施以及检维修所发生的能量消耗;不包括自产的二次能源(电和蒸汽)。

5.1.2　回收利用工业冰醋酸生产界区内产生的余热、余能及化学反应热,供界区外装置回收利用的,应按其实际回收的能量从本界区内能耗中扣除。

5.1.3　各种能耗的热值应按 GB/T 2589 折为统一的标准煤。各种能源的热值以企业在报告期内实测的热值为准。没有实测条件的,可采用附录 A、附录 B 中给定的各种能源折标准煤参考系数。

能源消耗量的统计、核算应包括各个生产环节和系统,即不能重复,又不能漏计。

5.1.4　工业冰醋酸产品所消耗的原材料,如羰基法中的一氧化碳和甲醇、酒精法中的乙醇、氧气或空气、乙烯法中的乙烯和氧气,不作为能耗进行统计。

5.2　计算方法

工业冰醋酸产品单位综合能耗按式(1)计算:

$$E_{ZH}=\left[\sum_{i=1}^{n}(e_i\times k_i)-\sum_{j=1}^{m}(e_j\times k_j)\right]\div P_{cp} \quad\cdots\cdots(1)$$

式中:

E_{ZH}——工业冰醋酸产品单位综合能耗,单位为千克标准煤每吨(kgce/t);

n——消耗的能源品种数;

m——输出的能源品种数;

e_i——生产和服务活动中消耗的第 i 种能源实物量,单位为吨(t)或千瓦时(kW·h);

e_j——醋酸生产中输出的第 j 种能源实物量,单位为吨(t)或千瓦时(kW·h);

k_i——生产和服务活动中消耗的第 i 种能源的折算系数,按能量的当量值或能源等价值折算;

k_j——醋酸生产中输出的第 j 种能源的折算系数,按能量的当量值或能源等价值折算;

P_{cp}——报告期内某种规格醋酸产品的成品产量,单位为吨(t)。

6　节能管理与措施

6.1　节能基础管理与措施

企业应定期对工业冰醋酸产品单位能耗进行考核,并把考核指标分解落实到各基层部门,建立用能责任制度。

企业应按要求建立能源统计体系，建立能耗测试数据、能耗计算和考核结果的文件档案，并对文件进行受控管理。

工业冰醋酸生产企业综合能耗的统计、核算应执行相关国家标准，核算规程由企业归口(专业)部门完成。

企业应根据 GB 17167 配备能源计量器具并建立能源计量管理制度。

6.2 节能技术管理与措施

6.2.1 经济运行

企业应调整装置生产负荷在设计负荷的 90%～110%之间，同时保证产品质量达到国家相关标准。

企业应使通用设备达到经济运行的状态，对风机、泵类和压缩机的经济运行管理应符合 GB/T 13466 的规定。

对各种管网应加强维护管理，防止跑、冒、滴、漏的现象发生。

6.2.2 工艺管理

企业应该加强工艺管理，鼓励将余热回收利用，鼓励对三废进行综合利用。

6.2.3 耗能设备

6.2.3.1 企业应该加强设备日常维护管理，用高效节能设备更新淘汰高耗能设备；同时加强对换热器类设备的日常维护管理，保证换热效率，节约能源使用。

6.2.3.2 企业应该加强设备、管线保温、保冷，提高能源利用效率，降低能源使用量。

6.2.3.3 企业应该加强疏水器类设备使用管理，提高蒸汽使用效率，减少蒸汽热值损失；根据物料性质和实际情况组织采暖、伴热的输送，防止出现能源浪费。

6.2.3.4 企业应该提高照明系用的能效，电光源及镇流器应选用能效值达到相关能效标准节能评价值的产品。

附 录 A
（资料性附录）
各种能源折标准煤参考系数

A.1 各种能源折标准煤参考系数

各种能源折标准煤参考系数见表A.1。

表A.1 各种能源折标准煤参考系数

能源名称		平均低位发热量	折标准煤系数
原煤		20 908 kJ/kg(5 000 kcal/kg)	0.714 3 kgce/kg
洗精煤		26 344 kJ/kg(6 300 kcal/kg)	0.900 0 kgce/kg
其他洗煤	洗中煤	8 363 kJ/kg(2 000 kcal/kg)	0.285 7 kgce/kg
	煤泥	8 363 kJ/kg～12 545 kJ/kg (2 000 kcal/kg～3 000 kcal/kg)	0.285 7 kgce/kg～0.428 6 kgce/kg
焦炭		28 435 kJ/kg(6 800 kcal/kg)	0.971 4 kgce/kg
原油		41 816 kJ/kg(10 000 kcal/kg)	1.428 6 kgce/kg
燃料油		41 816 kJ/kg(10 000 kcal/kg)	1.428 6 kgce/kg
汽油		43 070 kJ/kg(10 300 kcal/kg)	1.471 4 kgce/kg
煤油		43 070 kJ/kg(10 300 kcal/kg)	1.471 4 kgce/kg
柴油		42 652 kJ/kg(10 200 kcal/kg)	1.457 1 kgce/kg
煤焦油		33 453 kJ/kg(8 000 kcal/kg)	1.142 9 kgce/kg
渣油		41 816 kJ/kg(10 000 kcal/kg)	1.428 6 kgce/kg
液化石油气		50 179 kJ/kg(12 000 kcal/kg)	1.714 3 kgce/kg
炼厂干气		46 055 kJ/kg(11 000 kcal/kg)	1.571 4 kgce/kg
油田天然气		38 931 kJ/m^3(9 310 kcal/m^3)	1.330 0 kgce/m^3
气田天然气		35 544 kJ/m^3(8 500 kcal/m^3)	1.214 3 kgce/m^3
煤矿瓦斯气		14 636 kJ/m^3～16 726 kJ/m^3 (3 500 kcal/m^3～4 000 kcal/m^3)	0.500 0 kgce/m^3～0.571 4 kgce/m^3
焦炉煤气		16 726 kJ/m^3～17 981 kJ/m^3 (4 000 kcal/m^3～4 300 kcal/m^3)	0.571 4 kgce/m^3～0.614 3 kgce/m^3
高炉煤气		3 763 kJ/m^3	0.128 6 kgce/kg
其他煤气	a） 发生炉煤气	5 227 kJ/m^3(1 250 kcal/m^3)	0.178 6 kgce/m^3
	b） 重油催化裂解煤气	19 235 kJ/m^3(4 600 kcal/m^3)	0.657 1 kgce/m^3
	c） 重油热裂解煤气	35 544 kJ/m^3(8 500 kcal/m^3)	1.214 3 kgce/m^3
	d） 焦炭制气	16 308 kJ/m^3(3 900 kcal/m^3)	0.557 1 kgce/m^3
	e） 压力气化煤气	15 054 kJ/m^3(3 600 kcal/m^3)	0.514 3 kgce/m^3
	f） 水煤气	10 454 kJ/m^3(2 500 kcal/m^3)	0.357 1 kgce/m^3

表 A.1(续)

能源名称	平均低位发热量	折标准煤系数
粗苯	41 816 kJ/kg(10 000 kcal/kg)	1.428 6 kgce/m³
热力(当量值)		0.034 12 kgce/MJ
电力(当量值)	3 600 kJ/(kW·h)[(860 kcal/(kW·h)]	0.122 9 kgce/(kW·h)
蒸汽(低压)	3 763 MJ/t(900 Mcal/t)	0.128 6 kgce/kg
5.0 MPa 级蒸汽(4.5 MPa≤p≤7.0 MPa)		0.128 6 kgce/kg
3.5 MPa 级蒸汽(3.0 MPa≤p≤4.5 MPa)		0.125 7 kgce/kg
2.5 MPa 级蒸汽(2.0 MPa≤p≤3.0 MPa)		0.121 4 kgce/kg
1.5 MPa 级蒸汽(1.2 MPa≤p≤2.0 MPa)		0.114 3 kgce/kg

附　录　B
（资料性附录）
耗能工质能源等价值

B.1　耗能工质能源等价值

耗能工质能源等价值见表B.1。

表 B.1　耗能工质能源等价值

品种	单位耗能工质能耗量	折标准煤系数
新水	2.51 MJ/t(600 kcal/t)	0.085 7 kgce/t
软水	14.23 MJ/t(3 400 kcal/t)	0.485 7 kgce/t
循环水	4.18 MJ/t(1 000 kcal/t)	0.142 8 kgce/t
除氧水	28.45 MJ/t(6 800 kcal/t)	0.971 4 kgce/t
压缩空气	1.17 MJ/m^3(280 $kcal/m^3$)	0.040 0 $kgce/m^3$
鼓风	0.88 MJ/m^3(210 $kcal/m^3$)	0.030 0 $kgce/m^3$
氧气	11.72 MJ/m^3(2 800 $kcal/m^3$)	0.400 0 $kgce/m^3$
氮气	19.66 MJ/m^3(2 800 $kcal/m^3$)	0.671 4 $kgce/m^3$
氮气(做副产品时)	11.72 MJ/m^3(2 800 $kcal/m^3$)	0.400 0 $kgce/m^3$
氮气(做主产品时)	19.66 MJ/m^3(4 700 $kcal/m^3$)	0.671 4 $kgce/m^3$
二氧化碳气	6.28 MJ/m^3(1 500 $kcal/m^3$)	0.214 3 $kgce/m^3$
乙炔	243.67 MJ/m^3	8.314 3 $kgce/m^3$
电石	60.92 MJ/kg	2.078 6 kgce/kg

ICS 27.010
F 01

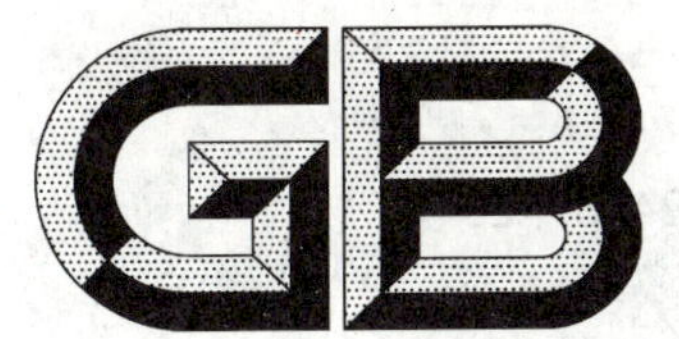

中华人民共和国国家标准

GB 29438—2012

聚甲醛单位产品能源消耗限额

The norm of energy consumption per unit product of polyoxymethylene

2012-12-31 发布　　　　2013-10-01 实施

中华人民共和国国家质量监督检验检疫总局
中国国家标准化管理委员会　发布

前　言

本标准4.1、4.2为强制性的，其余为推荐性的。

本标准按照GB/T 1.1—2009给出的规则起草。

本标准由国家发展和改革委员会资源节约与环境保护司、工业和信息化部节能与综合利用司提出。

本标准由全国能源基础与管理标准化技术委员会(SAC/TC 20)和中国石油和化学工业联合会归口。

本标准起草单位：中国蓝星(集团)股份有限公司、上海蓝星聚甲醛有限公司、国家合成树脂质量监督检验中心。

本标准主要起草人：张奕、王建东、史勋平、隗志安、刘洁、蔡亮珍、周建军。

聚甲醛单位产品能源消耗限额

1 范围

本标准规定了聚甲醛单位产品能源消耗(简称“能耗”)限额的技术要求、统计范围及计算方法,以及节能管理措施。

本标准适用于以甲醇和乙二醇为主要原料的聚甲醛生产企业能耗的计算、考核,以及对新建项目的能耗控制。

2 规范性引用文件

下列文件对于本文件的应用是必不可少的。凡是注日期的引用文件,仅注日期的版本适用于本文件。凡是不注日期的引用文件,其最新版本(包括所有的修改单)适用于本文件。

GB/T 12497 三相异步电动机经济运行

GB/T 13462 电力变压器经济运行

GB/T 13466 交流电气传动风机(泵类、空气压缩机)系统经济运行通则

GB/T 14549 电能质量 公用电网谐波

GB 17167 用能单位能源计量器具配备和管理通则

GB 18613 中小型三相异步电动机能效限定值及能效等级

GB 19153 容积式空气压缩机能效限定值及能效等级

GB 19761 通风机能效限定值及能效等级

GB 19762 清水离心泵能效限定值及节能评价值

GB 20052 三相配电变压器能效限定值及节能评价值

3 术语和定义

下列术语和定义适用于本文件。

3.1

聚甲醛产品综合能耗 comprehensive energy consumption of polyoxymethylene product

报告期内,聚甲醛产品整个生产过程中的能源消耗总量。

3.2

聚甲醛单位产品能耗 comprehensive energy consumption per unit product of polyoxymethylene

以单位聚甲醛产量表示的能耗量。

4 技术要求

4.1 聚甲醛单位产品能耗限定值

现有聚甲醛生产企业聚甲醛单位产品能耗限定值应不大于 2 800 kgce/t。

4.2 聚甲醛单位产品能耗准入值

新建或改扩建聚甲醛生产装置聚甲醛单位产品能耗准入值应不大于 2 100 kgce/t。

4.3 聚甲醛单位产品能耗先进值

鼓励聚甲醛生产企业通过节能技术改造、技术进步、节能管理措施达到聚甲醛单位产品能耗先进值要求。聚甲醛单位产品能耗先进值应不大于 2 000 kgce/t。

5 统计范围及计算方法

5.1 统计范围

5.1.1 聚甲醛产品综合能耗统计范围为从工业甲醇、乙二醇等原材料以及蒸汽、工业水等辅料和电力经计量进入聚甲醛装置开始，到袋装成品入库为止所实际消耗的一次能源量、二次能源量，以及耗能工质量(如水、氧气、氮气、压缩空气等)。

5.1.2 聚甲醛装置内回收利用的余热、余能及化学反应热等，不应计入能耗量中。如果该余热、余能及化学反应热等供其他装置利用的，应按其实际利用的能量从本系统的能耗中扣除。

5.1.3 各种能源的热值应折合为统一的计量单位千克标准煤(kgce)或吨标准煤(tce)。各种能源的热值以企业在报告期内实测的热值为准。没有实测条件的，可参照附录 A 和附录 B 中给定的各种能源折标准煤参考系数、各类耗能工质能源折标准煤参考系数。

5.1.4 能源消耗量的统计、核算应包括各个生产环节和系统。

5.2 计算方法

5.2.1 聚甲醛综合能耗计算公式

聚甲醛综合能耗等于聚甲醛生产过程中所输入的各种能量减去向外输出的各种能量，按式(1)计算：

$$E=\sum_{i=1}^{n}(E_i \times k_i)-\sum_{j=1}^{m}(E_j \times k_j) \qquad \cdots\cdots(1)$$

式中：

E ——聚甲醛能耗，单位为千克标准煤(kgce)；

E_i ——聚甲醛生产过程中输入的第 i 种能源实物量，单位为吨(t)或千克(kg)、千瓦时(kW·h)、立方米(m^3)；

k_i ——输入的第 i 种能源的折标准煤系数，单位为千克标准煤每吨(kgce/t)或千克标准煤每千克(kgce/kg)、千克标准煤每千瓦时[kgce/(kW·h)]、千克标准煤每立方米(kgce/m^3)；

n ——输入的能源种类数量；

m ——输出的能源种类数量；

E_j ——聚甲醛生产过程中输出的第 j 种能源实物量，单位为吨(t)或千克(kg)、千瓦时(kW·h)、立方米(m^3)；

k_j ——输出的第 j 种能源的折标准煤系数，单位为千克标准煤每吨(kgce/t)或千克标准煤每千克(kgce/kg)、千克标准煤每千瓦时[kgce/(kW·h)]、千克标准煤每立方米(kgce/m^3)。

5.2.2 聚甲醛单位产品能耗计算公式

单位产品能耗等于报告期内聚甲醛能耗除以报告期内聚甲醛产量，按式(2)计算：

$$e=\frac{E}{P} \qquad \cdots\cdots(2)$$

式中：

e ——聚甲醛单位产品能耗，单位为千克标准煤每吨(kgce/t)；

E ——报告期内聚甲醛能耗，单位为千克标准煤(kgce)；

P ——报告期内聚甲醛产量，单位为吨(t)。

6 节能管理与措施

6.1 节能基础管理与措施

企业应定期对产品能耗、单位产品能耗等进行考核，并把考核指标分解落实到各基层部门和单位，建立用能责任制度。

企业应根据GB 17167配备能源计量器具并建立能源计量管理制度。

6.2 节能技术管理与措施

6.2.1 经济运行

企业应使生产通用设备达到经济运行的状态，对电动机的经济运行管理应符合GB/T 12497的规定；对风机、泵类和空气压缩机的经济运行管理应符合GB/T 13466的规定；对电力变压器的经济运行管理应符合GB/T 13462的规定。

对各种管网应加强维护管理，防止跑、冒、滴、漏的现象发生。

6.2.2 变电、整流工序

6.2.2.1 提高整流器整流相数的脉波数，抑制谐波，6(10)kV供电母线的脉波数不应低于12，35(66)kV供电母线的脉波数不应低于18，110 kV供电母线的脉波数不应低于24，与电网连接点应执行GB/T 14549的有关规定。

6.2.2.2 提高整流自然功率因数，减少高次谐波的危害。

6.2.3 耗汽工序

6.2.3.1 应采用新技术，提高工序效率，降低蒸汽消耗。

6.2.3.2 加强蒸汽冷凝水及其余热的回收利用。

6.2.3.3 加强设备、管道保温，减少热损，降低能耗。

6.2.4 耗能设备

6.2.4.1 企业应提高电机系统通用设备的能效，用高效节能设备更新淘汰高耗能设备。年运行时间大于3 000 h的设备，电动机的能效应达到GB 18613节能评价值的水平；清水离心泵的能效应达到GB 19762节能评价值的水平；通风机的能效应达到GB 19761节能评价值的水平；容积式空气压缩机的能效应达到GB 19153节能评价值的水平。应使电动机运行在额定负载的75%～80%。

6.2.4.2 企业应提高变电和配电设备的能效，配电变压器的能效应达到GB 20052节能评价值的水平。变电和配电应采用低压集中补偿的方法，采用补偿电容，提高功率因数。

6.2.4.3 企业应提高照明系统的能效，电光源及镇流器应选用能效值达到相关能效标准节能评价值的产品。

附 录 A
（资料性附录）
各类能源折算标准煤的参考系数

A.1 各类能源折算标准煤的参考系数见表 A.1。

表 A.1 各类能源折算标准煤的参考系数

<table>
<tr><th colspan="2">能源名称</th><th>平均低位发热量</th><th>标准煤系数</th></tr>
<tr><td colspan="2">原煤</td><td>20 908 kJ/kg(5 000 kcal/kg)</td><td>0.714 3 kgce/kg</td></tr>
<tr><td colspan="2">洗精煤</td><td>26 344 kJ/kg(6 300 kcal/kg)</td><td>0.900 0 kgce/kg</td></tr>
<tr><td rowspan="2">其他洗煤</td><td>洗中煤</td><td>8 363 kJ/kg(2 000 kcal/kg)</td><td>0.285 7 kgce/kg</td></tr>
<tr><td>煤泥</td><td>8 363 kJ/kg～12 545 kJ/kg
(2 000 kcal/kg～3 000 kcal/kg)</td><td>0.285 7 kgce/kg～0.428 6 kgce/kg</td></tr>
<tr><td colspan="2">焦炭</td><td>28 435 kJ/kg(6 800 kcal/kg</td><td>0.971 4 kgce/kg</td></tr>
<tr><td colspan="2">原油</td><td>41 816 kJ/kg(10 000 kcal/kg)</td><td>1.428 6 kgce/kg</td></tr>
<tr><td colspan="2">燃料油</td><td>41 816 kJ/kg(10 000 kcal/kg)</td><td>1.428 6 kgce/kg</td></tr>
<tr><td colspan="2">汽油</td><td>43 070 kJ/kg(10 300 kcal/kg)</td><td>1.471 4 kgce/kg</td></tr>
<tr><td colspan="2">煤油</td><td>43 070 kJ/kg(10 300 kcal/kg)</td><td>1.471 4 kgce/kg</td></tr>
<tr><td colspan="2">柴油</td><td>42 652 kJ/kg(10 200 kcal/kg)</td><td>1.457 1 kgce/kg</td></tr>
<tr><td colspan="2">煤焦油</td><td>33 453 kJ/kg(8 000 kcal/kg)</td><td>1.142 9 kgce/kg</td></tr>
<tr><td colspan="2">渣油</td><td>41 816 kJ/kg(10 000 kcal/kg)</td><td>1.428 6 kgce/kg</td></tr>
<tr><td colspan="2">液化石油气</td><td>50 179 kJ/kg(12 000 kcal/kg)</td><td>1.714 3 kgce/kg</td></tr>
<tr><td colspan="2">炼厂干气</td><td>46 055 kJ/kg(11 000 kcal/kg)</td><td>1.571 4 kgce/kg</td></tr>
<tr><td colspan="2">油田天然气</td><td>38 931 kJ/m³(9 310 kcal/m³)</td><td>1.330 0 kgce/m³</td></tr>
<tr><td colspan="2">气田天然气</td><td>35 544 kJ/m³(8 500 kcal/m³)</td><td>1.214 3 kgce/m³</td></tr>
<tr><td colspan="2">煤矿瓦斯气</td><td>14 636 kJ/m³～16 726 kJ/m³
(3 500 kcal/m³～ 4 000 kcal/kg)</td><td>0.500 0 kgce/m³～0.571 4 kgce/m³</td></tr>
<tr><td colspan="2">焦炉煤气</td><td>16 726 kJ/m³～17 981 kJ/m³
(4 000 kcal/m³～4 300 kcal/m³)</td><td>0.571 4 kgce/m³～0.614 3 kgce/m³</td></tr>
<tr><td colspan="2">高炉煤气</td><td>3 763 kJ/m³</td><td>0.128 6 kgce/kg</td></tr>
<tr><td rowspan="6">其他煤气</td><td>a) 发生炉煤气</td><td>5 227 kJ/m³(1 250 kcal/m³)</td><td>0.178 6 kgce/m³</td></tr>
<tr><td>b) 重油催化裂解煤气</td><td>19 235 kJ/m³(4 600 kcal/m³)</td><td>0.657 1 kgce/m³</td></tr>
<tr><td>c) 重油热裂解煤气</td><td>35 544 kJ/m³(8 500 kcal/m³)</td><td>1.214 3 kgce/m³</td></tr>
<tr><td>d) 焦炭制气</td><td>16 308 kJ/m³(3 900 kcal/m³)</td><td>0.557 1 kgce/m³</td></tr>
<tr><td>e) 压力气化煤气</td><td>15 054 kJ/m³(3 600 kcal/m³)</td><td>0.514 3 kgce/m³</td></tr>
<tr><td>f) 水煤气</td><td>10 454 kJ/m³(2 500 kcal/m³)</td><td>0.357 1 kgce/m³</td></tr>
<tr><td colspan="2">粗苯</td><td>41 816 kJ/kg(10 000 kcal/kg)</td><td>1.428 6 kgce/m³</td></tr>
<tr><td colspan="2">热力(当量值)</td><td>—</td><td>0.034 12 kgce/MJ</td></tr>
<tr><td colspan="2">电力(当量值)</td><td>3 600 kJ/(kW·h)[860 kcal/(kW·h)]</td><td>0.122 9 kgce/(kW·h)</td></tr>
<tr><td colspan="2">蒸汽(低压)</td><td>3 763 MJ/t(900 Mcal/t)</td><td>0.128 6 kgce/kg</td></tr>
</table>

附　录　B
（资料性附录）
耗能工质能源等价值

B.1　耗能工质能源等价值见表B.1。

表 B.1　耗能工质能源等价值

品种	单位耗能工质耗能量	折标准煤系数
新水	2.51 MJ/t(600 kcal/t)	0.085 7 kgce/t
软水	14.23 MJ/t(3 400 kcal/t)	0.485 7 kgce/t
除氧水	28.45 MJ/t(6 800 kcal/t)	0.971 4 kgce/t
压缩空气	1.17 MJ/m^3(280 kcal/m^3)	0.040 0 kgce/m^3
鼓风	0.88 MJ/m^3(210 kcal/m^3)	0.030 0 kgce/m^3
氧气	11.72 MJ/m^3(2 800 kcal/m^3)	0.400 0 kgce/m^3
氮气(做副产品时)	11.72 MJ/m^3(2 800 kcal/m^3)	0.400 0 kgce/m^3
氮气(做主产品时)	19.66 MJ/m^3(4 700 kcal/m^3)	0.671 4 kgce/m^3
二氧化碳气	6.28 MJ/m^3(1 500 kcal/m^3)	0.214 3 kgce/m^3
乙炔	243.67 MJ/m^3	8.314 3 kgce/m^3
电石	60.92 MJ/kg	2.078 6 kgce/kg

ICS 27.010
F 01

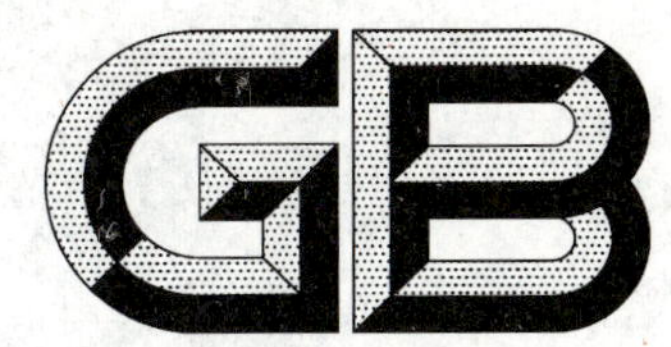

中华人民共和国国家标准

GB 29439—2012

硫酸钾单位产品能源消耗限额

The norm of energy consumption per unit product of potassium sulfate

2012-12-31 发布　　2013-10-01 实施

中华人民共和国国家质量监督检验检疫总局
中国国家标准化管理委员会　发布

前　言

本标准4.1、4.2为强制性的，其余为推荐性的。

本标准按照GB/T 1.1—2009给出的规则起草。

本标准由国家发展和改革委员会资源节约与环境保护司、工业和信息化部节能与综合利用司提出。

本标准由全国能源基础与管理标准化技术委员会(SAC/TC 20)和中国石油和化学工业联合会归口。

本标准起草单位：中国无机盐工业协会、国投新疆罗布泊钾盐有限责任公司。

本标准主要起草人：王佩琳、尹新斌、问立宁、张晓钟、何勇锋、马国良、王庭义、朱小军。

硫酸钾单位产品能源消耗限额

1 范围

本标准规定了硫酸钾单位产品能源消耗(以下简称能耗)限额的技术要求、统计范围和计算方法、节能管理与措施。

本标准适用于利用水盐体系法(盐湖含钾卤水和海水、卤水、芒硝法)和非水盐体系法(曼海姆法)制取硫酸钾的生产企业进行能耗的计算、考核,以及对新建项目的能耗控制。

本标准不适用于以下生产企业:

a) 利用水盐体系法制取硫酸钾镁肥;

b) 采用硫酸铵转化法、石膏转化法、缔置法、混合盐法等生产硫酸钾。

2 规范性引用文件

下列文件对于本文件的应用是必不可少的,凡是注日期的引用文件,仅注日期的版本适用于本文件。凡是不注日期的引用文件,其最新版本(包括所有的修改单)适用于本文件。

GB/T 2589 综合能耗计算通则

GB/T 12497 三相异步电动机经济运行

GB/T 13462 电力变压器经济运行

GB/T 13466 交流电气传动风机(泵类、空气压缩机)系统经济运行通则

GB 17167 用能单位能源计量器具配备和管理通则

GB 18613 中小型三相异步电动机能效限定值及能效等级

GB 19153 容积式空气压缩机能效限定值及能效等级

GB 19761 通风机能效限定值及能效等级

GB 19762 清水离心泵能效限定值及节能评价值

GB 20052 三相配电变压器能效限定值及节能评价值

3 术语和定义

下列术语和定义适用于本文件。

3.1

硫酸钾产品综合能耗 the comprehensive energy consumption of potassium sulfate

在报告期内硫酸钾产品生产全部过程中的能源消耗总量。

3.2

硫酸钾单位产品能耗 the comprehensive energy consumption per unit product of potassium sulfate

用硫酸钾单位产品产量表示的能耗。

3.3

水盐体系法硫酸钾 france potassium sulfate brine system

以水为介质的硫酸钾生产工艺方法,包括含钾卤水和海水、卤水为原料以及以芒硝、氯化钾为原料(芒硝法)生产的硫酸钾的工艺方法。

3.4

曼海姆法硫酸钾 Mannheim potassium sulfate

以氯化钾和硫酸为原料经曼海姆炉反应生产硫酸钾的方法。

4 技术要求

4.1 硫酸钾单位产品能耗限定值

现有硫酸钾装置单位产品能耗限定值应符合表1要求。

表1 现有硫酸钾单位产品能耗限定值

分类		单位产品能耗/(kgce/t)
水盐体系法	含钾卤水	≤365
	海水、卤水	≤522
	芒硝法	≤500
非水盐体系法	曼海姆法	≤126

4.2 硫酸钾单位产品能耗准入值

新建硫酸钾装置单位产品能耗准入值应符合表2要求。

表2 新建硫酸钾装置单位产品能耗准入值

分类	单位产品能耗/(kgce/t)	
水盐体系法	含钾卤水	≤350
	海水、卤水	≤510
	芒硝法	≤480
非水盐体系法	曼海姆法	≤124

4.3 硫酸钾单位产品能耗先进值

硫酸钾产品生产企业应通过节能技术改造和提高节能管理来达到能耗先进值要求。硫酸钾单位产品能耗先进值见表3。

表3 硫酸钾单位产品能耗先进值

分类	单位产品能耗/(kgce/t)	
水盐体系法	含钾卤水	≤350
	海水、卤水	≤510
	芒硝法	≤450
非水盐体系法	曼海姆法	≤120

5 统计范围和计算方法

5.1 硫酸钾生产界区

从原材料和能源经计量进入开始，到成品计量入库和经污染物治理装置处理送出为止，整个硫酸钾产品的生产过程。生产界区由生产系统工艺装置、辅助生产系统和附属生产系统设施三部分组成。

5.2 生产系统

从原材料和能源经计量进入界区、供电、供水经计量进入生产区开始，到成品计量包装入库整个生产过程，包括厂区内外包工作工序。有关工序组成完整的工艺过程、设施及设备。

5.3 辅助生产系统

为生产系统工艺装置配套的设施和设备，其中包括机修、燃料、原材料、成品贮存、安全消防设施及装置。

5.4 附属生产系统

为生产系统配置生产管理系统及为生产服务的部门和单位，其中包括办公室、生产管理部、调度室、休息室、更衣室、浴室、中控分析、成品检验、厂区监控等的生产界区内设施和设备。

5.5 统计范围

5.5.1 在报告期内生产硫酸钾产品实际消耗的各种能源量，经综合计算后得到的能源消耗量；即在报告期内硫酸钾生产界区实际消耗的一次能源量(如煤炭、石油、天然气等)、二次能源量(电力、煤气、蒸汽等)和耗能工质(如水、氧气、氮气、压缩空气等)；不包括自产的耗能工质，但包括其所消耗的能源。

5.5.2 硫酸钾生产界区外企业的辅助生产系统、附属生产系统能源消耗量和损失量应按消耗比例分摊到产品总能耗中。

5.5.3 硫酸钾生产回收本界区内产生的余热、余能及化学反应热，不计入能源消耗量中。供界区外装置回收利用的能源，应按其实际回收的能量从本界区能耗中扣除。

5.6 计算方法

5.6.1 数据折算

各种能源的热值应折合为统一的计量单位千克标准煤。在报告期内实测的企业消耗的一次能源量，均按低(位)发热量换算为标准煤量。没有实测条件的，采用附录 A 中各种能源折标准煤参考系数。

能耗的计算应符合 GB/T 2589 综合能耗计算通则中的规定。

5.6.2 硫酸钾产品综合能耗的计算

硫酸钾产品综合能耗应按式(1)计算：

$$E_{kz} = E_{ks} + E_{kf} \qquad (1)$$

式中：

E_{kz}——报告期内硫酸钾产品综合能耗，单位为千克标准煤(kgce)；

E_{ks}——报告期内硫酸钾生产系统能耗量，单位为千克标准煤(kgce)；

E_{kf}——报告期内硫酸钾辅助生产系统、附属生产系统的能耗摊入量和损失量，单位为千克标准煤(kgce)。

5.6.3 硫酸钾单位产品能耗的计算

硫酸钾单位产品能耗应按式(2)计算：

$$E_{kzd}=\frac{E_{kz}}{P_k} \qquad \cdots\cdots(2)$$

式中：

E_{kzd}——硫酸钾单位产品能耗，单位为 千克标准煤每吨(kgce/t)；

E_{kz}——报告期内硫酸钾产品能耗，单位为千克标准煤(kgce)；

P_k——报告期内硫酸钾产量，单位为吨(t)。

6 节能管理与措施

6.1 节能基础管理

企业应定期对硫酸钾产品能耗、硫酸钾单位产品能耗进行考核，并把考核指标分解落实到各基层部门，建立用能责任制度。

企业应根据 GB 17167 配备能源计量器具并建立能源计量管理制度。

6.2 节能技术管理

6.2.1 能源管理

企业应建立能耗测试数据、能耗计算和能耗考核结果的文件档案，并对文件进行受控管理。

6.2.2 经济运行

通用设备应在经济状态运行，对电动机、交流电气传动风机(泵类、空气压缩机)系统、电力变压器等的经济运行管理应分别符合 GB/T 12497、GB/T 13466 和 GB/T 13462 的规定。

对各种管网应加强维护管理，防止跑、冒、滴、漏的现象发生。

6.2.3 水盐体系法生产硫酸钾

对采用含钾卤水和海水、卤水一次性资源生产硫酸钾的盐水体系法：

a) 优化工艺操作，充分利用地域条件，结合气候条件，采用先进的盐田工艺技术，提高钾收率。
b) 大力开展综合利用，提高副产物附加值。

对以芒硝、氯化钾等二次性产品为原料生产硫酸钾的水盐体系法：

a) 加强原料管理，稳定操作，创新工艺，提高钾的收得率。
b) 加强副产氯化钠应用研究，提高副产物附加值，降低生产成本。
c) 改进工艺技术，提高设备效率。

6.2.4 非水盐体系法(曼海姆法)生产硫酸钾

对采用氯化钾和硫酸二次性产品为原料生产硫酸钾的非水盐体系法(曼海姆法)：

a) 加强原料管理，稳定操作，提高迈海姆炉的热效率。
b) 提高炉气冷却效率，开拓副产盐酸销路。
c) 改进设备材质，减少设备腐蚀，加强隔热保温，降低热损失。

6.2.5 耗能设备

对电机、变配电等耗能设备：

a) 提高电机系统通用设备的能效，用高效节能设备更新淘汰低效设备。电动机、清水离心泵、通风机、容积式空气压缩机等设备能效应分别达到 GB 18613、GB 19762、GB 19761 和GB 19153 节能评价值的水平。

b) 企业应提高变电和配电设备的能效，配电变压器的能效应达到 GB 20052 节能评价值的水平。

附 录 A
（资料性附录）
各种能源折标准煤参考系数

A.1 各种能源折标准煤参考系数

各种能源折标准煤参考系数见表 A.1。

表 A.1 各种能源折标准煤参考系数

能源名称		平均低位发热量	折标准煤系数
原煤		20 908(5 000 kcal) kJ/kg	0.714 3 kgce/kg
洗精煤		26 344(6 300 kcal) kJ/kg	0.900 0 kgce/kg
其他洗煤	a) 洗中煤	8 363(2 000 kcal)kJ/kg	0.285 7 kgce/kg
	b) 煤泥	8 363～12 545(2 000 kcal～3 000 kcal)kJ/kg	0.285 7 kgce/kg～0.428 6 kgce/kg
焦炭		28 435(6 800 kcal)kJ/kg	0.971 4 kgce/kg
电极糊		25 090(6 000 kcal)kJ/kg	0.857 1 kgce/kg
石墨电极		33 913(8 100 kcal)kJ/kg	1.157 1 kgce/kg
原油、燃料油		41 816(10 000 kcal)kJ/kg	1.428 6 kgce/kg
汽油		43 070(10 300 kcal)kJ/kg	1.471 4 kgce/kg
煤油		43 070 (10 300 kcal)kJ/kg	1.471 4 kgce/kg
柴油		42 652(10 200 kcal) kJ/kg	1.457 1 kgce/kg
液化石油气		50 179(12 000 kcal)kJ/kg	1.714 3 kgce/kg
炼厂干气		46 055(11000 kcal) kJ/kg	1.571 4 kgce/kg
油田天然气		38 931(9 310 kcal) kJ/m^3	1.330 0 kgce/m^3
气田天然气		35 544(8 500 kcal) kJ/m^3	1.214 3 kgce/m^3
煤矿瓦斯气		14 636～16 726(3 500 kcal～4000 kcal)kJ/m^3	0.500 0 kgce/m^3～0.571 4 kgce/m^3
焦炉煤气		16 726～17 081(4 000 kcal～4 300 kcal)kJ/m^3	0.571 4 kgce/m^3～0.614 3 kgce/m^3
黄磷尾气		10 048～11 723(2 400 kcal～2 800 kcal)kJ/m^3	0.342 9 kgce/m^3～0.400 0 kgce/m^3
其他煤气	a) 发生炉煤气	5 227(1 250 kcal)kJ/m^3	0.178 6 kgce/m^3
	b) 焦碳制气	16 308(3 900 kcal)kJ/m^3	0.557 1 kgce/m^3
	c) 压力气化煤气	15 054(3 600 kcal)kJ/m^3	0.514 3 kgce/m^3
	d) 水煤气	10 454(2 500 kcal)kJ/m^3	0.357 1 kgce/m^3
热力(当量)		—	0.034 12 kgce/MJ (0.142 86 kgce/10^3 kcal)
电力(当量)		3 601(860 kcal)kJ/(kW·h)	0.122 9 kgce/(kW·h)
蒸汽(低压)		3 763.44(9×10^5 kcal)MJ /t	0.128 6 tce/t

A.2 各种耗能工质折标准煤参考系数

各种耗能工质折标准煤参考系数见表A.2。

表A.2 各种耗能工质折标准煤参考系数

品 种	平均折算热量	折标准煤系数
外购水	2.51(600 kcal)MJ/t	0.086 kgce/t
软水	14.23(3 400 kcal) MJ/t	0.486 kgce/t
除氧水	28.45(6 800 kcal)MJ/t	0.971 kgce/t
压缩空气	1.17(280 kcal)MJ/m^3	0.040 kgce/m^3
鼓风	0.88(210 kcal)MJ/m^3	0.030 kgce/m^3
氧气	11.72(2 800 kcal)MJ/m^3	0.400 kgce/m^3
氮气	19.66(4 700 kcal)MJ/m^3	0.671 kgce/m^3
二氧化碳气	6.28(1 500 kcal)MJ/m^3	0.214 kgce/m^3

ICS 27.010
F 01

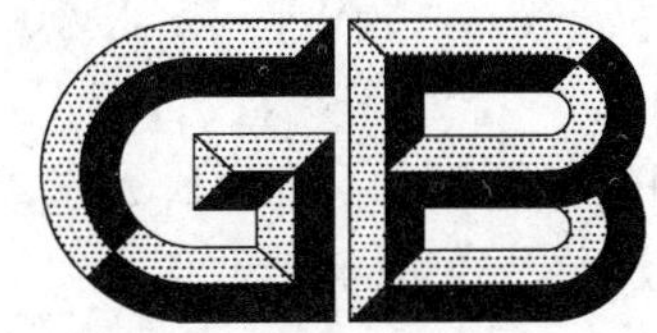

中华人民共和国国家标准

GB 29440—2012

炭黑单位产品能源消耗限额

The norm of energy consumption per unit product for carbon black

2012-12-31 发布　　2013-10-01 实施

中华人民共和国国家质量监督检验检疫总局
中国国家标准化管理委员会　发布

前　言

本标准4.1、4.2为强制性的，其余为推荐性的。

本标准按照GB/T 1.1—2009给出的规则起草。

本标准由国家发展和改革委员会资源节约与环境保护司、工业和信息化部节能与综合利用司提出。

本标准由全国能源基础与管理标准化技术委员会(SAC/TC 20)和中国石油和化学工业联合会归口。

本标准起草单位：中橡集团炭黑工业研究设计院、中国橡胶工业协会、河北龙星化工股份有限公司、宁波德泰化学有限公司、广东海印永业(集团)股份有限公司、石家庄市新星化碳公司、河北沙河大光明炭黑有限公司、杭州富春江化工有限公司、江西黑猫炭黑有限公司、苏州宝化炭黑有限公司、青州市博奥炭黑有限责任公司、山东贝斯特化工有限公司、山西永东化工有限公司、山西宏特炭黑有限公司、无锡双诚炭黑厂、天津海豚炭黑有限公司、大石桥辽滨炭黑厂、山西远征化工有限公司。

本标准主要起草人：刘敏、王定友、李炳炎、马宝亮、朱社教、邵建聪、胡永军、樊谈京、应昌良、陈吴强、陈新中、朱永宁、李学波。

炭黑单位产品能源消耗限额

1 范围

本标准规定了橡胶加工用炭黑(以下简称炭黑)生产的单位产品综合能源消耗(简称能耗)限额的技术要求、统计范围和计算方法、节能管理与措施。

本标准适用于采用"油-油"炉法、"油-气"炉法和气炉法生产炭黑的企业能耗的计算、考核,以及对新建项目的能耗控制。

2 规范性引用文件

下列文件对于本文件的应用是必不可少的。凡是注日期的引用文件,仅注日期的版本适用于本文件。凡是不注日期的引用文件,其最新版本(包括所有的修改单)适用于本文件。

GB/T 384 石油产品热值测定法

GB/T 2589—2008 综合能耗计算通则

GB/T 3484 企业能量平衡通则

GB 3778 橡胶用炭黑

GB/T 12497 三相异步电动机经济运行

GB/T 13462 电力变压器经济运行

GB/T 13466 交流电气传动风机(泵类、空气压缩机)系统经济运行通则

GB 17167 用能单位能源计量器具配备和管理通则

3 术语和定义

GB 3778 界定的以及下列术语和定义适用于本文件。

3.1

炭黑综合能耗 comprehensive energy consumption of carbon black

在报告期内,生产炭黑所消耗的各种能量总和。其值等于报告期内生产炭黑过程中输入的各种能量之总和减去向外输出的各种能量之总和。输入和输出的所有能量应按规定的方法计算并折算成为标准煤量。

注:输入能量不包括基建、技改等项目建设所消耗的能量。

3.2

炭黑单位产品综合能耗 comprehensive energy consumption per unit product of carbon black

用单位产量表示的炭黑综合能耗。

4 技术要求

4.1 炭黑单位产品能耗限定值

已建成炭黑生产企业炭黑单位产品能耗限定值应不大于 2 400 kgce/t。

4.2 炭黑单位产品能耗准入值

新建炭黑生产企业或已建成炭黑生产企业的改扩建项目炭黑单位产品能耗准入值应不大于2 250 kgce/t。

4.3 炭黑单位产品能耗先进值

鼓励炭黑生产企业通过节能技术改造、技术进步、节能管理措施达到炭黑单位产品能耗先进值要求。炭黑单位产品能耗先进值应不大于1 990 kgce/t。

5 统计范围和计算方法

5.1 统计范围

5.1.1 "油-油"炉法炭黑生产系统的能源消耗量，应包括生产界区实际消耗的一次能源量和二次能源量(含原料)。

5.1.2 "油-气"炉法和气炉法炭黑生产系统的能源消耗量，应计算燃料气的消耗量。

5.1.3 炭黑企业生产界区外的辅助生产系统、附属生产系统所消耗的能量和损失的能量应按消耗比例法分摊。

5.1.4 炭黑生产界区内回收利用的余热、余能，供界区内使用的，不应计入能耗量中；供界区外装置使用的，应按其实际外供量，作为输出能量从界区能耗中扣除。

5.1.5 经生产装置制造的所有合格炭黑产品均应统计产量。不合格产品不计算产量。

5.2 计算方法

5.2.1 标准煤的换算系数为29 307 MJ/tce，即29 307 MJ 热值相当于消耗1 tce。

5.2.2 在统计报告期内，按GB/T 384 规定的方法实测各种能源及耗能工质的热值，再换算成标准煤量。

5.2.3 没有实测条件的，应采用附录A和附录B中给出的系数，将所耗能源和耗能工质的数量折算成标准煤量。

注：附录A和附录B数据摘自GB/T 2589—2008《综合能耗计算通则》。

5.2.4 能源消耗的核算、统计应由企业的归口(专业)部门按相关的国家标准、核算规程完成，应包括各个生产环节和系统，既不重复，又不遗漏。

5.2.5 计算周期内各炭黑品种产量应统一换算成N330炭黑产量，换算系数(相当产量)见表1。然后按N330计算炭黑总产量。

表1 产品产量换算成N330产量的系数

炭黑品种	N330炭黑相当产量
N100	1.438
N300	1.125
N326	1.084
N330	1.000
N339	1.027
N375	1.031

表 1（续）

炭黑品种	N330 炭黑相当产量
N200	1.250
N220	1.129
N234	1.231
N500	0.958
N539	0.947
N550	0.964
N600	0.925
N660	0.933
N700	0.958
天然气半补强炭黑	3.250

5.3 计算方法

5.3.1 炭黑综合能耗(3.1)按式(1)计算：

$$E=\sum_{i=1}^{n}(e_i \cdot p_i) \qquad \cdots\cdots(1)$$

式中：

E ——炭黑综合能耗，单位为吨标准煤(tce)；

n ——消耗的能源品种数；

e_i ——炭黑生产过程中消耗的第 i 种能源实物量，单位为千克(kg)、吨(t)、立方米(m^3)或千瓦时(kW·h)；

p_i ——第 i 种能源的折算系数，按能量的当量值或能源等价值折算，单位为吨标准煤每千克能源实物(tce/kg)、吨标准煤每吨能源实物(tce/t)、吨标准煤每立方米(tce/m^3)或吨标准煤每千瓦时[tce/(kW·h)]。

5.3.2 炭黑单位产品综合能耗(3.2)按式(2)计算：

$$e=E/P \qquad \cdots\cdots(2)$$

式中：

e ——单位产品综合能耗，单位为吨标准煤每吨(tce/t)；

E ——企业综合能耗，单位为吨标准煤(tce)；

P ——按 N330 折算后统计的炭黑产量，单位为吨(t)。

6 节能管理与措施

6.1 企业的基础工作

6.1.1 应建立健全能耗管理组织机构，对节能工作进行有效组织、管理、监督、考核和评价。

6.1.2 应制定行之有效的节能制度和措施，强化责任制，建立健全节能责任考核体系。

6.1.3 应执行 GB 17167 的规定，合理配备和使用能源计量器具和仪器仪表。随时保证计量器具处于正常状态，对能源基础数据进行有效地检测、度量和计算，确保数据的准确性和完整性。

6.1.4 应执行 GB/T 3484 的规定，对能耗量及使用效率进行准确、及时的统计和分析，定期发布统计分析报告，同时做好有关资料的管理与归档工作。

6.2 节能技术管理

6.2.1 装置的经济运行

6.2.1.1 应使生产转动设备合理匹配，经济运行。

6.2.1.2 应使静止设备处于高效率、低能耗运行状态。

6.2.1.3 企业应使生产过程中的通用设备达到经济运行的状态：

a) 对电动机的经济运行管理应符合 GB/T 12497 的规定；

b) 对风机、泵类和空气压缩机的运行管理应符合 GB/T 13466 的规定；

c) 对电力变压器的经济运行管理应符合 GB/T 13462 的规定。

6.2.1.4 企业应加强风机和泵类的检修维护工作，提高设备的运转率，使其长周期连续运行。

6.2.1.5 对设备和管网应加强维护管理，防止跑、冒、滴、漏。

6.2.2 节能技术

6.2.2.1 开发利用高效节能的新技术、新工艺、新设备。

6.2.2.2 推广应用高温空气预热器、在线余热锅炉等设备，充分利用炭黑烟气余热。

6.2.2.3 推广应用尾气热电联产技术，提高炭黑尾气热电机组的利用率，充分回收利用尾气潜热并减少尾气直接排放量。

6.2.2.4 开发推广炭黑污水处理回收利用、炭黑尾气脱硫等三废处理技术，充分利用水资源并减少污染物的排放。

6.2.2.5 淘汰高能耗、高污染的工艺和设备。

附　录　A
（资料性附录）
各种能源产品折标准煤参考系数

A.1　液态、固态能源折标准煤系数见表A.1。

表 A.1　液态、固态能源折标准煤系数

能源名称，1 t		平均低位发热量/MJ	折标准煤系数/tce
原煤		20 908	0.714 3
洗精煤		26 344	0.900 0
其他洗煤	洗中煤	8 363	0.285 7
	煤泥	8 363～12 545	0.285 7～0.428 6
焦炭		28 435	0.971 4
原油		41 816	1.428 6
燃料油		41 816	1.428 6
汽油		43 070	1.471 4
煤油		43 070	1.471 4
柴油		42 652	1.457 1
煤焦油		33 453	1.142 9
配制油[a]		36 006	1.228 6
蒽油		36 844	1.257 1
乙烯焦油		37 681	1.285 7
渣油		41 816	1.428 6
液化石油气		50 179	1.714 3
炼厂干气		46 055	1.571 4
粗苯		41 816	1.428 6
蒸汽（低压）		3 763	0.128 6

[a] 配制油一般是指蒽油与软沥青等碳氢化合物按一定比例调配而成的、可用于生产炭黑的一种油品。

A.2　气态能源折标准煤系数见表A.2。

表 A.2　气态能源折标准煤系数

能源名称，1 m^3	平均低位发热量/kJ	折标准煤系数/kgce
油田天然气	38 931	1.330 0
气田天然气	35 544	1.214 3
煤矿瓦斯气	14 636～16 726	0.500 0～0.571 4
焦炉煤气	16 726～17 981	0.571 4～0.614 3
高炉煤气	3 763	0.128 6

表 A.2（续）

能源名称,1 m^3		平均低位发热量/kJ	折标准煤系数/kgce
其他煤气	a) 发生炉煤气	5 227	0.178 6
	b) 重油催化裂解煤气	19 235	0.657 1
	c) 重油热裂解煤气	35 544	1.214 3
	d) 焦炭制气	16 308	0.557 1
	e) 压力气化煤气	15 054	0.514 3
	f) 水煤气	10 454	0.357 1

A.3 热力与电力能源折标准煤系数见表 A.3。

表 A.3 热力与电力能源折标准煤系数

能源名称	当量值/kJ	折标准煤系数/kgce
热力	1	0.034 12
电力,1 kW·h	3 600	0.122 9

附 录 B
（资料性附录）
耗能工质折标准煤参考系数

B.1 液态、固态工质折标准煤参考系数见表 B.1。

表 B.1 液态、固态工质折标准煤参考系数

工质，1 t	耗能量/MJ	折标准煤系数/kgce
新水	2.51	0.085 7
软水	14.23	0.485 7
除氧水	28.45	0.971 4
电石	60 920	2 078.6

B.2 气态工质折标准煤参考系数见表 B.2。

表 B.2 气态工质折标准煤参考系数

工质，1 m^3	耗能量/MJ	折标准煤系数/kgce
压缩空气	1.17	0.040 0
鼓风	0.88	0.030 0
氧气	11.72	0.400 0
氮气（做副产品时）	11.72	0.400 0
氮气（做主产品时）	19.66	0.671 4
二氧化碳气	6.28	0.214 3
乙炔	243.67	8.314 3

ICS 27.010
F 01

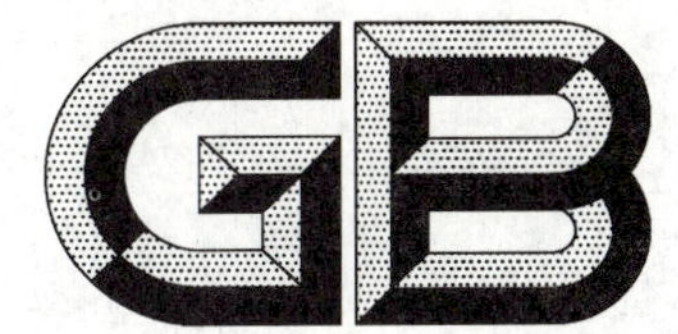

中华人民共和国国家标准

GB 29441—2012

稀硝酸单位产品能源消耗限额

The norm of energy consumption per unit product of dilute nitric acid

2012-12-31 发布　　2013-10-01 实施

中华人民共和国国家质量监督检验检疫总局
中国国家标准化管理委员会　发布

前　言

本标准4.1、4.2为强制性的，其余为推荐性的。

本标准按照GB/T 1.1—2009给出的规则起草。

本标准由国家发展和改革委员会资源节约与环境保护司、工业和信息化部节能与综合利用司提出。

本标准由全国能源基础与管理标准化技术委员会(SAC/TC 20)和中国石油和化学工业联合会归口。

本标准起草单位：中国氮肥工业协会、中国石油和化学工业联合会。

本标准主要起草人：王彦益、张荣、王立庆、李永亮。

稀硝酸单位产品能源消耗限额

1 范围

本标准规定了以合成氨为原料，采用不同工艺技术生产的稀硝酸单位产品能源消耗(以下简称能耗)限额的技术要求、统计范围和计算方法、节能管理与措施。

本标准适用于以合成氨为原料，采用不同工艺技术的生产企业稀硝酸能耗的计算、考核，以及对新建项目的能耗控制。

2 规范性引用文件

下列文件对于本文件的应用是必不可少的。凡是注日期的引用文件，仅注日期的版本适用于本文件。凡是不注日期的引用文件，其最新版本(包括所有修改单)适用于本文件。

GB/T 213 煤的发热量测定方法

GB/T 2589—2008 综合能耗计算通则

GB/T 3484 企业能量平衡通则

GB/T 11062 天然气发热量、密度、相对密度和沃泊指数的计算方法

GB/T 12497 三相异步电动机经济运行

GB/T 13462 电力变压器经济运行

GB/T 13466 交流电气传动风机(泵类、空气压缩机)系统经济运行通则

GB 17167 用能单位能源计量器具配备和管理通则

3 术语和定义

下列术语和定义适用于本文件。

3.1

稀硝酸产量 the output of dilute nitric acid

在统计报告期内，氨经氧化产生的氧化氮气体经吸收生产出的全部硝酸的量，折 HNO_3 100%计。

3.2

稀硝酸综合能耗 the comprehensive energy consumption of dilute nitric acid

在统计报告期内，企业以合成氨为原料，生产稀硝酸所消耗的各种能源量。

3.3

稀硝酸单位产品综合能耗 the comprehensive energy consumption of dilute nitric acid per unit product

用单位产品产量(折 HNO_3 100%计)表示的稀硝酸综合能耗。

4 技术要求

4.1 稀硝酸单位产品能耗限定值

已建成稀硝酸生产企业稀硝酸单位产品能耗限定值应不大于 160 kgce/t。

4.2 稀硝酸单位产品能耗准入值

新建稀硝酸生产企业或已建成稀硝酸生产企业的改扩建项目稀硝酸单位产品能耗准入值应不大于20 kgce/t。

4.3 稀硝酸单位产品能耗先进值

鼓励稀硝酸生产企业通过节能技术改造、技术进步、节能管理措施达到稀硝酸单位产品能耗先进值要求。稀硝酸单位产品能耗先进值应不大于0。

5 统计范围和计算方法

5.1 统计范围

5.1.1 稀硝酸综合能耗包括生产系统、辅助生产系统所消耗的各种能源量。生产系统包括稀硝酸生产装置以及安全环保设施;辅助生产系统包括水、电、汽等公用工程、维修、原料及产品储存等。不包括生产稀硝酸所用氨的能耗;不包括生产硝酸钠、亚硝酸钠的能耗。

5.1.2 稀硝酸生产回收利用的能源量,用于本系统时不得作为输入能源量再计入,向外系统输出供其他产品或装置使用时,应计入稀硝酸输出能源量。

5.1.3 稀硝酸生产与多用户共享的原料、公用工程能耗,应合理分摊;大修、库损等消耗的能源量应按月分摊。

5.2 计算方法

5.2.1 稀硝酸综合能耗计算公式

稀硝酸综合能耗等于稀硝酸生产过程中所输入的各种能量减去向外输出的各种能量,按式(1)计算:

$$E=\sum_{i=1}^{n}(E_i \cdot k_i)-\sum_{j=1}^{m}(E_j \cdot k_j) \quad \cdots\cdots(1)$$

式中:

E——稀硝酸综合能耗,单位为吨标准煤(tce);

E_i——稀硝酸生产过程中输入的第 i 种能源实物量,单位为吨(t)或千瓦时(kW·h)或立方米(m^3);

k_i——输入的第 i 种能源的折标准煤系数,单位为吨标准煤每吨(tce/t)或吨标准煤每千瓦时[tce/(kW·h)]或吨标准煤每立方米(tce/m^3);

n——输入的能源种类数量;

m——输出的能源种类数量;

E_j——稀硝酸生产过程中输出的第 j 种能源实物量,单位为吨(t)或千瓦时(kW·h)或立方米(m^3);

k_j——稀硝酸生产输出的第 j 种能源的折标准煤系数,单位为吨标准煤每吨(tce/t)或吨标准煤每千瓦时[tce/(kW·h)]或吨标准煤每立方米(tce/m^3)。

5.2.2 稀硝酸单位产品综合能耗计算公式

稀硝酸单位产品综合能耗等于报告期内稀硝酸综合能耗除以报告期内稀硝酸产量,按式(2)计算:

$$e=\frac{E}{M}\times 1\,000 \quad \cdots\cdots(2)$$

式中:

e ——稀硝酸单位产品综合能耗，单位为千克标准煤每吨(kgce/t)；

E ——报告期内稀硝酸综合能耗，单位为吨标准煤(tce)；

M ——报告期内稀硝酸产量，单位为吨(t)。

5.2.3 各种能源(天然气、煤、电)的热值应按 GB/T 2589 综合能耗计算通则折算为统一的计量单位——标准煤，各种能源折标准煤系数以企业在报告期内实测的热值计算为准。煤和天然气等发热量测定方法按 GB/T 213 和 GB/T 11062 执行。

5.2.4 稀硝酸生产过程中的自产蒸汽若输出，其输出的能量按输出蒸汽的焓值计算；稀硝酸生产过程中输入蒸汽，其蒸汽若是本企业自产，其输入蒸汽的能量按生产该输入蒸汽所消耗的能量计算；稀硝酸生产过程中的输入蒸汽，若是外企业供给的，其输入蒸汽的能量按蒸汽的焓值计算。

5.2.5 稀硝酸生产所消耗的耗能工质，其能耗应计入稀硝酸的综合耗能；当无法获得耗能工质能耗时，耗能工质折标准煤系数按 GB/T 2589—2008 附录 B 计算。

6 节能管理与措施

6.1 节能基础管理

6.1.1 建立健全能源管理组织机构，对节能工作进行组织、管理、监督、考核和评价。

6.1.2 制定行之有效的节能制度和措施，强化责任制，建立健全节能责任考核体系。

6.1.3 按照 GB 17167 标准配备能源计量器具和仪器仪表。

6.1.4 按照 GB/T 3484 标准组织能源统计工作。

6.2 节能技术管理

6.2.1 经济运行

6.2.1.1 按 GB/T 12497 标准加强电动机的运行管理；按 GB/T 13466 标准加强风机泵类和空气压缩机的运行管理；按 GB/T 13462 标准加强电力变压器的运行管理。

6.2.1.2 企业应加强设备的检修、维护工作，提高设备的负荷率，使其长周期运行；应使生产转动设备合理匹配，经济运行；应使静止设备处于高效率低能耗运行状态；应按照合理用能的原则，对各种热能科学使用，梯级利用；对余热和余压，加强回收和利用；对各种带热(冷)设备和管网应加强维护管理，防止跑、冒、滴、漏的现象发生。

6.2.1.3 加强空气、氨的净化，并采用先进的铂催化技术，降低稀硝酸的耗氨量。

6.2.2 节能技术

6.2.2.1 采用双加压工艺技术；

6.2.2.2 采用热电联产，汽轮机、尾气透平机驱动，提高能源利用率。

6.3 监督与考核

建立能耗测试、能耗统计、能源平衡和能耗考核结果的文件档案，并对文件进行受控管理。

附 录 A
（资料性附录）
各种能源产品折标准煤参考系数

A.1 液态、固态能源折标准煤系数

液态、固态能源折标准煤系数见表 A.1。

表 A.1 液态、固态能源折标准煤系数

能源，1 t		平均低位发热量/MJ	折标准煤系数/tce
原煤		20 908	0.714 3
洗精煤		26 344	0.900 0
其他洗煤	洗中煤	8 363	0.285 7
	煤泥	8 363～12 545	0.285 7～0.428 6
焦炭		28 435	0.971 4
原油		41 816	1.428 6
燃料油		41 816	1.428 6
汽油		43 070	1.471 4
煤油		43 070	1.471 4
柴油		42 652	1.457 1
煤焦油		33 453	1.142 9
配制油[a]		36 006	1.228 6
蒽油		36 844	1.257 1
乙烯焦油		37 681	1.285 7
渣油		41 816	1.428 6
液化石油气		50 179	1.714 3
炼厂干气		46 055	1.571 4
粗苯		41 816	1.428 6
蒸汽(低压)		3 763	0.128 6

[a] 配制油一般是指蒽油与软沥青等碳氢化合物按一定比例调配而成的、可用于生产炭黑的一种油品。

A.2 气态能源折标准煤系数

气态能源折标准煤系数见表 A.2。

表 A.2 气态能源折标准煤系数

能源名称,1 m^3		平均低位发热量/kJ	折标准煤系数/kgce
油田天然气		38 931	1.330 0
气田天然气		35 544	1.214 3
煤矿瓦斯气		14 636～16 726	0.500 0 ～0.571 4
焦炉煤气		16 726～17 981	0.571 4～0.614 3
高炉煤气		3 763	0.128 6
其他煤气	a) 发生炉煤气	5 227	0.178 6
	b) 重油催化裂解煤气	19 235	0.657 1
	c) 重油热裂解煤气	35 544	1.214 3
	d) 焦炭制气	16 308	0.557 1
	e) 压力气化煤气	15 054	0.514 3
	f) 水煤气	10 454	0.357 1

A.3 热力与电力能源折标准煤系数

热力与电力能源折标准煤系数见表 A.3。

表 A.3 热力与电力能源折标准煤系数

能源名称	当量值/kJ	折标准煤系数/kgce
热力	1	0.034 12
电力,1 kW·h	3 600	0.122 9

附 录 B
(资料性附录)
耗能工质折标准煤参考系数

B.1 液态、固态工质折标准煤参考系数

液态、固态工质折标准煤参考系数见表 B.1。

表 B.1 液态、固态工质折标准煤参考系数

工质,1 t	耗能量/MJ	折标准煤系数/kgce
新水	2.51	0.085 7
软水	14.23	0.485 7
除氧水	28.45	0.971 4
电石	60 920	2 078.6

B.2 气态工质折标准煤参考系数

气态工质折标准煤参考系数见表 B.2。

表 B.2 气态工质折标准煤参考系数

工质,1 m^3	耗能量/MJ	折标准煤系数/kgce
压缩空气	1.17	0.040 0
鼓风	0.88	0.030 0
氧气	11.72	0.400 0
氮气(做副产品时)	11.72	0.400 0
氮气(做主产品时)	19.66	0.671 4
二氧化碳气	6.28	0.214 3
乙炔	243.67	8.314 3

ICS 27.010
F 01

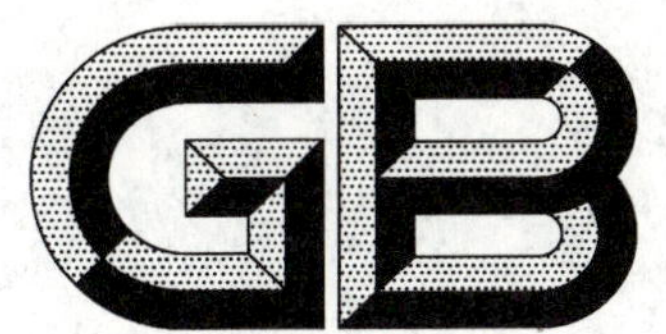

中华人民共和国国家标准

GB 29449—2012

轮胎单位产品能源消耗限额

The norm of energy consumption for per unit product of tyre

2012-12-31 发布　　2013-10-01 实施

中华人民共和国国家质量监督检验检疫总局
中国国家标准化管理委员会　发布

前　言

本标准 4.1 和 4.2 为强制性的，其余为推荐性的。

本标准按照 GB/T 1.1—2009 给出的规则起草。

本标准由国家发展和改革委员会资源节约与环境保护司、工业和信息化部节能与综合利用司提出。

本标准由全国能源基础与管理标准化技术委员会(SAC/TC 20)和中国石油和化学工业联合会归口。

本标准起草单位：杭州中策橡胶有限公司、贵州轮胎股份有限公司、风神轮胎股份有限公司、双钱集团股份有限公司、三角集团有限公司、山东玲珑轮胎股份有限公司、天津国际联合轮胎橡胶有限公司、中国橡胶工业协会。

本标准主要起草人：沈金荣、唐国平、张利民、黄秀华、孙勇、章顺久、姜秀波、刘丙刚、奚翔、林忠明、赵文权。

轮胎单位产品能源消耗限额

1 范围

本标准规定了轮胎单位产品能源消耗(简称能耗)限额的技术要求、统计范围和计算方法、节能管理与措施。

本标准适用于全钢子午线轮胎、半钢子午线轮胎、斜交轮胎、工程机械轮胎生产过程单位能耗的计算、考核和新建项目的能耗控制。

2 规范性引用文件

下列文件对于本文件的应用是必不可少的。凡是注日期的引用文件,仅注日期的版本适用于本文件。凡是不注日期的引用文件,其最新版本(包括所有的修改单)适用于本文件。

GB/T 384 石油产品热值测定法

GB/T 3484 企业能量平衡通则

GB/T 12497 三相异步电动机经济运行

GB/T 13462 电力变压器经济运行

GB/T 13466 交流电气传动风机(泵类、空气压缩机)系统经济运行通则

GB/T 15587 工业企业能源管理导则

GB 17167 用能单位能源计量器具配备和管理通则

GB/T 21367 化工企业能源计量器具配备和管理要求

GB/T 23331 能源管理体系 要求

3 术语和定义

下列术语和定义适用于本文件。

3.1

子午线轮胎 radial tyre

胎体帘布层帘线与胎面中心线呈90°角或接近90°角排列并以基本不能伸张的带束层箍紧胎体的充气轮胎。

[GB/T 6326—2005,定义4.2.4]

3.2

全钢子午线轮胎 all-steel radial tyre

胎体帘布和带束层都为钢丝的子午线轮胎,或称子午线载重汽车轮胎。

3.3

半钢子午线轮胎 semi-steel radial tyre

带束层为钢丝、胎体帘布为尼龙材料的子午线轮胎,或称子午线轿车轮胎。

3.4

斜交轮胎 diagonal/bias-ply tyre

胎体帘布层和缓冲层各相邻层帘线交叉,且与胎面中心线呈小于90°角排列的充气轮胎。

[GB/T 6326—2005,定义 4.2.2]

3.5

工程机械轮胎　earth-mover tyre

设计用于轮式工程车辆与工程机械的轮胎。

[GB/T 6326—2005,定义 4.3.4]

3.6

轮胎综合能耗　energy consumption of tyre

在报告期内,轮胎生产所消耗的能量总和。其值等于报告期内生产轮胎过程中输入的各种能量之和减去向外输出的各种能量之和。

3.7

轮胎单位产品能耗　energy consumption for per unit product of tyre

在报告期内,轮胎生产能耗与合格成品轮胎总重量的比值。

4　技术要求

4.1　轮胎单位产品能耗限定值

已建成轮胎生产企业应达到轮胎单位产品能耗限定值要求。轮胎单位产品能耗限定值见表 1。

表 1　轮胎单位产品能耗限定值　　单位为千克标准煤每吨

轮胎品种	全钢子午线轮胎	半钢子午线轮胎	斜交轮胎	工程机械轮胎
轮胎单位产品能耗	≤495	≤530	≤645	≤900

4.2　轮胎单位产品能耗准入值

新建轮胎生产企业或已建成轮胎生产企业的改扩建项目应达到轮胎单位产品能耗准入值要求。轮胎单位产品能耗准入值见表 2。

表 2　轮胎单位产品能耗准入值　　单位为千克标准煤每吨

轮胎品种	全钢子午线轮胎	半钢子午线轮胎	斜交轮胎	工程机械轮胎
轮胎单位产品能耗	≤390	≤420	—	≤655

4.3　轮胎单位产品能耗先进值

鼓励轮胎生产企业通过节能技术改造、技术进步、节能管理措施达到轮胎单位产品能耗先进值要求。轮胎单位产品能耗先进值见表 3。

表 3　轮胎单位产品能耗先进值　　单位为千克标准煤每吨

轮胎品种	全钢子午线轮胎	半钢子午线轮胎	斜交轮胎	工程机械轮胎
轮胎单位产品能耗	≤285	≤380	—	≤415

5 统计范围和计算方法

5.1 统计范围

5.1.1 轮胎生产综合能耗包括一次能源和二次能源量。

5.1.2 轮胎生产综合能耗包括从原料、半制品、成品、检验到包装入库等主要生产系统在整个生产过程中所需能耗和供热、供电、供水、供气、制冷、机修、仪表及仓库、安全、环保装置等辅助生产系统的能耗总量,但不包括基建、技改等项目建设所消耗的能量。

5.1.3 轮胎生产企业向外输出的能量应在轮胎生产能耗总量中扣除。

5.1.4 回收利用的余热、余能供内部使用的,不再计入消耗量中,向外输出的,应按实际外供量从能耗总量中扣除。

5.1.5 轮胎产量统计报告期内最终合格外胎产品,不合格产品不计算产量。各种规格的轮胎按实测重量以吨为单位计算轮胎产量。

5.1.6 轮胎生产企业在统计报告期内,石油产品可按 GB/T 384 规定的方法实测热值,再换算成标准煤量。没有实测条件的,采用附录 A 中给出的系数折算成标准煤量。

5.1.7 原煤按实测热值折算成标准煤量(29 270 MJ 热值相当于消耗 1 tce)。

5.1.8 电、天然气、蒸汽按附录 A 和附录 B 中给出的系数折算成标准煤量,电按当量值折标。

5.2 计算方法

5.2.1 轮胎综合能耗按式(1)计算:

$$E=\sum_{i=1}^{n}(E_i \times P_i)-\sum_{j=1}^{m}(E_j \times P_j) \quad \cdots\cdots(1)$$

式中:

E ——轮胎综合能耗,单位为吨标准煤(tce);

n ——消耗的能源品种数;

m ——向外输出的能源品种数;

E_i——轮胎生产过程中消耗的第 i 种能源实物量,单位为千克(kg)、吨(t)、立方米(m^3)或千瓦小时(kW·h);

P_i——第 i 种能源的折算系数,单位为吨标准煤每千克能源实物(tce/kg)、吨标准煤每吨能源实物(tce/t)、吨标准煤每立方米(tce/m^3)或吨标准煤每千瓦小时[tce/(kW·h)];

E_j——轮胎生产企业向外输出的第 j 种能源实物量,单位为千克(kg)、吨(t),立方米(m^3)或千瓦小时(kW·h);

P_j——第 j 种能源的折算系数,单位为吨标准煤每千克能源实物(tce/kg)、吨标准煤每吨能源实物(tce/t)、吨标准煤每立方米(tce/m^3)或吨标准煤每千瓦小时[tce/(kW·h)]。

5.2.2 轮胎单位产品能耗按式(2)计算:

$$e=E/Q \quad \cdots\cdots(2)$$

式中:

e ——单位产品能耗,单位为吨标准煤每吨轮胎(tce/t);

E ——轮胎综合能耗,单位为吨标准煤(tce);

Q ——轮胎产量,单位为吨(t)。

6 节能管理与措施

6.1 企业的基础工作

6.1.1 轮胎企业应建立能源管理组织机构，对节能工作实施有效组织、管理、监督、考核和评价。

6.1.2 轮胎企业应按 GB/T 15587 的要求实施能源管理，制定节能管理制度、节能技术措施，建立节能责任考核体系。

6.1.3 轮胎企业应执行 GB 17167 和 GB/T 21367 的规定，配备满足预期使用要求的能源计量器具和仪器仪表。并确保能源计量器具正常运行，对能源基础数据进行有效的检测、统计和分析，确保数据的准确性和完整性。

6.1.4 轮胎企业应执行 GB/T 3484 的规定，对能耗量及使用效率进行准确、及时的统计和分析，定期发布统计分析报告，并保存这些资料。

6.1.5 轮胎企业应按 GB/T 23331 的要求建立企业的能源管理体系，保障节能措施持续有效地发挥作用。

6.1.6 轮胎企业应建立能耗台账和能源计量器台账，绘制能源计量网络图。

6.2 节能管理与措施

6.2.1 轮胎生产企业应通过管理使高效节能的新技术、新工艺、新设备持续发挥节能降耗的作用，提高企业的经济效益：

6.2.1.1 使转动设备合理匹配，经济运行；

6.2.1.2 使静止设备处于高效率、低能耗运行状态；

6.2.1.3 使生产过程中的通用设备达到经济运行的状态：

a) 电动机的经济运行管理应符合 GB/T 12497 的规定；

b) 风机、泵类和空气压缩机的运行管理应符合 GB/T 13466 的规定；

c) 电力变压器的经济运行管理应符合 GB/T 13462 的规定。

6.2.1.4 定期维护设备和管网，防止跑、冒、滴、漏；

6.2.1.5 建立全员节能长效管理机制。

6.2.2 节能技术的应用

6.2.2.1 应用低温连续混炼技术，提高生产效率，降低能耗。

6.2.2.2 应用冷却水循环利用技术，降低水资源消耗。

6.2.2.3 应用电动机变频技术，使风机、泵类等转动设备处于经济运行状态。

6.2.2.4 应用热电联产及余热发电技术，提高能源利用率。

6.2.2.5 应用自动化成型技术，提高生产效率，降低能耗。

6.2.2.6 应用子午线轮胎高温充氮硫化技术，提高生产效率，降低能耗。

附 录 A
（资料性附录）
各种能源折标准煤参考系数

各种能源折标准煤参考系数见表 A.1。

表 A.1 各种能源折标准煤参考系数

<table>
<tr><th colspan="2">能源名称</th><th>平均低位发热量</th><th>折标准煤系数</th></tr>
<tr><td colspan="2">原煤</td><td>20 908 kJ/kg(5 000 kcal/kg)</td><td>0.714 3 kgce/kg</td></tr>
<tr><td colspan="2">洗精煤</td><td>26 344 kJ/kg(6 300 kcal/kg)</td><td>0.900 0 kgce/kg</td></tr>
<tr><td rowspan="2">其他洗煤</td><td>洗中煤</td><td>8 363 kJ/kg(2 000 kcal/kg)</td><td>0.285 7 kgce/kg</td></tr>
<tr><td>煤泥</td><td>8 363 kJ/kg～12 545 kJ/kg
(2 000 kcal/kg～3 000 kcal/kg)</td><td>0.285 7 kgce/kg～
0.428 6 kgce/kg</td></tr>
<tr><td colspan="2">焦煤</td><td>28 435 kJ/kg(6 800 kcal/kg)</td><td>0.971 4 kgce/kg</td></tr>
<tr><td colspan="2">原油</td><td>41 816 kJ/kg(10 000 kcal/kg)</td><td>1.428 6 kgce/kg</td></tr>
<tr><td colspan="2">燃料油</td><td>41 816 kJ/kg(10 000 kcal/kg)</td><td>1.428 6 kgce/kg</td></tr>
<tr><td colspan="2">汽油</td><td>43 070 kJ/kg(10 300 kcal/kg)</td><td>1.471 4 kgce/kg</td></tr>
<tr><td colspan="2">煤油</td><td>43 070 kJ/kg(10 300 kcal/kg)</td><td>1.471 4 kgce/kg</td></tr>
<tr><td colspan="2">柴油</td><td>42 652 kJ/kg(10 200 kcal/kg)</td><td>1.457 1 kgce/kg</td></tr>
<tr><td colspan="2">煤焦油</td><td>33 453 kJ/kg(8 000 kcal/kg)</td><td>1.142 9 kgce/kg</td></tr>
<tr><td colspan="2">渣油</td><td>41 816 kJ/kg(10 000 kcal/kg)</td><td>1.428 6 kgce/kg</td></tr>
<tr><td colspan="2">液化石油气</td><td>50 179 kJ/kg(12 000 kcal/kg)</td><td>1.714 3 kgce/kg</td></tr>
<tr><td colspan="2">炼厂干气</td><td>46 055 kJ/kg(11 000 kcal/kg)</td><td>1.571 4 kgce/kg</td></tr>
<tr><td colspan="2">油田天然气</td><td>38 931 kJ/m^3(9 310 kcal/m^3)</td><td>1.330 0 kgce/m^3</td></tr>
<tr><td colspan="2">气田天然气</td><td>35 544 kJ/m^3(8 500 kcal/m^3)</td><td>1.214 3 kgce/m^3</td></tr>
<tr><td colspan="2">煤矿瓦斯气</td><td>14 636 kJ/m^3～16 726 kJ/m^3
(3 500 kcal/m^3～4 000 kcal/m^3)</td><td>0.500 0 kgce/m^3～
0.571 4 kgce/m^3</td></tr>
<tr><td colspan="2">焦炉煤气</td><td>16 726 kJ/m^3～17 981 kJ/m^3
(4 000 kcal/m^3～4 300 kcal/m^3)</td><td>0.571 4 kgce/m^3～
0.614 3 kgce/m^3</td></tr>
<tr><td colspan="2">高炉煤气</td><td>3 763 kJ/m^3</td><td>0.128 6 kgce/m^3</td></tr>
<tr><td rowspan="6">其他煤气</td><td>a) 发生炉煤气</td><td>5 227 kJ/kg(1 250 kcal/m^3)</td><td>0.178 6 kgce/m^3</td></tr>
<tr><td>b) 重油催化裂解煤气</td><td>19 235 kJ/kg(4 600 kcal/m^3)</td><td>0.657 1 kgce/m^3</td></tr>
<tr><td>c) 重油热裂解煤气</td><td>35 544 kJ/kg(8 500 kcal/m^3)</td><td>1.214 3 kgce/m^3</td></tr>
<tr><td>d) 焦炭制气</td><td>16 308 kJ/kg(3 900 kcal/m^3)</td><td>0.557 1 kgce/m^3</td></tr>
<tr><td>e) 压力气化煤气</td><td>15 054 kJ/kg(3 600 kcal/m^3)</td><td>0.514 3 kgce/m^3</td></tr>
<tr><td>f) 水煤气</td><td>10 454 kJ/kg(2 500 kcal/m^3)</td><td>0.357 1 kgce/m^3</td></tr>
<tr><td colspan="2">粗苯</td><td>41 816 kJ/kg(10 000 kcal/kg)</td><td>1.428 6 kgce/kg</td></tr>
<tr><td colspan="2">热力(当量值)</td><td>—</td><td>0.034 12 kgce/MJ</td></tr>
<tr><td colspan="2">电力(当量值)</td><td>3 600 kJ/(kW·h)[860 kcal/(kW·h)]</td><td>0.122 9 kgce/(kW·h)</td></tr>
<tr><td colspan="2">蒸汽(低压)</td><td>3 763 MJ/t(900 Mcal/t)</td><td>0.128 6 kgce/kg</td></tr>
</table>

附 录 B
（资料性附录）
耗能工质能源等价值

耗能工质能源等价值见表B.1。

表B.1 耗能工质能源等价值

品种	单位耗能工质耗能量	折标准煤系数
新水	2.51 MJ/t(600 kcal/t)	0.085 7 kgce/t
软水	14.23 MJ/t(3 400 kcal/t)	0.485 7 kgce/t
除氧水	28.45 MJ/t(6 800 kcal/t)	0.971 4 kgce/t
压缩空气	1.17 MJ/m^3(280 $kcal/m^3$)	0.040 0 $kgce/m^3$
鼓风	0.88 MJ/m^3(210 $kcal/m^3$)	0.030 0 $kgce/m^3$
氧气	11.72 MJ/m^3(2 800 $kcal/m^3$)	0.400 0 $kgce/m^3$
氮气(做副产品时)	11.72 MJ/m^3(2 800 $kcal/m^3$)	0.400 0 $kgce/m^3$
氮气(做主产品时)	19.66 MJ/m^3(4 700 $kcal/m^3$)	0.671 4 $kgce/m^3$
二氧化碳气	6.28 MJ/m^3(1 500 kcal/t)	0.214 3 $kgce/m^3$
乙炔	243.67 MJ/m^3	8.314 3 $kgce/m^3$

参 考 文 献

[1] GB/T 2589—2008 综合能耗计算通则
[2] GB/T 6326—2005 轮胎术语及其定义
[3] GB/T 12723—2008 单位产品能源消耗限额编制通则

ICS 27.010
F 01

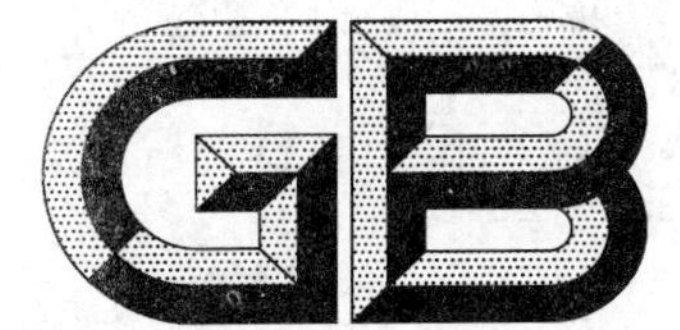

中华人民共和国国家标准

GB 30250—2013

乙烯装置单位产品能源消耗限额

The norm of energy consumption per unit product of ethylene plant

2013-12-18 发布　　　　2014-09-01 实施

中华人民共和国国家质量监督检验检疫总局
中国国家标准化管理委员会　发布

前　言

本标准的4.1、4.2为强制性的，其余为推荐性的。

本标准按照GB/T 1.1—2009给出的规则起草。

本标准由国家发展和改革委员会资源节约和环境保护司、工业和信息化部节能与综合利用司提出。

本标准由全国能源基础与管理标准化技术委员会(SAC/TC 20)、中国石油和化学工业联合会归口。

本标准起草单位：国家节能中心、中国石油化工集团公司经济技术研究院、中国石油天然气集团公司节能技术研究中心、中国海洋石油总公司规划计划部、北方华锦化学工业集团有限公司。

本标准主要起草人：谢艳丽、陈广卫、王广河、李仰哲、徐志强、高红、孙颖、莫虹频、段国华、王学文、杨勇、佟景顺、冯霄、杨帆、方惠荣、王如强、龚燕。

乙烯装置单位产品能源消耗限额

1 范围

本标准规定了乙烯装置单位产品能源消耗(以下简称能耗)限额的技术要求、统计范围和计算方法、节能管理与措施。

本标准适用于以石油烃类为原料,经蒸汽热裂解、急冷、压缩、分离工艺,生产乙烯、丙烯、混合碳四、裂解汽油和氢气等产品的乙烯装置能耗的计算、考核以及对新建项目的能耗控制。

2 规范性引用文件

下列文件对于本文件的应用是必不可少的。凡是注日期的引用文件,仅注日期的版本适用于本文件。凡是不注日期的引用文件,其最新版本(包括所有的修改单)适用于本文件。

GB 17167 用能单位能源计量器具配备和管理通则

GB/T 12723 单位产品能源消耗限额编制通则

GB/T 23331 能源管理体系 要求

3 术语和定义

GB/T 12723 界定的以及下列术语和定义适用于本文件。

3.1

乙烯装置能耗 energy consumption for ethylene plant

统计报告期内,乙烯装置在生产过程中实际消耗的各种燃料、蒸汽、电及耗能工质的实物量,按规定的计算方法和单位分别折算为标准油后的总和。

3.2

单位乙烯能耗 energy consumption for unit output of ethylene

同一统计报告期内的乙烯装置能耗与乙烯合格产品产量的比值。

3.3

单位双烯能耗 energy consumption for unit output of ethylene and propylene

同一统计报告期内的乙烯装置能耗与乙烯及丙烯合格产品总产量的比值。

4 技术要求

4.1 乙烯装置单位产品能耗限定值

现有乙烯装置单位产品能耗应符合表1中单位乙烯能耗限定值或单位双烯能耗限定值要求。

表1 乙烯装置单位产品能耗限定值

类型	单位乙烯能耗限定值	单位双烯能耗限定值
30万吨/年及以下小型乙烯装置	≤830 kgoe/t	≤560 kgoe/t
30万吨/年以上大型乙烯装置	≤720 kgoe/t	≤490 kgoe/t

4.2 乙烯装置单位产品能耗准入值

新建乙烯装置单位产品能耗应符合表 2 中单位乙烯能耗准入值或单位双烯能耗准入值要求。

表 2 乙烯装置单位产品能耗准入值

类型	单位乙烯能耗准入值	单位双烯能耗准入值
新建乙烯装置	≤640 kgoe/t	≤430 kgoe/t

4.3 乙烯装置单位产品能耗先进值

乙烯装置单位产品能耗先进值应符合表 3 中单位乙烯能耗先进值或单位双烯能耗先进值要求。

表 3 乙烯装置单位产品能耗先进值

类型	单位乙烯能耗先进值	单位双烯能耗先进值
乙烯装置	≤610 kgoe/t	≤400 kgoe/t

5 统计范围和计算方法

5.1 统计范围

乙烯装置能耗统计界区包括原料脱硫和脱砷、裂解炉区、急冷区、压缩区、分离区和火炬气回收压缩机、乙烯产品储罐等单元,不包括汽油加氢、辅助锅炉、主火炬、废碱处理、其他产品储罐、循环水场、空压站等单元。乙烯装置能耗统计界区示意图参见附录 A。

5.2 统计要求

5.2.1 乙烯装置能耗统计包括燃料、电、蒸汽及耗能工质,耗能工质包括新鲜水、循环水、除盐水、除氧水、凝结水、氮气和压缩空气。

5.2.2 乙烯装置消耗的燃料是指统计界区内消耗的各种燃料之和。

5.2.3 能耗包括生产过程及装置开停工、检修、维修消耗的能源,不包括用于基本建设消耗的能源。

5.2.4 向外输出的能源,输入和输出双方在统计计算中量值应保持一致,未被利用的输出能源不作为能源输出统计。

5.3 计算方法

5.3.1 乙烯装置能源及耗能工质折算值取值见附录 B。

5.3.2 常用纯组分的低发热量参见附录 C。

5.3.3 乙烯装置能耗按式(1)计算:

$$E=\sum_{i=1}^{n}(M_iR_i)+\sum_{j=1}^{m}Q_j \qquad \cdots\cdots(1)$$

式中:

E ——乙烯装置能耗,单位为千克标准油(kgoe);

M_i ——统计报告期内输入的第 i 种燃料或输入输出的第 i 种蒸汽、电或耗能工质的实物量,单位为吨(t)、千瓦时(kW·h)、立方米(m^3),向统计界区内输入实物量计为正值,输出计为负值；

R_i ——统计报告期内输入的第 i 种燃料或输入输出的第 i 种蒸汽、电或耗能工质的能源折算值，单位为千克标准油每吨(kgoe/t)、千克标准油每千瓦时[kgoe/(kW·h)]、千克标准油每立方米(kgoe/m^3)；

Q_j ——统计报告期内乙烯装置与外界交换的第 j 种能源量，单位为千克标准油(kgoe)，向乙烯装置输入的能源计为正值，从乙烯装置输出的能源计为负值。

5.3.4 单位乙烯能耗按式(2)计算：

$$e_e = E/G_e \qquad (2)$$

式中：

e_e ——单位乙烯能耗，单位为千克标准油每吨(kgoe/t)；

G_e——乙烯装置合格乙烯产品产量，单位为吨(t)。

5.3.5 单位双烯能耗按式(3)计算：

$$e_{ep} = E/(G_e + G_p) \qquad (3)$$

式中：

e_{ep}——单位双烯能耗，单位为千克标准油每吨(kgoe/t)；

G_e——乙烯装置合格乙烯产品产量，单位为吨(t)；

G_p——乙烯装置合格丙烯产品产量，单位为吨(t)。

6 节能管理与措施

6.1 节能管理

6.1.1 应根据 GB 17167 配备能源计量器具，建立和完善能源计量管理制度，确保能源基础数据的准确性和完整性。

6.1.2 应按照 GB/T 23331 建立能源管理体系，规范能源管理，持续提高能源利用效率。

6.2 节能措施

6.2.1 优化原料结构与质量，采用先进控制优化装置操作。

6.2.2 采用热集成、热联合等措施系统优化能量，优化换热网络和公用工程运行。

6.2.3 加强装置、公用工程、辅助设施等的预防性维修与保养，减少非计划停工，保证装置的安全、稳定、长周期、满负荷优化生产。

6.2.4 推广裂解炉强化传热、空气预热、引风机变频调速、延长裂解炉运行周期等先进节能技术，持续降低装置能耗。

附 录 A
(资料性附录)
乙烯装置能耗统计界区

乙烯装置能耗统计界区参见图 A.1。

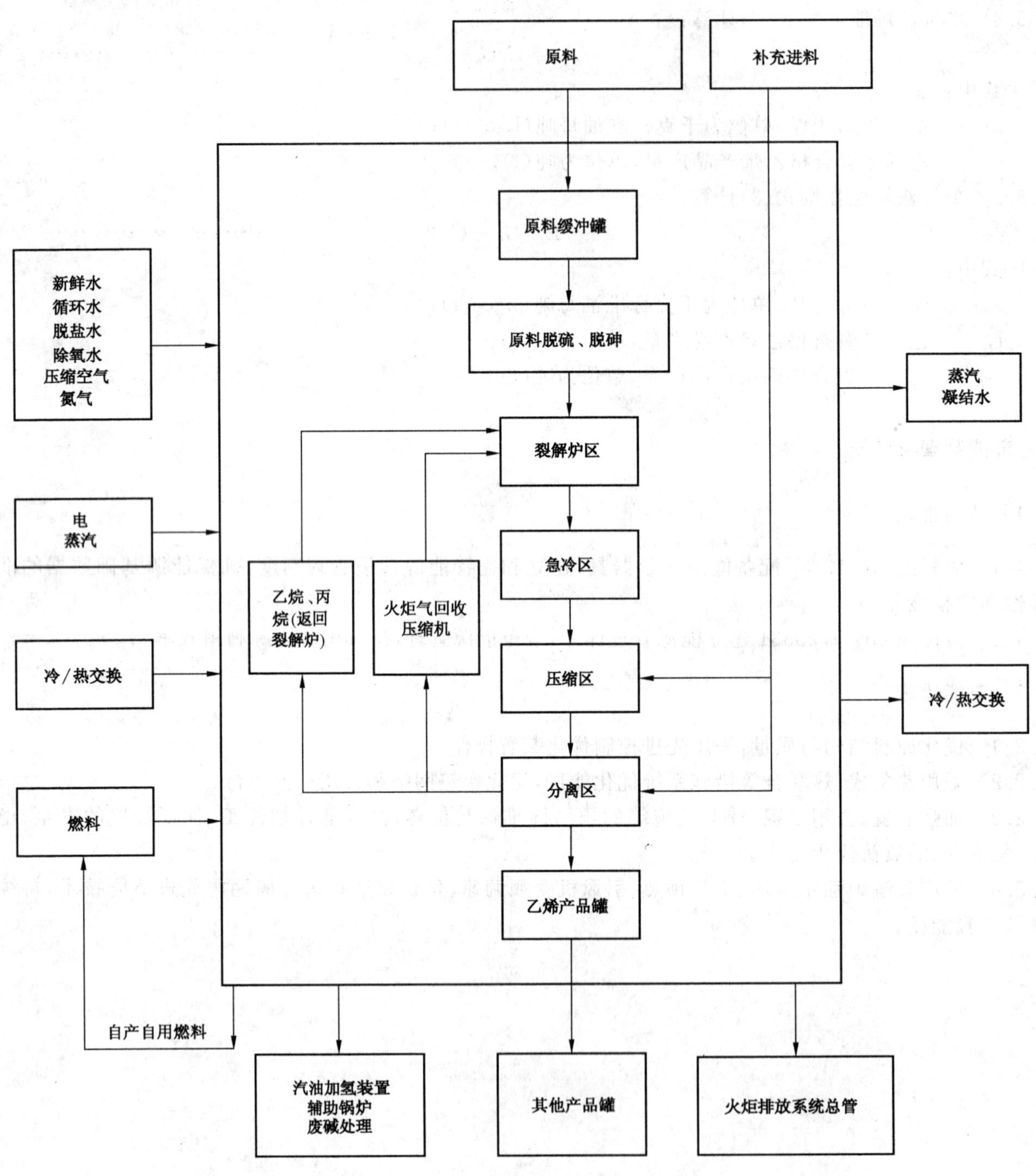

图 A.1 乙烯装置能耗统计界区示意图

附　录　B
（规范性附录）
乙烯装置能源及耗能工质折算值

乙烯装置能源及耗能工质折算值见表 B.1。

表 B.1　乙烯装置能源及耗能工质折算值

序号	项目	单位	折算值 千克标准油(kgoe)	折算值 兆焦(MJ)
1	标准油	t	1 000	41 868
2	燃料油	t	1 000	41 868
3	液化石油气	t	1 100	46 060
4	甲烷氢	t	1 200	50 242
5	油田天然气	m^3	0.93	38.94
6	气田天然气	m^3	0.85	35.59
7	炼厂燃料气	t	950	39 775
8	回收火炬气	t	700	29 308
9	电	kW·h	0.233	9.76
10	10.0 MPa 级蒸汽[a]	t	92	3 852
11	5.0 MPa 级蒸汽[b]	t	90	3 768
12	3.5 MPa 级蒸汽[c]	t	88	3 684
13	2.5 MPa 级蒸汽[d]	t	85	3 559
14	1.5 MPa 级蒸汽[e]	t	80	3 349
15	1.0 MPa 级蒸汽[f]	t	76	3 182
16	0.7 MPa 级蒸汽[g]	t	72	3 014
17	0.3 MPa 级蒸汽[h]	t	66	2 763
18	<0.3 MPa 级蒸汽[i]	t	55	2 303
19	新鲜水	t	0.17	7.12
20	循环水	t	0.10	4.19
21	软化水	t	0.25	10.47
22	除盐水	t	2.30	96.30
23	低压除氧水[j]	t	9.20	385.19
24	高压除氧水[k]	t	13.20	552.66
25	凝汽机凝结水	t	3.65	152.81
26	加热设备凝结水	t	7.65	320.29
27	净化压缩空气	m^3	0.038	1.59

表 B.1（续）

序号	项目	单位	折算值 千克标准油(kgoe)	折算值 兆焦(MJ)
28	非净化压缩空气	m^3	0.028	1.17
29	氮气	m^3	0.15	6.28

[a] 7.0 MPa≤p。
[b] 4.5 MPa≤p<7.0 MPa。
[c] 3.0 MPa≤p<4.5 MPa。
[d] 2.0 MPa≤p<3.0 MPa。
[e] 1.2 MPa≤p<2.0 MPa。
[f] 0.8 MPa≤p<1.2 MPa。
[g] 0.6 MPa≤p<0.8 MPa。
[h] 0.3 MPa≤p<0.6 MPa。
[i] p<0.3 MPa。
[j] 温度 105 ℃。
[k] 温度 148 ℃。

附 录 C
（资料性附录）
常用纯组分低发热量

常用纯组分低发热量参见表C.1。

表 C.1 常用纯组分低发热量

序号	组分名称	单位	低发热量 千克标准油(kgoe)	低发热量 兆焦(MJ)
1	氢气	t	2 867	120 022
2	一氧化碳	t	241	10 106
3	硫化氢	t	364	15 235
4	甲烷	t	1 194	50 009
5	乙烷	t	1 134	47 497
6	丙烷	t	1 107	46 357
7	丁烷	t	1 093	45 752
8	戊烷	t	1 083	45 357
9	乙炔	t	1 162	48 651
10	乙烯	t	1 127	47 195
11	丙烯	t	1 094	45 799
12	丁烯	t	1 079	45 171
13	戊烯	t	1 073	44 909

ICS 27.010
F 01

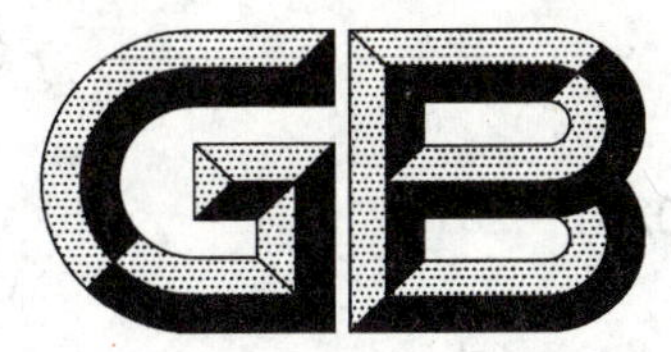

中华人民共和国国家标准

GB 30251—2013

炼油单位产品能源消耗限额

The norm of energy consumption per unit product for petroleum refining

2013-12-18 发布　　　　2014-09-01 实施

中华人民共和国国家质量监督检验检疫总局
中国国家标准化管理委员会　发布

前　言

本标准的4.1和4.2为强制性的，其余为推荐性的。

本标准按照GB/T 1.1—2009给出的规则起草。

本标准由国家发展和改革委员会资源节约和环境保护司、国家能源局能源节约和科技装备司提出。

本标准由全国能源基础与管理标准化技术委员会(SAC/TC 20)归口。

本标准起草单位：国家节能中心、中国石油化工集团公司经济技术研究院、中国石油天然气集团公司节能技术研究中心、中国海洋石油总公司、中国化工集团公司、山东省石油化学工业协会。

本标准主要起草人：张秀军、余绩庆、叶剑云、李仰哲、杨博、魏向阳、张云鹏、陈广卫、王学文、黄兴、郭馨、张俊峰、尹鲁江、刘博、卢国庆、胡肖波、王北星、刘灵丽、魏永治、王广河、张彦、刘富余、傅经纬、刘爱英。

炼油单位产品能源消耗限额

1 范围

本标准规定了炼油单位产品能源消耗(简称能耗)限额的技术要求、统计范围和计算方法、节能管理与措施。

本标准适用于以原油及外购原料油为原料,生产汽油、柴油、煤油、润滑油基础油、溶剂油、燃料油、液化石油气、丙烷、丙烯、苯、甲苯、混合二甲苯、石蜡、沥青、石油焦及化工原料等生产过程能耗计算、考核,以及新建项目的能耗控制。

2 规范性引用文件

下列文件对于本文件的应用是必不可少的。凡是注日期的引用文件,仅注日期的版本适用于本文件。凡是不注日期的引用文件,其最新版本(包括所有的修改单)适用于本文件。

GB/T 384 石油产品热值测定法

GB/T 12497 三相异步电动机经济运行

GB/T 12723 单位产品能源消耗限额编制通则

GB/T 13462 电力变压器经济运行

GB/T 13466 交流电气传动风机(泵类、空气压缩机)系统经济运行通则

GB/T 20901 石油石化行业能源计量器具配备和管理要求

NB/SH/T 5001.1—2013 石化行业能源消耗统计指标及计算方法 炼油

3 术语和定义

GB/T 12723、NB/SH/T 5001.1—2013 界定的以及下列术语和定义适用于本文件。

3.1

炼油综合能源消耗量 comprehensive energy consumption of refinery

统计报告期内,炼油生产所消耗的各种能源及耗能工质实物量,按规定的计算方法折算为标油后的总和。

3.2

炼油(单位)综合能耗 comprehensive energy consumption of refinery for unit crude and purchased materials

同一统计报告期内,炼油综合能源消耗量与原油及外购原料油加工量之和的比值。

3.3

单位能量因数能耗 comprehensive energy consumption of refinery for unit crude and purchased materials based on energy factor for refinery

同一统计报告期内,炼油(单位)综合能耗与炼油能量因数的比值。

4 技术要求

4.1 炼油单位产品能耗限定值

现有炼油企业炼油单位产品能耗限定值的指标采用单位能量因数能耗,其值应不大于

11.5 kgoe/(t·能量因数)。

4.2 炼油单位产品能耗准入值

新建炼油企业炼油单位产品能耗准入值的指标包括炼油(单位)综合能耗和单位能量因数能耗,其值应符合表1要求。

表1 炼油单位产品能耗准入值

炼油(单位)综合能耗 kgoe/t	单位能量因数能耗 kgoe/(t·能量因数)
≤63(不适用于以煤为主要制氢原料的炼油企业)	≤8.0

4.3 炼油单位产品能耗先进值

炼油单位产品能耗先进值的指标采用单位能量因数能耗,其值应不大于7.0 kgoe/(t·能量因数)。

5 统计范围和计算方法

5.1 统计范围

5.1.1 炼油生产装置包括但不限于:常减压蒸馏、催化裂化、延迟焦化、减粘裂化、催化重整、气体分馏、烷基化、甲基叔丁基醚(MTBE)、加氢处理、加氢裂化、加氢精制、溶剂脱沥青、润滑油溶剂精制、酮苯脱蜡、石蜡加氢精制、润滑油加氢精制、制氢、溶剂再生、硫磺回收等。炼油辅助系统包括但不限于:原油、半成品及成品油储运系统、供排水、空气压缩站、空气分离站、污水处理、化验、研究、消防、生产管理等。

5.1.2 炼油能源消耗统计包括燃料(含催化烧焦)、电、蒸汽及耗能工质,不包括作为原料用途的能源。聚丙烯、对二甲苯等化工类装置不计入炼油能耗统计范围。炼油能耗包含炼油装置开停工和检修所消耗的能源,不包括用于基本建设、厂内、外生活福利设施(如食堂、浴室和宿舍等)的能源消耗。

5.1.3 炼油厂外购由制氢装置产生的氢气按照气体制氢折算能耗(参考值1 100 kgoe/t),计入炼油综合能源消耗量。

5.1.4 储运系统能耗量包括原油及半成品、成品的卸、储、调、装、输过程中的能耗量。污水处理场能耗量包括隔油、浮选、生化、砂滤、活性炭处理、三泥焚烧等过程中的能耗量。其他辅助系统的能源消耗量包括空气压缩站、空气分离站、机修、仪修、电修、化验、研究、消防等单元消耗的各种能源消耗总量,可合并计算。输变电损失为主变压器到系统分变压器及装置过程中全部输变电损失,不包括装置内部的输电线路损失。全厂用电量按主变前电表计量,装置电量按分变后电表计量。热力损失指蒸汽管网散热、排凝的损失,不包括装置和辅助系统内部蒸汽损失。

5.1.5 炼油生产过程消耗的各种能源,均折算为标油进行能耗计算,单位采用千克标油(kgoe)。石油产品按GB/T 384规定的方法实测热值,再换算成标油量。没有实测条件的参考附录A中列出的系数折算成标油量。

5.1.6 为炼油及非炼油服务的辅助系统的能耗,按用能比例扣除非炼油部分的能耗。

5.1.7 炼油与非炼油系统的热量交换(含直供)以热量接受方实际有效利用为原则。热物料的起始计算温度为60 ℃;以热水形式供给的热量,按低温热进行标油的折算。

5.2 计算方法

5.2.1 炼油综合能源消耗量

炼油综合能源消耗量按式(1)计算:

$$E=\sum M_iR_i+Q \tag{1}$$

式中：

E ——炼油综合能耗，单位为千克标油(kgoe)；

M_i——第 i 种能源的实物消耗量；

R_i ——第 i 种能源折算标油系数；

Q ——与非炼油系统交换的热量折算为标油的代数和，单位为千克标油(kgoe)，向炼油输入的热量计为正值，从炼油输出的热量计为负值。

5.2.2 炼油(单位)综合能耗

炼油(单位)综合能耗按式(2)计算：

$$e=E/G \tag{2}$$

式中：

e ——炼油(单位)综合能耗，单位为千克标油每吨(kgoe/t)；

E——炼油综合能源消耗量，单位为千克标油(kgoe)；

G——原油及外购原料油加工量，单位为吨(t)。

5.2.3 单位能量因数能耗

单位能量因数能耗 e_{cf} 按式(3)计算：

$$e_{cf}=e/E_f \tag{3}$$

式中：

e_{cf}——单位能量因数能耗，单位为千克标油每吨炼油能量因数[kgoe/(t·能量因数)]；

e ——炼油(单位)综合能耗，单位为千克标油每吨(kgoe/t)；

E_f——炼油能量因数。

5.2.4 炼油能量因数

炼油能量因数 E_f 按式(4)计算：

$$E_f=(\sum C_iK_i+E_C+E_W+E_{SL}+E_{eL}+E_Q)F_t \tag{4}$$

式中：

$\sum C_iK_i$——炼油生产装置能量因数，其中，C_i 为 i 装置加工量系数；K_i 为 i 装置能量系数，见附录 B；

E_C ——储运系统能量因数，见附录 C.1；

E_W ——污水处理场能量因数，见附录 C.2；

E_{SL} ——热力损失能量因数，见附录 C.3；

E_{eL} ——输变电损失能量因数，见附录 C.4；

E_Q ——其他辅助系统能量因数，见附录 C.5；

F_t ——温度校正因子。

F_t 按式(5)计算：

$$F_t=1.070\ 4-4.717\ 2\times10^{-3}t+2.950\ 4\times10^{-5}t^2+7.448\ 2\times10^{-7}t^3+5.016\ 5\times10^{-9}t^4+2.207\ 8\times10^{-11}t^5 \tag{5}$$

式中：

t ——环境温度，单位为摄氏度(℃)。

6 节能管理与措施

6.1 节能管理与措施

6.1.1 企业应定期对能耗指标进行考核，建立用能责任制度。

6.1.2 企业应根据 GB/T 20901 配备能源计量器具并建立和完善能源计量管理制度。

6.2 节能技术管理

6.2.1 经济运行

6.2.1.1 企业应使生产通用设备达到经济运行的状态，对电动机的经济运行管理应符合GB/T 12497 的规定；对风机、泵类和空气压缩机的经济运行管理应符合 GB/T 13466 的规定；对电力变压器的经济运行管理应符合 GB/T 13462 的规定。

6.2.1.2 对各种管网应加强维护管理。

6.2.2 节能技术

6.2.2.1 采用系统优化技术、提高能源利用效率。

6.2.2.2 推广装置间的热联合技术。

6.2.2.3 加强低温余热的回收利用。

6.2.2.4 发展热电冷联产，提高锅炉热效率及热电联产的热电比。

6.2.2.5 采用先进技术，加强管理，提高加热炉热效率。

6.2.2.6 淘汰高能耗、高污染、低效率的工艺和设备。

6.2.2.7 推广废弃物综合利用技术。

附 录 A
（资料性附录）
能源及耗能工质折算标油系数

能源及耗能工质折算标油系数见表 A.1。

表 A.1 能源及耗能工质折算标油系数

序号	项目	单位	折算系数 千克标油(kgoe)	折算系数 兆焦(MJ)
1	标油	t	1 000	41 868
2	燃料油	t	1 000	41 868
3	油田天然气	m^3	0.930	38.94
4	气田天然气	m^3	0.850	35.59
5	炼厂燃料气	t	950	39 775
6	制氢 PSA 尾气	t	320	13 398
7	催化烧焦	t	950	39 775
8	石油焦	t	800	33 494
9	煤	tce	700	29 308
10	电	kW·h	0.228	9.546
11	10.0 MPa 级蒸汽[a]	t	92	3 852
12	5.0 MPa 级蒸汽[b]	t	90	3 768
13	3.5 MPa 级蒸汽[c]	t	88	3 684
14	2.5 MPa 级蒸汽[d]	t	85	3 559
15	1.5 MPa 级蒸汽[e]	t	80	3 349
16	1.0 MPa 级蒸汽[f]	t	76	3 182
17	0.7 MPa 级蒸汽[g]	t	72	3 014
18	0.3 MPa 级蒸汽[h]	t	66	2 763
19	<0.3 MPa 级蒸汽	t	55	2 303
20	新鲜水	t	0.17	7.12
21	循环水	t	0.10	4.19
22	软化水	t	0.25	10.47
23	除盐水	t	2.30	96.30
24	低压除氧水	t	9.20	385.19
25	凝汽式蒸汽轮机凝结水	t	3.65	152.8
26	加热设备凝结水	t	7.65	320.3
27	低温热	MJ	0.012	0.5

[a] 7.0 MPa≤p；[b] 4.5 MPa≤p<7.0 MPa；[c] 3.0 MPa≤p<4.5 MPa；[d] 2.0 MPa≤p<3.0 MPa；[e] 1.2 MPa≤p<2.0 MPa [f] 0.8 MPa≤p<1.2 MPa；[g] 0.6 MPa≤p<0.8 MPa；[h] 0.3 MPa≤p<0.6 MPa。

附 录 B
（规范性附录）
炼油生产装置能量系数

炼油生产装置能量系数见表 B.1。

表 B.1 炼油生产装置能量系数

装置名称		能耗定额 kgoe/t	能量系数	计算基准
蒸馏装置[a]	常减压蒸馏	10	1.0	处理量
	常压蒸馏	9	0.9	处理量
	润滑油型常减压蒸馏	10.5	1.05	处理量
催化裂化[b]	蜡油催化裂化[c]	48	4.8	处理量
	重油催化裂化	55	5.5	处理量
	常渣催化裂化	75	7.5	处理量
	深度催化裂解[d]	80	8.0	处理量
	MIPCGP	55	5.5	处理量
	双提升管催化裂化	59	5.9	处理量
焦化[e]	延迟焦化	25	2.5	处理量
	稠油延迟焦化	33	3.3	处理量
催化重整[f]	预处理和连续重整	00	0.0	重整进料量
	预处理和固定床重整	80	8.0	重整进料量
	预处理和组合床重整	85	8.5	重整进料量
	脱重组分塔	22	2.2	处理量
	芳烃抽提	40	4.0	处理量
	芳烃分离(苯塔甲苯塔)	20	2.0	处理量
	芳烃分离(苯、甲苯、混二甲苯塔)	25	2.5	处理量
加氢裂化[g]		33×(1.3－X)	3.3×(1.3－X)	处理量(不含原料氢气)
加氢处理[h]	蜡油	16	1.6	处理量(不含原料氢气)
	渣油	20	2.0	处理量(不含原料氢气)
中压加氢改质		28	2.8	处理量(不含原料氢气)
加氢精制	轻质油 $p<3$ MPa	10	1.0	处理量(不含原料氢气)
	轻质油 $p\geqslant 3$ 而 $p<6$ MPa	12	1.2	处理量(不含原料氢气)
	轻质油 $p\geqslant 6$ MPa	12	1.2	处理量(不含原料氢气)
	石蜡、地蜡加氢	22	2.2	处理量(不含原料氢气)
	润滑油加氢 $p\leqslant 3$ MPa	12	1.2	处理量(不含原料氢气)
	润滑油加氢 $p>3$ MPa	22	2.2	处理量(不含原料氢气)

表 B.1（续）

装置名称		能耗定额 kgoe/t	能量系数	计算基准
制氢(含氢气提纯)	气体	1 100	110.0	产氢量(吨)
	轻油	1 100	110.0	产氢量(吨)
	重油	1 500	150.0	产氢量(吨)
润滑油溶剂精制	轻质糠醛精制	20	2.0	处理量
	重质糠醛精制	28	2.8	处理量
	酚精制	31	3.1	处理量
溶剂脱沥青		26	2.6	处理量
脱蜡与油蜡精制	酮苯脱蜡	50	5.0	处理量
	酮苯脱蜡脱油	80	8.0	处理量
	地蜡脱油	90	9.0	处理量
	润滑油白土精制	9	0.9	处理量
	石蜡发汗	13	1.3	处理量
	石蜡白土精制	5	0.5	处理量
	石蜡板框成型	15	1.5	处理量
	石蜡机械化成型	15	1.5	处理量
润滑油中压加氢改质[i]		65	6.5	处理量
润滑油高压加氢裂化[j]		78	7.8	处理量
气体分馏	三塔流程	39	3.9	处理量
	四塔流程	48	4.8	处理量
	五塔和六塔流程	51	5.1	处理量
烷基化	硫酸法	105	10.5	烷基化油产量
	氢氟酸法	129	12.9	烷基化油产量
三废处理	溶剂再生	7	0.7	溶剂塔的进料(按浓度40%折算)
	硫磺回收[k]	10	1.0	硫磺产量
	气体脱硫(含溶剂再生)	15	1.5	处理量
	气体脱硫	0.3	0.03	处理量
污水汽提	单塔	15	1.5	处理量
	双塔	18	1.8	处理量
MTBE		95	9.5	对产量
催化汽油吸附脱硫		8.5	0.85	处理量

表 B.1（续）

装置名称		能耗定额 kgoe/t	能量系数	计算基准
其他装置	石脑油异构	50	5.0	处理量
	柴油碱洗	1	0.1	处理量
	冷榨脱蜡	10	1.0	处理量
	分子筛脱蜡	130	13.0	处理量
	减粘裂化	9	0.9	处理量
	临氢降凝	20	2.0	处理量(不含原料氢气)
	LPG 脱硫醇	1.8	0.18	处理量
	环烷酸	27	2.7	对产量
	催化干气提浓	55	5.5	处理量
	催化油浆抽提	15	1.5	处理量
	催化油浆拔头	5	0.5	处理量
	PSA 提纯氢	80	8.0	产氢量
	炼厂干气提纯氢气	120	12.0	处理量
	氧化沥青	15	1.5	处理量

[a] 含电脱盐及轻烃回收；若增加轻重石脑油分离，能耗定额相应增加 1.0 kgoe/t。

[b] 含吸收稳定及汽油脱硫醇；没有或不开吸收稳定时，能耗定额相应减少 3.5 kgoe/t；若增加汽油回炼，能耗定额相应增加 3.0 kgoe/t。

[c] 原料中常压渣油比例在 20%以下或减压渣油比例在 10%以下。

[d] 若干气与液化气收率在 36%(含)以上，能耗定额增加 5.0 kgoe/t。

[e] 没有或不开吸收稳定时，能耗定额相应减少 5.0 kgoe/t。

[f] 流程到重整汽油脱戊烷塔。

[g] 包括循环氢脱硫、气体和液化气脱硫，不含溶剂再生，X 为尾油收率。

[h] 包括循环氢脱硫、气体和液化气脱硫，不含溶剂再生。

[i] 包括加氢处理、常减压和加氢精制。

[j] 包括加氢裂化、常减压、临氢降凝和加氢精制。

[k] 包括尾气处理，不包括溶剂再生单元；产量在 15 kt/a 以上时，能耗定额为－30 kgoe/t。

附 录 C
（规范性附录）
储运系统、污水处理场、热力损失、输变电损失和其他辅助系统能量因素

C.1 储运系统能量因数

储运系统能量因数 E_C 按式(C.1)计算：

$$E_C = E_{CD}/10 \quad \cdots\cdots (C.1)$$

式中：

E_C ——储运系统能量因数；

E_{CD} ——储运系统参考能耗，单位为千克标油每吨(kgoe/t)；

10 ——常减压蒸馏能耗定额，单位为千克标油每吨(kgoe/t)；

储运系统参考能耗 E_{CD} 按式(C.2)计算：

$$E_{CD} = E_{C1} + E_{C2} + E_{C3} \quad \cdots\cdots (C.2)$$

式中：

E_{C1}——原油储输参考能耗取值为 1.0，单位为千克标油每吨(kgoe/t)；

E_{C2}——重质油品储、调、输参考能耗，取值为 2.0，单位为千克标油每吨(kgoe/t)；

E_{C3}——原油进厂、卸油、油品洗槽参考能耗，单位为千克标油每吨(kgoe/t)；

其中，E_{C3} 为各分类计算值之和，各分类计算见表 C.1。

表 C.1 E_{C3} 分类项计算 单位为千克标油每吨

分类	E_{C3} 分类项
原油槽车进厂	$2.5\ G_{CC}{}^{a}/G_p{}^{b}$
原油油驳进厂	$1.6\ G_{YB}{}^{c}/G_p$
原油油轮进厂	$0.7\ G_{YL}{}^{d}/G_p$
原油管道进厂	$0.015\ L^{e}\ G_{GD}{}^{f}/G_p$
油品洗槽车	$0.5\ G_{XC}{}^{g}/G_p$

[a] G_{CC} 为统计报告期内原油槽车进厂总量，单位为吨(t)。

[b] G_p 为统计报告期内原油加工总量，单位为吨(t)。

[c] G_{YB} 为统计报告期内原油油驳进厂总量，单位为吨(t)。

[d] G_{YL} 为统计报告期内原油油轮进厂总量，单位为吨(t)。

[e] L 为在炼油企业管辖内，能源消耗所涉及到的原油的输送管道长度，单位为千米(km)。

[f] G_{GD} 为统计报告期内原油管道进厂总量，单位为吨(t)。

[g] G_{XC} 为统计报告期内洗槽车油品总量，单位为吨(t)。

C.2 污水处理场能量因数

污水处理场能量因数 E_W 按式(C.3)计算：

$$E_W = E_{WD}/10 \quad \cdots\cdots (C.3)$$

式中：

E_W ——污水处理场能量因数；

E_{WD} ——污水处理场参考能耗，单位为千克标油每吨(kgoe/t)。

C.3 热力损失能量因数

热力损失能量因数 E_{SL} 按式(C.4)计算：

$$E_{SL}=E_{SLD}/10 \quad \cdots\cdots(C.4)$$

式中：

E_{SL} ——热力损失能量因数；

E_{SLD} ——热力损失参考能耗，单位为千克标油每吨(kgoe/t)。

热力损失参考能量 E_{SLD} 按式(C.5)计算：

$$E_{SLD}=2.85G_{Si}/G_p \quad \cdots\cdots(C.5)$$

式中：

G_{Si}——统计期内炼油企业生产用汽总量，单位为吨(t)；

G_p ——统计期内原油加工量，单位为吨(t)。

C.4 输变电损失能量因数

输变电损失能量因数 E_{eL} 按式(C.6)计算：

$$E_{eL}=E_{eLD}/10 \quad \cdots\cdots(C.6)$$

式中：

E_{eL} ——输变电损失能量因数；

E_{eLD} ——输变电损失参考能耗，单位为千克标油每吨(kgoe/t)。

输变电损失参考能耗 E_{eLD} 按式(C.7)计算：

$$E_{eLD}=0.0075G_E/G_p \quad \cdots\cdots(C.7)$$

式中：

G_E ——统计期内炼油生产过程用电总量，单位为千瓦时(kW·h)；

G_p ——统计期内原油加工量，单位为吨(t)。

C.5 其他辅助系统能量因数

其他辅助系统能量因数 E_Q 按式(C.8)计算：

$$E_Q=R\sum C_iK_i \quad \cdots\cdots(C.8)$$

式中：

R——不同类型炼油企业的其他辅助系统系数，取值见表C.2。

表 C.2 不同类型炼油企业的其他辅助系统系数 R

炼油企业公称规模	R
500×10⁴ t/a(含)以上	0.02
(150～500)×10⁴ t/a(不含)	0.05
150×10⁴ t/a(含)以下	0.1

参 考 文 献

[1] GB/T 2589—2008 综合能耗计算通则

[2] GB/T 50441—2007 石油化工设计能耗计算标准

[3] NB/SH/T 5001.1—2013 石化行业能源消耗统计指标及计算方法 炼油

[4] DB 37/755—2007 炼油行业单位能量因数能耗限额

[5] 《能源统计报表制度》(国家统计局)

[6] 《能源统计工作手册》(国家统计局)

ICS 27.010
F 01

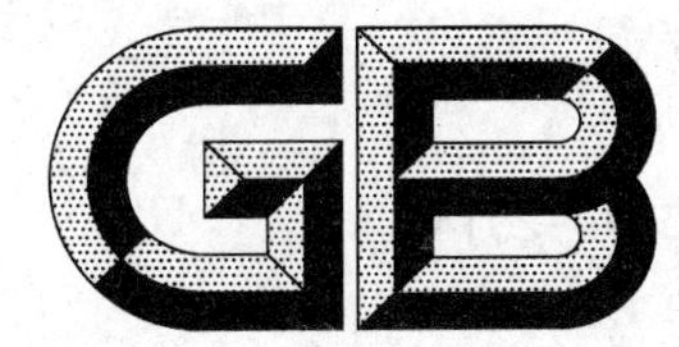

中华人民共和国国家标准

GB 30527—2014

聚氯乙烯树脂单位产品能源消耗限额

The norm of energy consumption per unit product of polyvinyl chloride resin

2014-04-28 发布

2015-01-01 实施

中华人民共和国国家质量监督检验检疫总局
中国国家标准化管理委员会
发布

前　言

本标准中的4.1和4.2为强制性的，其余为推荐性的。

本标准按照GB/T 1.1—2009给出的规则起草。

本标准由国家发展和改革委员会资源节约和环境保护司、工业和信息化部节能与综合利用司提出。

本标准由全国能源基础与管理标准化技术委员会(SAC/TC 20)、中国石油和化学工业联合会归口。

本标准起草单位：中国石油和化学工业联合会、中国氯碱工业协会、天津渤天化工有限责任公司、天津大沽化工股份有限公司、北京东方石油有限公司化工二厂、河北盛华化工有限公司、新疆天业(集团)有限公司、新疆中泰化学股份有限公司、上海氯碱化工股份有限公司、宜宾天原集团股份有限公司、沈阳化工股份有限公司。

本标准主要起草人：杨建荣、黄华军、魏镇、张鑫、李素改、朱建平、李永亮、孙伟善、张文雷、周俊华、吴刚、梁斌、陈洪、陈江、唐必勇、吴彬、单宝凡、王会昌。

聚氯乙烯树脂单位产品能源消耗限额

1 范围

本标准规定了聚氯乙烯树脂单位产品能源消耗(简称能耗)限额的技术要求、统计范围和计算方法、节能管理与措施。

本标准适用于聚氯乙烯树脂生产企业能耗的计算、考核,以及对新建项目的能耗控制。

2 规范性引用文件

下列文件对于本文件的应用是必不可少的。凡是注日期的引用文件,仅注日期的版本适用于本文件。凡是不注日期的引用文件,其最新版本(包括所有的修改单)适用于本文件。

GB/T 2589 综合能耗计算通则

GB/T 5761 悬浮法通用型聚氯乙烯树脂

GB/T 12497 三相异步电动机经济运行

GB/T 12723 单位产品能源消耗限额编制通则

GB/T 13462 电力变压器经济运行

GB/T 13466 交流电气传动风机(泵类、空气压缩机)系统经济运行通则

GB 15592 聚氯乙烯糊用树脂

GB 17167 用能单位能源计量器具配备和管理通则

3 术语和定义

GB/T 12723 界定的以及下列术语和定义适用于本文件。

3.1

聚氯乙烯树脂 polyvinyl chloride resin;PVC

由氯乙烯单体聚合而成的热塑性高聚物。

注:包括通用和糊用型聚氯乙烯树脂。通用型聚氯乙烯树脂是指以悬浮聚合和本体聚合将氯乙烯单体聚合成的聚氯乙烯树脂。糊用型聚氯乙烯树脂是指以乳液聚合和微悬浮聚合将氯乙烯单体聚合成的聚氯乙烯树脂。

3.2

电石法聚氯乙烯树脂 carbide-based PVC

以电石为原料生产乙炔,以乙炔和氯化氢为原料生产氯乙烯,通过聚合合成的聚氯乙烯树脂。

3.3

乙烯法聚氯乙烯树脂 ethylene-based PVC

以乙烯、氯气等为原料生产氯乙烯,通过聚合合成的聚氯乙烯树脂。

3.4

单体法聚氯乙烯树脂 monomer-based PVC

以氯乙烯单体为原料,通过聚合合成的聚氯乙烯树脂。

3.5

联合法聚氯乙烯树脂 combination method PVC

以二氯乙烷、电石为原料,通过聚合合成的聚氯乙烯树脂。

3.6

聚氯乙烯树脂产品综合能耗　the comprehensive energy consumption of product polyvinyl chloride resin

在报告期内，聚氯乙烯树脂生产界区内，用于生产实际消耗的各种能源消耗总量。

注：能源消耗总量指生产系统、辅助生产系统和附属生产系统的各种能源消耗量和损失量之和，不包括基建、技改等项目建设消耗的、生产界区内回收利用的和向外输出的能源量。

3.7

聚氯乙烯树脂单位产品综合能耗　comprehensive energy consumption per unit product of polyvinyl chloride resin

用聚氯乙烯树脂单位产量表示的综合能耗，包括氯乙烯单元和聚合单元的综合能耗。

3.8

聚氯乙烯树脂氯乙烯单元单位产品综合能耗　comprehensive energy consumption of per unit product of vinyl chloride unit of polyvinyl chloride resin

用氯乙烯单位产量表示的氯乙烯单元的综合能耗，不包括聚合、干燥等单元的综合能耗。

3.9

聚氯乙烯树脂聚合单元单位产品综合能耗　comprehensive energy consumption of per unit product of polymerization unit of polyvinyl chloride resin

用聚氯乙烯树脂单位产量表示的聚合单元的综合能耗，不包括氯乙烯单元的综合能耗。

4　技术要求

4.1　聚氯乙烯树脂单位产品能耗限定值

现有聚氯乙烯树脂生产企业单位产品能耗限定值应符合表 1 的规定。

表 1　聚氯乙烯树脂单位产品能耗限定值

产品名称及生产方法[a]	通用型聚氯乙烯树脂单位产品综合能耗/(kgce/t)	糊用型聚氯乙烯树脂单位产品综合能耗/(kgce/t)
电石法聚氯乙烯树脂	≤285	≤500
乙烯法聚氯乙烯树脂	≤640	≤1 150
单体法聚氯乙烯树脂	≤230	≤435
[a] 联合法按照乙烯法指标执行。		

4.2　聚氯乙烯树脂单位产品能耗准入值

新建及改扩建聚氯乙烯树脂生产企业单位产品能耗准入值应符合表 2 的规定。

表 2　聚氯乙烯树脂单位产品能耗准入值

产品名称及生产方法	通用型聚氯乙烯树脂单位产品综合能耗/(kgce/t)	糊用型聚氯乙烯树脂单位产品综合能耗/(kgce/t)
电石法聚氯乙烯树脂	≤193	≤450
乙烯法聚氯乙烯树脂	≤620	≤950
单体法聚氯乙烯树脂	≤175	≤385

4.3 聚氯乙烯树脂单位产品能耗先进值

聚氯乙烯树脂生产企业单位产品能耗先进值应符合表3的要求。

表3 聚氯乙烯树脂单位产品能耗先进值

产品名称及生产方法	通用型聚氯乙烯树脂单位产品综合能耗/(kgce/t)	糊用型聚氯乙烯树脂单位产品综合能耗/(kgce/t)
电石法聚氯乙烯树脂	≤193	≤450
乙烯法聚氯乙烯树脂	≤620	≤950
单体法聚氯乙烯树脂	≤175	≤385

5 统计范围和计算方法

5.1 统计范围

5.1.1 各种聚氯乙烯树脂生产方法，其生产系统统计范围为：

a) 电石法聚氯乙烯树脂生产系统包括从电石、氯气和氢气等原材料进入工序开始，到聚氯乙烯树脂成品计量入库为止的有关工序组成的完整工艺过程和设备。

b) 乙烯法聚氯乙烯树脂生产系统包括从乙烯、氯气等原材料进入工序开始，到聚氯乙烯树脂成品计量入库为止的有关工序组成的完整工艺过程和设备。

c) 单体法聚氯乙烯树脂生产系统包括从氯乙烯等原材料进入工序开始，到聚氯乙烯树脂成品计量入库为止的有关工序组成的完整工艺过程和设备。

d) 联合法聚氯乙烯树脂包括从二氯乙烷、电石等原材料进入工序开始，到聚氯乙烯树脂成品计量入库为止的有关工序组成的完整工艺过程和设备。

5.1.2 聚氯乙烯树脂辅助生产系统为生产系统工艺装置配置的工艺过程、设施和设备，其中包括动力、供电、机修、供水、供气、蒸汽、采暖、制冷、仪表和厂内原料场地以及安全、环保装置。

5.1.3 聚氯乙烯树脂附属生产系统为生产系统专门配置的生产指挥系统(厂部)和厂区内为生产服务的部门和单位，其中包括办公室、操作室、休息室、更衣室、澡堂、中控分析、成品检验、设备维修等。

5.1.4 聚氯乙烯树脂生产界区由生产系统、辅助生产系统和附属生产系统设施三部分组成。

5.1.5 聚氯乙烯树脂产品生产系统能源消耗量应包括聚氯乙烯树脂生产界区内实际消耗的一次能源量和二次能源量。耗能工质(如水、氧气、氮气、压缩空气等)，不论是外购的还是自产的均不应统计在能源消耗量中。

5.1.6 未包括在聚氯乙烯树脂生产界区内的企业辅助生产系统、附属生产系统能源消耗量应按消耗比例分摊到聚氯乙烯树脂及其他生产系统内。

5.1.7 回收利用聚氯乙烯树脂生产界区内产生的余热、余能及化学反应热，不应计入能源消耗量中。供界区外装置回收利用的，应按其实际送出的能量从本界区能耗中扣除。

5.1.8 各种能源应按GB/T 2589折算为统一的计量单位吨标准煤。各种能源的热值以企业在报告期内实测的热值为准。没有实测条件的，参考附录A中各种能源折标准煤参考系数。

5.1.9 能源消耗量的统计、核算应包括各个生产环节和系统，既不应重复，又不应漏计。

5.2 计算方法

5.2.1 通用型聚氯乙烯树脂、糊用型聚氯乙烯树脂单位产品综合能耗的计算应按表1中规定的生产方法进行核算。

5.2.2 通用型聚氯乙烯树脂、糊用型聚氯乙烯树脂单位产品综合能耗的计算。

5.2.2.1 通用型聚氯乙烯树脂、糊用型聚氯乙烯树脂单位产品综合能耗应按式(1)或式(2)计算：

$$E_{zh}=E_{lx}\times P+E_{jh} \quad\cdots\cdots(1)$$

$$E_{zh}=E'_{lx}\times P+E_{jh} \quad\cdots\cdots(2)$$

式中：

E_{zh} ——报告期内通用型聚氯乙烯树脂、糊用型聚氯乙烯树脂单位产品综合能耗，单位为千克标准煤每吨(kgce/t)；

E_{lx} ——报告期内电石法氯乙烯单元单位产品综合能耗，单位为千克标准煤每吨(kgce/t)；

E'_{lx} ——报告期内乙烯法氯乙烯单元单位产品综合能耗，单位为千克标准煤每吨(kgce/t)；

P ——报告期内通用型聚氯乙烯树脂、糊用型聚氯乙烯树脂单位产品实际消耗的氯乙烯数量，单位为吨每吨(t/t)；

E_{jh} ——报告期内通用型聚氯乙烯树脂、糊用型聚氯乙烯树脂聚合单元单位产品综合能耗，单位为千克标准煤每吨(kgce/t)。

5.2.2.2 单体法通用型聚氯乙烯树脂、糊用型聚氯乙烯树脂单位产品综合能耗应按式(3)计算：

$$E_{zh}=E_{jh} \quad\cdots\cdots(3)$$

5.2.3 电石法氯乙烯单元单位产品综合能耗的计算。

电石法氯乙烯单元单位产品综合能耗应按式(4)计算。

$$E_{lx}=[\sum_{i=1}^{n}(e_{sc}\times K_i)+\sum_{i=1}^{n}(e_{fz}\times K_i)-\sum_{i=1}^{n}(e_{hs}\times K_i)]/P_{lx} \quad\cdots\cdots(4)$$

式中：

e_{sc} ——报告期内电石法氯乙烯单元生产系统(包括电石破碎、乙炔制备、电石渣浆压滤、氯化氢合成、氯乙烯合成、氯乙烯精馏、回收盐酸脱吸等工序)消耗的各种能源实物量，单位为吨(t)或千瓦时(kW·h)或立方米(m^3)；

e_{fz} ——报告期内电石法氯乙烯单元辅助生产系统、附属生产系统消耗的各种能源实物量，单位为吨(t)或千瓦时(kW·h)或立方米(m^3)；

e_{hs} ——报告期内电石法氯乙烯单元生产系统回收的供界区外装置利用的某种能源实物量，单位为吨(t)或千瓦时(kW·h)或立方米(m^3)；

K_i ——某种能源折标准煤系数，单位为千克标准煤每千瓦时[kgce/(kW·h)]或千克标准煤每吨(kgce/t)或千克标准煤每立方米(kgce/m^3)；

i ——能源类型；

n ——能源种类总数；

P_{lx} ——报告期内电石法氯乙烯合格品的产量，单位为吨(t)。

5.2.4 乙烯法氯乙烯单元单位产品综合能耗的计算。

乙烯法氯乙烯单元单位产品综合能耗应按式(5)计算。

$$E'_{lx}=[\sum_{i=1}^{n}(e'_{sc}\times K_i)+\sum_{i=1}^{n}(e'_{fz}\times K_i)-\sum_{i=1}^{n}(e'_{hs}\times K_i)]/P'_{lx} \quad\cdots\cdots(5)$$

式中：

e'_{sc} ——报告期内乙烯法氯乙烯单元生产系统(直接氯化、乙烯氧氯化、二氯乙烷精馏、二氯乙烷裂解、氯乙烯精馏、氯化氢回收、残液焚烧)投入的各种能源消耗实物量，单位为吨(t)或千瓦时(kW·h)或立方米(m^3)；

e'_{fz} ——报告期内乙烯法氯乙烯单元辅助生产系统、附属生产系统投入的各种能源消耗实物量，单位为吨(t)或千瓦时(kW·h)或立方米(m^3)；

e'_{hs} ——报告期内乙烯法氯乙烯单元生产系统回收的供界区外装置利用的某种能源实物量，单位为吨(t)或千瓦时(kW·h)或立方米(m^3)；

P'_{lx}——报告期内乙烯法氯乙烯合格品的产量，单位为吨(t)。

5.2.5 通用型聚氯乙烯树脂、糊用型聚氯乙烯树脂聚合单元单位产品综合能耗的计算。

通用型聚氯乙烯树脂、糊用型聚氯乙烯树脂聚合单元单位产品综合能耗应按式(6)计算。

$$E_{jh}=[\sum_{i=1}^{n}(e''_{sc}\times K_i)+\sum_{i=1}^{n}(e''_{fz}\times K_i)-\sum_{i=1}^{n}(e''_{hs}\times K_i)]/P_{jx} \quad \cdots\cdots\cdots\cdots(6)$$

式中：

e''_{sc}——报告期内聚合单元生产系统(包括聚合、离心、干燥、单体回收、产品包装等工序)投入的各种能源消耗实物量，单位为吨(t)或千瓦时(kW·h)或立方米(m^3)；

e''_{fz}——报告期内聚合单元辅助生产系统、附属生产系统投入的各种能源消耗实物量，单位为吨(t)或千瓦时(kW·h)或立方米(m^3)；

e''_{hs}——报告期内聚合单元生产系统回收的供界区外装置利用的某种能源实物量，单位为吨(t)或千瓦时(kW·h)或立方米(m^3)；

P_{jx}——报告期内通用型聚氯乙烯树脂、糊用聚氯乙烯树脂合格产品的产量，质量分别执行GB/T 5761和GB 15592的规定，单位为吨(t)。

6 节能管理与措施

6.1 节能基础管理

6.1.1 企业应定期对聚氯乙烯单体综合能耗、单位产品综合能耗进行考核，建立用能责任制度。

6.1.2 企业应按要求建立能耗统计体系，建立能耗测试数据、能耗计算和考核结果的文件档案，并对文件进行受控管理。

6.1.3 企业应根据GB 17167的要求配备能源计量器具并建立能源计量管理制度。

6.2 节能技术管理

6.2.1 经济运行

企业应使生产通用设备达到经济运行状态，对电动机的经济运行管理应符合GB/T 12497的规定；对风机、泵类和空气压缩机的经济运行管理应符合GB/T 13466的规定；对电力变压器的经济运行管理应符合GB/T 13462的规定。对各种管网应加强维护管理。采用大型聚合釜反应器、反应尾气回收装置、集散控制系统(DCS)及清洁生产等节能措施。

6.2.2 耗能设备

企业应提高电机系统通用设备的能效，用高效节能设备更新淘汰高耗能设备。变电和配电应采用低压集中补偿方法，采用补偿电容，提高功率因数。

6.2.3 照明系统

企业应提高照明系统的能效，电光源及镇流器应选用能效值达到相关能效标准的产品。

附 录 A
（资料性附录）
各种能源折算标准煤参考系数表

各种能源折算标准煤参考系数见表 A.1。

表 A.1 各种能源折算标准煤的参考系数

<table>
<tr><th colspan="2">能源名称</th><th>平均低位发热量</th><th>折标准煤系数</th></tr>
<tr><td colspan="2">原煤</td><td>20 908 kJ/kg(5 000 kcal/kg)</td><td>0.714 3 kgce/kg</td></tr>
<tr><td colspan="2">洗精煤</td><td>26 344 kJ/kg(6 300 kcal/kg)</td><td>0.900 0 kgce/kg</td></tr>
<tr><td rowspan="2">其他洗煤</td><td>a） 洗中煤</td><td>8 363 kJ/kg(2 000 kcal/kg)</td><td>0.285 7 kgce/kg</td></tr>
<tr><td>b） 煤泥</td><td>8 363 kJ/kg～12 545 kJ/kg
(2 000 kcal/kg～3 000 kcal/kg)</td><td>0.285 7 kgce/kg～0.428 6 kgce/kg</td></tr>
<tr><td colspan="2">焦炭</td><td>28 435 kJ/kg(6 800 kcal/kg)</td><td>0.971 4 kgce/kg</td></tr>
<tr><td colspan="2">渣油</td><td>41 816 kJ/kg(10 000 kcal/kg)</td><td>1.428 6 kgce/kg</td></tr>
<tr><td colspan="2">纯水</td><td>28.43 MJ/t(6 800 kcal/t)</td><td>0.971 4 kgce/t</td></tr>
<tr><td colspan="2">蒸汽(低压)</td><td>3 763.44 MJ/t(9×10^5 kcal/t)</td><td>0.128 6 kgce/kg</td></tr>
<tr><td colspan="2">油田天然气</td><td>38 931 kJ/m^3(9 310 kcal/m^3)</td><td>1.330 0 kgce/m^3</td></tr>
<tr><td colspan="2">气田天然气</td><td>35 544 kJ/m^3(8 500 kcal/m^3)</td><td>1.214 3 kgce/m^3</td></tr>
<tr><td colspan="2">煤矿瓦斯气</td><td>14 636 kJ/m^3～16 726 kJ/m^3
(3 500 kcal/m^3～4 000 kcal/m^3)</td><td>0.500 0 kgce/m^3～0.571 4 kgce/m^3</td></tr>
<tr><td colspan="2">焦炉煤气</td><td>16 726 kJ/m^3～17 081 kJ/m^3
(4 000 kcal/m^3～4 300 kcal/m^3)</td><td>0.571 4 kgce/m^3～0.614 3 kgce/m^3</td></tr>
<tr><td rowspan="4">其他煤气</td><td>a） 发生炉煤气</td><td>5 227 kJ/m^3(1 250 kcal/m^3)</td><td>0.178 6 kgce/m^3</td></tr>
<tr><td>b） 焦炭制气</td><td>16 308 kJ/m^3(3 900 kcal/m^3)</td><td>0.557 1 kgce/m^3</td></tr>
<tr><td>c） 压力气化煤气</td><td>15 054 kJ/m^3(3 600 kcal/m^3)</td><td>0.514 3 kgce/m^3</td></tr>
<tr><td>d） 水煤气</td><td>10 454 kJ/m^3(2 500 kcal/m^3)</td><td>0.357 1 kgce/m^3</td></tr>
<tr><td colspan="2">氢气</td><td>10 802 kJ/Nm^3(2 580 kcal/Nm^3)</td><td>0.368 6 kgce/m^3</td></tr>
<tr><td colspan="2">热力(当量)</td><td>—</td><td>0.034 12 kgce/MJ
(0.142 86 kgce/10^3 kcal)</td></tr>
<tr><td colspan="2">电力(当量)</td><td>3 601 kJ/(kW·h)[860 kcal/(kW·h)]</td><td>0.122 9 kgce/(kW·h)</td></tr>
</table>

ICS 27.010
F 01

中华人民共和国国家标准

GB 30528—2014

聚乙烯醇单位产品能源消耗限额

The norm of energy consumption per unit products of polyvinyl alcohol

2014-04-28 发布 2015-01-01 实施

中华人民共和国国家质量监督检验检疫总局
中国国家标准化管理委员会 发布

前言

本标准中的4.1和4.2为强制性的，其余为推荐性的。

本标准按照GB/T 1.1—2009给出的规则起草。

本标准由国家发展和改革委员会资源节约和环境保护司、工业和信息化部节能与综合利用司提出。

本标准由全国能源基础与管理标准化技术委员会(SAC/TC 20)、中国石油和化学工业联合会归口。

本标准起草单位：湖南省湘维有限公司、中国石化集团四川维尼纶厂、安徽省化工设计院、中国化工信息中心、云南云维股份有限公司、北京东方石油化工有限公司、山西三维集团股份有限公司。

本标准主要起草人：李永福、许朝阳、徐青平、刘永杰、翟丽、刘振辉、杨中明、冷革辉、姚涛、史锋、梁小元、李列民、白忻平、王武、李永亮。

聚乙烯醇单位产品能源消耗限额

1 范围

本标准规定了乙炔法和乙烯法生产聚乙烯醇单位产品能源消耗(简称能耗)限额的技术要求、统计范围和计算方法、节能管理与措施。

本标准适用于乙炔法和乙烯法聚乙烯醇生产企业单位产品能耗的计算、考核,以及对新建项目的能耗控制。

2 规范性引用文件

下列文件对于本文件的应用是必不可少的。凡是注日期的引用文件,仅注日期的版本适用于本文件。凡是不注日期的引用文件,其最新版本(包括所有的修改单)适用于本文件。

GB/T 2589 综合能耗计算通则

GB/T 12010.3—2010 塑料 聚乙烯醇材料(PVAL) 第3部分:规格

GB/T 12497 三相异步电动机经济运行

GB/T 12723 单位产品能源消耗限额编制通则

GB/T 13462 电力变压器经济运行

GB/T 13466 交流电气传动风机(泵类、空气压缩机)系统经济运行通则

GB/T 15587 工业企业能源管理导则

GB 17167 用能单位能源计量器具配备和管理通则

GB 18613 中小型三相异步电动机能效限定值及能效等级

GB 19153 容积式空气压缩机能效限定值及能效等级

GB 19761 通风机能效限定值及能效等级

GB 19762 清水离心泵能效限定值及节能评价值

GB 20052 三相配电变压器能效限定值及能效等级

3 术语和定义

GB/T 12723 界定的以及下列术语和定义适用于本文件。

3.1

聚乙烯醇产品综合能耗 the comprehensive energy consumption of polyvinyl alcohol

报告期内,聚乙烯醇产品整个生产过程中,用于生产实际消耗的各种能源总量。

3.2

聚乙烯醇单位产品综合能耗 the comprehensive energy consumption per unit products of polyvinyl alcohol

以单位产量表示的聚乙烯醇产品综合能耗。

3.3

乙炔法 the production process of acetylene method

以电石水解或天然气裂解获得的乙炔为原料,经合成工段、精馏工段、聚合工段、醇解工段以及回收

工段制得聚乙烯醇产品的工艺路线。

3.4

乙烯法 the production process of ethylene method

以石油裂解或生物质乙醇脱水获得的乙烯为原料，经过合成工段、精馏工段、聚合工段、醇解工段以及回收工段制得聚乙烯醇产品的工艺路线。

4 技术要求

4.1 聚乙烯醇单位产品能耗限定值

现有聚乙烯醇生产装置单位产品能耗限定值应符合表1的规定。

表1 聚乙烯醇单位产品能耗限定值

工艺路线	聚乙烯醇单位产品综合能耗/(kgce/t)
乙炔法	≤2 750
乙烯法	≤2 230

4.2 聚乙烯醇单位产品能耗准入值

新建或改扩建聚乙烯醇生产装置单位产品能耗准入值应符合表2的规定。

表2 聚乙烯醇单位产品能耗准入值

工艺路线	聚乙烯醇单位产品综合能耗/(kgce/t)
乙炔法	≤2 072
乙烯法	≤1 790

4.3 聚乙烯醇单位产品能耗先进值

聚乙烯醇生产装置单位产品能耗先进值应符合表3的规定。

表3 聚乙烯醇单位产品能耗先进值

工艺路线	聚乙烯醇单位产品综合能耗/(kgce/t)
乙炔法	≤2 072
乙烯法	≤1 350

5 统计范围和计算方法

5.1 统计范围

5.1.1 聚乙烯醇产品综合能耗统计范围包括从原材料和能源经计量进入乙酸乙烯酯合成工序开始，到聚乙烯醇成品计量入库的整个生产过程。由生产系统能耗、辅助生产系统能耗和附属生产系统能耗三部分组成。

a) 生产系统能耗

包括乙酸乙烯酯合成、乙酸乙烯酯精制、乙酸乙烯酯聚合、聚乙酸乙烯酯树脂醇解以及醇解废液回收等主要生产工艺过程的能源消耗。

b) 辅助生产系统能耗

包括为生产系统服务的工艺过程、设施和设备，主要为供电、机修、供水、供气、供热、制冷、仪修、照明、库房和厂内原材料场地以及安全、环保、节能等设施的能源消耗。

c) 附属生产系统能耗

包括为生产系统专门配置的生产指挥系统（厂部）和厂区内为生产服务的部门和单位，主要为调度室、办公室、操作室、控制室、休息室、更衣室、澡堂、中控分析、产品检验、维修工段等设施的能源消耗。

5.1.2 回收利用聚乙烯醇生产中产生的余热、余能及化学反应热，不应计入能耗中。如果该余热、余能及化学反应热等供其他装置利用的，应按其实际利用的能量从本系统的能耗中扣除。

5.2 计算方法

5.2.1 综合能耗的计算应符合 GB/T 2589 的规定。

5.2.2 本标准将 GB/T 12010.3—2010 中规格为 100-27 的聚乙烯醇合格品，指定为聚乙烯醇基准产品。其他规格的聚乙烯醇产品产量参考附录 A 提供的折算系数折算成聚乙烯醇基准产品产量。

5.2.3 各种能源的热值折算为统一的计量单位千克标准煤(kgce)。各种能源的热值以企业在报告期内实测的热值为准，没有实测条件的，参考附录 B 或附录 C 的各种能源折标准煤参考系数进行折算。

5.2.4 聚乙烯醇产品综合能耗(E)等于生产过程中消耗的各种能源总量，减去向外输出的各种能源总量，数值以千克标准煤(kgce)表示，按式(1)计算：

$$E=\sum_{i=1}^{m}(e_{ic}\times K_i)-\sum_{j=1}^{n}(e_{jf}\times K_j) \quad \cdots\cdots(1)$$

式中：

E ——聚乙烯醇综合能耗的数值，单位为千克标准煤(kgce)；

e_{ic} ——聚乙烯醇产品生产消耗的第 i 种能源实物量；

e_{jf} ——聚乙烯醇产品生产过程中输出的第 j 种能源实物量；

K_i ——第 i 种输入能源折算标准煤系数；

K_j ——第 j 种输出能源折算标准煤系数；

m ——输入的能源种类数量；

n ——输出的能源种类数量。

5.2.5 聚乙烯醇单位产品综合能耗(e)，等于报告期内聚乙烯醇综合能耗除以报告期内聚乙烯醇产量，数值以千克标准煤每吨(kgce/t)表示，按式(2)计算：

$$e=\frac{E}{\sum_{i=1}^{M}P_i\cdot q_i} \quad \cdots\cdots(2)$$

式中：

e ——聚乙烯醇单位产品综合能耗的数值，单位为千克标准煤每吨(kgce/t)；

P_i ——第 i 种规格聚乙烯醇产品的实物产量，单位为吨(t)；

q_i ——第 i 种规格聚乙烯醇产品的实物产量折算成聚乙烯醇基准产品产量的折算系数；

M ——产品规格种数。

6 节能管理与措施

6.1 节能基础管理

6.1.1 企业应按照 GB/T 15587 的要求，设立专门的能源管理机构，建立能源管理制度，落实管理职责，明确能源管理方针和定量指标体系，并完成以下能源管理的主要环节：

a） 能源规范及设计；

b） 能源输入；

c） 能源转换；

d） 能源分配与传输；

e） 能源使用(消耗)；

f） 能耗分析与评价；

g） 节能技术进步。

6.1.2 企业应定期对聚乙烯醇产品单位能耗进行考核，建立用能责任制度。

6.1.3 企业应按要求建立能耗统计体系，建立能耗测试数据、能耗计算和考核结果的文件档案，并对文件进行受控管理。

6.1.4 企业应根据 GB 17167 的要求配备能源计量器具并建立能源计量管理制度。

6.2 节能技术管理

6.2.1 经济运行

企业生产中使用的通用设备应达到经济运行状态，对电动机的经济运行管理应符合 GB/T 12497 的规定；对风机、泵类和空气压缩机的经济运行管理应符合 GB/T 13466 的规定；对电力变压器的经济运行管理应符合 GB/T 13462 的规定。对各种输送介质的管网，应符合相关标准和技术要求，并加强维护管理。

6.2.2 节能技术措施

鼓励采用节能技术措施，例如：

a） 蒸汽凝结水闭式回收技术；

b） 多效精馏技术；

c） 对生产装置中的高温物料蒸汽能量进行回收；

d） 高效乙酸甲酯水解精馏技术；

e） 低碱法醇解技术。

6.2.3 耗能设备管理

为提高用能水平，企业应对耗能设备采取以下技术管理措施：

企业应提高电机系统通用设备的能效，用高效节能设备更新淘汰高耗能设备。年运行时间大于 3 000 h 的设备，电动机的能效应达到 GB 18613 能效等级的水平；清水离心泵的能效应达到 GB 19762 节能评价值的水平；通风机的能效应达到 GB 19761 能效等级的水平；容积式空气压缩机的能效应达到 GB 19153 能效等级的水平。

企业应提高变电和配电设备的能效，配电变压器的能效应达到 GB 20052 能效等级的水平。

企业应提高照明系统的能效，实施绿色照明工程，选用能效值达到相关能效标准节能评价值的照明产品。

6.3 监督与考核

企业应加强能源计量管理，规范能源计量行为，按规定对计量器具进行监督检查，同时加强能耗考核，强化节能意识，定期对企业进行能源审计和能效对标。

附 录 A
(规范性附录)
不同规格聚乙烯醇产品实物产量折算系数表

不同规格聚乙烯醇产品实物产量折算系数见表A.1。

表 A.1 不同规格聚乙烯醇产品实物产量折算系数表

规 格	系 数
100—27	1.000
100—27H	1.032
100—31H	1.070
100—37H	1.101
100—50H	1.151
100—60H	1.239
088—20	1.009
088—35	1.072
088—50	1.224
100—35	1.050
100—60	1.187
100—70	1.233

附 录 B
（资料性附录）
各种能源折算标准煤参考系数表

各种能源折算标准煤参考系数见表 B.1。

表 B.1 各种能源折算标准煤参考系数表

<table>
<tr><th colspan="2">能源名称</th><th>平均低位发热量</th><th>标准煤系数</th></tr>
<tr><td colspan="2">原煤</td><td>20 908 kJ/kg(5 000 kcal/kg)</td><td>0.714 3 kgce/kg</td></tr>
<tr><td colspan="2">洗精煤</td><td>26 344 kJ/kg(6 300 kcal/kg)</td><td>0.900 0 kgce/kg</td></tr>
<tr><td rowspan="2">其他洗煤</td><td>a） 洗中煤</td><td>8 363 kJ/kg(2 000 kcal/kg)</td><td>0.285 7 kgce/kg</td></tr>
<tr><td>b） 煤泥</td><td>8 363 kJ/kg～12 545 kJ/kg
(2 000 kcal/kg～3 000 kcal/kg)</td><td>0.285 7 kgce/kg～0.428 6 kgce/kg</td></tr>
<tr><td colspan="2">焦炭</td><td>28 435 kJ/kg(6 800 kcal/kg)</td><td>0.971 4 kgce/kg</td></tr>
<tr><td colspan="2">原油</td><td>41 816 kJ/kg(10 000 kcal/kg)</td><td>1.428 6 kgce/kg</td></tr>
<tr><td colspan="2">燃料油</td><td>41 816 kJ/kg(10 000 kcal/kg)</td><td>1.428 6 kgce/kg</td></tr>
<tr><td colspan="2">汽油</td><td>43 070 kJ/kg(10 300 kcal/kg)</td><td>1.471 4 kgce/kg</td></tr>
<tr><td colspan="2">煤油</td><td>43 070 kJ/kg(10 300 kcal/kg)</td><td>1.471 4 kgce/kg</td></tr>
<tr><td colspan="2">柴油</td><td>42 652 kJ/kg(10 200 kcal/kg)</td><td>1.457 1 kgce/kg</td></tr>
<tr><td colspan="2">煤焦油</td><td>33 453 kJ/kg(8 000 kcal/kg)</td><td>1.142 9 kgce/kg</td></tr>
<tr><td colspan="2">渣油</td><td>41 816 kJ/kg(10 000 kcal/kg)</td><td>1.428 6 kgce/kg</td></tr>
<tr><td colspan="2">液化石油气</td><td>50 179 kJ/kg(12 000 kcal/kg)</td><td>1.714 3 kgce/kg</td></tr>
<tr><td colspan="2">炼厂干气</td><td>46 055 kJ/kg(11 000 kcal/kg)</td><td>1.571 4 kgce/kg</td></tr>
<tr><td colspan="2">油田天然气</td><td>38 931 kJ/m^3(9 310 kcal/m^3)</td><td>1.330 0 kgce/m^3</td></tr>
<tr><td colspan="2">气田天然气</td><td>35 544 kJ/m^3(8 500 kcal/m^3)</td><td>1.214 3 kgce/m^3</td></tr>
<tr><td colspan="2">煤矿瓦斯气</td><td>14 636 kJ/m^3～16 726 kJ/m^3
(3 500 kcal/m^3～ 4 000 kcal/kg)</td><td>0.500 0 kgce/m^3～0.571 4 kgce/m^3</td></tr>
<tr><td colspan="2">焦炉煤气</td><td>16 726 kJ/m^3～17 981 kJ/m^3
(4 000 kcal/m^3～4 300 kcal/m^3)</td><td>0.571 4 kgce/m^3～0.614 3 kgce/m^3</td></tr>
<tr><td colspan="2">高炉煤气</td><td>3 763 kJ/m^3</td><td>0.128 6 kgce/kg</td></tr>
<tr><td rowspan="6">其他煤气</td><td>a） 发生炉煤气</td><td>5 227 kJ/m^3(1 250 kcal/m^3)</td><td>0.178 6 kgce/m^3</td></tr>
<tr><td>b） 重油催化裂解煤气</td><td>19 235 kJ/m^3(4 600 kcal/m^3)</td><td>0.657 1 kgce/m^3</td></tr>
<tr><td>c） 重油热裂解煤气</td><td>35 544 kJ/m^3(8 500 kcal/m^3)</td><td>1.214 3 kgce/m^3</td></tr>
<tr><td>d） 焦炭制气</td><td>16 308 kJ/m^3(3 900 kcal/m^3)</td><td>0.557 1 kgce/m^3</td></tr>
<tr><td>e） 压力气化煤气</td><td>15 054 kJ/m^3(3 600 kcal/m^3)</td><td>0.514 3 kgce/m^3</td></tr>
<tr><td>f） 水煤气</td><td>10 454 kJ/m^3(2 500 kcal/m^3)</td><td>0.357 1 kgce/m^3</td></tr>
<tr><td colspan="2">粗苯</td><td>41 816 kJ/kg(10 000 kcal/kg)</td><td>1.428 6 kgce/m^3</td></tr>
</table>

表 B.1（续）

能源名称	平均低位发热量	标准煤系数
热力(当量值)	—	0.034 12 kgce/MJ
电力(当量值)	3 600 kJ/(kW·h)[860 kcal/(kW·h)]	0.122 9 kgce/(kW·h)
蒸汽(低压)	3 763 MJ/t(900 Mcal/t)	0.128 6 kgce/kg

附 录 C
（资料性附录）
各种耗能工质折算标准煤参考系数表

各种耗能工质折算标准煤参考系数见表 C.1。

表 C.1 各种耗能工质折算标准煤参考系数表

品 种	单位耗能工质耗能量	标准煤系数
新鲜水	2.51 MJ/t	0.085 7 kgce/t
软化水	14.23 MJ/t	0.485 7 kgce/t
循环水	4.19 MJ/t	0.143 kgce/t
氮气[a]（做主产品时）	19.66 MJ/m^3	0.671 4 $kgce/m^3$
非净化压缩空气[a]（杂空）	1.17 MJ/m^3	0.040 0 $kgce/m^3$
净化压缩空气[a]（仪空）	1.59 MJ/m^3	0.054 3 $kgce/m^3$
蒸汽凝结水[b]	320.29 MJ/t	10.93 kgce/t
冷冻量（—5 ℃冷量）	0.80 MJ/MJ	0.027 3 kgce/MJ

[a] 气体体积是指 0 ℃、0.101 325 MPa 状态下的体积。

[b] 蒸汽凝结水是指加热设备产生的凝结水。

ICS 27.010
F 01

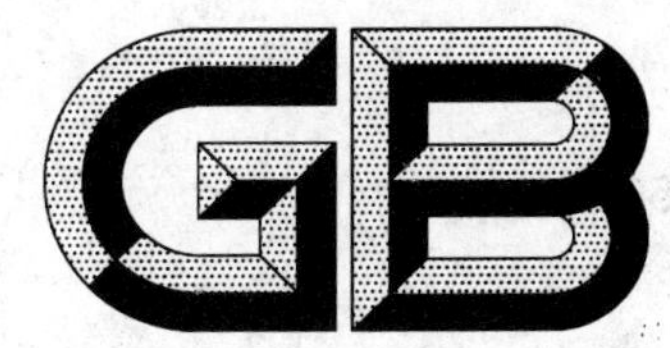

中华人民共和国国家标准

GB 30529—2014

乙酸乙烯酯单位产品能源消耗限额

The norm of energy consumption per unit product of vinyl acetate

2014-04-28 发布 2015-01-01 实施

中华人民共和国国家质量监督检验检疫总局
中国国家标准化管理委员会 发布

前　言

本标准中的4.1和4.2为强制性的，其余为推荐性的。

本标准按照GB/T 1.1—2009给出的规则起草。

本标准由国家发展和改革委员会资源节约和环境保护司、工业和信息化部节能与综合利用司提出。

本标准由全国能源基础与管理标准化技术委员会(SAC/TC 20)、中国石油和化学工业联合会归口。

本标准起草单位：中国化工信息中心、安徽皖维高新材料股份有限公司、聚光科技(杭州)股份有限公司、山西三维集团股份有限公司。

本标准主要起草人：吴福胜、祁百法、徐青平、陈训龙、冯加芳、彭乐安、许献智、陈凤林、郑晓东、王武、李永亮。

乙酸乙烯酯单位产品能源消耗限额

1 范围

本标准规定了乙炔法和乙烯法生产乙酸乙烯酯(醋酸乙烯)的单位产品能源消耗(简称能耗)限额的技术要求、统计范围和计算方法、节能管理与措施。

本标准适用于乙炔法和乙烯法乙酸乙烯酯生产企业单位产品能耗的计算、考核,以及对新建装置的能耗控制。

2 规范性引用文件

下列文件对于本文件的应用是必不可少的。凡是注日期的引用文件,仅注日期的版本适用于本文件。凡是不注日期的引用文件,其最新版本(包括所有的修改单)适用于本文件。

GB/T 2589 综合能耗计算通则

GB/T 12497 三相异步电动机经济运行

GB/T 12723 单位产品能源消耗限额编制通则

GB/T 13462 电力变压器经济运行

GB/T 13466 交流电气传动风机(泵类、空气压缩机)系统经济运行通则

GB 17167 用能单位能源计量器具配备和管理通则

GB 18613 中小型三相异步电动机能效限定值及能效等级

GB 19153 容积式空气压缩机能效限定值及能效等级

GB 19761 通风机能效限定值及能效等级

GB 19762 清水离心泵能效限定值及节能评价值

GB 20052 三相配电变压器能效限定值及能效等级

SH/T 1628.1—1996 工业用乙酸乙烯酯

3 术语和定义

GB/T 12723 界定的以及下列术语和定义适用于本文件。

3.1

乙酸乙烯酯产品综合能耗 the comprehensive energy consumption of vinyl acetate

报告期内,乙酸乙烯酯产品整个生产过程中,用于生产实际消耗的各种能源总量。

3.2

乙酸乙烯酯单位产品综合能耗 the comprehensive energy consumption per unit product of vinyl acetate

以单位产量表示的乙酸乙烯酯产品综合消耗。

3.3

乙炔法 the production process of acetylene method

以电石水解或天然气裂解获得的乙炔为原料,经合成工段、精馏工段制得乙酸乙烯酯产品的工艺路线。

3.4

乙烯法 the production process of ethylene method

以石油裂解、生物质乙醇脱水获得的乙烯为原料，经过合成工段、精馏工段制得乙酸乙烯酯产品的工艺路线。

4 技术要求

4.1 乙酸乙烯酯单位产品能耗限定值

现有乙酸乙烯酯生产装置单位产品能耗限额限定值应符合表1的规定。

表1 乙酸乙烯酯单位产品能耗限定值

工艺路线	乙酸乙烯酯单位产品综合能耗/(kgce/t)
乙炔法	≤565
乙烯法	≤410

4.2 乙酸乙烯酯单位产品能耗准入值

新建和改扩建乙酸乙烯酯生产装置单位产品能耗准入值指标应符合表2的规定。

表2 乙酸乙烯酯单位产品能耗准入值

工艺路线	乙酸乙烯酯单位产品综合能耗/(kgce/t)
乙炔法	≤485
乙烯法	≤250

4.3 乙酸乙烯酯单位产品能耗先进值

乙酸乙烯酯生产装置单位产品能耗先进值应符合表3的规定。

表3 乙酸乙烯酯单位产品能耗先进值

工艺路线	乙酸乙烯酯单位产品综合能耗/(kgce/t)
乙炔法	≤410
乙烯法	≤240

5 统计范围和计算方法

5.1 统计范围

5.1.1 乙酸乙烯酯产品综合能耗统计范围包括从原材料(醋酸、乙炔或乙烯)和能源经计量进入合成工序开始，到乙酸乙烯酯成品计量入库的整个生产过程。由生产系统能耗、辅助生产系统能耗和附属生产系统能耗三部分组成。

a) 生产系统能耗

包括乙酸乙烯酯合成工段和乙酸乙烯酯精馏工段的能源消耗。

b) 辅助生产系统能耗

包括为生产系统服务的工艺过程、设施和设备，主要为供电、机修、供水、供气、供热、制冷、仪修、照明、库房和厂内原材料场地以及安全、环保、节能等设施的能源消耗。

c) 附属生产系统能耗

包括为生产系统专门配置的生产指挥系统(厂部)和厂区内为生产服务的部门和单位，主要为调度室、办公室、操作室、控制室、休息室、更衣室、澡堂、中控分析、产品检验、维修工段等设施的能源消耗。

5.1.2 回收利用乙酸乙烯酯生产中产生的余热、余能及化学反应热，不应计入能耗中。如果该余热、余能及化学反应热等供其他装置利用的，应按其实际利用的能量从本系统的能耗中扣除。

5.2 计算方法

5.2.1 综合能耗的计算符合 GB/T 2589 的规定。

5.2.2 各种能源的热值折算为统一的计量单位千克标准煤(kgce)。各种能源的热值以企业在报告期内实测的热值为准。没有实测条件的，可参考附录 A 或附录 B 的各种能源折标准煤参考系数进行折算。

5.2.3 乙酸乙烯酯产品综合能耗(E)等于生产过程中消耗的各种能源总量，减去向外输出的各种能源总量，数值以千克标准煤(kgce)表示，按式(1)计算：

$$E=\sum_{i=1}^{m}(e_{ic}\times K_i)-\sum_{j=1}^{n}(e_{jf}\times K_j) \qquad \cdots\cdots(1)$$

式中：

E ——乙酸乙烯酯综合能耗的数值，单位为千克标准煤(kgce)；

e_{ic} ——乙酸乙烯酯产品生产消耗的第 i 种能源实物量；

e_{jf} ——乙酸乙烯酯产品生产过程中输出的第 j 种能源实物量；

K_i ——第 i 种输入能源折算标准煤系数；

K_j ——第 j 种输出能源折算标准煤系数；

m ——输入的能源种类数量；

n ——输出的能源种类数量。

5.2.4 乙酸乙烯酯单位产品综合能耗(e)等于报告期内乙酸乙烯酯综合能耗除以报告期内乙酸乙烯酯产量，数值以千克标准煤每吨(kgce/t)表示，按式(2)计算：

$$e=\frac{E}{\sum_{i=1}^{M}P_i} \qquad \cdots\cdots(2)$$

式中：

e ——乙酸乙烯酯单位产品综合能耗的数值，单位为千克标准煤每吨(kgce/t)；

P_i ——乙酸乙烯酯第 i 级合格产品(应符合 SH/T 1628.1—1996 标准要求)的实物产量，单位为吨(t)；

M ——产品等级数。

6 节能管理与措施

6.1 节能基础管理

6.1.1 企业定期对乙酸乙烯酯产品单位能耗进行考核，建立用能责任制度。

6.1.2 企业按要求建立能耗统计体系，建立能耗测试数据、能耗计算和考核结果的文件档案，并对文件进行受控管理。

6.1.3 企业根据 GB 17167 的要求配备能源计量器具并建立能源计量管理制度。

6.2 节能技术管理

6.2.1 经济运行

企业生产中使用的通用设备达到经济运行状态，对电动机的经济运行管理符合 GB/T 12497 的规定；对风机、泵类和空气压缩机的经济运行管理符合 GB/T 13466 的规定；对电力变压器的经济运行管理符合 GB/T 13462 的规定。对各种管网加强维护管理。

6.2.2 节能技术措施

鼓励采用节能技术措施，例如：

a） 蒸汽凝结水闭式回收技术；

b） 多效精馏技术；

c） 对生产装置中的高温物料蒸汽能量进行回收。

6.2.3 耗能设备管理

6.2.3.1 企业提高电机系统通用设备能效，用高效节能设备更新淘汰高耗能设备。年运行时间大于 3 000 h 的设备，电动机的能效应达到 GB 18613 能效等级的水平；清水离心泵的能效达到 GB 19762 节能评价值的水平；通风机的能效达到 GB 19761 能效等级的水平；容积式空气压缩机的能效达到 GB 19153 能效等级的水平。

6.2.3.2 企业提高变电和配电设备的能效，配电变压器的能效达到 GB 20052 能效等级的水平。

6.2.3.3 企业提高照明系统的能效，电光源及镇流器应选用能效值达到相关能效标准节能评价值的产品。

6.3 监督与考核

企业应加强能源计量管理，规范能源计量行为，按规定对计量器具进行监督检查，同时加强能耗考核，强化节能意识，定期对企业进行能源审计和能效对标。

附 录 A
(资料性附录)
各种能源折算标准煤参考系数表

各种能源折算标准煤参考系数见表 A.1。

表 A.1 各种能源折算标准煤的参考系数

能源名称	平均低位发热量	标准煤系数
原煤	20 908 kJ/kg (5 000 kcal/kg)	0.714 3 kgce/kg
洗精煤	26 344 kJ/kg (6 300 kcal/kg)	0.900 0 kgce/kg
其他洗煤 a) 洗中煤	8 363 kJ/kg (2 000 kcal/kg)	0.285 7 kgce/kg
其他洗煤 b) 煤泥	8 363 kJ/kg～12 545 kJ/kg (2 000 kcal/kg～3 000 kcal/kg)	0.285 7 kgce/kg～0.428 6 kgce/kg
焦炭	28 435 kJ/kg (6 800 kcal/kg)	0.971 4 kgce/kg
原油	41 816 kJ/kg (10 000 kcal/kg)	1.428 6 kgce/kg
燃料油	41 816 kJ/kg (10 000 kcal/kg)	1.428 6 kgce/kg
汽油	43 070 kJ/kg (10 300 kcal/kg)	1.471 4 kgce/kg
煤油	43 070 kJ/kg (10 300 kcal/kg)	1.471 4 kgce/kg
柴油	42 652 kJ/kg (10 200 kcal/kg)	1.457 1 kgce/kg
煤焦油	33 453 kJ/kg (8 000 kcal/kg)	1.142 9 kgce/kg
渣油	41 816 kJ/kg (10 000 kcal/kg)	1.428 6 kgce/kg
液化石油气	50 179 kJ/kg (12 000 kcal/kg)	1.714 3 kgce/kg
炼厂干气	46 055 kJ/kg (11 000 kcal/kg)	1.571 4 kgce/kg
油田天然气	38 931 kJ/m^3 (9 310 kcal/m^3)	1.330 0 kgce/m^3
气田天然气	35 544 kJ/m^3 (8 500 kcal/m^3)	1.214 3 kgce/m^3
煤矿瓦斯气	14 636 kJ/m^3～16 726 kJ/m^3 (3 500 kcal/m^3～4 000 kcal/kg)	0.500 0 kgce/m^3～0.571 4 kgce/m^3
焦炉煤气	16 726 kJ/m^3～17 981 kJ/m^3 (4 000 kcal/m^3～4 300 kcal/m^3)	0.571 4 kgce/m^3～0.614 3 kgce/m^3
高炉煤气	3 763 kJ/m^3	0.128 6 kgce/kg
其他煤气 a) 发生炉煤气	5 227 kJ/m^3 (1 250 kcal/m^3)	0.178 6 kgce/m^3
其他煤气 b) 重油催化裂解煤气	19 235 kJ/m^3 (4 600 kcal/m^3)	0.657 1 kgce/m^3
其他煤气 c) 重油热裂解煤气	35 544 kJ/m^3 (8 500 kcal/m^3)	1.214 3 kgce/m^3
其他煤气 d) 焦炭制气	16 308 kJ/m^3 (3 900 kcal/m^3)	0.557 1 kgce/m^3
其他煤气 e) 压力气化煤气	15 054 kJ/m^3 (3 600 kcal/m^3)	0.514 3 kgce/m^3
其他煤气 f) 水煤气	10 454 kJ/m^3 (2 500 kcal/m^3)	0.357 1 kgce/m^3
粗苯	41 816 kJ/kg(10 000 kcal/kg)	1.428 6 kgce/m^3

表 A.1(续)

能源名称	平均低位发热量	标准煤系数
热力(当量值)	—	0.034 12 kgce/MJ
电力(当量值)	3 600 kJ/(kW·h)[860 kcal/(kW·h)]	0.122 9 kgce/(kW·h)
蒸汽(低压)	3 763 MJ/t (900 Mcal/t)	0.128 6 kgce/kg

附　录　B
（资料性附录）
各种耗能工质折算标准煤参考系数

各种耗能工质折算标准煤参考系数见表 B.1。

表 B.1　各种耗能工质折算标准煤参考系数表

品种	单位耗能工质耗能量	标准煤系数
新鲜水	2.51 MJ/t	0.085 7 kgce/t
软化水	14.23 MJ/t	0.485 7 kgce/t
循环水	4.19 MJ/t	0.143 kgce/t
氮气[a]（做主产品时）	19.66 MJ/m^3	0.671 4 $kgce/m^3$
非净化压缩空气[a]（杂空）	1.17 MJ/m^3	0.040 0 $kgce/m^3$
净化压缩空气[a]（仪空）	1.59 MJ/m^3	0.054 3 $kgce/m^3$
蒸汽凝结水[b]	320.29 MJ/t	10.93 kgce/t
冷冻量（−5 ℃冷量）	0.80 MJ/MJ	0.027 3 kgce/MJ

[a] 气体体积是指 0 ℃、0.101 325 MPa 状态下的体积。

[b] 蒸汽凝结水是指加热设备产生的凝结水。

ICS 27.010
F 01

中华人民共和国国家标准

GB 30530—2014

有机硅环体单位产品能源消耗限额

The norm of energy consumption per unit product of dimethyl cyclosiloxane

14-04-28 发布　　2015-01-01 实施

中华人民共和国国家质量监督检验检疫总局
中国国家标准化管理委员会　发布

前　言

本标准中的4.1和4.2为强制性的，其余为推荐性的。

本标准按照GB/T 1.1—2009给出的规则起草。

本标准由国家发展和改革委员会资源节约和环境保护司、工业和信息化部节能与综合利用司提出。

本标准由全国能源基础与管理标准化技术委员会（SAC/TC 20）、中国石油和化学工业联合会归口。

本标准起草单位：中国化工信息中心、浙江合盛硅业有限公司、湖北兴发化工集团股份有限公司、唐山三友硅业有限责任公司、内蒙古恒业成有机硅有限公司、山西三佳化工新材料有限公司、浙江新安化工集团股份有限公司、蓝星化工新材料股份有限公司江西星火有机硅厂、道康宁（中国）投资有限公司、泸州北方化学工业有限公司。

本标准主要起草人：邱玲、张从新、曹华俊、杨晓勇、高英、陈春江、王琼燕、李昌、陈道伟、蔡宇豪、肖维兵、王武、杨卫兰、李永亮。

有机硅环体单位产品能源消耗限额

1 范围

本标准规定了有机硅环体(二甲基环硅氧烷)的单位产品能源消耗(简称能耗)限额的技术要求、统计范围和计算方法、节能管理与措施。

本标准适用于有机硅环体生产装置单位产品能耗的计算、考核,以及对新建项目的能耗控制。

2 规范性引用文件

下列文件对于本文件的应用是必不可少的。凡是注日期的引用文件,仅注日期的版本适用于本文件。凡是不注日期的引用文件,其最新版本(包括所有的修改单)适用于本文件。

GB/T 2589 综合能耗计算通则

GB/T 12723 单位产品能源消耗限额编制通则

GB/T 15587 工业企业能源管理导则

GB 17167 用能单位能源计量器具配备和管理通则

3 术语和定义

GB/T 12723 界定的以及下列术语和定义适用于本文件。

3.1

有机硅单体 methylchlorosilane

由硅粉和一氯甲烷在铜催化剂的作用下反应得到的混合物,主要组分为二甲基二氯硅烷(简称二甲)、甲基三氯硅烷(简称一甲)、三甲基氯硅烷(简称三甲)、甲基氢二氯硅烷(简称含氢单体)、低沸物和高沸物。

3.2

水解物 hydrolyzate

二甲基二氯硅烷在浓盐酸中进行水解、再经过精制得到的产品,主要成分为羟基封端的聚二甲基硅氧烷。

3.3

有机硅环体 dimethyl cyclosiloxane

二甲基二氯硅烷经水解、水解物经裂解、精馏而得到的产品,包括六甲基环三硅氧烷、八甲基环四硅氧烷、十甲基环五硅氧烷、二甲基环硅氧烷混合物及高环等。

3.4

有机硅环体产品综合能耗 the comprehensive energy consumption of dimethyl cyclosiloxane product

在报告期内,有机硅环体产品生产整个过程中,实际消耗的各种能源经综合计算后得到的以标准煤量表示的能耗总量。包括生产系统、辅助生产系统和附属生产系统的各种能源消耗量和损失量,不包括基建、技改等项目建设消耗的以及生产过程中回收利用的和向外输出的能源量。

3.5

有机硅环体单位产品能耗　the comprehensive energy consumption per unit product of dimethyl cyclosiloxane

用单位产量表示的能耗，即单位有机硅环体产品直接消耗的能耗量，以及分摊到该单位产品的辅助生产系统、附属生产系统能耗量和体系内的能源损失量。

4　技术要求

4.1　有机硅环体单位产品能耗限定值

现有有机硅环体生产装置单位产品能耗限定值应不大于 1.80 tce/t。

4.2　有机硅环体单位产品能耗准入值

新建或改扩建有机硅环体生产装置单位产品能耗准入值应不大于 1.31 tce/t。

4.3　有机硅环体单位产品能耗先进值

有机硅环体生产装置单位产品能耗先进值应不大于 1.00 tce/t。

5　统计范围和计算方法

5.1　统计范围

5.1.1　有机硅环体综合能耗统计范围

5.1.1.1　有机硅环体综合能耗主要包括生产系统能耗，辅助生产系统能耗和附属生产系统能耗。

a)　生产系统能耗

从硅粉加工、一氯甲烷合成、有机硅单体合成、有机硅单体精馏、有机硅高沸裂解、二甲基二氯硅烷水解、水解物裂解及环体精馏、成品环体入库及废液、废渣、废气经预处理送出为止的有关工序组成的完整工艺过程和设备实际消耗的各种能源经综合计算后得到的以标准煤量表示的能耗总量。

b)　辅助生产系统能耗

为生产系统服务的过程、设施和设备消耗的能源总量。包括供电、供水、供气、采暖、制冷、机修、仪修、照明、库房和厂内原材料场地以及安全、环保设施等消耗的能源总量。

c)　附属生产系统能耗

生产过程中为生产服务的部门和单位消耗的能源总量，包括办公室、操作室、休息室、更衣室、澡堂、中控分析、成品检验及维修等设施消耗的能源总量。

5.1.1.2　有机硅环体综合能耗不包括基建、技改等项目建设消耗的以及生产过程中回收利用的和向外输出的能源量。

5.1.2　统计方法

5.1.2.1　有机硅环体的综合能耗计算应符合 GB 2589 的规定。

5.1.2.2　有机硅环体产品产量计算，不合格产品不计入成品产量，不合格产品消耗的能源则全部计入总能源消耗量中。另外，对于有水解物自用量和外销量的企业，这两部分应计入环体产量。

5.1.2.3　有机硅环体的能耗应以计量为基础。蒸汽及其他能源和耗能工质以进入生产过程中的计量读数为准。

5.2 计算方法

5.2.1 有机硅环体产品综合能耗

有机硅环体产品综合能耗按式(1)计算：

$$E=\sum_{i=1}^{n}c_i\times p_i+\sum_{j=1}^{m}e_j\times p_j \quad \cdots\cdots(1)$$

式中：

E ——报告期内有机硅环体产品综合能耗，单位为吨标准煤(tce)；

c_i ——报告期内生产装置消耗的第 i 种能源实物量；

e_j ——报告期内辅助生产系统和附属生产系统消耗的第 j 种能源实物量；

p_i ——第 i 种能源折标准煤系数；

p_j ——第 j 种能源折标准煤系数。

5.2.2 有机硅环体单位产品能耗

有机硅环体单位产品能耗按式(2)计算：

$$e=\frac{E}{P} \quad \cdots\cdots(2)$$

式中：

e ——报告期内有机硅环体单位产品能耗，单位为吨标准煤每吨(tce/t)；

E ——报告期内有机硅环体产品综合能耗，单位为吨标准煤(tce)；

P ——报告期内有机硅环体产品产量(含水解物自用量和外销量)，单位为吨(t)。

5.2.3 标准煤的折算

各种能源的热值应折算为统一的标准煤。各种能源的热值以企业在报告期内实测的热值为准。没有实测条件的，参考附录A和附录B中各种能源折标准煤参考系数、各类耗能工质能源折标准煤参考系数。

6 节能管理与措施

6.1 节能管理基础

6.1.1 企业应建立能源考核制度，定期对有机硅生产装置各生产工序能耗情况进行考核。

6.1.2 企业应按 GB/T 15587 的要求，建立能耗统计体系，建立能耗计算和统计结果的文件档案，并对文件进行受控管理。

6.1.3 企业应根据 GB 17167 的要求配备相应的能源计量器具并建立能源计量管理制度。

6.2 节能措施

6.2.1 企业应配备余热回收等节能设备，最大限度地对生产过程中可回收的能源进行回收利用。

6.2.2 企业应进行技术改造，采用先进工艺，提高生产效率和能源利用率。为提高用能水平，鼓励采用以下节能措施：

——采用先进控制技术，提高锅炉燃烧和精馏效率；

——采用高效填料，提高精馏分离效率；

——合理利用经济器，回收高温物料中的热能；

——蒸汽凝结水闭式回收技术。

6.2.3 企业应合理组织生产,尽量减少开、停车次数,提高生产能力,延长生产周期。

6.2.4 企业应大力发展循环经济,利用现有技术,合理利用再生资源。

6.3 监督与考核

企业应加强能源计量管理,规范能源计量行为,按规定对计量器具进行监督检查,同时,加强能耗考核,强化节能意识,定期对企业进行能源审计和能效对标。

附 录 A
（资料性附录）
各种能源折算标准煤参考系数

各种能源折算标准煤的参考系数见表 A.1。

表 A.1 各种能源折算标准煤的参考系数

能源名称		平均低位发热量	标准煤系数
原煤		20 908 kJ/kg（5 000 kcal/kg）	0.714 3 kgce/kg
洗精煤		26 344 kJ/kg（6 300 kcal/kg）	0.900 0 kgce/kg
其他洗煤	a） 洗中煤	8 363 kJ/kg（2 000 kcal/kg）	0.285 7 kgce/kg
	b） 煤泥	8 363 kJ/kg～12 545 kJ/kg（2 000 kcal/kg～3 000 kcal/kg）	0.285 7 kgce/kg～0.428 6 kgce/kg
焦炭		28 435 kJ/kg（6 800 kcal/kg）	0.971 4 kgce/kg
原油		41 816 kJ/kg（10 000 kcal/kg）	1.428 6 kgce/kg
燃料油		41 816 kJ/kg（10 000 kcal/kg）	1.428 6 kgce/kg
汽油		43 070 kJ/kg（10 300 kcal/kg）	1.471 4 kgce/kg
煤油		43 070 kJ/kg（10 300 kcal/kg）	1.471 4 kgce/kg
柴油		42 652 kJ/kg（10 200 kcal/kg）	1.457 1 kgce/kg
煤焦油		33 453 kJ/kg（8 000 kcal/kg）	1.142 9 kgce/kg
渣油		41 816 kJ/kg（10 000 kcal/kg）	1.428 6 kgce/kg
液化石油气		50 179 kJ/kg（12 000 kcal/kg）	1.714 3 kgce/kg
炼厂干气		46 055 kJ/kg（11 000 kcal/kg）	1.571 4 kgce/kg
油田天然气		38 931 kJ/m^3（9 310 kcal/m^3）	1.330 0 kgce/m^3
气田天然气		35 544 kJ/m^3（8 500 kcal/m^3）	1.214 3 kgce/m^3
煤矿瓦斯气		14 636 kJ/m^3～16 726 kJ/m^3（3 500 kcal/m^3～4 000 kcal/kg）	0.500 0 kgce/m^3～0.571 4 kgce/m^3
焦炉煤气		16 726 kJ/m^3～17 981 kJ/m^3（4 000 kcal/m^3～4 300 kcal/m^3）	0.571 4 kgce/m^3～0.614 3 kgce/m^3
高炉煤气		3 763 kJ/m^3	0.128 6 kgce/kg
其他煤气	a）发生炉煤气	5 227 kJ/m^3（1 250 kcal/m^3）	0.178 6 kgce/m^3
	b）重油催化裂解煤气	19 235 kJ/m^3（4 600 kcal/m^3）	0.657 1 kgce/m^3
	c）重油热裂解煤气	35 544 kJ/m^3（8 500 kcal/m^3）	1.214 3 kgce/m^3
	d）焦炭制气	16 308 kJ/m^3（3 900 kcal/m^3）	0.557 1 kgce/m^3
	e）压力气化煤气	15 054 kJ/m^3（3 600 kcal/m^3）	0.514 3 kgce/m^3
	f）水煤气	10 454 kJ/m^3（2 500 kcal/m^3）	0.357 1 kgce/m^3
粗苯		41 816 kJ/kg（10 000 kcal/kg）	1.428 6 kgce/m^3

表 A.1（续）

能源名称	平均低位发热量	标准煤系数
热力(当量值)	—	0.034 12 kgce/MJ
电力(当量值)	3 600 kJ/(kW·h)[860 kcal/(kW·h)]	0.122 9 kgce/(kW·h)
蒸汽(低压)	3 763 MJ/t (900 Mcal/t)	0.128 6 kgce/kg

附 录 B
(资料性附录)
各种耗能工质能源等价值

各种耗能工质能源等价值见表B.1。

表B.1 各种耗能工质能源等价值

品种	单位耗能工质耗能量	折标准煤系数
新水	2.51 MJ/t (600 kcal/t)	0.085 7 kgce/t
软水	14.23 MJ/t (3 400 kcal/t)	0.485 7 kgce/t
除氧水	28.45 MJ/t (6 800 kcal/t)	0.971 4 kgce/t
压缩空气	1.17 MJ/m^3 (280 $kcal/m^3$)	0.040 0 $kgce/m^3$
鼓风	0.88 MJ/m^3 (210 $kcal/m^3$)	0.030 0 $kgce/m^3$
氧气	11.72 MJ/m^3 (2 800 $kcal/m^3$)	0.400 0 $kgce/m^3$
氮气(做副产品时)	11.72 MJ/m^3 (2 800 $kcal/m^3$)	0.400 0 $kgce/m^3$
氮气(做主产品时)	19.66 MJ/m^3 (4 700 $kcal/m^3$)	0.671 4 $kgce/m^3$
二氧化碳气	6.28 MJ/m^3 (1 500 $kcal/m^3$)	0.214 3 $kgce/m^3$
乙炔	243.67 MJ/m^3	8.314 3 $kgce/m^3$
电石	60.92 MJ/kg	2.078 6 kgce/kg

四、钢铁行业

ICS 27.010
F 01

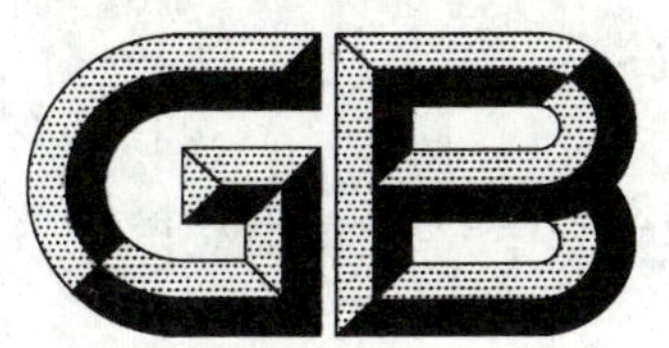

中华人民共和国国家标准

GB 21256—2013
代替 GB 21256—2007

粗钢生产主要工序单位产品能源消耗限额

The norm of energy consumption per unit product of major individual—process of crude steel manufacturing process

2013-10-10 发布　　2014-10-01 实施

中华人民共和国国家质量监督检验检疫总局
中国国家标准化管理委员会　发布

前　言

本标准的4.1和4.2为强制性的，其余为推荐性的。

本标准按照GB/T 1.1—2009给出的规则起草。

本标准代替GB 21256—2007《粗钢生产主要工序单位产品能源消耗限额》。与GB 21256—2007相比，除编辑性修改外，主要技术变化如下：

——增加了球团工序单位产品能源消耗限额；

——取消了电炉工序单位产品能源消耗限额；

——限额指标类别名称由“限额限定值、限额准入值和限额先进值”修订为“限定值、准入值和先进值”；

——电力当量值折算系数下的限定值和准入值改为强制性条款，并修订指标值；

——取消了电力等价值折算系数下的限定值和准入值，保留电力等价值折算系数下的先进值，并修订指标值；

——明确了烧结矿和球团矿产量的取值要求；

——将“6 节能管理与措施”的内容修订为“6 节能措施”；

——提出了能源及主要耗能工质折算系数的取值原则，并修订相应的推荐值。

本标准由国家发展和改革委员会资源节约与环境保护司、工业和信息化部节能与综合利用司提出。

本标准由全国能源基础与管理标准化技术委员会(SAC/TC 20)、中国钢铁工业协会归口。

本标准起草单位：钢铁研究总院、中国钢铁工业协会、唐山钢铁集团有限责任公司。

本标准主要起草人：张春霞、郦秀萍、周继程、黄导、王宝军、陈丽云、梁凯丽、马彦珍。

粗钢生产主要工序单位产品能源消耗限额

1 范围

本标准规定了粗钢生产主要工序单位产品能源消耗(以下简称单位产品能耗)限额的限定值、准入值和先进值的技术要求、统计范围和计算方法及节能措施。

本标准适用于钢铁企业进行烧结工序、球团工序、高炉工序和转炉工序单位产品能耗的统计计算、评价以及新建设备的能耗控制。

2 规范性引用文件

下列文件对于本文件的应用是必不可少的。凡是注日期的引用文件,仅注日期的版本适用于本文件。凡是不注日期的引用文件,其最新版本(包括所有的修改单)适用于本文件。

GB/T 12723 单位产品能源消耗限额编制通则

GB 17167 用能单位能源计量器具配备和管理通则

GB/T 21368—2008 钢铁企业能源计量器具配备和管理要求

GB 28662—2012 钢铁烧结、球团工业大气污染物排放标准

3 术语和定义

GB/T 12723 中界定的以及下列术语和定义适用于本文件。

3.1

烧结工序单位产品能源消耗 the energy consumption of per unit product of sintering process

报告期内,烧结工序每生产一吨合格烧结矿,扣除回收的能源量后实际消耗的各种能源总量。

3.2

球团工序单位产品能源消耗 the energy consumption of per unit product of pelletizing process

报告期内,球团工序每生产一吨合格球团矿,扣除回收的能源量后实际消耗的各种能源总量。

3.3

高炉工序单位产品能源消耗 the energy consumption of per unit product of blast furnace process

报告期内,高炉工序每生产一吨合格生铁,扣除回收的能源量后实际消耗的各种能源总量。

3.4

转炉工序单位产品能源消耗 the energy consumption of per unit product of BOF (Basic Oxygen Furnace) process

报告期内,转炉工序每生产一吨合格粗钢,扣除回收的能源量后实际消耗的各种能源总量。

4 技术要求

4.1 粗钢生产主要工序单位产品能耗限定值

4.1.1 现有钢铁企业生产过程中,烧结工序、球团工序、高炉工序和转炉工序的单位产品能耗限定值应符合表1的要求。

表 1 现有粗钢生产主要工序单位产品能耗限定值

工序名称	单位产品能耗限定值 kgce/t
烧结工序[a]	≤55
球团工序	≤36
高炉工序	≤435
转炉工序	≤−10

注 1：特殊用途转炉如提钒转炉、脱磷转炉、不锈钢转炉等不按此考核。

注 2：电力折标准煤系数取当量值，即 1 kW·h=0.122 9 kgce。

[a] 烧结工序以配备烧结烟气脱硫装置且污染物排放达到国家环保排放标准 GB 28662—2012 的要求为基准。

4.1.2 暂未配备脱硫装置的烧结工序，其单位产品能耗限定值指标减少 2 kgce/t，即 53 kgce/t。

4.1.3 烧结原料中稀土矿、钒钛磁铁矿用量比例每增加 1%，烧结工序能耗限定值在表 1 的基础上增加 0.15 kgce/t；高炉入炉原料中稀土矿、钒钛磁铁矿用量比例每增加 1%，高炉工序能耗限定值在表 1 的基础上增加 0.3 kgce/t。

4.2 粗钢生产主要工序单位产品能耗准入值

4.2.1 钢铁企业新建或改扩建烧结机、球团生产设备、高炉和转炉时，其工序单位产品能耗准入值应符合表 2 的要求。

表 2 新建和改扩建粗钢生产主要工序单位产品能耗准入值

工序名称	单位产品能耗准入值 kgce/t
烧结工序[a]	≤50
球团工序	≤24
高炉工序	≤370
转炉工序	≤−25

注 1：特殊用途转炉如提钒转炉、脱磷转炉、不锈钢转炉等不按此考核。

注 2：电力折标准煤系数取当量值，即 1 kW·h=0.122 9 kgce。

[a] 烧结工序以配备烧结烟气脱硫装置且污染物排放达到国家环保排放标准 GB 28662—2012 的要求为基准。

4.2.2 烧结原料中稀土矿、钒钛磁铁矿用量比例每增加 1%，烧结工序能耗准入值在表 2 的基础上增加 0.15 kgce/t；高炉入炉原料中稀土矿、钒钛磁铁矿用量比例每增加 1%，高炉工序能耗准入值在表 2 的基础上增加 0.3 kgce/t。

4.3 粗钢生产主要工序单位产品能耗先进值

钢铁企业应通过节能技术改造和加强节能管理，力争使烧结工序、球团工序、高炉工序和转炉工序单位产品能耗达到表 3 的先进值。

表 3 粗钢生产主要工序单位产品能耗先进值

工序名称	单位产品能耗先进值 kgce/t
烧结工序[a]	≤45
球团工序	≤15
高炉工序	≤361
转炉工序	≤−30

注 1：特殊用途转炉如提钒转炉、脱磷转炉、不锈钢转炉等不按此考核。

注 2：电力折标准煤系数取当量值，即 1 kW·h=0.122 9 kgce。

[a] 烧结工序以配备烧结烟气脱硫装置且污染物排放达到国家环保排放标准 GB 28662—2012 的要求为基准。

4.4 粗钢生产主要工序主要能源回收量先进值

高炉炉顶余压发电量是指高炉工序每生产一吨合格生铁回收利用炉顶余压所产生的电量。

烧结工序余热回收量是指烧结工序每生产一吨合格烧结矿回收的余热蒸汽量折标准煤量。

转炉工序能源回收量是指转炉工序每生产一吨合格粗钢所回收的转炉煤气和余热蒸汽折标准煤量之和。

钢铁企业粗钢生产主要工序，应配备先进的节能设备、优化工艺操作和加强节能管理，最大限度地回收工序产生的二次能源，力争达到表 4 的先进值。

表 4 粗钢生产主要工序主要能源回收量先进值

分类	能源回收量先进值
高炉工序炉顶余压发电量/(kW·h/t)	≥42
烧结工序余热回收量/(kgce/t)	≥10
转炉工序能源回收量/(kgce/t)	≥35

4.5 电力折标准煤系数取等价值条件下的粗钢生产主要工序单位产品能耗先进值

电力折标准煤系数取等价值条件下，粗钢生产主要工序单位产品能耗先进值应符合表 5 要求。

表 5 电力折标准煤系数取等价值条件下的能耗先进值

工序	单位产品能耗先进值 kgce/t
烧结工序[a]	≤52
球团工序	≤22
高炉工序	≤388
转炉工序	≤−17

注 1：特殊用途转炉如提钒转炉、脱磷转炉、不锈钢转炉等不按此考核。

注 2：电力折标准煤系数取 2006 年电力联合会发布的火电机组发电煤耗 0.342 kgce/(kW·h)。

[a] 烧结工序以配备烧结烟气脱硫装置且污染物排放达到国家环保排放标准 GB 28662—2012 的要求为基准。

5 统计范围和计算方法

5.1 能耗统计范围及能源折算系数取值原则

5.1.1 统计范围

5.1.1.1 烧结工序单位产品能耗为生产系统(从熔剂、燃料破碎开始,经配料、原料运输、工艺过程混料、烧结机、烧结矿破碎、筛分等到成品烧结矿皮带机离开烧结工序为止的各生产环节)和辅助生产系统(生产管理及调度指挥系统、机修、化验、计量、水处理、烧结除尘和脱硫等环保设施)消耗的能源量,扣除工序回收的能源量。不包括附属生产系统(如食堂、保健站、休息室等)消耗的能源量。

5.1.1.2 球团工序单位产品能耗为生产系统(经配料、原料运输、造球、焙烧、筛分等到成品球团矿皮带机离开球团工序为止的各生产环节)和辅助生产系统(生产管理及调度指挥系统、机修、化验、计量、环保等)消耗的能源量,扣除工序回收的能源量。不包括附属生产系统(如食堂、保健站、休息室等)消耗的能源量。

5.1.1.3 高炉工序单位产品能耗为生产系统(原燃料供给、鼓风、热风炉、煤粉干燥及喷吹、高炉本体、渣铁处理等系统)和辅助生产系统(生产管理及调度指挥系统、机修、化验、计量、水处理及除尘等环保设施)消耗的能源量,扣除工序回收的能源量。不包括附属生产系统(如食堂、保健站、休息室等)消耗的能源量。

5.1.1.4 转炉工序单位产品能耗为从铁水进厂到转炉出合格钢水为止的生产系统(铁水预处理、转炉本体、渣处理、钢包烘烤、煤气回收与处理系统等)和辅助生产系统(生产管理及调度指挥系统和机修、化验、计量、软水、环境除尘等设施)消耗的能源量,扣除工序回收的能源量,不包括精炼、连铸(浇铸)、精整的能耗及附属生产系统(如食堂、保健站、休息室等)消耗的能源量。

5.1.2 能源及主要耗能工质折算系数取值原则

5.1.2.1 能源折算系数取值原则

能源折算系数应以企业在报告期内实测的各种能源的热值为基准,转换为标准单位(kJ 或 kgce,其中 1 kgce=7 000 kcal=29 307.6 kJ)。未实测的和没有实测条件的,参见附录 A 中提供的各种能源折算系数推荐值。

5.1.2.2 主要耗能工质的折算系数取值原则

5.1.2.2.1 实测耗能工质生产转换系统消耗的实物量。电力折算系数取当量值时,实物量以电力当量值折算系数转换得到耗能工质当量值折算系数;电力折算系数取等价值时,实物量以电力等价值折算系数转换得到耗能工质等价值折算系数。

5.1.2.2.2 未实测的和没有实测条件的,参见附录 B 中提供的主要耗能工质的折算系数推荐值。

5.2 计算方法

5.2.1 烧结工序单位产品能耗的计算

烧结工序单位产品能耗按式(1)计算:

$$E_{SJ}=\frac{e_{sjz}-e_{sjh}}{P_{SJ}} \quad \cdots\cdots(1)$$

式中:

E_{SJ}——烧结工序单位产品能耗,单位为千克标准煤每吨(kgce/t);

e_{sjz}——烧结工序消耗的各种能源折标准煤量总和，单位为千克标准煤(kgce)；
e_{sjh}——烧结工序回收的能源量折标准煤量，单位为千克标准煤(kgce)；
P_{SJ}——烧结工序合格烧结矿产量，单位为吨(t)，以烧结工序合格烧结矿的生产量计。

5.2.2 球团工序单位产品能耗的计算

球团工序单位产品能耗应按式(2)计算：

$$E_{QT}=\frac{e_{qtz}-e_{qth}}{P_{QT}} \qquad \cdots\cdots(2)$$

式中：
E_{QT}——球团工序单位产品能耗，单位为千克标准煤每吨(kgce/t)；
e_{qtz}——球团工序消耗的各种能源折标准煤量总和，单位为千克标准煤(kgce)；
e_{qth}——球团工序回收的能源量折标准煤量，单位为千克标准煤(kgce)；
P_{QT}——球团工序合格球团矿产量，单位为吨(t)，以球团工序合格球团矿的生产量计。

5.2.3 高炉工序单位产品能耗的计算

高炉工序单位产品能耗应按式(3)计算：

$$E_{GL}=\frac{e_{glz}-e_{glh}}{P_{GL}} \qquad \cdots\cdots(3)$$

式中：
E_{GL}——高炉工序单位产品能耗，单位为千克标准煤每吨(kgce/t)；
e_{glz}——高炉工序消耗的各种能源折标准煤量总和，单位为千克标准煤(kgce)；
e_{glh}——高炉工序回收的能源量折标准煤量，单位为千克标准煤(kgce)；
P_{GL}——高炉工序合格生铁产量，单位为吨(t)。

5.2.4 转炉工序单位产品能耗的计算

转炉工序单位产品能耗应按式(4)计算：

$$E_{ZL}=\frac{e_{zlz}-e_{zlh}}{P_{ZL}} \qquad \cdots\cdots(4)$$

式中：
E_{ZL}——转炉工序单位产品能耗，单位为千克标准煤每吨(kgce/t)；
e_{zlz}——转炉工序消耗的各种能源折标准煤量总和，单位为千克标准煤(kgce)；
e_{zlh}——转炉工序回收的能源量折标准煤量，单位为千克标准煤(kgce)；
P_{ZL}——转炉工序合格粗钢产量，单位为吨(t)。

6 节能措施

6.1 管理节能措施

6.1.1 建立企业的能源管理体系，定期制订能源规划，定期实施能源诊断。

6.1.2 建立粗钢生产主要工序用能责任制，制定主要工序用能计划和工序能耗考核办法，定期进行考核。

6.1.3 建立和健全主要工序用能统计制度，建立粗钢生产主要工序用能台账。

6.1.4 根据 GB 17167、GB/T 21368—2008 的要求配备能源计量器具，并建立能源计量管理制度。

6.1.5 建立和完善能源折算系数的实测制度，对于大宗能源介质应定期测定，并建立台账。

6.1.6 建立和完善能源管理中心，提高能源管控水平。

6.2 技术节能措施

6.2.1 配备先进、实用的节能技术与装备，如烧结余热回收利用技术、高炉炉顶余压发电装置、转炉煤气回收技术、转炉余热蒸汽回收技术、钢包蓄热式烘烤技术等，并实现与工艺技术和生产操作的协同优化，充分回收利用主要工序的余热余能资源，提高能源利用效率，降低工序能源消耗。

6.2.2 关注节能前沿技术和节能技术新方法、新理论，如煤气资源化利用、能量流网络化运行理论和技术等。

6.2.3 关注流程工艺技术界面间的动态衔接匹配技术，如炼铁-炼钢界面的“铁水包多功能化”技术、炼钢-连铸界面的“钢包优化运行管理”技术等。

6.2.4 淘汰高能耗落后生产设备，采用节能产品和设备。

6.3 结构节能措施

6.3.1 调整和优化流程结构，如优化铁钢比、熟料比等工艺结构，降低能源消耗。

6.3.2 优化工艺结构，优化用能工艺，减少加热道次，加强过程保温措施，如运送铁水保温、提高铸坯热送热装比例等，减少过程能源消耗。

6.3.3 优化能源结构，减少煤气放散，降低能源成本。

6.3.4 优化产品结构，提高产品附加值，提高相同能源消耗的产值。

附 录 A
（资料性附录）
各种能源折算系数推荐值

能源名称	国际单位制下的折算系数	折标准煤系数
原煤	20 934 kJ/kg	0.714 3 kgce/kg
干洗精煤	29 727 kJ/kg （灰分 10%）	1.014 3 kgce/kg （灰分 10%）
无烟煤	25 120 kJ/kg	0.857 1 kgce/kg
动力煤	20 934 kJ/kg	0.714 3 kgce/kg
焦炭（干全焦）	28 469 kJ/kg （灰分 13.5%）	0.971 4 kgce/kg （灰分 13.5%）
焦粉	28 469 kJ/kg	0.971 4 kgce/kg
沥青	39 000 kJ/kg	1.330 7 kgce/kg
燃料油	41 869 kJ/kg	1.428 6 kgce/kg
汽油	43 123 kJ/kg	1.471 4 kgce/kg
煤油	43 123 kJ/kg	1.471 4 kgce/kg
柴油	42 704 kJ/kg	1.457 1 kgce/kg
液化石油气	50 242 kJ/kg	1.714 3 kgce/kg
粗苯	41 869 kJ/kg	1.428 6 kgce/kg
焦油	33 496 kJ/kg	1.142 9 kgce/kg
重油	41 869 kJ/kg	1.428 6 kgce/kg
天然气	35 588 kJ/m^3	1.214 3 kgce/m^3
焦炉煤气	16 746 kJ/m^3	0.571 4 kgce/m^3
高炉煤气	3 139 kJ/m^3	0.107 1 kgce/m^3
转炉煤气	7 327 kJ/m^3	0.250 0 kgce/m^3
重油催化裂解气	3 769 kJ/m^3	0.128 6 kgce/m^3
蒸汽（中压）	3 042 kJ/kg	0.103 8 kgce/kg
蒸汽（低压）	2 866 kJ/kg	0.097 8 kgce/kg
电力（等价[a]）	10 023 kJ/（kW・h）	0.342 0 kgce/（kW・h）
电力（当量）	3 602 kJ/（kW・h）	0.122 9 kgce/（kW・h）

注 1：kgce 与 kJ 的转换系数为 29 307.6，即 1 kgce=29 307.6 kJ。

注 2：洗精煤或焦炭灰分每增加 1%，热值相应减少 334 kJ/kg。

[a] 电力等价值折算系数为 2006 年电力联合会发布的火电机组发电煤耗。

附 录 B
（资料性附录）
主要耗能工质折算系数推荐值

耗能工质名称	电力折算系数取当量值		电力折算系数取等价值	
	国际单位制下的折算系数	折标准煤系数	国际单位制下的折算系数	折标准煤系数
新水	1 213 kJ/kg	0.041 4 kgce/kg	3 373 kJ/kg	0.115 1 kgce/kg
工业水	1 392 kJ/kg	0.047 5 kgce/kg	3 874 kJ/kg	0.132 2 kgce/kg
软水	5 539 kJ/kg	0.189 0 kgce/kg	15 413 kJ/kg	0.525 9 kgce/kg
压缩空气	445 kJ/m^3	0.015 2 kgce/m^3	1 240 kJ/m^3	0.042 3 kgce/m^3
氧气	2 350 kJ/m^3	0.080 2 kgce/m^3	6 539 kJ/m^3	0.223 1 kgce/m^3
氮气	495 kJ/m^3	0.016 9 kgce/m^3	1 377 kJ/m^3	0.047 0 kgce/m^3
氩气	495 kJ/m^3	0.887 2 kgce/m^3	1 377 kJ/m^3	2.469 0 kgce/m^3
氢气	26 002 kJ/m^3	0.351 4 kgce/m^3	72 360 kJ/m^3	0.977 8 kgce/m^3
鼓风	10 299 kJ/m^3	0.008 8 kgce/m^3	28 657 kJ/m^3	0.024 6 kgce/m^3
注：kgce 与 kJ 的转换系数为 29 307.6，即 1 kgce=29 307.6kJ。				

ICS 27.010
F 01

中华人民共和国国家标准

GB 21341—2008

铁合金单位产品能源消耗限额

The norm of energy consumption per unit product of ferroalloy

2008-01-09 发布　　2008-06-01 实施

中华人民共和国国家质量监督检验检疫总局
中国国家标准化管理委员会　发布

前言

本标准的4.1和4.2是强制性的，其余是推荐性的。

本标准附录A为资料性附录。

本标准由国家发展和改革委员会资源节约和环境保护司、国家标准化管理委员会工业标准一部提出。

本标准由全国能源基础与管理标准化技术委员会归口。

本标准主要起草单位：中国钢铁工业协会、钢铁研究总院。

本标准主要起草人：杨志忠、陈丽云、郦秀萍、张春霞、兰德年、黄导、邬生荣、王晓兰。

铁合金单位产品能源消耗限额

1 范围

本标准规定了铁合金单位产品能源消耗(以下简称能耗)限额的技术要求、统计范围和计算方法、节能管理与措施。

本标准适用于还原电炉(矿热炉)生产的硅铁、高碳锰铁(电炉锰铁)、锰硅合金、高碳铬铁和高炉生产的锰铁(高碳锰铁)合金等5个规格的大宗产品单位产品能耗限额的计算、考核,以及新建设备的能耗控制。其他铁合金产品可参照执行。

2 规范性引用文件

下列文件中的条款通过本标准的引用而成为本标准的条款。凡是注日期的引用文件,其随后所有的修改单(不包括勘误的内容)或修订版均不适用于本标准,然而,鼓励根据本标准达成协议的各方研究是否可使用这些文件的最新版本。凡是不注日期的引用文件,其最新版本适用于本标准。

GB/T 2272 硅铁

GB/T 3795 锰铁

GB/T 4008 锰硅合金

GB/T 5683 铬铁

GB 17167 用能单位能源计量器具配备和管理通则

3 术语和定义

下列术语和定义适用于本标准。

3.1

铁合金单位产品综合能耗 the comprehensive energy consumption per unit product of ferroalloy

在报告期内铁合金企业生产单位产品(1标准吨)合格铁合金所消耗的各种能源,扣除工序回收并外供的能源后实际消耗的各种能源折合标准煤总量。

3.2

铁合金单位产品冶炼电耗 smelting electricity consumption per unit product of ferroalloy

在报告期内,铁合金冶炼工序每生产单位产品(1标准吨)合格铁合金冶炼过程的耗电量,不包括原料处理、出铁、浇铸、精整等过程消耗的电量。

4 技术要求

4.1 现有铁合金生产企业单位产品能耗限额限定值

现有铁合金生产企业单位产品能耗限额指标包括单位产品冶炼电耗和单位产品综合能耗,其值应符合表1的规定。

表1 现有铁合金生产企业单位产品能耗限额限定值

合金品种	硅铁	电炉锰铁	锰硅合金	高碳铬铁	高炉锰铁
产品规格	FeSi75-A	FeMn68C7.0	FeMn64Si18	FeCr67C6.0	FeMn68C7.0
执行国家标准	GB/T 2272	GB/T 3795	GB/T 4008	GB/T 5683	GB/T 3795

表 1(续)

<table>
<tr><td colspan="2">合金品种</td><td>硅铁</td><td>电炉锰铁</td><td>锰硅合金</td><td>高碳铬铁</td><td>高炉锰铁</td></tr>
<tr><td colspan="2">标准成分</td><td>Si75</td><td>Mn65</td><td>Mn+Si82</td><td>Cr50</td><td>Mn65</td></tr>
<tr><td colspan="2">单位产品冶炼电耗限额限定值/(kW·h/t)</td><td>≤8 800</td><td>≤2 700</td><td>≤4 400</td><td>≤3 500</td><td>焦炭 1 350 kg/t</td></tr>
<tr><td colspan="2">单位产品综合能耗限额限定值[以电当量值 0.122 9 kgce/(kW·h)计]/(kgce/t)</td><td>≤1 980</td><td>≤790</td><td>≤1 030</td><td>≤900</td><td rowspan="2">≤1 250</td></tr>
<tr><td colspan="2">单位产品综合能耗限额限定值[以电等价值 0.404 kgce/(kW·h)计]/(kgce/t)</td><td>≤4 600</td><td>≤1 610</td><td>≤2 380</td><td>≤1 950</td></tr>
<tr><td rowspan="2">备注</td><td>入炉矿品位</td><td>—</td><td>Mn 38%</td><td>Mn 34%</td><td>Cr_2O_3 40%</td><td>Mn 37%</td></tr>
<tr><td>入炉矿品位每升高降低 1%,电耗限额值可降低升高值/(kW·h/t)</td><td>—</td><td>≤60</td><td>≤100</td><td>≤80
铬铁比≥2.2</td><td>焦炭 30 kg/t</td></tr>
</table>

4.2 新建铁合金生产企业单位产品能耗限额准入值

新建及改扩建的铁合金生产设备包括铁合金矿热电炉采用矮烟罩半封闭或全封闭型,容量不小于 25 MV·A(中西部具有独立运行的小水电及矿产资源优势的国家确定的重点贫困地区,单台矿热电炉容量不低于 12.5 MV·A);中低碳锰铁和中低微碳铬铁等精炼电炉,可根据产品特点选择炉型,容量一般不得低于 3MV·A;锰铁高炉容积不得低于 300 m^3。

新建或改扩建铁合金生产企业时,铁合金单位产品能耗限额准入值指标包括单位产品冶炼电耗和单位产品综合能耗,其值应符合表 2 的规定。

表 2 新建铁合金生产企业单位产品能耗限额准入值

<table>
<tr><td colspan="2">合金品种</td><td>硅铁</td><td>电炉锰铁</td><td>锰硅合金</td><td>高碳铬铁</td><td>高炉锰铁</td></tr>
<tr><td colspan="2">产品规格</td><td>FeSi75-A</td><td>FeMn68C7.0</td><td>FeMn64Si18</td><td>FeCr67C6.0</td><td>FeMn68C7.0</td></tr>
<tr><td colspan="2">执行国家标准</td><td>GB/T 2272</td><td>GB/T 3795</td><td>GB/T 4008</td><td>GB/T 5683</td><td>GB/T 3795</td></tr>
<tr><td colspan="2">标准成分</td><td>Si75</td><td>Mn65</td><td>Mn+Si82</td><td>Cr50</td><td>Mn65</td></tr>
<tr><td colspan="2">单位产品冶炼电耗限额准入值/(kW·h/t)</td><td>≤8 500</td><td>≤2 600</td><td>≤4 200</td><td>≤3 200</td><td>焦炭 1 320 kg/t</td></tr>
<tr><td colspan="2">单位产品综合能耗限额准入值[以电当量值 0.122 9 kgce/(kW·h)计]/(kgce/t)</td><td>≤1 910</td><td>≤710</td><td>≤990</td><td>≤810</td><td rowspan="2">≤1 220</td></tr>
<tr><td colspan="2">单位产品综合能耗限额准入值[以电等价值 0.404 kgce/(kW·h)计]/(kgce/t)</td><td>≤4 440</td><td>≤1 500</td><td>≤2 260</td><td>≤1 780</td></tr>
<tr><td rowspan="2">备注</td><td>入炉矿品位</td><td>—</td><td>Mn 38%</td><td>Mn 34%</td><td>Cr_2O_3 40%</td><td>Mn 37%</td></tr>
<tr><td>入炉矿品位每升高降低 1%,电耗限额值可降低升高值/(kW·h/t)</td><td>—</td><td>≤60</td><td>≤100</td><td>≤80
铬铁比≥2.2</td><td>焦炭 30 kg/t</td></tr>
</table>

4.3 铁合金生产企业单位产品能耗限额先进值

铁合金生产企业或工序,在铁合金生产过程中应通过节能技术改造和加强节能管理,使铁合金单位产品能耗限额先进值符合表 3 的规定。

表 3　铁合金单位产品能耗限额先进值

<table>
<tr><td colspan="2">合金品种</td><td>硅铁</td><td>电炉锰铁</td><td>锰硅合金</td><td>高碳铬铁</td><td>高炉锰铁</td></tr>
<tr><td colspan="2">产品规格</td><td>FeSi75-A</td><td>FeMn68C7.0</td><td>FeMn64Si18</td><td>FeCr67C6.0</td><td>FeMn68C7.0</td></tr>
<tr><td colspan="2">执行国家标准</td><td>GB/T 2272</td><td>GB/T 3795</td><td>GB/T 4008</td><td>GB/T 5683</td><td>GB/T 3795</td></tr>
<tr><td colspan="2">标准成分</td><td>Si75</td><td>Mn65</td><td>Mn+Si82</td><td>Cr50</td><td>Mn65</td></tr>
<tr><td colspan="2">单位产品冶炼电耗限额先进值/(kW・h/t)</td><td>≤8 300</td><td>≤2 300</td><td>≤4 000</td><td>≤2 800</td><td>焦炭 1 280 kg/t</td></tr>
<tr><td colspan="2">单位产品综合能耗限额先进值[以电当量值 0.122 9 kgce/(kW・h)计]/(kgce/t)</td><td>≤1 850</td><td>≤670</td><td>≤950</td><td>≤740</td><td rowspan="2">≤1 180</td></tr>
<tr><td colspan="2">单位产品综合能耗限额先进值[以电等价值 0.404 kgce/(kW・h)计]/(kgce/t)</td><td>≤4 320</td><td>≤1 360</td><td>≤2 150</td><td>≤1 600</td></tr>
<tr><td rowspan="2">备注</td><td>入炉矿品位</td><td>—</td><td>Mn 38%</td><td>Mn 34%</td><td>Cr_2O_3 40%</td><td>Mn 37%</td></tr>
<tr><td>入炉矿品位每升高降低 1%，电耗限额值可降低升高值/(kW・h/t)</td><td>—</td><td>≤60</td><td>≤100</td><td>≤80
铬铁比≥2.2</td><td>焦炭 30 kg/t</td></tr>
</table>

4.4　铁合金生产主要能源回收量先进值

铁合金产品生产过程中，应配备先进的节能设备，最大限度回收产生的能源，使回收的能源量达到规定的先进值：

a）封闭电炉煤气有效回收利用率≥80%；

b）锰铁高炉煤气回收利用率≥96%。

5　统计范围和计算方法

5.1　统计范围及能源折算系数取值原则

5.1.1　统计范围

a）铁合金单位产品综合能耗统计范围

矿热炉生产铁合金企业能耗应包括用于加热炉料，维持正常炉况耗用的冶炼电力能源消耗，用于还原矿石所需的碳质还原剂(冶金焦丁或气煤半焦焦粒)消耗，以及生产加工过程中的原料准备、输送、冶炼、合金浇注、精整及物料与合金运输的动力耗能，扣除回收并外供的二次能源(如，煤气等)量。

产品产量以精整后的按标准成分要求入库的成品量计。

b）铁合金单位产品冶炼电耗统计范围

冶炼电耗统计以变压器高压侧的电表计量值为准。铁合金冶炼过程的耗电量，不包括生产时的烘炉电、洗炉电、动力电、照明电等。

产品产量以精整后的按标准成分要求入库的成品量计。

5.1.2　能源折算系数取值原则

各种能源的热值以企业在报告期的实测热值为准。没有实测条件的，采用附录 A 中各种折标准煤参考系数。

5.2　计算方法

5.2.1　铁合金单位产品综合能耗

铁合金单位产品综合能耗按式(1)计算：

$$E_{THJ}=\frac{e_{yd}+e_{th}+e_{dl}-e_{yr}}{P_{THJ}} \quad \cdots\cdots(1)$$

式中：

E_{THJ}——铁合金产品单位综合能耗，单位为千克标准煤每标准吨(kgce/t)；

e_{yd}——铁合金生产的冶炼电力能源耗用量，单位为千克标准煤(kgce)；

e_{th}——铁合金生产的碳质还原剂耗用量，单位为千克标准煤(kgce)；

e_{dl}——铁合金生产过程中的动力能源耗用量，单位为千克标准煤(kgce)；

e_{yr}——二次能源回收并外供量，单位为千克标准煤(kgce)；

P_{THJ}——合格铁合金产量，单位为标准吨(t)。

5.2.2 铁合金单位产品冶炼电耗

铁合金单位产品冶炼电耗按式(2)计算：

$$D_{THJ}=\frac{d_{yl}\times 10\ 000}{P_{THJ}} \quad \cdots\cdots(2)$$

式中：

D_{THJ}——铁合金单位产品冶炼电耗，单位为千瓦时每吨(kW·h/t)；

d_{yl}——铁合金冶炼电耗，单位为万千瓦时(10^4 kW·h)；

P_{THJ}——合格铁合金产量，单位为标准吨(t)。

6 节能管理与措施

6.1 企业应定期对铁合金生产的能耗情况进行考核，并把考核指标分解落实到各基层部门，建立用能责任制度。

6.2 企业应按要求建立能耗统计体系，建立能耗计算和考核结果的文件档案，并对文件进行受控管理。

6.3 企业应根据 GB 17167 的要求配备能源计量器具并建立能源计量管理制度。

6.4 新建或改扩建的铬、锰系铁合金矿热炉，原则上应建设封闭型电炉。产生的煤气应予以回收并合理利用。

附 录 A
（资料性附录）
主要能源折标准煤参考系数

能源名称	平均低位发热量	折标准煤系数
无烟煤（湿）	25 090 kJ/kg	0.857 1 kgce/kg
动力煤（湿）	20 908 kJ/kg	0.714 3 kgce/kg
焦炭（干全焦） （灰分 13.5%）	28 435 kJ/kg	0.971 4 kgce/kg
100 m^3～255 m^3 锰铁高炉用焦炭 （炼铁高炉的筛下焦）	0.95×28 435 kJ/kg	0.95×0.974 0 kgce/kg
矿热炉用焦丁	0.90×28 435 kJ/kg	0.90×0.971 4 kgce/kg
硅铁生产用半焦焦丁	0.75×28 435 kJ/kg	0.75×0.971 4 kgce/kg
锰铁高炉煤气	4 100 kJ/m^3～4 300 kJ/m^3	0.140 1 kgce/m^3～0.147 0 kgce/m^3
封闭电炉煤气	4 000 kJ/m^3～5 000 kJ/m^3	0.136 7 kgce/m^3～0.170 9 kgce/m^3
燃料油	41 816 kJ/kg	1.428 6 kgce/kg
电力（当量值）	3 600 kJ/(kW·h)	0.122 9 kgce/(kW·h)
电力（等价值）	—	0.404 0 kgce/(kW·h)

ICS 27.010
F 01

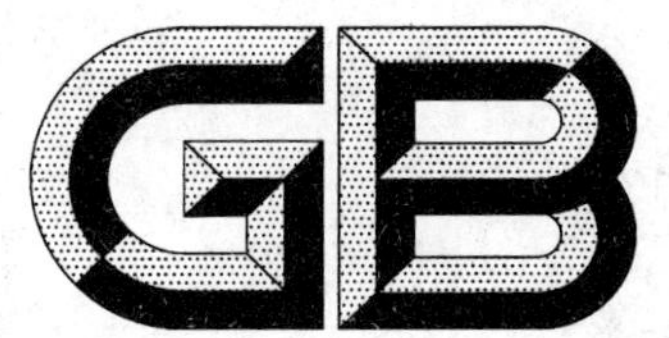

中华人民共和国国家标准

GB 21342—2013
代替 GB 21342—2008

焦炭单位产品能源消耗限额

The norm of energy consumption per unit product of coke

2013-10-10 发布　　2014-10-01 实施

中华人民共和国国家质量监督检验检疫总局
中国国家标准化管理委员会　发布

前言

本标准的4.1和4.2为强制性的，其余为推荐性的。

本标准按照GB/T 1.1—2009给出的规则起草。

本标准代替GB 21342—2008《焦炭单位产品能源消耗限额》。与GB 21342—2008相比，除编辑性修改外，主要技术变化如下：

——电力当量值折算系数下的限定值和准入值改为强制性条款，并修订指标值；

——取消电力等价值折算系数下的限定值和准入值，保留电力等价值折算系数下的先进值，并修订指标值；

——明确了焦炭单位产品能耗统计范围；

——补充了统计范围中煤气回收与净化工段缺项时的能耗处理原则；

——补充了焦炉炉龄校正系数及校正值；

——提出了能源及主要耗能工质的折算系数取值原则，并修订了相应的推荐值；

——将“6 节能管理与措施”的内容修订为“6 节能措施”。

本标准由国家发展和改革委员会资源节约与环境保护司、工业和信息化部节能与综合利用司提出。

本标准由全国能源基础与管理标准化技术委员会(SAC/TC 20)、中国钢铁工业协会归口。

本标准起草单位：钢铁研究总院、中国钢铁工业协会、中国炼焦行业协会。

本标准主要起草人：郦秀萍、张春霞、上官方钦、陈丽云、郑文华、黄金干、闫振武、黄导、杨文彪。

焦炭单位产品能源消耗限额

1 范围

本标准规定了焦炭单位产品能源消耗(能源消耗以下简称能耗)限额的限定值、准入值和先进值的技术要求、统计范围和计算方法及节能措施。

本标准适用于钢铁企业和独立焦化厂焦炭单位产品能耗的计算、评价以及新建设备的能耗控制。

2 规范性引用文件

下列文件对于本文件的应用是必不可少的。凡是注日期的引用文件,仅注日期的版本适用于本文件。凡是不注日期的引用文件,其最新版本(包括所有的修改单)适用于本文件。

GB/T 12723 单位产品能源消耗限额编制通则

GB 17167 用能单位能源计量器具配备和管理通则

3 术语和定义

GB/T 12723 中界定的以及下列术语和定义适用于本文件。

3.1

焦化工序 coking process

包括炼焦生产及煤气洗涤净化和焦化产品回收,是能源加工转换工序,产品为焦炭、焦炉煤气、粗苯、煤焦油等。

3.2

焦炭单位产品能源消耗 the energy consumption per unit product of coke

报告期内,焦化工序生产一吨焦炭(全焦干基),扣除焦化产品和回收能源量后实际消耗的各种能源总量。

3.3

备煤工段 coal preparation

包括贮煤、配煤、粉碎、煤调湿及系统除尘和煤场损耗等。

3.4

炼焦工段 coke oven

包括炼焦、熄焦和熄焦锅炉、筛运焦、装煤除尘、出焦除尘、熄焦除尘和筛运焦除尘等。

3.5

煤气回收与净化工段 COG cleaning and recovery

包括冷凝鼓风、煤气洗涤净化、煤焦油回收、氨回收、苯回收、脱硫脱氰、脱硫废液提盐、净煤气回收和焦化酚氰污水处理等。

4 技术要求

4.1 焦炭单位产品能耗限定值

现有钢铁企业和独立焦化厂的焦炭单位产品能耗限定值应符合表 1 的要求。

表 1 现有钢铁企业和独立焦化厂的焦炭单位产品能耗限定值

焦炭生产方式	焦炭单位产品能耗限定值/(kgce/t)
顶装焦炉	≤150
捣固焦炉	≤155
注：电力折算系数取 0.122 9 kgce/(kW·h)。	

4.2 焦炭单位产品能耗准入值

新建或改扩建焦炭生产设备，焦炭单位产品能耗准入值应符合表 2 的要求。

表 2 新建或改扩建焦炭生产设备的焦炭单位产品能耗准入值

焦炭生产方式	焦炭单位产品能耗准入值/(kgce/t)
顶装焦炉	≤122
捣固焦炉	≤127
注：电力折算系数取 0.122 9 kgce/(kW·h)。	

4.3 焦炭单位产品能耗先进值

当电力折算系数取当量值[0.122 9 kgce/(kW·h)]时，焦炭生产企业(工序)，应通过节能技术改造和加强节能管理，力争使焦炭单位产品能耗达到先进值，其值为焦炭单位产品能耗不大于115 kgce/t。

4.4 干熄焦蒸汽回收量先进值

干熄焦蒸汽回收量是指每生产单位合格焦炭利用干熄焦装置回收的蒸汽量，应不小于 60 kgce/t。

4.5 电力等价值折算系数时的焦炭单位产品能耗先进值

在电力折算系数取等价值[0.342 kgce/(kW·h)]时，焦炭单位产品能耗先进值不大于125 kgce/t。

5 统计范围和计算方法

5.1 能耗统计范围及能源折算系数取值原则

5.1.1 统计范围

焦炭单位产品能耗的统计范围包括生产系统(备煤工段、炼焦工段和煤气回收与净化工段等)和辅助生产系统(生产管理及调度指挥系统和机修、化验、计量、环保等)消耗的总能源量扣除工序回收的能源量。不包括洗煤、焦油深加工、苯精制、焦炉煤气资源化利用以及附属生产系统(食堂、保健站、休息室等)所消耗的能源量。

对于煤气回收与净化工段属于另一法人、其能耗未计入焦化工序能耗的，增加 25 kgce/t。

5.1.2 能源及主要耗能工质折算系数取值原则

5.1.2.1 能源折算系数取值原则

能源折算系数应以企业在报告期内实测的各种能源的热值为基准，转换为标准单位（kJ 或 kgce，其中 1 kgce=7 000 kcal=29 307.6 kJ）。未实测的和没有实测条件的，参见附录 A 中提供的各种能源折算系数推荐值。

5.1.2.2 主要耗能工质的折算系数取值原则

5.1.2.2.1 实测耗能工质生产转换系统消耗的实物量。电力折算系数取当量值时，实物量以电力当量值折算系数转换得到耗能工质当量值折算系数；电力折算系数取等价值时，实物量以电力等价值折算系数转换得到耗能工质等价值折算系数。

5.1.2.2.2 未实测的和没有实测条件的，参见附录 B 中提供的主要耗能工质的折算系数推荐值。

5.2 计算方法

5.2.1 焦炭单位产品能耗计算见式(1)：

$$E_{JT}=\frac{e_{yl}+e_{jg}-e_{jt}-e_{jf}-e_{yr}}{P_{JT}} \quad\cdots\cdots(1)$$

式中：

E_{JT}——焦炭单位产品能耗，单位为千克标准煤每吨(kgce/t)；

e_{yl}——原料煤消耗量，单位为千克标准煤(kgce)；

e_{jg}——加工能耗量，是指焦化生产所用煤气（焦炉煤气、高炉煤气、转炉煤气）、水、电、蒸汽、压缩空气及氮气等耗能工质，单位为千克标准煤(kgce)；

e_{jt}——炼焦产品回收量，是指焦炭产品回收的总量，单位为千克标准煤(kgce)；

e_{jf}——焦化产品回收量，是指焦炉煤气、粗焦油、粗苯等焦化产品回收的总量，单位为千克标准煤(kgce)；

e_{yr}——余热回收量，干熄焦、焦炉荒煤气显热以回收的蒸汽量折标准煤计，焦炉烟道气余热、初冷器余热以实际回收量折标准煤计，单位为千克标准煤(kgce)；

P_{JT}——焦炭产量，为干全焦，单位为吨(t)。

5.2.2 焦炉炉龄校正系数及校正值：焦炉炉龄系数，炉龄小于或等于 15 年，校正系数为 1.0，即 $E_{JT}/1.0$；炉龄大于 15 年、小于或等于 25 年，校正系数为 0.98，即 $E_{JT}/0.98$；炉龄大于 25 年，校正系数为 0.96，即 $E_{JT}/0.96$。

6 节能措施

6.1 管理节能措施

6.1.1 建立能源管理体系，定期实施能源诊断。

6.1.2 建立焦化工序用能责任制，制定用能计划和能耗考核办法，定期进行考核。

6.1.3 建立和健全焦化工序用能统计制度，建立相应的用能台账。

6.1.4 根据 GB 17167 的要求配备能源计量器具并建立能源计量管理制度。

6.1.5 合理组织生产，严格执行热工制度，提高耗能设备的运行水平，提高焦炉的热效率，做好余热回收利用工作。

6.2 技术节能措施

6.2.1 新建或改扩建焦炉要大型化，符合产业政策要求，需同步配套建设干熄焦装置(推荐高温高压干熄焦技术)并配套建设相应除尘装置；焦炉煤气应全部回收利用。

6.2.2 完善余热余能利用措施，如入炉煤调湿技术、煤气初冷器余热制冷/采暖技术、焦炉烟道气余热利用技术等。

6.2.3 提高焦炉自动化操作水平，提高焦炉热效率，降低能耗。

6.2.4 关注节能新技术、新方法，如焦炉荒煤气显热回收技术、煤气资源化利用等。

6.3 结构节能措施

6.3.1 优化配煤工艺结构，实施经济配煤，尽量减少优质主焦煤用量。

6.3.2 理顺焦炉煤气回收与净化流程的温度梯度，实现工艺结构优化节能。

6.3.3 优化能源结构，采用高炉煤气加热、导热油再沸器、负压蒸馏等技术，大幅减少能源消耗。

附 录 A
（资料性附录）
各种能源折算系数的推荐值

能源名称	国际单位制下的折算系数	折标准煤系数
原煤	20 934 kJ/kg	0.714 3 kgce/kg
干洗精煤	29 727 kJ/kg （灰分 10%）	1.014 3 kgce/kg （灰分 10%）
无烟煤	25 120 kJ/kg	0.857 1 kgce/kg
动力煤	20 934 kJ/kg	0.714 3 kgce/kg
焦炭（干全焦）	28 469 kJ/kg （灰分 13.5%）	0.971 4 kgce/kg （灰分 13.5%）
煤焦油	33 496 kJ/kg	1.142 9 kgce/kg
粗苯	41 869 kJ/kg	1.428 6 kgce/kg
焦炉煤气	16 746 kJ/m^3	0.571 4 kgce/m^3
高炉煤气	3 139 kJ/m^3	0.107 1 kgce/m^3
转炉煤气	7 327 kJ/m^3	0.250 0 kgce/m^3
弛放气	9 425 kJ/m^3	0.321 6 kgce/m^3
蒸汽（高压 CDQ）	3 479 kJ/kg	0.118 7 kgce/kg
蒸汽（中压 CDQ）	3 323 kJ/kg	0.113 4 kgce/kg
蒸汽（中压）	3 042 kJ/kg	0.103 8 kgce/kg
蒸汽（低压）	2 866 kJ/kg	0.097 8 kgce/kg
热力（当量）	1 000 000 kJ/GJ	34.12 kgce/GJ
电力（等价[a]）	10 023 kJ/(kW・h)	0.342 0 kgce/(kW・h)
电力（当量）	3 602 kJ/(kW・h)	0.122 9 kgce/(kW・h)

注 1：kgce 与 kJ 的转换系数为 29 307.6，即 1 kgce=29 307.6 kJ。

注 2：洗精煤或焦炭灰分每增加 1%，热值相应减少 334 kJ/kg。

[a] 电力等价值折算系数为 2006 年电力联合会发布的火电机组发电煤耗。

附 录 B
（资料性附录）
主要耗能工质的折算系数的推荐值

耗能工质名称	电力取当量系数		电力取等价系数	
	国际单位制下的折算系数	折标准煤系数	国际单位制下的折算系数	折标准煤系数
新水	1 213 kJ/t	0.041 4 kgce/t	3 373 kJ/t	0.115 1 kgce/t
工业水	1 392 kJ/t	0.047 5 kgce/t	3 874 kJ/t	0.132 2 kgce/t
软水	5 539 kJ/t	0.189 0 kgce/t	15 413 kJ/t	0.525 9 kgce/t
压缩空气	445 kJ/m^3	0.015 2 kgce/m^3	1 240 kJ/m^3	0.042 3 kgce/m^3
氧气	2 350 kJ/m^3	0.080 2 kgce/m^3	6 539 kJ/m^3	0.223 1 kgce/m^3
氮气	495 kJ/m^3	0.016 9 kgce/m^3	1 377 kJ/m^3	0.047 0 kgce/m^3
注：kgce 与 kJ 的转换系数为 29 307.6，即 1 kgce=29 307.6 kJ。				

ICS 27.010
F 01

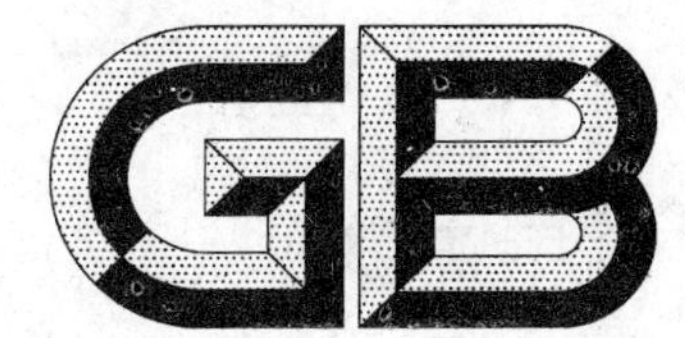

中华人民共和国国家标准

GB 21370—2008

炭素单位产品能源消耗限额

The norm of energy consumption per unit product of carbon materials

2008-01-21 发布　　2008-06-01 实施

中华人民共和国国家质量监督检验检疫总局
中国国家标准化管理委员会　发布

前　言

本标准的4.1和4.2是强制性的，其余是推荐性的。

本标准附录A为资料性附录，附录B为规范性附录。

本标准由国家发展和改革委员会资源节约和环境保护司、国家标准化管理委员会工业标准一部提出。

本标准由全国能源基础与管理标准化技术委员会归口。

本标准主要起草单位：中国钢铁工业协会，钢铁研究总院。

本标准主要起草人：王淑贤、郦秀萍、陈丽云、黄导、张春霞、兰德年、杨立新、陈国强、解治友。

炭素单位产品能源消耗限额

1 范围

本标准规定了炭素制品及其主要生产工序单位产品能源消耗(以下简称能耗)限额的技术要求、统计范围和计算方法、节能管理与措施。

本标准适用于石墨电极(普通功率石墨电极、高功率石墨电极、超高功率石墨电极)、炭电极和炭块(普通炭块、石墨质炭块、半石墨质炭块、微孔炭块)单位产品能耗及炭素生产主要工序(焙烧和石墨化工序)单位产品能耗的计算、考核,以及对新建设备的能耗控制。

2 规范性引用文件

下列文件中的条款通过本标准的引用而成为本标准的条款。凡是注日期的引用文件,其随后所有的修改单(不包括勘误的内容)或修订版均不适用于本标准,然而,鼓励根据本标准达成协议的各方研究是否使用这些文件的最新版本。凡是不注日期的引用文件,其最新版本适用于本标准。

GB 17167 用能单位能源计量器具配备和管理通则

3 术语和定义

下列术语和定义适用于本标准。

3.1

石墨电极单位产品综合能耗 the comprehensive energy consumption per unit product of graphite pole

报告期内,原料经煅烧、破碎、配料、混捏、压型、焙烧、浸渍和石墨化以及机械加工等工序生产出单位合格的石墨电极,扣除生产过程回收的能源量后实际消耗的各种能源折标准煤总量。

3.2

炭电极和炭块单位产品综合能耗 the comprehensive energy consumption per unit product of charcoal pole and carbon block

报告期内,原料经煅烧、破碎、配料、混捏、压型、焙烧、机械加工等工序生产出单位合格的炭电极、炭块,扣除生产过程回收的能源量后实际消耗的各种能源折标准煤总量。

3.3

焙烧工序单位产品能耗 the energy consumption per unit product of baking procedure

报告期内,焙烧工序生产单位合格焙烧品,扣除工序回收的能源量后实际消耗的各种能源折标准煤总量。

3.4

石墨化工序单位产品能耗 the energy consumption per unit product of graphite-making procedure

报告期内,石墨化工序生产单位合格石墨化品,扣除工序回收的能源量后实际消耗的各种能源折标准煤总量。

4 技术要求

4.1 现有炭素生产企业单位产品能耗限额限定值

4.1.1 石墨电极、炭电极和炭块单位产品综合能耗限额限定值

现有炭素企业生产的石墨电极、炭电极和炭块单位产品综合能耗限额限定值应符合表1的规定。

表 1　石墨电极、炭电极和炭块单位产品综合能耗限额限定值

产　品　名　称		单位产品综合能耗限额限定值/(kgce/t)		单位产品电耗限额限定值/(kW·h/t)
		电力折标准煤系数取等价值	电力折标准煤系数取当量值	
石墨电极	普通功率石墨电极	≤4 600	≤2 680	≤6 783
	高功率石墨电极	≤5 650	≤3 590	≤7 578
	超高功率石墨电极	≤6 600	≤4 450	≤8 068
炭电极	直径≤1 000 mm	≤1 150	≤1 850	—
	直径>1 000 mm	≤2 050	≤1 050	—
炭块	普通炭块	≤1 400	≤1 290	—
	(半)石墨质炭块	≤1 650	≤1 480	—
	微孔炭块	≤1 850	≤1 670	—

4.1.2　炭素生产主要工序单位产品能耗限额限定值

对于现有独立的不完全工序的炭素企业，其焙烧工序、石墨化工序单位产品能耗限额限定值应符合表 2 的规定。

表 2　炭素生产中焙烧和石墨化工序单位产品能耗限额限定值

工序名称		单位产品能耗限额限定值/(kgce/t)		单位产品电耗限额限定值/(kW·h/t)
		电力折标准煤系数取等价值	电力折标准煤系数取当量值	
焙烧工序	产品直径≤500 mm	≤580	≤560	—
	500 mm<产品直径≤1 000 mm	≤660	≤640	
	产品直径>1 000 mm	≤1 450	≤1 400	
石墨化工序	普通功率石墨电极	≤2 700	≤1 300	≤5 020
	高功率石墨电极	≤2 970	≤1 430	≤5 520
	超高功率石墨电极	≤3 100	≤1 490	≤5 770

4.2　新建炭素生产设备单位产品能耗限额准入值

4.2.1　石墨电极、炭电极和炭块单位产品能耗限额准入值

炭素企业在新建或改扩建炭素生产设备及采用炭素生产新工艺时，其石墨电极、炭电极、炭块单位产品能耗限额准入值应符合表 3 的规定。

表 3　石墨电极、炭电极和炭块单位产品能耗限额准入值

产品名称		单位产品综合能耗限额准入值/(kgce/t)		单位产品电耗限额准入值/(kW·h/t)
		电力折标准煤系数取等价值	电力折标准煤系数取当量值	
石黑电极	普通功率石墨电极	≤4 150	≤2 460	≤6 051
	高功率石墨电极	≤5 160	≤3 220	≤6 773
	超高功率石墨电极	≤5 990	≤4 030	≤7 226

表 3 （续）

产品名称		单位产品综合能耗限额准入值/(kgce/t)		单位产品电耗限额准入值/(kW·h/t)
		电力折标准煤系数取等价值	电力折标准煤系数取当量值	
炭电极	直径≤1 000 mm	≤1 050	≤900	—
	直径>1 000 mm	≤1 820	≤1 620	—
炭块	普通炭块	≤1 300	≤1 200	—
	(半)石墨质炭块	≤1 450	≤1 280	—
	微孔炭块	≤1 650	≤1 460	—

4.2.2 炭素生产主要工序单位产品能耗限额准入值

对于独立的不完全工序的炭素企业，在新建或改扩建中新增设备以及采用新的工艺时，其焙烧工序和石墨化工序单位产品能耗限额准入值应符合表 4 的规定。

表 4 炭素生产中焙烧和石墨化工序单位产品能耗限额准入值

工序名称		单位产品能耗限额准入值/(kgce/t)		单位产品电耗限额准入值/(kW·h/t)
		电力折标准煤系数取等价值	电力折标准煤系数取当量值	
焙烧工序	产品直径≤500 mm	≤480	≤470	—
	500 mm<产品直径≤1 000 mm	≤550	≤540	
	产品直径>1 000 mm	≤1 200	≤1 180	
石墨化工序	普通功率石墨电极	≤2 460	≤1 230	≤4 420
	高功率石墨电极	≤2 700	≤1 350	≤4 860
	超高功率石墨电极	≤2 830	≤1 420	≤5 080

4.3 炭素企业单位产品能耗限额先进值

4.3.1 石墨电极、炭电极和炭块单位产品能耗限额先进值

炭素企业在生产过程中，应积极推进节能技术改造，加强科学管理，尽快使石墨电极、炭电极、炭块单位产品综合能耗达到表 5 规定的单位产品能耗限额先进值。

表 5 石墨电极、炭电极和炭块单位产品综合能耗限额先进值

产　品　名　称		单位产品能耗限额先进值/(kgce/t)		单位产品电耗限额先进值/(kW·h/t)
		电力折标准煤系数取等价值	电力折标准煤系数取当量值	
石墨电极	普通功率石墨电极	≤3 960	≤2 350	≤5 807
	高功率石墨电极	≤4 860	≤3 080	≤6 505
	超高功率石墨电极	≤5 650	≤3 800	≤6 946
炭电极	直径　≤1 000 mm	≤980	≤800	—
	直径>1 000 mm	≤1 670	≤1 470	—

表 5 (续)

产品名称		单位产品能耗限额先进值/(kgce/t)		单位产品电耗限额先进值/(kW·h/t)
		电力折标准煤系数取等价值	电力折标准煤系数取当量值	
炭块	普通炭块	≤1 200	≤1 050	—
	(半)石墨质炭块	≤1 300	≤1 130	—
	微孔炭块	≤1 520	≤1 330	—

4.3.2 炭素生产主要工序单位产品能耗限额先进值

对于独立的不完全工序的炭素企业,在未来的发展过程中,应积极推进技术改造、强化管理,使其焙烧、石墨化工序单位产品能耗达到表 6 的单位产品能耗限额先进值。

表 6 炭素生产中焙烧和石墨化工序单位产品能耗限额先进值

工序名称		单位产品能耗限额先进值/(kgce/t)		单位产品电耗限额先进值/(kW·h/t)
		电力折标准煤系数取等价值	电力折标准煤系数取当量值	
焙烧工序	产品直径≤500 mm 500 mm<产品直径≤1 000 mm 产品直径>1 000 mm	≤440 ≤510 ≤1 100	≤430 ≤500 ≤1 000	—
石墨化工序	普通功率石墨电极 高功率石墨电极 超高功率石墨电极	≤2 400 ≤2 640 ≤2 760	≤1 220 ≤1 340 ≤1 410	≤4 220 ≤4 640 ≤4 850

5 计算方法

5.1 能耗统计范围及能耗折标准煤系数取值原则

5.1.1 统计范围

5.1.1.1 石墨电极(普通功率石墨电极、高功率石墨电极、超高功率石墨电极)单位产品综合能耗包括煅烧、破碎、配料、混捏、压型、焙烧、浸渍、石墨化、机械加工等各工序生产系统、辅助生产系统和生产管理、调度指挥以及附属生产系统消耗的各种能源量,扣除生产过程中回收的能源量。不包括用于生活目的所消耗的能源量。

其中焙烧和浸渍工序能源消耗为:

a) 普通功率石墨电极能耗是按电极本体“一次焙烧”加接头“一次浸渍二次焙烧”的总能耗;
b) 高功率石墨电极能耗是按电极本体“一次浸渍二次焙烧”加接头“二次浸渍三次焙烧”的总能耗;
c) 超高功率石墨电极能耗是按电极本体“二次浸渍三次焙烧”加接头“三次浸渍四次焙烧”的总能耗。

5.1.1.2 炭电极、炭块单位产品综合能耗包括煅烧、破碎、配料、混捏、压型、焙烧和机械加工等各工序生产系统、辅助生产系统以及生产管理、调度指挥系统消耗的各种能源量,扣除生产过程中回收的能源量。不包括用于生活目的所消耗的能源量。

5.1.1.3 焙烧工序单位产品能耗包括从压型品进入该工序开始到焙烧合格品产出为止的生产全过程所消耗的全部能源总量，扣除该工序回收的能源量。不包括用于生活目的的能源量。

5.1.1.4 石墨化工序单位产品能耗包括从焙烧品进入该工序开始到石墨化合格品产出为止的生产全过程所消耗的全部能源总量，扣除该工序回收的能源量。不包括用于生活目的的能源量。

上述制品及其各工序单位产品综合能耗均不含原料消耗。

5.1.2 能源折标准煤系数取值原则

各种能源的热值以标准煤计。各种能源等价热值以企业在报告期内实测的热值为准。没有实测条件的，采用附录 A 中各种能源折标准煤参考系数。

5.2 石墨电极、炭电极和炭块单位产品综合能耗的计算

石墨电极、炭电极和炭块等炭素制品的单位产品综合能耗按式(1)计算，能耗分配系数按附录 B 取值：

$$E_{\mathrm{TS},j}=\frac{e_{\mathrm{ts},j}}{P_{\mathrm{TS},j}}=e_{jm}+\sum_{k=1}^{m-1}e_{jk} \qquad \cdots\cdots(1)$$

$$e_{jm}=\sum_{i=1}^{n}\frac{e_{im}\mu_{im}}{\sum\limits_{i=1}^{k}P_{im}\lambda_{im}}\lambda_{jm} \qquad \cdots\cdots(2)$$

$$e_{jk}=\frac{\sum\limits_{i=1}^{n}\frac{e_{ik}\mu_{ik}}{\sum\limits_{i=1}^{k}P_{ik}\lambda_{ik}}\lambda_{jk}}{\eta_{m}\cdots\eta_{k+i}\cdots\eta_{k+1}}(k<m) \qquad \cdots\cdots(3)$$

式中：

$E_{\mathrm{TS},j}$——第 j 种炭素制品($j=1\sim3$，分别指石墨电极、炭电极或炭块三种炭素制品，下同)单位产品综合能耗，单位为千克标准煤每吨(kgce/t)；

$e_{\mathrm{ts},j}$——第 j 种炭素制品生产过程消耗的所有能源总量，单位为千克标准煤(kgce)；

$P_{\mathrm{TS},j}$——第 j 种炭素制品合格产量，单位为吨(t)；

e_{jm}——炭素制品加工过程中第 m 道工序(加工工序)第 j 种制品的加工能源单耗，单位为千克标准煤每吨(kgce/t)；

e_{im}——炭素制品加工过程中第 m 道工序(加工工序)第 i 种能源实物量消耗，单位为吨(t)或千瓦时(kW·h)或立方米(m^3)；

e_{jk}——炭素制品加工过程中第 k 道工序(加工工序之前的某工序)第 j 种制品的加工能源单耗，单位为千克标准煤每吨(kgce/t)；

μ_{im}——炭素制品加工过程中第 m 道工序(加工工序)第 i 种能源折标准煤系数，单位为吨标准煤每千瓦时[tce/(kW·h)]或吨标准煤每吨(tce/t)或吨标准煤每立方米(tce/m^3)；

P_{im}——炭素制品加工过程中第 m 道工序(加工工序)第 i 种炭素制品产量，单位为吨(t)；

λ_{im}——炭素制品加工过程中第 m 道工序(加工工序)第 i 种炭素制品在第 m 道工序的能耗分配系数；

λ_{jm}——第 j 种炭素制品在第 m 道工序的能耗分配系数；

e_{ik}——炭素制品加工过程中第 k 道工序(加工工序之前的某工序)第 i 种能源实物量消耗，单位为吨(t)或千瓦时(kW·h)或立方米(m^3)；

μ_{ik}——炭素制品加工过程中第 k 道工序(加工工序之前的某工序)第 i 种能源折标准煤系数，单位为吨标准煤每千瓦时[tce/(kW·h)]或吨标准煤每吨(tce/t)或吨标准煤每立方米(tce/m^3)；

P_{ik}——炭素制品加工过程中第 k 道工序(加工工序之前的某工序)第 i 种炭素制品产量，单位为吨(t)；

λ_{ik}——炭素制品加工过程中第 k 道工序(加工工序之前的某工序)第 i 种炭素制品在第 k 道工序的能耗分配系数;

λ_{jk}——第 j 种炭素制品在第 k 道工序的能耗分配系数;

η_m——炭素制品加工过程中第 m 道工序(加工工序)的成品率(加工成品率);

η_{k+1}——炭素制品加工过程中第 $k+1$ 道工序(加工工序之前的某工序)的成品率。

5.3 焙烧工序、石墨化工序单位产品能耗计算

焙烧工序、石墨化工序单位产品能耗按式(4)计算,能耗分配系数按附录B取值:

$$E_{GX,k}=\sum_{i=1}^{n}\frac{e_{ik}\mu_{ik}}{\sum_{i=1}^{n}P_{ik}\lambda_{ik}}\lambda_{jk} \qquad \cdots\cdots(4)$$

式中:

$E_{GX,k}$——炭素制品加工过程中第 k 道工序(焙烧工序、石墨化工序)单位产品能耗,单位为千克标准煤每吨(kgce/t);

e_{ik}——炭素制品加工过程中第 k 道工序(加工工序之前的某工序)第 i 种能源实物量消耗,单位为吨(t)或千瓦时(kW·h)或立方米(m^3);

μ_{ik}——炭素制品加工过程中第 k 道工序(加工工序之前的某工序)第 i 种能源折标准煤系数,单位为吨标准煤每千瓦时[tce/(kW·h)]或吨标准煤每吨(tce/t)或吨标准煤每立方米(tce/m^3);

P_{ik}——炭素制品加工过程中第 k 道工序(加工工序之前的某工序)第 i 种炭素制品产量,单位为吨(t);

λ_{ik}——炭素制品加工过程中第 k 道工序(加工工序之前的某工序)第 i 种炭素制品在第 k 道工序的能耗分配系数;

λ_{jk}——第 j 种炭素制品在第 k 道工序的能耗分配系数。

6 节能管理

6.1 企业应根据 GB 17167 的要求配置能源计量器具,完善能源计量管理制度。

6.2 企业应按要求建立健全能耗统计分析、考核体系,建立能耗计算和考核结果的文件档案,并对其进行受控管理。

6.3 企业应将炭素制品的单位产品综合能耗指标落实到基层,建立用能、节能责任制。

6.4 企业应积极依靠技术进步,配置先进的节能设备和节能新工艺。最大限度地提高炭素企业三大炉窑(煅烧炉、焙烧炉、石墨化炉)的热效率,减少能源损失,降低企业能源成本。

附　录　A
（资料性附录）
各种能源折标准煤参考系数表

能源名称	平均低位发热值	折标准煤系数
原煤	20 908 kJ/kg	0.714 3 kgce/kg
无烟煤（湿）	25 090 kJ/kg	0.857 1 kgce/kg
动力煤（湿）	20 908 kJ/kg	0.714 3 kgce/kg
焦炭（灰分 13.5%）	28 435 kJ/kg	0.971 4 kgce/kg
汽油	43 070 kJ/kg	1.471 4 kgce/kg
煤油	43 070 kJ/kg	1.471 4 kgce/kg
柴油	42 652 kJ/kg	1.457 1 kgce/kg
天然气	38 931 kJ/m^3	1.330 0 kgce/m^3
电力（等价）	—	0.404 0 kgce/(kW·h)
电力（当量）	3 600 kJ/(kW·h)	0.122 9 kgce/(kW·h)
注 1：焦炭的灰分、水分每增减 1%，则热值减增约 334 kJ/kg。 注 2：无烟煤、动力煤热值波动范围较大，推荐值为大体平均值。		

附 录 B
（规范性附录）
工序能耗分配系数表

工序产品		煤气(重油/煤)	动力电	蒸汽	水	压缩空气	焦粒	焦粉
压型	电极	1.0	1.0	1.0	1.0	1.0	—	—
	炭块	1.0	1.1	1.05	1.0	1.0	—	—
焙烧	电极	1.0	1.0	1.0	1.0	1.0	—	1.0
	炭块	0.9	0.9	1.0	1.0	1.0	—	0.93
浸渍	电极	1.0	1.0	1.0	1.0	1.0	—	—
石墨化	电极	1.0	1.0	1.0	1.0	1.0	1.0	1.0
加工	电极	—	1.0	1.0	1.0	—	—	—
	炭块	—	1.5	1.0	1.0	1.2	—	—
注:工序单一产品不使用分配系数,直接计算。石墨化工序消耗的工艺电量,以品种单独耗量为准,不进行分配。								

五、建材行业

ICS 27.010
F 01

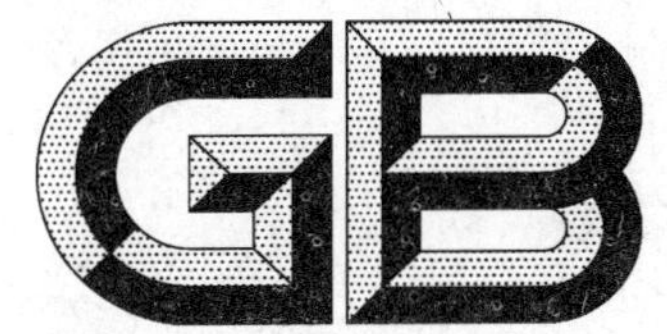

中华人民共和国国家标准

GB 16780—2012
代替 GB 16780—2007

水泥单位产品能源消耗限额

The norm of energy consumption per unit products of cement

2012-12-31 发布　　2013-10-01 实施

中华人民共和国国家质量监督检验检疫总局
中国国家标准化管理委员会　发布

前　言

本标准的 4.1、4.2 为强制性的，其余为推荐性的。

本标准按照 GB/T 1.1—2009 给出的规则起草。

本标准代替 GB 16780—2007《水泥单位产品能源消耗限额》。与 GB 16780—2007 相比，主要变化如下：

——现有水泥企业水泥单位产品能耗限定值按照熟料和水泥分类，并重新确定现有水泥单位产品限定值指标（2007 年版的 4.1，本版的 4.1）；

——新建水泥企业水泥单位产品能耗准入值指标按照熟料和水泥分类，并重新确定新建水泥企业水泥单位产品能耗准入值指标（2007 年版的 4.2，本版的 4.2）；

——水泥企业水泥单位产品能耗先进值指标按照熟料和水泥分类，并重新确定水泥企业水泥单位产品能耗先进值指标（2007 年版的 4.3，本版的 4.3）；

——对可比熟料综合煤耗的计算进行修改（2007 年版的 5.3.1，本版的 5.3.1）；

——将余热发电折算标准煤量计算中的电力折标准煤系数由 0.404 kgce/（kW·h）修改为 0.122 9 kgce/（kW·h）（2007 年版的 5.3.1.1.1，本版的 5.3.1.2）；

——在可比水泥综合电耗计算中取消混合材掺量修正，同时增加海拔高度修正（2007 年版的 5.3.4.4，本版的 5.3.4.3）；

——取消附录 B　各种能源折标准煤参考系数和能耗工质平均折算热量；

——增加水泥企业水泥单位产品分步能耗限额资料性附录。

本标准由国家发展和改革委员会资源节约与环境保护司、工业和信息化部节能与综合利用司提出。

本标准由全国能源基础与管理标准化技术委员会（SAC/TC 20）、中国建筑材料联合会归口。

本标准起草单位：天津水泥工业设计研究院有限公司、中材装备集团有限公司、中国建筑材料科学研究总院、合肥水泥研究设计院、北京工业大学、中建材（合肥）装备科技有限公司。

本标准主要起草人：刘继开、狄东仁、陶从喜、肖秋菊、丁奇生、王学敏、兰明章、包玮、萧瑛。

本标准所代替标准的历次版本发布情况：

——GB/T 16780—1997；

——GB 16780—2007。

水泥单位产品能源消耗限额

1 范围

本标准规定了通用硅酸盐水泥单位产品能源消耗(简称能耗)限额的术语和定义、技术要求、能耗统计及计算方法。

本标准适用于通用硅酸盐水泥生产企业能耗的计算、考核,以及对新建项目的能耗控制。

2 规范性引用文件

下列文件对于本文件的应用是必不可少的。凡是注日期的引用文件,仅注日期的版本适用于本文件。凡是不注日期的引用文件,其最新版本(包括所有的修改单)适用于本文件。

GB 175—2007 通用硅酸盐水泥

GB/T 213 煤的发热量测定方法

GB/T 384 石油产品热值测定法

GB/T 2589 综合能耗计算通则

GB/T 12497 三相异步电动机经济运行

GB/T 13462 电力变压器经济运行

GB/T 13469 离心泵、混流泵、轴流泵和旋涡泵系统经济运行

GB/T 13470 通风机系统经济运行

GB/T 17954 工业锅炉经济运行

GB 18613 中小型三相异步电动机能效限定值及能效等级

GB/T 19065 电加热锅炉系统经济运行

GB 19153 容积式空气压缩机能效限定值及能效等级

GB 19761 通风机能效限定值及能效等级

GB 19762 清水离心泵能效限定值及节能评价值

GB 20052 三相配电变压器能效限定值及节能评价值

GB/T 21372 硅酸盐水泥熟料

GB/T 23331 能源管理体系 要求

GB/T 24851—2010 建筑材料行业能源计量器具配备和管理要求

GB/T 26281 水泥回转窑热平衡、热效率、综合能耗计算方法

GB/T 26282 水泥回转窑热平衡测定方法

GB/T 27977—2011 水泥生产电能能效测试及计算方法

3 术语和定义

下列术语和定义适用于本文件。

3.1

熟料综合煤耗 the comprehensive standard coal consumption of clinker

在统计期内生产每吨熟料的燃料消耗折算成标准煤,包括烘干原燃材料和烧成熟料消耗的燃料。

3.2

可比熟料综合煤耗　the comparable comprehensive standard coal consumption of clinker

熟料综合标准煤耗按熟料 28 d 抗压强度等级修正到 52.5 等级及海拔高度统一修正后所得的标准煤耗。

3.3

熟料综合电耗　the comprehensive electricity consumption of clinker

在统计期内生产每吨熟料，包括熟料生产各过程的电耗和生产熟料辅助过程的电耗。

3.4

可比熟料综合电耗　the comparable comprehensive electricity consumption of clinker

熟料综合电耗按熟料 28 d 抗压强度等级修正到 52.5 等级及海拔高度统一修正后所得的综合电耗。

3.5

可比熟料综合能耗　comparable comprehensive energy consumption of clinker

在统计期内生产每吨熟料消耗的各种能源按熟料 28 d 抗压强度等级修正到 52.5 等级及海拔高度统一修正后并折算成标准煤所得的综合能耗。

3.6

水泥综合电耗　the comprehensive electricity consumption of cement

在统计期内生产每吨水泥的综合电力消耗，包括水泥生产各过程的电耗和生产水泥的辅助过程电耗（包括厂内线路损失以及车间办公室、仓库的照明等消耗）。

3.7

可比水泥综合电耗　the comparable comprehensive electricity consumption of cement

水泥综合电耗按水泥 28 d 抗压强度等级修正到出厂为 42.5 等级及海拔高度统一修正后所得的综合电耗。

3.8

可比水泥综合能耗　the comparable comprehensive energy consumption of cement

在统计期内生产每吨水泥消耗的各种能源，按熟料 28 d 抗压强度等级修正到 52.5 等级、海拔高度、水泥 28 d 抗压强度等级修正到出厂为 42.5 等级统一修正后并折算成标准煤所得的综合能耗。

4　技术要求

4.1　现有水泥企业水泥单位产品能耗限定值

现有水泥熟料和水泥生产企业的单位产品能耗限定值指标包括综合能耗、综合电耗等 5 项，其值应符合表 1 的规定。

表 1　现有水泥企业水泥单位产品能耗限定值

项目		可比熟料综合煤耗限定值 kgce/t	可比熟料综合电耗限定值 kW·h/t	可比水泥综合电耗限定值 kW·h/t	可比熟料综合能耗限定值 kgce/t	可比水泥综合能耗限定值 kgce/t
熟料		≤112	≤64	—	≤120	—
水泥	无外购熟料	—	—	≤90	—	≤98[a]
	外购熟料	—	—	≤40	—	≤8
[a] 如果水泥中熟料占比超过或低于 75%，每增减 1%，可比水泥综合能耗限定值应增减 1.20 kgce/t。						

4.2 新建水泥企业水泥单位产品能耗准入值

新建水泥生产企业的单位产品能耗准入值指标包括综合能耗和综合电耗等5项，其值应符合表2的规定。

表2 新建水泥企业水泥单位产品能耗准入值

项目		可比熟料综合煤耗准入值 kgce/t	可比熟料综合电耗准入值 kW·h/t	可比水泥综合电耗准入值 kW·h/t	可比熟料综合能耗准入值 kgce/t	可比水泥综合能耗准入值 kgce/t
熟料		≤108	≤60	—	≤115	—
水泥	无外购熟料	—	—	≤88	—	≤93[a]
	外购熟料	—	—	≤36	—	≤7.5
[a] 如果水泥中熟料占比超过或低于75%，每增减1%，可比水泥综合能耗准入值应增减1.15 kgce/t。						

4.3 水泥企业水泥单位产品能耗先进值

水泥生产企业应通过节能技术改造和加强节能管理来达到表3中的能耗先进值。

表3 水泥企业水泥单位产品能耗先进值

项目		可比熟料综合标准煤耗先进值 kgce/t	可比熟料综合电耗先进值 kW·h/t	可比水泥综合电耗先进值 kW·h/t	可比熟料综合能耗先进值 kgce/t	可比水泥综合能耗先进值 kgce/t
熟料		≤103	≤56	—	≤110	—
水泥	无外购熟料	—	—	≤85	—	≤88[a]
	外购熟料	—	—	≤32	—	≤7
[a] 如果水泥中熟料占比超过或低于75%，每增减1%，可比水泥综合能耗先进值应增减1.10 kgce/t。						

4.4 水泥企业水泥单位产品分步能耗限额参见附录B。

5 能耗统计及计算方法

5.1 统计范围

5.1.1 燃料的统计范围

5.1.1.1 熟料综合煤耗统计范围

从原燃材料进入生产厂区开始，到水泥熟料出厂的整个熟料生产过程消耗的燃料量，包括烘干原燃材料和烧成熟料消耗的燃料。如果水泥企业采用替代燃料，应单独统计替代燃料消耗量，但替代燃料不包含在熟料综合煤耗范围内。

注：废弃物种类见财税[2008]156号财政部、国家税务总局《关于资源综合利用及其他产品增值税政策的通知》中附件2的规定和财税[2009]163号《关于资源综合利用及其他产品增值税政策的补充的通知》中的规定。

5.1.1.2 **水泥综合能耗中标准煤耗统计范围**

从原燃材料进入生产厂区开始，到水泥出厂的整个水泥生产过程消耗的燃料量，包括烘干原燃材料和水泥混合材以及烧成熟料消耗的燃料。如果水泥企业采用替代燃料，应单独统计替代燃料消耗量，但替代燃料不包含在水泥综合能耗范围内。

5.1.2 **电耗的统计范围**

5.1.2.1 **熟料综合电耗统计范围**

从原燃材料进入生产厂区开始，到水泥熟料出厂的整个熟料生产过程消耗的电量，不包括用于基建、技改等项目建设消耗的电量。采用废弃物作为替代燃料和替代原料时，处理废弃物消耗的电量应单独统计，并且不包含在熟料综合电耗范围内。

5.1.2.2 **水泥综合电耗统计范围**

从原燃材料进入生产厂区开始，到水泥出厂的整个水泥生产过程消耗的电量，不包括用于基建、技改等项目建设消耗的电量。采用废弃物作为替代原料、替代燃料和水泥混合材时，处理废弃物消耗的电量应单独统计，并且不包含在水泥综合电耗范围内。

5.1.2.3 **水泥粉磨企业综合电耗统计范围**

从水泥熟料、石膏和混合材等进入生产厂区到水泥出厂的整个水泥生产过程消耗的电量。

5.2 统计方法

5.2.1 **燃料统计方法**

在统计期内水泥企业定期统计用于烘干原燃材料、水泥混合材和烧成熟料的原煤用量，以及点火用油或用气量。采用废弃物作为替代原料时，烘干废弃物消耗的燃料用量单独统计。采用废弃物作为水泥混合材时，其烘干所消耗的燃料量也应单独统计。同时统计所消耗燃料对应的收到基低位发热量。

烧成系统废气用于余热电站发电时，应统计余热电站发电量及余热电站自用电量。采用烧成系统废气进行原、燃料烘干以外的其他余热利用时，应对余热利用进口和出口热量及余热利用系统的散热损失进行定期检测。检测和计算参考 GB/T 26282 和 GB/T 26281 的规定进行。

5.2.2 **电耗统计方法**

水泥生产企业定期根据生料制备、燃料制备、熟料烧成和水泥粉磨等过程各电表记录的电量进行统计。采用废弃物作为替代原料、替代燃料和水泥混合材时，处理废弃物消耗的电量单独统计。电耗的测试可以按 GB/T 27977—2011 中规定的方法进行。

5.3 计算方法

5.3.1 可比熟料综合煤耗

5.3.1.1 熟料综合煤耗

熟料综合煤耗按式(1)计算：

$$e_{cl}=\frac{P_C Q_{net,ar}}{Q_{BM}P_{CL}} \qquad \cdots\cdots(1)$$

式中：

e_{cl} ——熟料综合煤耗，单位为千克标准煤每吨(kgce/t)；

P_C ——统计期内用于烘干原燃材料和烧成熟料的入窑与入分解炉的实物煤总量,单位为千克(kg);

$Q_{net,ar}$ ——统计期内实物煤的加权平均低位发热量,单位为千焦每千克(kJ/kg);

Q_{BM} ——每千克标准煤发热量,见 GB/T 2589,单位为千焦每千克(kJ/kg);

P_{CL} ——统计期内的熟料总产量,单位为吨(t)。

燃料发热量:固体燃料发热量按 GB/T 213 的规定测定,液体燃料发热量按 GB/T 384 的规定测定;企业无法直接测定燃料发热量时,按 GB/T 26282 的规定计算。

5.3.1.2 余热发电折算标准煤量

余热发电折算标准煤量按式(2)计算:

$$e_{he}=\frac{0.1229\times(q_{he}-q_0)}{P_{CL}} \quad \cdots\cdots(2)$$

式中:

e_{he} ——统计期内余热发电折算的单位熟料标准煤量,单位为千克标准煤每吨(kgce/t);

0.122 9——每千瓦时电力折合的标准煤量,单位为千克标准煤每千瓦时[kgce/(kW·h)];

q_{he} ——统计期内余热电站总发电量,单位为千瓦时(kW·h);

q_0 ——统计期内余热电站自用电量,单位为千瓦时(kW·h)。

5.3.1.3 余热利用热量折算标准煤量

余热利用热量折算标准煤量按式(3)计算:

$$e_{hu}=\frac{H_{HI}-(H_{HE}+H_{HD})}{Q_{BM}P_{CL}} \quad \cdots\cdots(3)$$

式中:

e_{hu} ——统计期内余热利用的热量折算的单位熟料标准煤量,单位为千克标准煤每吨(kgce/t)。

H_{HI} ——统计期内余热利用进口总热量,单位为千焦(kJ);

H_{HE} ——统计期内余热利用出口热量,单位为千焦(kJ);

H_{HD} ——统计期内余热利用系统的散热损失总量,单位为千焦(kJ)。

5.3.1.4 熟料强度等级修正系数

熟料强度等级修正系数按式(4)计算:

$$a=\sqrt[4]{\frac{52.5}{A}} \quad \cdots\cdots(4)$$

式中:

a ——熟料强度等级修正系数;

A ——统计期内熟料平均 28 d 抗压强度,按附录 A 的规定计算,单位为兆帕(MPa);

52.5——统计期内熟料平均抗压强度修正到 52.5 MPa。

5.3.1.5 海拔修正系数

水泥企业所在地海拔高度超过 1 000 m 时进行海拔修正,海拔修正系数按式(5)计算:

$$K=\sqrt{\frac{P_H}{P_0}} \quad \cdots\cdots(5)$$

式中:

K ——海拔修正系数;

P_0 ——海平面环境大气压,101 325 帕(Pa);

P_H ——当地环境大气压,单位为帕(Pa)。

5.3.1.6 可比熟料综合煤耗

可比熟料综合煤耗按式(6)计算:

$$e_{kcl}=aK(e_{cl}-e_{he}-e_{hu}-e_{fc}) \qquad (6)$$

式中：

e_{kcl}——可比熟料综合煤耗，单位为千克每吨(kg/t)；

e_{fc}——处理废弃物消耗的燃料折算到每吨熟料的标准煤耗，单位为千克标准煤每吨(kgce/t)，如果没有处理废弃物，按0考虑。

5.3.2 可比熟料综合电耗

可比熟料综合电耗按式(7)计算：

$$Q_{KCL}=aKQ_{CL} \qquad (7)$$

式中：

Q_{KCL}——可比熟料综合电耗，单位为千瓦时每吨(kW·h/t)；

Q_{CL}——统计期内熟料综合电耗，单位为千瓦时每吨(kW·h/t)。

5.3.3 可比熟料综合能耗

可比熟料综合能耗按式(8)计算：

$$E_{CL}=e_{kcl}+0.122\,9\times Q_{KCL} \qquad (8)$$

式中：

E_{CL}——可比熟料综合能耗，单位为千克标准煤每吨(kgce/t)。

5.3.4 可比水泥综合电耗

5.3.4.1 水泥综合电耗

水泥综合电耗按式(9)计算：

$$Q_S=\frac{q_{fm}+Q_{CL}p_{cl}+q_m p_m+q_g p_g+q_{fz}}{P_C} \qquad (9)$$

式中：

Q_S——水泥综合电耗，单位为千瓦时每吨(kW·h/t)；

q_{fm}——统计期内水泥粉磨及包装过程耗电量，单位为千瓦时(kW·h)；

p_{cl}——统计期内熟料消耗量，单位为吨(t)；

q_m——统计期内每吨混合材预处理平均耗电量，单位为千瓦时每吨(kW·h/t)；

p_m——统计期内混合材消耗量，单位为吨(t)；

q_g——统计期内每吨石膏平均耗电量，单位为千瓦时每吨(kW·h/t)；

p_g——统计期内石膏消耗量，单位为吨(t)；

q_{fz}——统计期内应分摊的辅助用电量，单位为千瓦时(kW·h)；

P_C——统计期内水泥总产量，单位为吨(t)。

当企业全部采用外购熟料生产水泥时，式(9)中外购熟料的 Q_{CL} 按零计算；当企业外购部分熟料生产水泥时，式(9)中外购熟料的 Q_{CL} 按 65 kW·h/t 统一计算。

当企业部分熟料外卖时，在计算水泥综合电耗时式(9)中 p_{cl} 不包括外卖的熟料量。

5.3.4.2 水泥强度等级修正系数

水泥强度等级修正系数按式(10)计算：

$$d=\sqrt[4]{\frac{42.5}{B}} \qquad (10)$$

式中：

d ——水泥强度等级修正系数；

B ——统计期内水泥加权平均强度，单位为兆帕(MPa)；

42.5——统计期内水泥平均强度修正到 42.5 MPa。

5.3.4.3 可比水泥综合电耗

可比水泥综合电耗按式(11)计算：

$$Q_{KS}=dKQ_S \tag{11}$$

式中：

Q_{KS}——可比水泥综合电耗，单位为千瓦时每吨(kW·h/t)。

5.3.5 可比水泥综合能耗

可比水泥综合能耗按式(12)计算：

$$E_{KS}=e_{kcl}\times g+e_h+0.1229\times Q_{KS} \tag{12}$$

式中：

E_{KS}——可比水泥综合能耗，单位为千克每吨(kg/t)；

g ——统计期内水泥企业水泥中熟料平均配比，%；

e_h ——统计期内烘干水泥混合材所消耗燃料折算的单位水泥标准煤量，单位为千克每吨(kg/t)。

当企业全部采用外购熟料生产水泥时，式(12)中外购熟料的 e_{kcl} 按零计算。

当企业外购部分熟料生产水泥时，式(12)中 e_{kcl} 可采用本企业可比熟料综合电耗数据。

5.3.6 统计期内企业生产两种以上不同强度等级的水泥时，应根据不同强度等级的可比水泥综合电耗和水泥产量采用加权平均的方法计算可比水泥综合电耗和可比水泥综合能耗。

5.3.7 企业有多条生产线时，按生产线分别计算能耗，公用部分的电耗按产能分摊到各条生产线。

6 节能管理与措施

6.1 节能基础管理

6.1.1 企业应按照 GB/T 23331 规定的要求建立能源管理体系。

6.1.2 企业应定期对生产中单位产品消耗的燃料量和用电量进行考核，并把考核指标分解落实到各基层部门，建立用能责任制度。

6.1.3 企业应按要求建立能耗统计体系，建立能耗测试数据、能耗计算和考核结果的文件档案，并对文件进行受控管理。

6.1.4 企业应根据 GB/T 24851—2010 的要求配备能源计量器具并建立能源计量管理制度。

6.1.5 企业应根据生产线运行情况定期按照 GB/T 26282 和 GB/T 26281 规定的方法对水泥回转窑系统的热平衡和热效率进行测试和计算，并按照 GB/T 27977—2011 规定的方法对水泥和熟料生产过程中的电能能效进行测试和计算。

6.2 节能技术管理

6.2.1 耗能设备

6.2.1.1 企业应使电动机系统、泵系统、通风机系统、电力变压器、工业锅炉、电加热锅炉等通用耗能设备符合 GB/T 12497、GB/T 13469、GB/T 13470、GB/T 13462、GB/T 17954 和 GB/T 19065 等相关的用能产品经济运行标准要求。

6.2.1.2 新建及改扩建企业所用的中小型三相异步电动机、容积式空气压缩机、通风机、清水离心泵、三相配电变压器等通用耗能设备应达到 GB 18613、GB 19153、GB 19761、GB 19762、GB 20052 等相应耗能设备能效标准中节能评价值的要求。

6.2.2 生产过程

6.2.2.1 水泥企业在水泥熟料或水泥各生产过程中，应采取有效措施，保证生产系统正常、连续和稳定运行，提高系统运转率，实现优质、低耗和清洁生产。

6.2.2.2 企业在生产过程中，应加强设备的日常维护工作。

附 录 A
（规范性附录）
熟料平均 28 d 抗压强度计算方法

A.1 范围

本附录适用于水泥熟料平均 28 d 抗压强度的计算。

A.2 方法原理

根据 GB/T 21372 所得的熟料 28 d 抗压强度数值和对应的熟料产量计算，按 GB 175—2007 中表 3 规定的硅酸盐水泥 28 d 抗压强度指标作为对应强度等级的水泥熟料 28 d 抗压强度。

A.3 日、旬、月、季、年度熟料平均 28 d 抗压强度计算

A.3.1 日熟料平均 28 d 强度的计算

熟料日平均 28 d 强度可采用加权平均方法计算，即将熟料的 28 d 抗压强度分别乘以日产量，分别相加后除以窑的总产量，即得日熟料平均 28 d 抗压强度。

A.3.2 旬熟料实际平均强度等级

将旬中每日熟料 28 d 抗压强度分别乘以日产量，分别相加后除以该旬窑的总产量，即得旬熟料平均 28 d 抗压强度。

A.3.3 月熟料实际平均强度等级

将月中每日熟料 28 d 抗压强度分别乘以日产量，分别相加后除以该月窑的总产量，即得月熟料平均 28 d 抗压强度。

A.3.4 季度熟料实际平均相当等级

将季度中分月的熟料平均 28 d 强度等级分别乘以每月熟料产量，并相加后除以该季度熟料总产量，即得季度熟料实际平均强度等级。

A.3.5 年度熟料实际平均强度等级

将年度中分月的熟料平均强度等级分别乘以每月熟料产量，并相加后除以当年的熟料总产量，即得年度熟料实际平均强度等级。

附 录 B
（资料性附录）
水泥企业水泥单位产品分步能耗限额

B.1 范围

本附录给出了通用硅酸盐水泥单位产品能源消耗限额的分布能耗限额指标。

B.2 水泥企业分布能耗

B.2.1 现有水泥企业分步能耗

现有水泥企业的分步能耗指标包括生料制备工段、熟料烧成工段和水泥制备工段的电耗以及熟料烧成工段煤耗等4项，其值见表B.1。

现有水泥企业的分步能耗指标没有经过海拔高度和强度等级修正，为水泥企业实际能源消耗，供现有水泥企业生产控制指标作为参考。

表 B.1 现有水泥企业分步能耗

项目	生料制备工段电耗[a] kW·h/t	熟料烧成工段煤耗 kgce/t	熟料烧成工段电耗 kW·h/t	水泥制备工段电耗 kW·h/t
熟料	≤22	≤115	≤33	—
水泥	≤22	≤115	≤33	≤38

[a] 生料制备工段的电耗为原料中等易磨性的电耗，应折算至每吨生料基准。

B.2.2 新建水泥企业分步能耗

新建水泥生产企业的分步能耗指标包括生料制备工段、熟料烧成工段和水泥制备工段的电耗以及熟料烧成工段煤耗等4项，其值见表B.2。

新建水泥企业的分步能耗指标没有经过海拔高度和强度等级修正，为水泥企业实际能源消耗，供新建水泥企业生产控制指标作为参考。

表 B.2 新建水泥企业分步能耗

项目	生料制备工段电耗[a] kW·h/t	熟料烧成工段煤耗 kgce/t	熟料烧成工段电耗 kW·h/t	水泥制备工段电耗 kW·h/t
熟料	≤18.5	≤108	≤33	—
水泥	≤18.5	≤108	≤33	≤34

[a] 生料制备工段的电耗为原料中等易磨性的电耗，应折算至每吨生料基准。

B.2.3 水泥企业分步能耗先进值

水泥生产企业应通过节能技术改造和加强节能管理来达到表B.3中的分步能耗先进值。

表 B.3 水泥企业分步能耗先进值

项目	生料制备工段电耗[a] kW·h/t	熟料烧成工段煤耗 kgce/t	熟料烧成工段电耗 kW·h/t	水泥制备工段电耗 kW·h/t
熟料	≤16	≤105	≤32	—
水泥	≤16	≤105	≤32	≤32
[a] 生料制备工段的电耗为原料中等易磨性的电耗，应折算至每吨生料基准。				

B.3 电耗的统计范围

B.3.1 水泥粉磨企业综合电耗统计范围

从水泥熟料、石膏和混合材等进入生产厂区到水泥出厂的整个水泥生产过程消耗的电量。

B.3.2 生料制备工段电耗统计范围

从原材料进入生产厂区开始，到生料出生料库和废气出高温风机到窑尾烟囱的整个生料制备和废气处理过程消耗的电量，包括原料破碎、原料预均化、生料粉磨、生料均化消耗的电量。

B.3.3 熟料烧成工段电耗统计范围

从生料出生料库到熟料入熟料库，原煤入煤磨到煤粉入煤粉仓的整个熟料烧成过程消耗的电量，包括燃料制备及生料预热分解、熟料煅烧及熟料冷却和废气处理消耗的电量。

B.3.4 水泥制备工段电耗统计范围

从水泥熟料、石膏及混合材出调配库到水泥出厂的整个水泥制备工段消耗的电量，包括水泥粉磨、水泥包装及散装消耗的电量。

参 考 文 献

[1] 财税[2008]156 号 财政部、国家税务总局《关于资源综合利用及其他产品增值税政策的通知》中附件 2

[2] 财税[2009]163 号 《关于资源综合利用及其他产品增值税政策的补充的通知》

ICS 27.010，81.060.01
F 01

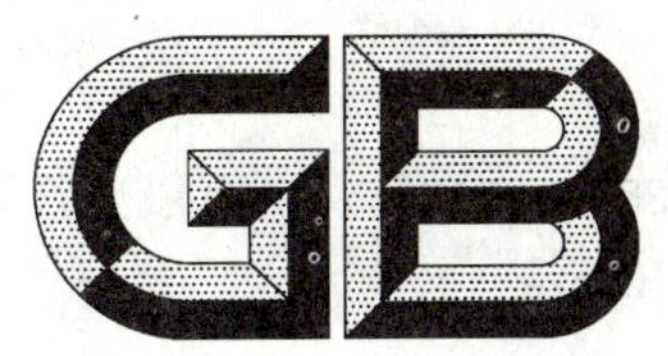

中华人民共和国国家标准

GB 21252—2013
代替 GB 21252—2007

建筑卫生陶瓷单位产品能源消耗限额

The norm of energy consumption for unit product of architecture and sanitary ceramics

2013-12-31 发布　　2014-12-01 实施

中华人民共和国国家质量监督检验检疫总局
中国国家标准化管理委员会　发布

前　言

本标准的4.1和4.2为强制性的，其余为推荐性的。

本标准按照GB/T 1.1—2009给出的规则起草。

本标准代替GB 21252—2007《建筑卫生陶瓷单位产品能源消耗限额》。本标准与GB 21252—2007相比，主要变化如下：

——删除了综合电耗的要求(见2007年版的4.1、4.2和4.3)；

——修改了陶瓷砖综合能耗计量单位，由千克标准煤每吨(kgce/t)修改为千克标准煤每平方米($kgce/m^2$)；修改了单位产品能耗限定值、准入值、先进值要求(见4.1、4.2和4.3，2007年版的4.1、4.2和4.3)；

——增加了二次烧成的吸水率为$E \leqslant 0.5\%$的微晶石产品的单位产品能耗限定值(见4.1)；

——删除了附录A(资料性附录)(见2007年版的附录A)。

本标准由国家发展和改革委员会资源节约和环境保护司、工业和信息化部节能与综合利用司提出。

本标准由全国能源基础与管理标准化技术委员会(SAC/TC 20)和中国建筑材料联合会归口。

本标准起草单位：杭州诺贝尔集团有限公司、广东蒙娜丽莎新型材料集团有限公司、咸阳陶瓷研究设计院、广东宏陶陶瓷有限公司、广东嘉俊陶瓷有限公司、广东东鹏控股股份有限公司、福建恒实陶瓷有限公司、九牧厨卫股份有限公司、泉州中宇陶瓷有限公司、申鹭达股份有限公司、北京国建联信认证中心有限公司。

本标准主要起草人：段先湖、王博、李莹、张旗康、卢广坚、王常德、金国庭、王威灿、林孝发、蔡吉林、刘小林、张武。

建筑卫生陶瓷单位产品能源消耗限额

1 范围

本标准规定了建筑卫生陶瓷单位产品能源消耗(以下简称能耗)限额的技术要求、能耗统计范围和计算方法、节能管理与措施。

本标准适用于陶瓷砖(干压)和卫生陶瓷生产企业进行能耗的计算、考核,以及对新建企业或生产线的能耗控制。

2 规范性引用文件

下列文件对于本文件的应用是必不可少的。凡是注日期的引用文件,仅注日期的版本适用于本文件。凡是不注日期的引用文件,其最新版本(包括所有的修改单)适用于本文件。

GB/T 213 煤的发热量测定方法
GB/T 384 石油产品热值测定法
GB/T 2589 综合能耗计算通则
GB/T 4100 陶瓷砖
GB 6952 卫生陶瓷
GB/T 12497 三相异步电动机经济运行
GB/T 12723 单位产品能源消耗限额编制通则
GB/T 13462 电力变压器经济运行
GB/T 13469 离心泵、混流泵、轴流泵和旋涡泵系统经济运行
GB/T 13470 通风机系统经济运行
GB/T 17954 工业锅炉经济运行
GB/T 17981 空气调节系统经济运行
GB/T 18292 生活锅炉经济运行
GB 18613 中小型三相异步电动机能效限定值及能效等级
GB/T 19065 电加热锅炉系统经济运行
GB 19153 容积式空气压缩机能效限定值及能效等级
GB 19761 通风机能效限定值及能效等级
GB 19762 清水离心泵能效限定值及节能评价值
GB 20052 三相配电变压器能效限定值及能效等级
GB/T 24851 建筑材料行业能源计量器具配备和管理通则

3 术语和定义

GB/T 12723 界定的以及下列术语和定义适用于本文件。

3.1

建筑卫生陶瓷产品综合能耗 the comprehensive energy consumption of architecture and sanitary ceramics

在统计报告期内,用于生产建筑卫生陶瓷实际所消耗的各种能源总量。

3.2

建筑卫生陶瓷单位产品综合能耗 the comprehensive energy consumption for unit product of architecture and sanitary ceramics

以单位合格品产量表示的建筑卫生陶瓷产品综合能耗。

4 技术要求

4.1 建筑卫生陶瓷单位产品能耗限定值

4.1.1 陶瓷砖单位产品综合能耗限定值

现有陶瓷砖生产企业的单位产品综合能耗限定值应符合表 1 的规定。

表 1 陶瓷砖单位产品能耗限定值

产品分类	综合能耗限定值/($kgce/m^2$)
吸水率 $E \leqslant 0.5\%$ 的陶瓷砖	≤7.8(8.6[a])
吸水率 $0.5\% < E \leqslant 10\%$ 的陶瓷砖	≤5.4
吸水率 $E > 10\%$ 的陶瓷砖	≤5.2
[a] 二次烧成的吸水率 $E \leqslant 0.5\%$ 的微晶石产品。	

4.1.2 卫生陶瓷单位产品综合能耗限定值

现有卫生陶瓷生产企业的单位产品综合能耗限定值应符合表 2 的规定。

表 2 卫生陶瓷单位产品能耗限定值

产品分类	综合能耗限定值/(kgce/t)
卫生陶瓷	≤720

4.2 建筑卫生陶瓷单位产品能耗准入值

4.2.1 陶瓷砖单位产品综合能耗准入值

新建陶瓷砖生产企业(含新建生产线)的单位产品综合能耗准入值应符合表 3 的规定。

表 3 陶瓷砖单位产品能耗准入值

产品分类	综合能耗准入值/($kgce/m^2$)
吸水率 $E \leqslant 0.5\%$ 的陶瓷砖	≤7.0
吸水率 $0.5\% < E \leqslant 10\%$ 的陶瓷砖	≤4.6
吸水率 $E > 10\%$ 的陶瓷砖	≤4.5

4.2.2 卫生陶瓷单位产品综合能耗准入值

新建卫生陶瓷生产企业的单位产品综合能耗准入值应符合表 4 的规定。

表 4　卫生陶瓷单位产品能耗准入值

产品分类	综合能耗准入值/(kgce/t)
卫生陶瓷	≤630

4.3　建筑卫生陶瓷单位产品能耗先进值

4.3.1　陶瓷砖单位产品综合能耗先进值

陶瓷砖生产企业应通过节能技术改造和加强节能管理来达到表 5 中的能耗先进值。

表 5　陶瓷砖单位产品能耗先进值

产品分类	综合能耗先进值/($kgce/m^2$)
吸水率 $E≤0.5\%$ 的陶瓷砖	≤4.0
吸水率 $0.5\%<E≤10\%$ 的陶瓷砖	≤3.7
吸水率 $E>10\%$ 的陶瓷砖	≤3.5

4.3.2　卫生陶瓷单位产品综合能耗先进值

卫生陶瓷生产企业应通过节能技术改造和加强节能管理来达到表 6 中的能耗先进值。

表 6　卫生陶瓷单位产品能耗先进值

产品分类	综合能耗先进值/(kgce/t)
卫生陶瓷	≤300

5　能耗统计范围和计算方法

5.1　统计范围

5.1.1　陶瓷砖综合能耗统计范围

陶瓷砖综合能耗包括从原料、釉料、煤、油、气等原材料和能源，经计量进入工序开始，到成品计量入库和辅助生产系统、附属生产系统的整个生产过程的综合燃耗和电耗。统计范围由生产系统工艺装置、辅助生产系统和附属生产系统设施三部分用能组成，包括：原料粗中细碎、原料制备输送、粉料制备、釉料制备、成型、干燥、施釉、烧成、冷修、抛光、检验包装等生产过程，供水、供热、供气、供油、机修等辅助和附属生产系统及生产管理部门等所消耗的燃料和电力。不包括：熔块制备、色料制备、窑具加工制作、生活设施(如：宿舍、学校、文化娱乐、医疗保健、商业服务和托儿幼教等)及运输保管、采暖、技改等所消耗的燃料和电力。

5.1.2　卫生陶瓷综合能耗统计范围

卫生陶瓷综合能耗包括从原料、釉料、煤、油、气等原材料和能源，经计量进入工序开始，到成品计量入库和辅助生产系统、附属生产系统的整个生产过程的综合燃耗和电耗。统计范围由生产系统工艺装置、辅助生产系统和附属生产系统设施三部分用能组成，包括：原料粗中细碎、原料制备输送、模型制作、釉料制备、成型、干燥、施釉、烧成、冷修、检验包装等生产过程，供水、供热、供气、供油、机修等辅助和附属生产系统及生产管理部门等所消耗的燃料和电力。不包括：石膏加工过程、匣钵及窑具加工制作、熔块制备、色料制备、生活设施（如：宿舍、学校、文化娱乐、医疗保健、商业服务和托儿幼教等）及运输保管、采暖、技改等所消耗的燃料和电力。

5.2 统计方法

利用符合 GB/T 24851 要求配备的能源计量器具对报告期内的能耗数量和产品产量进行计量、统计，不得重计或漏计。

5.3 计算方法

5.3.1 产品综合能耗和电耗的计算应符合 GB/T 2589 的规定。只从事建筑卫生陶瓷某一生产工序的企业，综合能耗和电耗指标进行合理分摊。

5.3.2 建筑卫生陶瓷产品综合能耗应按式(1)计算：

$$E_{ZN}=M_a\times\frac{Q_{DW}^a}{29\ 308}+M_b\times\frac{Q_{DW}^b}{29\ 308}+M_c\times\frac{Q_{DW}^c}{29\ 308}+0.122\ 9\times Q_D \qquad \cdots\cdots(1)$$

式中：

E_{ZN} ——综合能耗，单位为千克标准煤(kgce)；

M_a ——综合煤耗，单位为千克(kg)；

Q_{DW}^a ——煤的低(位)发热量，单位为千焦每千克(kJ/kg)；

29 308 ——1 kgce 的应用基低(位)发热量，单位为千焦每千克标准煤(kJ/kgce)；

M_b ——综合油耗，单位为千克(kg)；

Q_{DW}^b ——油的低(位)发热量，单位为千焦每千克(kJ/kg)；

M_c ——综合气耗，单位为立方米(m^3)；

Q_{DW}^c ——气的低(位)发热量，单位为千焦每立方(kJ/m^3)；

0.122 9 ——电力(当量)折标准煤系数，单位为千克标准煤每千瓦时[kgce/(kW·h)]；

Q_D ——电耗，单位为千瓦时(kW·h)。

5.3.3 单位产品综合能耗应按式(2)计算：

$$E_{DN}=E_{ZN}/P \qquad \cdots\cdots(2)$$

式中：

E_{DN}——单位产品综合能耗，单位为千克标准煤每平方米($kgce/m^2$)或千克标准煤每吨(kgce/t)；

P ——符合 GB 6952、GB/T 4100 的合格产品产量，单位为平方米(m^2)或吨(t)。

5.3.4 标准煤的折算：

消耗的各种能源应按热值统一折算为标准煤。燃料的热值以企业在报告期内实测的燃料的平均低(位)发热量为准。固体燃料低(位)发热量按 GB/T 213 的规定测定，液体燃料低(位)发热量按 GB/T 384 的规定测定，若无条件实测或目前尚难进行常规分析的，可按照 GB/T 2589 规定的各种能源折标准煤系数折算为标准煤。电力折算标准煤系数按当量值 0.122 9 计算。

6 节能管理与措施

6.1 节能基础管理

6.1.1 企业应定期对生产中单位产品消耗的燃料量和用电量进行考核，建立用能责任制度。

6.1.2 企业应按要求建立能耗统计体系，建立能耗测试数据、能耗计算和考核结果的文件档案，并对文件进行受控管理。

6.1.3 企业应根据 GB/T 24851 的要求配备能源计量器具并建立能源计量管理制度。

6.2 节能技术管理

6.2.1 耗能设备

6.2.1.1 企业应使电动机系统、泵系统、通风机系统、电力变压器、工业锅炉、生活锅炉、电加热锅炉、空气调节系统等通用耗能设备符合 GB/T 12497、GB/T 13469、GB/T 13470、GB/T 13462、GB/T 17954、GB/T 18292、GB/T 19065 和 GB/T 17981 等相关的用能产品经济运行标准要求，达到经济运行的状态。

6.2.1.2 新建及改扩建企业所用的中小型三相异步电动机、容积式空气压缩机、通风机、清水离心泵、三相配电变压器等通用耗能设备应达到 GB 18613、GB 19153、GB 19761、GB 19762、GB 20052 等相应耗能设备能效标准中节能评价值的要求。

6.2.2 生产工序

6.2.2.1 建筑卫生陶瓷企业在各生产工序中，应采取有效措施，提高系统运转率。

6.2.2.2 企业应积极推广和使用新型节能工艺技术，如节能原料加工技术、节能干燥技术、低温快烧技术、余热利用技术等，积极推广和使用新型节能装备，如新型粉磨设备、新型节能窑炉、节能输送设备等。

ICS 27.010
F 01

中华人民共和国国家标准

GB 21340—2013
代替 GB 21340—2008

平板玻璃单位产品能源消耗限额

The norm of energy consumption per unit product of flat glass

2013-12-18 发布 2014-09-01 实施

中华人民共和国国家质量监督检验检疫总局
中国国家标准化管理委员会
发布

前　言

本标准的4.1和4.2为强制性的，其余为推荐性的。

本标准按照GB/T 1.1—2009给出的规则起草。

本标准代替GB 21340—2008《平板玻璃单位产品能源消耗限额》。本标准与GB 21340—2008相比，主要变化如下：

——对平板玻璃生产企业的分类和单位产品能耗限定值、单位产品能耗准入值、单位产品能耗先进值进行了修订；

——对窑龄系数进行了修订；

——对燃料等效应系数进行了增补和修订。

本标准由国家发展和改革委员会资源节约和环境保护司、工业和信息化部节能与综合利用司提出。

本标准由全国能源基础和管理标准化技术委员会(SAC/TC 20)和中国建筑材料联合会归口。

本标准起草单位：国家玻璃质量监督检验中心、漳州旗滨玻璃有限公司、威海蓝星玻璃股份有限公司、河北鑫利玻璃有限公司、秦皇岛玻璃工业研究设计院、国家安全玻璃及石英玻璃质量监督检验中心、中国标准化研究院。

本标准主要起草人：黄治斌、黄建斌、刘志付、李新芳、邵景楚、葛言凯、魏德法、牟竹生、刘力武、纪福顺、左辉霞、王立祥、肖金炳、刘静、梁秀英、李晓杰。

平板玻璃单位产品能源消耗限额

1 范围

本标准规定了平板玻璃单位产品能源消耗(以下称“能耗”)限额的技术要求、统计范围和计算方法、节能管理与措施。

本标准适用于生产符合 GB 11614 的平板玻璃产品的企业进行能耗的计算、考核及新建项目的能耗控制。

2 规范性引用文件

下列文件对于本文件的应用是必不可少的。凡是注日期的引用文件,仅注日期的版本适用于本文件。凡是不注日期的引用文件,其最新版本(包括所有的修改单)适用于本文件。

GB/T 2589 综合能耗计算通则

GB 11614 平板玻璃

GB/T 12497 三相异步电动机经济运行

GB/T 12723 单位产品能源消耗限额编制通则

GB/T 13462 电力变压器经济运行

GB/T 13469 离心泵、混流泵、轴流泵和旋涡泵系统经济运行

GB/T 13470 通风机系统经济运行

GB 17167 用能单位能源计量器具配备和管理通则

GB/T 17954 工业锅炉经济运行

GB/T 17981 空气调节系统经济运行

GB 18613 中小型三相异步电动机能效限定值及能效等级

GB/T 18292 生活锅炉经济运行

GB/T 19065 电加热锅炉系统经济运行

GB 19153 容积式空气压缩机能效限定值及能效等级

GB 19761 通风机能效限定值及能效等级

GB 19762 清水离心泵能效限定值及节能评价值

GB 20052 三相配电变压器能效限定值及能效等级

3 术语和定义

GB/T 12723 界定的以及下列术语和定义适用于本文件。

3.1

平板玻璃产品综合能耗 the comprehensive energy consumption of flat glass

在统计期内用于平板玻璃生产所消耗的各种能源,按照规定的计算方法和单位分别折算后的总和。

3.2

平板玻璃单位产品综合能耗 the comprehensive energy consumption per unit product of flat glass

在统计期内生产每重量箱合格平板玻璃的综合能耗。

3.3

平板玻璃单位熔窑热耗　the thermal consumption of flat glass furnace

在统计期内熔化每千克玻璃液所消耗的热量。

4　技术要求

4.1　平板玻璃单位产品能耗限定值

现有平板玻璃生产企业单位产品能耗限定值指标包括平板玻璃单位产品综合能耗和平板玻璃单位熔窑热耗，其限定值应符合表1的规定。

表1　平板玻璃单位产品能耗限定值

分类	平板玻璃单位产品综合能耗 kgce/重量箱	平板玻璃单位熔窑热耗 kJ/kg
≤500 t/d	≤14.0	≤6 700
>500 t/d、≤800 t/d	≤13.5	≤6 400
>800 t/d	≤12.0	≤5 650
注：表中500 t/d、800 t/d指熔窑设计日熔化玻璃液量(不包括全氧燃烧的玻璃熔窑)。		

4.2　平板玻璃单位产品能耗准入值

新建平板玻璃生产企业的单位产品能耗准入值指标包括平板玻璃单位产品综合能耗和平板玻璃单位熔窑热耗，其准入值应符合表2的规定。

表2　平板玻璃单位产品能耗准入值

分类	平板玻璃单位产品综合能耗 kgce/重量箱	平板玻璃单位熔窑热耗 kJ/kg
≥500 t/d、≤800 t/d	≤12.5	≤5 700
>800 t/d	≤11.0	≤5 000
注：表中500 t/d、800 t/d指熔窑设计日熔化玻璃液量(不包括全氧燃烧的玻璃熔窑)。		

4.3　平板玻璃单位产品能耗先进值

平板玻璃生产企业的单位产品能耗先进值指标包括平板玻璃单位产品综合能耗和平板玻璃单位熔窑热耗，其先进值应符合表3的规定。

表3　平板玻璃单位产品能耗先进值

分类	平板玻璃单位产品综合能耗 kgce/重量箱	平板玻璃单位熔窑热耗 kJ/kg
>500 t/d、≤800 t/d	≤12.5	≤5 700
>800 t/d	≤11.0	≤5 000
注：表中500 t/d、800 t/d指熔窑设计日熔化玻璃液量(不包括全氧燃烧的玻璃熔窑)。		

5 统计范围和计算方法

5.1 统计范围

5.1.1 综合能耗的统计范围

综合能耗包括：动力、氮氢站、原料、熔化、成型、退火、切裁和成品包装等生产工序所消耗的能源，以及为生产服务的厂内运输工具、机修、照明等辅助生产所消耗的能源。

不包括：冷修(放水至出玻璃期间)、采暖、食堂、宿舍、燃料保管、运输损失、基建等消耗的能源，以及生产界区内回收利用和输出的能源量。

5.1.2 熔窑热耗统计范围

在统计期内熔窑连续稳定生产的情况下，所消耗的热量。

5.1.3 平板玻璃产量

统计期内企业按 GB 11614 的要求生产的合格产品的总产量(单位为重量箱)。

5.1.4 企业有多座平板玻璃熔窑时单位产品综合能耗的统计和计算

企业有多座平板玻璃熔窑时，应分别计量求出单位综合能耗，对公用部分的能耗按产量比例分摊。

5.1.5 企业生产多种产品时能耗的统计和计算

企业除平板玻璃外还生产其他产品时，各种能源应分开计量，对确属无法分开计量的公用能耗，如厂区照明或各类综合库房等按产品产值比例分摊。

5.2 计算方法

5.2.1 产品综合能耗的计算

应符合 GB/T 2589 的规定。

5.2.2 能源折标准煤系数及燃料热值选取

各种能源按折标准煤系数折算成标准煤(参见附录 A)。燃料的热值应取统计期内的实测加权平均值或根据燃料分析加权平均值进行计算。

5.2.3 窑龄系数

对应玻璃熔窑不同作业期的能耗修正系数见表 4。

表 4 窑龄系数

窑期划分/年	窑龄系数
设计窑龄的前 1/3	1.00
设计窑龄的 1/3 后～2/3 前	1.05
设计窑龄的 2/3 以后	1.12

5.2.4 **燃料等效应系数**

反映燃料的热能利用效率，以燃料油为基准的燃料等效应系数见表5。

表5 燃料等效应系数

燃　　料	等效应系数
燃料油	1.00
天然气	1.08
焦炉煤气	1.13
发生炉煤气(热)	1.20
石油焦	1.00

5.2.5 **平板玻璃综合能耗计算公式**

平板玻璃综合能耗应按式(1)计算：

$$E_b = e_c + e_d \qquad (1)$$

式中：

E_b ——综合能耗，即统计期内用于平板玻璃生产所消耗的各种能源折算为标准煤，单位为吨(t)；

e_c ——主燃料消耗，即统计期内用于平板玻璃生产时熔窑所消耗的各种燃料量折算为标准煤，单位为吨(t)；

e_d ——其他能源消耗，即统计期内用于平板玻璃生产所消耗的电力、辅助生产和厂内运输所耗燃料或电力折算为标准煤，单位为吨(t)。

5.2.6 **平板玻璃单位产品综合能耗计算公式**

平板玻璃单位产品综合能耗应按式(2)计算：

$$e_b = \frac{1\,000 \times \left(\dfrac{e_c}{c_1 \cdot c_2} + e_d\right)}{p_b} \qquad (2)$$

式中：

e_b ——平板玻璃单位产品综合能耗，单位为千克标准煤每重量箱(kgce/重量箱)；

p_d ——统计期内平板玻璃合格产品总产量，单位为重量箱；

c_1 ——窑龄系数，见表4；

c_2 ——燃料等效应系数，见表5。

5.2.7 **单位产品综合能耗计算位数的选取**

折算成标准煤，单位为千克标准煤每重量箱(kgce/重量箱)，取小数点后一位。

6 节能管理与措施

6.1 节能基础管理

6.1.1 平板玻璃生产企业应定期对生产中单位产品消耗燃料量和用电量进行考核，建立用能责任制度。

6.1.2 平板玻璃生产企业应按要求建立能耗统计体系，建立能耗测试数据、能耗计算和考核结果的文件档案，并对文件进行受控管理。

6.1.3 平板玻璃生产企业应根据 GB 17167 的要求配备能源计量器具并建立能源计量管理制度。

6.2 节能技术管理

6.2.1 耗能设备

6.2.1.1 平板玻璃生产企业应对耗能的主体热工设备——熔窑进行整体结构的优化设计、大规模化、加强窑体保温、选用高效节能的燃烧和控制系统；并使电动机系统、泵系统、通风机系统、电力变压器、工业锅炉、生活锅炉、电加热锅炉、空气调节系统等通用耗能设备符合 GB/T 12497、GB/T 13469、GB/T 13470、GB/T 13462、GB/T 17954、GB/T 18292、GB/T 17981 和 GB/T 19065 等相关的用能产品经济运行标准要求，从而达到最佳经济运行的状态。

6.2.1.2 新建及改扩建的平板玻璃生产企业所用的中小型三相异步电动机、容积式空气压缩机、通风机、清水离心泵、三相配电变压器等通用耗能设备应达到 GB 18613、GB 19153、GB 19761、GB 19762、GB 20052 等相应耗能设备能效标准中节能评价值和能效等级的要求。

6.2.2 生产过程

6.2.2.1 平板玻璃生产企业在生产过程中，应采取有效措施，使生产系统正常、连续和稳定运行，提高系统运转率。

6.2.2.2 平板玻璃生产企业在生产过程中，应加强设备的日常维护工作，防止出现设备意外停机，经常开停设备的情况。

附　录　A
（资料性附录）
各种能源折标准煤参考系数

各种能源折标准煤参考系数见表A.1。

表A.1　各种能源折标准煤参考系数

能源名称		平均低位发热量	折标准煤系数
原煤		20 908 kJ/kg(5 000 kcal/kg)	0.714 3 kgce/kg
洗精煤		26 344 kJ/kg(6 300 kcal/kg)	0.900 0 kgce/kg
其他洗煤	洗中煤	8 363 kJ/kg(2 000 kcal/kg)	0.285 7 kgce/kg
	煤泥	8 363 kJ/kg～12 545 kJ/kg (2 000 kcal/kg～3 000 kcal/kg)	0.285 7 kgce/kg～0.428 6 kgce/kg
焦炭		28 435 kJ/kg(6 800 kcal/kg)	0.971 4 kgce/kg
石油焦粉		35 125 kJ/kg(8 400 kcal/kg)	1.180 0 kgce/kg
原油		41 816 kJ/kg(10 000 kcal/kg)	1.428 6 kgce/kg
燃料油		41 816 kJ/kg(10 000 kcal/kg)	1.428 6 kgce/kg
汽油		43 070 kJ/kg(10 300 kcal/kg)	1.471 4 kgce/kg
煤油		43 070 kJ/kg(10 300 kcal/kg)	1.471 4 kgce/kg
柴油		42 652 kJ/kg(10 200 kcal/kg)	1.457 1 kgce/kg
煤焦油		33 453 kJ/kg(8 000 kcal/kg)	1.142 9 kgce/kg
液化石油气		50 179 kJ/kg(12 000 kcal/kg)	1.714 3 kgce/kg
炼厂干气		46 055 kJ/kg(11 000 kcal/kg)	1.571 4 kgce/kg
天然气		38 931 kJ/m³(9 310 kcal/m³)	1.330 0 kgce/m³
焦炉煤气		16 726 kJ/m³～17 981 kJ/m³ (4 000 kcal/m³～4 300 kcal/m³)	0.571 4 kgce/m³～0.614 3 kgce/m³
其他煤气	发生炉煤气	5 227 kJ/m³(1 250 kcal/m³)	0.178 6 kgce/m³
	重油催化裂解煤气	19 235 kJ/m³(4 600 kcal/m³)	0.657 1 kgce/m³
	重油热裂解煤气	35 544 kJ/m³(8 500 kcal/m³)	1.214 3 kgce/m³
	焦炭制气	16 308 kJ/m³(3 900 kcal/m³)	0.557 1 kgce/m³
	压力气化煤气	15 054 kJ/m³(3 600 kcal/m³)	0.514 3 kgce/m³
	水煤气	10 454 kJ/m³(2 500 kcal/m³)	0.357 1 kgce/m³
粗苯		41 816 kJ/kg(10 000 kcal/kg)	1.428 6 kgce/kg
热力(当量)			0.034 12 kgce/MJ
电力(当量)		3 600 kJ/(kW·h) [860 kcal/(kW·h)]	0.122 9 kgce/(kW·h)
标准煤(折)		29 271.2 kJ/kg(7 000 kcal/kg)	1.000 0 kgce/kg

ICS 27.010
F 01

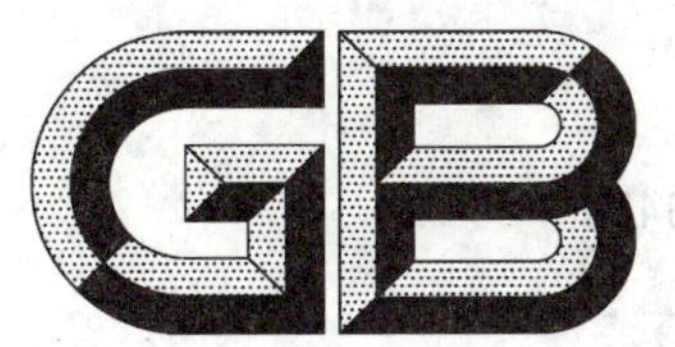

中华人民共和国国家标准

GB 29450—2012

玻璃纤维单位产品能源消耗限额

The norm of energy consumption per unit product of glass fibers

2012-12-31 发布　　2013-10-01 实施

中华人民共和国国家质量监督检验检疫总局
中国国家标准化管理委员会　发布

前　言

本标准4.1和4.2为强制性的，其余为推荐性的。

本标准按照GB/T 1.1—2009给出的规则起草。

本标准由国家发展和改革委员会资源节约与环境保护司、工业和信息化部节能与综合利用司提出。

本标准由全国能源基础与管理标准化技术委员会(SAC/TC 20)、中国建筑材料联合会归口。

本标准起草单位：南京玻璃纤维研究设计院有限公司、国家玻璃纤维产品质量监督检验中心。

本标准主要起草人：王玉梅、姜肇中、陈尚、陈建明。

玻璃纤维单位产品能源消耗限额

1 范围

本标准规定了生产玻璃纤维纱和玻璃球单位产品能源消耗(简称能耗)限额的技术要求、统计范围和计算方法、节能管理与措施。

本标准适用于中碱或无碱玻璃球生产企业和以池窑法或坩埚法生产E玻璃、ECR玻璃和中碱玻璃纤维生产企业的能耗计算、考核,以及对新建项目的能耗控制。

本标准不适用于高强玻璃纤维、高硅氧玻璃纤维、耐碱玻璃纤维等特种玻璃纤维的生产企业。

2 规范性引用文件

下列文件对于本文件的应用是必不可少的。凡是注日期的引用文件,仅注日期的版本适用于本文件。凡是不注日期的引用文件,其最新版本(包括所有的修改单)适用于本文件。

GB/T 2589 综合能耗计算通则

GB 17167 用能单位能源计量器具配备和管理通则

3 术语和定义

下列术语和定义适用于本文件。

3.1

综合能耗 comprehensive energy consumption

统计报告期内用于生产玻璃纤维纱或玻璃球实际消耗的各种能源实物量。包括生产系统和辅助生产系统的能耗总和。

3.2

单位产品综合能耗 comprehensive energy consumption for unit output of product

统计报告期内生产每吨合格的玻璃纤维纱或玻璃球的综合能耗。

3.3

生产系统 production system

生产玻璃纤维纱或玻璃球的工艺过程、装置、设施和设备组织的体系。包括:熔窑、漏板、坩埚、拉丝机、烘干设备、捻线机、络纱机、制球机等。

3.4

辅助生产系统 production assisting system

为生产系统服务的过程、设施和设备,包括:原料配料和辅料的准备,配制和输送、水电气的供应、加工、空调、照明、设备保全、内部运输、产品检验及包装、安全环保等装置及设施。

4 技术要求

4.1 单位产品综合能耗限定值

现有玻璃纤维企业单位产品综合能耗限定值见表1。

表 1　现有玻璃纤维企业单位产品能耗限定值

工艺方法	工序	产品	单位产品综合能耗 kgce/t
池窑法	—	E 玻璃纤维纱 （纤维直径小于等于 9 μm）	≤900
		E(ECR)玻璃纤维纱 （纤维直径大于 9 μm）	≤700
		中碱玻璃纤维纱	≤650
坩埚法	制球	无碱玻璃球	≤580
		中碱玻璃球	≤400
	拉丝	玻璃纤维纱	≤430

4.2　单位产品综合能耗准入值

新建玻璃纤维企业单位产品综合能耗准入值见表 2。

表 2　新建玻璃纤维企业单位产品能耗准入值

工艺方法	工序及产品分类	单位产品综合能耗 kgce/t
池窑法	E 玻璃纤维纱 （纤维直径小于等于 9 μm）	≤750
	E(ECR)玻璃纤维纱 （纤维直径大于 9 μm）	≤550

4.3　单位产品综合能耗先进值

玻璃纤维企业单位产品综合能耗先进值见表 3。

表 3　单位产品能耗先进值

工艺方法	工序	产品	单位产品综合能耗 kgce/t
池窑法	—	E 玻璃纤维纱 （纤维直径小于等于 9 μm）	≤750
		E(ECR)玻璃纤维纱 （纤维直径大于 9 μm）	≤550
		中碱玻璃纤维纱	≤550
坩埚法	制球	无碱玻璃球	≤400
		中碱玻璃球	≤300
	拉丝	玻璃纤维纱	≤300

5 统计范围和计算方法

5.1 统计范围

5.1.1 能源种类、能源和耗能工质的计量单位、各种能源折算标煤量的方法

能源和耗能工质的计量单位、各种能源折算标煤量的方法按 GB/T 2589 的规定。能源的计量应符合 GB 17167 的要求。各种能源不得重计或漏计。计算综合能耗时，各种能源折算为一次能源的单位为标准煤当量。当无法获得各种能源的低(位)发热量实测值和单位耗能工质耗能量时，可按附录 A 和附录 B 给出的系数进行计算。

5.1.2 计算范围

5.1.2.1 池窑法生产能耗计算范围

从各种原料计量进厂开始到玻璃纤维纱计量入库过程中，生产系统和辅助生产系统所消耗的各种能源和耗能工质。

5.1.2.2 坩埚法生产能耗计算范围

坩埚法生产过程能耗计算范围分别按制球工序和拉丝工序确定如下：

a) 制球工序。从各种原料计量进厂开始到玻璃球包装入库过程中，生产系统和辅助生产系统所消耗的各种能源和耗能工质。

b) 拉丝工序。从玻璃球计量进厂开始到玻璃纤维纱计量入库过程中，生产系统和辅助生产系统所消耗的各种能源和耗能工质。

对于既制球又拉丝的企业，应分别按制球工序和拉丝工序计算能耗。

5.2 计算方法

5.2.1 玻璃球能耗计算

5.2.1.1 玻璃球综合能耗计算

玻璃球综合能耗等于玻璃球生产过程中，包括生产系统和辅助生产系统所输入的各种能源总量减去向外输出的各种能源的总量，按式(1)计算：

$$Q_m = \sum e_i k_i - \sum e_j k_j \quad \cdots\cdots (1)$$

式中：

Q_m ——玻璃球综合能耗，单位为吨标准煤(tce)；

e_i ——玻璃球生产过程中输入的第 i 种能源或耗能工质实物量，单位为吨(t)或立方米(m^3)；

k_i ——玻璃球生产过程中输入的第 i 种能源或耗能工质的折标准煤系数，单位为吨标准煤每吨(tce/t)或吨标准煤每立方米(tce/m^3)；

e_j ——玻璃球生产过程中输出的第 j 种能源实物量，单位为吨(t)或立方米(m^3)；

k_j ——玻璃球生产过程中输出的第 j 种能源的折标准煤系数，单位为吨标准煤每吨(tce/t)或吨标准煤每立方米(tce/m^3)。

如果企业既生产无碱玻璃球，也生产中碱玻璃球，则按每种玻璃球的产量进行分摊。

5.2.1.2 玻璃球单位产品综合能耗计算

玻璃球单位产品综合能耗按式(2)计算：

$$E_m = 1\,000 \frac{Q_m}{G_m} \quad \cdots\cdots(2)$$

式中：

E_m ——玻璃球单位产品综合能耗，单位为千克标准煤每吨(kgce/t)；

Q_m ——玻璃球综合能耗，单位为吨标准煤(tce)；

G_m ——合格玻璃球产量，单位为吨(t)。

若企业既生产无碱玻璃球，也生产中碱玻璃球，则按玻璃球种类分别计算。

5.2.2 玻璃纤维纱能耗计算

5.2.2.1 玻璃纤维纱产量计算

5.2.2.1.1 池窑法

对于单纯生产粗纱(纤维直径大于9 μm)的池窑，玻璃纤维纱的产量以实际产量计。

对单纯生产细纱(纤维直径小于等于9 μm)的池窑，分别根据纤维直径大于5 μm和纤维直径小于等于5 μm的纱的实际产量，按式(3)计算折算产量。

$$G_{yz9} = G_{y9} + 1.5G_{y5} \quad \cdots\cdots(3)$$

式中：

G_{yz9}——合格玻璃纤维细纱的折算产量，单位为吨(t)；

G_{y9} ——合格的纤维直径大于5 μm的玻璃纤维细纱的实际产量，单位为吨(t)；

G_{y5} ——合格的纤维直径小于等于5 μm玻璃纤维细纱的实际产量，单位为吨(t)。

对既生产细纱又生产粗纱的混合型窑，则分别根据细纱(纤维直径小于等于9 μm)和粗纱(纤维直径大于9 μm)的实际产量，以主体产量选择按式(4)或按式(5)计算折算产量。玻璃纤维纱的产量以折算产量计。

$$G_{yz粗} = G_{y粗} + 1.4G_{y细} \quad \cdots\cdots(4)$$

$$G_{yz细} = G_{细} + \frac{G_{粗}}{1.4} \quad \cdots\cdots(5)$$

式中：

$G_{yz粗}$——合格玻璃纤维粗纱的折算产量，单位为吨(t)；

$G_{y粗}$ ——合格玻璃纤维粗纱的实际产量，单位为吨(t)；

$G_{y细}$ ——合格玻璃纤维细纱的实际产量，单位为吨(t)；

$G_{yz细}$——合格玻璃纤维细纱的折算产量，单位为吨(t)。

5.2.2.1.2 坩埚法

坩埚法生产的玻璃纤维纱的产量以折算产量计，折算产量按式(6)进行计算。

$$G_{yz} = \sum G_{yi}\lambda_i \quad \cdots\cdots(6)$$

式中：

G_{yz}——合格玻璃纤维纱折算产量，单位为吨(t)；

G_{yi}——第 i 种线密度合格玻璃纤维纱实际产量，单位为吨(t)。

λ_i ——第 i 种线密度折算系数，取值按表4；

表 4 线密度折算系数

公称线密度 tex	折算系数 λ_i
≤2.75	9.5
>2.75～5.5	5
>5.5～11	2.5
>11～22.5	1
>22.5～33	0.9
>33～50	0.7
>50～90	0.6
>90	0.5

5.2.2.2 玻璃纤维纱综合能耗计算

玻璃纤维纱综合能耗等于玻璃纤维纱生产过程中，包括生产系统和辅助生产系统所输入的各种能源总量减去向外输出的各种能源的总量，按式(7)计算：

$$Q_y = \sum e_i k_i - \sum e_j k_j \qquad \cdots\cdots(7)$$

式中：

Q_y ——玻璃纤维纱综合能耗，单位为吨标准煤(tce)；

e_i ——玻璃纤维纱生产过程中输入的第 i 种能源或耗能工质实物量，单位为吨(t)或立方米(m^3)；

k_i ——玻璃纤维纱生产过程中输入的第 i 种能源或耗能工质的折标准煤系数，单位为吨标准煤每吨(tce/t)或吨标准煤每立方米(tce/m^3)；

e_j ——玻璃纤维纱生产过程中输出的第 j 种能源实物量，单位为吨(t)或立方米(m^3)；

k_j ——玻璃纤维纱生产过程中输出的第 j 种能源的折标准煤系数，单位为吨标准煤每吨(tce/t)或吨标准煤每立方米(tce/m^3)。

若企业既有池窑拉丝，也有坩埚法拉丝，综合能耗应分别计算。辅助生产系统能耗的分摊，由企业根据实际情况和产品结构自行确定，分摊比例力求合理、准确。

5.2.2.3 玻璃纤维纱单位产品综合能耗

玻璃纤维纱单位产品综合能耗按式(8)计算：

$$E_y = 1\ 000 \frac{Q_y}{G_y} \qquad \cdots\cdots(8)$$

式中：

E_y ——玻璃纤维纱单位产品综合能耗，单位为千克标准煤每吨(kgce/t)；

Q_y ——玻璃纤维纱综合能耗，单位为吨标准煤(tce)；

G_y ——合格玻璃纤维纱的产量，合格玻璃纤维纱的实际产量或按式(3)～式(6)计算的玻璃纤维纱折算产量，单位为吨(t)。

6 节能管理与措施

6.1 节能基础管理

6.1.1 企业应建立健全能源管理组织机构，对节能工作进行组织、管理、监督、考核和评价。

6.1.2 企业应制定行之有效的节能制度和措施,强化责任制、建立健全节能责任考核体系。

6.1.3 企业应根据 GB 17167 的要求配备能源计量器具并建立能源计量管理制度。对基础数据进行有效的检测、度量和计算,确保能源基础数据的准确性和完整性。

6.1.4 企业应科学有效地组织能源统计工作,确保能源统计数据的准确性与及时性,做好能源消耗和利用状况的统计分析,定期发布,并做好能源统计资料的管理与归档工作。

6.2 节能技术措施

6.2.1 实施玻璃熔窑规模化,以及对玻璃熔窑进行整体结构的优化设计。

6.2.2 加强窑体保温和密封。

6.2.3 采用纯氧燃烧技术。

6.2.4 加强余热的回收利用。

6.2.5 选用高效节能的燃烧器和控制系统。

6.2.6 采用鼓泡技术和辅助电加热技术。

附 录 A
（资料性附录）
各种能源折标准煤参考系数

各种能源折标准煤参考系数见表 A.1。

表 A.1 各种能源折标准煤参考系数

<table>
<tr><th colspan="2">能源名称</th><th>平均低位发热量</th><th>折标准煤系数</th></tr>
<tr><td colspan="2">原煤</td><td>20 908 kJ/kg(5 000 kcal/kg)</td><td>0.714 3 kgce/kg</td></tr>
<tr><td colspan="2">洗精煤</td><td>26 344 kJ/kg(6 300 kcal/kg)</td><td>0.900 0 kgce/kg</td></tr>
<tr><td rowspan="2">其他洗煤</td><td>洗中煤</td><td>8 363 kJ/kg(2 000 kcal/kg)</td><td>0.285 7 kgce/kg</td></tr>
<tr><td>煤泥</td><td>8 363 kJ/kg～12 545 kJ/kg
(2 000 kcal/kg～3 000 kcal/kg)</td><td>0.285 7 kgce/kg～
0.428 6 kgce/kg</td></tr>
<tr><td colspan="2">焦炭</td><td>28 435 kJ/kg(6 800 kcal/kg)</td><td>0.971 4 kgce/kg</td></tr>
<tr><td colspan="2">原油</td><td>41 816 kJ/kg(10 000 kcal/kg)</td><td>1.428 6 kgce/kg</td></tr>
<tr><td colspan="2">燃料油</td><td>41 816 kJ/kg(10 000 kcal/kg)</td><td>1.428 6 kgce/kg</td></tr>
<tr><td colspan="2">汽油</td><td>43 070 kJ/kg(10 300 kcal/kg)</td><td>1.471 4 kgce/kg</td></tr>
<tr><td colspan="2">煤油</td><td>43 070 kJ/kg(10 300 kcal/kg)</td><td>1.471 4 kgce/kg</td></tr>
<tr><td colspan="2">柴油</td><td>42 652 kJ/kg(10 200 kcal/kg)</td><td>1.457 1 kgce/kg</td></tr>
<tr><td colspan="2">煤焦油</td><td>33 453 kJ/kg(8 000 kcal/kg)</td><td>1.142 9 kgce/kg</td></tr>
<tr><td colspan="2">渣油</td><td>41 816 kJ/kg(10 000 kcal/kg)</td><td>1.428 6 kgce/kg</td></tr>
<tr><td colspan="2">液化石油气</td><td>50 179 kJ/kg(12 000 kcal/kg)</td><td>1.714 3 kgce/kg</td></tr>
<tr><td colspan="2">炼厂干气</td><td>46 055 kJ/kg(11 000 kcal/kg)</td><td>1.571 4 kgce/kg</td></tr>
<tr><td colspan="2">油田天然气</td><td>38 931 kJ/m^3(9 310 kcal/m^3)</td><td>1.330 0 kgce/m^3</td></tr>
<tr><td colspan="2">气田天然气</td><td>35 544 kJ/m^3(8 500 kcal/m^3)</td><td>1.214 3 kgce/m^3</td></tr>
<tr><td colspan="2">煤矿瓦斯气</td><td>14 636 kJ/m^3～16 726 kJ/m^3
(3 500 kcal/m^3～4 000 kcal/m^3)</td><td>0.500 0 kgce/m^3～
0.571 4 kgce/m^3</td></tr>
<tr><td colspan="2">焦炉煤气</td><td>16 726 kJ/m^3～17 981 kJ/m^3
(4 000 kcal/m^3～4 300 kcal/m^3)</td><td>0.571 4 kgce/m^3～
0.614 3 kgce/m^3</td></tr>
<tr><td colspan="2">高炉煤气</td><td>3 763 kJ/m^3</td><td>0.128 6 kgce/m^3</td></tr>
<tr><td rowspan="6">其他煤气</td><td>a) 发生炉煤气</td><td>5 227 kJ/m^3(1 250 kcal/m^3)</td><td>0.178 6 kgce/m^3</td></tr>
<tr><td>b) 重油催化裂解煤气</td><td>19 235 kJ/m^3(4 600 kcal/m^3)</td><td>0.657 1 kgce/m^3</td></tr>
<tr><td>c) 重油热裂解煤气</td><td>35 544 kJ/m^3(8 500 kcal/m^3)</td><td>1.214 3 kgce/m^3</td></tr>
<tr><td>d) 焦炭制气</td><td>16 308 kJ/m^3(3 900 kcal/m^3)</td><td>0.557 1 kgce/m^3</td></tr>
<tr><td>e) 压力气化煤气</td><td>15 054 kJ/m^3(3 600 kcal/m^3)</td><td>0.514 3 kgce/m^3</td></tr>
<tr><td>f) 水煤气</td><td>10 454 kJ/m^3(2 500 kcal/m^3)</td><td>0.357 1 kgce/m^3</td></tr>
<tr><td colspan="2">粗苯</td><td>41 816 kJ/m^3(10 000 kcal/m^3)</td><td>1.428 6 kgce/m^3</td></tr>
<tr><td colspan="2">热力(当量值)</td><td colspan="2">按温度、压力确定焓值计算</td></tr>
<tr><td colspan="2">电力(当量值)</td><td>3 600 kJ/(kW·h)[860 kcal/(kW·h)]</td><td>0.122 9 kgce/(kW·h)</td></tr>
<tr><td colspan="2">蒸汽(低压)(当量值)</td><td>2 763 kJ/kg(660 kcal/kg)</td><td>0.094 3 kgce/(kg)</td></tr>
</table>

附 录 B
（资料性附录）
耗能工质能源等价值

耗能工质能源等价值见表 B.1。

表 B.1 耗能工质能源等价值

品 种	单位耗能工质耗能量	折标准煤系数
软水	14.23 MJ/t(3 400 kcal/t)	0.485 7 kgce/t
除氧水	28.45 MJ/t(6 800 kcal/t)	0.971 4 kgce/t
压缩空气	1.17 MJ/m^3(280 $kcal/m^3$)	0.040 0 $kgce/m^3$
鼓风	0.88 MJ/m^3(210 $kcal/m^3$)	0.030 0 $kgce/m^3$
氧气	11.72 MJ/m^3(2 800 $kcal/m^3$)	0.400 0 $kgce/m^3$
氮气（做副产品时）	11.72 MJ/m^3(2 800 $kcal/m^3$)	0.400 0 $kgce/m^3$
氮气（做主产品时）	19.66 MJ/m^3(4 700 $kcal/m^3$)	0.671 4 $kgce/m^3$
二氧化碳气	6.28 MJ/m^3(1 500 $kcal/m^3$)	0.214 3 $kgce/m^3$
乙炔	243.67 MJ/m^3	8.314 3 $kgce/m^3$
电石	60.92 MJ/kg	2.078 6 kgce/kg
注：折标准煤系数是按照电力等价值 0.404 kgce/(kW·h)计算，企业计算时可按照当年火电平均发电标准煤耗对系数进行修正。		

ICS 27.010
F 01

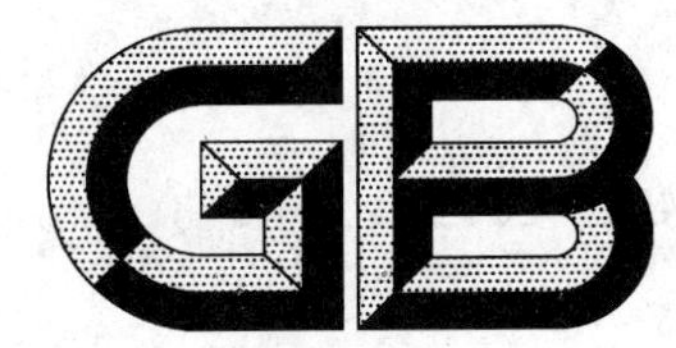

中华人民共和国国家标准

GB 29451—2012

铸石单位产品能源消耗限额

The norm of energy consumption per unit product of cast stone

2012-12-31 发布

2013-10-01 实施

中华人民共和国国家质量监督检验检疫总局
中国国家标准化管理委员会 发布

前言

本标准的4.1、4.2为强制性的，其余为推荐性的。

本标准按照GB/T 1.1—2009给出的规则起草。

本标准由国家发展和改革委员会资源节约与环境保护司、工业和信息化部节能与综合利用司提出。

本标准由全国能源基础与管理标准化技术委员会(SAC/TC 20)、中国建筑材料联合会归口。

本标准起草单位：中国建材检验认证集团股份有限公司。

本标准主要起草人：孙洁平、胡云林、范祥林、杜大艳、黄梦迟、王硕。

铸石单位产品能源消耗限额

1 范围

本标准规定了铸石单位产品能源消耗(简称能耗)限额的技术要求、统计范围和计算方法、节能管理与措施。

本标准适用于铸石生产企业能耗的计算、考核以及对新建项目的能耗控制。

2 规范性引用文件

下列文件对于本文件的应用是必不可少的。凡是注日期的引用文件,仅注日期的版本适用于本文件。凡是不注日期的引用文件,其最新版本(包括所有的修改单)适用于本文件。

GB/T 213 煤的发热量测定方法

GB/T 384 石油产品热值测定法

GB/T 2589 综合能耗计算通则

GB/T 12497 三相异步电动机经济运行

GB/T 12723 单位产品能源消耗编制通则

GB/T 13462 电力变压器经济运行

GB/T 13469 离心泵、混流泵、轴流泵和漩涡泵系统经济运行

GB/T 13470 通风机系统经济运行

GB 17167 用能单位能源计量器具配备和管理通则

GB/T 17954 工业锅炉经济运行

GB/T 17981 空气调节系统经济运行

GB 18613 中小型三相异步电动机能效限定值及能效等级

GB/T 19065 电加热锅炉系统经济运行

GB 19153 容积式空气压缩机能效限定值及能效等级

GB 19761 通风机能效限定值及能效等级

GB 19762 清水离心泵能效限定值及节能评价值

GB 20052 三相配电变压器能效限定值及节能评价值

GB/T 23331 能源管理体系 要求

3 术语和定义

GB/T 2589 和 GB/T 12723 界定的以及下列术语和定义适用于本文件。

3.1

综合能耗 comprehensive energy consumption

在统计报告期内产品生产全过程中,用于生产系统和辅助生产系统所实际消耗的各种能源总量。

3.2

单位产品综合能耗 comprehensive energy consumption for per unit product

在统计报告期内每生产 1 t 合格产品所发生的综合能耗。

3.3

生产界区　production area

包括从原料和煤、油、气等能源经计量进入工序开始，到成品计量入库，以及辅助生产系统的整个产品生产过程。

3.4

生产系统　manufacture process

产品生产中由原料制备、输送、熔化、成型、结晶、退火、裁切、检验和包装等生产工序、相应的装置、设施和设备组成的体系。

3.5

辅助生产系统　assistant manufacture process

与产品生产系统服务直接关联的如供水、供热、供气、供油、机修、照明、安全、环保、仓库以及厂内模具制作等辅助装置和设施。

4　技术要求

4.1　单位产品综合能耗限定值

现有生产企业的单位产品综合能耗限定值不应大于 800 kgce/t。

4.2　单位产品综合能耗准入值

新建生产企业(含新建生产线)的单位产品综合能耗准入值不应大于 700 kgce/t。

4.3　单位产品综合能耗先进值

现有生产企业可通过节能技术改造和加强节能管理来达到单位产品综合能耗先进值。

单位产品综合能耗先进值不应大于 540 kgce/t。

5　统计范围和计算方法

5.1　统计范围

5.1.1　铸石综合能耗统计范围包括生产系统和辅助生产系统的能耗，但不包括生活设施(如宿舍、食堂等)及运输保管、采暖、技改等以及停产期间的能耗。

5.1.2　能源的计量应符合 GB 17167 的要求。应对统计报告期内的能耗数量和产品产量进行统计，不应重复统计和漏统计。

5.2　计算方法

5.2.1　通用要求

综合能耗的计算应符合 GB/T 2589 的规定。

5.2.2　综合能耗

综合能耗按式(1)计算：

$$E_{ZN}=M_a\times\frac{Q_{DW}^{a}}{29\ 308}+M_b\times\frac{Q_{DW}^{b}}{29\ 308}+M_c\times\frac{Q_{DW}^{c}}{29\ 308}+0.122\ 9\times M_d \quad\cdots\cdots(1)$$

式中：

E_{ZN} ——综合能耗，单位为千克标准煤(kgce)；

M_a ——煤耗，单位为千克(kg)；

M_b ——油耗，单位为千克(kg)；

M_c ——气耗，单位为立方米(m^3)；

M_d ——电耗，单位为千瓦时(kW·h)；

Q_{DW}^{a} ——煤的低(位)发热量，单位为千焦耳每千克(kJ/kg)；

Q_{DW}^{b} ——油的低(位)发热量，单位为千焦耳每千克(kJ/kg)；

Q_{DW}^{c} ——气的低(位)发热量，单位为千焦耳每立方米(kJ/m^3)；

29 308 ——1千克标准煤的发热量，单位为千焦耳每千克标准煤(kJ/kgce)；

0.122 9——电力(当量)折算成标准煤的系数，单位为千克标准煤每千瓦时[kgce/(kW·h)]。

5.2.3 单位产品综合能耗

单位产品综合能耗按式(2)计算：

$$E_{DN}=E_{ZN}/P \quad \cdots\cdots(2)$$

式中：

E_{DN}——单位产品综合能耗，单位为千克标准煤每吨(kgce/t)；

P ——符合JC 514.1、JC 514.2、JC 514.3、JC/T 515、JC/T 656、JC/T 657等相关标准的产品的产量，单位为吨(t)。

5.2.4 标准煤的折算

消耗的各种能源应按热值统一折算为标准煤。

燃料的热值为企业在统计报告期内实测的燃料的平均低(位)发热量。固体燃料低(位)发热量按GB/T 213的规定测定，液体燃料低(位)发热量按GB/T 384的规定测定。若无条件实测或目前尚难以进行常规分析的，可参照使用本标准附录A将各种能源折算为标准煤。

6 节能管理与措施

6.1 节能基础管理

企业应定期对生产中单位产品综合能耗进行考核，并把考核指标分解落实到各基层部门，建立用能责任制度。

企业应按照GB/T 23331要求建立能源管理体系，建立能耗测试数据、能耗计算和考核结果的文件档案，并对文件进行受控管理。

企业应根据GB 17167的要求配备能源计量器具并建立能源计量管理制度。

6.2 节能技术管理

6.2.1 耗能设备管理

企业应对耗能的主体热工设备——熔化窑、结晶窑、退火窑进行整体结构的优化设计，加强窑炉保温，选用高效节能的生产工艺设备和控制系统。

企业应使电动机系统、泵系统、通风机系统、电力变压器、工业锅炉、电加热锅炉、空气调节系统等通用耗能设备分别符合GB/T 12497、GB/T 13469、GB/T 13470、GB/T 13462、GB/T 17954、GB/T 19065和GB/T 17981等相关用能产品经济运行标准要求，达到经济运行状态。

新建及改扩建企业所用的中小型三相异步电动机、容积式空气压缩机、通风机、清水离心泵、三相配电变压器等通用耗能设备应分别达到 GB 18613、GB 19153、GB 19761、GB 19762、GB 20052 等相应耗能设备能效标准中节能评价值的要求。

6.2.2 生产过程管理

在各生产工序中，企业应采取有效措施，保证生产系统正常、连续和稳定运行，提高系统运转率，实现高效、优质、低耗和清洁生产。

企业应积极推广和使用新型节能工艺技术，如节能原料配方技术、节能原料加工技术、节能干燥技术、低温熔化技术、余热利用技术等，积极推广和使用新型节能设备，如新型粉碎设备、新型节能窑炉、节能输送设备等。

附 录 A
（资料性附录）
各种能源折算标准煤参考系数和耗能工质能源等价值

A.1 各种能源折算标准煤参考系数

各种能源折算标准煤参考系数见表 A.1。

表 A.1 各种能源折算标准煤参考系数

能源名称		平均低(位)发热量	折算标准煤系数
原煤		20 908 kJ/kg	0.714 3 kgce/kg
洗精煤		26 344 kJ/kg	0.900 0 kgce/kg
洗中煤		8 363 kJ/kg	0.285 7 kgce/kg
煤泥		8 363 kJ/kg～12 545 kJ/kg	0.285 7 kgce/kg～0.428 6 kgce/kg
焦炭		28 435 kJ/kg	0.971 4 kgce/kg
原油		41 816 kJ/kg	1.428 6 kgce/kg
燃料油		41 816 kJ/kg	1.428 6 kgce/kg
汽油		43 070 kJ/kg	1.471 4 kgce/kg
煤油		43 070 kJ/kg	1.471 4 kgce/kg
柴油		42 652 kJ/kg	1.457 1 kgce/kg
煤焦油		33 453 kJ/kg	1.142 9 kgce/kg
液化石油气		50 179 kJ/kg	1.714 3 kgce/kg
炼厂干气		46 055 kJ/kg	1.571 4 kgce/kg
油田天然气		38 931 kJ/m³	1.330 0 kgce/kg
气田天然气		35 544 kJ/m³	1.214 3 kgce/kg
煤矿瓦斯气		14 636 kJ/m³～16 726 kJ/m³	0.500 0 kgce/kg～0.571 4 kgce/kg
焦炉煤气		16 726 kJ/m³～17 981 kJ/m³	0.571 4 kgce/kg～0.614 3 kgce/kg
其他煤气	发生炉煤气	5 227 kJ/m³	0.178 6 kgce/kg
	重油催化裂解煤气	19 235 kJ/m³	0.657 1 kgce/kg
	重油热裂解煤气	35 544 kJ/m³	1.214 3 kgce/kg
	焦炭制气	16 308 kJ/m³	0.557 1 kgce/kg
	压力气化煤气	15 054 kJ/m³	0.514 3 kgce/kg
	水煤气	10 454 kJ/m³	0.357 1 kgce/kg
电力当量值		3 600 kJ/(kW·h)	0.122 9 kgce/(kW·h)

A.2 耗能工质能源等价值

耗能工质能源等价值见表 A.2。

表 A.2 耗能工质能源等价值

耗能工质名称	平均折算热量 MJ/t	折算标准煤系数 kgce/t
外购水	2.51	0.085 7
软水	14.23	0.485 7
除氧水	28.45	0.971 4
压缩空气(标况)	1.17	0.040 0
鼓风(标况)	0.88	0.030 0
氧气(标况)	11.72	0.400 0
氮气(标况)	19.66	0.671 4
二氧化碳气(标况)	6.28	0.214 3

ICS 27.010
F 01

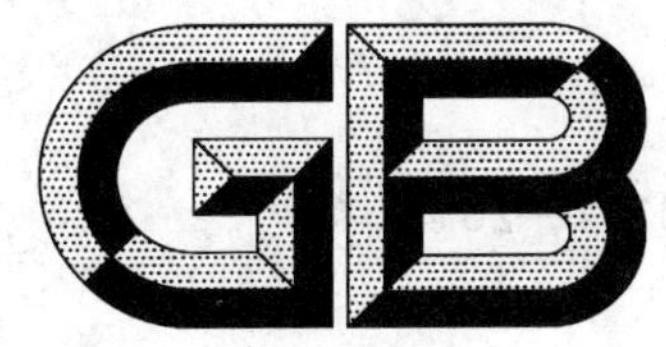

中华人民共和国国家标准

GB 30181—2013

微晶氧化铝陶瓷研磨球单位产品能源消耗限额

The norm of energy consumption per unit product of microcrystal alumina ceramic abrasive medium

2013-12-31 发布 2014-12-01 实施

中华人民共和国国家质量监督检验检疫总局
中国国家标准化管理委员会 发布

前言

本标准的4.2和4.3为强制性的，其余为推荐性的。

本标准按照GB/T 1.1—2009给出的规则起草。

本标准由国家发展和改革委员会资源节约和环境保护司、工业和信息化部节能与综合利用司提出。

本标准由全国能源基础与管理标准化技术委员会(SAC/TC 20)和中国建筑材料联合会归口。

本标准起草单位：山东工业陶瓷研究设计院有限公司、中材高新材料股份有限公司。

本标准主要起草人：吕宝伟、陈学江、吴萍、陈常祝。

微晶氧化铝陶瓷研磨球单位产品能源消耗限额

1 范围

本标准规定了微晶氧化铝陶瓷研磨球单位产品能源消耗限额的技术要求、统计范围和计算方法、节能管理与措施。

本标准适用于微晶氧化铝陶瓷研磨球生产企业能耗的计算、考核，以及新建项目的能耗控制。

2 规范性引用文件

下列文件对于本文件的应用是必不可少的。凡是注日期的引用文件，仅注日期的版本适用于本文件。凡是不注日期的引用文件，其最新版本(包括所有的修改单)适用于本文件。

GB/T 213 煤的发热量测定方法

GB/T 384 石油产品热值测定法

GB/T 2589 综合能耗计算通则

GB/T 12497 三相异步电动机经济运行

GB/T 12723 单位产品能源消耗限额编制通则

GB/T 13462 电力变压器经济运行

GB/T 13469 离心泵、混流泵、轴流泵和旋涡泵系统经济运行

GB/T 13470 通风机系统经济运行

GB/T 17954 工业锅炉经济运行

GB/T 17981 空气调节系统经济运行

GB/T 18292 生活锅炉经济运行

GB 18613 中小型三相异步电动机能效限定值及能效等级

GB/T 19065 电加热锅炉系统经济运行

GB 19153 容积式空气压缩机能效限定值及能效等级

GB 19761 通风机能效限定值及能效等级

GB 19762 清水离心泵能效限定值及节能评价值

GB 20052 三相配电变压器能效限定值及能效等级

GB/T 24851 建筑材料行业能源计量器具配备和管理通则

JC/T 848.1 耐磨氧化铝球

3 术语和定义

GB/T 12723 界定的以及下列术语和定义适用于本文件。

3.1

微晶氧化铝陶瓷研磨球综合能耗 comprehensive energy consumption of microcrystal alumina ceramic abrasive medium

在报告期内微晶氧化铝陶瓷研磨球生产全部过程中，用于生产实际消耗的各种能源总量。

3.2

微晶氧化铝陶瓷研磨球单位产品综合能耗 comprehensive energy consumption per unit product of microcrystal alumina ceramic abrasive medium

以单位合格品产量表示的微晶氧化铝陶瓷研磨球综合能耗。

3.3

微晶氧化铝陶瓷研磨球单位产品电耗 comprehensive power consumption of microcrystal alumina ceramic abrasive medium

以单位微晶氧化铝陶瓷研磨球产量表示的直接消耗的电量。

4 技术要求

4.1 基本要求

本标准规定的微晶氧化铝陶瓷研磨球为符合 JC/T 848.1 的合格产品，90 系列微晶氧化铝陶瓷研磨球是质量分数为(90±1)%的氧化铝陶瓷研磨球。

4.2 微晶氧化铝陶瓷研磨球单位产品能源消耗限定值

现有微晶氧化铝陶瓷研磨球企业的单位产品能源消耗限定值应符合表 1 的规定。

表 1 微晶氧化铝陶瓷研磨球单位产品能源消耗限定值

Al_2O_3 含量	单位产品综合能耗限定值/(kgce/t)	单位产品电耗限定值/(kW·h/t)
90 系列	≤385[a]	≤570
[a] 氧化铝质量分数为 90%≤Al_2O_3<100%时，质量分数每增加 1%，能源消耗限定值增加 2%。		

4.3 微晶氧化铝陶瓷研磨球单位产品能源消耗准入值

新建微晶氧化铝陶瓷研磨球企业(含新建生产线)的单位产品能源消耗准入值应符合表 2 的规定。

表 2 微晶氧化铝陶瓷研磨球单位产品能源消耗准入值

Al_2O_3 含量	单位产品综合能耗准入值/(kgce/t)	单位产品电耗准入值/(kW·h/t)
90 系列	≤335[a]	≤520
[a] 氧化铝质量分数为 90%≤Al_2O_3<100%时，质量分数每增加 1%，能源消耗准入值增加 2%。		

4.4 微晶氧化铝陶瓷研磨球单位产品能源消耗先进值

微晶氧化铝陶瓷研磨球生产企业应通过节能技术改造和加强节能管理来达到表 3 中的单位产品能源消耗先进值。

表 3 微晶氧化铝陶瓷研磨球单位产品能源消耗先进值

Al_2O_3 含量	单位产品综合能耗先进值/(kgce/t)	单位产品电耗先进值/(kW·h/t)
90 系列	≤310[a]	≤480
[a] 氧化铝质量分数为 90%≤Al_2O_3<100%时，质量分数每增加 1%，能源消耗先进值增加 2%。		

5 统计范围和计算方法

5.1 统计范围

5.1.1 微晶氧化铝陶瓷研磨球能耗范围

统计范围包括原料研磨、粉料制备、坯体成型、干燥、烧成、冷修、检验包装等生产过程，供气、供油、机修等辅助和附属生产系统及生产管理部门等所消耗的电力和燃料，不包括燃料保管、运输过程损失的以及用于生活等(如基建、食堂、宿舍等)消耗的燃料和电力。

5.1.2 统计方法

利用符合 GB/T 24851 要求配备的能源计量器具对报告期内的能耗数量和产品产量进行计量、统计，不得重计或漏计。

5.2 计算方法

5.2.1 产品综合能耗和电耗的计算应符合 GB/T 2589 的规定。

5.2.2 微晶氧化铝陶瓷研磨球综合能耗应按式(1)计算：

$$E_{ZN}=M_a\times\frac{Q_{DW}^{a}}{29\ 308}+M_b\times\frac{Q_{DW}^{b}}{29\ 308}+M_c\times\frac{Q_{DW}^{c}}{29\ 308}+0.034\ 12\times10^{-3}\times Q_{ZR}+0.122\ 9Q_{ZD}\quad\cdots(1)$$

式中：

E_{ZN} ——综合能耗，单位为千克标准煤(kgce)；

M_a ——综合煤耗，单位为千克(kg)；

Q_{DW}^{a} ——煤的低(位)发热量，单位为千焦每千克(kJ/kg)；

29 308 ——1 kgce 的应用基低(位)发热量，单位为千焦每千克标准煤(kJ/kgce)；

M_b ——综合油耗，单位为千克(kg)；

Q_{DW}^{b} ——油的低(位)发热量，单位为千焦每千克(kJ/kg)；

M_c ——综合气耗，单位为立方米(m^3)；

Q_{DW}^{c} ——气的低(位)发热量，单位为千焦每立方米(kJ/ m^3)；

$0.034\ 12\times10^{-3}$ ——热力折标准煤系数，单位为千克标准煤每千焦(kgce/kJ)；

Q_{ZR} ——综合热耗，单位为千焦(kJ)；

0.122 9 ——电力折标准煤系数，单位为千克标准煤每千瓦时[kgce/(kW·h)]；

Q_{ZD} ——综合电耗，单位为千瓦时(kW·h)。

5.2.3 单位产品综合能耗按式(2)计算：

$$E_{DN}=E_{ZN}/P\quad\cdots\cdots(2)$$

式中：

E_{DN}——单位产品综合能耗，单位为千克标准煤每吨(kgce/t)；

P ——符合 JC/T 848.1 等相关标准的合格产品产量，单位为吨(t)。

5.2.4 单位产品电耗按式(3)计算：

$$Q_{DD}=Q_{ZD}/P\quad\cdots\cdots(3)$$

式中：

Q_{DD}——单位产品电耗，单位千瓦时每吨(kW·h/t)。

5.2.5 标准煤的折算：

消耗的各种能源应按热值统一折算为标准煤。燃料的热值以企业在报告期内实测的燃料的平均低

(位)发热量为准。固体燃料低(位)发热量按 GB/T 213 的规定测定,液体燃料低(位)发热量按 GB/T 384 的规定测定,若无条件实测或目前尚难进行常规分析的,可参照使用本标准附录 A 的各种能源折标准煤系数折算为标准煤,热力折算标准煤系数按当量值 0.034 12×10^{-3}计算,电力折算标准煤系数按当量值 0.122 9 计算。

6 节能管理与措施

6.1 节能基础管理

6.1.1 企业应定期对生产中单位产品消耗的燃料量和电量进行考核,建立用能责任制度。

6.1.2 企业应按要求建立能耗统计体系,建立能耗测试数据、能耗计算和考核结果的文件档案,并对文件进行受控管理。

6.1.3 企业应根据 GB/T 24851 的要求配备能源计量器具并建立能源计量管理制度。

6.2 节能技术管理

6.2.1 耗能设备

6.2.1.1 企业应使电动机系统、泵系统、通风机系统、电力变压器、工业锅炉、生活锅炉、电加热锅炉和空气调节系统等通用耗能设备符合 GB/T 12497、GB/T 13469、GB/T 13470、GB/T 13462、GB/T 17954、GB/T 18292、GB/T 19065 和 GB/T 17981 等相关的用能产品经济运行标准要求,达到经济运行的状态。

6.2.1.2 新建及改扩建企业所用的中小型三相异步电动机、容积式空气压缩机、通风机、清水离心泵、三相配电变压器等通用耗能设备应达到 GB 18613、GB 19153、GB 19761、GB 19762、GB 20052 等相应能效标准中节能评价值的要求。

6.2.2 生产过程

6.2.2.1 微晶氧化铝陶瓷研磨球企业在生产过程中,应采取有效措施,提高系统运转率。

6.2.2.2 企业应积极推广和使用新型节能工艺技术,如节能原料加工技术、节能干燥技术、低温快烧技术、余热利用技术等,积极推广和使用新型节能装备,如新型节能窑炉及窑衬、窑具材料等。

附 录 A
（资料性附录）
各种能源折标准煤参考系数和耗能工质能源等价值

各种能源折标准煤参考系数见表 A.1。

表 A.1 各种能源折标准煤参考系数

<table>
<tr><th colspan="2">能源名称</th><th>平均低位发热量</th><th>折标准煤系数</th></tr>
<tr><td colspan="2">原油</td><td>41 816 kJ/kg</td><td>1.428 6 kgce/kg</td></tr>
<tr><td colspan="2">燃料油</td><td>41 816 kJ/kg</td><td>1.428 6 kgce/kg</td></tr>
<tr><td colspan="2">汽油</td><td>43 070 kJ/kg</td><td>1.471 4 kgce/kg</td></tr>
<tr><td colspan="2">煤油</td><td>43 070 kJ/kg</td><td>1.471 4 kgce/kg</td></tr>
<tr><td colspan="2">柴油</td><td>42 652 kJ/kg</td><td>1.457 1 kgce/kg</td></tr>
<tr><td colspan="2">煤焦油</td><td>33 453 kJ/kg</td><td>1.142 9 kgce/kg</td></tr>
<tr><td colspan="2">液化石油气</td><td>50 179 kJ/kg</td><td>1.714 3 kgce/kg</td></tr>
<tr><td colspan="2">炼厂干气</td><td>46 055 kJ/kg</td><td>1.571 4 kgce/kg</td></tr>
<tr><td colspan="2">油田天然气</td><td>38 931 kJ/m^3</td><td>1.330 0 kgce/m^3</td></tr>
<tr><td colspan="2">气田天然气</td><td>35 544 kJ/m^3</td><td>1.214 3 kgce/m^3</td></tr>
<tr><td colspan="2">煤矿瓦斯气</td><td>14 636 kJ/m^3～16 726 kJ/m^3</td><td>0.500 0 kgce/m^3～0.571 4 kgce/m^3</td></tr>
<tr><td colspan="2">焦炉煤气</td><td>16 726 kJ/m^3～17 981 kJ/m^3</td><td>0.571 4 kgce/m^3～0.614 3 kgce/m^3</td></tr>
<tr><td rowspan="6">其他煤气</td><td>a) 发生炉煤气</td><td>5 227 kJ/m^3</td><td>0.178 6 kgce/m^3</td></tr>
<tr><td>b) 重油催化裂解煤气</td><td>19 235 kJ/m^3</td><td>0.657 1 kgce/m^3</td></tr>
<tr><td>c) 重油热裂解煤气</td><td>35 544 kJ/m^3</td><td>1.214 3 kgce/m^3</td></tr>
<tr><td>d) 焦炭制气</td><td>16 308 kJ/m^3</td><td>0.557 1 kgce/m^3</td></tr>
<tr><td>e) 压力汽化煤气</td><td>15 054 kJ/m^3</td><td>0.514 3 kgce/m^3</td></tr>
<tr><td>f) 水煤气</td><td>10 454 kJ/m^3</td><td>0.357 1 kgce/m^3</td></tr>
<tr><td colspan="2">氢气(标况)</td><td>10 802 kJ/m^3</td><td>0.368 6 kgce/m^3</td></tr>
<tr><td colspan="2">蒸气(低压)</td><td>3 763 kJ/t</td><td>0.128 6 kgce/t</td></tr>
<tr><td colspan="2">热力(当量值)</td><td>—</td><td>0.034 12 kgce/MJ</td></tr>
<tr><td colspan="2">电力(当量值)</td><td>3 600 kJ/(kW・h)</td><td>0.122 9 kgce/(kW・h)</td></tr>
</table>

ICS 27.010
F 01

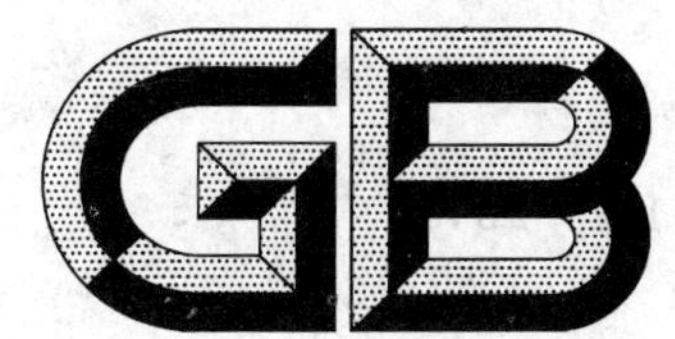

中华人民共和国国家标准

GB 30182—2013

摩擦材料单位产品能源消耗限额

The norm of energy consumption per unit products of friction materials

2013-12-31 发布　　2014-12-01 实施

中华人民共和国国家质量监督检验检疫总局
中国国家标准化管理委员会　发布

前　言

本标准的4.1和4.2为强制性的，其余为推荐性的。

本标准按照GB/T 1.1—2009给出的规则起草。

本标准由国家发展和改革委员会资源节约和环境保护司、工业和信息化部节能与综合利用司提出。

本标准由全国能源基础与管理标准化技术委员会(SAC/TC 20)和中国建筑材料联合会归口。

本标准起草单位：山东金麒麟集团股份有限公司、杭州萧山红旗摩擦材料有限公司、福建华日汽车配件有限公司、杭州冠雁汽车零部件实业有限公司、杭州西湖摩擦材料有限公司、咸阳非金属矿研究设计院有限公司、枣阳兴亚摩擦材料有限公司、湖北飞龙摩擦密封材料股份有限公司、国家非金属矿制品质量监督检验中心。

本标准主要起草人：石志刚、任增茂、雷建斌、侯立兵、孙鹏、张银华、王广兴、苏美珍、来源、周伟方、沈永生、赵金宝、马艳兵、张秋萍。

摩擦材料单位产品能源消耗限额

1 范围

本标准规定了摩擦材料单位产品能源消耗(以下简称能耗)限额的技术要求、统计范围和计算方法、节能管理与措施。

本标准适用于不带钢背(或蹄铁)的模压型摩擦材料单位产品能耗的计算、考核及新建项目的能耗控制。

2 规范性引用文件

下列文件对于本文件的应用是必不可少的。凡是注日期的引用文件,仅注日期的版本适用于本文件。凡是不注日期的引用文件,其最新版本(包括所有的修改单)适用于本文件。

GB/T 213 煤的发热量测定方法

GB/T 384 石油产品热值测定法

GB/T 2589 综合能耗计算通则

GB 5763 汽车用制动器衬片

GB/T 5764 汽车用离合器面片

GB/T 11834 工农业机械用摩擦片

GB/T 12497 三相异步电动机经济运行

GB/T 12723 单位产品能源消耗限额编制通则

GB/T 13462 电力变压器经济运行

GB/T 13470 通风机系统经济运行

GB/T 17954 工业锅炉经济运行

GB/T 17981 空气调节系统经济运行

GB 18613 中小型三相异步电动机能效限定值及能效等级

GB/T 19065 电加热锅炉系统经济运行

GB 19153 容积式空气压缩机能效限定值及能效等级

GB 19761 通风机能效限定值及能效等级

GB 20052 三相配电变压器能效限定值及能效等级

GB/T 23331 能源管理体系 要求

GB/T 24851 建筑材料行业能源计量器具配备和管理要求

SY/T 5023 石油钻机用刹车块

3 术语和定义

GB/T 12723 界定的以及下列术语和定义适用于本文件。

3.1

摩擦材料产品综合能耗 comprehensive energy consumption of friction material products

在报告期内及摩擦材料生产全部过程中,用于生产实际消耗的各种能源总量。

3.2

摩擦材料单位产品综合能耗 comprehensive energy consumption per unit products of friction material products

以单位产量表示的摩擦材料产品综合能耗。

3.3

摩擦材料单位产品电耗 electricity consumption per unit products of friction material products

以单位产量表示的摩擦材料直接消耗的电量。

4 技术要求

4.1 摩擦材料单位产品能耗限定值

现有生产企业摩擦材料单位产品能耗限定值应符合表1的规定。

表1 摩擦材料单位产品能耗限定值

摩擦材料单位产品综合能耗限定值	摩擦材料单位产品电耗限定值
≤175 kgce/t	≤1 300 kW·h/t

4.2 摩擦材料单位产品能耗准入值

新建企业(含新建生产线)摩擦材料单位产品能耗准入值应符合表2的规定。

表2 摩擦材料单位产品能耗准入值

摩擦材料单位产品综合能耗准入值	摩擦材料单位产品电耗准入值
≤135 kgce/t	≤1 000 kW·h/t

4.3 摩擦材料单位产品能耗先进值

企业应通过节能技术改造和加强节能管理来达到摩擦材料单位产品能耗先进值,见表3。

表3 摩擦材料单位产品能耗先进值

摩擦材料单位产品综合能耗先进值	摩擦材料单位产品电耗先进值
≤115 kgce/t	≤800 kW·h/t

5 统计范围和计算方法

5.1 统计范围

包括原料制备输送、称量混料、热压成型、热处理、磨削、喷码、检验、包装、转运等生产过程,供水、供热、供气、供油、机修等辅助和附属生产系统及生产管理部门等所消耗的燃料和电力。

不包括炼胶、模具及工装的加工制作、生活设施(如:宿舍、学校、文化娱乐、医疗保健、商业服务和托儿幼教等)及运输保管、采暖、技术改造等项目动力设备所消耗的燃料和电力,也不包括以检测为目的的功率在15 kW以上的动力设备所消耗的电力。

5.2 统计方法

利用符合 GB/T 24851 要求配备的能源计量器具对报告期内的能耗、电耗数量和符合 GB 5763、GB/T 5764、GB/T 11834、SY/T 5023 的合格产品产量进行统计。

5.3 计算方法

5.3.1 产品综合能耗的计算应符合 GB/T 2589 的规定。

5.3.2 产品综合能耗应按式(1)计算：

$$E_{ZN}=M_a\times\frac{Q_{DW}^{a}}{29\ 308}+M_b\times1.428\ 6\times\frac{Q_{DW}^{b}}{41\ 868}+M_c\times1.214\ 3\times\frac{Q_{DW}^{c}}{35\ 588}+0.122\ 9\times Q_{ZD}\qquad(1)$$

式中：

E_{ZN} ——综合能耗，单位为千克标准煤(kgce)；

M_a ——综合煤耗，单位为千克(kg)；

Q_{DW}^{a} ——煤的低位热值，单位为千焦每千克(kJ/kg)；

M_b ——综合油耗，单位为千克(kg)；

Q_{DW}^{b} ——油的低位热值，单位为千焦每千克(kJ/kg)；

M_c ——综合气耗，单位为立方米(m^3)；

Q_{DW}^{c} ——气的低位热值，单位为千焦每千克(kJ/kg)；

Q_{ZD} ——产品综合电耗，单位为千瓦时(kW·h)。

5.3.3 单位产品综合能耗应按式(2)计算：

$$E_{DN}=\frac{E_{ZN}}{P}\qquad(2)$$

式中：

E_{DN}——单位产品综合能耗，单位为千克标准煤每吨(kgce/t)；

P ——符合 GB 5763、GB/T 5764、GB/T 11834、SY/T 5023 的合格产品产量，单位为吨(t)。

5.3.4 单位产品综合电耗应按式(3)计算：

$$Q_{DD}=\frac{Q_{ZD}}{P}\qquad(3)$$

式中：

Q_{DD}——单位产品综合电耗，单位为千瓦时每吨(kW·h/t)。

5.3.5 燃料发热量的计算：

固体燃料发热量按 GB/T 213 的规定测定，液体燃料发热量按 GB/T 384 的规定测定，能源的低位热值应以实测值为准。若无条件实测或目前尚难进行常规分析的，参见附录 A 规定的数据。

6 节能管理与措施

6.1 节能基础管理

6.1.1 企业应按照 GB/T 23331 规定的要求建立能源管理体系。

6.1.2 企业应定期对生产中单位产品消耗的燃料量和用电量进行考核。

6.1.3 企业应按要求建立能耗统计体系，建立能耗测试数据、能耗计算和考核结果的文件档案，并对文件进行受控管理。

6.1.4 企业应根据 GB/T 24851 的要求配备能源计量器具并建立能源计量管理制度。

6.2 节能技术管理

6.2.1 耗能设备

6.2.1.1 企业应使电动机系统、通风机系统、电力变压器、工业锅炉、电加热锅炉、空气调节系统等通用耗能设备符合 GB/T 12497、GB/T 13470、GB/T 13462、GB/T 17954、GB/T 19065 和 GB/T 17981 等相关的用能产品经济运行标准要求，达到经济运行的状态。

6.2.1.2 新建及改扩建企业所用的中小型三相异步电动机、容积式空气压缩机、通风机、三相配电变压器等通用耗能设备应达到 GB 18613、GB 19153、GB 19761、GB 20052 等相应耗能设备能效标准中节能评价值的要求。

6.2.2 生产过程

6.2.2.1 企业在生产过程中，应对设备进行日常维护管理，提高生产系统运行效率。

6.2.2.2 企业应对生产过程实施节能降耗措施，使用新型节能工艺技术，提高能源的使用效率；积极推广和使用新型节能装备，如新型加热设备、新型热处理设备、新型机械加工设备等，采用符合标准的耗能设备，杜绝各种泄漏现象发生。

附 录 A
（资料性附录）
各种能源折标准煤参考系数

各种能源折标准煤参考系数见表 A.1。

表 A.1 各种能源折标准煤参考系数

能源名称		单 位	平均低位发热量	折标准煤系数
原油		kJ/kg	41 868	1.428 6kgce/kg
燃料油			41 868	1.428 6 kgce/kg
汽油			43 124	1.471 4 kgce/kg
煤油			43 124	1.471 4 kgce/kg
柴油			42 706	1.457 1 kgce/kg
煤焦油			33 494	1.142 9 kgce/kg
液化石油气			50 241	1.714 3 kgce/kg
炼厂干气			46 055	1.571 4 kgce/kg
油田天然气		kJ/m^3	38 979	1.330 0 $kgce/m^3$
气田天然气			35 588	1.214 3 $kgce/m^3$
煤矿瓦斯气			14 654～16 747	0.500 0 $kgce/m^3$～0.571 4 $kgce/m^3$
焦炉煤气			18 003	0.614 3 $kgce/m^3$
其他煤气	a) 发生炉煤气		5 234	0.178 6 $kgce/m^3$
	b) 重油催化裂解煤气		19 259	0.657 1 $kgce/m^3$
	c) 重油热裂解煤气		35 588	1.214 3 $kgce/m^3$
	d) 焦炭制气		16 329	0.557 1 $kgce/m^3$
	e) 压力汽化煤气		15 072	0.514 3 $kgce/m^3$
	f) 水煤气		10 467	0.357 1 $kgce/m^3$
电力(当量)		kJ/(kW・h)	3 601	0.122 9 kgce/(kW・h)

ICS 27.010
F 01

中华人民共和国国家标准

GB 30183—2013

岩棉、矿渣棉及其制品单位产品能源消耗限额

The norm of energy consumption per unit product of rock wool, slag wool and their products

2013-12-31 发布　　2014-12-01 实施

中华人民共和国国家质量监督检验检疫总局
中国国家标准化管理委员会　发布

前 言

本标准的4.1和4.2为强制性的，其余为推荐性的。

本标准按照GB/T 1.1—2009给出的规则起草。

本标准由国家发展和改革委员会资源节约和环境保护司、工业和信息化部节能与综合利用司提出。

本标准由全国能源基础与管理标准化技术委员会(SAC/TC 20)和中国建筑材料联合会归口。

本标准起草单位：南京玻璃纤维研究设计院、南京彤天岩棉有限公司。

本标准主要起草人：汪丽婷、赵艳娟、王佳庆。

岩棉、矿渣棉及其制品单位产品能源消耗限额

1 范围

本标准规定了岩棉、矿渣棉及其制品单位产品能源消耗(以下简称能耗)限额的技术要求、统计范围和计算方法、节能管理与措施。

本标准适用于岩棉、矿渣棉及其制品生产企业能耗的计算、考核,以及对新建项目能耗的控制。

本标准不适用于管壳,金属面岩棉、矿渣棉夹芯板等深加工的企业。

2 规范性引用文件

下列文件对于本文件的应用是必不可少的。凡是注日期的引用文件,仅注日期的版本适用于本文件。凡是不注日期的引用文件,其最新版本(包括所有的修改单)适用于本文件。

GB/T 2589 综合能耗计算通则

GB/T 4132—1996 绝热材料及相关术语

GB/T 5480 矿物棉及其制品试验方法

GB/T 11835 绝热用岩棉、矿渣棉及其制品

GB/T 12723 单位产品能源消耗编制通则

GB 17167—2006 用能单位能源计量器具配备和管理通则

GB 18613 中小型三相异步电动机能效限定值及能效等级

GB 19153 容积式空气压缩机能效限定值及能效等级

GB/T 19686 建筑用岩棉、矿渣棉绝热制品

GB 19761 通风机能效限定值及能效等级

GB 19762 清水离心泵能效限定值及节能评价值

GB 20052 三相配电变压器能效限定值及能效等级

GB/T 24851—2010 建筑材料行业能源计量器具配备和管理要求

GB/T 25975 建筑外墙外保温用岩棉制品

3 术语和定义

GB/T 4132—1996、GB/T 5480、GB/T 11835、GB/T 19686、GB/T 25975 和 GB/T 12723 界定的以及下列术语和定义适用于本文件。

3.1

岩棉、矿渣棉及其制品综合能耗 the comprehensive energy consumption of rock wool, slag wool and their products

在统计期内岩棉、矿渣棉及其制品生产全过程中,用于生产系统和辅助生产系统所实际消耗的各种能源总量。

3.2

岩棉、矿渣棉及其制品单位产品可比综合能耗　the comparable comprehensive energy consumption per unit product of rock wool, slag wool and their products

在统计期内生产每吨岩棉、矿渣棉及其制品的能源消耗折算成标准煤，以酸度系数为1.4～1.6的岩棉板、毡制品为基准。处于基准范围以外的制品的能源消耗以产品种类和酸度系数的折算值修正到酸度系数为1.4～1.6的岩棉板、毡制品的相同基准后的能源消耗。

3.3

岩棉、矿渣棉及其制品熔融焦耗　the molten coke consumption of rock wool, slag wool and their products

在统计期内生产岩棉、矿渣棉及其制品生产全过程中，用于生产系统和辅助生产系统所实际消耗的焦炭总量。

3.4

岩棉、矿渣棉及其制品可比熔融焦耗　the comparable molten coke consumption per unit product of rock wool, slag wool and their products

在统计期内生产每吨岩棉、矿渣棉及其制品的焦炭消耗折算成标准煤，以酸度系数为1.4～1.6的岩棉板、毡制品为基准。处于基准范围以外的制品熔融焦耗以酸度系数折算值修正到酸度系数为1.4～1.6的岩棉板、毡制品的相同基准后的熔融焦耗。

4　技术要求

4.1　岩棉、矿渣棉及其制品单位产品能耗限定值

现有岩棉、矿渣棉及其制品企业的单位产品能耗限定值包括岩棉、矿渣棉及其制品单位产品可比综合能耗和可比熔融焦耗，其限定值应符合表1的规定。

表1　岩棉、矿渣棉及其制品单位产品能耗限定值

岩棉、矿渣棉及其制品单位产品可比综合能耗限定值/(kgce/t)	岩棉、矿渣棉及其制品单位产品可比熔融焦耗限定值/(kgce/t)
≤490.0	≤260.0

4.2　岩棉、矿渣棉及其制品单位产品能耗准入值

新建及扩建岩棉、矿渣棉及其制品企业的单位产品能耗准入值包括岩棉、矿渣棉及其制品单位产品可比综合能耗和可比熔融焦耗，其准入值应符合表2的规定。

表2　岩棉、矿渣棉及其制品单位产品能耗准入值

岩棉、矿渣棉及其制品单位产品可比综合能耗准入值/(kgce/t)	岩棉、矿渣棉及其制品单位产品可比熔融焦耗准入值/(kgce/t)
≤450.0	≤240.0

4.3　岩棉、矿渣棉及其制品单位产品能耗先进值

岩棉、矿渣棉及其制品企业应通过节能技术改造和加强节能管理达到表3单位产品能耗先进值。

表 3 岩棉、矿渣棉及其制品单位产品能耗先进值

岩棉、矿渣棉及其制品单位产品可比综合能耗先进值/(kgce/t)	岩棉、矿渣棉及其制品单位产品可比熔融焦耗先进值/(kgce/t)
≤400.0	≤210.0

5 能耗统计和计算方法

5.1 能耗的统计范围

包括生产和辅助生产能耗。生产能耗包括从原料进入输送配料到成品包装完毕所消耗的燃料、电力和各种耗能工质。辅助生产系统中粘结剂的耗能以成品粘结剂为计算起点，包括机修、动力等部门所消耗的燃料和动力，以及为生产服务的厂内运输工具、照明等所消耗的燃料和电力，不包括相配套的生活设施及基建等消耗的燃料和电力。

5.2 折算系数

5.2.1 酸度系数的折算

酸度系数按 GB/T 5480 规定的方法测定。折算系数值见表 4。

表 4 酸度系数 M_k 的折算系数值

产品酸度系数	酸度系数折算系数
$M_k \leqslant 1.4$	1.20
$1.4 < M_k \leqslant 1.6$	1.00
$1.6 < M_k \leqslant 1.8$	0.9
$M_k > 1.8$	0.8

5.2.2 产品种类的折算

各种制品按照产品种类以表 5 进行折算。

表 5 产品种类的折算系数值

产品种类	产品种类折算系数
岩棉、矿渣棉	0.95
板、毡、缝毡	1.0
岩棉带、矿渣棉带	1.1

5.3 计算方法

5.3.1 产品综合能耗的计算

产品综合能耗的计算应符合 GB/T 2589 的规定。单位为千克标准煤(kgce)，结果修约至小数点后一位。

岩棉、矿渣棉及其制品综合能耗应按式(1)计算：

$$E=\sum_{i=1}^{n} e_i \times p_i \qquad \cdots\cdots(1)$$

式中：

E ——岩棉、矿渣棉及其制品综合能耗，即统计期内用于岩棉、矿渣棉及其制品生产所消耗的各种能源折算为标准煤，单位为千克标准煤(kgce)；

e_i ——生产和生产辅助活动中消耗的第 i 种能源实物量；

p_i ——第 i 种能源的折算系数，按能源的当量值或能源等价值折算，参见附录 A、附录 B 的折标准煤系数；

n ——消耗的能源品种数。

5.3.2 单位产品可比综合能耗的计算

统计不同产品种类(如表 5 所示)统计其在统计期内的产量，分别记为 P_i。

岩棉、矿渣棉及其制品单位产品可比综合能耗应按式(2)计算：

$$e_{\mathrm{h}}=\frac{E}{\sum\limits_{i=1\sim 4, j=1\sim 3} \frac{P_i \times d_j}{c_i}} \qquad \cdots\cdots(2)$$

式中：

e_{h} ——岩棉、矿渣棉及其制品单位产品可比综合能耗，单位为千克标准煤每吨(kgce/t)；

P_i ——统计期内各种产品的产量，单位为吨(t)；

d_j ——各种岩棉、矿渣棉制品的产品种类折算系数值，如表 5 所示；

c_i ——不同酸度系数的折算系数值，如表 4 所示。

5.3.3 单位产品可比熔融焦耗的计算

岩棉、矿渣棉及其制品单位产品可比熔融焦耗应按式(3)计算：

$$e_{\mathrm{co}}=\frac{E_{\mathrm{k}}}{\sum\limits_{i=1\sim 4} \frac{P_i}{c_i}} \qquad \cdots\cdots(3)$$

式中：

e_{co}——岩棉、矿渣棉及其制品单位产品可比熔融焦耗，单位为千克标准煤每吨(kgce/t)；

E_{k}——岩棉、矿渣棉及其制品单位产品熔融焦耗，单位为千克标准煤(kgce)。

6 节能管理与措施

6.1 节能基础管理

6.1.1 生产企业应定期对生产中单位产品消耗燃料量和用电量进行考核，建立用能责任制度。

6.1.2 生产企业应按要求建立能耗统计体系，建立能耗测试数据、能耗计算和考核结果的文件档案，并对文件进行受控管理。

6.1.3 生产企业应根据 GB 17167—2006、GB/T 24851—2010 的要求配备能源计量器具并建立能源计量管理制度。

6.2 节能技术管理

6.2.1 熔制系统在条件允许的情况下选取最先进的熔制技术，扩大规模。加强余热的利用和控制冷却系统的进水、回水温度，减少冷却水带走的热量，降低焦耗。

6.2.2 新建及扩建的生产企业所用的中小型三相异步电动机、容积式空气压缩机、通风机、清水离心泵、三相配电变压器等通用耗能设备应达到 GB 18613、GB 19153、GB 19761、GB 19762、GB 20052 等相应耗能设备能效标准中节能评价值的要求。

6.2.3 建筑节能应满足国家标准要求，严格执行节能 60%的设计标准。采用高效保温材料复合的外墙和屋面等一系列技术措施，以达到节能降耗的目的。

6.3 生产过程

6.3.1 企业应根据产品生产工艺(工序)过程、装置、设施和设备的能耗状况，制定相应的节能改造规划和节能措施的实施计划。

6.3.2 生产企业在生产过程中，应采取有效措施，提高系统运转率，提高产品的合格率。

6.3.3 生产企业在生产过程中，应对设备进行日常维护工作，防止出现设备意外停机，经常开停设备的情况。

附 录 A
（资料性附录）
各种能源折标准煤参考系数

各种能源折标准煤参考系数见表 A.1。

表 A.1 各种能源折标准煤参考系数

<table>
<tr><th colspan="2">能源名称</th><th>平均低位发热值</th><th>折标煤系数</th></tr>
<tr><td colspan="2">原煤</td><td>20 908 kJ/kg</td><td>0.714 3 kgce/kg</td></tr>
<tr><td colspan="2">燃料油</td><td>41 816 kJ/kg</td><td>1.428 6 kgce/kg</td></tr>
<tr><td colspan="2">汽油</td><td>43 070 kJ/kg</td><td>1.471 4 kgce/kg</td></tr>
<tr><td colspan="2">煤油</td><td>43 070 kJ/kg</td><td>1.471 4 kgce/kg</td></tr>
<tr><td colspan="2">柴油</td><td>42 652 kJ/kg</td><td>1.457 1 kgce/kg</td></tr>
<tr><td colspan="2">煤焦油</td><td>33 453 kJ/kg</td><td>1.142 9 kgce/kg</td></tr>
<tr><td colspan="2">液化石油气</td><td>50 179 kJ/kg</td><td>1.714 3 kgce/kg</td></tr>
<tr><td colspan="2">焦炭</td><td>28 435 kJ/kg</td><td>0.971 4 kgce/kg</td></tr>
<tr><td colspan="2">油田天然气</td><td>38 931 kJ/m^3</td><td>1.330 0 kgce/m^3</td></tr>
<tr><td colspan="2">气田天然气</td><td>35 544 kJ/m^3</td><td>1.214 3 kgce/m^3</td></tr>
<tr><td colspan="2">煤矿瓦斯气</td><td>14 636 kJ/m^3～16 726 kJ/m^3</td><td>0.500 0 kgce/m^3～0.571 4 kgce/m^3</td></tr>
<tr><td colspan="2">焦炉煤气</td><td>16 726 kJ/m^3～17 981 kJ/m^3</td><td>0.571 4 kgce/m^3～0.614 3 kgce/m^3</td></tr>
<tr><td rowspan="6">其他煤气</td><td>a) 发生炉煤气</td><td>5 227 kJ/kg</td><td>0.178 6 kgce/m^3</td></tr>
<tr><td>b) 重油催化裂解气</td><td>19 235 kJ/kg</td><td>0.657 1 kgce/m^3</td></tr>
<tr><td>c) 重油裂解气</td><td>35 544 kJ/kg</td><td>1.214 3 kgce/m^3</td></tr>
<tr><td>d) 焦炭制气</td><td>16 308 kJ/kg</td><td>0.557 1 kgce/m^3</td></tr>
<tr><td>e) 压力气化煤气</td><td>15 054 kJ/kg</td><td>0.514 3 kgce/m^3</td></tr>
<tr><td>f) 水煤气</td><td>10 454 kJ/kg</td><td>0.357 1 kgce/m^3</td></tr>
<tr><td colspan="2">蒸汽（低压）</td><td>3 763 MJ/t</td><td>0.128 6 kgce/kg</td></tr>
<tr><td colspan="2">热力（当量值）</td><td>—</td><td>0.034 12 kgce/MJ</td></tr>
<tr><td colspan="2">电力（当量值）</td><td>3 600 kJ/(kW·h)</td><td>0.122 9 kgce/(kW·h)</td></tr>
</table>

附 录 B
（资料性附录）
耗能工质能源等价值

耗能工质能源等价值见表B.1。

表B.1 耗能工质能源等价值

品种	单位能耗工质能耗量	折标准煤系数
新水	2.51 MJ/t（600 kcal/t）	0.085 7 kgce/t
氧气	11.72 MJ/m^3（2 800 $kcal/m^3$）	0.400 0 $kgce/m^3$
二氧化碳气	6.28 MJ/m^3（1 500 kcal/t）	0.214 3 $kgce/m^3$

ICS 27.010
F 01

中华人民共和国国家标准

GB 30184—2013

沥青基防水卷材单位产品能源消耗限额

The norm of energy consumption per unit product of bituminous waterproof sheet

2013-12-31 发布　　2014-12-01 实施

中华人民共和国国家质量监督检验检疫总局
中国国家标准化管理委员会　发布

前　　言

本标准的 4.1 和 4.2 为强制性的，其余为推荐性的。

本标准按照 GB/T 1.1—2009 给出的规则起草。

本标准由国家发展和改革委员会资源节约和环境保护司、工业和信息化部节能与综合利用司提出。

本标准由全国能源基础与管理标准化技术委员会(SAC/TC 20)和中国建筑材料联合会归口。

本标准起草单位：中国建筑防水协会、中国建筑材料科学研究总院苏州防水研究院、中国建材检验认证集团苏州有限公司、北京东方雨虹防水技术股份有限公司、广东科顺化工实业有限公司、辽宁大禹防水科技发展有限公司、胜利油田大明新型建筑防水材料有限责任公司、盘锦禹王防水建材集团有限公司、北京世纪洪雨科技有限公司、北京宇阳泽丽防水材料有限责任公司。

本标准主要起草人：尚华胜、朱冬青、巢文革、张广彬、刘金景、孙哲、陈伟忠、柳志国、王书苓。

沥青基防水卷材单位产品能源消耗限额

1 范围

本标准规定了沥青基防水卷材的单位产品能源消耗(简称能耗)限额的技术要求、统计范围和计算方法、节能管理与措施。

本标准适用于弹性体(SBS)改性沥青防水卷材、塑性体(APP)改性沥青防水卷材和自粘聚合物改性沥青防水卷材生产企业单位产品能耗的计算、考核,以及对新建项目的能耗控制。

2 规范性引用文件

下列文件对于本文件的应用是必不可少的。凡是注日期的引用文件,仅注日期的版本适用于本文件。凡是不注日期的引用文件,其最新版本(包括所有的修改单)适用于本文件。

GB/T 2589 综合能耗计算通则

GB/T 12497 三相异步电动机经济运行

GB/T 12723 单位产品能源消耗限额编制通则

GB/T 13462 电力变压器经济运行

GB/T 13469 离心泵、混流泵、轴流泵与旋涡泵系统经济运行

GB/T 13470 通风机系统经济运行

GB/T 17954 工业锅炉经济运行

GB 18242 弹性体改性沥青防水卷材

GB 18243 塑性体改性沥青防水卷材

GB 18613 中小型三相异步电动机能效限定值及能效等级

GB/T 19065 电加热锅炉系统经济运行

GB 19153 容积式空气压缩机能效限定值及能效等级

GB 19761 通风机能效限定值及能效等级

GB 19762 清水离心泵能效限定值及节能评价值

GB 20052 三相配电变压器能效限定值及能效等级

GB/T 23331 能源管理体系 要求

GB 23441 自粘聚合物改性沥青防水卷材

GB/T 24851 建筑材料行业能源计量器具配备和管理要求

JC/T 2046—2011 改性沥青防水卷材成套生产设备 通用技术条件

3 术语和定义

GB/T 12723 界定的以及下列术语和定义适用于本文件。

3.1

沥青基防水卷材产品综合能耗 the comprehensive energy consumption of bituminous waterproof sheet

在报告期内,防水卷材在生产系统、辅助生产系统和附属生产系统内,用于生产实际消耗的各种能源总量。

3.2

沥青基防水卷材单位产品综合能耗 the comprehensive energy consumption per unit product of bituminous waterproof sheet

以单位产量表示的防水卷材产品综合能耗。

4 技术要求

4.1 沥青基防水卷材单位产品能耗限定值

现有沥青基防水卷材生产企业单位产品能耗限定值应符合表1的规定。

表1 沥青基防水卷材单位产品能耗限定值

产品名称		单位产品综合能耗限定值/(kgce/km²)
沥青基防水卷材	有胎[a]	≤220
	无胎[b]	≤130
[a] 有胎产品以3.0 mm计算。 [b] 无胎产品以1.5 mm计算。		

4.2 沥青基防水卷材单位产品能耗准入值

新建沥青基防水卷材(含新建生产线和技术改造的生产线)生产企业单位产品能耗准入值应符合表2的规定。

表2 沥青基防水卷材单位产品能耗准入值

产品名称		单位产品综合能耗准入值/(kgce/km²)
沥青基防水卷材	有胎[a]	≤200
	无胎[b]	≤100
[a] 有胎产品以3.0 mm计算。 [b] 无胎产品以1.5 mm计算。		

4.3 沥青基防水卷材单位产品能耗先进值

沥青基防水卷材生产企业单位产品能耗先进值应符合表3的规定。

表3 沥青基防水卷材单位产品能耗先进值

产品名称		单位产品综合能耗先进值/(kgce/km²)
沥青基防水卷材	有胎[a]	≤180
	无胎[b]	≤90
[a] 有胎产品以3.0 mm计算。 [b] 无胎产品以1.5 mm计算。		

5 统计范围和计算方法

5.1 统计范围

5.1.1 沥青基防水卷材综合能耗

5.1.1.1 沥青基防水卷材综合能耗包括综合燃耗和综合电耗，涉及的能源主要包括燃煤、燃料油、燃气、电能等。

5.1.1.2 沥青基防水卷材综合能耗主要包括生产系统能耗、辅助生产系统能耗和附属生产系统能耗，具体如下所示：

a) 生产系统能耗：
   1) 沥青制备系统消耗的电能；
   2) 成型设备消耗的电能。

b) 辅助生产系统能耗：
   1) 导热油炉消耗的燃料油；
   2) 导热油炉消耗的电能；
   3) 供热系统消耗的煤(或燃气)；
   4) 水冷却装置消耗的电能；
   5) 沥青油烟收集处理设施消耗的电能；
   6) 除尘设备消耗的电能；
   7) 运输车辆消耗的燃料油。

c) 附属生产系统能耗：
   1) 与所统计的产品相关的原材料和产品储存消耗的电能；
   2) 与所统计的产品相关的原材料和产品检测消耗的电能；
   3) 与所统计的产品相关办公消耗的电能。

5.1.1.3 沥青基防水卷材综合能耗不包括生活设施及运输管理、采暖、空调、技改等的能耗。

5.1.2 统计方法

5.1.2.1 利用符合 GB/T 24851 要求配备的能源计量器具对报告期内的能耗数量和产品产量进行统计。

5.1.2.2 统计范围内的防水卷材数量参见附录 A 统一折算为标准厚度数量。

5.1.2.3 按季度、半年度和年度分别计算出沥青基防水卷材单位产品能耗值。

5.2 计算方法

5.2.1 沥青基防水卷材综合能耗的计算

沥青基防水卷材综合能耗应按式(1)计算：

$$E_{ZN}=M_a\times\frac{Q_{DW}^{a}}{29\ 308}+M_b\times\frac{Q_{DW}^{b}}{29\ 308}+M_c\times\frac{Q_{DW}^{c}}{29\ 308}+0.122\ 9\times Q_{ZD} \quad\cdots\cdots\cdots\cdots(1)$$

式中：

E_{ZN} ——综合能耗，单位为千克标准煤(kgce)；

M_a ——综合煤耗，单位为千克(kg)；

Q_{DW}^{a} ——煤的低位热值，单位为千焦每千克(kJ/kg)；

29 308 ——1 kgce 的应用基低(位)发热量，单位为千焦每千克标准煤(kJ/kgce)；

M_b ——综合油耗(燃料油),单位为千克(kg);

Q_{DW}^{b} ——油的低位热值,单位为千焦每千克(kJ/kg);

M_c ——综合气耗(天然气),单位为立方米(m^3);

Q_{DW}^{c} ——气的低位热值,单位为千焦每立方米(kJ/m^3);

0.122 9——电力(当量)折标准煤系数,单位为千克标准煤每千瓦时[kgce/(kW·h)];

Q_{ZD} ——综合电耗,单位为千瓦时(kW·h)。

5.2.2 单位产品能耗的计算

单位产品能耗应按式(2)计算:

$$E_{DN}=E_{ZN}/P \quad \cdots\cdots(2)$$

式中:

E_{DN}——单位产品能耗,单位为千克标准煤每千平方米($kgce/km^2$);

P ——符合 GB 18242、GB 18243 和 GB 23441 等相关标准的产品参见附录 A 折算后的产量,单位为千平方米(km^2)。

5.2.3 标准煤的折算

消耗的各种能源应按热值统一折算为标准煤。燃料的热值可参照使用附录 B 的各种能源折标准煤系数折算为标准煤。

5.3 能源监测点设置

企业能源计量器具设置点应符合以下要求:

a) 沥青改性系统和产品成型系统应分别设置电能监测点;

b) 环保设施应分别设置电能监测点;

c) 企业使用的煤、燃油、天然气等燃料应分别统计用量;

d) 企业使用天然气作为能源的应设置流量表(装置),并按产品分别统计用量;

e) 实验室、办公、库房等应采取措施,按产品分别统计用电、用热等。

5.4 记录

企业应建立能源管理制度和能源统计报表制度,能源统计报表数据应能追溯至计量测试记录。能耗统计企业涉及的记录主要包括:

a) 原料贮存用电耗统计表;

b) 原料制备用电耗统计表;

c) 沥青基防水卷材成品线生产用电耗统计表;

d) 沥青基防水卷材生产用燃料统计表;

e) 环保设施用电耗统计表;

f) 其他涉及沥青基防水卷材生产的能耗统计表。

6 节能管理与措施

6.1 节能基础管理

6.1.1 企业应按照 GB/T 23331 规定的要求建立能源管理体系。

6.1.2 企业应定期对生产中单位产品消耗的燃料量和用电量进行考核,建立用能责任制度。

6.1.3 企业应按要求建立能耗统计体系，建立能耗测试数据、能耗计算和考核结果的文件档案，并对文件进行受控管理。

6.1.4 企业应根据 GB/T 24851 的要求配备能源计量器具并建立能源计量管理制度。

6.1.5 企业应按照 JC/T 2046—2011 要求配备相应设备。

6.2 节能技术管理

6.2.1 耗能设备

6.2.1.1 企业应使电动机系统、泵系统、通风机系统、电力变压器、工业锅炉、电加热锅炉等通用耗能设备符合 GB/T 12497、GB/T 13469、GB/T 13470、GB/T 13462、GB/T 17954 和 GB/T 19065 等相关的用能产品经济运行标准要求。

6.2.1.2 新建及改扩建企业所用的中小型三相异步电动机、容积式空气压缩机、通风机、清水离心泵、三相配电变压器等通用耗能设备应达到 GB 18613、GB 19153、GB 19761、GB 19762、GB 20052 等相应耗能设备能效标准中节能评价值的要求。

6.2.2 生产过程

6.2.2.1 防水卷材企业在各工序中，应采取有效措施。

6.2.2.2 防水卷材企业在生产过程中，应对设备进行日常维护，做好生产工序的节能降耗工作，特别是完善卷材的半成品制备和卷材成型的技术，积极推广余热利用技术。

附 录 A
（资料性附录）
卷材不同厚度折算成标准厚度参考系数

卷材不同厚度折算成标准厚度参考系数见表 A.1。

表 A.1 卷材不同厚度折算成标准厚度参考系数

<table>
<tr><td colspan="5">弹性体(SBS)改性沥青防水卷材、塑性体(APP)改性沥青防水卷材</td></tr>
<tr><td rowspan="2">标准产品规格</td><td colspan="3">折算产品规格</td><td rowspan="2">折算系数</td></tr>
<tr><td>胎体</td><td>厚度/mm</td><td>上表面材料</td></tr>
<tr><td rowspan="3">以 3.0 mm 计</td><td rowspan="3">PY、G</td><td>3.0</td><td rowspan="3">PE、S、M</td><td>1.00</td></tr>
<tr><td>4.0</td><td>1.33</td></tr>
<tr><td>5.0</td><td>1.67</td></tr>
<tr><td colspan="5">自粘聚合物改性沥青防水卷材</td></tr>
<tr><td rowspan="2">标准产品规格</td><td colspan="3">折算产品规格</td><td rowspan="2">折算系数</td></tr>
<tr><td>胎体</td><td>厚度/mm</td><td>上表面材料</td></tr>
<tr><td rowspan="3">以 1.5 mm 计</td><td rowspan="3">N</td><td>1.2</td><td rowspan="3">PE、PET、D</td><td>0.80</td></tr>
<tr><td>1.5</td><td>1.00</td></tr>
<tr><td>2.0</td><td>1.33</td></tr>
<tr><td rowspan="3">以 3.0 mm 计</td><td rowspan="3">PY</td><td>2.0</td><td rowspan="3">PE、S、D</td><td>0.67</td></tr>
<tr><td>3.0</td><td>1.00</td></tr>
<tr><td>4.0</td><td>1.33</td></tr>
</table>

附 录 B
（资料性附录）
各种能源折算标准煤参考系数

各种能源折算标准煤参考系数见表B.1。

表B.1 各种能源折算标准煤参考系数

能源名称	单位	平均低位发热量	折标准煤系数
原煤	kJ/kg	20 908	0.714 3 kgce/kg
洗精煤		26 344	0.900 0 kgce/kg
洗中煤		8 363	0.285 7 kgce/kg
焦炭		28 435	0.971 4 kgce/kg
原油		41 816	1.428 6 kgce/kg
燃料油		41 816	1.428 6 kgce/kg
汽油		43 070	1.471 4 kgce/kg
煤油		43 070	1.471 4 kgce/kg
柴油		42 652	1.457 1 kgce/kg
煤焦油		33 453	1.142 9 kgce/kg
液化石油气		50 179	1.714 3 kgce/kg
炼厂干气		46 055	1.571 4 kgce/m³
油田天然气		38 931	1.330 0 kgce/m³
气田天然气		35 544	1.214 3 kgce/m³
煤矿瓦斯气	kJ/m³	14 636～16 726	0.500 0 kgce/m³～0.571 4 kgce/m³
焦炉煤气		16 726～17 981	0.571 4 kgce/m³～0.614 3 kgce/m³
发生炉煤气		5 227	0.178 6 kgce/m³
重油催化裂解煤气		19 235	0.657 1 kgce/m³
重油热裂煤气		35 544	1.214 3 kgce/m³
焦炭制气		16 308	0.557 1 kgce/m³
压力汽化煤气		15 054	0.514 3 kgce/m³
水煤气		10 454	0.357 1 kgce/m³
电力(当量值)	kJ/(kW·h)	3 600	0.122 9 kgce/(kW·h)

ICS 27.010
F 01

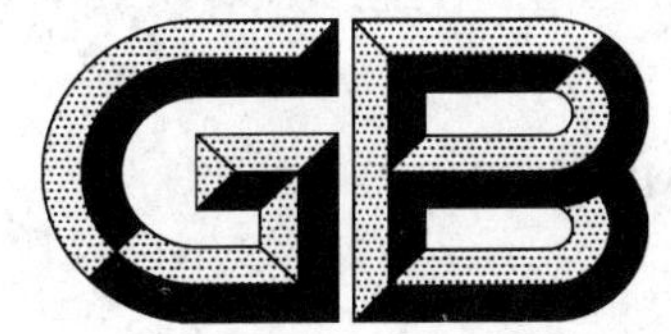

中华人民共和国国家标准

GB 30185—2013

铝塑板单位产品能源消耗限额

The norm of energy consumption for unit product of aluminum-plastic composite panel

2013-12-31 发布　　2014-12-01 实施

中华人民共和国国家质量监督检验检疫总局
中国国家标准化管理委员会　发布

前 言

本标准的4.1和4.2为强制性的，其余为推荐性的。

本标准按照GB/T 1.1—2009给出的规则起草。

本标准由国家发展和改革委员会资源节约和环境保护司、工业和信息化部节能与综合利用司提出。

本标准由全国能源基础与管理标准化技术委员会(SAC/TC 20)和中国建筑材料联合会归口。

本标准起草单位：中国建材检验认证集团股份有限公司、佛山市顺德区红岛实业有限公司、红岛实业(英德)有限公司、东莞华尔泰装饰材料有限公司、上海吉祥塑铝制品有限公司、宁波红杉高新板业有限公司、东阿蓝天七色建材有限公司、雅泰实业集团有限公司、江苏协诚科技发展有限公司、上海吉祥建材集团有限公司、思瑞安复合材料(中国)有限公司、山东吉祥装饰建材有限公司、联合金属科技(杭州)有限公司。

本标准主要起草人：蒋荃、赵春芝、马丽萍、刘玉军、刘婷婷、朱生高、刘翼、刘顺利、郑雪颖、张焜照、姜荣行、杜作政、邢锦、朱秋星、蒋云芳、殷强、周金荣、陈建明、包振生、李辉、蒋云忠、刘保奎、王贤中。

铝塑板单位产品能源消耗限额

1 范围

本标准规定了铝塑板单位产品能源消耗(以下简称能耗)限额的技术要求、能耗统计范围和计算方法、节能管理与措施。

本标准适用于铝塑板生产企业单位产品能耗的计算、考核,以及对新建项目的能耗控制。

2 规范性引用文件

下列文件对于本文件的应用是必不可少的。凡是注日期的引用文件,仅注日期的版本适用于本文件。凡是不注日期的引用文件,其最新版本(包括所有的修改单)适用于本文件。

GB/T 2589 综合能耗计算通则
GB/T 12497 三相异步电动机经济运行
GB/T 12723 单位产品能源消耗限额编制通则
GB/T 13462 电力变压器经济运行
GB/T 13470 通风机系统经济运行
GB/T 17748 建筑幕墙用铝塑复合板
GB 18613 中小型三相异步电动机能效限定值及能效等级
GB 19153 容积式空气压缩机能效限定值及能效等级
GB 19761 通风机能效限定值及能效等级
GB 20052 三相配电变压器能效限定值及能效等级
GB/T 22412 普通装饰用铝塑复合板
GB/T 23331 能源管理体系 要求
GB/T 24851—2010 建筑材料行业能源计量器具配备和管理要求

3 术语和定义

GB/T 12723 界定的以及下列术语和定义适用于本文件。

3.1

铝塑板产品综合能耗 comprehensive energy consumption of aluminum-plastic composite panel

在统计期内用于铝塑板生产所消耗的各种能源。

3.2

铝塑板单位产品综合能耗 comprehensive energy consumption for unit product of aluminum-plastic composite panel

在统计期内生产每万平方米合格铝塑板的综合能耗。

4 技术要求

4.1 铝塑板单位产品能耗限定值

现有铝塑板生产企业单位产品能耗限定值应符合表1的规定。

表 1 铝塑板单位产品能耗限定值

产品种类		铝塑板单位产品综合能耗限定值/[kgce/(10^4 m^2)]	
产品厚度	涂层种类	Ⅰ类[a]	Ⅱ类[b]
3 mm	聚酯	≤4 800	≤6 400
	氟碳		≤6 800
4 mm	聚酯	≤5 400	≤7 400
	氟碳		≤7 900

[a] 只具有热复合成型生产线的企业生产的铝塑板产品。

[b] 同时具有化成涂装生产线和热复合成型生产线的企业生产的铝塑板产品。

4.2 铝塑板单位产品能耗准入值

新建铝塑板生产企业(含新建生产线和技术改造的生产线)单位产品能耗准入值应符合表 2 的规定。

表 2 铝塑板单位产品能耗准入值

产品种类		铝塑板单位产品综合能耗准入值/[kgce/(10^4 m^2)]	
产品厚度	涂层种类	Ⅰ类	Ⅱ类
3 mm	聚酯	≤3 700	≤5 100
	氟碳		≤5 500
4 mm	聚酯	≤4 200	≤6 000
	氟碳		≤6 600

4.3 铝塑板单位产品能耗先进值

铝塑板生产企业应通过节能技术改造和加强节能管理达到表 3 单位产品能耗先进值的规定。

表 3 铝塑板单位产品能耗先进值

产品种类		铝塑板单位产品综合能耗先进值/[kgce/(10^4 m^2)]	
产品厚度	涂层种类	Ⅰ类	Ⅱ类
3 mm	聚酯	≤2 400	≤3 500
	氟碳		≤4 000
4 mm	聚酯	≤2 800	≤4 400
	氟碳		≤4 900

5 统计范围和计算方法

5.1 统计范围

5.1.1 铝塑板单位产品综合能耗的统计范围

包括生产和辅助生产能耗,不包括生活用能耗。生产能耗主要包括铝卷化成、涂装烘烤、热复合成型、成品修边等消耗的电力和燃料。辅助生产能耗包括机修、动力等消耗的燃料和电力,以及为生产服务的厂内运输工具、照明等消耗的燃料和电力。不包括燃料保管、运输过程损失的以及用于生活等(如基建、食堂、宿舍等)消耗的燃料和电力。

5.1.2 能源折标煤系数及燃料热值选取

各种能源按折标准煤系数折算成标准煤(参见附录A)。燃料的热值应取统计期内的实测加权平均值或根据燃料分析加权平均值进行计算。

5.1.3 企业多种产品的能耗

企业除铝塑板外还生产其他产品时,各种能源应分开计算,对确属无法分开计量的公用能耗,如厂区照明或各类综合库房等按比例分摊。

5.2 计算方法

5.2.1 产品综合能耗的计算应符合GB/T 2589的规定。

5.2.2 铝塑板综合能耗应按式(1)计算:

$$E_z = E_r + E_d \tag{1}$$

式中:

E_z——综合能耗,单位为吨标准煤(tce);

E_r——总燃料消耗,单位为吨标准煤(tce);

E_d——总电量消耗,单位为吨标准煤(tce)。

5.2.3 铝塑板单位产品综合能耗应按式(2)计算:

$$E_{dz} = \frac{1\,000 \times E_z}{P_b} \tag{2}$$

式中:

E_{dz}——铝塑板单位产品综合能耗,单位为千克标准煤每万平方米[kgce/(10^4 m^2)];

P_b——统计期内企业按GB/T 17748或GB/T 22412生产的合格产品的产量,单位为万平方米(10^4 m^2)。

5.3 综合能耗计算位数的选取

5.3.1 铝塑板综合能耗折算成标准煤

铝塑板综合能耗和电耗折算成标准煤,单位为吨标准煤(tce),取小数点后三位。

5.3.2 单位产品综合能耗折算成标准煤

单位产品综合能耗折算成标准煤,单位为千克标准煤每万平方米[kgce/(10^4 m^2)],取小数点后一位。

6 节能管理与措施

6.1 节能基础管理

6.1.1 企业应按照 GB/T 23331 规定的要求建立能源管理体系。

6.1.2 企业应定期对生产中单位产品消耗的燃料量和用电量进行考核,建立用能责任制度。

6.1.3 企业应按要求建立能耗统计体系,建立能耗测试数据、能耗计算和考核结果的文件档案,并对文件进行受控管理。

6.1.4 企业应根据 GB/T 24851—2010 的要求配备能源计量器具并建立能源计量管理制度。

6.2 节能技术管理

6.2.1 企业所使用的电动机系统、通风机系统、电力变压器等通用耗能设备应符合 GB/T 12497、GB/T 13470、GB/T 13462 等相关的用能产品经济运行标准要求。

6.2.2 新建及改扩建企业所用的中小型三相异步电动机、容积式空气压缩机、通风机、三相配电变压器等通用耗能设备应符合 GB 18613、GB 19153、GB 19761、GB 20052 等相应耗能设备能效标准中节能评价值的要求。

6.2.3 企业在生产过程中,应采取有效措施,提高系统运转率,提高产品的合格率。

6.2.4 企业在生产过程中,应进行设备的日常维护,防止出现设备意外停机、频繁开停设备的情况。

附　录　A
（资料性附录）
各种能源折标准煤参考系数

各种能源折标准煤参考系数见表 A.1。

表 A.1　各种能源折标准煤参考系数

<table>
<tr><th colspan="2">能源名称</th><th>平均低位发热量</th><th>折标准煤系数</th></tr>
<tr><td colspan="2">原煤</td><td>20 908 kJ/kg(5 000 kcal/kg)</td><td>0.714 3 kgce/kg</td></tr>
<tr><td colspan="2">洗精煤</td><td>26 344 kJ/kg(6 300 kcal/kg)</td><td>0.900 0 kgce/kg</td></tr>
<tr><td rowspan="2">其他洗煤</td><td>洗中煤</td><td>8 363 kJ/kg(2 000 kcal/kg)</td><td>0.285 7 kgce/kg</td></tr>
<tr><td>煤泥</td><td>8 363 kJ/kg～125 453 kJ/kg
(2 000 kcal/kg～3 000 kcal/kg)</td><td>0.285 7 kgce/kg～0.428 6 kgce/kg</td></tr>
<tr><td colspan="2">焦炭</td><td>28 435 kJ/kg(6 800 kcal/kg)</td><td>0.971 4 kgce/kg</td></tr>
<tr><td colspan="2">原油</td><td>41 816 kJ/kg(10 000 kcal/kg)</td><td>1.428 6 kgce/kg</td></tr>
<tr><td colspan="2">燃料油</td><td>41 816 kJ/kg(10 000 kcal/kg)</td><td>1.428 6 kgce/kg</td></tr>
<tr><td colspan="2">汽油</td><td>43 070 kJ/kg(10 300 kcal/kg)</td><td>1.471 4 kgce/kg</td></tr>
<tr><td colspan="2">煤油</td><td>43 070 kJ/kg(10 300 kcal/kg)</td><td>1.471 4 kgce/kg</td></tr>
<tr><td colspan="2">柴油</td><td>42 652 kJ/kg(10 300 kcal/kg)</td><td>1.457 1 kgce/kg</td></tr>
<tr><td colspan="2">煤焦油</td><td>33 453 kJ/kg(8 000 kcal/kg)</td><td>1.142 9 kgce/kg</td></tr>
<tr><td colspan="2">液化石油气</td><td>50 179 kJ/kg(12 000 kcal/kg)</td><td>1.714 3 kgce/kg</td></tr>
<tr><td colspan="2">炼厂干气</td><td>46 055 kJ/kg(11 000 kcal/kg)</td><td>1.571 4 kgce/kg</td></tr>
<tr><td colspan="2">天然气</td><td>38 931 kJ/m^3(9 310 kcal/m^3)</td><td>1.330 0 kgce/m^3</td></tr>
<tr><td colspan="2">焦炉煤气</td><td>16 726 kJ/m^3～17 981 kJ/m^3
(4 000 kcal/m^3～4 300 kcal/m^3)</td><td>0.571 4 kgce/m^3～0.614 3 kgce/m^3</td></tr>
<tr><td rowspan="6">其他煤气</td><td>a)　发生炉煤气</td><td>5 227 kJ/m^3(1 250 kcal/m^3)</td><td>0.178 6 kgce/m^3</td></tr>
<tr><td>b)　重油催化裂解煤气</td><td>19 235 kJ/m^3(4 600 kcal/m^3)</td><td>0.657 1 kgce/m^3</td></tr>
<tr><td>c)　重油热裂解煤气</td><td>35 544 kJ/m^3(8 500 kcal/m^3)</td><td>1.214 3 kgce/m^3</td></tr>
<tr><td>d)　焦炭制气</td><td>16 308 kJ/m^3(3 900 kcal/m^3)</td><td>0.557 1 kgce/m^3</td></tr>
<tr><td>e)　压力气化煤气</td><td>15 054 kJ/m^3(3 600 kcal/m^3)</td><td>0.514 3 kgce/m^3</td></tr>
<tr><td>f)　水煤气</td><td>10 454 kJ/m^3(2 500 kcal/m^3)</td><td>0.357 1 kgce/m^3</td></tr>
<tr><td colspan="2">粗苯</td><td>41 816 kJ/kg(10 000 kcal/kg)</td><td>1.428 6 kgce/m^3</td></tr>
<tr><td colspan="2">热力(当量值)</td><td></td><td>0.034 12 kgce/MJ</td></tr>
<tr><td colspan="2">电力(当量值)</td><td>3 600 kJ/(kW·h)[860 kcal/(kW·h)]</td><td>0.122 9 kgce/(kW·h)</td></tr>
<tr><td colspan="4">注：本附录中的能源热值如有变动，以国家统计部门最新公布的数据为准。</td></tr>
</table>

ICS 27.010
F 01

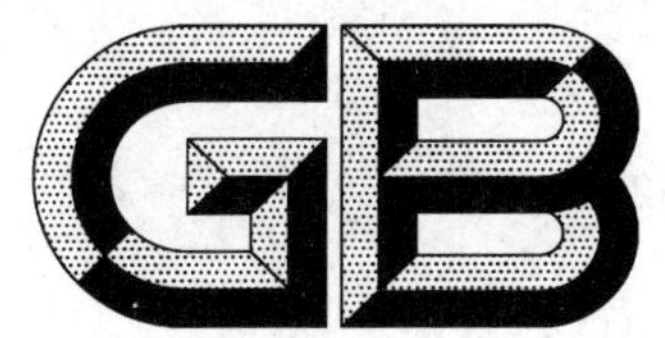

中华人民共和国国家标准

GB 30252—2013

光伏压延玻璃单位产品能源消耗限额

The norm of energy consumption per unit product of ultra-white patterned glass

2013-12-18 发布　　　　2014-09-01 实施

中华人民共和国国家质量监督检验检疫总局
中国国家标准化管理委员会　发布

前　言

本标准的4.1和4.2为强制性的，其余为推荐性的。

本标准按照GB/T 1.1—2009给出的规则起草。

本标准由国家发展和改革委员会资源节约和环境保护司、工业和信息化部节能与综合利用司提出。

本标准由全国能源基础和管理标准化技术委员会(SAC/TC 20)和中国建筑材料联合会归口。

本标准起草单位：国家玻璃质量监督检验中心、信义光伏产业(安徽)控股有限公司、福莱特光伏玻璃集团股份有限公司、国家安全玻璃及石英玻璃质量监督检验中心。

本标准主要起草人：黄建斌、刘志付、刘焕章、李友情、王本语、刘笑容、高峰、张京玲、王立祥、谭晓箭、冯素波。

光伏压延玻璃单位产品能源消耗限额

1 范围

本标准规定了光伏压延玻璃单位产品能源消耗(能源消耗以下称“能耗”)限额的技术要求、统计范围计算方法、节能管理与措施。

本标准适用于光伏压延玻璃生产企业能耗的计算、考核及新建项目的能耗控制。

2 规范性引用文件

下列文件对于本文件的应用是必不可少的。凡是注日期的引用文件,仅注日期的版本适用于本文件。凡是不注日期的引用文件,其最新版本(包括所有的修改单)适用于本文件。

GB/T 2589 综合能耗计算通则

GB/T 12497 三相异步电动机经济运行

GB/T 12723 单位产品能源消耗限额编制通则

GB/T 13462 电力变压器经济运行

GB/T 13469 离心泵、混流泵、轴流泵和旋涡泵系统经济运行

GB/T 13470 通风机系统经济运行

GB 17167 用能单位能源计量器具配备和管理通则

GB/T 17954 工业锅炉经济运行

GB/T 17981 空气调节系统经济运行

GB/T 18292 生活锅炉经济运行

GB 18613 中小型三相异步电动机能效限定值及能效等级

GB/T 19065 电加热锅炉系统经济运行

GB 19153 容积式空气压缩机能效限定值及能效等级

GB 19761 通风机能效限定值及能效等级

GB 19762 清水离心泵能效限定值及节能评价值

GB 20052 三相配电变压器能效限定值及能效等级

JC/T 2001 太阳电池用玻璃

3 术语和定义

GB/T 12723 界定的以及下列术语和定义适用于本文件。

3.1

光伏压延玻璃 ultra-white patterned glass

用于太阳能多晶硅电池组件覆盖板的超白压延玻璃。

3.2

光伏压延玻璃产品综合能耗 the comprehensive energy consumption of ultra-white patterned glass

在统计期内用于光伏压延玻璃生产所消耗的各种能源,按照规定的计算方法和单位分别折算后的总和。

3.3

光伏压延玻璃单位产品综合能耗　the comprehensive energy consumption per unit products of ultra-white patterned glass

在统计期内生产每吨光伏压延玻璃的能耗，按照规定的计算方法和单位分别折算后的总和。

4　技术要求

4.1　光伏压延玻璃单位产品能耗限定值

现有光伏压延玻璃生产企业单位产品能耗限定值应符合表1的规定。

表1　光伏压延玻璃单位产品能耗限定值

分类	光伏压延玻璃单位产品综合能耗 kgce/t
≤300 t/d	≤400
>300 t/d	≤370
注：表中≤300 t/d、>300 t/d 指熔窑设计日熔化玻璃液量(不包括全氧燃烧的玻璃熔窑)。	

4.2　光伏压延玻璃单位产品能耗准入值

新建光伏压延玻璃生产企业单位产品能耗准入值应符合表2的规定。

表2　光伏压延玻璃单位产品能耗准入值

分类	光伏压延玻璃单位产品综合能耗 kgce/t
≤300 t/d	≤300
>300 t/d	≤260
注：表中≤300 t/d、>300 t/d 指熔窑设计日熔化玻璃液量(不包括全氧燃烧的玻璃熔窑)。	

4.3　光伏压延玻璃单位产品能耗先进值

光伏压延玻璃生产企业单位产品能耗先进值应符合表3的规定。

表3　光伏压延玻璃单位产品能耗先进值

分类	光伏压延玻璃单位产品综合能耗 kgce/t
≤300 t/d	≤300
>300 t/d	≤260
注：表中≤300 t/d、>300 t/d 指熔窑设计日熔化玻璃液量(不包括全氧燃烧的玻璃熔窑)。	

5　统计范围和计算方法

5.1　统计范围

5.1.1　综合能耗统计范围

包括生产和辅助生产能耗，不包括生活用能耗。生产能耗包括原料、熔化、成型、退火、切裁和成品包装等所消耗的燃料、耗能工质和电力。辅助生产能耗包括机修、动力等部门所消耗的能源，以及为生产服务的厂内运输工具、照明等所消耗的能源。

不包括冷修从放玻璃水到开始生产出光伏压延玻璃期间所消耗的能源，不包括冬季采暖、燃料保管、运输过程损失的以及用于生活等如基建、食堂、宿舍等消耗的能源记忆生产界区内回收利用的和向外输出的所有能源量。

5.1.2 光伏压延玻璃产量

统计期内企业按照JC/T 2001的要求生产的合格产品的总产量(单位为吨)。

5.1.3 多座光伏压延玻璃熔窑的单位产品综合能耗

企业有一座以上的光伏压延玻璃熔窑时，应分别计算求出每座熔窑的单位综合能耗，对公用部分的能耗按产量比例分摊。

5.1.4 企业多种产品的能耗

企业除光伏压延玻璃外还生产其他产品时，各种能源应分开计量，对确属无法分开计量的公用能耗，如厂区照明或各类综合库房等能耗按产品产值比例分摊。

5.2 计算方法

5.2.1 产品综合能耗的计算

应符合GB/T 2589的规定。

5.2.2 燃料低位热值及不同能源折算成标准煤的计算

燃料的热值应取统计期内的实测加权平均值或根据燃料分析加权平均值进行计算，各种能源按折算成标准煤的系数进行换算(具体参数和系数参见附录A)。

5.2.3 窑龄系数

对应玻璃熔窑不同作业期的窑龄系数见表4。

表4 窑龄系数

窑期划分/年	窑龄系数
设计窑龄的前1/3	1.00
设计窑龄的1/3后～2/3	1.05
设计窑龄的2/3以后	1.12

5.2.4 燃料等效应系数

燃料等效应系数见表5。

表5 燃料等效应系数

燃　料	等效应系数
燃料油	1.00
天然气	1.08
焦炉煤气	1.13
发生炉煤气(热)	1.20
石油焦	1.00

5.2.5 光伏压延玻璃综合能耗计算公式

光伏压延玻璃综合能耗应按式(1)计算：

$$E_b = e_c + e_d \qquad \cdots\cdots(1)$$

式中：

E_b ——综合能耗，即统计期内用于光伏压延玻璃生产所消耗的各种能源折算成标准煤，单位为吨(t)；

e_c ——主燃料消耗，即统计期内用于光伏压延玻璃生产熔窑所消耗的各种燃料量折算成标准煤，单位为吨(t)；

e_d ——其他能源消耗，即统计期内用于光伏压延玻璃生产所消耗的电力、辅助生产和厂内运输所耗燃料或电力折算成标准煤，单位为吨(t)。

5.2.6 光伏压延玻璃单位产品综合能耗计算公式

光伏压延玻璃单位产品综合能耗应按式(2)计算：

$$e_b = \frac{1\,000 \times \left(\frac{e_c}{c_1 \cdot c_2} + e_d\right)}{p_b} \qquad \cdots\cdots(2)$$

式中：

e_b ——光伏压延玻璃单位产品综合能耗，单位为千克标准煤每吨(kgce/t)；

p_b ——统计期内光伏压延玻璃合格产品总产量，单位为吨(t)；

c_1 ——窑龄系数，见表4；

c_2 ——燃料等效应系数，见表5。

5.2.7 光伏压延玻璃单位产品能耗计算位数的选取

折算成标准煤，单位为千克标准煤每吨(kgce/t)，取小数点后一位。

6 节能管理与措施

6.1 节能基础管理

6.1.1 光伏压延玻璃生产企业应定期对生产中单位产品消耗燃料量和用电量进行考核，建立用能责任制度。

6.1.2 光伏压延玻璃生产企业应按要求建立能耗统计体系，建立能耗测试数据、能耗计算和考核结果的文件档案，并对文件进行受控管理。

6.1.3 光伏压延玻璃生产企业应根据 GB 17167 的要求配备能源计量器具并建立能源计量管理制度。

6.2 节能计算管理

6.2.1 耗能设备

6.2.1.1 光伏压延玻璃生产企业应对能耗的主体热工设备——熔窑进行整体结构的优化设计、大规模化、加强窑体保温、选用高效节能的燃烧和控制系统；并使电动机系统、泵系统、通风机系统、电力变压器、工业锅炉、生活锅炉、电加热锅炉、空气调节系统等通用耗能设备符合 GB/T 12497、GB/T 13469、GB/T 13470、GB/T 13462、GB/T 17954、GB/T 18292、GB/T 17981 和 GB/T 19065 等相关的用能产品经济运行标准要求，达到经济运行的状态。

6.2.1.2 新建及改扩建企业所用的中小型三相异步电动机、容积式空气压缩机、通风机、清水离心泵、三相配电变压器等通用耗能设备应达到 GB 18613、GB 19153、GB 19761、GB 19762、GB 20052 等相应耗能设备能效标准中能效等级的要求。

6.2.2 生产过程

6.2.2.1 光伏压延玻璃生产企业在生产过程中,应采取有效措施,使生产系统正常、连续和稳定运行,提高系统运转率。

6.2.2.2 光伏压延玻璃生产企业在生产过程中,应加强设备的日程维护工作,防止出现设备以外停机,经常开停设备的情况。

附　录　A
（资料性附录）
燃料低位热值及能源折算标准煤参考系数

燃料低位热值及能源折算标准煤参考系数见表 A.1。

表 A.1　燃料低位热值及能源折算标准煤参考系数

能源		平均低位热值	折标准煤系数
原煤		20 908 kJ/kg(5 000 kcal/kg)	0.714 3 kgce/kg
洗精煤		26 344 kJ/kg(6 300 kcal/kg)	0.900 0 kgce/kg
其他洗煤	洗中煤	8 363 kJ/kg(0 000 kcal/kg)	0.285 7 kgce/kg
	煤泥	8 363 kJ/kg～12 545 kJ/kg (2 000 kcal/kg～3 000 kcal/kg)	0.285 7 kgce/kg～0.428 6 kgce/kg
焦炭		28 435 kJ/kg(6 800 kcal/kg)	0.971 4 kgce/kg
石油焦粉		35 125 kJ/kg(8 400 kcal/kg)	1.180 0 kgce/kg
原油		41 816 kJ/kg(10 000 kcal/kg)	1.428 6 kgce/kg
燃料油		41 816 kJ/kg(10 000 kcal/kg)	1.428 6 kgce/kg
汽油		43 070 kJ/kg(10 300 kcal/kg)	1.471 4 kgce/kg
煤油		43 070 kJ/kg(10 300 kcal/kg)	1.471 4 kgce/kg
柴油		42 652 kJ/kg(10 200 kcal/kg)	1.457 1 kgce/kg
煤焦油		33 453 kJ/kg(8 000 kcal/kg)	1.142 9 kgce/kg
液化石油气		50 179 kJ/kg(12 000 kcal/kg)	1.714 3 kgce/kg
炼厂干气		46 055 kJ/kg(11 000 kcal/kg)	1.571 4 kgce/kg
天然气		38 931 kJ/m^3(9 310 kcal/m^3)	1.330 0 kgce/m^3
焦炉煤气		16 726 kJ/m^3～17 981 kJ/m^3 (4 000 kcal/m^3～4 300 kcal/m^3)	0.571 4 kgce/m^3～0.614 3 kgce/m^3
其他煤气	发生炉煤气	5 227 kJ/m^3(1 250 kcal/m^3)	0.178 6 kgce/m^3
	重油催化裂解煤气	19 235 kJ/m^3(4 600 kcal/m^3)	0.657 1 kgce/m^3
	重油热裂解煤气	35 544 kJ/m^3(8 500 kcal/m^3)	1.214 3 kgce/m^3
	焦炭制气	16 308 kJ/m^3(3 900 kcal/m^3)	0.557 1 kgce/m^3
	压力气化煤气	15 054 kJ/m^3(3 600 kcal/m^3)	0.514 3 kgce/m^3
	水煤气	10 454 kJ/m^3(2 500 kcal/m^3)	0.357 1 kgce/m^3
粗苯		41 816 kJ/m^3(10 000 kcal/m^3)	1.428 6 kgce/m^3
热力(当量)			0.034 12 kgce/MJ
电力(当量)		3 600kJ/(kW·h)[8 600 kcal/(kW·h)]	0.122 9 kgce/(kW·h)
水作为能耗工质折算系数		0.485 7 kgce/t	

ICS 27.010
F 01

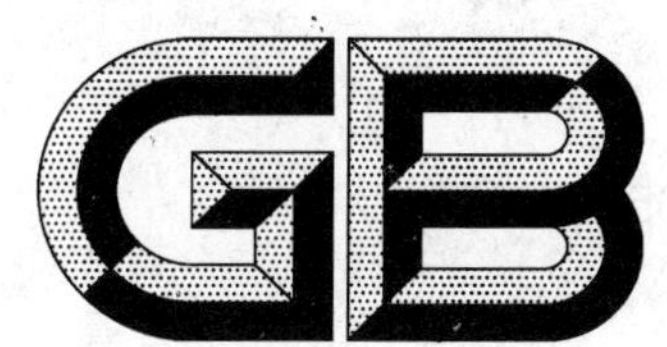

中华人民共和国国家标准

GB 30526—2014

烧结墙体材料单位产品能源消耗限额

The norm of energy consumption per unit product of sintering wall materials

2014-04-28 发布　　2015-01-01 实施

中华人民共和国国家质量监督检验检疫总局
中国国家标准化管理委员会　发布

前　言

本标准的4.1和4.2为强制性的，其余为推荐性的。

本标准按照GB/T 1.1—2009给出的规则起草。

本标准由国家发展和改革委员会资源节约和环境保护司、工业和信息化部节能与综合利用司提出。

本标准由全国能源基础与管理标准化技术委员会(SAC/TC 20)、中国建筑材料联合会归口。

本标准起草单位：中国建材检验认证集团西安有限公司、淄博功力机械制造有限责任公司、甘肃省建材科研设计院、广西壮族自治区建材产品质量监督检验站、贵州省建材产品质量监督检验院、双鸭山东方墙材集团有限公司、南京双阳建材机械制造有限公司、江西省建材科研设计院、湖南省科辉墙材有限公司、协创机械(杭州)有限公司、陕西宝深机械(集团)有限公司。

本标准主要起草人：丁伟东、张善琦、任增茂、马岸奇、蒋德勇、高玲、柴常清、李荆、谢和根、宋冬生、师晓明、蓝斌、秦世景、高华、宋旭辉、吴正宏、郭立新、方胜全、胡瑞麟、陈科文、周炫。

烧结墙体材料单位产品能源消耗限额

1 范围

本标准规定了烧结墙体材料单位产品能源消耗(能源消耗以下简称能耗)限额的技术要求、统计范围和计算方法、修正办法。

本标准适用于生产烧结多孔砖和多孔砌块、烧结空心砖和空心砌块、烧结保温砖和保温砌块、烧结实心制品的能耗计算、考核,以及对新建项目的能耗控制。

2 规范性引用文件

下列文件对于本文件的应用是必不可少的。凡是注日期的引用文件,仅注日期的版本适用于本文件。凡是不注日期的引用文件,其最新版本(包括所有的修改单)适用于本文件。

GB/T 2589 综合能耗计算通则

GB 5101 烧结普通砖

GB/T 12723 单位产品能源消耗限额编制通则

GB 13544 烧结多孔砖和多孔砌块

GB 13545 烧结空心砖和空心砌块

GB 17167 用能单位能源计量器具配备与管理导则

GB/T 21149 烧结瓦

GB/T 26001 烧结路面砖

GB 26538 烧结保温砖和保温砌块

3 术语和定义

GB/T 12723 界定的以及下列术语和定义适用于本文件。

3.1

烧结墙体材料单位产品综合能耗 the comprehensive energy consumption per unit product of sintering wall materials

在统计期内用于烧结墙体材料单位合格产品生产所消耗的各种能源,按照规定的计算方法分别折算后的总和。

4 技术要求

4.1 烧结墙体材料单位产品能耗限定值

现有的烧结墙体材料产品生产企业单位产品能耗限定值应符合表1的规定。

表 1 烧结墙体材料单位产品能耗限定值

分　类	烧结墙体材料单位产品综合能耗 kgce/t
烧结多孔砖和多孔砌块	≤53
烧结空心砖和空心砌块	≤55
烧结保温砖和保温砌块	≤57
烧结实心制品[a]	≤51
[a] 烧结实心制品包括烧结装饰砖、烧结路面砖、烧结瓦及烧结普通砖。	

4.2 烧结墙体材料单位产品能耗准入值

新建烧结墙体材料产品生产企业的单位产品能耗准入值应符合表 2 的规定。

表 2 烧结墙体材料单位产品能耗准入值

分　类	烧结墙体材料单位产品综合能耗 kgce/t
烧结多孔砖和多孔砌块	≤48
烧结空心砖和空心砌块	≤50
烧结保温砖和保温砌块	≤52
烧结实心制品[a]	≤46
[a] 烧结实心制品包括烧结装饰砖、烧结路面砖、烧结瓦及烧结普通砖。	

4.3 烧结墙体材料单位产品能耗先进值

烧结墙体材料产品生产企业的单位产品能耗先进值应符合表 3 的规定。

表 3 烧结墙体材料单位产品能耗先进值

分　类	烧结墙体材料单位产品综合能耗 kgce/t
烧结多孔砖和多孔砌块	≤46
烧结空心砖和空心砌块	≤47
烧结保温砖和保温砌块	≤50
烧结实心制品[a]	≤44
[a] 烧结实心制品包括烧结装饰砖、烧结路面砖、烧结瓦及烧结普通砖。	

5 统计范围和计算方法

5.1 统计范围

烧结墙体材料综合能耗统计范围包括从原料制备到成品堆放的全部生产过程中各种能源消耗量，不包括生活能源消耗。

5.2 统计方法

对统计期内消耗的能源数量和产品产量进行测算统计时，配备符合 GB 17167 要求的能源计量器具，不得重计或漏计。具体在统计中各种能源折标准煤进行计算，各种能源折标准煤参考系数和耗能工质平均折算热量参见附录 A。

5.3 计算方法

5.3.1 概述

产品综合能耗的计算应符合 GB/T 2589 的规定。

5.3.2 烧结墙体材料产品综合能耗的计算

烧结墙体材料产品综合能耗应按式(1)计算：

$$E = E_a + E_b + E_c + E_d \qquad (1)$$

式中：

E ——统计期内用于烧结墙体材料产品生产所消耗的各种能源总和，单位为千克标准煤(kgce)；

E_a ——统计期内用于烧结墙体材料产品生产所消耗的燃煤量折算为标准煤，单位为千克标准煤(kgce)；

E_b ——统计期内用于烧结墙体材料产品生产所消耗的电力折算为标准煤，单位为千克标准煤(kgce)；

E_c ——统计期内用于烧结墙体材料产品生产所消耗的燃气折算为标准煤，单位为千克标准煤(kgce)；

E_d ——统计期内用于烧结墙体材料产品生产所消耗的燃油折算为标准煤，单位为千克标准煤(kgce)。

5.3.3 烧结墙体材料单位产品综合能耗的计算

烧结墙体材料单位产品综合能耗应按式(2)计算：

$$E_z = \frac{E}{P} \qquad (2)$$

式中：

E_z ——统计期内烧结墙体材料单位产品综合能耗，单位为千克标准煤每吨(kgce/t)；

E ——统计期内烧结墙体材料综合能耗，单位为千克标准煤(kgce)；

P ——统计期内生产符合 GB 13544、GB 13545、GB 5101、GB 26538、GB/T 26001、GB/T 21149 的合格产品产量，单位为吨(t)。

6 修正办法

6.1 硬质原料破碎修正

产品采用需要破碎的硬质原料的生产工艺，综合能耗修正按式(3)计算：

$$E_c = E + 1.2 \times \eta \quad \cdots\cdots (3)$$

式中：

E_c ——综合能耗修正值；

η ——需要破碎原料占产品原料的比例。

6.2 海拔高度修正

烧结墙体材料生产企业所在地海拔超过 1 000 m 时进行海拔修正，综合能耗修正按式(4)计算：

$$E_c = \frac{E}{\sqrt{\frac{P_H}{P_0}}} \quad \cdots\cdots (4)$$

式中：

P_H ——当地环境大气压，单位为帕(Pa)；

P_0 ——海平面环境大气压，101 325 Pa。

6.3 烧成温度修正

产品最高烧成温度在 1 080 ℃以上时，综合能耗修正按式(5)计算：

$$E_c = E \times \left[\frac{(T-980)}{980} + 1\right] \quad \cdots\cdots (5)$$

式中：

T——烧结墙体材料产品烧成温度，单位为摄氏度(℃)。

6.4 修正方法

凡具备上述修正条件的企业，综合能耗按修正后的值判定。

附 录 A
（资料性附录）
各种能源折标准煤参考系数和耗能工质平均折算热量

A.1 各种能源折标准煤参考系数

各种能源折标准煤参考系数见表 A.1。

表 A.1 各种能源折标准煤参考系数

能源名称		平均低位发热量	折标准煤系数
原油		41 868 kJ/kg	1.428 6 kgce/kg
燃料油		41 868 kJ/kg	1.428 6 kgce/kg
汽油		43 124 kJ/kg	1.471 4 kgce/kg
煤油		43 124 kJ/kg	1.471 4 kgce/kg
柴油		42 705 kJ/kg	1.457 1 kgce/kg
煤焦油		33 494 kJ/kg	1.142 9 kgce/kg
粗苯		41 816 kJ/kg	1.428 6 kgce/kg
液化石油气		50 241 kJ/kg	1.714 3 kgce/kg
炼厂干气		46 055 kJ/kg	1.571 4 kgce/kg
油田天然气		38 979 kJ/m^3	1.330 0 kgce/m^3
气田天然气		35 588 kJ/m^3	1.214 3 kgce/m^3
煤矿瓦斯气		14 654 kJ/m^3～16 747 kJ/m^3	0.500 0 kgce/m^3～0.571 4 kgce/m^3
焦炉煤气		18 003 kJ/m^3	0.614 3 kgce/m^3
其他煤气	a）发生炉煤气	5 234 kJ/m^3	0.178 6 kgce/m^3
	b）重油催化裂解煤气	19 259 kJ/m^3	0.657 1 kgce/m^3
	c）重油热裂解煤气	35 588 kJ/m^3	1.214 3 kgce/m^3
	d）焦炭制气	16 329 kJ/m^3	0.557 1 kgce/m^3
	e）压力汽化煤气	15 072 kJ/m^3	0.514 3 kgce/m^3
	f）水煤气	10 467 kJ/m^3	0.357 1 kgce/m^3
电力（当量）		3 601 kJ/(kW·h)	0.122 9 kgce/(kW·h)
氢气（标况）		10 802 kJ/m^3	0.368 6 kgce/m^3
热力（当量）		—	0.034 12 kgce/MJ

A.2 耗能工质平均折算热量及折标准煤参考系数

耗能工质平均折算热量及折标准煤参考系数见表 A.2。

表 A.2　耗能工质平均折算热量及折标准煤参考系数

能耗工质名称	平均低位发热量	折标准煤系数
外购水	2.51 MJ/t	0.085 7 kgce/t
软水	14.23 MJ/t	0.485 7 kgce/t
除氧水	28.45 MJ/t	0.971 4 kgce/t
压缩空气(标况)	1.17 MJ/m^3	0.040 0 kgce/m^3
鼓风(标况)	0.88 MJ/m^3	0.030 0 kgce/m^3
氧气(标况)	11.72 MJ/m^3	0.400 0 kgce/m^3
氮气(标况)	19.66 MJ/m^3	0.671 4 kgce/m^3
二氧化碳(标况)	6.28 MJ/m^3	0.214 3 kgce/m^3
蒸汽(低压)	3 765.60 MJ/t	128.6 kgce/t

六、有色金属行业

ICS 27.010
F 01

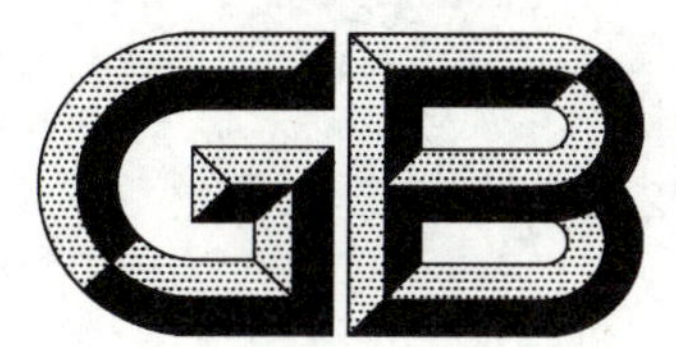

中华人民共和国国家标准

GB 21248—2014
代替 GB 21248—2007

铜冶炼企业单位产品能源消耗限额

The norm of energy consumption per unit product of copper metallurgical enterprise

2014-04-28 发布　　2015-01-01 实施

中华人民共和国国家质量监督检验检疫总局
中国国家标准化管理委员会　发布

前　言

本标准的4.1和4.2为强制性的，其余为推荐性的。

本标准按照GB/T 1.1—2009给出的规则起草。

本标准代替GB 21248—2007《铜冶炼企业单位产品能源消耗限额》。本标准与GB 21248—2007相比，主要变化如下：

——新增了含铜电子废料、辅助生产系统及附属生产系统的术语解释；

——对第4章中的表1、表2、表3按铜精矿冶炼工艺和粗、杂铜冶炼工艺进行了重新归类列表；

——加严了对铜冶炼企业能耗限定值、准入值及先进值的要求；

——在原标准第5章增加了统计方法，对原标准5.1.1增加了内容，对5.1.3、5.1.4进行了合并修改；

——新增“5.2.3 辅助能耗及损耗分摊量的计算”及公式；

——对原标准6.2.2及6.2.4部分作了修改与补充；

——对原标准附录A和附录B新增了能源品种并作了补充说明；

——删除了原标准5.3.3.1.2和5.3.3.1.3条款内容。

本标准由国家发展和改革委员会资源节约与环境保护司、工业和信息化部节能与综合利用司、中国有色金属工业协会提出。

本标准由全国有色金属标准化技术委员会(SAC/TC 243)归口。

本标准负责起草单位：江西铜业股份有限公司、云南铜业(集团)有限公司、阳谷祥光铜业有限公司、中国有色金属工业标准计量质量研究所。

本标准参加起草单位：大冶有色金属集团有限公司、铜陵有色金属集团控股有限公司、金川集团股份有限公司、中条山有色金属集团有限公司、紫金铜业有限公司、杭州富春江冶炼有限公司。

本标准主要起草人：谢卫民、高淮昆、张旺、赵永善、尹宏、李东林、严敏、周松林、张琳、李潇慧、于冰新、陈迎武、朱启保、董效林、刘招平、徐焰。

本标准所代替标准的历次版本发布情况为：

——GB 21248—2007。

铜冶炼企业单位产品能源消耗限额

1 范围

本标准规定了铜冶炼企业单位产品的能源消耗(以下简称能耗)限额的要求、统计范围、计算方法、计算范围和节能管理与措施。

本标准适用于以铜精矿、粗铜、废杂铜为原料的铜冶炼企业产品能耗的计算、考核,以及对新建项目的能耗控制。

本标准不适用于处理含铜电子废料的粗铜冶炼工艺及含铜矿石直接堆浸工艺,能耗指标不适用于企业内部含铜废料的综合回收。

2 规范性引用文件

下列文件对于本文件的应用是必不可少的。凡是注日期的引用文件,仅注日期的版本适用于本文件。凡是不注日期的引用文件,其最新版本(包括所有的修改单)适用于本文件。

GB/T 2589 综合能耗计算通则

GB/T 12723 单位产品能源消耗限额编制通则

GB 17167 用能单位能源计量器具配备和管理通则

3 术语和定义

GB/T 2589 和 GB/T 12723 界定的以及下列术语和定义适用于本文件。

3.1

铜冶炼综合能耗 comprehensive energy consumption of copper smelting

统计报告期内,铜冶炼企业从处理铜精矿到产出合格阴极铜的生产过程的综合能耗与同期该合格产品产量的比值。

3.2

含铜电子废料 copper electronic waste

被废弃不再使用的含铜电路板、芯片、电子元件或电子设备,通过人工或机械拆解分拣、破碎后形成的含铜物料。

4 要求

4.1 现有铜冶炼企业单位产品能耗限定值

现有铜冶炼企业单位产品能耗限定值应符合表 1 和表 2 的要求。

表 1 现有铜冶炼企业单位产品能耗限定值(铜精矿冶炼工艺)

工序、工艺	限定值/(kgce/t)	
	工艺能耗	综合能耗
铜冶炼工艺(铜精矿-阴极铜)	≤400	≤420
粗铜工艺(铜精矿-粗铜)	≤280	≤300
阳极铜工艺(铜精矿-阳极铜)	≤320	≤340
电解工序(阳极铜-阴极铜)	≤110	≤140

表 2 现有铜冶炼企业单位产品能耗限定值(粗、杂铜冶炼工艺)

工序、工艺		限定值/(kgce/t)
		综合能耗
粗铜工艺(杂铜-粗铜)		≤260
阳极铜工艺	(杂铜-阳极铜)	≤360
	(粗铜-阳极铜)	≤290
铜精炼工艺	(杂铜-阴极铜)	≤430
	(粗铜-阴极铜)	≤370

4.2 新建铜冶炼企业单位产品能耗准入值

新建铜冶炼企业单位产品能耗准入值应符合表 3 和表 4 的要求。

表 3 新建铜冶炼企业单位产品能耗准入值(铜精矿冶炼工艺)

工序、工艺	准入值/(kgce/t)	
	工艺能耗	综合能耗
铜冶炼工艺(铜精矿-阴极铜)	≤300	≤320
粗铜工艺(铜精矿-粗铜)	≤170	≤180
阳极铜工艺(铜精矿-阳极铜)	≤210	≤220
电解工序(阳极铜-阴极铜)	≤90	≤100

表 4 新建铜冶炼企业单位产品能耗准入值(粗、杂铜冶炼工艺)

工序、工艺		准入值/(kgce/t)
		综合能耗
粗铜工艺(杂铜-粗铜)		≤240
阳极铜工艺	(杂铜-阳极铜)	≤290
	(粗铜-阳极铜)	≤270

表 4（续）

工序、工艺		准入值/(kgce/t)
		综合能耗
铜精炼工艺	（杂铜-阴极铜）	≤360
	（粗铜-阴极铜）	≤350

4.3 铜冶炼企业单位产品能耗先进值

铜冶炼企业单位产品能耗先进值应达到表5和表6的要求。

表5 铜冶炼企业单位产品能耗先进值（铜精矿冶炼工艺）

工序、工艺	先进值/(kgce/t)	
	工艺能耗	综合能耗
铜冶炼工艺（铜精矿-阴极铜）	≤260	≤280
粗铜工艺（铜精矿-粗铜）	≤140	≤150
阳极铜工艺（铜精矿-阳极铜）	≤180	≤190
电解工序（阳极铜-阴极铜）	≤80	≤90

表6 铜冶炼企业单位产品能耗先进值（粗、杂铜冶炼工艺）

工序、工艺		先进值/(kgce/t)
		综合能耗
粗铜工艺（杂铜-粗铜）		≤200
阳极铜工艺	（杂铜-阳极铜）	≤280
	（粗铜-阳极铜）	≤220
铜精炼工艺	（杂铜-阴极铜）	≤350
	（粗铜-阴极铜）	≤310

5 统计范围、计算方法及计算范围

5.1 统计范围

5.1.1 统计方法

5.1.1.1 单位产品能耗的产品产量

所有产品产量，取自本企业计划统计部门按月统计上报的数据，年产品产量为各月产量之和统计。

5.1.1.2 各能源消耗量

能源实物月消耗量，取自本企业能源购进、消费与库存动态月报表消费的数据，能源实物年耗量为各月能源实物耗量之和统计。

各月能源消耗量则以实物月消耗量，按规定的折算系数计算能源月消耗量，总能源消耗量为各月能源消耗量之和。

5.1.1.3 铜冶炼企业单位产品能源消耗

铜冶炼企业单位产品能源消耗年数据是以各月能源消耗量之和除以各月产量的加权平均计算而得。

5.1.2 企业生产实际消耗的各种能源

企业实际消耗的各种能源，系指用于生产活动的各种能源。它包括：一次能源（包括：原煤、原油、天然气、水力、风力、太阳能、生物质能等）、二次能源（包括：洗精煤、其他煤基、洗煤、型煤、焦炭、焦炉煤气、其他煤气、汽油、煤油、柴油、燃料油、液化石油气、炼厂干气、其他石油制品、热力、电力等）和生产使用的耗能工质（包括新水、软化水、压缩空气、氧气、氮气、氦气、乙炔、电石等）所消耗的能源。其主要用于生产系统、辅助生产系统和附属生产系统；不包括生活用能和批准的基建项目用能。在企业实际消耗的能源中，用作原料的能源也应包括在内。

二次能源或耗能工质所消耗的各种能源应按能量的等价值原则折算成一次能源的能量。

生活用能指企业系统内的宿舍、学校、文化娱乐、医疗保健、商业服务和托儿幼教等方面用能。

5.1.3 企业计划统计期内的能源或燃料能源实物消耗量和能源消耗量

企业计划统计期内的某种能源或燃料能源实物消耗量的计算，应符合式(1)：

$$e_h = e_1 + e_2 - e_3 - e_4 - e_5 \quad \cdots\cdots(1)$$

式中：

e_h——企业的能源实物消耗量；

e_1——企业购入能源实物量；

e_2——期初、末库存能源增减实物量；

e_3——外销能源实物量；

e_4——生活用能源实物量；

e_5——企业工程建设用能源量。

企业计划统计期内的能源消耗量的计算，应符合式(2)：

$$E = E_1 + E_2 - E_3 - E_4 - E_5 \quad \cdots\cdots(2)$$

式中：

E ——企业计划统计期内能源消耗量；

E_1 ——购入能源量；

E_2 ——期初、末库存能源增减量；

E_3 ——外销能源量；

E_4 ——生活用能源量；

E_5 ——企业工程建设用能源量。

所消耗的各种能源不得重计或漏计。存在供需关系时，输入、输出双方在计算中量值上应保持一致。设备停炉大修的能源消耗也应计算在内，且按检修后设备的运行周期逐月平均分摊。

企业综合能耗的计算按 GB/T 2589 的规定进行。

5.1.4 能源实物量及能耗量的计量单位

能源实物量及能耗量的计量单位如下：

——煤、焦炭、重油的单位为：kg 或 t、10^4t(千克或吨、万吨)；

——电的单位为：kW·h 或 10^4kW·h(千瓦小时或万千瓦小时)；

——蒸汽的单位为：kg、t 或 MJ、GJ(千克、吨或兆焦、吉焦)；

——煤气、压缩空气、氧气的单位为：m^3 或 $10^4 m^3$(立方米或万立方米)；

——水的单位为：t 或 10^4t(吨或万吨)；

——企业生产能耗量的单位为：kgce 或 tce(千克标煤或吨标煤)；

——产品工艺能耗量(或称产品直接综合能耗)、产品综合能耗量的单位均为：kgce/t 或 tce/t(千克标煤每吨或吨标煤每吨)。

5.1.5 各种能源(包括生产耗能工质消耗的能源)折算标煤量方法

5.1.5.1 企业实际消耗的燃料能源应以其低(位)发热量为计算基础折算为标准煤量。低(位)发热量等于 29307.6 千焦(kJ)的燃料，统称为 1 千克标准煤(1 kgce)。29307.6 千焦(kJ)＝1 千克标准煤(1 kgce)。

5.1.5.2 外购燃料能源可取实测的低(位)发热量或供货单位提供的实测值为计算基础，或用国家统计部门的折算系数折算，参见附录 A。除了电按当量值折算外，其他二次能源及耗能工质均按相应能源等价值折算。企业能源转换自产时，按实际投入的能源实物量折算标煤量；由集中生产单位外销供应时，其能源等价值应经主管部门规定；外购外销时，其能源等价值应相同；当未提供能源等价值时，可按国家统计部门的折算系数折算，参见附录 B。余热发电统一按电力的折算系数。

5.1.6 单位产品能耗的产品产量的规定

5.1.6.1 计算熔炼、吹炼工序单位产品能耗，应采用同一计划统计期内产出的合格粗铜产量。

5.1.6.2 计算火法精炼工序单位产品能耗，应采用同一计划统计期内产出的合格阳极铜产量。

5.1.6.3 计算电解精炼工序单位产品能耗，应采用同一计划统计期内产出的合格阴极铜产量。

5.1.6.4 所有产品产量，均以企业计划统计部门正式上报的数据为准。

5.1.7 余热利用能耗的计算原则

企业回收的余热，属于节约能源循环利用，不属于外购能源，在计算能耗时，应避免和外购能源重复计算。余热回收装置用能应计入该工序或工艺能耗。各工序或工艺中余热回收的热量和发电量，若输出本工序或工艺时应予以扣除；若回收的热量或发电量在本工序或工艺中消耗或使用，则在本工序或工艺中无扣减能源消费量。不得重复计算扣除的余热回收量；转供其他工序时，在所用工序以正常能源消耗计入；回收的能源折标煤后应在回收余热的工序、工艺中扣除。如未扣除回收余热的能耗指标，应标明“未扣除余热回收能源”。

5.1.8 其他

间接的辅助、附属生产系统的能源消耗量和能源及耗能工质在企业内部贮存、转换与分配供应及外销中的损耗，即间接综合能耗，应根据各产品工艺能耗占企业生产工艺能耗量的比例，分摊给各个产品，参照 5.2.3 计算。

5.2 计算方法

5.2.1 工序(工艺)实物单耗的计算

工序(工艺)实物单耗按式(3)计算。

$$E_S = \frac{M_S}{P_Z} \quad \cdots\cdots\cdots\cdots (3)$$

式中：

E_S——某工序(工艺)的实物单耗,单位为千克每吨(kg/t)、千瓦时每吨(kW·h/t)、立方米每吨(m^3/t);

M_S——某工序(工艺)直接消耗的某种能源实物总量,单位为千克(kg)、千瓦时(kW·h)、立方米(m^3);

P_Z——某工序(工艺)产出的合格产品(粗铜、阳极铜、阴极铜)总量,单位为吨(t)。

5.2.2 工序(工艺)能源单耗的计算

工序(工艺)能源单耗按式(4)计算。

$$E_I = \frac{E_H}{P_Z} \quad \cdots\cdots\cdots\cdots (4)$$

式中：

E_I——某工序(工艺)能源单耗,单位为千克标煤每吨(kgce/t);

E_H——某工序(工艺)直接消耗的各种能源实物量折标煤之和,单位为千克标煤(kgce);

P_Z——某工序(工艺)产出的合格产品(粗铜、阳极铜、阴极铜)总量,单位为吨(t)。

注：该工序直接消耗的各种能源实物量折标煤量之和为代数和,当含回收余热时,按5.1.7处理。以免回收余热和外购能源重复计算。

5.2.3 辅助能耗及损耗分摊量的计算

辅助能耗及损耗分摊量:指辅助、附属部门消耗的能源量和损耗能源量之和分摊到各产品的量,按式(5)计算。

$$E_F = \frac{E_{ZF} \times E_I}{E_{ZG}} \quad \cdots\cdots\cdots\cdots (5)$$

式中：

E_F——某产品间接辅助能耗及损耗分摊量,单位为千克标煤每吨(kgce/t);

E_{ZF}——间接辅助生产部门用能源量及损耗,单位为千克标煤(kgce);

E_I——某工序(工艺)能源单耗,单位为千克标煤每吨(kgce/t);

E_{ZG}——诸产品工艺能源消耗量,单位为千克标煤(kgce)。

5.2.4 工序(工艺)综合能源单耗的计算

工序(工艺)综合能源单耗按式(6)计算。

$$E_Z = E_I + E_F \quad \cdots\cdots\cdots\cdots (6)$$

式中：

E_Z——某产品综合能源单耗,单位为千克标煤每吨(kgce/t);

E_I——某产品工艺(工序)能源单耗,单位为千克标煤每吨(kgce/t);

E_F——某产品间接辅助能耗及损耗分摊量,单位为千克标煤每吨(kgce/t)。

5.3 计算范围

5.3.1 粗铜能耗

5.3.1.1 熔炼工序

5.3.1.1.1 熔炼工序产品能耗计算范围

从精矿仓开始到产出冰铜为止，包括备料(干燥、烧结、制团、物料运输)、制氧、熔炼炉、贫化炉及相关配套系统(风机、收尘、余热回收、循环水……)等消耗的各种能源量。

在工序中作为开路处理的渣等含铜物料所消耗的能源，不计入铜冶炼综合能耗。

5.3.1.1.2 熔炼工序实物单耗、熔炼工序能耗计算

熔炼工序实物单耗参照式(3)计算，熔炼工序能源单耗参照式(4)计算。

该工序能耗计算中：当含回收余热时，按5.1.7处理。其他工序、工艺能耗计算也按此原则处理。

铜、金混合熔炼的实物单耗按式(7)计算。

$$E_{HR}=\frac{E_{RZ}-\dfrac{m_1}{m_2}\cdot E_{RZ}}{P_C} \qquad \cdots\cdots(7)$$

式中：

E_{HR}——铜、金混合熔炼工序中铜的实物单耗，单位为千克每吨(kg/t)、千瓦小时每吨(kW·h/t)、立方米每吨(m^3/t)；

E_{RZ}——该工序直接消耗的某能源实物总量，单位为千克(kg)、千瓦小时(kW·h)、立方米(m^3)；

m_1——金精矿入炉量，单位为吨(t)；

m_2——总入炉精矿量，单位为吨(t)；

P_C——合格粗铜产量，单位为吨(t)。

总入炉精矿量，包括铜精矿、金精矿(含金块矿)、含金银物料、铅冰铜等，不包括熔剂及本系统的返回品。金精矿入炉量：包括投入熔炼炉的金精矿、金块矿、含金银物料的总量。

5.3.1.2 吹炼工序

5.3.1.2.1 吹炼工序产品能耗计算范围

从冰铜开始到产出粗铜为止。包括：包子吊、转炉或其他吹炼炉及相关配套系统(风机、加料机、吹炼炉附属设备、铸渣机、余热回收、收尘……)等消耗的各种能源量。

在工序中作为开路处理的渣等含铜物料所消耗的能源，不计入铜冶炼综合能耗。

5.3.1.2.2 吹炼工序实物单耗、吹炼工序能耗计算

吹炼工序实物单耗按式(3)计算，吹炼工序能耗按式(4)计算。该工序能耗计算中，当有余热利用时，按5.1.7处理。

5.3.1.3 熔炼吹炼连续工序

5.3.1.3.1 熔炼吹炼连续工序产品能耗计算范围

从精矿仓开始到产出粗铜为止。包括：备料、制氧、熔炼、吹炼炉及相关配套系统(风机、加料机、排渣、余热回收、收尘……)等消耗的各种能源量。在工序中作为开路处理的渣等含铜物料所消耗的能源，不计入铜冶炼综合能耗。

5.3.1.3.2 **熔炼吹炼连续工序实物单耗、工序能耗计算**

熔炼吹炼连续工序实物单耗按式(3)计算,熔炼吹炼连续工序能耗按式(4)计算。

该工序能耗计算中,当有余热利用时,按5.1.7处理。

5.3.1.4 **粗铜工艺(铜精矿-粗铜)能耗**

5.3.1.4.1 粗铜工艺产品能耗计算范围

粗铜工艺产品能耗包括熔炼工序、吹炼工序或熔炼吹炼连续工序和车间、分厂内部的直接辅助能耗分摊量。在工序中作为开路处理的渣等含铜物料所消耗的能源,不计入铜冶炼综合能耗。

5.3.1.4.2 粗铜工艺实物单耗按式(3)计算;粗铜工艺能耗按式(4)计算。

该工序能耗计算中,当有余热利用时,按5.1.7处理。

5.3.1.4.3 粗铜综合能源单耗按式(5)计算。

5.3.2 **阳极铜能耗**

5.3.2.1 **火法精炼工序**

5.3.2.1.1 火法精炼工序产品能耗的计算范围

火法精炼工序产品能耗的计算范围包括:精炼炉,浇铸机及相关配套系统(风机、收尘、余热回收……)等消耗的各种能源量。

5.3.2.1.2 火法精炼工序实物单耗、工序能耗(或称阳极铜工序实物单耗、工序能源单耗)

计算火法精炼工序实物单耗按式(3)计算,火法精炼工序能耗按式(4)计算。

该工序能耗计算中,当有余热利用时,按5.1.7处理。

5.3.2.1.3 火法精炼工序综合能耗参照粗铜综合能耗计算方法的原则计算。

5.3.2.2 **阳极铜工艺(铜精矿-阳极铜)能耗**

5.3.2.2.1 阳极铜工艺产品能耗计算范围

包括熔炼工序、吹炼工序或熔炼吹炼连续工序、火法精炼工序和车间、分厂内部的直接辅助能耗分摊量。

在工序中作为开路处理的渣等含铜物料所消耗的能源,不计入铜冶炼综合能耗。

5.3.2.2.2 阳极铜工艺实物单耗按式(3)计算。阳极铜工艺能源单耗按式(4)计算。阳极铜综合能源单耗按式(6)计算。

该工序能耗计算中,当有余热利用时,按5.1.7处理。

5.3.3 **阴极铜能耗**

5.3.3.1 **电解精炼工序**

5.3.3.1.1 电解精炼工序产品能耗计算范围

电解精炼工序产品能耗计算范围包括:电解、净液及相关配套系统(变压整流、吊车、电解专用机组、电解液循环加温、保温、种板制作、风机、空调)等消耗的各种能源量。

净液开路生产产品所需要的能源消耗,不计入电解精炼工序。

5.3.3.1.2 电解工序可比蒸汽单耗,根据不同地区的气温和海拔高度,按式(8)进行修正。

$$E_{Q}=\frac{E_{SQ}}{K \cdot H} \quad \cdots\cdots(8)$$

式中：

E_Q——电解工序可比蒸汽单耗，单位为千克每吨(kg/t)；

E_{SQ}——电解工序蒸汽单耗，单位为千克每吨(kg/t)；

K ——地区气温修正系数：长江以南取1.0，长江以北、山海关以南取1.03，山海关以北取1.09；

H ——高度修正系数：海拔1 500 m以上取1.03。

5.3.3.1.3 电解工序能耗（或称阴极铜工序能耗）按式(4)计算；电解工序综合能源单耗按式(5)计算。

5.3.3.2 阴极铜冶炼（铜精矿-阴极铜）能耗

5.3.3.2.1 阴极铜冶炼工艺产品能耗计算范围：

包括熔炼工序、吹炼工序或熔炼吹炼连续工序、火法精炼工序、电解精炼工序和车间、分厂内部的直接辅助能耗分摊量之和。

在工序中作为开路处理的渣等含铜物料所消耗的能源，不计入铜冶炼综合能耗。

净液开路生产产品（硫酸盐产品）所需要的能源消耗，不计入电解精炼工序。

5.3.3.2.2 铜冶炼工艺能耗参照式(4)计算。

该工序能耗计算中，当有余热利用时，按5.1.7处理。

5.3.3.2.3 铜冶炼可比工艺能耗按式(9)计算。

$$E_K = E_C \cdot \frac{C_J}{C_C \cdot R_J} + E_J \cdot \frac{C_Y}{C_J \cdot R_Y} + E_D \qquad \cdots\cdots(9)$$

式中：

E_K ——铜冶炼可比工艺能耗，单位为千克标煤每吨(kgce/t)；

E_C ——粗铜工艺能源单耗，单位为千克标煤每吨(kgce/t)；

C_J ——阳极铜品位；

C_C ——粗铜品位；

R_J ——火法精炼工序回收率；

E_J ——火法精炼工序能源单耗，单位为千克标煤每吨(kgce/t)；

C_Y ——阴极铜品位；

R_Y ——阴极铜直收率；

E_D ——电解工序能源单耗，单位为千克标煤每吨(kgce/t)。

5.3.3.2.4 铜冶炼综合能耗按式(6)计算。

5.3.4 铜精炼（粗、杂铜-阴极铜）能耗

在本工艺能耗计算中，当有余热利用时，按5.1.7处理。

净液开路生产产品（硫酸盐产品）所需要的能源消耗，不计入电解精炼工序。在工序中作为开路处理的渣等含铜物料所消耗的能源，不计入铜精炼综合能耗。

5.3.4.1 粗铜工艺（杂铜-粗铜）能耗

杂铜产粗铜的工艺实物单耗、工艺能耗、综合能耗分别参照粗铜（铜精矿-粗铜）能耗的同类指标计算。

5.3.4.2 阳极铜工艺（杂铜、粗铜-阳极铜）能耗

粗、杂铜产阳极铜工艺实物单耗、工艺能耗、综合能耗分别参照阳极铜（铜精矿-阳极铜）能耗的同类指标计算。

5.3.4.3 阴极铜精炼工艺(杂铜、粗铜-阴极铜)能耗

5.3.4.3.1 阴极铜精炼工艺能耗按式(4)计算;铜精炼综合能源单耗按式(6)计算。

净液开路生产产品(硫酸盐产品)所需要的能源消耗,不计入电解精炼工序。

5.3.4.3.2 阴极铜精炼工艺可比能耗按式(10)计算。

$$E_{KJ} = E_{YJ} \cdot \frac{C_Y}{C_J \cdot R_Y} + E_D \quad \cdots\cdots (10)$$

式中:

E_{KJ}——铜精炼工艺可比能耗,单位为千克标煤每吨(kgce/t);

E_{YJ}——粗、杂铜产阳极铜工艺能源单耗,单位为千克标煤每吨(kgce/t);

E_D——电解工序能源单耗,单位为千克标煤每吨(kgce/t);

C_Y——阴极铜品位;

C_J——阳极铜品位;

R_Y——阴极铜直收率。

6 节能管理与措施

6.1 节能基础管理

6.1.1 企业应建立节能考核制度,定期对铜冶炼企业的各生产工序能耗情况进行考核,并把考核指标分解落实到各基层单位。

6.1.2 企业应按要求建立能耗统计体系,建立能耗计算和统计结果的文件档案,并对文件进行受控管理。

6.1.3 企业应根据 GB 17167 的要求配备相应的能源计量器具并建立能源计量管理制度。

6.2 节能技术管理

6.2.1 铜冶炼企业应配备余热回收等节能设备,最大限度地对生产过程中可回收的能源进行利用。

6.2.2 铜冶炼企业应进行技术改造,研发或推广应用冶炼先进工艺,以提高生产效率和能源利用率。

6.2.3 铜冶炼企业应合理组织生产,减少中间环节,提高生产能力,延长生产周期。

6.2.4 铜冶炼企业应大力发展循环经济,合理利用现有冶炼工艺自身热能处理废杂铜等再生资源及充分采用余热回收技术。

附　录　A
（资料性附录）
常用能源品种现行参考折标煤系数

常用能源品种现行折标煤系数见表A.1。

表A.1　常用能源品种现行折标煤系数

能源名称	平均低位发热量	折标准煤系数及单位
原煤	20 908 kJ/kg(5 000 kcal/kg)	0.714 3 kgce/kg
焦炭	28 435 kJ/kg(6 800 kcal/kg)	0.971 4 kgce/kg
原油	41 816 kJ/kg(10 000 kcal/kg)	1.428 6 kgce/kg
燃料油	41 816 kJ/kg(10 000 kcal/kg)	1.428 6 kgce/kg
汽油	43 070 kJ/kg(10 300 kcal/kg)	1.471 4 kgce/kg
煤油	43 070 kJ/kg(10 300 kcal/kg)	1.471 4 kgce/kg
柴油	42 652 kJ/kg(10 200 kcal/kg)	1.457 1 kgce/kg
重油	41 816 kJ/kg(10 000 kcal/kg)	1.428 6 kgce/kg
洗精煤	26 344 kJ/kg(6 300 kcal/kg)	0.900 0 kgce/kg
煤气	1 250×4.186 8 kJ/m^3	1.786 tce/$10^4 m^3$
天然气	38 931 kJ/m^3(9 310 kcal/m^3)	1.330 0 tce/$10^3 m^3$
液化石油气	50 179 kJ/kg(12 000 kcal/kg)	1.714 3 kgce/kg
发生炉煤气	5 227 kJ/kg(1 250 kcal/m^3)	0.178 6 kgce/m^3
电力(当量值)	3 600 kJ/(kW·h)[860 kcal/(kW·h)]	0.122 9 kgce/(kW·h)
注：本附录中折标煤系数随国家统计部门规定发生变化，能耗等级指标则另行设定。		

附 录 B
（资料性附录）
耗能工质能源等价参考值

常用耗能工质能源等价值见表 B.1。

表 B.1 常用耗能工质能源等价值

品　　种	单位耗能工质耗能量	折标准煤系数及单位	备　　注
新水	2.51 MJ/t(600 kcal/t)	0.085 7 kgce/t	指尚未使用过的自来水，按平均耗电计算
软水	14.23 MJ/t(3 400 kcal/t)	0.485 7 kgce/t	
除氧水	28.45 MJ/t(6 800 kcal/t)	0.971 4 kgce/t	
压缩空气	1.17 MJ/m^3(280 $kcal/m^3$)	0.040 0 $kgce/m^3$	
鼓风	0.88 MJ/m^3(210 $kcal/m^3$)	0.030 0 $kgce/m^3$	
氧气	11.72 MJ/m^3(2 800 $kcal/m^3$)	0.400 0 $kgce/m^3$	
氮气(做副产品时)	11.72 MJ/m^3(2 800 $kcal/m^3$)	0.400 0 $kgce/m^3$	
氮气(做主产品时)	19.66 MJ/m^3(4 700 $kcal/m^3$)	0.671 4 $kgce/m^3$	
二氧化碳气	6.28 MJ/m^3(1 500 kcal/t)	0.214 3 $kgce/m^3$	
乙炔	243.67 MJ/m^3	8.314 3 $kgce/m^3$	按耗电石计算
电石	60.92 MJ/kg	2.078 6 kgce/kg	按平均耗焦炭、电等计算
注：本附录中的能源等价值如有变动，以国家统计部门最新公布的数据为准。			

说明：当无法获得各种燃料能源的低(位)发热量实测值和单位耗能工质的耗能量时，可参照附录 A 和附录 B。

ICS 27.010
F 01

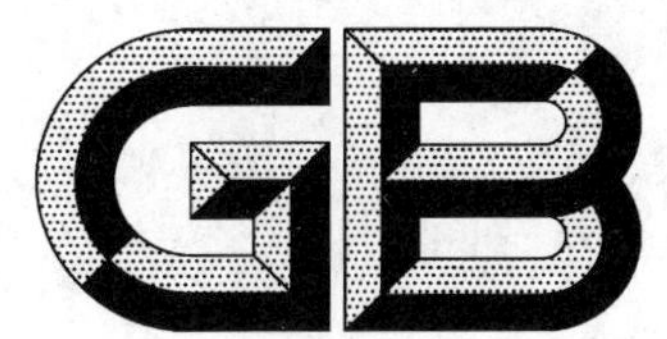

中华人民共和国国家标准

GB 21249—2014
代替 GB 21249—2007

锌冶炼企业单位产品能源消耗限额

The norm of energy consumption pur unit product of zinc metallurgical enterprise

2014-04-28 发布　　　　2015-01-01 实施

中华人民共和国国家质量监督检验检疫总局
中国国家标准化管理委员会　发布

前　言

本标准的4.1和4.2为强制性的，其余为推荐性的。

本标准按照GB/T 1.1—2009给出的规则起草。

本标准代替GB 21249—2007《锌冶炼企业单位产品能源消耗限额》。本标准与GB 21249—2007相比，主要变化如下：

——加严了锌冶炼企业单位产品综合能耗限定值、准入值和先进值的要求；

——增加了火法炼锌工艺粗锌(精矿-粗锌)综合能耗的要求；

——修改5.1.8“多金属混合熔炼能耗计算原则”为“关于密闭鼓风炉炼锌(ISP法)粗锌综合能耗的计算说明”；

——简化了5.2.1“通用计算公式”；

——修改5.2.2“特殊计算公式”为“密闭鼓风炉炼锌(ISP法)工艺计算公式”；

——修改了各种能源(包括生产耗能工质)折算标煤量方法中的部分内容；

——修改了5.3中锌冶炼工艺及工序划分条款和内容；

——将密闭鼓风炉炼(铅)锌工艺修改为密闭鼓风炉炼锌(ISP法)工艺(综合回收铅)。

本标准由国家发展和改革委员会资源节约与环境保护司、工业和信息化部节能与综合利用司、中国有色金属工业协会提出。

本标准由全国有色金属标准化技术委员会(SAC/TC 243)归口。

本标准负责起草单位：葫芦岛锌业股份有限公司、河南豫光锌业有限公司、云南驰宏锌锗股份有限公司、中国有色金属工业标准计量质量研究所。

本标准参加起草单位：株洲冶炼集团股份有限公司、紫金矿业集团股份有限公司、云南云铜锌业股份有限公司。

本标准主要起草人：郭天立、刘斌莲、赵波、侯晓波、杨如中、李良东、赵永善、谭仪文、谢天泉、张小国、杨国木、杨士跃、张杰、谭善沛、王明辉、刘贵德、马岩丰、胡杰、梁春来。

本标准所代替标准的历次版本发布情况为：

——GB 21249—2007。

锌冶炼企业单位产品能源消耗限额

1 范围

本标准规定了锌冶炼企业单位产品能源消耗(以下简称能耗)限额的技术要求、统计范围、计算方法及计算范围和节能管理与措施。

本标准适用于以锌精矿或铅锌混合精矿为原料生产锌锭的锌冶炼企业单位产品能耗的计算和考核评定,以及新建项目的能耗控制。

2 规范性引用文件

下列文件对于本文件的应用是必不可少的。凡是注日期的引用文件,仅注日期的版本适用于本文件。凡是不注日期的引用文件,其最新版本(包括所有的修改单)适用于本文件。

GB/T 2589 综合能耗计算通则

GB/T 12723 单位产品能源消耗限额编制通则

GB 17167 用能单位能源计量器具配备和管理通则

GB 21250 铅冶炼企业单位产品能源消耗限额

3 术语和定义

GB/T 2589 和 GB/T 12723 界定的术语和定义适用于本文件。

4 要求

4.1 锌冶炼企业单位产品综合能耗限定值

现有锌冶炼企业单位产品综合能耗限定值应符合表 1 的要求。

表 1 现有锌冶炼企业单位产品综合能耗限定值

生产工艺		限定值/(kgce/t)
火法炼锌工艺	粗锌(精矿-粗锌)	≤1 650
	精馏锌(精矿-精馏锌)	≤2 100
湿法炼锌工艺	电锌锌锭(有浸出渣火法处理工艺)(精矿-电锌锌锭)	≤1 300
	电锌锌锭(无浸出渣火法处理工艺)(精矿-电锌锌锭)	≤1 000
	电锌锌锭(氧化锌精矿-电锌锌锭)	≤1 000

4.2 锌冶炼企业单位产品综合能耗准入值

新建锌冶炼企业单位产品综合能耗准入值应符合表 2 的要求。

表 2　新建锌冶炼企业单位产品综合能耗准入值

生　产　工　艺		准入值/(kgce/t)
火法炼锌工艺	粗锌(精矿-粗锌)	≤1 600
	精馏锌(精矿-精馏锌)	≤2 000
湿法炼锌工艺	电锌锌锭(有浸出渣火法处理工艺)(精矿-电锌锌锭)	≤1 250
	电锌锌锭(无浸出渣火法处理工艺)(精矿-电锌锌锭)	≤900
	电锌锌锭(氧化锌精矿-电锌锌锭)	≤900

4.3　锌冶炼企业单位产品综合能耗先进值

锌冶炼企业单位产品综合能耗先进值应符合表 3 的要求。

表 3　锌冶炼企业单位产品综合能耗先进值

生　产　工　艺		先进值 /(kgce/t)
火法炼锌工艺	粗锌(精矿-粗锌)	≤1 500
	精馏锌(精矿-精馏锌)	≤1 850
湿法炼锌工艺	电锌锌锭(有浸出渣火法处理工艺)(精矿-电锌锌锭)	≤1 150
	电锌锌锭(无浸出渣火法处理工艺)(精矿-电锌锌锭)	≤850
	电锌锌锭(氧化锌精矿-电锌锌锭)	≤850

5　统计范围、计算方法及计算范围

5.1　统计范围

5.1.1　企业实际(生产)消耗的各种能源

各种能源包括：一次能源(原煤、原油、天然气等)，二次能源(电力、热力、石油制品、焦炭、煤气等)和生产使用的耗能工质(水、氧气、压缩空气等)所消耗的能源。

企业实际消耗的各种能源是指用于生产活动的各种能源。生产活动用能指主要生产系统、辅助生产系统和附属生产系统用能，不包括生活用能和批准的基建项目用能。在企业实际消耗的能源中，用作原料的能源也应包括在内。

生活用能是指企业系统内的宿舍、学校、文化娱乐、医疗保健、商业服务等直接用于生活方面的用能。

5.1.2　企业计划统计期内的能源消耗量

企业计划统计期内的能源消耗量是指本计划统计期内直接用于生产的能源消耗量，是否属直接用于生产应按 5.1.1 的规定划分。

5.1.3 企业产品能耗范围

企业产品能耗包括企业计划统计期内生产系统和辅助系统消耗的一次能源、二次能源、耗能工质折合能源，其能源消耗量应符合式(1)的要求。

$$E_H = E_1 + E_2 - E_3 - E_4 - E_5 \qquad \cdots\cdots(1)$$

式中：

E_H ——企业计划统计期内能源消耗量；

E_1 ——购入能源量；

E_2 ——库存能源增减量；

E_3 ——外销外供能源量；

E_4 ——生活用能源量；

E_5 ——企业工程建设用能源量。

所消耗的各种能源不得重计或漏计。存在供需关系时，输入、输出双方在计算中量值上应保持一致。企业综合能耗的计算按 GB/T 2589 的规定进行。

5.1.4 能源实物量统计

能源实物量统计应符合《中华人民共和国计量法》和 GB 17167 的规定。

5.1.5 能源、耗能工质、能源单耗及实物消耗量计量单位

能源、耗能工质、能源单耗及实物消耗量计量单位如下：

——能源单耗使用 kgce/t(千克标煤/吨)、tce/t(吨标煤/吨)和 kJ/t(千焦/吨)、MJ/t(兆焦/吨)、GJ/t(吉焦/吨)为计量单位；

——煤、焦炭、重油使用 kg(千克)、t(吨)；

——电力使用 kW·h(千瓦时)、10^4 kW·h(万千瓦时)；

——煤气、压缩空气、氧气、天然气使用 m^3(立方米)、10^4 m^3(万立方米)；

——蒸汽使用 kJ(千焦)、MJ(兆焦)、GJ(吉焦)；

——水使用 t(吨)、10^4 t(万吨)。

5.1.6 各种能源(包括生产耗能工质消耗的能源)折算标煤量方法

5.1.6.1 应用基低(位)发热量等于 29.307 6 MJ(兆焦)的燃料，即 1 kgce(千克标煤)。各种能源及耗能工质消耗量应折算为标煤量计算。外购燃料能源可取实测的低(位)发热量或供货单位提供的实测值为计算基础，或用附录 A 给出的折算系数折算。

5.1.6.2 二次能源(除用电外)及耗能工质均按相应能源等价值折算：企业能源转换自产时，按实际投入的能源实物量折算标煤量；由集中生产单位外销供应时，其能源等价值应经主管部门规定；外购外销时，其能源等价值应相同；当未提供能源等价值时，可按国家统计部门的折算系数折算，参见附录 B。

5.1.6.3 企业外购电及余热发电折算系数统一用附录 A 给出的电力折算系数(当量值)折算，回收的余热按热力的折算系数参见附录 A。

5.1.7 单位产品能耗的产品产量的确定

5.1.7.1 火法炼锌工艺：工序产品分为蒸馏锌(粗锌)、精馏锌，工艺产品为精馏锌。

5.1.7.2 湿法炼锌工艺：工序产品分为阴极锌、电锌锌锭，工艺产品为电锌锌锭。

5.1.7.3 单位产品能耗计算应采用同一计划统计期内产出的合格产品。所有产品产量均以 t(吨)为计量单位，以企业计划统计部门正式上报的数据为准。

5.1.8 关于密闭鼓风炉炼锌(ISP 法)粗锌综合能耗的计算说明

密闭鼓风炉炼锌(ISP 法)由于近年来所使用原料铅锌混合精矿一般含锌品位在 30%以上，而含铅品位只有 8%～10%，因此将其视为炼锌工艺，同时综合回收铅金属。计算粗锌综合能耗时应扣除产出粗铅综合能耗，单位粗铅综合能耗按 GB 21250 中现有粗铅工艺单位产品综合能耗限额限定值计算。

5.1.9 余热利用能源

凡余热回收利用生产的能源量，应折算后在能耗量中扣除，回收能源自用部分，计入自用工序，转供其他工序时，在所用工序以正常消耗计入。

5.1.10 其他

在统计周期内的设备大修耗能应计入工艺能耗，按检修后设备的运行周期逐月平均分摊入各检修耗能工序。附属生产设备消耗的能源量，应根据各产品工艺能耗占企业生产工艺能耗量的比例分摊给各个产品。

5.2 计算方法

5.2.1 通用计算公式

5.2.1.1 工序实物单耗计算见式(2)。

$$e_{is}=m_{is}/p_{is} \qquad\qquad (2)$$

式中：

e_{is} ——某工艺第 i 道工序的实物单耗，单位为千克每吨(kg/t)、千瓦时每吨(kW·h/t)、立方米每吨(m^3/t)；

m_{is}——某工艺第 i 道工序消耗的某种能源实物量，单位千克(kg)、千瓦时(kW·h)、立方米(m^3)；

p_{is}——某工艺第 i 道工序合格工序产品量，单位为吨(t)。

5.2.1.2 工序能源单耗计算见式(3)。

$$e_i=m_i/p_i \qquad\qquad (3)$$

式中：

e_i ——某工艺第 i 道工序的工序能源单耗，单位为千克标煤每吨(kgce/t)；

m_i ——某工艺第 i 道工序消耗的能源量，单位为千克标煤(kgce)；

p_i ——某工艺第 i 道工序合格工序产品量，单位为吨(t)。

注：密闭鼓风炉炼锌工艺见 5.2.2。

5.2.1.3 工艺能源单耗(工艺生产过程中生产每吨合格产品消耗的能源量，以下相同)计算公式

5.2.1.3.1 火法炼锌的工艺能源单耗(从原料-精馏锌)计算见式(4)。

$$E_J=e_1\times T+e_2 \qquad\qquad (4)$$

式中：

E_J——火法炼锌的工艺能源单耗，单位为千克标煤每吨(kgce/t)；

T——每吨精馏锌耗粗锌量，单位为吨(t)；

e_1——粗锌工序能源单耗，单位为千克标煤每吨(kgce/t)；

e_2——精馏锌工序能源单耗，单位为千克标煤每吨(kgce/t)。

5.2.1.3.2 湿法炼锌的工艺能源单耗(从原料-电锌)计算见式(5)。

$$E_D = e_1 \times D + e_2 \quad \cdots\cdots (5)$$

式中：

E_D——湿法炼锌的工艺能源单耗，单位为千克标煤每吨(kgce/t)；

D——每吨电锌耗阴极锌量，单位为吨(t)；

e_1——阴极锌工序能源单耗，单位为千克标煤每吨(kgce/t)；

e_2——电锌工序能源单耗，单位为千克标煤每吨(kgce/t)。

5.2.1.4 单位产品综合能耗的计算见式(6)。

$$E_Z = E_I + E_F \quad \cdots\cdots (6)$$

式中：

E_Z——单位产品综合能耗，单位为千克标煤每吨(kgce/t)；

E_I——单位产品工艺能耗，单位为千克标煤每吨(kgce/t)；

E_F——单位产品辅助能耗分摊量及损耗量，单位为千克标煤每吨(kgce/t)。

5.2.2 密闭鼓风炉炼锌(ISP 法)工艺计算公式

5.2.2.1 ISP 法粗锌生产(综合回收铅)工序能源单耗计算见式(7)、式(8)。

$$e_{cx} = (m_{cxq} - m_{cq}) / p_1 \quad \cdots\cdots (7)$$

$$m_{cq} = e_{cq} \times p_2 \quad \cdots\cdots (8)$$

式中：

e_{cx}——粗锌生产工序能源单耗，单位为千克标煤每吨(kgce/t)；

m_{cxq}——粗锌生产(综合回收铅)工序消耗的能源量，单位为千克标煤(kgce)；

m_{cq}——粗锌生产(综合回收铅)工序粗铅消耗的能源量，单位为千克标煤(kgce)；

p_1——粗锌生产(综合回收铅)工序合格粗锌生产量，单位为吨(t)。

e_{cq}——单位粗铅综合能耗(执行 GB 21250 中现有粗铅工艺单位产品综合能耗限额限定值)，单位为千克标煤每吨(kgce/t)；

p_2——粗锌生产(综合回收铅)工序回收合格粗铅量，单位为吨(t)。

5.2.2.2 ISP 法精馏锌工序能源单耗计算见式(9)。

$$e_j = m / p_j \quad \cdots\cdots (9)$$

式中：

e_j——ISP 法精馏锌工序能源单耗，单位为千克标煤每吨(kgce/t)；

m——ISP 法精馏锌工序消耗的能源量，单位为千克标煤每吨(kgce/t)；

p_j——ISP 法精馏锌工序合格精馏锌产量，单位为吨(t)。

5.2.2.3 密闭鼓风炉炼锌(ISP 法)工艺能源单耗(从原料-精馏锌)计算见式(10)。

$$E_{Jx} = e_{icx} \times T + e_j \quad \cdots\cdots (10)$$

式中：

E_{Jx}——密闭鼓风炉炼锌(ISP 法)工艺能源单耗，单位为千克标煤每吨(kgce/t)；

T ——每吨精馏锌耗粗锌量，单位为吨(t)；

e_{icx} ——粗锌工序能源单耗，单位为千克标煤每吨(kgce/t)；

e_{j} ——精馏锌工序能源单耗，单位为千克标煤每吨(kgce/t)。

5.3 计算范围

5.3.1 锌冶炼工艺及工序划分

5.3.1.1 锌冶炼工艺划分为：火法炼锌工艺(包括竖罐炼锌工艺和密闭鼓风炉炼锌工艺)和湿法炼锌工艺。

5.3.1.2 火法炼锌工序划分：粗锌生产工序(竖罐炼锌工艺包括备料、氧化焙烧、制团、焦结蒸馏等工序，密闭鼓风炉炼锌工艺包括备料、烧结、熔炼、烟化等工序)和精馏锌生产工序。

5.3.1.3 湿法炼锌工序划分：阴极锌生产工序(包括备料、酸化焙烧、浸出净液、浸出渣处理、锌电积或其他相似工序等)和电锌生产工序。

5.3.2 火法炼锌工艺的计算范围

5.3.2.1 粗锌生产工序产品能耗：竖罐炼锌工艺粗锌生产工序产品耗能包括从备料、氧化焙烧、制团、焦结蒸馏等到产出合格粗锌所有消耗的各种能源量，不包括综合回收硫酸所消耗的能源量。

5.3.2.2 密闭鼓风炉炼锌工艺粗锌生产工序产品耗能包括备料、烧结、熔炼等到产出合格粗锌(综合回收铅)所消耗的各种能源量及烟化回收氧化锌的有关能源量，不包括综合回收硫酸所消耗的能源量，再扣除粗铅工艺产品综合能耗限额限定值能源量。

5.3.2.3 精镏锌生产工序产品能耗：粗锌分馏、除杂等到产出精馏锌所有消耗的能源量。

5.3.2.4 火法炼锌产品工艺能耗计算范围包括粗锌生产工序产品能耗和精镏锌生产工序产品能耗。

5.3.2.5 火法炼锌综合能源单耗的计算范围包括工艺能耗、辅助能耗(辅助生产系统用于产品生产的能源消耗，以下相同)分摊量及损耗量。

5.3.3 湿法炼锌工艺的计算范围

5.3.3.1 阴极锌生产工序产品能耗：包括备料、酸化焙烧、浸出净液、浸出渣处理、锌电积或其他相似工序等到产出合格阴极锌所有消耗的各种能源量，不包括综合回收硫酸及浸出渣火法处理后进一步处理所消耗的能源量。

5.3.3.2 电锌生产工序产品能耗：包括从阴极锌输送、电炉、熔铸等到产出电锌锌锭所有消耗的能源量。

5.3.3.3 湿法炼锌产品工艺能耗：包括阴极锌生产工序产品能耗和电锌生产工序产品能耗。

5.3.3.4 湿法炼锌产品综合能耗：包括产品工艺能耗、辅助能耗分摊量及损耗量。

6 节能管理与措施

6.1 节能基础管理

6.1.1 企业应建立节能考核制度，定期对锌冶炼企业的各生产工序能耗情况进行考核，并把考核指标分解落实到各基础单位。

6.1.2 企业应按要求建立能耗统计体系，建立能耗计算和统计结果的文档档案，并对文件进行受控管理。

6.1.3 企业应根据 GB 17167 的要求配备相应的计量器具并建立能源计量管理制度。

6.2 节能技术管理

6.2.1 企业应配备余热回收等节能设备,最大限度地回收工序产生的能源。

6.2.2 合理组织生产,减少中间环节,降低能源消耗。

6.2.3 大力发展循环经济,利用现有技术,合理利用再生资源。

附 录 A
（资料性附录）
常用能源品种现行折标煤系数

表 A.1 常用能源品种现行折标煤系数

能 源		折标准煤系数及单位	
品 种	单 位	系 数	单 位
原煤	吨(t)	0.714 3	吨标煤/吨(tce/t)
无烟煤	吨(t)	0.900	吨标煤/吨(tce/t)
洗精煤	吨(t)	0.900	吨标煤/吨(tce/t)
重油	吨(t)	1.428 6	吨标煤/吨(tce/t)
柴油	吨(t)	1.457 1	吨标煤/吨(tce/t)
汽油	吨(t)	1.471 4	吨标煤/吨(tce/t)
焦炭	吨(t)	0.971 4	吨标煤/吨(tce/t)
液化石油气	吨(t)	1.714 3	吨标煤/吨(tce/t)
电力	万千瓦小时 (10^4 kW·h)	1.229	吨标煤/万千瓦小时 [tce/10^4(kW·h)]
热力	百万千焦 (10^6 kJ)	0.034 12	吨标煤/兆焦 (tce/MJ)
煤气 (热值为 1 250×4.186 8 kJ/m^3)	万立方米 (10^4 m^3)	1.786	吨标煤/万立方米 (tce/10^4 m^3)
天然气	千立方米 (10^3 m^3)	1.330 0	吨标煤/千立方米 (tce/10^3 m^3)

注 1：蒸汽折标煤系数按热值计。

注 2：部分品种仍采用“万”为计量单位。

附 录 B
（资料性附录）
耗能工质能源等价参考值

表 B.1 常用耗能工质能源等价值

序号	名称		单位	能源等价值		备注
				热值/MJ	折标煤/kgce	
1	液体	新鲜水	吨(t)	7.535 0	0.257 1	指尚未使用过的自来水，按平均耗电计算
2		软化水	吨(t)	14.234 7	0.485 7	
3	气体	压缩空气	立方米(m^3)	1.172 3	0.040 0	
4		二氧化碳	立方米(m^3)	6.280 6	0.214 3	
5		氧气	立方米(m^3)	11.723 0	0.400 0	
6		氮气	立方米(m^3)	11.723 0	0.400 0	当副产品时
				19.677 1	0.671 4	当主产品时
7		乙炔	立方米(m^3)	243.672 2	8.314 3	按耗电石计算
8	固体	电石	千克(kg)	60.918 8	2.078 6	按平均耗焦炭、电等计算

ICS 27.010
F 01

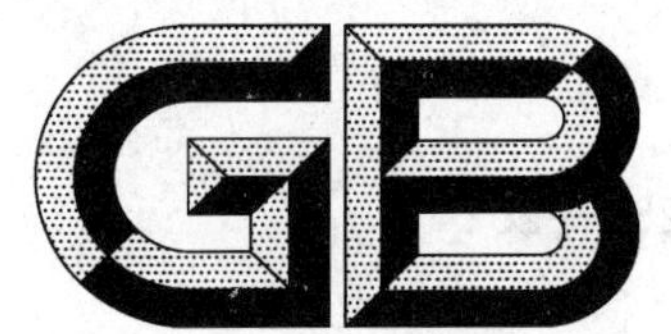

中华人民共和国国家标准

GB 21250—2014
代替 GB 21250—2007

铅冶炼企业单位产品能源消耗限额

The norm of energy consumption per unit product of lead metallurgical enterprise

2014-04-28 发布　　2015-01-01 实施

中华人民共和国国家质量监督检验检疫总局
中国国家标准化管理委员会　发布

前　言

本标准的4.1和4.2为强制性的，其余为推荐性的。

本标准按照GB/T 1.1—2009给出的规则起草。

本标准代替GB 21250—2007《铅冶炼企业单位产品能源消耗限额》。与GB 21250—2007相比，本标准主要变动如下：

——修改了标准的适用范围，本标准不再适用于铅锌混合精矿熔炼。将铅锌混合精矿熔炼内容并入《锌冶炼企业单位产品能源消耗限额》标准中，铅作为综合回收产品。

——删除了能耗特殊计算公式。

——在“铅、金、银混合熔炼能耗计算原则”中增加了银精矿的能耗分摊。

——对金银物料定义进行了明确和细化，并增加了铅、金、银能耗分摊的计算公式。

——对“粗铅生产工艺的计算范围”进行了修订。

——对现有铅冶炼企业单位产品能耗限定值由650 kgce/t修改为540 kgce/t，新建铅冶炼企业单位产品能耗准入值由540 kgce/t修改为370 kgce/t，铅冶炼企业单位产品能耗先进值由470 kgce/t修改为355 kgce/t。

本标准由国家发展和改革委员会资源节约和环境保护司、工业和信息化部节能与综合利用司和中国有色金属工业协会提出。

本标准由全国有色金属标准化技术委员会(SAC/TC 243)归口。

本标准负责起草单位：河南豫光金铅股份有限公司、云南驰宏锌锗股份有限公司、中国有色金属工业标准计量质量研究所。

本标准参加起草单位：上海飞轮有色冶炼厂、株洲冶炼集团股份有限公司、湖南水口山有色金属集团有限公司。

本标准主要起草人：李贵、赵永善、李泽、侯晓波、赵波、谭仪文、吴建华、孔祥征、谭善沛、何瑞凤、韩鹰、张蕴、王平。

本标准所代替标准的历次版本发布情况为：

——GB 21250—2007。

铅冶炼企业单位产品能源消耗限额

1 范围

本标准规定了铅冶炼企业产品能源消耗(以下简称能耗)限额的技术要求、统计范围和计算方法、计算范围和节能管理与措施。

本标准适用于以铅精矿、粗铅为原料的铅冶炼企业单位产品能源消耗的计算、考核,以及对新建项目的能耗控制。本标准也适用于以粗铅为原料的铅电解精炼企业。

2 规范性引用文件

下列文件对于本文件的应用是必不可少的。凡是注日期的引用文件,仅注日期的版本适用于本文件。凡是不注日期的引用文件,其最新版本(包括所有的修改单)适用于本文件。

GB/T 2589 综合能耗计算通则

GB/T 12723 单位产品能源消耗限额编制通则

GB 17167 用能单位能源计量器具配备和管理通则

3 术语和定义

GB/T 2589 和 GB/T 12723 界定的术语和定义适用于本文件。

4 要求

4.1 现有铅冶炼企业单位产品能耗限定值

现有铅冶炼企业单位产品综合能耗限定值应符合表 1 的要求。

表 1 现有铅冶炼企业单位产品综合能耗限定值

工序、工艺	综合能耗限定值/(kgce/t)
粗铅工艺	≤400
铅电解精炼工序	≤140
铅冶炼工艺	≤540

4.2 新建铅冶炼企业单位产品能耗准入值

新建铅冶炼企业单位产品综合能耗准入值应符合表 2 的要求。

表 2 新建铅冶炼企业单位产品综合能耗准入值

工序、工艺	综合能耗准入值/(kgce/t)
粗铅工艺	≤260
铅电解精炼工序	≤110
铅冶炼工艺	≤370

4.3 铅冶炼企业单位产品能耗先进值

铅冶炼企业单位产品综合能耗先进值应符合表 3 的要求。

表 3 铅冶炼企业单位产品综合能耗先进值

工序、工艺	综合能耗先进值/(kgce/t)
粗铅工艺	≤250
铅电解精炼工序	≤105
铅冶炼工艺	≤355

5 统计范围、计算方法及计算范围

5.1 统计范围

5.1.1 企业实际生产消耗的各种能源

实际消耗的各种能源是指：一次能源(原煤、原油、天然气等)、二次能源(电力、热力、石油制品、焦炭等)和生产使用的耗能工质(水、氧气、压缩空气等)所消耗的能源。

企业实际消耗的各种能源，系指用于生产活动的各种能源。其包括主要生产系统、辅助生产系统和附属生产系统用能，不包括生活用能和基建项目用能。

生活用能是指企业系统内的宿舍、学校、文化娱乐、医疗保健、商业服务等直接用于生活方面的能耗。

5.1.2 企业计划统计期内的能源消耗量

企业计划统计期内的能源消耗量是指本计划统计期内直接用于生产的能源消耗量，是否属直接用于生产应按 5.1.1 的规定划分。

5.1.3 企业产品能耗的计算范围

企业产品能耗的计算范围包括企业计划统计期内生产系统和辅助生产系统消耗的一次能源、二次能源、耗能工质，其能源消耗量应符合式(1)：

$$E_h = E_1 + E_2 - E_3 - E_4 - E_5 \quad \cdots\cdots(1)$$

式中：

E_h——企业计划统计期内能源消耗量；

E_1——购入能源量；

E_2——库存能源增减量；

E_3——外销能源量；

E_4——生活用能源量；

E_5——企业工程建设用能源量。

所消耗的各种能源不得重计和漏计。存在供需关系时，输入、输出双方在计算中量值上应保持一致，设备停炉大修的能源消耗应计算在内，且按检修后设置的运行周期逐月平均分摊。企业综合能耗的计算按 GB/T 2589 的规定进行。

5.1.4 能源实物量的计算

能源实物量的计算应符合《中华人民共和国计量法》和 GB 17167 的规定。

5.1.5 能源、耗能工质、能源单耗及实物消耗量计量单位

能源单耗使用 kgce/t(千克标煤/吨)、tce/t(吨标煤/吨)和 kJ/t(千焦/吨)、MJ/t(兆焦/吨)、GJ/t(吉焦/吨)为计量单位。

煤、焦炭、重油使用 kg(千克)、t(吨)。

电力使用 kW·h(千瓦时)、10^4 kW·h(万千瓦时)。

蒸汽使用 kJ(千焦)、MJ(兆焦)、GJ(吉焦)。

煤气、天然气、压缩空气、氧气使用 m^3(立方米)、10^4 m^3(万立方米)。

水使用 t(吨)、10^4 t(万吨)。

5.1.6 各种能源(包括耗能工质消耗的能源)折算标准煤方法

应用基低(位)发热量等于 29.307 6 MJ(兆焦)的燃料，即 1 kgce。

各种能源及耗能工质消耗量应折算为标煤量计算，外购的能源可取实测的低(位)发热量或供货单位提供的实测量为计算基础，或用国家统计部门的折算系数折算，参见附录 A。除电按能源当量值折算标煤外，其他二次能源及耗能工质均按相应能源等价值折算；企业能源转换自产时，按实际投入的能源实物量折算标煤量；由集中生产单位外销供应时，其能源等价值应经主管部门规定，外购外销时，其能源等价值应相同；当未提供能源等价值时，可按国家统计部门的折算系数折算，参见附录 B。企业回收的余热按热力的折算系数，余热发电统一按电力的折算系数折算。

5.1.7 单位产品能耗的产品产量的确定

铅冶炼粗炼工序单位产品能耗计算，应采用同一计划统计期内产出的合格粗铅产量。

铅电解工序单位产品能耗计算，应采用同一计划期内产出的合格电铅产量。

5.1.8 铅、金、银混合熔炼能耗计算原则

粗铅工序产品能耗的计算，应按处理的铅精矿、金精矿(包含金块矿)、银精矿和金银物料的重量占总入炉精矿的比例进行分摊，精炼工序的能耗全部计入铅内。

总入炉精矿量包括铅精矿、金精矿(包括金块矿)、银精矿和金银物料，不包括熔剂和本系统的返回品。

铅含量在 45%以上的金银物料应算做铅精矿。

铅含量低于 45%，金含量在 30 g/t 以上或银含量在 3 000 g/t 以上的非铅系统渣料应算作金银物料。

5.1.9 余热利用能耗的计算原则

凡余热利用生产的能耗量，应折算后在该工序能耗量中扣除，用于本系统的，该部分能量则以正常

消耗计入。

企业回收的余热，属于节约能源循环利用，不属于外购能源，在计算能耗时，避免和外购能源重复计算。余热利用装置用能计入能耗。回收能源自用部分，计入自用工序；转供其他工序时，在所用工序以正常消耗计入；回收的能源折标煤后应在回收余热的工序、工艺中扣除。如是未扣除回收余热的能耗指标，应标明“未扣余热发电”（或“含余热发电”、“未扣回收余热”）等字样。

5.1.10 其他

在统计周期内，设备年度大修的能源消耗量，应计入产品工艺能耗，按检修后设备的运行周期逐月平均分摊入各检修能耗工序。附属设备的能源消耗，应根据各产品工艺能耗量占企业生产工艺总能耗量的比例分摊给各个产品。

5.2 计算方法

5.2.1 工序实物单耗计算

见式（2）。

$$e_{is}=m_{is}/p_{is} \quad \cdots\cdots(2)$$

式中：

e_{is} ——某工艺第 i 道工序的工序实物单耗，单位为千克每吨（kg/t）、千瓦时每吨（kW·h/t）、立方米每吨（m^3/t）；

m_{is} ——某工艺第 i 道工序消耗的某种能源实物量，单位为千克（kg）、千瓦时（kW·h）、立方米（m^3）；

p_{is} ——某工艺第 i 道工序产出的合格产品产量，单位为吨（t）。

5.2.2 工序能源单耗计算

见式（3）。

$$e_i=m_i/p_i \quad \cdots\cdots(3)$$

式中：

e_i ——某工艺第 i 道工序的工序能源单耗，单位为千克标煤每吨（kgce/t）；

m_i ——某工艺第 i 道工序消耗的能源量，单位为千克标煤（kgce）；

p_i ——某工艺第 i 道工序产出的合格产品产量，单位为吨（t）。

5.2.3 熔炼工序铅、金、银混合熔炼铅能源单耗分摊量计算

见式（4）。

$$e_i=\frac{m_i}{m_1+m_2+m_3+m_4}\cdot e \quad \cdots\cdots(4)$$

式中：

e_i ——熔炼工序能源单耗分摊量，单位为千克标煤每吨（kgce/t）；

m_i ——为熔炼工序投入的铅精矿、金精矿、银精矿或金银物料的重量（$i=1、2、3、4$），单位为吨（t）；

e ——熔炼工序的工序能源单耗，单位为千克标煤每吨（kgce/t）。

5.2.4 工艺能耗（铅精矿-电解铅）计算

见式（5）。

$$E=E_C\cdot T_C+E_D \quad \cdots\cdots(5)$$

式中：

E ——某工艺的工艺能源单耗，单位为千克标煤每吨(kgce/t)；

E_C——某工艺粗铅工序能源单耗，单位为千克标煤每吨(kgce/t)；

T_C——生产每吨电铅耗粗铅量；

E_D——某工艺铅电解工序能源单耗，单位为千克标煤每吨(kgce/t)。

5.2.5 综合能源单耗的计算

铅冶炼工艺综合能耗按式(6)计算。

$$E_Z = E_G + E_F \quad \cdots\cdots(6)$$

式中：

E_Z——某炼铅方法综合能源单耗，单位为千克标煤每吨(kgce/t)；

E_G——某炼铅方法工艺能源单耗，单位为千克标煤每吨(kgce/t)；

E_F——某炼铅方法其他辅助能耗单位分摊量及损耗量，单位为千克标煤每吨(kgce/t)。

5.3 计算范围

5.3.1 铅冶炼工序的划分

铅冶炼工艺全部划分为粗铅工艺和铅电解精炼工序。

5.3.2 粗铅工艺的计算范围

粗铅工艺产品能耗计算范围，应包括备料、熔炼、收尘、通风、尾气治理、配套氧气站等整个与粗铅生产有关的过程所消耗的各种能源量，不包括综合回收硫酸以及烟化回收氧化锌的有关能源消耗量。

5.3.3 铅电解精炼工序的计算范围

铅电解精炼工序产品能耗计算范围，应包括熔铅脱铜、阴阳极制造、电解、阳极泥过滤、浮渣处理、铸锭、供风、排烟收尘等所消耗的各种能源量。

6 节能管理与措施

6.1 节能基础管理

6.1.1 企业应建立节能考核制度，定期对铅冶炼企业的各种生产工序能耗情况进行考核，并把考核指标分解落实到各基层单位。

6.1.2 企业应按要求建立能耗统计体系，建立能耗计算和统计结果的文件档案，并对文件进行受控管理。

6.1.3 企业应根据 GB 17167 的要求配备相应的能源计量器具并建立能源计量器具管理制度。

6.2 节能技术管理

6.2.1 铅冶炼企业应配备余热回收等节能设备，最大限度的回收工序产生的能源。

6.2.2 合理组织生产，减少中间环境；提高生产能力，延长生产周期。

附　录　A
（资料性附录）
常用能源品种现行参考折标煤系数

常用能源品种现行参考折标煤系数见表 A.1。

表 A.1　常用能源品种参考折标煤系数

能　源		折标煤系数及单位	
品　种	平均低位发热量	系　数	单　位
原煤	20 908 kJ/kg(5 000 kcal/kg)	0.714 3	kgce/kg
洗精煤	26 344 kJ/kg(6 300 kcal/kg)	0.900	kgce/kg
重油	41 816 kJ/kg(10 000 kcal/kg)	1.428 6	kgce/kg
柴油	42 652 kJ/kg(10 200 kcal/kg)	1.457 1	kgce/kg
汽油	43 070 kJ/kg(10 300 kcal/kg)	1.471 4	kgce/kg
焦炭	28 435 kJ/kg(6 800 kcal/kg)(灰分 13.5%)	0.971 4	kgce/kg
液化石油气	50 179 kJ/kg(12 000 kcal/kg)	1.714 3	kgce/kg
电力(当量值)	3 600 kJ/(kW·h)[860 kcal/(kW·h)]	0.122 9	kgce/(kW·h)
热力	—	0.034 12	kgce/MJ
煤气	1 250×4.186 8 kJ/m^3	1.786	tce/10^4 m^3
天然气	38 931 kJ/m^3(9 310 kcal/m^3)	1.330 0	tce/10^3 m^3

注 1：蒸汽折标煤系数按热值计。

注 2：部分品种仍采用“万”为计量单位。

注 3：本附录中折标煤系数如遇国家统计部门规定发生变化,能耗等级指标则另行设定。

附 录 B
（资料性附录）
耗能工质能源等价值

耗能工质能源等价值见表 B.1。

表 B.1 耗能工质参考能源等价值

耗能工质		能源等价值		备注
名称	单位	热值/MJ	折标煤/kgce	
新鲜水	吨	7.535	0.257 1	指尚未使用过的自来水，按平均耗电计算
软化水	吨	14.234 7	0.485 7	
压缩空气	立方米	1.172 3	0.04	
二氧化碳	立方米	6.280 6	0.214 3	
氧气	立方米	11.723	0.4	
氮气	立方米	11.723	0.4	当副产品时
		19.677 1	0.671 4	当主产品时
乙炔	立方米	243.672 2	8.314 3	按耗电石计算
电石	千克	60.918 8	2.078 6	按平均耗焦炭、电等计算
注：本附录中的能源等价值如有变动，以国家统计部门最新公布的数据为准。				

ICS 27.010
F 01

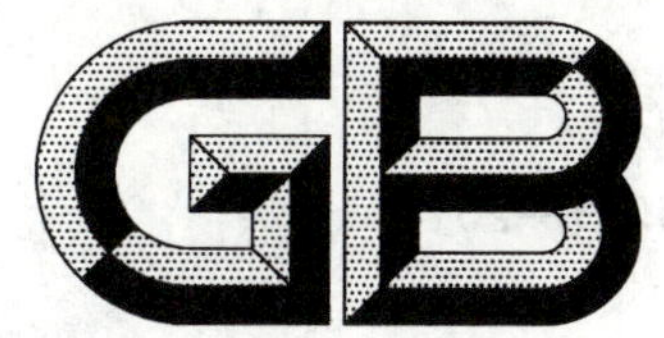

中华人民共和国国家标准

GB 21251—2014
代替 GB 21251—2007

镍冶炼企业单位产品能源消耗限额

The norm of energy consumption per unit product of nickel metallurgical enterprise

2014-04-28 发布　　2015-01-01 实施

中华人民共和国国家质量监督检验检疫总局
中国国家标准化管理委员会　发布

前　言

本标准的4.1和4.2为强制性的，其余为推荐性的。

本标准按照GB/T 1.1—2009给出的规则起草。

本标准代替GB 21251—2007《镍冶炼企业单位产品能源消耗限额》。与GB 21251—2007相比，本标准主要变化如下：

——更新了引用标准；

——补充了镍冶炼综合能耗的术语解释；

——加严了镍冶炼企业综合能耗限定值、准入值和先进值的要求；

——明确了统计方法，对原标准5.1.1内容做了补充；

——对原标准附录A和附录B新增了能源品种，并做了补充说明。

本标准由国家发展和改革委员会资源节约和环境保护司、工业和信息化部节能与综合利用司和中国有色金属工业协会提出。

本标准由全国有色金属标准化技术委员会(SAC/TC 243)归口。

本标准负责起草单位：金川集团股份有限公司、中国有色金属工业标准计量质量研究所。

本标准参加起草单位：新疆有色金属工业(集团)有限责任公司、吉林吉恩镍业股份有限公司。

本标准主要起草人：朱启保、赵洪、魏文斌、姚辉、赵永善、吴亚辉、季玲、姚广荣。

本标准所代替标准的历次版本发布情况为：

——GB 21251—2007。

镍冶炼企业单位产品能源消耗限额

1 范围

本标准规定了镍冶炼企业产品能源消耗(以下简称能耗)限额的技术要求、统计范围和计算方法、计算范围和节能管理与措施。

本标准适用于处理硫化镍精矿的镍熔炼、镍精炼企业产品能源消耗的计算、考核,以及对新建项目的能耗控制。

本标准不适用于以氧化镍矿为原料的镍冶炼企业。

2 规范性引用文件

下列文件对于本文件的应用是必不可少的。凡是注日期的引用文件,仅注日期的版本适用于本文件。凡是不注日期的引用文件,其最新版本(包括所有的修改单)适用于本文件。

GB/T 2589 综合能耗计算通则

GB/T 12723 单位产品能源消耗限额编制通则

GB 17167 用能单位能源计量器具配备和管理通则

3 术语和定义

GB/T 2589 和 GB/T 12723 界定的以及下列术语和定义适用于本文件。

3.1

镍冶炼综合能耗 consumption energy consumption of nickel smelting

统计报告期内,镍冶炼企业从处理镍精矿到产出合格阴极镍的生产过程的综合能耗与同期该合格产品产量的比值。

4 要求

4.1 现有镍冶炼企业单位产品能耗限定值

现有镍冶炼企业单位产品能耗限定值应符合表1的要求。

表 1 现有镍冶炼企业单位产品能耗限定值

工序、工艺	能耗限定值/(kgce/t) ≤	
	工艺能耗	综合能耗
高镍锍工艺(镍精矿-高镍锍)	920	980
电解工序(阳极镍-电解镍)	1 250	—
镍精炼工艺(高镍锍-电解镍)	1 900	2 000
镍冶炼工艺(镍精矿-电解镍)	4 900	5 200

4.2 新建镍冶炼企业单位产品能耗限额准入值

新建镍冶炼企业单位产品能耗限额准入值应符合表2的要求。

表2 新建镍冶炼企业单位产品能耗准入值

工序、工艺	能耗限额准入值/(kgce/t) ≤	
	工艺能耗	综合能耗
高镍锍工艺(镍精矿-高镍锍)	650	680
电解工序(阳极镍-电解镍)	1 100	—
镍精炼工艺(高镍锍-电解镍)	1 480	1 550
镍冶炼工艺(镍精矿-电解镍)	3 700	3 920

4.3 镍冶炼企业单位产品能耗限额先进值

镍冶炼企业单位产品能耗限额先进值应符合表3的要求。

表3 镍冶炼企业单位产品能耗先进值

工序、工艺	能耗限额先进值/(kgce/t) ≤	
	工艺能耗	综合能耗
高镍锍工艺(镍精矿-高镍锍)	500	550
电解工序(阳极镍-电解镍)	1 050	—
镍精炼工艺(高镍锍-电解镍)	1 350	1 450
镍冶炼工艺(镍精矿-电解镍)	3 490	3 580

5 统计范围、计算方法和计算范围

5.1 统计范围

5.1.1 企业实际(生产)消耗的各种能源

企业实际消耗的各种能源,系指用于生产活动的各种能源,它包括:一次能源(原煤、原油、天然气等)、二次能源(电力、热力、石油制品、焦炭、煤气等)和生产使用的耗能工质(水、氧气、压缩空气等)所消耗的能源。其主要用于生产系统、辅助生产系统和附属生产系统,不包括生活用能和批准的基建项目用能。在企业实际消耗的能源中,用作原料的能源也应包括在内。

二次能源或耗能工质加工转换所消耗的各种能源应按能量等价值原则折算成一次能源的能量。

生活用能系指企业系统内的宿舍、学校、文化娱乐、医疗保健、商业服务和托儿幼教等方面的用能。

5.1.2 企业计划统计期内的能源消耗量

企业计划统计期内的能源消耗量,应符合式(1)。

$$E = E_1 + E_2 - E_3 - E_4 - E_5 \quad \cdots\cdots(1)$$

式中:

E ——企业计划统计期内能源消耗量；

E_1 ——购入能源量；

E_2 ——库存能源增减量；

E_3 ——外销能源量；

E_4 ——生活用能源量；

E_5 ——企业工程建设用能源量。

企业计划统计期内的能源消耗量和诸产品能源消耗的关系，应符合式(2)。

$$E = E_{ZG} + E_{ZF} = E_{ZZ} \quad \cdots\cdots(2)$$

E ——企业计划统计期内能源消耗量；

E_{ZG} ——诸产品工艺能源消耗总量；

E_{ZF} ——间接辅助生产部门用能源量及损耗；

E_{ZZ} ——诸产品综合能源消耗总量。

所消耗的各种能源不得重计或漏计。存在供需关系时，能源输入、输出双方在计算时量值上应保持一致。设备年度大修的能源消耗量，应计入产品工艺能耗，按检修后设备的运行周期逐月平均分摊。企业综合能耗的计算按 GB/T 2589 的规定进行。

5.1.3 能源实物量的计量

能源实物量的计量应符合《中华人民共和国计量法》和 GB 17167 的规定。

5.1.4 各种能源的计量单位

各种能源的计量单位如下：

——企业生产能耗量、产品工序能耗量、产品工艺能耗量(或称产品直接综合能耗)以及产品综合能耗量的单位：kgce(千克标煤)、tce(吨标煤)；

——煤、焦炭、重油的单位：kg(千克)、t(吨)、10^4 t(万吨)；

——电的单位：kW·h(千瓦时)、10^4 kW·h(万千瓦时)；

——蒸汽的单位：kg(千克)、t(吨)或 kJ(千焦)、GJ(吉焦)；

——煤气、压缩空气、氧气的单位：m^3(立方米)、10^4 m^3(万立方米)；

——水的单位：t(吨)、10^4 t(万吨)。

5.1.5 各种能源(包括生产耗能工质消耗的能源)折算标煤量的方法

应用基低(位)发热量等于 29.307 6 MJ(兆焦)的燃料称为 1 kg(千克)标准煤。

外购燃料能源可取实测的低(位)发热量或供货单位提供的实测值，或用国家统计部门规定的折算系数折算，参见附录 A。二次能源及耗能工质均按相应的能源等价值折算；企业能源转换自产时，按实际投入的能源实物量折算标煤量；由集中生产单位外销供应时，其能源等价值应经主管部门规定；外购外销时，其能源等价值应相同；当未提供能源等价值时，可按国家统计部门的折算系数折算，参见附录 B。

5.1.6 单位产品能耗的产品产量的规定

计算备料工序单位产品能耗，应采用同一计划统计期内产出的合格焙砂(干精矿)产量。

计算熔炼、吹炼工序单位产品能耗，应采用同一计划统计期内产出的合格高镍锍产量。

计算高镍锍磨浮工序单位产品能耗，应采用同一计划统计期内产出的合格镍精矿产量。

计算熔铸工序单位产品能耗，应采用同一计划统计期内产出的合格高锍阳极板产量。

计算电解精炼工序单位产品能耗，应采用同一计划统计期内产出的合格电解镍产量。

合格产品产量指同一计划统计期内，该工序产出的合格产品产量、中间产品产量或物料处理量，如：焙砂、高镍锍、电解镍等。所有产品产量，按企业计划部门上报的数据为准。

5.1.7 企业回收的余热，不属外购能源，在计算产品工序、工艺能耗时，应避免和外购能源重复计算。余热利用装置用能计入产品工序、工艺能耗。回收能源自用部分，计入自用工序的实物消耗；转供其他工序时，在所用工序以正常消耗计入；回收的能源折标煤后应在回收余热的工序、工艺能耗中扣减。如是未扣除回收余热的能耗指标，应标明“未扣除余热发电”(或“含余热发电”)、“未扣回收余热”等字样。

5.1.8 辅助、附属生产系统的能源消耗量和能源及耗能工质在企业内部贮存、转换与分配供应(包括外销)中的损耗，即间接综合能耗，应根据各产品工艺能耗占企业生产工艺能耗量的比例，分摊给各个产品。

5.2 计算方法

5.2.1 工序(工艺)实物单耗计算

工序(工艺)实物单耗按式(3)计算。

$$E_S = M_S / P_Z \qquad \cdots\cdots(3)$$

式中：

E_S ——某工序(工艺)的实物单耗，单位为千克每吨(kg/t)、千瓦时每吨(kW·h/t)、立方米每吨(m^3/t)；

M_S ——某工序(工艺)直接消耗的某种能源实物总量，单位为千克(kg)、千瓦时(kW·h)、立方米(m^3)；

P_Z ——某工序(工艺)产出的合格产品产量，单位为吨(t)。

5.2.2 工序(工艺)能源单耗计算

工序(工艺)能源单耗按式(4)计算。

$$E_I = E_H / P_Z \qquad \cdots\cdots(4)$$

式中：

E_I ——某工序(工艺)的能源单耗，单位为千克标煤每吨(kgce/t)；

E_H ——某工序(工艺)直接消耗的各种能源实物量折标煤之和，单位为千克标煤(kgce)；

P_Z ——某工序(工艺)产出的合格产品产量，单位为吨(t)。

注：该工序直接消耗的各种能源实物量折标煤之和，当含回收余热时，按5.1.7处理。以免回收余热和外购能源重复计算。

5.2.3 工序(工艺)综合能耗计算

工序(工艺)综合能耗按式(5)计算。

$$E_Z = E_I + E_F \qquad \cdots\cdots(5)$$

式中：

E_Z ——某产品综合能源单耗，单位为千克标煤每吨(kgce/t)；

E_I ——某产品工艺(工序)能源单耗，单位为千克标煤每吨(kgce/t)；

E_F ——某产品辅助能耗及损耗分摊量，单位为千克标煤每吨(kgce/t)。

5.3 计算范围

5.3.1 高镍锍工艺能耗

5.3.1.1 备料工序

5.3.1.1.1 备料工序产品能耗的计算范围

指从精矿仓开始到产出镍铜混合焙砂或镍铜干精矿为止的用能量。包括精矿干燥、物料输送、熔剂制备、燃料加热以及相关配套系统(风机、收尘、设备冷却、余热回收……)等消耗的各种能源量。

5.3.1.1.2 备料工序实物单耗、备料工序能耗计算

备料工序实物单耗按式(3)计算,备料工序能源单耗按式(4)计算。

5.3.1.2 熔炼、吹炼工序

5.3.1.2.1 熔炼、吹炼工序产品能耗的计算范围

指从镍铜焙砂或镍铜干精矿入炉熔炼开始到产出高镍锍为止的用能量。包括闪速炉、矿热电炉、贫化电炉、转炉以及相关配套系统(制氧、风机、余热回收、循环水……)等消耗的各种能源量。

5.3.1.2.2 熔炼、吹炼工序实物单耗,熔炼、吹炼工序能耗计算

熔炼、吹炼工序实物单耗按式(3)计算,熔炼、吹炼工序能源单耗按式(4)计算。

5.3.1.3 高镍锍工艺(镍精矿-高镍锍)能耗

5.3.1.3.1 高镍锍工艺产品能耗的计算范围

包括备料工序、熔炼工序、吹炼工序和厂内辅助能耗分摊量。

5.3.1.3.2 高镍锍工艺实物单耗、高镍锍工艺能源单耗及高镍锍工艺综合能耗计算

高镍锍工艺实物单耗按式(3)计算;高镍锍工艺能源单耗按式(4)计算;高镍锍工艺综合能耗按式(5)计算。

5.3.2 镍精炼工艺能耗

5.3.2.1 高镍锍磨浮工序

5.3.2.1.1 高镍锍磨浮工序产品能耗的计算范围

高镍锍磨浮工序能源消耗总量指从高镍锍破碎开始到选别出镍精矿、铜精矿和镍铜合金为止的用能量。包括破碎、球磨、浮选、磁选、脱水、回水以及相关配套系统(物料输送、吊车……)等消耗的各种能源量。

高镍锍磨浮工序有三种产品:即镍精矿、铜精矿和镍铜合金。镍精矿某种能源消耗量按产品产量分摊,按式(6)计算。

$$M_{SN}=P_N/(P_C+P_N+P_H)\cdot M_{SF} \qquad \cdots\cdots(6)$$

式中:

M_{SN}——磨浮工序镍精矿消耗某种能源量,单位为千克每吨(kg/t)、千瓦时每吨(kW·h/t)、立方米每吨(m^3/t);

P_N ——镍精矿产量,单位为吨(t);
P_C ——铜精矿产量,单位为吨(t);
P_H ——镍铜合金产量,单位为吨(t);
M_{SF} ——磨浮工序某种能源消耗量,单位为千克每吨(kg/t)、千瓦时每吨(kW·h/t)、立方米每吨(m^3/t)。

5.3.2.1.2 高镍锍磨浮工序实物单耗、高镍锍磨浮工序能耗计算

高镍锍磨浮工序实物单耗按式(3)计算,高镍锍磨浮工序能源单耗按式(4)计算。

5.3.2.2 熔铸工序

5.3.2.2.1 熔铸工序产品能耗的计算范围

指从二次镍精矿入炉开始到产出高锍阳极板为止的用能量。包括反射炉、浇铸机及相关配套系统(物料输送、加热燃料、收尘、余热回收……)等消耗的各种能源量。

5.3.2.2.2 熔铸工序实物单耗、熔铸工序能耗计算

熔铸工序实物单耗按式(3)计算,熔铸工序能源单耗按式(4)计算。

5.3.2.3 电解工序

5.3.2.3.1 电解工序产品能耗的计算范围

电解工序产品能耗的计算范围包括:生产槽、种板槽、造液槽以及相关配套系统(物料输送、溶液净化、始极片加工、洗渣……)等消耗的各种能源。

5.3.2.3.2 电解工序电单耗计算

电解工序电单耗按式(3)计算。

5.3.2.3.3 电解工序蒸汽单耗计算

电解工序蒸汽单耗按式(3)计算。

电解工序可比蒸汽单耗,按不同地区的气温和海拔高度,按式(7)进行修正。

$$E_Q = E_{SQ} / K \cdot H \qquad (7)$$

式中:

E_Q ——电解工序可比蒸汽单耗,单位为千克每吨(kg/t);
E_{SQ} ——电解工序蒸汽单耗,单位为千克每吨(kg/t);
K ——地区气温修正系数:长江以南取1.0,长江以北、山海关以南取1.03,山海关以北取1.09;
H ——高度修正系数:海拔1 500 m以上取1.03。

注:蒸汽热焓按98.1 kPa饱和蒸汽计算。

5.3.2.3.4 电解工序能耗计算

电解工序能源单耗按式(4)计算。

5.3.2.4 镍精炼工艺(高镍锍磨浮-电解精炼)能耗

5.3.2.4.1 镍精炼工艺产品能耗的计算范围

包括高镍锍磨浮工序、熔铸工序、电解工序和厂内辅助能耗分摊量。

5.3.2.4.2　镍精炼工艺实物单耗、能源单耗的计算

镍精炼工艺实物单耗按式(3)计算；镍精炼工艺能源单耗按式(4)计算；镍精炼工艺综合能耗按式(5)计算。

5.3.3　镍冶炼能耗

5.3.3.1　镍冶炼工艺产品能耗的计算范围

包括镍熔炼工艺、镍精炼工艺及直接辅助生产所消耗的各种能源量之和。

5.3.3.2　镍冶炼工艺能源单耗

按式(8)计算。

$$E_K = E_R C_D / C_G R_J + E_J \qquad \cdots\cdots(8)$$

式中：

E_K ——镍冶炼工艺能源单耗，单位为千克标煤每吨(kgce/t)；

E_R ——镍熔炼工艺能源单耗，单位为千克标煤每吨(kgce/t)；

C_D ——电解镍品位；

C_G ——高镍锍品位；

R_J ——镍精炼工艺直收率；

E_J ——镍精炼工艺能源单耗，单位为千克标煤每吨(kgce/t)。

5.3.3.3　镍冶炼工艺综合能耗

镍冶炼工艺综合能耗按式(5)计算。

6　节能管理与措施

6.1　节能基础管理

6.1.1　企业应建立节能考核制度，定期对镍冶炼企业的各生产工序或工艺能耗情况进行考核，并把考核指标分解落实到车间、班组或重点耗能设备。

6.1.2　企业应按要求建立能耗统计体系，建立能耗计算和统计结果的文件档案，并对文件进行受控管理。

6.1.3　企业应根据 GB 17167 的要求配备相应的能源计量器具并建立能源计量管理制度。

6.2　节能技术管理

6.2.1　镍冶炼企业应配备余热回收等节能设备，充分采用余热回收技术，最大限度地回收工序产生的能源。

6.2.2　合理组织生产，减少中间环节，提高生产能力，延长生产周期。

附 录 A
（资料性附录）
常用能源品种现行折标准煤系数

常用能源品种现行折标准煤系数见表 A.1。

表 A.1 常用能源品种现行折标准煤系数

能源名称	平均低位发热量	折标准煤系数及单位
原煤	20 908kJ/kg(5 000 kcal/kg)	0.714 3 kgce/kg
焦炭	28 435 kJ/kg(6 800 kcal/kg)	0.971 4 kgce/kg
原油	41 816 kJ/kg(10 000 kcal/kg)	1.428 6 kgce/kg
燃料油	41 816 kJ/kg(10 000 kcal/kg)	1.428 6 kgce/kg
汽油	43 070 kJ/kg(10 300 kcal/kg)	1.471 4 kgce/kg
煤油	43 070 kJ/kg(10 300 kcal/kg)	1.471 4 kgce/kg
柴油	42 652 kJ/kg(10 200 kcal/kg)	1.457 1 kgce/kg
重油	41 816 kJ/kg(10 000 kcal/kg)	1.428 6 kgce/kg
洗精煤	26 344 kJ/kg(6 300 kcal/kg)	0.900 0 kgce/kg
煤气	1 250×4.186 8 kJ/m^3	1.786 tce/10^4 m^3
天然气	3 893 kJ/m^3	1.330 0 tce/10^3 m^3
液化石油气	50 179 kJ/kg(12 000 kcal/kg)	1.714 3 kgce/kg
发生炉煤气	5 227 kJ/kg(1 250 kcal/m^3)	0.178 6 kgce/m^3
热力(当量值)		0.034 12 kgce/MJ
电力(当量值)	3 600 kJ/(kW·h)[860 kcal/(kW·h)]	0.122 9 kgce/(kW·h)
电力(等价值)	按当年火电发电标准煤耗计算	
蒸汽(低压)	3 763 MJ/t(900 Mcal/t)	0.128 6 kgce/kg
注：本附录中折标煤系数随国家统计部门规定发生变化，能耗等级指标则相应另行设定。		

附　录　B
（资料性附录）
耗能工质能源等价参考值

常用耗能工质能源等价值见表 B.1。

表 B.1　常用耗能工质能源等价值

<table>
<tr><th rowspan="2">序号</th><th rowspan="2" colspan="2">名称</th><th rowspan="2">单位</th><th colspan="2">能源等价值</th><th rowspan="2">备注</th></tr>
<tr><th>热值/MJ</th><th>折标煤/kgce</th></tr>
<tr><td>1</td><td rowspan="2">液体</td><td>新鲜水</td><td>t</td><td>7.535 0</td><td>0.257 1</td><td rowspan="2">指尚未使用过的自来水，按平均耗电计算</td></tr>
<tr><td>2</td><td>软化水</td><td>t</td><td>14.234 7</td><td>0.485 7</td></tr>
<tr><td>3</td><td rowspan="7">气体</td><td>压缩空气</td><td>m^3</td><td>1.172 3</td><td>0.040 0</td><td></td></tr>
<tr><td>4</td><td>二氧化碳</td><td>m^3</td><td>6.280 6</td><td>0.214 3</td><td></td></tr>
<tr><td>5</td><td>鼓风</td><td>m^3</td><td>0.88</td><td>0.030 0</td><td></td></tr>
<tr><td rowspan="2">6</td><td>氧气</td><td>m^3</td><td>11.723 0</td><td>0.400 0</td><td></td></tr>
<tr><td rowspan="2">氮气</td><td>m^3</td><td>11.723 0</td><td>0.400 0</td><td>作为副产品时</td></tr>
<tr><td>7</td><td>m^3</td><td>19.677 1</td><td>0.671 4</td><td>作为主产品时</td></tr>
<tr><td>8</td><td>乙炔</td><td>m^3</td><td>243.672 2</td><td>8.314 3</td><td>按耗电石计算</td></tr>
<tr><td>9</td><td>固体</td><td>电石</td><td>kg</td><td>60.918 8</td><td>2.078 6</td><td>按平均耗焦炭、电等计算</td></tr>
<tr><td colspan="7">注：本附录中的能源等价值如有变动，以国家统计部门最新公布的数据为准。</td></tr>
</table>

说明：当无法获得各种燃料能源的低(位)发热量实测值和单位耗能工质的耗能量时，可参照附录 A 和附录 B。

ICS 27.010
F 01

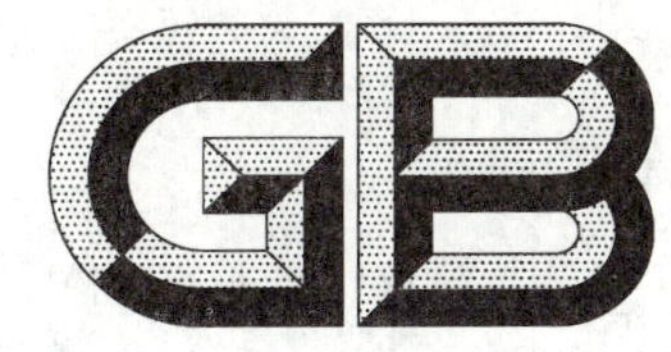

中华人民共和国国家标准

GB 21346—2013
代替 GB 21346—2008

电解铝企业单位产品能源消耗限额

The norm of energy consumption per unit products of aluminum metallurgical enterprise

2013-12-18 发布　　2014-09-01 实施

中华人民共和国国家质量监督检验检疫总局
中国国家标准化管理委员会　发布

前 言

本标准4.1与4.2为强制性的,其余为推荐性的。

本标准按照GB/T 1.1—2009给出的规则起草。

本标准代替GB 21346—2008《电解铝企业单位产品能源消耗限额》。本标准与GB 21346—2008相比,主要变化如下:

——增加铝液综合交流电耗指标,限定值为14 050 kW·h/t、准入值为13 150 kW·h/t、先进值为13 050 kW·h/t;

——铝液交流电耗限定值修改为≤13 700 kW·h/t;铝锭综合交流电耗限定值补充规定为≤14 100 kW·h/t;铝锭综合能源单耗限定值修改为≤1 760 kgce/t;

——铝液交流电耗准入值修改为≤12 750 kW·h/t;铝锭综合交流电耗准入值修改为≤13 200 kW·h/t;铝锭综合能源单耗准入值修改为≤1 680 kgce/t;

——铝液交流电耗先进值修改为≤12 650 kW·h/t;铝锭综合交流电耗先进值修改为≤13 100 kW·h/t;铝锭综合能源单耗先进值修改为≤1 660 kgce/t。

本标准由国家发展和改革委员会资源节约与环境保护司、工业和信息化部节能与综合利用司、中国有色金属工业协会提出。

本标准由全国有色金属标准化技术委员会(SAC/TC 243)归口。

本标准负责起草单位:中电投宁夏青铜峡能源铝业集团有限公司、云南铝业股份有限公司、中国铝业股份有限公司河南分公司、包头铝业有限公司。

本标准参加起草单位:中国铝业股份有限公司贵州分公司、新疆众和股份有限公司、山东南山铝业股份有限公司、福建省南平铝业有限公司、新疆嘉润资源控股有限公司。

本标准主要起草人:马治军、康宁、常玉杰、俞成斌、丁建雄、孙剑锋、何跃贵、赵洪生、李会春、李俊、刘彬、章烈荣、洪涛、姜玉敬。

本标准所代替标准的历次版本发布情况为:

——GB 21346—2008。

电解铝企业单位产品能源消耗限额

1 范围

本标准规定了电解铝企业单位产品生产能源消耗限额的技术要求、统计范围和计算方法、节能管理和措施。

本标准适用于电解铝企业单位产品生产能耗的计算、考核,以及对新建项目的能耗控制。

2 规范性引用文件

下列文件对于本文件的应用是必不可少的。凡是注日期的引用文件,仅注日期的版本适用于本文件。凡是不注日期的引用文件,其最新版本(包括所有的修改单)适用于本文件。

GB/T 2589 综合能耗计算通则

GB/T 12723 单位产品能源消耗限额编制通则

GB 17167 用能单位能源计量器具配备和管理通则

3 术语和定义

GB/T 2589 和 GB/T 12723 界定的术语和定义适用于本文件。

4 技术要求

4.1 现有电解铝企业单位产品能耗限额限定值

现有电解铝企业单位产品能耗限额限定值应符合表 1 的规定。

表 1 现有电解铝企业单位产品能耗限额限定值

指标	能耗限额限定值
铝液交流电耗	≤13 700 kW·h/t
铝液综合交流电耗	≤14 050 kW·h/t
铝锭综合交流电耗	≤14 100 kW·h/t
铝锭综合能源单耗	≤1 760 kgce/t

4.2 新建电解铝企业(系列)单位产品能耗限额准入值

新建电解铝企业(系列)单位产品能耗限额准入值应符合表 2 的规定。

表 2 新建电解铝企业(系列)单位产品能耗限额准入值

指标	能耗限额准入值
铝液交流电耗	≤12 750 kW·h/t
铝液综合交流电耗	≤13 150 kW·h/t
铝锭综合交流电耗	≤13 200 kW·h/t
铝锭综合能源单耗	≤1 680 kgce/t

4.3 电解铝企业单位产品能耗限额先进值

电解铝企业单位产品能耗限额先进值应达到表 3 的规定。

表 3 电解铝企业单位产品能耗限额先进值

指标	能耗限额先进值
铝液交流电耗	≤12 650 kW·h/t
铝液综合交流电耗	≤13 050 kW·h/t
铝锭综合交流电耗	≤13 100 kW·h/t
铝锭综合能源单耗	≤1 660 kgce/t

5 铝冶炼产品能耗计算原则、计算范围及计算方法

5.1 计算原则

5.1.1 企业生产的能源消耗

企业生产的能源消耗指用于生产活动的各种能源,包括一次能源(原煤、原油、天然气等)、二次能源(电力、热力、石油制品、焦炭、煤气等)、耗能工质(水、氧气、压缩空气等)和余热资源。包括能源及耗能工质在企业内部进行贮存、转换及计量供应(包括外销)中的损耗,不包括生活用能、批准的基建项目用能、阳极生产各工序(如煅烧、焙烧、组装等)用能。

企业生活用能量是指企业系统内的宿舍、学校、文化娱乐、医疗保健、商业服务和托儿幼教等方面的用能量。不包括车间、管理部门的照明、取暖、降温、洗澡等用能。

5.1.2 报告期内企业生产的能源消耗量

报告期内企业生产的能源消耗量有三种计算方法:

方法一:报告期内企业生产的能源消耗量=企业购入能源量+期初库存能源量-企业外销能源量-企业基建项目耗能量-企业生活用能量-期末库存能源量;

方法二:报告期内企业生产的能源消耗量=企业诸产品工艺能耗量+辅助和附属生产系统用能量+企业内部能源转换损失量;

方法三:报告期内企业生产的能源消耗量=企业诸产品综合能耗量之和。

5.1.3 能源实物量的计量

能源实物量的计量应符合《中华人民共和国计量法》和 GB 17167 的规定。

5.1.4 各种能源(包括生产耗能工质消耗的能源)折算的原则及计量单位

5.1.4.1 单位产品能耗用千克标准煤(kgce)或吨标准煤(tce)表示,应用基低(位)发热量等于29.307 6兆焦称为1千克标准煤。

5.1.4.2 企业消耗的煤炭、焦炭、燃料油、煤气等外购能源的折算系数,应按国家规定的测定分析方法进行分析测定,按实测值换算为标准煤;不能实测的,应按能源供应部门提供的低(位)发热量进行换算;在上述条件均不具备时,可用国家统计部门规定的折算系数换算为标准煤(见附录A)。

5.1.4.3 电力按国家统计部门规定的当量值折算系数换算,即1.229 tce/10^4 kW·h(见附录A表A.1)。

5.1.4.4 企业加工转换的二次能源(电力除外)及耗能工质按相应的等价热值折算,计入各种产品能耗中。

5.1.4.5 能源及耗能工质实物消耗量计算单位:

煤、焦炭、重油:单位为千克(kg)、吨(t)、万吨(10^4 t);

电:单位为千瓦时(kW·h)、万千瓦时(10^4 kW·h);

煤气、天然气、压缩空气、氧气:单位为立方米(m^3)、万立方米(10^4 m^3);

蒸汽:单位为千克(kg)、吨(t);

水:单位为吨(t)、万吨(10^4 t)。

5.1.5 余热资源计算原则

企业回收的余热,属于节约能源循环利用,在计算能耗时,应避免重复计算。余热利用装置用能计入能耗。回收能源自用部分,计入自用工序;转供其他工序时,在所用工序以正常消耗计入;回收的能源折标煤后应在回收余热的工序、工艺中扣除。如是未扣除回收余热的能耗指标,应标明"未扣余热发电""含余热发电""未扣回收余热"等字样。

5.1.6 间接综合能耗量

应根据诸产品工艺能耗量占企业生产工艺能耗总量的比例,分摊到各个产品。

5.2 计算范围

本标准计算范围包括电解铝液交流电耗、产品实物单耗、工艺能源单耗、综合能源单耗和工序能源单耗。本标准中电解铝产品能耗指标计算只包括重熔用铝锭和电解铝液产量和能耗量,不包括多品种铝及铝合金产品的产量和能耗量。

5.3 计算方法

5.3.1 铝液交流电耗

5.3.1.1 铝液交流电耗(即电解铝液可比交流电耗)按式(1)计算:

$$W_j = \frac{Q_j - (Q_{tj} + Q_{qj})}{P_{ly}} \quad \cdots\cdots(1)$$

式中:

W_j ——报告期内电解铝液交流电耗,单位为千瓦时每吨(kW·h/t);

Q_j ——报告期内电解系列工艺消耗的交流电量,单位为千瓦时(kW·h);

Q_{tj} ——报告期内电解系列中停槽导电母线及短路口损耗交流电量,单位为千瓦时(kW·h);

Q_{qj} ——报告期内电解系列中电解槽焙烧、启动期间消耗的交流电量,单位为千瓦时(kW·h);

P_{ly} ——报告期内电解系列电解铝液产量,单位为吨(t)。

5.3.1.2 电解系列工艺消耗的交流电量以安装在整流机组输入侧的计量仪表计数为准。

5.3.1.3 电解系列电解铝液产量包括正常生产槽、大修启动槽、二次启动槽和新建槽的铝液产量。

5.3.1.4 电解槽焙烧、启动期间消耗交流电量按式(2)计算：

$$Q_{qj}=Q_j\times\frac{N_q\times V_q}{V_x} \qquad \cdots\cdots(2)$$

式中：

Q_{qj}——报告期内电解槽焙烧、启动期间消耗的交流电量，单位为千瓦时(kW·h)；

Q_j——报告期内电解系列工艺消耗的交流电量，单位为千瓦时(kW·h)；

N_q——报告期内电解系列中的焙烧启动槽数；

V_q——电解槽焙烧启动所用的电压，每台槽补偿不超过30伏天(V·d)；

V_x——报告期内电解系列直流电压累计，单位为伏天(V·d)。

5.3.1.5 停槽导电母线及短路口损耗交流电量按式(3)计算：

$$Q_{tj}=Q_j\times\frac{N_t\times V_t}{V_x} \qquad \cdots\cdots(3)$$

式中：

Q_{tj}——报告期内电解槽停槽导电母线及短路口电压降损耗交流电量，单位为千瓦时(kW·h)；

Q_j——报告期内电解系列工艺消耗的交流电量，单位为千瓦时(kW·h)；

N_t——报告期内停槽日数，单位为天(d)；

V_t——每台停槽导电母线及短路口电压降实测值，单位为伏(V)；

V_x——报告期内电解系列直流电压累计，单位为伏天(V·d)。

5.3.2 铝液综合交流电耗

铝液综合交流电耗按式(4)计算：

$$W_{zj}=\frac{Q_{zj}}{P_{ly}} \qquad \cdots\cdots(4)$$

式中：

W_{zj}——报告期内铝液综合交流电耗，单位为千瓦时每吨(kW·h/t)；

Q_{zj}——报告期内电解铝液生产中消耗的交流电量(包括电解铝液生产、电解槽启动、停槽短路口压降、系列烟气净化、整流、空压机、物料输送、动力照明等辅助附属系统消耗的交流电量和线路损失)，单位为千瓦时(kW·h)；

P_{ly}——报告期内电解铝液产量，单位为吨(t)。

5.3.3 铝锭综合交流电耗

铝锭综合交流电耗按式(5)计算：

$$D_1=\frac{Q_1}{P_{Al}} \qquad \cdots\cdots(5)$$

式中：

D_1——报告期内铝锭综合交流电耗，单位为千瓦时每吨(kW·h/t)；

Q_1——报告期内电解铝生产中消耗的交流电量(包括电解铝液生产中消耗的交流电量(即Q_{zj})、铸造及其辅助系统消耗的交流电量)，单位为千瓦时(kW·h)；

P_{Al}——报告期内生产合格交库的铝锭产量，包括商品铝锭产量与自用量，单位为吨(t)。

5.3.4 其他能源品种实物单耗

其他能源品种实物单耗按式(6)计算：

$$D_i = \frac{e_i}{P_{\mathrm{Al}}} \qquad (6)$$

式中：

D_i ——报告期内电解铝耗用某种其他能源实物单耗；

e_i ——报告期内电解铝生产中消耗的某种其他能源实物量，单位见5.1.4.5；

P_{Al}——报告期内电解铝产量，单位为吨(t)。

5.3.5 工艺能源单耗

工艺能源单耗按式(7)计算：

$$E_{\mathrm{g}} = \frac{\sum_{i=1}^{n}(e_i \times \rho_i)}{P_{\mathrm{Al}}} \qquad (7)$$

式中：

E_{g} ——报告期内工艺能源单耗，单位为千克标煤每吨(kgce/t)；

n ——报告期内该产品消耗的能源种数；

e_i ——报告期内电解铝消耗的第 i 种能源实物量，单位见5.1.4.5；

ρ_i ——报告期内第 i 种能源的折标系数；

P_{Al}——报告期内电解铝产量，单位为吨(t)。

5.3.6 综合能源单耗

综合能源单耗按式(8)计算：

$$E_{\mathrm{z}} = E_{\mathrm{g}} + \frac{E_{\mathrm{f}}}{P_{\mathrm{Al}}} \qquad (8)$$

式中：

E_{z} ——报告期内电解铝综合能源单耗，单位为千克标煤每吨(kgce/t)；

E_{g} ——报告期内电解铝工艺能源单耗，单位为千克标煤每吨(kgce/t)；

E_{f} ——报告期内辅助附属生产系统能耗量及分摊，单位为千克标煤(kgce)；

P_{Al}——报告期内电解铝产量，单位为吨(t)。

5.3.7 工序能源单耗

5.3.7.1 电解工序

该工序消耗能源量包括整流所供给电解槽系列的全部工艺用电量(不包括电解厂房内的动力、通风排烟、烟气净化设施、大修的用电量，此部分计入辅助附属工序能耗)以及其他用能量。电解工序能耗按式(9)计算：

$$E_{\mathrm{dj}} = \frac{e_{\mathrm{dj}}}{P_{\mathrm{ly}}} \qquad (9)$$

式中：

E_{dj}——报告期单位产品电解工序能耗，单位为千克标煤每吨(kgce/t)；

e_{dj} ——报告期内电解工序消耗能源量，单位为千克标煤(kgce)；

P_{ly}——报告期内电解系列电解铝液产量，单位为吨(t)。

5.3.7.2 铸造工序

该工序消耗能源量包括铸造生产过程消耗的各种能源量。工序能耗按式(10)计算：

$$E_{zz}=\frac{e_{zz}}{P_{Al}} \quad \cdots\cdots\cdots (10)$$

式中：

E_{zz} ——报告期内单位产品铸造工序能耗，单位为千克标煤每吨(kgce/t)；

e_{zz} ——报告期内铸造工序消耗能源量，单位为千克标煤(kgce)；

P_{Al} ——报告期内电解铝产量，单位为吨(t)。

5.3.7.3 辅助附属工序

该工序消耗能源量包括烟气净化、通风排烟、动力、整流、物料输送、大修、空压机、动力照明等辅助附属生产系统的用能量。工序能耗按式(11)计算：

$$E_{fz}=\frac{e_{fz}}{P_{Al}} \quad \cdots\cdots\cdots (11)$$

式中：

E_{fz} ——报告期内单位产品辅助附属工序能耗，单位为千克标煤每吨(kgce/t)；

e_{fz} ——报告期内辅助工序消耗能源量，单位为千克标煤(kgce)；

P_{Al} ——报告期内电解铝产量，单位为吨(t)。

6 节能管理与措施

6.1 节能基础管理

6.1.1 企业应建立节能考核制度，定期对电解铝企业的各生产工序能耗情况进行考核，并把考核指标分解落实到各基层单位。

6.1.2 企业应按要求建立能耗统计体系，建立能耗计算和统计结果的文件档案，并对文件进行受控管理。

6.1.3 企业应根据 GB 17167 的要求配备相应的能源计量器具并建立能源计量管理制度。

6.2 节能技术管理

6.2.1 电解铝企业应配备余热回收等节能设备，最大限度地对生产过程中可回收的能源进行利用。

6.2.2 电解铝企业应进行技术改造，采用先进工艺，提高生产效率和能源利用率。

6.2.3 电解铝企业应合理组织生产，减少中间环节，提高生产能力，延长生产周期。

6.2.4 电解铝企业应大力发展循环经济，利用现有技术，合理利用再生资源。

附 录 A
（资料性附录）
常用能源品种现行折标煤系数和耗能工质能源等价值

A.1 表A.1为常用能源品种现行折标煤系数。

表A.1 常用能源品种现行折标煤系数

能源		折标煤系数及单位	
品种	单位	系数	单位
电力(当量值)	kW·h	0.122 9	kgce/(kW·h)
天然气	10^3 m^3	1.330 0	tce/10^3 m^3
蒸汽(98.1 kPa饱和蒸汽)	kg	2 674.5	kJ/kg

注1：原煤的热值按20 934 kJ/kg计算。
注2：蒸汽折标煤系数按热值计。
注3：表中折标煤系数以国家统计部门最新公布的数据为准。

A.2 表A.2为耗能工质能源等价值。

表A.2 耗能工质能源等价值

耗能工质		能源等价值	
名称	单位	热值/MJ	折标煤/kgce
新鲜水	t	7.535 0	0.257 1
软化水	t	14.234 7	0.485 7
压缩空气	m^3	1.172 3	0.040 0
氧气	m^3	11.723 0	0.400 0
氮气	m^3	11.723 0	0.400 0
		19.677 1	0.671 4
乙炔	m^3	243.672 2	8.314 3

注1：新鲜水指尚未使用的自来水。
注2：除乙炔外，均按平均耗电计算。
注3：氮气作为副产品时，折标煤系数取0.400 0。作为主产品时，折标煤系数取0.671 4。
注4：乙炔按耗电石计算。
注5：表中折标煤系数以国家统计部门最新公布的数据为准。

ICS 27.010
F 01

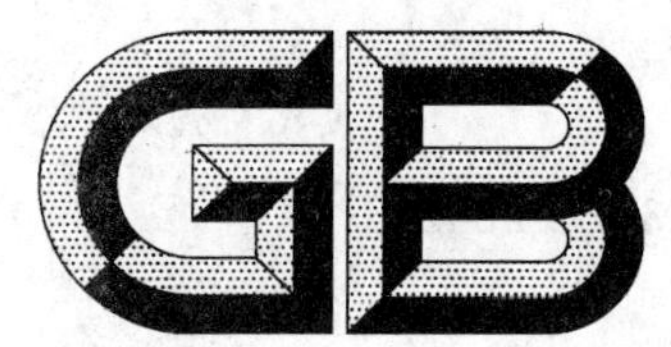

中华人民共和国国家标准

GB 21347—2012
代替 GB 21347—2008

镁冶炼企业单位产品能源消耗限额

The norm of energy consumption per unit products of magnesium metallurgical enterprise

2012-12-31 发布　　2013-10-01 实施

中华人民共和国国家质量监督检验检疫总局
中国国家标准化管理委员会　发布

前 言

本标准的4.1和4.2是强制性的，其余是推荐性的。

本标准按照GB/T 1.1—2009给出的规则起草。

本标准代替GB 21347—2008《镁冶炼企业单位产品能源消耗限额》。与GB 21347—2008相比，主要有以下变化：

——将4.1现有镁冶炼企业单位产品能耗限额限定值指标由“8 300 kgce/t”修改为“6 tce/t”。

——将4.2新建镁冶炼企业单位产品能耗限额准入值指标“7 500 kgce/t”修改为“5 tce/t”。

——将4.3镁冶炼企业单位产品能耗限额先进值指标“5 600 kgce/t”修改为“4.5 tce/t”。

本标准由全国有色金属标准化技术委员会(SAC/TC 243)归口。

本标准负责起草单位：宁夏华亿镁业股份有限公司、山西银光华盛镁业股份有限公司、有色金属技术经济研究院。

本标准参加起草单位：河南宇航金属材料有限公司、重庆大学、中国有色金属工业协会镁业分会。

本标准主要起草人：王秀荣、拓万兰、席欢、李郭平、李庆荣、李琦、张静、孙前、黄开东、王婧、陈亚娟。

本标准所代替标准的历次版本发布情况为：

——GB 21347—2008。

镁冶炼企业单位产品能源消耗限额

1 范围

本标准规定了镁冶炼(硅热法)生产能源消耗(以下简称能耗)限额的技术要求、计算原则、计算方法、统计范围和节能管理与措施。

本标准适用于硅热法镁冶炼工艺产品能耗的计算、考核,以及对新建项目的能耗控制。

2 规范性引用文件

下列文件对于本文件的应用是必不可少的。凡是注日期的引用文件,仅注日期的版本适用于本文件。凡是不注日期的引用文件,其最新版本(包括所有的修改单)适用于本文件。

GB/T 2589 综合能耗计算通则

GB/T 3101 有关量、单位和符号的一般原则

GB 17167 用能单位能源计量器具配备和管理通则

3 术语和定义

下列术语和定义适用于本文件。

3.1

工序能源单耗 unit energy consumption in working procedure

工序生产过程中生产每吨合格产品消耗的能源量。

3.2

工艺能源单耗 unit energy consumption of technology

报告期内生产某种产品时主要生产系统的综合能耗与报告期内产出的合格品总量的比值。

3.3

综合能源单耗 unit consumption of integrate energy

即产品单位产量综合能耗,是指工艺能源单耗与辅助能源单耗及损耗分摊量之和。

3.4

间接综合能源单耗 unit consumption of indirect integrate energy

企业的辅助生产系统和附属生产系统在产品生产的时间内实际消耗的各种能源以及耗能工质在企业内部进行贮存、转换及计量供应(包括外销)中的损耗,分摊到该产品上的能耗量。

4 要求

4.1 现有镁冶炼企业单位产品能耗限定值

现有镁冶炼企业单位产品综合能耗限定值不大于 6 tce/t。

4.2 新建镁冶炼企业单位产品能耗准入值

新建镁冶炼企业单位产品综合能耗准入值不大于 5 tce/t。

4.3 镁冶炼企业单位产品能耗先进值

镁冶炼企业单位产品综合能耗先进值不大于 4.5 tce/t。

5 能耗计算原则、计算方法及计算范围

5.1 计算原则

镁冶炼产品是指由原材料(白云石、硅铁等)到镁锭产品,其产量均以吨(t)为计量单位,综合能源单耗的计算范围包括工艺能耗、辅助能耗分摊量及损耗量。

5.1.1 企业实际(生产)消耗的各种能源

企业实际消耗的各种能源,系指用于生产活动的各种能源。主要用于生产系统、辅助生产系统和附属生产系统,它包括:一次能源(原煤、原油、天然气等)、二次能源(如电力、热力、石油制品、焦炭、煤气等)、耗能工质(水、氧气、压缩空气等)和余热资源,包括能源及耗能工质在企业内部进行贮存、转换及计量供应(包括外销)中的损耗。用做原料的能源也必需包括在内,不包括生活用能和批准的基建项目用能,企业生活用能量是指企业系统内的宿舍、学校、文化娱乐、医疗保健、商业服务和托儿幼教等方面的用能。不包括车间、管理部门的照明、取暖、降温、洗澡等用能。

5.1.2 企业报告期内的能源消耗量

企业报告期内的能源消耗量的计算,应符合公式(1):

$$E = E_1 + E_2 - E_3 - 4_4 - E_5 \qquad \cdots\cdots(1)$$

式中:

E ——企业报告期内的能源消耗量;

E_1——购入能源量;

E_2——库存能源增减量;

E_3——外销能源量;

E_4——生活用能源量;

E_5——企业工程建设用能源量。

所消耗的各种能源不得重计或漏计。存在供需关系时,输入、输出双方在计算中量值上应保持一致。设备停炉大修的能源消耗也应计算在内,且按检修后设备的运行周期逐月平均分摊。企业综合能耗的计算按 GB/T 2589 的规定进行。

5.1.3 能源实物量的计量

能源实物量的计量应符合《中华人民共和国计量法》、GB 17167 和 GB/T 2589 的规定。

5.1.4 各种能源(包括生产耗能工质消耗的能源)折算的原则及其计量单位

5.1.4.1 各种单位产品能耗用千克标准煤(kgce)或吨标准煤(tce)表示。1 kgce 的发热值定为 29.307 6 MJ (7 000 kcal/kg)。

5.1.4.2 企业消耗的煤炭、焦炭、燃料油、煤气、天然气等能源的折算系数,应先按国家规定的测定分析方法进行分析测定,按实测值换算为标准煤;不能实测的,应按能源供应部门提供的低(位)发热值进行换算;在上述条件均不具备时,可用 GB/T 2589 规定的折算系数换算(见附录 A)。

5.1.4.3 电力按 GB/T 2589 规定的折算系数换算(见附录 A)。

5.1.4.4 企业加工转换产出的二次能源及耗能工质一律用等量/等价热值折算(见附录 B)。

5.1.4.5 企业内回收余热资源按企业能源转换实际消耗换算。

5.1.4.6 能源及耗能工质实物消耗量计算单位：

煤、焦炭、重油：单位为千克(kg)、吨(t)、万吨(10^4 t)；

电：单位为千瓦时(kW·h)、万千瓦时(10^4 kW·h)；

煤气、天然气、压缩空气、氧气：单位为立方米(m^3)、万立方米(10^4 m^3)；

蒸汽：单位为千克(kg)、吨(t)；

水：单位为吨(t)、万吨(10^4 t)。

5.1.5 余热利用能耗的计算原则

企业回收的余热，属于节约能源循环利用，在计算能耗时，应避免重复计算。余热利用装置用能计入能耗。回收能源自用部分，计入自用工序；转供其他工序时，在所用工序以正常消耗计入；回收的能源折标准煤后应在回收余热的工序、工艺中扣除。如是未扣除回收余热的能耗指标，应标明“未扣余热发电”、“含余热发电”、“未扣回收余热”等字样。

5.1.6 间接综合能源单耗的计算原则

间接综合能源单耗，应根据产品能耗占企业生产能耗量的比例，分摊在产品中。

5.2 计算方法

5.2.1 工序能源单耗的计算

工序能源单耗按公式(2)计算：

$$E_{Ei}=\frac{E_{Ti}}{P} \qquad \cdots\cdots(2)$$

式中：

E_{Ei}——第 i 道每吨合格镁锭工序能耗，单位为吨标准煤每吨(tce/t)；

T_{Ti}——第 i 道工序直接消耗的某种能源实物量折标准煤之和，单位为吨标准煤(tce)；

P ——产出的合格镁锭总量，单位为吨(t)。

式(2)中 i 取 1、2、3、4，分别表示硅热法炼镁工艺的炉料工序、还原工序、精炼工序、生产辅助工序。每道工序直接消耗的各种能源实物量折标准煤量之和为代数和。

5.2.2 综合能源单耗的计算

综合能源单耗按式(3)计算：

$$E_Z=\sum_1^3 E_{Ei}+\sum_1^3 Y_i+\sum_1^3 Z_i-\sum_1^3 Q_i \qquad \cdots\cdots(3)$$

式中：

E_Z ——镁锭综合能源单耗，单位为吨标准煤每吨(tce/t)；

$\sum_1^3 E_{Ei}$——镁锭各个工序能源单耗之和，单位为吨标准煤每吨(tce/t)；

$\sum_1^3 Y_i$ ——间接综合能源单耗之和，单位为吨标准煤每吨(tce/t)；

$\sum_1^3 Z_i$ ——企业用于加工转换的二次能源及耗能工质能耗之和，单位为吨标准煤每吨(tce/t)；

$\sum_1^3 Q_i$ ——工序余热回收之和，单位为吨标准煤每吨(tce/t)。

5.3 统计范围

硅热法炼镁工艺包括炉料工序、还原工序、精炼工序、生产辅助工序。

a) 炉料工序：炉料工序能耗包括白云石煅烧、配料、混合料的粉磨、制球、余热利用装置、照明、环保装置等消耗的能源量。

b) 还原工序：还原工序能耗包括还原炉、机械真空泵、射流真空泵、环保烟气处理、烟气排放、水处理、水冷却循环设施、余热锅炉、照明等消耗的能源量。

c) 精炼工序：精炼工序能耗是指从粗镁到镁锭的整个精炼过程用能耗，包括精炼炉、搅拌机、连铸机、收尘烟气处理、运输吊车、照明等消耗的能源量。

d) 生产辅助工序：生产辅助工序能耗包括生产辅助系统、机电维修、实验室的能源消耗量。

6 节能管理与措施

6.1 节能基础管理

6.1.1 镁冶炼企业应建立节能考核制度，定期对企业的各生产工序能耗情况进行考核，并把考核指标分解落实到各基层单位。

6.1.2 企业应按要求建立能耗统计体系，建立能耗计算和统计结果的文件档案，并对文件进行受控管理。

6.1.3 企业应根据 GB 17167 的要求配备相应的能源计量器具并建立能源计量管理制度。

6.2 节能技术管理

6.2.1 镁冶炼企业应配备余热回收等节能设备，最大限度地对生产过程中可回收的能源进行利用。

6.2.2 镁冶炼企业应进行技术改造，采用先进工艺，提高生产效率和能源利用率。

6.2.3 镁冶炼企业应合理组织生产，减少中间环节，提高生产能力，缩短生产周期。

6.2.4 镁冶炼企业应大力发展循环经济，利用现有技术，合理利用废杂镁等再生资源。

附 录 A
（资料性附录）
各种能源折标准煤参考系数

表 A.1 各种能源折标准煤参考系数

能源名称		平均低位发热量	折标准煤系数
原煤		20 908 kJ/kg(5 000 kcal/kg)	0.714 3 kgce/kg
洗精煤		26 344 kJ/kg(6 300 kcal/kg)	0.900 0 kgce/kg
其他洗煤	洗中煤	8 363 kJ/kg(2 000 kcal/kg)	0.285 7 kgce/kg
	煤泥	8 363 kJ/kg～12 545 kJ/kg	0.285 7 kgce/kg～0.428 6 kgce/kg
焦炭		28 435 kJ/kg(6 800 kcal/kg)	0.971 4 kgce/kg
原油		41 816 kJ/kg(10 000 kcal/kg)	1.428 6 kgce/kg
燃料油		41 816 kJ/kg(10 000 kcal/kg)	1.428 6 kgce/kg
汽油		43 070 kJ/kg(10 300 kcal/kg)	1.471 4 kgce/kg
煤油		43 070 kJ/kg(10 300 kcal/kg)	1.471 4 kgce/kg
柴油		42 652 kJ/kg(10 200 kcal/kg)	1.457 1 kgce/kg
煤焦油		33 453 kJ/kg(8 000 kcal/kg)	1.142 9 kgce/kg
渣油		41 816 kJ/kg(10 000 kcal/kg)	1.428 6 kgce/kg
液化石油气		50 179 kJ/kg(12 000 kcal/kg)	1.714 3 kgce/kg
炼厂干气		46 055 kJ/kg(11 000 kcal/kg)	1.571 4 kgce/kg
油田天然气		38 931 kJ/m^3(9 310 kcal/m^3)	1.330 0 kgce/m^3
气田天然气		35 544 kJ/m^3(8 500 kcal/m^3)	1.214 3 kgce/m^3
煤矿瓦斯气		14 636 kJ/m^3～16 726 kJ/m^3	0.500 0 kgce/m^3～0.571 4 kgce/m^3
焦炉煤气		16 726 kJ/m^3～17 981 kJ/m^3	0.571 4 kgce/m^3～0.614 3 kgce/m^3
高炉煤气		3 763 kJ/m^3	0.128 6 kgce/m^3
其他煤气	a) 发生炉煤气	5 227 kJ/kg(1 250 kcal/m^3)	0.178 6 kgce/m^3
	b) 重油催化裂解煤气	19 235 kJ/kg(4 600 kcal/m^3)	0.657 1 kgce/m^3
	c) 重油热裂解煤气	35 544 kJ/kg(8 500 kcal/m^3)	1.214 3 kgce/m^3
	d) 焦炭制气	16 308 kJ/kg(3 900 kcal/m^3)	0.557 1 kgce/m^3
	e) 压力气化煤气	15 054 kJ/kg(3 600 kcal/m^3)	0.514 3 kgce/m^3
	f) 水煤气	10 454 kJ/kg(2 500 kcal/m^3)	0.357 1 kgce/m^3
粗苯		41 816 kJ/kg(10 000 kcal/kg)	1.428 6 kgce/kg
热力(当量值)		—	0.034 12 kgce/MJ
电力(当量值)		3 600 kJ/(kW·h)[860 kcal/(kW·h)]	0.122 9 kgce/(kW·h)
电力(等价值)		按当年火电发电标准煤耗计算	
蒸汽(低压)		3 763 MJ/t(900 Mcal/t)	0.128 6 kgce/kg
本附录中折标准煤系数如遇国家统计部门规定发生变化，能耗等级指标则应另行设定。			

附 录 B
（资料性附录）
耗能工质能源等价值

表 B.1 耗能工质能源等价值

品种	单位耗能工质耗能量	折标准煤系数
新水	2.51 MJ/t(600 kcal/t)	0.085 7 kgce/t
软水	14.23 MJ/t(3 400 kcal/t)	0.485 7 kgce/t
除氧水	28.45 MJ/t(6 800 kcal/t)	0.971 4 kgce/t
压缩空气	1.17 MJ/m^3(280 kcal/m^3)	0.040 0 kgce/m^3
鼓风	0.88 MJ/m^3(210 kcal/m^3)	0.030 0 kgce/m^3
氧气	11.72 MJ/m^3(2 800 kcal/m^3)	0.400 0 kgce/m^3
氮气(做副产品时)	11.72 MJ/m^3(2 800 kcal/m^3)	0.400 0 kgce/m^3
氮气(做主产品时)	19.66 MJ/m^3(4 700 kcal/m^3)	0.671 4 kgce/m^3
二氧化碳气	6.28 MJ/m^3(1 500 kcal/t)	0.214 3 kgce/m^3
乙炔	243.67 MJ/m^3	8.314 3 kgce/m^3
电石	60.92 MJ/kg	2.078 6 kgce/kg
本附录中的能源等价值如有变动，以国家统计部门最新公布的数据为准。		

ICS 27.010
F 010

中华人民共和国国家标准

GB 21348—2014
代替 GB 21348—2008

锡冶炼企业单位产品能源消耗限额

The norm of energy consumption per unit product of tin metallurgical enterprise

2014-04-28 发布　　2015-01-01 实施

中华人民共和国国家质量监督检验检疫总局
中国国家标准化管理委员会　发布

前　言

本标准的4.1和4.2为强制性的，其余为推荐性的。

本标准按照GB/T 1.1—2009给出的规则起草。

本标准代替GB 21348—2008《锡冶炼企业单位产品能源消耗限额》。与GB 21348—2008相比，本标准主要变化如下：

——修改“范围”，明确规定“以综合回收为主的锡冶炼企业的单位产品能耗的计算、考核不适合本标准”；

——删除“术语和定义”中的3.2“工序实物单耗”；

——修订、更新了锡冶炼企业综合能源消耗限额限定值、准入值和先进值；

——修改5.1.5锡冶炼产品能耗的计算原则，即增加了“5.1.5.2　能耗考核以综合能耗考核优先”条款；

——修改5.1.7企业余热利用能源的计算原则，将“回收的能源折标煤后应在回收余热的工序扣除”修改为“回收的能源折标煤后应在回收余热的工序扣除或在产品综合能源消耗中扣除”，以满足不同的统计方式；

——修改5.2.1工序实物单耗的计算和5.2.2工序能耗单耗的计算；

——修改5.3计算范围部分内容；

——对附录A、附录B备注中的部分内容进行了修改或删减。

本标准由国家发展和改革委员会资源节约与环境保护司、工业和信息化部节能与综合利用司、中国有色金属工业协会提出。

本标准由全国有色金属标准化技术委员会(SAC/TC 243)归口。

本标准负责起草单位：广西华锡集团股份有限公司、中国有色金属工业标准计量质量研究所。

本标准参加起草单位：云南锡业集团有限责任公司。

本标准主要起草人：覃祚明、陶政修、李永、白家强、李志红、罗佩珍、汤粉兰、赵永善。

本标准所代替标准的历次版本发布情况为：

——GB 21348—2008。

锡冶炼企业单位产品能源消耗限额

1 范围

本标准规定了锡冶炼企业单位产品的能源消耗(以下简称能耗)限额的技术要求、统计范围、计算方法、计算范围和节能管理与措施。

本标准适用于以锡精矿为主要原料的所有锡冶炼企业的单位产品能耗的计算、考核，以及新建锡冶炼项目的能耗控制。

本标准不适用于以综合回收为主的锡冶炼企业的单位产品能耗的计算、考核。

2 规范性引用文件

下列文件对于本文件的应用是必不可少的。凡是注日期的引用文件，仅注日期的版本适用于本文件。凡是不注日期的引用文件，其最新版本(包括所有的修改单)适用于本文件。

GB/T 2589 综合能耗计算通则

GB/T 12723 单位产品能源消耗限额编制通则

GB 17167 用能单位能源计量器具配备和管理通则

3 术语和定义

GB/T 2589 和 GB/T 12723 界定的术语和定义适用于本文件。

4 要求

4.1 现有锡冶炼企业单位产品综合能耗限定值

现有锡冶炼企业单位产品综合能耗限定值应符合表 1 的要求。

表 1 现有锡冶炼企业单位产品综合能耗限定值

序 号	工序名称	限定值/(kgce/t)	说 明
1	炼前工序综合能耗	50	
2	还原熔炼工序综合能耗	1 050	
3	炼渣工序综合能耗	3 100	适用于处理平均含锡量≤6%的物料
		2 600	适用于处理平均含锡量>6%的物料
4	精炼工序综合能耗	200	
5	锡冶炼企业单位产品综合能耗	2 400	

4.2 新建锡冶炼企业单位产品综合能耗准入值

新建锡冶炼企业单位产品综合能耗准入值应符合表 2 的要求。

表 2 新建锡冶炼企业单位产品综合能耗准入值

序 号	工序名称	准入值/(kgce/t)	说 明
1	炼前工序	45	
2	还原熔炼工序	850	
3	炼渣工序	2 800	适用于处理平均含锡量≤6%的物料
		2 400	适用于处理平均含锡量>6%的物料
4	精炼工序	160	
5	锡冶炼企业单位产品综合能耗	2 000	

4.3 锡冶炼企业单位产品综合能耗先进值

锡冶炼企业单位产品综合能耗先进值应符合表 3 的要求。

表 3 锡冶炼企业单位产品综合能耗先进值

序 号	工序名称	先进值/(kgce/t)	说 明
1	炼前工序	40	
2	还原熔炼工序	750	
3	炼渣工序	2 500	适用于处理平均含锡≤6%的物料
		2 200	适用于处理平均含锡>6%的物料
4	精炼工序	120	
5	锡冶炼企业单位产品综合能耗	1 700	

5 统计范围、计算方法及计算范围

5.1 统计范围

5.1.1 企业实际消耗的各种能源

企业实际消耗的各种能源包括：一次能源(原煤、原油、天然气等)，二次能源(电力、热力、石油制品、焦炭、煤气等)和生产使用的耗能工质(水、氧气、压缩空气等)所消耗的能源。

企业实际消耗的各种能源是指用于生产活动的各种能源。其包括主要生产系统、辅助生产系统和附属生产系统用能，不包括生活用能和批准的基建项目用能。

生活用能是指企业系统内的宿舍、学校、文化娱乐、医疗保健、商业服务等直接用于生活方面的能耗。

5.1.2 企业计划统计期内的能源实物消耗量和能源消耗量

企业计划统计期内的某种能源实物消耗量的计算，应符合式(1)。

$$e_{h}=e_{1}+e_{2}-e_{3}-e_{4}-e_{5}-e_{6} \qquad \cdots\cdots(1)$$

式中：

$e_{耗}$——企业的能源实物消耗量；

e_1——企业购入能源实物量；
e_2——期初库存能源实物量；
e_3——期末库存能源实物量；
e_4——外销能源实物量；
e_5——生活用能源实物量；
e_6——企业工程建设用能源量。

企业计划统计期内的能源消耗量的计算，应符合式(2)。

$$E_h = E_1 + E_2 - E_3 - E_4 - E_5 = E_{ZG} + E_{ZF} = E_{ZZ} \qquad \cdots\cdots(2)$$

式中：
E_h ——企业计划统计期内能源消耗量；
E_1 ——购入能源量；
E_2 ——库存能源增减量；
E_3 ——外销能源量；
E_4 ——生活用能源量；
E_5 ——企业工程建设用能源量；
E_{ZG}——诸产品工艺能源消耗量；
E_{ZF}——间接辅助生产部门用能源量及损耗；
E_{ZZ}——诸产品综合能源消耗量。

所消耗的各种能源不得重计或漏计。存在供需关系时，输入、输出双方在计算中量值上应保持一致。设备大修的能源消耗也应计算在内，且按设备检修后的运行周期逐月分摊。企业综合能耗计算按GB/T 2589 的规定进行。

5.1.3 各种能源的计量单位

企业工序能耗量、产品综合能耗量的单位：千克标准煤/吨(kgce/t)、吨标准煤/吨(tce/t)；
电力：单位为千瓦时(kW·h)、万千瓦时(10^4 kW·h)；
蒸汽：单位为千焦(kJ)、兆焦 (MJ)、百万千焦(GJ)；
煤炭、焦炭、重油、汽油、柴油的实物单位：千克(kg)、吨(t)；
煤气、压缩空气、氧气、天然气实物单位：立方米(m^3)、万立方米($10^4 m^3$)；
水实物单位：吨(t)、万吨(10^4t)。

5.1.4 各种能源(包括生产耗能工质消耗的能源)折算标煤量方法

应用基低(位)发热量等于29.307 6 MJ(兆焦)的燃料，即1 kgce(千克标准煤)。

各种能源及耗能工质消耗量应折算为标煤量计算。外购的燃料能源可取实测的低(位)发热量或供货单位提供的实测值为计算基础，或用国家统计部门的折算系数折算，参见附录A。二次能源(除电外)及耗能工质均按相应能源等价值折算，电力按能源当量值折算；企业能源转换自产时，按实际投入的能源实物量折算标煤量；由集中生产单位外销供应时，其能源等价值应主管部门规定；外购外销时，其能源等价值应相同；当未提供能源等价值时，可按国家统计部门的折算系数折算，参见附录B。企业回收的余热按热力的折算系数，余热发电统一按电力的折算系数折算。

5.1.5 锡冶炼单位产品能耗的计算原则

5.1.5.1 锡冶炼各工序单位产品能耗的计算，按各工序同一计划统计期内产出的产品实物量计算工序单位产品能耗：

——炼前工序按焙砂、焙烧渣及其他焙烧产物重量统计；

——还原熔炼工序按粗锡量(包括甲锡、乙锡、硬头)重量统计；

——炼渣工序按烟尘重量统计；

——精炼工序按合格锡产品(精锡、焊锡、锡基合金)重量统计；

——企业综合能耗按合格锡产品(精锡、焊锡、锡基合金)重量统计；

——所有产品产量均以吨(t)为计量单位,以企业计划统计部门正式上报的数据为准。

5.1.5.2 能耗考核以综合能耗考核优先。拥有完整工艺流程的锡冶炼企业,即四个工序都有的企业,只考核单位产品综合能耗,只要单位产品综合能耗指标符合标准要求,不考核单一工艺能耗指标。工艺流程不完整的锡冶炼企业,缺少一个以上生产工序,应按工序综合能耗指标分别进行考核,所有工序综合能耗指标均达到要求时,判定为符合标准的指标要求。

5.1.6 有价金属综合回收的产品能耗计算原则

经过精炼的合金锡、精锡、焊锡产品的能耗,按实际产品的产量分摊。

其他有价金属综合回收产品,指除精锡、焊锡、锡基合金以外的产品,如:银、铟、铜、锑、铅、锌、砷及其化工产品等。所在工序能耗可以单独计量的,则单独分摊该工序的能耗,不计入锡冶炼产品能源消耗。

5.1.7 企业余热利用能源的计算原则

企业回收的余热,属于节约能源循环利用,不属于外购能源,在计算时,应避免和外购能源重复计算。余热利用装置用能计入能耗。回收能源自用部分,计入自用工序;转供其他工序时,在所用工序以正常消耗计入;回收的能源折标煤后应在回收余热的工序扣除或在产品综合能源消耗中扣除。

5.1.8 其他

企业的辅助、附属生产系统的能源消耗量和能源及耗能工质在企业内部贮存、转换与分配供应及外销中的损耗,应根据各产品工艺能耗占企业生产工艺能耗量的比例,分摊给各个产品。

5.2 计算方法

5.2.1 工序实物单耗的计算

工序实物单耗按式(3)计算。

$$E_S = \frac{M_S}{P_Z} \qquad \cdots\cdots(3)$$

式中：

E_S ——某工序的实物单耗,单位为千克每吨(kg/t)、千瓦时每吨(kW·h/t)、立方米每吨(m^3/t)；

M_S ——某工序直接消耗的某种能源实物总量,单位为千克(kg)、千瓦时(kW·h)、立方米(m^3)；

P_Z ——某工序产出的产品实物量,单位为吨(t)。

5.2.2 工序能源单耗的计算

工序能源单耗按式(4)计算。

$$E_I = \frac{E_H}{P_Z} \qquad \cdots\cdots(4)$$

式中：

E_I ——某工序能源单耗,单位为千克标准煤每吨(kgce/t)；

E_H ——某工序直接消耗的各种能源实物量折标煤之和,单位为千克标准煤(kgce)；

P_Z ——某工序产出的产品实物量,单位为吨(t)。

5.2.3 企业综合能耗的计算

综合能耗的计算应符合式(5)。

$$E_Z = E_I + E_F \qquad \cdots\cdots(5)$$

式中：

E_Z ——综合能耗，单位为千克标准煤每吨(kgce/t)；

E_I ——工艺能耗，单位为千克标准煤每吨(kgce/t)；

E_F ——辅助能耗和损耗分摊量，单位为千克标准煤每吨(kgce/t)。

5.3 计算范围

5.3.1 炼前处理工序产品能耗计算范围

从含锡物料(主要为锡精矿)进入炼前工序开始到处理后的含锡产物(焙砂、焙烧渣及其他焙烧产物)离开炼前工序止。包括(沸腾炉、回转窑)从配料、进料、焙烧、排料、供排风、物料输送、收尘、供排水、辅助设备及照明等所有能源量。

5.3.2 还原熔炼工序产品能耗计算范围

从含锡物料(主要为锡焙砂)进入还原熔炼工序开始到粗锡(包括甲锡、乙锡、硬头)离开还原熔炼工序止。包括(反射炉、电炉、顶吹炉、艾萨炉)从配料、进料、熔炼、供排风、收尘、供水、粉煤制备、煤气制造、余热装置、照明等所有消耗的能源量。

5.3.3 精炼工序产品能耗计算范围

5.3.3.1 火法精炼：从粗锡开始到产出合格锡产品(锡锭、焊锡、锡基合金)为止。包括从氧化锅、高温锅、结晶机、精炼锅、浇铸、熔析炉、离心机、真空炉等工序的加热、熔化除杂、供排水、供排风、收尘、煤气制造、车间运输及照明等所有消耗的能源量。

5.3.3.2 湿法电解精炼：从粗锡或粗焊锡开始到产出锡锭或电焊锡为止。包括从精锡电解、焊锡电解、电解辅助设施及供排水、通风、车间运输、照明等所有消耗的能源量。

5.3.4 炼渣工序产品能耗计算范围

从富渣、锡中矿及其他含锡渣料进入炼渣工序开始到产出含锡烟尘为止。包括(烟化炉、电炉、艾萨炉)从备料、进料、硫化挥发、供排水、收尘、供排风、粉煤制备、辅助设备及照明等所有消耗的能源量。

5.3.5 各工序实物单耗、能耗计算

炼前处理工序、还原熔炼工序、精炼工序及炼渣工序实物单耗参照式(3)计算，炼前处理工序、还原熔炼工序、精炼工序及炼渣工序能源单耗参照式(4)计算。各工序能耗计算中，含回收余热时，按5.1.7处理。

5.3.6 企业单位产品综合能耗计算

企业单位产品综合能耗参照式(5)计算，包括产品工序能耗、辅助能耗和及损耗分摊量。

6 节能管理与措施

6.1 节能基础管理

6.1.1 企业应建立节能考核制度，定期对锡冶炼企业的各生产工序能源消耗情况进行考核，并把考核

指标分解落实到各基层单位。

6.1.2 企业应按要求建立能耗统计体系，建立能耗计算和统计结果的文件档案，并对文件进行受控管理。

6.1.3 企业应根据 GB 17167 的要求配备相应的能源计量器具并建立能源计量管理制度。

6.2 节能技术管理

锡冶炼企业应配备余热回收等节能设备，最大限度地回收工序产出的能源。

附 录 A
（资料性附录）
常用能源品种现行折标煤系数

常用能源品种现行折标煤系数见表 A.1。

表 A.1 常用能源品种现行折标煤系数

能 源		折标煤系数及单位	
品 种	单 位	系 数	单 位
原 煤	吨(t)	0.714 3	吨标煤/吨 (tce/t)
无烟煤	吨(t)	0.900	吨标煤/吨 (tce/t)
洗精煤	吨(t)	0.900	吨标煤/吨 (tce/t)
褐 煤	吨(t)	0.404	吨标煤/吨 (tce/t)
重 油	吨(t)	1.428 6	吨标煤/吨 (tce/t)
汽 油	吨(t)	1.471 4	吨标煤/吨 (tce/t)
柴 油	吨(t)	1.457 1	吨标煤/吨 (tce/t)
焦 炭	吨(t)	0.971 4	吨标煤/吨 (tce/t)
液化石油气	吨(t)	1.714 3	吨标煤/吨 (tce/t)
电 力	万千瓦时 (10^4 kW·h)	1.229	吨标煤/万千瓦时 [tce/10^4(kW·h)]
煤 气 (热值为 1 250×4.186 8 kJ/m^3)	万立方米(10^4 m^3)	1.786	吨标煤/万立方米(tce/10^4 m^3)
热力(当量)	百万千焦(GJ)	0.034 12	吨标煤/百万千焦 (tce/GJ)
天然气	千立方米(10^3 m^3)	1.330 0	吨标煤/千立方米(tce/10^3 m^3)

注 1：蒸汽折标系数按热值计。

注 2：部分品种仍采用“万”为计量单位。

附 录 B
（资料性附录）
耗能工质能源等价参考值

耗能工质能源等价参考值见表B.1。

表 B.1 常用耗能工质能源等价值

<table>
<tr><th rowspan="2">序号</th><th rowspan="2" colspan="2">名 称</th><th rowspan="2">单 位</th><th colspan="2">能源等价值</th><th rowspan="2">备 注</th></tr>
<tr><th>热值/
MJ</th><th>折标煤/
kgce</th></tr>
<tr><td>1</td><td rowspan="2">液体</td><td>新鲜水</td><td>吨</td><td>7.535 0</td><td>0.257 1</td><td rowspan="2">指尚未使用过的自来水，按平均耗电计算</td></tr>
<tr><td>2</td><td>软化水</td><td>吨</td><td>14.234 7</td><td>0.485 7</td></tr>
<tr><td>3</td><td rowspan="6">气体</td><td>压缩空气</td><td>立方米</td><td>1.172 3</td><td>0.040 0</td><td rowspan="3"></td></tr>
<tr><td>4</td><td>二氧化碳</td><td>立方米</td><td>6.280 6</td><td>0.214 3</td></tr>
<tr><td>5</td><td>氧气</td><td>立方米</td><td>11.723 0</td><td>0.400 0</td></tr>
<tr><td rowspan="2">6</td><td rowspan="2">氮气</td><td rowspan="2">立方米</td><td>11.723 0</td><td>0.400 0</td><td>当副产品时</td></tr>
<tr><td>19.677 1</td><td>0.671 4</td><td>当主产品时</td></tr>
<tr><td>7</td><td>乙炔</td><td>立方米</td><td>243.672 2</td><td>8.314 3</td><td>按耗电石计算</td></tr>
<tr><td>8</td><td>固体</td><td>电石</td><td>千克</td><td>60.918 8</td><td>2.078 6</td><td>按平均耗焦炭、电等计算</td></tr>
<tr><td colspan="7">注：本附录中的能源等价值如有变动，以国家统计部门最新公布的数据为准。</td></tr>
</table>

ICS 27.010
F 01

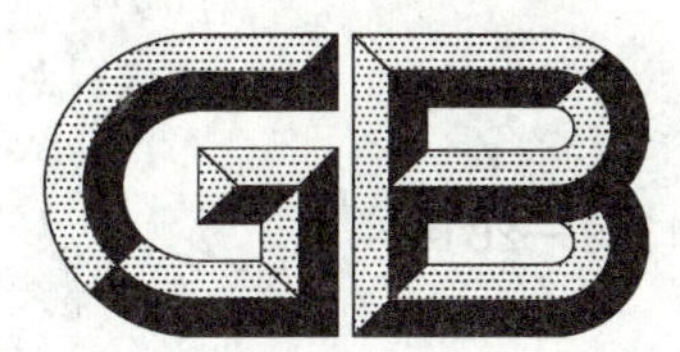

中华人民共和国国家标准

GB 21349—2014
代替 GB 21349—2008

锑冶炼企业单位产品能源消耗限额

The norm of energy consumption per unit product of antimony metallurgical enterprise

2014-04-28 发布　　2015-01-01 实施

中华人民共和国国家质量监督检验检疫总局
中国国家标准化管理委员会　发布

前　言

本标准的 4.1 和 4.2 是强制性的，其余是推荐性的。

本标准按照 GB/T 1.1—2009 给出的规则起草。

本标准代替 GB 21349—2008《锑冶炼企业单位产品能源消耗限额》。本标准与 GB 21349—2008 相比，主要变化如下：

——脆硫铅锑精矿为原料的锑冶炼企业粗炼工序（脆硫铅锑精矿-锑氧、粗铅）工序修改成了粗炼、吹炼工序（脆硫铅锑精矿-锑氧、底铅）；

——加严了锑冶炼企业各工序能耗指标及综合能耗指标。

本标准由国家发展和改革委员会资源节约和环境保护司、工业和信息化部节能与综合利用司和中国有色金属工业协会提出。

本标准由全国有色金属标准化技术委员会（SAC/TC 243）归口。

本标准负责起草单位：锡矿山闪星锑业有限责任公司、中国有色金属工业标准计量质量研究所。

本标准参加起草单位：广西华锡集团股份有限公司。

本标准起草人：李志强、刘新春、戴永俊、赵永善、廖光荣、龚福保、邓卫华、王卫国。

本标准所代替标准的历次版本发布情况为：

——GB 21349—2008。

锑冶炼企业单位产品能源消耗限额

1 范围

本标准规定了锑冶炼企业单位产品的能源消耗限额的要求、计算原则、计算方法及计算范围和节能管理与措施。

本标准适用于以硫化锑精矿、硫氧混合锑精矿和脆硫铅锑精矿为原料的锑冶炼企业产品能耗的计算和考核,以及对新建项目的能耗控制。

2 规范性引用文件

下列文件对于本文件的应用是必不可少的。凡是注日期的引用文件,仅注日期的版本适用于本文件。凡是不注日期的引用文件,其最新版本(包括所有的修改单)适用于本文件。

GB/T 2589 综合能耗计算通则

GB/T 12723 单位产品能源消耗限额编制通则

GB 17167 用能单位能源计量器具配备和管理通则

3 术语和定义

GB/T 2589 和 GB/T 12723 界定的术语和定义适用于本文件。

4 要求

4.1 现有锑冶炼企业单位产品综合能耗限定值

4.1.1 以硫化锑、硫氧混合锑精矿为原料的冶炼企业单位产品综合能耗限定值应符合表 1 的要求。

表 1 以硫化锑、硫氧混合锑精矿为原料的锑冶炼企业单位产品综合能耗限定值

工艺、工序	限定值/(kgce/t)	
	硫化锑矿	硫氧混合锑矿
粗炼工序(锑精矿-锑氧)	≤700	≤950
精炼工序(锑氧-锑锭)	≤440	≤440
锑冶炼工艺(锑精矿-锑锭)	≤1 250	≤1 400

4.1.2 以脆硫铅锑精矿为原料的锑冶炼企业单位产品综合能耗限定值应符合表 2 的要求。

表 2　以脆硫铅锑精矿为原料的锑冶炼企业单位产品综合能耗限定值

工艺、工序	限定值/(kgce/t)
粗炼、吹炼工序（脆硫铅锑精矿-锑氧、底铅）	≤950
炼渣工序（鼓风炉渣-粗锑氧、铅锑粗合金）	≤600
精炼工序（底铅、锑氧-铅锭、锑锭、高铅锑锭）	≤500
脆硫铅锑矿冶炼工艺（脆硫铅锑精矿-铅锭、锑锭、高铅锑锭）	≤2 100

4.2　新建锑冶炼企业单位产品综合能耗准入值

4.2.1　以硫化锑、硫氧混合锑精矿为原料的锑冶炼企业单位产品综合能耗准入值应符合表 3 的要求。

表 3　新建硫化锑、硫氧混合锑精矿为原料的锑冶炼企业单位产品综合能耗准入值

工艺、工序	准入值/(kgce/t)	
	硫化锑矿	硫氧混合锑矿
粗炼工序(锑精矿-锑氧)	≤640	≤890
精炼工序(锑氧-锑锭)	≤420	≤400
锑冶炼工艺(锑精矿-锑锭)	≤1 150	≤1 300

4.2.2　以脆硫铅锑精矿为原料的冶炼企业单位产品综合能耗准入值应符合表 4 的要求。

表 4　以脆硫铅锑精矿为原料的锑冶炼企业单位产品能耗准入值

工艺、工序	准入值/(kgce/t)
粗炼、吹炼工序（脆硫铅锑精矿-锑氧、底铅）	≤900
炼渣工序（鼓风炉渣-粗锑氧、铅锑粗合金）	≤540
精炼工序（底铅、锑氧-铅锭、锑锭、高铅锑锭）	≤450
脆硫铅锑矿冶炼工艺(脆硫铅锑精矿-锑锭、铅锭、高铅锑锭）	≤1 900

4.3　锑冶炼企业单位产品综合能耗先进值

4.3.1　以硫化锑、硫氧混合锑精矿为原料的冶炼企业单位产品综合能耗先进值应符合表 5 的要求。

表 5　以硫化锑、硫氧混合锑精矿为原料的锑冶炼企业单位产品综合能耗先进值

工艺、工序	先进值/(kgce/t)	
	硫化锑矿	硫氧混合锑矿
粗炼工序(锑精矿-锑氧)	≤590	≤800
精炼工序(锑氧-锑锭)	≤380	≤380
锑冶炼工艺(锑精矿-锑锭)	≤1 000	≤1 100

4.3.2　以脆硫铅锑精矿为原料的冶炼企业单位产品综合能耗先进值应符合表 6 的要求。

表 6 以脆硫铅锑精矿为原料的锑冶炼企业单位产品综合能耗先进值

工艺、工序	先进值/(kgce/t)
粗炼、吹炼工序（脆硫铅锑精矿-锑氧、底铅）	≤880
炼渣工序（鼓风炉渣-粗锑氧、铅锑粗合金）	≤500
精炼工序（底铅、锑氧-铅锭、锑锭、高铅锑锭）	≤400
脆硫铅锑矿冶炼工艺（脆硫铅锑精矿-锑锭、铅锭、高铅锑锭）	≤1 800

5 统计范围、计算方法及计算范围

5.1 计算原则

5.1.1 企业实际（生产）消耗的各种能源

企业实际消耗的各种能源，系指用于生产活动的各种能源。它包括：一次能源（原煤、原油、天然气等）、二次能源（如电力、热力、石油制品、焦炭、煤气等）和生产使用的耗能工质（水、氧气、压缩空气等）所消耗的能源。其主要用于生产系统、辅助生产系统和附属生产系统；不包括生活用能和批准的基建项目用能。在企业实际消耗的能源中，用做原料的能源也应包括在内。

生活用能是指企业系统内的宿舍、学校、文化娱乐、医疗保健、商业服务等直接用于生活方面的能耗。

5.1.2 企业计划统计期内的能源实物消耗量和能源消耗量

企业计划报告期内的某种能源实物消耗量的计算，应符合式(1)。

$$e_h = e_1 + e_2 - e_3 - e_4 - e_5 - e_6 \qquad (1)$$

式中：

e_h——企业的能源实物消耗量；

e_1——企业购入能源实物量；

e_2——期初库存能源实物量；

e_3——期末库存能源实物量；

e_4——外销能源实物量；

e_5——生活用能源实物量；

e_6——企业工程建设用能源量。

企业计划报告期内的能源消耗量的计算，应符合式(2)。

$$\begin{aligned} E &= E_1 + E_2 - E_3 - E_4 - E_5 \\ &= E_{ZG} + E_{ZF} \\ &= E_{ZZ} \end{aligned} \qquad (2)$$

式中：

E ——企业计划报告期内能源消耗量；

E_1 ——购入能源量；

E_2 ——库存能源增减量；

E_3 ——外销能源量；

E_4 ——生活用能源量；

E_5 ——企业工程建设用能源量；

E_{ZG} ——诸产品工艺能源消耗量；

E_{ZF} ——间接辅助生产部门用能源量及损耗；

E_{ZZ} ——诸产品综合能源消耗量。

所消耗的各种能源不得重计或漏计。存在供需关系时，输入、输出双方在计算中量值上应保持一致。设备停炉大修的能源消耗也应计算在内，且按检修后设备的运行周期逐月平均分摊。企业综合能耗的计算按 GB/T 2589 的规定进行。

5.1.3 能源实物量的计量

能源实物量的计量应符合《中华人民共和国计量法》和 GB 17167 的规定。

5.1.4 各种能源的计量单位

企业生产能耗量、产品工艺能耗量(或称产品直接综合能耗)、产品综合能耗量的单位：千克标准煤(kgce)、吨标准煤(tce)；

煤、焦炭、重油的单位：吨(t)、万吨(10^4 t)；

电的单位：千瓦时(kW·h)、万千瓦时(10^4 kW·h)；

蒸汽的单位：千克(kg)、吨(t)或千焦(kJ)、吉焦(GJ)；

煤气、压缩空气、氧气的单位：立方米(m^3)、万立方米(10^4 m^3)；

水的单位：吨 (t)、万吨(10^4 t)。

5.1.5 各种能源(包括生产耗能工质消耗的能源) 折算标准煤量方法

应用基低(位)发热量等于 29.307 6 MJ(兆焦) 的能源，称为 1 kgce(千克标准煤)。

外购能源可取实测的低(位)发热量或供货单位提供的实测值为计算基础，或用国家统计部门的折算系数折算，参见附录 A。二次能源(电除外)及耗能工质均按相应能源等价值折算：企业能源转换自产时，按实际投入的能源实物量折算标准煤量；由集中生产单位外销供应时，其能源等价值应经主管部门规定；外购外销时，其能源等价值应相同；当未提供能源等价值时，可按国家统计部门的折算系数折算，参见附录 B。企业回收的余热按热力的折算系数，余热发电统一按电力的折算系数。

5.1.6 合格产品产量的确定

5.1.6.1 以硫化锑精矿、硫氧混合锑精矿为原料的锑冶炼企业合格产品产量的确定

锑冶炼粗炼工序合格产品产量，应采用同一计划报告期内产出的合格锑氧产量。

锑冶炼精炼工序合格产品产量，应采用同一计划报告期内产出的合格锑锭产量。

5.1.6.2 以脆硫铅锑精矿为原料的锑冶炼企业合格产品产量的确定

锑铅冶炼粗炼工序合格产品产量，应采用同一计划报告期内产出的合格锑氧和粗铅的产量。

锑铅冶炼炼渣工序合格产品产量，应采用同一计划报告期内产出的合格最终产品产量。

锑铅冶炼精炼工序合格产品产量，应采用同一计划报告期内产出的合格锑锭、铅锭、高铅锑的产量。

5.1.7 余热利用能耗的计算原则

企业回收的余热，属于节约能源循环利用，不属于外购能源，在计算能耗时，应避免和外购能源重复计算。余热利用装置用能计入能耗。回收能源自用部分，计入自用工序；转供其他工序时，在所用工序以正常消耗计入；回收的能源折标准煤后应在回收余热的工序、工艺中扣除。

5.1.8 其他

间接的辅助、附属生产系统的能源消耗量和能源及耗能工质在企业内部贮存、转换与分配供应及外销中的损耗，即间接综合能耗，应根据各产品工艺能耗占企业生产工艺能耗量的比例，分摊给各个产品。

5.2 计算方法

5.2.1 工序(工艺)实物单耗的计算

工序(工艺)实物单耗按式(3)计算。

$$E_S = \frac{M_S}{P_Z} \qquad \cdots\cdots(3)$$

式中：

E_S ——某工序(工艺)的实物单耗，单位为千克每吨(kg/t)、千瓦时每吨(kW·h/t)、立方米每吨(m^3/t)；

M_S——某工序(工艺)直接消耗的某种能源实物量，单位为千克(kg)、千瓦时(kW·h)、立方米(m^3)；

P_Z ——某工序(工艺)产出的合格产品(锑氧、粗铅、锑锭、铅锭、高铅锑)产量，单位为吨(t)。

5.2.2 工序(工艺)能源单耗的计算

工序(工艺)能源单耗按式(4)计算。

$$E_I = \frac{E_H}{P_Z} \qquad \cdots\cdots(4)$$

式中：

E_I ——某工序(工艺)能源单耗，单位为千克标准煤每吨(kgce/t)；

E_H——某工序(工艺)直接消耗的各种能源实物量折标准煤之和，单位为千克标准煤(kgce)；

P_Z——某工序(工艺)产出的合格产品(锑氧、粗铅、锑锭、铅锭、高铅锑锭)总量，单位为吨(t)。

注：该工序直接消耗的各种能源实物量折标准煤量之和为代数和，当含回收余热时，按5.1.7处理。以免回收余热和外购能源重复计算。

5.2.3 工序(工艺)综合能源单耗的计算

工序(工艺)综合能耗按式(5)计算。

$$E_Z = E_I + E_F \qquad \cdots\cdots(5)$$

式中：

E_Z ——某产品综合能源单耗，单位为千克标准煤每吨(kgce/t)；

E_I ——某产品工艺(工序)能源单耗，单位为千克标准煤每吨(kgce/t)；

E_F ——某产品间接辅助能耗及损耗分摊量，单位为千克标准煤每吨(kgce/t)。

5.3 计算范围

5.3.1 以硫化锑精矿、硫氧混合锑精矿为原料的锑冶炼企业产品能耗的计算范围

5.3.1.1 粗炼工序

粗炼工序产品能耗计算范围，包括从精矿备料开始到锑氧产出的整个生产过程所消耗的各种能源量，其中包括余热回收。

5.3.1.2 精炼工序

精炼工序产品能耗计算范围包括还原熔炼、浮渣分离、脱砷、脱铅、铸锭等工艺过程及相关配套系统所消耗的各种能源，其中包括余热回收。

5.3.1.3 各工序实物单耗、能耗计算

粗炼工序和精炼工序实物单耗参照式(3)计算，能源单耗参照式(4)计算。

5.3.2 以脆硫铅锑精矿为原料的冶炼企业产品能耗计算范围

5.3.2.1 粗炼、吹炼工序

粗炼、吹炼工序包括氧化焙烧、烧结、熔炼、吹炼四个冶炼过程。铅锑工序能耗计算范围，包括从精矿备料开始到锑氧(底铅)，整个生产过程所消耗的各种能源，其中包括余热回收。

5.3.2.2 炼渣工序

炼渣工序包括鼓风炉炼渣和反射炉炼渣两个过程，炼渣工序能耗计算范围，包括从水渣或各种渣熔炼开始到铅锑粗合金或锑氧，整个生产过程所消耗的各种能源，其中包括余热回收。

5.3.2.3 精炼工序

精炼工序的产品为锑锭、高铅锑锭和铅锭。

当精炼工序的产品为精锑时，产品能耗计算范围包括还原熔炼、浮渣分离、脱砷、脱铅、铸锭等工序所消耗的各种能源，其中包括余热回收。

当锑精炼工序的产品为高铅锑时，产品能耗计算范围包括还原熔炼、浮渣分离、脱砷、铸锭等工序所消耗的各种能源，其中包括余热回收。

当锑精炼工序的产品为铅锭时，产品能耗计算范围包括粗铅脱铜、铅阳极板浇铸、铅阴极板浇铸、铅电解、阴极铅脱砷、阴极铅铸锭等工序所消耗的各种能源，其中包括余热回收。

5.3.2.4 各工序实物单耗、能耗计算

粗炼、吹炼工序、炼渣工序、精炼工序实物单耗参照式(3)计算，粗炼、吹炼工序、炼渣工序、精炼工序能源单耗参照式(4)计算。

6 节能管理与措施

6.1 节能基础管理

6.1.1 企业应建立节能考核制度，定期对锑冶炼企业的各生产工序能耗情况进行考核，并把考核指标

分解落实到各基层单位。

6.1.2 企业应按要求建立能耗统计体系，建立能耗计算和统计结果的文件档案，并对文件进行受控管理。

6.1.3 企业应根据 GB 17167 的要求配备相应的能源计量器具并建立能源计量管理制度。

6.2 节能技术管理

锑冶炼企业应配备余热回收等节能设备，最大限度地回收工序产生的能源。

附 录 A
（资料性附录）
常用能源品种现行参考折标准煤系数

常用能源品种现行参考折标准煤系数见表 A.1。

表 A.1 常用能源品种现行折标准煤系数

能源		折标准煤系数及单位	
品种	单位	系数	单位
原煤	吨(t)	0.714 3	吨标煤/吨(tce/t)
无烟煤	吨(t)	0.900	吨标煤/吨(tce/t)
洗精煤	吨(t)	0.900	吨标煤/吨(tce/t)
重油	吨(t)	1.428 6	吨标煤/吨(tce/t)
柴油	吨(t)	1.457 1	吨标煤/吨(tce/t)
汽油	吨(t)	1.471 4	吨标煤/吨(tce/t)
焦炭	吨(t)	0.971 4	吨标煤/吨(tce/t)
液化石油气	吨(t)	1.714 3	吨标煤/吨(tce/t)
电力	万千瓦时 (10^4 kW·h)	1.229	吨标煤/万千瓦时 [tce/10^4 (kW·h)]
热力	百万千焦(GJ)	0.034 1	吨标煤/百万千焦(tce/GJ)
煤气 (热值为 1 250×4.186 8 kJ/m^3)	万立方米 (10^4 m^3)	1.786	吨标煤/万立方米(tce/10^4 m^3)
天然气	千立方米 (10^3 m^3)	1.330 0	吨标煤/千立方米(tce/10^3 m^3)

注 1：蒸汽折标准煤系数按热值计。

注 2：部分品种仍采用“万”为计量单位。

注 3：本附录中折标准煤系数如遇国家统计部门规定发生变化，能耗等级指标则应另行设定。

附 录 B
（资料性附录）
耗能工质能源等价参考值

耗能工质能源等价参考值见表 B.1。

表 B.1 常用耗能工质能源等价值

<table>
<tr><th rowspan="2">序号</th><th rowspan="2" colspan="2">名称</th><th rowspan="2">单位</th><th colspan="2">能源等价值</th><th rowspan="2">备注</th></tr>
<tr><th>热值/MJ</th><th>折标煤/kgce</th></tr>
<tr><td>1</td><td rowspan="2">液体</td><td>新鲜水</td><td>吨(t)</td><td>7.535 0</td><td>0.257 1</td><td rowspan="2">指尚未使用过的自来水，按平均耗电计算</td></tr>
<tr><td>2</td><td>软化水</td><td>吨(t)</td><td>14.234 7</td><td>0.485 7</td></tr>
<tr><td>3</td><td rowspan="6">气体</td><td>压缩空气</td><td>立方米(m^3)</td><td>1.172 3</td><td>0.040 0</td><td rowspan="3"></td></tr>
<tr><td>4</td><td>二氧化碳</td><td>立方米(m^3)</td><td>6.280 6</td><td>0.214 3</td></tr>
<tr><td>5</td><td>氧气</td><td>立方米(m^3)</td><td>11.723 0</td><td>0.400 0</td></tr>
<tr><td rowspan="2">6</td><td rowspan="2">氮气</td><td rowspan="2">立方米(m^3)</td><td>11.723 0</td><td>0.400 0</td><td>当副产品时</td></tr>
<tr><td>19.677 1</td><td>0.671 4</td><td>当主产品时</td></tr>
<tr><td>7</td><td>乙炔</td><td>立方米(m^3)</td><td>243.672 2</td><td>8.314 3</td><td>按耗电石计算</td></tr>
<tr><td>8</td><td>固体</td><td>电石</td><td>千克(kg)</td><td>60.918 8</td><td>2.078 6</td><td>按平均耗焦炭、电等计算</td></tr>
<tr><td colspan="7">注：本附录中的能源等价值如有变动，以国家统计部门最新公布的数据为准。</td></tr>
</table>

ICS 27.010
F 01

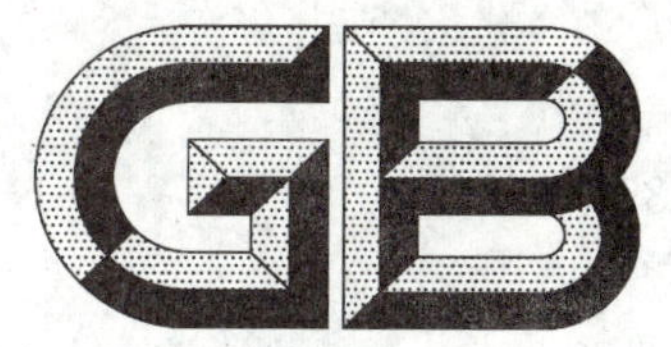

中华人民共和国国家标准

GB 21350—2013
代替 GB 21350—2008

铜及铜合金管材单位产品能源消耗限额

The norm of energy consumption per unit product of copper and copper-alloy tube

2013-09-18 发布　　　　2014-08-01 实施

中华人民共和国国家质量监督检验检疫总局
中国国家标准化管理委员会　发布

前　言

本标准的4.1和4.2是强制性的，其余为推荐性的。

本标准按照GB/T 1.1—2009给出的规则起草。

本标准是按照GB/T 12723《单位产品能源消耗限额编制通则》的要求和铜及铜合金管材加工企业的单位产品能源消耗实际情况进行编制的。

本标准代替GB 21350—2008《铜及铜合金管材单位产品能源消耗限额》。

本标准与GB 21350—2008相比，主要变化如下：

——对产品能耗限定值、准入值和先进值指标进行了降低，即能耗要求提高了。

——对各类能源消耗计算方法进行了修改：新版中综合能耗由（直接能耗＋间接能耗＋辅助能耗）/产品合格产量得出，改变原有的通过熔铸和加工两工序综合能耗相加提出的计算方法。

——对非完整型铜管生产企业能耗考核指标的计算方法进行了修改：新版中将不同生产工序的能耗考核指标直接列出，改变原有考核指标通过"可比能耗"计算的方法。

本标准由国家发展和改革委员会资源节约与环境保护司、工业和信息化部节能与综合利用司提出。

本标准由全国有色金属标准化技术委员会（SAC/TC 243）归口。

本标准负责起草单位：浙江海亮股份有限公司、上海飞驰铜铝材有限公司、佛山市华鸿铜管有限公司、中国有色金属工业标准计量质量研究所。

本标准参加起草单位：金龙精密铜管集团股份有限公司、中铝洛阳铜业有限公司、宁波金田铜业（集团）股份有限公司。

本标准主要起草人：曹建国、魏连运、杨丽娟、郭莉、刘辉、周俊芳、王向东、张海军、王永如、杨章辉、蒋杰、刘爱奎、李琳娜、王金美、戎健、雷雨。

铜及铜合金管材单位产品能源消耗限额

1 范围

本标准规定了铜及铜合金管材(以下简称管材)单位产品能源消耗(以下简称能耗)限额的要求、计算原则、计算方法及计算范围。

本标准适用于铜及铜合金加工企业管材生产能耗限额的计算和考核评定、新建项目的能耗限额控制。

2 规范性引用文件

下列文件对于本文件的应用是必不可少的。凡是注日期的引用文件,仅注日期的版本适用于本文件。凡是不注日期的引用文件,其最新版本(包括所有的修改单)适用于本文件。

GB/T 2589 综合能耗计算通则

GB/T 3484 企业能量平衡通则

GB/T 12723 单位产品能源消耗限额编制通则

GB 17167 用能单位能源计量器具配备和管理通则

3 术语和定义、符号

3.1 术语和定义

下列术语和定义、符号适用于本文件。

3.1.1

直接能耗 direct energy consumption

E_H

管材生产过程中直接消耗的全部能源量。

3.1.2

辅助能耗 assistant energy consumption

E_F

辅助生产系统用于管材生产的能源消耗。例如:车间照明、内部运输等能源消耗。

3.1.3

间接能耗 indirect energy consumption

E_J

不是直接或辅助生产,但是间接为生产或辅助系统提供必要条件所消耗的能源。包括厂区照明、办公、理化检测、工模具制造等能源消耗。

3.1.4

综合能源单耗 unit consumption of integrate energy

e_Z

即单位产品综合能耗,是指生产单位合格产品所消耗的全部能源量(包括直接能耗、辅助能耗和间接能耗)。

3.1.5

完整型加工企业 complete work company

熔铸和加工各生产工序完整的生产企业。

3.1.6

非完整型加工企业 incomplete work company

仅拥有加工工序中的一个或者多个生产工序的生产企业。

3.2 符号和说明

本文件使用的符号和相应的说明见表1。

表1 符号和说明

符号	单位	说明
E'	kg、kW·h、m^3 等	产品的能源实物消耗量
E_1'	kg、kW·h、m^3 等	企业购入能源实物量
E_2'	kg、kW·h、m^3 等	期初库存能源实物量
E_3'	kg、kW·h、m^3 等	外销能源实物量
E_4'	kg、kW·h、m^3 等	生活和批准的基建项目耗用能源实物量
E_5'	kg、kW·h、m^3 等	期末库存能源实物量
E	kgce、tce、10^4 tce、GJ	产品能源消耗量
E_1	kgce、tce、10^4 tce、GJ	企业购入能源量
E_2	kgce、tce、10^4 tce、GJ	期初库存能源量
E_3	kgce、tce、10^4 tce、GJ	外销能源量
E_4	kgce、tce、10^4 tce、GJ	生活和批准的基建项目耗用能源量
E_5	kgce、tce、10^4 tce、GJ	期末库存能源量
E_{ZJ}	kgce	间接能耗总量
E_Z	kgce	全部管材综合能耗量
E_H	kgce	全部管材直接能耗量
E_F	kgce	全部管材辅助能耗量
E_J	kgce	全部管材间接能耗量
E_{Zn}	kgce	某种类管材综合能耗量
E_{Hn}	kgce	某种类管材直接能耗量
E_{Fn}	kgce	某种类管材辅助能耗量
E_{Jn}	kgce	某种类管材间接能耗量
e_Z	kgce/t	全部管材综合能源单耗
e_{Zn}	kgce/t	某种类管材综合能源单耗
e_{KB}	kgce/t	可比能源单耗
P_{Zi}	t	不同品种铜加工材最终合格产量
P_{Z3}	t	全部管材最终合格产量

表 1（续）

符号	单位	说明
P_n	t	某种类管材最终合格产量
A_i	—	不同品种铜加工材间接能耗折算系数
A_3	—	管材能耗折算系数
B_n	—	某种类管材间接(或辅助)能耗折算系数
C_k	—	实际生产各加工工序能耗分摊系数

4 要求

4.1 现有完整型铜及铜合金管材加工企业单位产品能耗限定值

4.1.1 完整型加工企业

现有完整型铜及铜合金管材加工企业单位产品能耗限定值应符合表 2 的规定。

表 2 完整型加工企业单位产品能耗限定值

综合能耗	能耗限定值/(kgce /t) ≤				
	紫铜管	简单黄铜管	复杂黄铜管	青铜管	白铜管
某种类管材综合能耗	335[a]	370	550	530	550
全部管材综合能耗	500				

[a] 紫铜管生产使用挤压工艺，单位产品能耗限定值为该值的 1.1 倍。

4.1.2 非完整型加工企业

现有非完整型铜及铜合金管材加工企业单位产品能耗限定值应符合表 3 的规定。

表 3 非完整型加工企业单位产品能耗限定值

工序能耗	能耗限定值/(kgce /t) ≤				
	紫铜管	简单黄铜管	复杂黄铜管	青铜管	白铜管
熔(连)铸(包括锭坯加工工序)	85	100	120	105	120
热加工（包括挤压、行星轧管等)	85	80	90	75	90
冷加工(包括冷轧、拉伸、成型)	50	50	55	45	55
精整	15	15	15	10	15
退火	45	45	50	45	50

4.2 新建铜及铜合金管材加工企业单位产品能耗准入值

4.2.1 完整型加工企业

新建完整型铜及铜合金管材加工企业单位产品能耗准入值应符合表4的规定。

表4 完整型加工企业单位产品能耗准入值

综合能耗	能耗准入值/(kgce /t) ≤				
	紫铜管	简单黄铜管	复杂黄铜管	青铜管	白铜管
某种类管材综合能耗	300[a]	340	520	490	500
全部管材综合能耗	470				
[a] 紫铜管生产使用挤压工艺,单位产品能耗准入值为该值的1.1倍。					

4.2.2 非完整型加工企业

新建非完整型铜及铜合金管材加工企业单位产品能耗准入值应符合表5的规定。

表5 非完整型加工企业单位产品能耗准入值

工序能耗	能耗准入值/(kgce /t) ≤				
	紫铜管	简单黄铜管	复杂黄铜管	青铜管	白铜管
熔(连)铸(包括锭坯加工工序)	75	90	115	100	110
热加工(包括挤压、行星轧管等)	75	75	85	70	80
冷加工(包括冷轧、拉伸、成型)	45	45	50	40	50
精整	15	15	15	10	15
退火	40	40	50	40	45

4.3 铜及铜合金管材加工企业单位产品能耗先进值

4.3.1 完整型加工企业

完整型铜及铜合金管材加工企业单位产品能耗先进值应达到表6的规定。

表6 完整型加工企业单位产品能耗先进值

综合能耗	能耗先进值/(kgce /t) ≤				
	紫铜管	简单黄铜管	复杂黄铜管	青铜管	白铜管
某种类管材综合能耗	290[a]	320	500	480	480
全部管材综合能耗	450				
[a] 紫铜管生产使用挤压工艺,单位产品能耗先进值为该值的1.1倍。					

4.3.2 非完整型加工企业

非完整型铜及铜合金管材加工企业单位产品能耗先进值应符合表 7 的规定。

表 7 非完整型加工企业单位产品能耗先进值

工序能耗	能耗先进值/(kgce /t) ≤				
	紫铜管	简单黄铜管	复杂黄铜管	青铜管	白铜管
熔(连)铸(包括锭坯加工工序)	70	85	110	98	110
热加工(包括挤压、行星轧管等)	70	70	80	68	80
冷加工(包括冷轧、拉伸、成型)	45	40	50	40	50
精整	15	15	15	10	15
退火	40	35	50	40	50

4.4 产品能源单耗考评原则

4.4.1 按产品种类划分

两种及两种以上种类管材的生产企业以全部管材综合能源单耗为考核评定依据(若同时生产复杂黄铜管、青铜管、白铜管时,以每种产品能源单耗为考核评定依据);单一种类管材或某一种类管材的产量超过全部管材产量的 90%时,以单一种类管材综合能源单耗为考核评定依据。

4.4.2 按工序划分

对非完整型的生产企业考核时,如果该企业为多工序生产,则能耗限额为多工序的累加值。如只有一个工序,则能耗限额为该工序的数值。

5 能耗计算原则及计算方法

5.1 计算原则

5.1.1 管材实际(生产)消耗的各种能源

5.1.1.1 管材实际消耗的各种能源,系指用于管材生产活动的各种能源。它包括主要生产系统、辅助生产系统和附属生产系统的用能,不包括生活用能和批准的基建(包括技改)项目用能。

5.1.1.2 实际消耗的各种能源是指:一次能源(原煤、原油和天然气等)、二次能源(如电力、热力、石油制品、焦炭和煤气等)和生产使用的耗能工质(水、氧气和压缩空气等)所消耗的能源。

5.1.1.3 作为辅助生产的能源产品不计入产品能耗,如用作熔液覆盖剂的木炭、润滑油和洗油等。

5.1.1.4 生活用能指企业系统内的宿舍、学校、文化、娱乐、医疗保健、食堂、浴室、商业服务和托儿幼教等方面用能。

5.1.2 管材报告期内的能耗量

5.1.2.1 产品报告期内的某种能源实物消耗量的计算,应符合式(1):

$$E' = E_1' + E_2' - E_3' - E_4' - E_5' \quad \cdots\cdots (1)$$

式中：

E'——产品的能源实物消耗量，单位见5.1.4；

E_1'——企业购入能源实物量，单位见5.1.4；

E_2'——期初库存能源实物量，单位见5.1.4；

E_3'——外销能源实物量，单位见5.1.4；

E_4'——生活和批准的基建项目耗用能源实物量，单位见5.1.4；

E_5'——期末库存能源实物量，单位见5.1.4。

5.1.2.2 产品报告期内的能耗量的计算，应符合式(2)：

$$E=E_1+E_2-E_3-E_4-E_5 \qquad (2)$$

式中：

E——产品能源消耗量，单位见5.1.4；

E_1——企业购入能源量，单位见5.1.4；

E_2——期初库存能源量，单位见5.1.4；

E_3——外销能源量，单位见5.1.4；

E_4——生活和批准的基建项目耗用能源量，单位见5.1.4；

E_5——期末库存能源量，单位见5.1.4。

5.1.2.3 管材报告期内的能耗量的计算，应符合式(3)和式(4)：

$$E_{Zn}=E_{Hn}+E_{Fn}+E_{Jn} \qquad (3)$$

$$E_Z=E_H+E_F+E_J \qquad (4)$$

式中：

E_{Zn}——某种类管材综合能耗量，单位见5.1.4；

E_{Hn}——某种类管材直接能耗量，单位见5.1.4；

E_{Fn}——某种类管材辅助能耗量，单位见5.1.4；

E_{Jn}——某种类管材间接能耗量，单位见5.1.4；

E_Z——全部管材综合能耗量，单位见5.1.4；

E_H——全部管材直接能耗量，单位见5.1.4；

E_F——全部管材辅助能耗量，单位见5.1.4；

E_J——全部管材间接能耗量，单位见5.1.4。

5.1.2.4 所消耗的各种能源不得重计或漏计。存在供需关系时，输入、输出双方在计算中量值应保持一致。设备停产大修的能耗也计算在内，且按大修后设备的运行周期逐月平均分摊。

5.1.2.5 企业回收的余热，属于节约能源循环自用，不属于外购能源，在计算能耗时，应避免和外购能源重复计算。余热自用装置用能计入能耗。回收能源自用部分，计入自用工序；转供其他工序时，在所用工序以正常消耗计入。回收的能源折标准煤后应在回收余热的工序、工艺中等量扣除。如属未扣除回收余热的能耗指标，应标明"'未扣回收余热'(或'含回收余热')"的字样。

5.1.3 能源实物量的计量

能源实物量的计量应符合《中华人民共和国计量法》和GB 17167的要求。

5.1.4 各种能源的计量单位

5.1.4.1 管材能耗单位：千克标准煤(kgce)、吨标准煤(tce)、万吨标准煤(10^4 tce)或吉焦(GJ)。

5.1.4.2 煤、焦炭、石油制品的能源实物量单位：千克(kg)、吨(t)、万吨(10^4 t)。

5.1.4.3 电的能源实物量单位：千瓦时(kW·h)、万千瓦时(10^4 kW·h)。

5.1.4.4 蒸汽能源实物量单位：千克(kg)、吨(t)或千焦(kJ)、兆焦(MJ)、吉焦(GJ)。

5.1.4.5 煤气、水煤气、压缩空气、氧气、氮气和天然气的能源实物量单位：立方米(m^3)、万立方米(10^4 m^3)。

5.1.5 各种能源(包括生产耗能工质消耗的能源)折算标准煤量方法

5.1.5.1 发热量等于29.307 6 MJ的燃料，称为1千克标准煤(kgce)。

5.1.5.2 外购燃料能源可取实测的低(位)发热量或供货单位提供的实测值为计算基础，或按国家统计部门的折算系数折算，参见附录A。

5.1.5.3 二次能源及耗能工质均按相应能源等价值(电用当量值)折算：企业能源转换自产时，按实际投入的能源实物量折算标准煤量；由集中生产单位外销供应时，其能源等价值应经主管部门规定；外购外销时，其能源等价值应相同；当未提供能源等价值时，可按国家统计部门的折算系数折算，参见附录B。

5.1.5.4 企业回收的余热按热力的折算系数计算。

5.1.6 单位管材能耗的管材产量计算原则

5.1.6.1 计算某种类铜管综合单耗，应采用同一统计期内铜管合格产量，管材退货应冲减当期管材合格产量。

5.1.6.2 所有管材合格产量，均以企业统计部门统计的数据为准。

5.1.7 能耗的计算原则

5.1.7.1 企业及产品能耗应符合GB/T 2589及GB/T 3484的规定。

5.1.7.2 直接能耗：由各生产环节直接统计计量。

5.1.7.3 辅助能耗：同时生产不同种类管材的加工企业计算辅助能耗时，按种类分摊办法分摊至各种类管材中。

5.1.7.4 间接能耗：同时生产板、带、箔、管、棒、线等两种以上的综合型铜加工企业计算间接能耗时，先按一定的比例分摊，再按管材种类折算各类间接能耗。单一种类管材加工企业的间接能耗全部计入管材能耗之中。

5.2 计算方法

5.2.1 综合能耗计算

5.2.1.1 某种类管材能源单耗

某种类管材综合能源单耗按照式(5)计算：

$$e_{Zn}=\frac{E_{Hn}+E_{Fn}+E_{Jn}}{P_n} \qquad \cdots\cdots(5)$$

式中：

e_{Zn} ——某种类管材综合能源单耗，单位为千克标准煤每吨(kgce/t)。n 取1、2、3、4、5，分别代表紫铜管、简单黄铜管、复杂黄铜管、青铜管、白铜管；

E_{Hn} ——某种类管材直接能耗量，单位为千克标准煤(kgce)；n 取1、2、3、4、5，分别代表紫铜管、简单黄铜管、复杂黄铜管、青铜管、白铜管；

E_{Fn} ——某种类管材辅助能耗量，单位为千克标准煤(kgce)；n 取1、2、3、4、5，分别代表紫铜管、简单黄铜管、复杂黄铜管、青铜管、白铜管；

E_{Jn} ——某种类管材间接能耗量，单位为千克标准煤(kgce)；n 取1、2、3、4、5，分别代表紫铜管、简单黄铜管、复杂黄铜管、青铜管、白铜管；

P_n ——某种类管材最终合格产量,单位为吨(t)。n 取 1、2、3、4、5,分别代表紫铜管、简单黄铜管、复杂黄铜管、青铜管、白铜管。

5.2.1.2 全部管材综合能耗

全部管材综合能源单耗按式(6)计算:

$$e_Z = \frac{E_H + E_F + E_J}{P_{Z3}} \quad \cdots\cdots(6)$$

式中:

e_Z ——全部管材综合能源单耗,单位为千克标准煤每吨(kgce/t);

E_H——企业生产全部管材消耗的各种直接能耗,单位为千克标准煤(kgce);

E_F——辅助能耗总量,单位为千克标准煤(kgce);

E_J——管材间接能耗总量,单位为千克标准煤(kgce);

P_{Z3}——全部管材最终合格产量,单位为吨(t)。

5.2.2 辅助能耗计算方法

某种类管材辅助能耗计算方法按照式(7)计算:

$$E_{Fn} = E_F \frac{P_n \cdot B_n}{\sum_1^5 (P_n \cdot B_n)} \quad \cdots\cdots(7)$$

式中:

E_{Fn}——某种类管材辅助能耗量,单位为千克标准煤(kgce).n 取 1、2、3、4、5,分别代表紫铜管、简单黄铜管、复杂黄铜管、青铜管、白铜管;

E_F ——全部管材辅助能耗量,单位为千克标准煤(kgce);

P_n ——某种类管材最终合格产量,单位为吨(t)。n 取 1、2、3、4、5,分别代表紫铜管、简单黄铜管、复杂黄铜管、青铜管、白铜管;

B_n ——某种类管材辅助能耗折算系数,见表 9。n 取 1、2、3、4、5,分别代表紫铜管、简单黄铜管、复杂黄铜管、青铜管、白铜管。

5.2.3 间接能耗计算方法

5.2.3.1 间接能耗分摊量计算方法

综合型铜加工企业管材间接能耗分摊量计算方法按照式(8)计算:

$$E_J = E_{ZJ} \frac{P_{Z3} \cdot A_3}{\sum_1^6 (P_{Zi} \cdot A_i)} \quad \cdots\cdots(8)$$

式中:

E_J ——全部管材间接能耗量,单位为千克标准煤(kgce);

E_{ZJ}——间接能耗总量,单位为千克标准煤(kgce);

P_{Z3}——全部管材最终合格产量,单位为吨(t);

A_3 ——管材能耗折算系数,见表 8;

P_{Zi}——不同品种铜加工材最终合格产量,单位为吨(t)。i 取 1、2、3、4、5、6,分别代表板、带、管、棒、线、箔各种铜加工材;

A_i ——不同品种铜加工材间接能耗折算系数,见表 8。i 取 1、2、3、4、5、6,分别代表板、带、管、棒、线、箔各品种铜加工材。

表 8　综合型铜加工企业不同品种间接能耗折算系数

品种	板 A_1	带 A_2	管 A_3	棒 A_4	线 A_5	箔 A_6
间接能耗折算系数 A_i	0.9	1.0	1.0	0.8	0.7	1.1
注：空心型材按管计算，实心型材按棒计算。						

5.2.3.2　**间接能耗计算方法**

某种类管材间接能耗计算方法按照式(9)计算：

$$E_{Jn}=E_J\frac{P_n\cdot B_n}{\sum_1^5(P_n\cdot B_n)} \qquad \cdots\cdots(9)$$

式中：

E_{Jn}——某种类管材间接能耗量，单位为千克标准煤(kgce)。n 取 1、2、3、4、5，分别代表紫铜管、简单黄铜管、复杂黄铜管、青铜管、白铜管；

E_J——全部管材间接能耗量，单位为千克标准煤(kgce)；

P_n——某种类管材最终合格产量，单位为吨(t)。n 取 1、2、3、4、5，分别代表紫铜管、简单黄铜管、复杂黄铜管、青铜管、白铜管；

B_n——某种类管材间接(或辅助)能耗折算系数，见表 9。n 取 1、2、3、4、5，分别代表紫铜管、简单黄铜管、复杂黄铜管、青铜管、白铜管。

表 9　不同种类铜管材间接(或辅助)能耗折算系数

种类	紫铜管 B_1	简单黄铜管 B_2	复杂黄铜管 B_3	青铜管 B_4	白铜管 B_5
间接(或辅助)能耗折算系数 B_n	1.00	1.15	1.55	2.00	1.90

5.2.4　**工序(熔铸与加工)能耗计算方法**

工序(熔铸与加工)能耗计算方法见附录 C。

6　节能管理及措施

6.1　节能基础管理

6.1.1　企业应定期对铜管生产的几个主要工序能耗情况进行考核，并把考核指标分解落实到各基层单位，建立用能责任制度。

6.1.2　企业应按要求建立能耗统计体系，建立能耗计算和考核结果的文件档案，并对文件进行受控管理。

6.1.3　企业应根据 GB 17167 的要求配备能源计量器具并建立能源计量管理制度。

6.2　节能技术管理

6.2.1　管材生产企业各工序应配备先进的节能设备，最大限度地提高能源利用率，尽可能地回收能源。

附 录 A
(资料性附录)
常用能源品种现行参考折标准煤系数

常用能源品种现行参考折标准煤系数见表A.1。

表A.1 常用能源品种现行折标准煤系数

能源名称	平均低位发热量	折标准煤系数
原煤	20 908 kJ/kg(5 000 kcal/kg)	0.714 3 kgce/kg
洗精煤	26 344 kJ/kg(6 300 kcal/kg)	0.900 0 kgce/kg
原油	41 816 kJ/kg(10 000 kcal/kg)	1.428 6 kgce/kg
柴油	42 652 kJ/kg(10 200 kcal/kg)	1.457 1 kgce/kg
汽油	43 070 kJ/kg(10 300 kcal/kg)	1.471 4 kgce/kg
焦炭	28 435 kJ/kg(6 800 kcal/kg)	0.971 4 kgce/kg
液化石油气	50 179 kJ/kg(12 000 kcal/kg)	1.714 3kgce/kg
电力(当量值)	3 600 kJ/(kW·h)[860 kcal/(kW·h)]	0.122 9 kgce/(kW·h)
热力(当量值)	—	0.034 12 kgce/MJ
发生炉煤气	5 227 kJ/ m^3(1 250 kcal/ m^3)	0.178 6 kgce/m^3
油田天然气	38 931 kJ/m^3(9 310 kcal/m^3)	1.330 0 kgce/m^3

注1:蒸汽折标准煤系数按热值计。

注2:部分品种仍采用"万"为计量单位。

注3:本表中折标准煤系数如遇国家统计部门规定发生变化,能耗等级指标则另行设定。

附 录 B
（资料性附录）
常用耗能工质能源等价参考值

常用耗能工质能源等价参考值见表 B.1。

表 B.1 常用耗能工质能源等价值

品种	单位耗能工质耗能量	折标准煤系数
新水	2.51 MJ/t(600 kal/t)	0.085 7 kgce/t
软水	14.23 MJ/t(600 kal/t)	0.485 7 kgce/t
压缩空气	1.17 MJ/m^3(280 kal/m^3)	0.040 0 kgce/m^3
二氧化碳气	6.28 MJ/m^3(1 500 kal/m^3)	0.214 3 kgce/m^3
氧气	11.72 MJ/m^3(2 800 kal/m^3)	0.400 0 kgce/m^3
氮气（做副产品时）	11.72 MJ/m^3(2 800 kal/m^3)	0.400 0 kgce/m^3
氮气（做主产品时）	19.66 MJ/m^3(4 700 kal/m^3)	0.671 4 kgce/m^3
乙炔	243.67 MJ/m^3	8.314 3 kgce/m^3
电石	60.92 MJ/kg	2.078 6 kgce/kg
注：本表中的能源等价值，以国家统计部门最新公布的数据为准。		

附 录 C
（资料性附录）
工序（熔铸与加工）能耗计算方法

C.1 范围

本附录编制的熔铸工序与加工工序的计算方法，仅帮助企业进行内部管理时用，不作为考核评定的依据。

C.2 术语和定义

下列术语和定义适用于本文件。

C.2.1

工序能源实物单耗（e_{Sj}） unit object consumption in working procedure

单一工序生产过程中生产该工序单位合格产品直接消耗的某种能源实物量。

C.2.2

工序能源单耗（e_j） unit energy consumption in working procedure

单一工序生产过程中生产该工序单位合格产品直接消耗的全部能源量。

C.3 统计范围

C.3.1 熔铸工序

指从原料开始到产出合格的铸锭为止的用能量：包括配料、熔炼、铸造、锯锭及其配套系统（物料运输，加热燃料，粉、烟尘吸收，余热回收）等消耗的各种能源量。

注：统计计算熔铸工序能耗时，不包括间接能耗和辅助能耗。

C.3.2 加工工序

指从铸锭加热开始到产出合格产品并进入成品库为止的用能量。包括铸锭加热、挤压、锯切、轧制、制头、拉制、成型、精整、校直定尺、退火、包装及其配套系统等消耗的各种能源量。

注：统计计算加工工序能耗时，不包括间接能耗和辅助能耗。

C.4 计算方法

C.4.1 工序能源单耗计算方法

C.4.1.1 工序能源实物单耗计算方法

工序能源实物单耗按照式（C.1）计算：

$$e_{Sj}=\frac{E_{Sj}}{P_j} \qquad \cdots\cdots\cdots\cdots(\text{C.1})$$

式中：

e_{Sj} ——某工序能源实物单耗，j 取 1、2，分别代表熔铸、加工工序，单位为千克每吨（kg/t）、千瓦时每吨（kW·h/t）、立方米每吨（m^3/t）；

E_{Sj}——某工序消耗的某种能源实物量，j 取 1、2，分别代表熔铸、加工工序，单位为千克（kg）、千瓦时（kW·h）、立方米（m^3）；

P_j——某工序合格产品产量，j 取 1、2，分别代表熔铸、加工工序，单位为吨（t）。

C.4.1.2 工序能源单耗计算方法

工序（全部）能源单耗按照式（C.2）计算：

$$e_j = \frac{E_{Hj}}{P_j} \qquad \cdots\cdots\cdots\cdots (C.2)$$

式中：

e_j——某工序能源单耗，j 取 1、2，分别代表熔铸、加工工序，单位为千克标准煤每吨（kgce/t）；

E_{Hj}——某工序消耗的直接能耗量，j 取 1、2，分别代表熔铸、加工工序，单位为千克标准煤（kgce）；

P_j——某工序合格产品产量，j 取 1、2，分别代表熔铸、加工工序，单位为吨（t）。

ICS 27.010
F 01

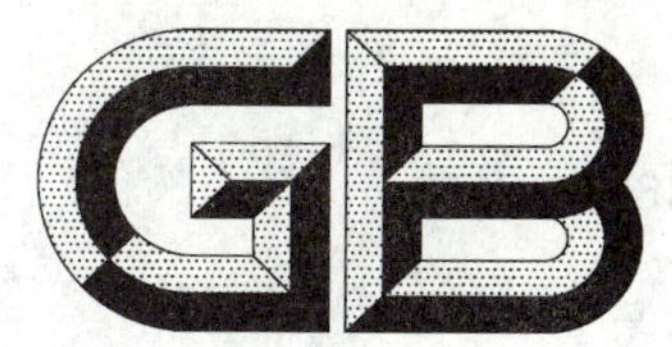

中华人民共和国国家标准

GB 21351—2008

铝合金建筑型材单位产品能源消耗限额

The norm of energy consumption per unit product of wrought aluminum alloy extruded profiles for architecture

2008-01-09 发布 　　　　　　　　2008-06-01 实施

中华人民共和国国家质量监督检验检疫总局
中国国家标准化管理委员会 发布

前　言

本标准4.1和4.2为强制性的，其余为推荐性的。

本标准的附录A为资料性附录。

本标准由国家发展和改革委员会资源节约和环境保护司、国家标准化管理委员会工业标准一部和中国有色金属工业协会提出。

本标准由全国有色金属标准化技术委员会归口。

本标准负责起草单位：广东凤铝铝业有限公司、中国有色金属工业标准计量质量研究所。

本标准参加起草单位：福建省南平铝业有限公司、东北轻合金有限责任公司、广东兴发集团有限公司、广东坚美铝型材厂有限公司、辽宁忠旺铝业集团公司、广东新合铝业有限公司、西南铝业(集团)有限公司、中国铝业西北铝加工分公司、福建闽发铝业有限公司、华北铝业有限公司。

本标准主要起草人：刘志铭、李文武、葛立新、李亚娟、李瑞山、林洁、吴锡坤、卢继延、夏启明、侯波、张流峰、黄长远、刘坚。

铝合金建筑型材单位产品能源消耗限额

1 范围

本标准规定了铝合金建筑型材单位产品能源消耗(以下简称能耗)限额的技术要求、计算原则、计算范围、计算方法和节能管理与措施。

本标准适用于铝合金建筑型材企业单位产品能耗的计算、考核[1)],以及对新建项目的能耗控制。

2 规范性引用文件

下列文件中的条款通过本标准的引用而成为本标准的条款。凡是注日期的引用文件,其随后所有的修改单(不包括勘误的内容)或修改版均不适用于本标准,然而,鼓励根据本标准达成协议的各方研究是否可使用这些文件的最新版本。凡是不注日期的引用文件,其最新版本适用于本标准。

GB/T 2589 综合能耗计算通则

GB 17167 用能单位能源计量器具配备和管理通则

3 术语、定义和符号

下列术语和定义适用于本标准。

3.1

工序能源单耗 unit energy consumption in working procedure

工序生产过程中生产单位合格产品消耗的能源量。

3.2

工艺能源单耗 unit energy consumption of technology

报告期内生产某种产品时主要生产系统的综合能耗与报告期内产出的合格品总量的比值。

3.3

综合能源单耗 unit consumption of integrate energy

即单位产品综合能耗,指直接综合能源单耗与间接综合能源单耗之和,即工艺能源单耗与辅助能源单耗及损耗分摊量之和。

3.4

间接综合能源单耗 unit consumption of indirect integrate energy

企业的辅助生产系统和附属生产系统在产品生产的时间内实际消耗的各种能源以及耗能工质在企业内部进行贮存、转换及计量供应(包括外销)中的损耗,分摊到该产品上的能耗量。

3.5

企业综合能耗 enterprise integrate energy consumption

报告期内企业的主要生产系统、辅助生产系统和附属生产系统的综合能耗总和。

4 技术要求

4.1 现有铝合金建筑型材生产企业单位产品能耗限额限定值

现有铝合金建筑型材生产企业单位产品能耗限额限定值应符合表1的要求。企业位处长江以北

---

1) 企业产品能耗以报告期内企业生产的各类合格产品的产量与对应单位产品能耗限额的乘积之和为限额进行考核评定。

时，表中能耗限额值应乘以修正系数 K（山海关以南，取 $K=1.1$；山海关以北，取 $K=1.2$）；企业位处海拔高度超过1 500 m时，表中能耗限额值应乘以 1.03 进行修正。

表 1　现有铝合金建筑型材生产企业单位产品能耗限额限定值

产品分类	原料	生产工艺流程	能耗限额限定值/(kgce/t)	
			工艺能耗	综合能耗
			不大于	
基材	圆铸锭	图 2	145	160
	电解铝液、重熔用铝锭等熔炼炉喂给料	图 1＋图 2	370[a,b]	410[a,b]
成品	基材	图 3	165	180
	圆铸锭	图 2＋图 3	310	340
	电解铝液、重熔用铝锭等熔炼炉喂给料	图 1＋图 2＋图 3	540[a,b]	590[a,b]

a 若圆铸锭生产（见图 1）时，未 100％进行熔体静置处理，能耗限额值为表中数值减去静置能耗基数 J（$J=40\times$未经过熔体静置处理的合格圆铸锭产量/全部合格圆铸锭产量）。

b 若圆铸锭生产（见图 1）时，未 100％进行均匀化处理，能耗限额值为表中数值减去均匀化能耗基数 U（$U=50\times$未经过均匀化处理的合格圆铸锭产量/全部合格圆铸锭产量）。

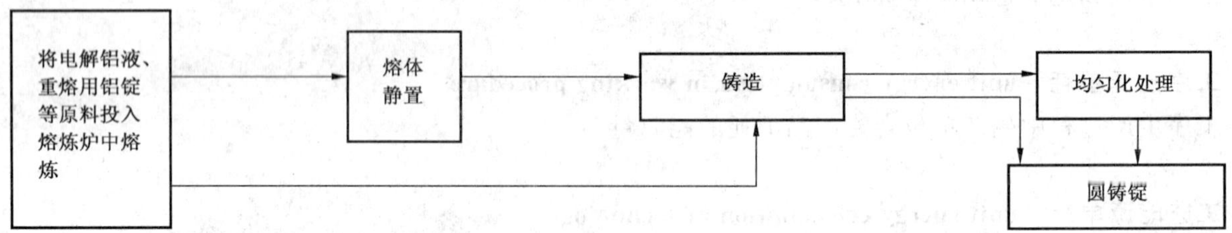

图 1　圆铸锭生产工艺流程简图

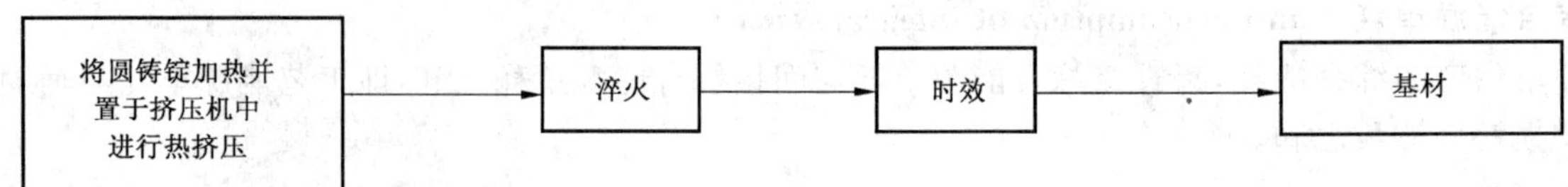

图 2　基材生产工艺流程简图

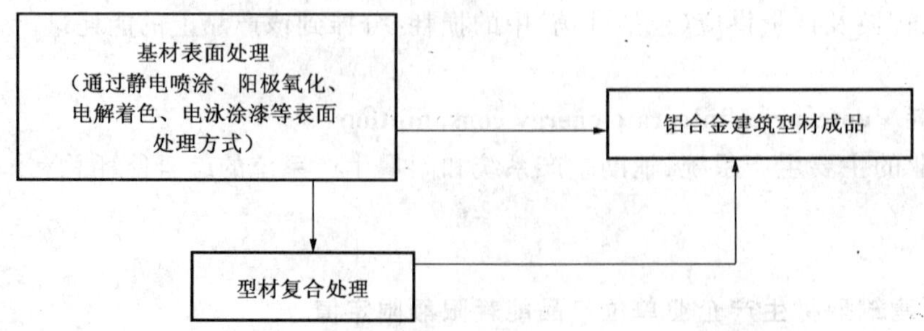

图 3　铝合金建筑型材成品生产工艺流程简图

4.2　新建铝合金建筑型材生产企业单位产品能耗限额准入值

新建铝合金建筑型材生产企业单位产品能耗限额准入值应符合表 2 的要求，企业位处长江以北时，表中能耗限额准入值应乘以修正系数 K（山海关以南，取 $K=1.1$；山海关以北，取 $K=1.2$）；企业位处海拔高度超过1 500 m时，表中能耗限额准入值应乘以 1.03 进行修正。

表 2　新建铝合金建筑型材生产企业单位产品能耗限额准入值

产品分类	原料	生产工艺流程	能耗限额准入值/(kgce/t)	
			工艺能耗	综合能耗
			不大于	
基材	圆铸锭	图 2	140	150
	电解铝液、重熔用铝锭等熔炼炉喂给料	图 1+图 2	340[a,b]	370[a,b]
成品	基材	图 3	150	170
	圆铸锭	图 2+图 3	290	320
	电解铝液、重熔用铝锭等熔炼炉喂给料	图 1+图 2+图 3	490[a,b]	540[a,b]

[a] 若圆铸锭生产（见图 1）时，未 100%进行熔体静置处理，能耗限额准入值为表中数值减去静置能耗基数 J（J=40×未经过熔体静置处理的合格圆铸锭产量/全部合格圆铸锭产量）。

[b] 若圆铸锭生产（见图 1）时，未 100%进行均匀化处理，能耗限额准入值为表中数值减去均匀化能耗基数 U（U=50×未经过均匀化处理的合格圆铸锭产量/全部合格圆铸锭产量）。

4.3　铝合金建筑型材生产企业单位产品能耗限额先进值

铝合金建筑型材生产企业单位产品能耗限额先进值应达到表 3 的要求。企业位处长江以北时，表中能耗限额先进值应乘以修正系数 K（山海关以南，取 $K=1.1$；山海关以北，取 $K=1.2$）；企业位处海拔高度超过1 500 m时，表中能耗限额先进值应乘以 1.03 进行修正。

表 3　铝合金建筑型材生产企业单位产品能耗限额先进值

产品分类	原料	生产工艺流程	能耗限额先进值/(kgce/t)	
			工艺能耗	综合能耗
			不大于	
基材	圆铸锭	图 2	130	140
	电解铝液、重熔用铝锭等熔炼炉喂给料	图 1+图 2	310[a,b]	340[a,b]
成品	基材	图 3	140	160
	圆铸锭	图 2+图 3	270	30
	电解铝液、重熔用铝锭等熔炼炉喂给料	图 1+图 2+图 3	450[a,b]	500[a,b]

[a] 若圆铸锭生产（见图 1）时，未 100%进行熔体静置处理，能耗限额先进值为表中数值减去静置能耗基数 J（J=40×未经过熔体静置处理的合格圆铸锭产量/全部合格圆铸锭产量）。

[b] 若圆铸锭生产（见图 1）时，未 100%进行均匀化处理，能耗限额先进值为表中数值减去均匀化能耗基数 U（U=50×未经过均匀化处理的合格圆铸锭产量/全部合格圆铸锭产量）。

5　计算原则、计算范围及计算方法

5.1　能耗计算原则

5.1.1　企业生产的能源消耗

企业实际消耗的各种能源，系指用于生产活动的各种能源。它包括：一次能源（如：原煤、原油、天然气等)、二次能源(如:电力、热力、石油制品、焦炭、煤气等)和生产使用的耗能工质(如:水、氧气、压缩空气等)和余热资源。包括能源及耗能工质在企业内部进行贮存、转换及计量供应(包括外销)中的损耗。其主要用于生产系统、辅助生产系统和附属生产系统,不包括生活用能(宿舍、学校、文化娱乐、医疗保健、商业服务和托儿幼教等方面的用能)和批准的基建项目用能。

5.1.2 企业报告期内的燃料实物消耗量

企业报告期内的某种燃料实物消耗量按式(1)计算:

$$E_h = E_{a1} + E_{a2} - E_{a3} - E_{a4} - E_{a5} \qquad \cdots\cdots(1)$$

式中:

E_h——企业的燃料实物消耗量;

E_{a1}——企业购入燃料实物量;

E_{a2}——库存燃料实物增减量(库存减少为正,库存增加为负);

E_{a3}——外销燃料实物量;

E_{a4}——生活用燃料实物量;

E_{a5}——企业工程建设燃料实物量。

5.1.3 企业报告期内的燃料能源消耗量

企业报告期内的能源消耗量按式(2)计算,所消耗的各种能源不得重计或漏计。存在供需关系时,输入、输出双方在计算中应保持一致。设备大修的能源消耗也应计算在内,且按大修后设备的运行周期逐月平均分摊。企业综合能耗的计算按 GB/T 2589 的规定进行。

$$E = E_{b1} + E_{b2} - E_{b3} - E_{b4} - E_{b5} \qquad \cdots\cdots(2)$$

式中:

E——企业报告期内能源消耗量;

E_{b1}——购入能源量;

E_{b2}——库存能源增减量(库存减少为正,库存增加为负);

E_{b3}——外销能源量;

E_{b4}——生活用能源量;

E_{b5}——企业工程建设用能源量。

5.1.4 能源实物量的计量

能源实物量的计量必须符合 GB 17167 的规定。

5.1.5 能源计量单位

企业消耗的各种主要能源计量单位如表 4 所示。

表 4 各种能源的计量单位

能源种类	能源计量单位								
	kg	t	10^4 t	kW·h	10^4 kW·h	kJ	GJ	m^3	10^4 m^3
煤、焦炭、重油、柴油	√	√	√	—	—	—	—	—	—
电	—	—	—	√	√	—	—	—	—
蒸汽	√	√	—	—	—	√	√	—	—
天然气、煤气、压缩空气、氧气	—	—	—	—	—	—	—	√	√
水	—	√	√	—	—	—	—	√	√

5.1.6 能源折算原则

5.1.6.1 单位产品能耗用千克标准煤(kgce)或吨标准煤(tce)表示,应用基低(位)发热量等于29.307 6 兆焦称为 1 千克标准煤。

5.1.6.2 外购燃料能源、二次能源及耗能工质采用国家统计部门规定的折算系数(参见附录A)折算为标准煤。

5.1.6.3 企业能源转换自产时,按实际投入的能源实物量折算标准煤量。

5.1.6.4 由集中生产单位外销供应时,按国家统计部门规定的折算系数(参见附录A)折算标准煤。

5.1.6.5 企业回收的余热按热力的折算系数,余热发电,统一按电力的折算系数。

5.1.7 余热资源计算原则

5.1.7.1 企业余热利用装置用能计入企业能耗。

5.1.7.2 企业回收的余热能源自用部分,计入自用工序;转供其他工序时,在所用工序以正常消耗计入。

5.1.7.3 企业回收的余热能源应在回收余热的工序、工艺中扣除。

5.1.8 其他原则

辅助、附属生产系统的能源及耗能工质的损耗,应根据各产品工艺能耗占企业生产工艺能耗量的比例,分摊给各个产品。

5.2 计算范围

本标准能耗计算范围如表5所示。

表5 能耗计算范围

能耗计算范围	实物单耗	工艺能源单耗	综合能源单耗
	能源单耗代号		
从电解铝液、重熔用铝锭等原料投入熔炼炉中熔炼至产出圆铸锭工序(工序代号:Z,图1为其生产工艺流程简图)的能源消耗	E_{SZ}	E_{GZ}	E_{ZZ}
从圆铸锭加热并置于挤压机中进行热挤压至产出基材工序(工序代号:J,图2为其生产工艺流程简图)的能源消耗	E_{SJ}	E_{GJ}	E_{ZJ}
从电解铝液、重熔用铝锭等原料投入熔炼炉中熔炼至产出基材工序(工序代号:ZJ,图1+图2为其生产工艺流程简图)的能源消耗	E_{SZJ}	E_{GZJ}	E_{ZZJ}
从基材表面处理至产出铝合金建筑型材成品工序(工序代号:B,图3为其生产工艺流程简图)的能源消耗	E_{SB}	E_{GB}	E_{ZB}
从圆铸锭加热并置于挤压机中进行热挤压至产出铝合金建筑型材成品工序(工序代号:JB,图2+图3为其生产工艺流程简图)的能源消耗	E_{SJB}	E_{GJB}	E_{ZJB}
从电解铝液、重熔用铝锭等原料投入熔炼炉中熔炼至产出铝合金建筑型材成品工序(工序代号:ZJB,图1+图2+图3为其生产工艺流程简图)的能源消耗	E_{SZJB}	E_{GZJB}	E_{ZZJB}

5.3 计算方法

5.3.1 实物单耗

实物单耗按式(3)计算:

$$E_{SI} = \frac{M_{SI}}{P_{ZI}} \qquad \cdots\cdots(3)$$

式中:

I——工序代号(Z、J、ZJ、B、JB、ZJB);

E_{SI}——I工序报告期内的实物单耗;

M_{SI}——I 工序报告期内直接消耗的某种能源实物总量；

P_{ZI}——I 工序报告期内产出的合格产品总量。

5.3.2 工艺能源单耗

工艺能源单耗按式(4)计算：

$$E_{GI} = \frac{E_{HI}}{P_{ZI}} \qquad \cdots\cdots (4)$$

式中：

I——工序代号(Z、J、ZJ、B、JB、ZJB)；

E_{GI}——I 工序报告期内的工艺能源单耗；

E_{HI}——I 工序报告期内直接消耗的各种能源实物量折标准煤之和，当含回收余热时，按 5.1.7 规定；

P_{ZI}——I 工序报告期内产出的合格产品总量。

5.3.3 综合能源单耗

综合能源单耗按式(5)计算：

$$E_{ZI} = E_{GI} + E_{FI} \qquad \cdots\cdots (5)$$

式中：

I——工序代号(Z、J、ZJ、B、JB、ZJB)；

E_{ZI}——I 工序报告期内的综合能源单耗；

E_{GI}——I 工序报告期内的工艺能源单耗；

E_{FI}——I 工序报告期内产出的合格产品间接辅助能源单耗及损耗分摊量。

6 节能管理与措施

6.1 节能管理

通过制定本标准，推动铝合金建筑型材企业积极响应国家节能号召，开展科学节能管理。特别是电力资源、水资源及燃料等能源的管理，共享节能技术，达到行业节能的目的。

6.2 具体措施

6.2.1 通过改进工艺，推广和提倡从“电解铝到圆铸锭”，减少再生重熔工序，实现节能目的。提倡短工序流程的工艺路线。

6.2.2 大力推行节能燃烧技术和余热回收技术，最大限度地提高热效率。

6.2.3 推广使用循环水，减少新水取水量，大力推广再生中水再利用措施，实现环保、节能双赢举措。

6.2.4 通过技术更新，使用节能电机，鼓励企业使用变频节能装置，使用绿色环保节能照明，搞好无功功率补偿。

6.2.5 提高能源转换效率，加强能源转换管理，改进设备效率以减少能源损失，提高能源利用效率。

6.2.6 加强工艺控制，使产品做到既满足国家标准又不过度生产，减少浪费能源和资源的现象。

6.2.7 提高工业窑炉热能利用率，加强窑炉保温、密封，减少热能损失。

附　录　A
（资料性附录）
常用能源品种现行参考折标准煤系数

表 A.1　常用能源品种现行折标准煤系数

能　　源		折标准煤系数及单位	
品　　种	平均低位发热量	系　　数	单　　位
原煤	20 908 kJ/kg (5 000 kcal/kg)	0.714 3	kgce/kg
洗精煤	26 344 kJ/kg(6 300 kcal/kg)	0.900	kgce/kg
重油	41 816 kJ/kg(10 000 kcal/kg)	1.428 6	kgce/kg
柴油	42 652 kJ/kg(10 200 kcal/kg)	1.457 1	kgce/kg
汽油	43 070 kJ/kg(10 300 kcal/kg)	1.471 4	kgce/kg
焦炭(灰分 13.5%)	28 435 kJ/kg(6 800 kcal/kg)	0.971 4	kgce/kg
液化石油气	50 179 kJ/kg(12 000 kcal/kg)	1.714 3	kgce/kg
电力(当量值)	3 600 kJ/kW·h[860 kcal/(kW·h)]	0.122 9	kgce/(kW·h)
热力	—	0.034 12	kgce/MJ
煤气	1 250×4.186 8kJ/m^3	1.786	tce/$10^4 m^3$
天然气	38 931 kJ/m^3(9 310 kcal/m^3)	1.330 0	tce/$10^3 m^3$

注 1：蒸汽折标准煤系数按热值计。
注 2：本附录中折标准煤系数如遇国家统计部门规定发生变化，能耗等级指标则应另行设定。

附 录 B
（资料性附录）
耗能工质能源等价参考值

表 B.1 常用耗能工质能源等价值

<table>
<tr><th rowspan="2">序号</th><th colspan="2" rowspan="2">名称</th><th rowspan="2">单位</th><th colspan="2">能源等价值</th><th rowspan="2">备 注</th></tr>
<tr><th>热值/MJ</th><th>折标准煤/kg</th></tr>
<tr><td>1</td><td rowspan="2">液体</td><td>新鲜水</td><td>t</td><td>7.535 0</td><td>0.257 1</td><td rowspan="2">指尚未使用过的自来水，按平均耗电计算</td></tr>
<tr><td>2</td><td>软化水</td><td>t</td><td>14.234 7</td><td>0.485 7</td></tr>
<tr><td>3</td><td rowspan="6">气体</td><td>压缩空气</td><td>m³</td><td>1.172 3</td><td>0.040 0</td><td rowspan="3"></td></tr>
<tr><td>4</td><td>二氧化碳</td><td>m³</td><td>6.280 6</td><td>0.214 3</td></tr>
<tr><td>5</td><td>氧气</td><td>m³</td><td>11.723 0</td><td>0.400 0</td></tr>
<tr><td rowspan="2">6</td><td rowspan="2">氮气</td><td rowspan="2">m³</td><td>11.723 0</td><td>0.400 0</td><td>当副产品时</td></tr>
<tr><td>19.677 1</td><td>0.671 4</td><td>当主产品时</td></tr>
<tr><td>7</td><td>乙炔</td><td>m³</td><td>243.672 2</td><td>8.314 3</td><td>按耗电石计算</td></tr>
<tr><td>8</td><td>固体</td><td>电石</td><td>kg</td><td>60.918 8</td><td>2.078 6</td><td>按平均耗焦炭、电等计算</td></tr>
<tr><td colspan="7">注：本附录中的能源等价值如有变动，以国家统计部门最新公布的数据为准。</td></tr>
</table>

ICS 27.010
F 01

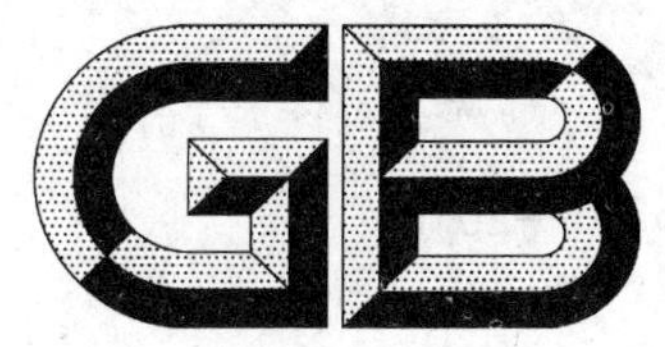

中华人民共和国国家标准

GB 25323—2010

再生铅单位产品能源消耗限额

The norm of energy consumption per unit products of recycling lead

2010-11-10 发布　　　　2012-03-01 实施

中华人民共和国国家质量监督检验检疫总局
中国国家标准化管理委员会　发布

前　言

本标准的4.1和4.2为强制性的，其余为推荐性的。

本标准按照GB/T 1.1—2009给出的规则起草。

本标准由全国能源基础与管理标准化技术委员会(SAC/TC 20)和全国有色金属标准化技术委员会(SAC/TC 243)归口。

本标准负责起草单位：湖北金洋冶金股份有限公司、江苏春兴合金集团有限公司、河南豫光金铅股份有限公司。

本标准主要起草人：李富元、王喜安、常银甫、张小国、杨大伟、赵波、马永刚、闫乃青、尤全仁。

再生铅单位产品能源消耗限额

1 范围

本标准规定了再生铅企业的单位产品能源消耗(以下简称能耗)限额的要求、计算原则、计算方法、计算范围及节能管理与措施。

本标准适用于以废铅酸蓄电池、金属态铅废料为原料的再生铅冶炼企业能耗的计算、考核,以及新建项目的能耗控制。

2 规范性引用文件

下列文件对于本文件的应用是必不可少的。凡是注日期的引用文件,仅注日期的版本适用于本文件。凡是不注日期的引用文件,其最新版本(包括所有的修改单)适用于本文件。

GB/T 2589 综合能耗计算通则

GB 17167 用能单位能源计量器具配备和管理通则

3 术语和定义

下列术语和定义适用于本文件。

3.1

再生铅 recycling lead

以含铅废料为原料,主要是废铅酸蓄电池、金属态铅废料等经过冶炼加工工艺而生产出来的铅产品。

3.2

铅膏 lead paste

废铅酸蓄电池经破碎分选产生的含铅化合物,如硫酸铅、氧化铅等。

3.3

铅屑 lead borings and turnings

废铅酸蓄电池破碎过程中产生的铅金属碎料,包括铅柱头、连接条、铅板栅及少量含铅化合物。

3.4

金属态铅废料 waste lead on metal condition

各种铅及铅合金块状废料,屑料等,包括报废的铅及铅合金板、管、棒、线、电缆护套、生产过程产生的边角料、残次品、屑料等。

3.5

工序能源单耗 unit energy consumption in working procedure

工序生产过程中生产每吨再生铅消耗的能源量。

3.6

工序实物单耗 unit object consumption in working procedure

工序生产过程中生产每吨再生铅消耗的某种能源实物量。

3.7

工艺能源单耗　unit energy consumption of technology

工艺生产过程中生产每吨再生铅消耗的能源量。

3.8

辅助能耗　assistant energy consumption

辅助生产系统用于再生铅生产的能源消耗。

3.9

综合能源单耗　unit consumption of integrate energy

工艺能源单耗与工艺产品辅助能耗及损耗分摊量之和。

4 要求

4.1 现有再生铅冶炼企业单位产品能耗限额限定值

现有再生铅冶炼企业单位产品能耗限额限定值应符合表1的要求。

表1　现有再生铅冶炼企业单位产品能耗限额限定值

工序、工艺		能耗限额限定值/(kgce/t)
废电池-再生铅	废电池-再生铅工艺	≤185
	废电池预处理工序(废电池-铅屑、铅膏)	≤4
	铅膏脱硫工序	≤1
	铅膏冶炼工序(铅膏-再生铅)	≤400
	铅屑冶炼工序(铅屑-再生铅)	≤40
金属态铅废料-再生铅工艺		≤20

4.2 新建再生铅冶炼企业单位产品能耗限额准入值

新建再生铅冶炼企业单位产品能耗限额准入值应符合表2的要求。

表2　新建再生铅冶炼企业单位产品能耗限额准入值

工艺、工序		能耗限额准入值/(kgce/t)
废电池-再生铅	废电池-再生铅工艺	≤130
	废电池破碎工序(废电池-铅屑、铅膏)	≤3.5
	铅膏脱硫工序	≤1
	铅膏冶炼工序(铅膏-再生铅)	≤280
	铅屑冶炼工序(铅屑-再生铅)	≤35
金属态铅废料-再生铅工艺		≤20

4.3 再生铅冶炼企业单位产品能耗限额先进值

再生铅冶炼企业单位产品能耗限额先进值应达到表3的要求。

表 3 再生铅冶炼企业单位产品能耗限额先进值

工艺、工序		能耗限额先进值/(kgce/t)
废电池-再生铅	废电池-再生铅工艺	≤120
	废电池破碎工序(废电池-铅屑、铅膏)	≤3
	铅膏脱硫工序	≤1
	铅膏冶炼工序(铅膏-再生铅)	≤220
	铅屑冶炼工序(铅屑-再生铅)	≤30
金属态铅废料-再生铅工艺		≤15

5 能耗计算原则、计算方法及计算范围

5.1 计算原则

5.1.1 企业实际(生产)消耗的各种能源

企业实际消耗的各种能源,系指用于生产活动的各种能源。它包括:一次能源(原煤、原油、天然气等)、二次能源(如电力、热力、石油制品、焦炭、煤气等)和生产使用的耗能工质(水、氧气、压缩空气等)所消耗的能源。其主要用于生产系统、辅助生产系统和附属生产系统;不包括生活用能和批准的基建项目用能。在企业实际消耗的能源中,用做原料的能源和余热利用装置用能也应包括在内。

生活用能指企业系统内的宿舍、学校、文化娱乐、医疗保健、商业服务和托儿幼教等方面用能。

5.1.2 企业报告期内的燃料实物消耗量和能源消耗量

5.1.2.1 企业报告期内的某种燃料实物消耗量的计算,应符合式(1):

$$e_h = e_1 + e_2 - e_3 - e_4 - e_5 \quad \cdots\cdots(1)$$

式中:

e_h——企业的燃料实物消耗量;

e_1——企业购入燃料实物量;

e_2——期初库存燃料实物量;

e_3——外销燃料实物量;

e_4——生活用燃料实物量;

e_5——企业工程建设用能源量。

5.1.2.2 企业报告期内的能源消耗量的计算,应符合式(2):

$$\begin{aligned} E &= E_1 + E_2 - E_3 - E_4 - E_5 \\ &= E_{ZG} + E_{ZF} \\ &= E_{ZZ} \end{aligned} \quad \cdots\cdots(2)$$

式中:

E ——企业报告期内能源消耗量;

E_1 ——购入能源量;

E_2 ——库存能源量;

E_3 ——外销能源量;

E_4 ——生活用能源量;

E_5 ——企业工程建设用能源量；

E_{ZG} ——诸产品工艺能源消耗量；

E_{ZF} ——间接辅助生产部门用能源量及损耗；

E_{ZZ} ——诸产品综合能源消耗量。

所消耗的各种能源不得重计或漏计。存在供需关系时，输入、输出双方在计算中量值上应保持一致。设备停炉大修的能源消耗也应计算在内，且按检修后设备的运行周期逐月平均分摊。企业综合能耗的计算按 GB/T 2589 的规定进行。

5.1.3 能源实物量的计量

能源实物量的计量应符合 GB 17167 的规定。

5.1.4 各种能源的计量单位

企业生产能耗量、产品工艺能耗量(或称产品直接综合能耗)、产品综合能耗量的单位：kgce、tce(千克标准煤、吨标准煤)。

煤、焦炭、重油的单位：kg、t、10^4 t(千克、吨、万吨)；

电的单位：kW·h、10^4 kW·h(千瓦时、万千瓦时)；

蒸汽的单位：kg、t 或 kJ、GJ(千克、吨或千焦、吉焦)；

煤气、压缩空气、氧气的单位：m^3、10^4 m^3(立方米、万立方米)；

水的单位：t、10^4 t(吨、万吨)。

5.1.5 各种能源(包括生产耗能工质消耗的能源)折算标煤量方法

应用基低(位)发热量等于 29.307 6 MJ 的燃料，称为 1 千克标准煤(kgce)。

外购燃料能源可取实测的低(位)发热量或供货单位提供的实测值为计算基础，或用国家统计部门的折算系数折算，参见附录 A。二次能源及耗能工质均按相应能源等价值折算：企业能源转换自产时，按实际投入的能源实物量折算标煤量；由集中生产单位外销供应时，其能源等价值应经主管部门规定；外购外销时，其能源等价值应相同；当未提供能源等价值时，可按国家统计部门的折算系数折算，参见附录 B。企业回收的余热按热力的折算系数，余热发电统一按电力的折算系数。

5.1.6 单位产品能耗的产品产量的规定

计算单位产品能耗，应采用同一报告期内产出的再生铅产量。

所有再生铅产量，均以企业计划统计部门正式上报的数据为准。

5.1.7 余热利用能耗的计算原则

企业回收的余热，属于节约能源循环利用，不属于外购能源，在计算能耗时，应避免和外购能源重复计算。余热利用装置用能计入能耗。回收能源自用部分，计入自用工序；转供其他工序时，在所用工序以正常消耗计入；回收的能源折标准煤后应在回收余热的工序、工艺中扣除。如是未扣除回收余热的能耗指标，应标明“未扣余热发电”(或“含余热发电”)、“未扣回收余热”等字样。

5.1.8 其他

间接的辅助、附属生产系统的能源消耗量和能源及耗能工质在企业内部贮存、转换与分配供应及外销中的损耗，即间接综合能耗，应根据各产品工艺能耗占企业生产工艺能耗量的比例，分摊给各个产品。

5.2 计算方法

5.2.1 工序(工艺)实物单耗的计算

工序(工艺)实物单耗按式(3)计算：

$$E_S = \frac{M_S}{P_Z} \tag{3}$$

式中：

E_S ——某工序(工艺)的实物单耗，单位为千克每吨(kg/t)、千瓦时每吨(kW·h/t)、立方米每吨(m^3/t)；

M_S ——某工序(工艺)直接消耗的某种能源实物总量，单位为千克(kg)、千瓦时(kW·h)、立方米(m^3)；

P_Z ——某工序(工艺)产出的或者中间品最终转换为再生铅的总量，单位为吨(t)。

5.2.2 工序(工艺)能源单耗的计算

工序(工艺)能源单耗按式(4)计算：

$$E_I = \frac{E_H}{P_Z} \tag{4}$$

式中：

E_I ——某工序(工艺)能源单耗，单位为千克标准煤每吨，(kgce/t)；

E_H ——某工序(工艺)直接消耗的各种能源实物量折标煤之和，单位为千克标准煤(kgce)；

P_Z ——某工序(工艺)产出的或者中间品最终转换为再生铅的总量，单位为吨(t)。

注：该工序直接消耗的各种能源实物量折标煤量之和为代数和，当含回收余热时，按5.1.7处理。以免回收余热和外购能源重复计算。

5.2.3 工序(工艺)综合能耗的计算

工序(工艺)综合能耗按式(5)计算：

$$E_Z = E_I + E_F \tag{5}$$

式中：

E_Z——某产品综合能源单耗，单位为千克标准煤每吨(kgce/t)；

E_I——某产品工艺(工序)能源单耗，单位为千克标准煤每吨(kgce/t)；

E_F——某产品间接辅助能耗及损耗分摊量，单位为千克标准煤每吨(kgce/t)。

5.3 计算范围

5.3.1 再生铅工艺及工序划分

5.3.1.1 再生铅工艺

再生铅工艺主要是废电池-再生铅工艺，金属态铅废料-再生铅工艺，其他工艺可参照执行。

5.3.1.2 再生铅工序划分

再生铅工序划分为废铅蓄电池破碎分选工序、铅膏脱硫工序、铅膏冶炼工序、铅屑冶炼工序、金属态铅废料熔炼工序等。

5.3.2 废铅酸蓄电池-再生铅工艺能耗

5.3.2.1 废铅酸蓄电池-再生铅能耗计算范围

从整只废铅酸蓄电池开始到产出再生铅为止，包括预处理系统、熔炼系统及相关配套系统（风机、冶炼附属设备、余热回收、收尘……）等消耗的各种能源量。

5.3.2.2 废铅酸蓄电池-再生铅工艺实物单耗、能源单耗计算

废铅酸蓄电池-再生铅工艺实物单耗参照式(3)计算，能源单耗参照式(4)计算。

5.3.2.3 废铅酸蓄电池-再生铅工艺综合能耗计算

废铅酸蓄电池-再生铅工艺综合能耗参照式(5)计算。当含回收余热时，按5.1.7处理。其他工序、工艺能耗计算也按此原则处理。

5.3.3 废铅酸蓄电池破碎工序（废铅酸蓄电池-铅屑、铅膏）能耗

5.3.3.1 废蓄电池-铅屑、铅膏能耗计算范围

从整只废蓄电池破碎到分选出铅屑、铅膏为止，包括电池上料、传送、破碎、分选及相关配套系统等消耗的各种能源量。

5.3.3.2 废蓄电池-铅屑、铅膏工序实物单耗、能源单耗计算

废蓄电池-铅屑、铅膏工序实物单耗参照式(3)计算，能源单耗参照式(4)计算。

5.3.3.3 废蓄电池-铅屑、铅膏工序综合能耗计算

废蓄电池-铅屑、铅膏工序综合能耗参照式(5)计算。

5.3.4 铅膏脱硫工序能耗

5.3.4.1 铅膏脱硫能耗计算范围

从分选出的含硫铅膏开始到经过脱硫转化为无硫铅膏止，包括脱硫、铅膏压滤及相关配套系统等消耗的各种能源量。

5.3.4.2 铅膏脱硫工序实物单耗、能源单耗计算

铅膏脱硫工序实物单耗参照式(3)计算，能源单耗参照式(4)计算。

5.3.4.3 铅膏脱硫工序综合能耗计算

铅膏脱硫工序综合能耗参照式(5)计算。

5.3.5 铅膏冶炼工序（铅膏-再生铅）能耗

5.3.5.1 铅膏-再生铅产品能耗计算范围

从铅膏开始到产出再生铅为止。包括：熔炼及相关配套系统（风机、熔炼附属设备、余热回收、收尘……）等消耗的各种能源量。

5.3.5.2 铅膏-再生铅实物单耗、工序能耗计算

铅膏冶炼工序实物单耗参照式(3)计算，工序能耗参照式(4)计算。

5.3.5.3 铅膏冶炼工序综合能耗计算

铅膏冶炼工序综合能耗参照式(5)计算。

5.3.6 铅屑冶炼工序(铅屑-再生铅)能耗

5.3.6.1 铅屑-再生铅产品能耗的计算范围

从铅屑开始到产出再生铅为止。包括:熔炼及相关配套系统(风机、熔炼附属设备、余热回收、收尘、……)等消耗的各种能源量。

5.3.6.2 铅屑-再生铅实物单耗、工序能耗计算

铅屑冶炼工序实物单耗参照式(3)计算,工序能耗参照式(4)计算。

5.3.6.3 铅屑冶炼工序综合能耗计算

铅屑冶炼工序综合能耗参照式(5)计算。

5.3.7 金属态铅废料熔炼工艺(金属态铅废料-再生铅)能耗

5.3.7.1 金属态铅废料-再生铅产品能耗的计算范围

从块状金属态废铅块、粒、屑等直接加热熔炼产出再生铅为止。包括:熔炼及相关配套系统(风机、熔炼附属设备、余热回收、收尘、……)等消耗的各种能源量。

5.3.7.2 金属态铅废料-再生铅实物单耗、工序能耗计算

金属态铅废料熔炼工序实物单耗参照式(3)计算,工序能耗参照式(4)计算。

5.3.7.3 金属态铅废料熔炼工序综合能耗计算

金属态铅废料熔炼工序综合能耗参照式(5)计算。

6 节能管理与措施

6.1 节能基础管理

6.1.1 企业应建立节能考核制度,定期对再生铅企业的各生产工序能耗情况进行考核,并把考核指标分解落实到各基层单位。

6.1.2 企业应按要求建立能耗统计体系,建立能耗计算和统计结果的文件档案,并对文件进行受控管理。

6.1.3 企业应按照 GB 17167 的要求配备相应的能源计量器具并建立能源计量管理制度。

6.2 节能技术管理

6.2.1 企业应配备余热回收等节能设备,最大限度地回收工序产生的能源。

6.2.2 合理组织生产,减少中间环境,提高生产能力。

6.2.3 大力发展循环经济,利用现有技术,有效利用再生资源。

附 录 A
（资料性附录）
各种能源折标准煤参考系数

表 A.1 常用能源品种现行折标煤系数

能源名称		平均低位发热量	折标准煤系数
原煤		20 908 kJ/kg(5 000 kcal/kg)	0.714 3 kgce/kg
洗精煤		26 344 kJ/kg(6 300 kcal/kg)	0.900 0 kgce/kg
其他洗煤	洗中煤	8 363 kJ/kg(2 000 kcal/kg)	0.285 7 kgce/kg
	煤泥	8 363 kJ/kg～12 545 kJ/kg 2 000 kcal/kg～ 3 000 kcal/kg	0.285 7 kgce/kg～0.428 6 kgce/kg
焦炭		28 435 kJ/kg(6 800 kcal/kg)	0.971 4 kgce/kg
原油		41 816 kJ/kg(10 000 kcal/kg)	1.428 6 kgce/kg
燃料油		41 816 kJ/kg(10 000 kcal/kg)	1.428 6 kgce/kg
汽油		43 070 kJ/kg(10 300 kcal/kg)	1.471 4 kgce/kg
煤油		43 070 kJ/kg(10 300 kcal/kg)	1.471 4 kgce/kg
柴油		42 652 kJ/kg(10 200 kcal/kg)	1.457 1 kgce/kg
煤焦油		33 453 kJ/kg(8 000 kcal/kg)	1.142 9 kgce/kg
渣油		41 816 kJ/kg(10 000 kcal/kg)	1 428 6 kgce/kg
液化石油气		50 179 kJ/kg(12 000 kcal/kg)	1.714 3 kgce/kg
炼厂干气		46 055 kJ/kg(11 000 kcal/kg)	1.571 4 kgce/kg
油田天然气		38 931 kJ/kg(9 310 kcal/m^3)	1.330 0 kgce/m^3
气田天然气		35 544 kJ/m^3(8 500 kcal/m^3)	1.214 3 kgce/m^3
煤矿瓦斯气		14 636 kJ/m^3(16 726 kcal/m^3) (3 500 kcal/kg～ 4 000 kcal/m^3)	0.500 0 kgce/m^3～0.571 4 kgce/m^3
焦炉煤气		16 726 kJ/m^3(17 981 kcal/m^3) (4 000 kcal/kg～ 4 300 kcal/m^3)	0.571 4 kgce/m^3～0.614 3 kgce/m^3
高炉煤气		3 763 kJ/m^3	0.128 6 kgce/m^3
其他煤气	a) 发生炉煤气	5 227 kJ/m^3(1 250 kcal/m^3)	0.178 6 kgce/m^3
	b) 重油催化裂解煤气	19 235 kJ/m^3(4 600 kcal/m^3)	0.657 1 kgce/m^3
	c) 重油热裂解煤气	35 544 kJ/m^3(8 500 kcal/m^3)	1.214 3 kgce/m^3
	d) 焦炭制气	16 308 kJ/m^3(3 900 kcal/m^3)	0.557 1 kgce/m^3
	e) 压力气化煤气	15 054 kJ/m^3(3 600 kcal/m^3)	0.514 3 kgce/m^3
	f) 水煤气	10 454 kJ/m^3(2 500 kcal/m^3)	0.357 1 kgce/m^3
粗苯		41 816 kJ/kg(10 000 kcal/kg)	1.428 6 kgce/kg
热力(当量值)		—	0.034 12 kgce/MJ
电力(当量值)		3 600 kJ/(kW·h)[860 kcal/(kW·h)]	0.122 9 kgce/(kW·h)
电力(等价值)		按当年火电发电标准煤耗计算	
蒸汽(低压)		3 763 MJ/t(900 Mcal/t)	0.128 6 kgce/kg

附 录 B
（资料性附录）
耗能工质能源等价值

表 B.1 常用耗能工质能源等价值

品　　种	单位耗能工质耗能量	折标准煤系数
新水	2.51 MJ/t(600 kcal/t)	0.257 1 kgce/t
软水	14.23 MJ/t(3 400 kcal/t)	0.485 7 kgce/t
除氧水	28.45 MJ/t(6 800 kcal/t)	0.971 4 kgce/t
压缩空气	1.17 MJ/m^3(280 kcal/m^3)	0.040 0 kgce/m^3
鼓风	0.88 MJ/m^3(210 kcal/m^3)	0.030 0 kgce/m^3
氧气	11.72 MJ/m^3(2 800 kcal/m^3)	0.400 0 kgce/m^3
氮气(做副产品时)	11.72 MJ/m^3(2 800 kcal/m^3)	0.400 0 kgce/m^3
氮气(做主产品时)	19.66 MJ/m^3(4 700 kcal/m^3)	0.671 4 kgce/m^3
二氧化碳气	6.28 MJ/m^3(1 500 kcal/m^3)	0.214 3 kgce/m^3
乙炔	243.67 MJ/m^3	8.314 3 kgce/m^3
电石	60.92 MJ/kg	2.078 6 kgce/kg

ICS 27.010
F 01

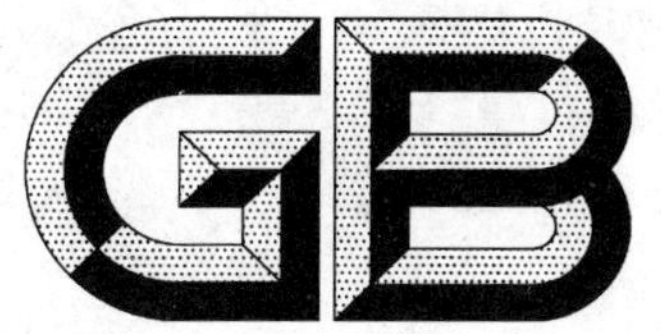

中华人民共和国国家标准

GB 25324—2010

铝电解用石墨质阴极炭块单位产品能源消耗限额

The norm of energy consumption for cathode carbon block for aluminium eletrolyzation

2010-11-10 发布　　　　2012-03-01 实施

中华人民共和国国家质量监督检验检疫总局
中国国家标准化管理委员会　发布

前　言

本标准4.1和4.2是强制性的，其余为推荐性的。

本标准按照GB/T 1.1—2009给出的规则起草。

本标准由全国能源基础与管理标准化技术委员会(SAC/TC 20)和全国有色金属标准化技术委员会(SAC/TC 243)归口。

本标准负责起草单位：中国铝业股份有限公司贵州分公司、中国有色金属工业标准计量质量研究所、中电投宁夏能源铝业青鑫炭素有限公司。

本标准参加起草单位：郑州浩宇炭素材料有限公司、山东兖矿炭素制品有限公司、宁夏宁平炭素有限责任公司、山东南山铝业股份有限公司。

本标准起草人：王开付、张志宏、狄贵华、刘四清、曾萍、席兆阳、陈泓均。

铝电解用石墨质阴极炭块单位产品能源消耗限额

1 范围

本标准规定了铝电解用石墨质阴极炭块(简称阴极炭块)企业生产能源消耗(简称能耗)限额的要求、计算原则、计算方法。

本标准适用于铝电解用阴极炭块企业生产能耗的计算、考核,以及新建项目能耗的控制。

2 规范性引用文件

下列文件对于本文件的应用是必不可少的。凡是注日期的引用文件,仅注日期的版本适用于本文件。凡是不注日期的引用文件。其最新版本(包括所有的修改单)适用于本文件。

GB 17167 用能单位能源计量器具配备和管理通则

3 术语和定义

下列术语和定义适用于本文件。

3.1

单位产品工序能耗 unit energy consumption in working procedure

工序生产过程中生产每吨合格产品消耗的能源量。

3.2

煅烧工序综合能耗 comprehensive energy consumption of calcining working procedure

煅烧工序生产过程中生产每吨合格煅后煤实际消耗的能源量(包括生无烟煤)与分摊辅助、附属生产系统消耗的能源量总和,并扣除回收的余热量。

3.3

成型焙烧加工工序综合能耗 comprehensive energy consumption of mouding & baking working procedure

成型、焙烧、加工工序生产过程中生产每吨合格加工块实际消耗的能源量与分摊辅助、附属生产系统消耗的能源量总和。

3.4

单位产品间接综合能耗 unit consumption of indirect integrate energy

企业的辅助生产系统和附属生产系统在产品生产的时间内实际消耗的各种能源以及耗能工质在企业内部进行贮存、转换及计量供应(包括转供)中的损耗,分摊到该产品上的综合能耗量。

3.5

单位产品综合能耗 unit consumption of integrate energy

产品单位产量直接综合能耗与产品单位产量间接综合能耗之和。

4 要求

4.1 现有铝电解用阴极炭块企业单位产品能耗限额限定值

铝电解用阴极炭块企业煅烧工序综合能耗、成型和焙烧及加工工序综合能耗限额限定值应符合表1的规定。

表1 现有铝电解用阴极炭块企业单位产品能耗限额限定值

工序名称	能耗限额限定值 kgce/t
煅烧工序综合能耗 E_{ds}	≤1 460
成型和焙烧及加工工序综合能耗 E_{cj}	≤860

4.2 新建铝电解用阴极炭块企业单位产品能耗限额准入值

铝电解用阴极炭块企业煅烧工序综合能耗、成型和焙烧及加工工序综合能耗限额准入值应符合表2的规定。

表2 新建铝电解用阴极炭块企业单位产品能耗限额准入值

工序名称	能耗限额准入值 kgce/t
煅烧工序综合能耗 E_{ds}	≤1 300
成型和焙烧及加工工序综合能耗 E_{cj}	≤720

4.3 铝电解用阴极炭块企业单位产品能耗限额先进值

铝电解用阴极炭块企业煅烧工序综合能耗、成型和焙烧及加工工序综合能耗限额先进值应达到表3的规定。

表3 铝电解用阴极炭块企业单位产品能耗限额先进值

工序名称	能耗限额先进值 kgce/t
煅烧工序综合能耗 E_{ds}	≤1 200
成型和焙烧及加工工序综合能耗 E_{cj}	≤580

4.4 阴极炭块单位产品综合能耗

阴极炭块单位产品综合能耗由各工序能耗计算得出,见式(9)。

5 阴极炭块产品能耗计算原则及计算方法

5.1 阴极炭块生产工艺流程

阴极炭块生产工艺流程见图1。

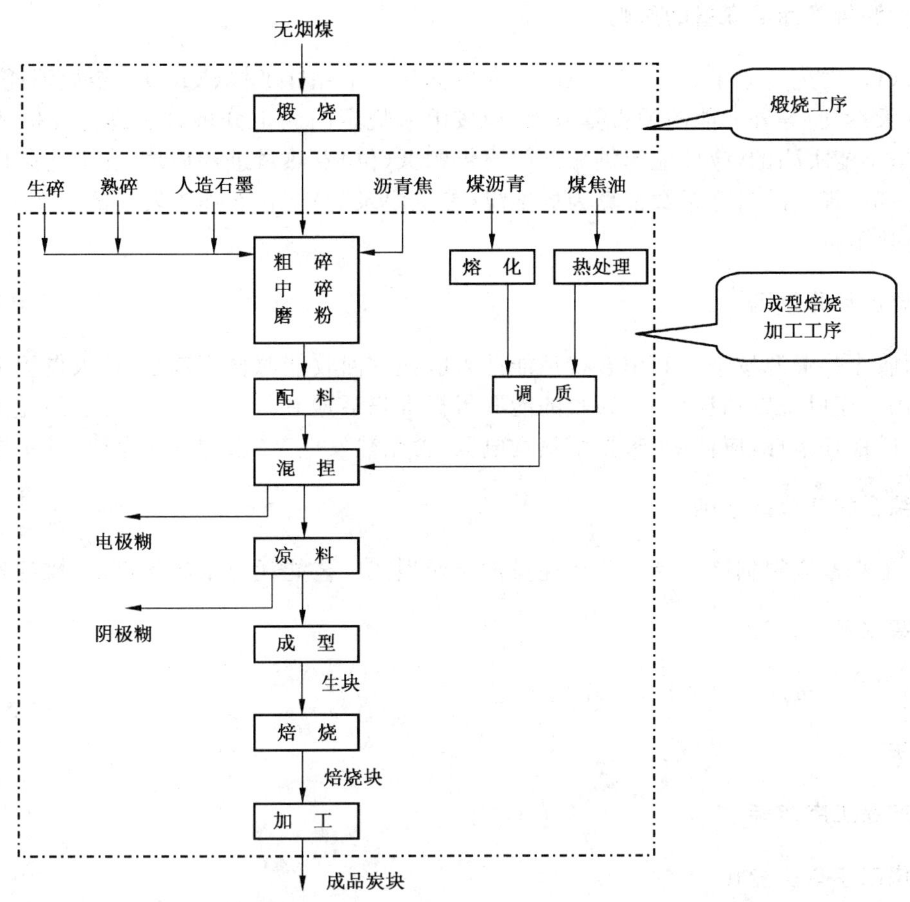

图1 阴极炭块生产工艺流程图

5.2 计算原则

5.2.1 铝电解用阴极炭块生产企业的能源消耗

铝电解用阴极生产企业的能源消耗包括：一次能源(原煤、天然气等)、二次能源(石油焦、电力、重油、煤气等)、耗能工质(水、蒸汽、压缩空气等)和余热资源。包括能源及耗能工质在企业内部进行贮存、转换及计量供应(包括转供)中的损耗，但不包括生活用能和批准的基建项目用能。

企业生活用能量是指企业系统内的宿舍、学校、文化娱乐、医疗保健、商业服务和托儿幼教等方面的用能量。不包括车间、管理部门的照明、取暖、降温、洗澡等用能。

5.2.2 报告期内的能源消耗量

报告期内企业生产消耗能源量有三种计算方法。

方法一：报告期内企业生产消耗能源量＝企业购入能源量＋期初库存能源量－企业转供能源量－企业基建项目耗能量－企业生活用能量—期末库存能源量。

方法二:报告期内企业生产消耗能源量=企业诸产品工艺能耗量+辅助和附属生产系统用能量+企业内部能源转换损失量。

方法三:报告期内企业生产消耗能源量=企业诸产品综合能耗量之和。

所消耗的各种能源不得重计或漏计。存在供需关系时,能源输入、输出双方在计算时量值上应保持一致。设备停炉大修的能源消耗也应计算在内。

5.2.3　常用能源折算标准煤量的原则

应用基低(位)发热量等于29.307 6 MJ的燃料称为1千克标准煤(kgce)。企业消耗的煤炭、焦炭、燃料油、煤气(天然气)等外购能源的折算系数,应按国家规定的测定分析方法进行分析测定,按实测值换算为标准煤;不能实测的,应按能源供应部门提供的低(位)发热量进行换算;在上述条件均不具备时,可用国家统计部门规定的折算系数换算为标准煤(参见附录A)。企业加工转换的二次能源及耗能工质按相应的等价热值折算。

5.2.4　余热资源计算原则

企业内回收余热资源按余热利用装置用能计入能耗。回收能源自用部分,计入自用工序;转供其他工序时,在所用工序以正常消耗计入;回收的能源折标准煤后应在回收余热的工序、工艺中扣除。如未扣除回收余热的能耗指标,应标明"未扣余热发电"、"含余热发电"、"未扣回收余热"等字样。

5.2.5　间接综合能耗分摊原则

间接综合能耗量应根据诸产品工艺能耗量占企业生产工艺能耗总量的比例,分摊到各个产品。

5.2.6　能源实物量的计量

能源实物量的计量应符合GB 17167的规定。

5.3　计算方法

5.3.1　单位产品工序能耗

5.3.1.1　煅烧工序单位能耗

报告期内,该工序消耗能源量包括完成对生无烟煤进行煅烧生产出符合工艺要求的煅后煤所消耗的各种能源量(含无烟煤)总和减去回收的余热量。按式(1)计算:

$$E_d = \frac{\sum_{i=1}^{n}(e_i \times \rho_i) - e_y}{P_d} = \frac{e_d - e_y}{P_d} \qquad \cdots\cdots (1)$$

式中:

E_d ——报告期内煅烧工序单位产品能耗,单位为千克标准煤每吨(kgce/t);

n ——报告期内煅烧工序消耗的能源种数;

e_i ——报告期内煅烧工序消耗的第 i 种能源实物量,实物单位;

ρ_i ——报告期内第 i 种能源的折标准煤系数;

e_d ——报告期内煅烧工序消耗能源量,$e_d=\sum_{i=1}^{n}(e_i \times \rho_i)$,单位为千克标准煤(kgce);

e_y ——报告期内回收的余热量,单位为千克标准煤(kgce);

P_d ——报告期内实收合格煅后煤产量,单位为吨(t)。

5.3.1.2　成型工序单位能耗

报告期内,成型工序生产出每吨合格阴极生块实际消耗的各种能源折标准煤的总量。按式(2)计算:

$$E_c = \frac{\sum_{i=1}^{n}(e_i \times \rho_i)}{P_c} = \frac{e_c}{P_c} \quad \cdots\cdots (2)$$

式中：

E_c ——报告期内成型工序单位产品能耗，单位为千克标准煤每吨(kgce/t)；

n ——报告期内成型工序消耗的能源种数；

e_i ——报告期内成型工序消耗的第 i 种能源实物量，实物单位；

ρ_i ——报告期内第 i 种能源的折标准煤系数；

e_c ——报告期内成型工序消耗能源量，$e_c=\sum_{i=1}^{n}(e_i\times\rho_i)$，单位为千克标准煤(kgce)；

P_c ——报告期内合格阴极生块产量，单位为吨(t)。

5.3.1.3 焙烧工序单位能耗

该工序消耗能源量包括焙烧生产过程消耗的各种能源量。按式(3)计算：

$$E_b = \frac{\sum_{i=1}^{n}(e_i \times \rho_i)}{P_b} = \frac{e_b}{P_b} \quad \cdots\cdots (3)$$

式中：

E_b ——报告期内焙烧工序单位产品能耗，单位为千克标准煤每吨(kgce/t)；

n ——报告期内焙烧工序消耗的能源种数；

e_i ——报告期内焙烧工序消耗的第 i 种能源实物量，实物单位；

ρ_i ——报告期内第 i 种能源的折标准煤系数；

e_b ——报告期内焙烧工序消耗能源量，$e_b=\sum_{i=1}^{n}(e_i\times\rho_i)$，单位为千克标准煤(kgce)；

P_b ——报告期内合格焙烧块产量，单位为吨(t)。

5.3.1.4 加工工序单位能耗

该工序消耗能源量包括炭块加工生产过程消耗的各种能源量。按式(4)计算：

$$E_j = \frac{\sum_{i=1}^{n}(e_i \times \rho_i)}{P_j} = \frac{e_j}{P_j} \quad \cdots\cdots (4)$$

式中：

E_j ——报告期内加工工序单位产品能耗，单位为千克标准煤每吨(kgce/t)；

n ——报告期内加工工序消耗的能源种数；

e_i ——报告期内加工工序消耗的能源实物量，实物单位；

ρ_i ——报告期内第 i 种能源的折标准煤系数；

e_j ——报告期内加工工序消耗能源量，$e_j=\sum_{i=1}^{n}(e_i\times\rho_i)$，单位为千克标准煤(kgce)；

P_j ——报告期内合格加工块产量，单位为吨(t)。

5.3.1.5 辅助附属部门能耗

该工序消耗能源量包括机修、检修、车队等辅助车间用能和主体车间、管理部门的照明、取暖、降温、洗澡等用能。按式(5)计算：

$$e_f = \sum_{i=1}^{n}(e_i \times \rho_i) \quad \cdots\cdots (5)$$

式中：

e_f ——报告期内辅助附属部门消耗能源量，单位为千克标准煤（kgce）；

n ——报告期内辅助工序消耗的能源种数；

e_i ——报告期内辅助工序消耗的第 i 种能源实物量，实物单位；

ρ_i ——报告期内第 i 种能源的折标准煤系数。

5.3.1.6 **分摊辅助附属部门能耗**

计算工序综合能耗时，分摊的辅助附属部门能耗。按式（6）计算：

$$e_{ff} = \frac{e_{gi}}{e_{yj}} \times e_f \qquad \cdots\cdots(6)$$

式中：

e_{ff}——报告期内某工序分摊的辅助附属部门能耗量，单位为千克标准煤（kgce）；

e_{gi}——报告期内某工序消耗的能源量，单位为千克标准煤（kgce）；

e_{yj}——报告期内阴极炭块生产的各工序消耗的能源量总和，扣除回收的余热量，单位为千克标准煤（kgce）。

5.3.2 **单位产品工序综合能耗**

5.3.2.1 **煅烧工序单位综合能耗**

报告期内，该工序消耗能源量包括完成对生无烟煤进行煅烧生产出符合工艺要求的煅后煤所消耗的各种能源量（含无烟煤）总和减去回收的余热量，加分摊的辅助附属部门能耗。按式（7）计算：

$$E_{ds} = \frac{e_d - e_y + e_{ff}}{P_d} \qquad \cdots\cdots(7)$$

式中：

E_{ds}——报告期内煅烧工序单位产品综合能耗，单位为千克标准煤每吨（kgce/t）；

e_d ——报告期内煅烧工序消耗能源量，单位为千克标准煤（kgce）；

e_y ——报告期内回收的余热量，单位为千克标准煤（kgce）；

e_{ff} ——报告期内煅烧工序分摊的辅助附属部门能耗量，单位为千克标准煤（kgce）；

P_d ——报告期内实收合格煅后煤产量，单位为吨（t）。

5.3.2.2 **成型、焙烧、加工工序单位综合能耗**

报告期内，经成型、焙烧、加工工序生产出每吨合格阴极加工块实际消耗的各种能源折标准煤的总量，加分摊的辅助附属部门能耗。按式（8）计算：

$$E_{cj} = \frac{e_c + e_b + e_j + e_{ff}}{P_j} \qquad \cdots\cdots(8)$$

式中：

E_{cj}——报告期内成型焙烧加工工序单位产品综合能耗，单位为千克标准煤每吨（kgce/t）；

e_c ——报告期内成型工序消耗能源量，单位为千克标准煤（kgce）；

e_b ——报告期内焙烧工序消耗能源量，单位为千克标准煤（kgce）；

e_j ——报告期内加工工序消耗能源量，单位为千克标准煤（kgce）；

e_{ff} ——报告期内成型、焙烧、加工工序分摊的辅助附属部门能耗量，单位为千克标准煤（kgce）；

P_j ——报告期内合格加工块产量，单位为吨（t）。

5.3.3 **单位产品综合能耗**

阴极炭块单位产品综合能耗按式（9）计算：

$$E_{yj}=\frac{e_d+e_c+e_b+e_j+e_f-e_y}{P_j} \quad \cdots\cdots(9)$$

式中：

E_{yj}——报告期内阴极炭块单位产品综合能耗，单位为千克标准煤每吨(kgce/t)；

e_d ——报告期内煅烧工序消耗能源量，单位为千克标准煤(kgce)；

e_c ——报告期内成型工序消耗能源量，单位为千克标准煤(kgce)；

e_b ——报告期内焙烧工序消耗能源量，单位为千克标准煤(kgce)；

e_j ——报告期内加工工序消耗能源量，单位为千克标准煤(kgce)；

e_f ——报告期内辅助附属部门消耗能源量，单位为千克标准煤(kgce)；

e_y ——报告期内回收的余热量，单位为千克标准煤(kgce)；

P_j ——报告期内合格加工块产量，单位为吨(t)。

附 录 A
（资料性附录）
常用能源品种现行折标准煤系数和耗能工质能源等价值

A.1 常用能源品种现行折标准煤系数

表 A.1 为常用能源品种现行折标准煤系数。

表 A.1 常用能源品种现行折标准煤系数

能源		折标准煤系数及单位	
品种	单位	系数	单位
原煤	吨	0.714 3	吨标准煤每吨(tce/t)
无烟煤	吨	0.900	吨标准煤每吨(tce/t)
洗精煤	吨	0.900	吨标准煤每吨(tce/t)
汽油	吨	1.471 4	吨标准煤每吨(tce/t)
重油	吨	1.428 6	吨标准煤每吨(tce/t)
柴油	吨	1.457 1	吨标准煤每吨(tce/t)
焦炭	吨	0.971 4	吨标准煤每吨(tce/t)
液化石油气	吨	1.714 3	吨标准煤每吨(tce/t)
电力	万千瓦时	1.229	吨标准煤每万千瓦时[tce/(10^4 kW·h)]
煤气(热值为 1 250×4.186 8 kJ/m^3)	万立方米	1.786	吨标准煤每万立方米(tce/10^4 m^3)
天然气	千立方米	1.330 0	吨标准煤每千立方米(tce/10^3 m^3)
蒸汽(98.1 kPa 饱和蒸汽)	千克	2 674.5	千焦每千克(kJ/kg)

注 1：原煤的热值按 5 000 kcal/kg 计。
注 2：蒸汽折标准煤系数按热值计。

A.2 耗能工质能源等价值

表 A.2 为耗能工质能源等价值。

表 A.2 耗能工质能源等价值

能源		折标准煤系数及单位	
名称	单位	热值/MJ	折标准煤/kgce
新水	吨	7.535 0	0.257 1
软化水	吨	14.234 7	0.485 7
压缩空气	立方米	1.172 3	0.040 0

表 A.2 耗能工质能源等价值（续）

能源		折标准煤系数及单位	
名称	单位	热值/MJ	折标准煤/kgce
二氧化碳	立方米	6.280 6	0.214 3
氧气	立方米	11.723 0	0.400 0
氮气	立方米	11.723 0	0.400 0
		19.677 1	0.671 4
乙炔	立方米	243.672 2	8.314 3
电石	千克	60.918 8	2.078 6

注 1：新水指尚未使用的自来水。

注 2：除乙炔、电石外，均按平均耗电计算。

注 3：氮气作为副产品时，折标准煤系数取 0.400 0。作为主产品时，折标准煤系数取 0.671 4。

注 4：乙炔按耗电石计算。

注 5：电石按平均耗焦炭、电计算。

ICS 27.010
F 01

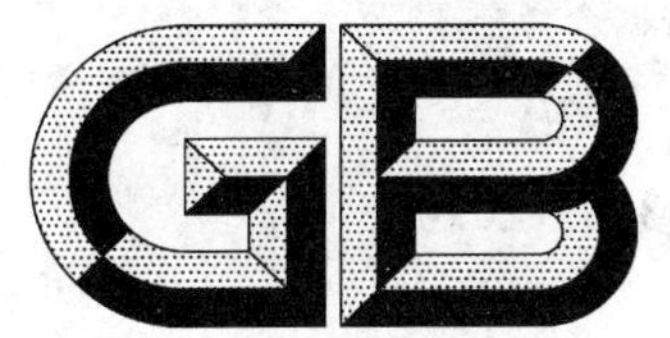

中华人民共和国国家标准

GB 25325—2010

铝电解用预焙阳极单位产品能源消耗限额

The norm of energy consumption for prebaked anode products for aluminium eletrolyzation

2010-11-10 发布　　　　2012-03-01 实施

中华人民共和国国家质量监督检验检疫总局
中国国家标准化管理委员会　发布

前　言

本标准4.1和4.2是强制性的，其余为推荐性的。

本标准按照GB/T 1.1—2009给出的规则起草。

本标准由全国能源基础与管理标准化技术委员会(SAC/TC 20)和全国有色金属标准化技术委员会(SAC/TC 243)归口。

本标准负责起草单位：中国铝业股份有限公司贵州分公司、中国有色金属工业标准计量质量研究所、山东南山铝业股份有限公司、索通发展有限公司。

本标准参加起草单位：中电投宁夏青铜峡能源铝业集团有限公司、中国铝业股份有限公司河南分公司、山东晨阳碳素股份有限公司。

本标准主要起草人：刘四清、狄贵华、王开付、张志宏、曾萍、黄燕、郎光辉、陈泓均。

铝电解用预焙阳极单位产品能源消耗限额

1 范围

本标准规定了铝电解用预焙阳极(以下简称预焙阳极)企业生产能源消耗(简称能耗)限额的要求、计算原则及计算方法。

本标准适用于铝电解用预焙阳极企业生产能耗的计算、考核,以及新建项目能耗的控制。

2 规范性引用文件

下列文件对于本文件的应用是必不可少的。凡是注日期的引用文件,仅注日期的版本适用于本文件。凡是不注日期的引用文件,其最新版本(包括所有的修改单)适用于本文件。

GB 17167 用能单位能源计量器具配备和管理通则

3 术语和定义

下列术语和定义适用于本文件。

3.1

单位产品工序能耗 unit energy consumption in working procedure

工序生产过程中生产每吨合格产品消耗的能源量。

3.2

煅烧工序综合能耗 comprehensive energy consumption of calcining working procedure

煅烧工序生产过程中生产每吨合格煅后焦实际消耗的能源量(包括生石油焦)与分摊辅助、附属生产系统消耗的能源量总和,并扣除回收的余热量。

3.3

成型焙烧工序综合能耗 comprehensive energy consumption of mouding & baking working procedure

成型焙烧工序生产过程中生产每吨合格焙烧块实际消耗的能源量与分摊辅助、附属生产系统消耗的能源量总和。

3.4

组装工序综合能耗 comprehensive energy consumption of assembling working procedure

阳极组装工序生产过程中生产每吨合格阳极组装块实际消耗的能源量与分摊辅助、附属生产系统消耗的能源量总和。

3.5

单位产品间接综合能耗 unit consumption of indirect integrate energy

企业的辅助生产系统和附属生产系统在产品生产的时间内实际消耗的各种能源以及耗能工质在企业内部进行贮存、转换及计量供应(包括转供)中的损耗,分摊到该产品上的综合能耗量。

3.6

单位产品综合能耗 unit consumption of integrate energy

产品单位产量直接综合能耗与产品单位产量间接综合能耗之和。

4 要求

4.1 现有铝电解用预焙阳极企业单位产品工序综合能耗限额限定值

现有铝电解用预焙阳极企业煅烧工序综合能耗、成型和焙烧工序综合能耗、组装工序综合能耗限额限定值见表1。

4.2 新建铝电解用预焙阳极企业单位产品工序综合能耗限额准入值

新建铝电解用预焙阳极企业煅烧工序综合能耗、成型和焙烧工序综合能耗、组装工序综合能耗限额准入值见表2。

表1 现有铝电解用预焙阳极企业单位产品工序综合能耗限额限定值

工序名称	能耗限额限定值 kgce/t
煅烧工序综合能耗 E_{ds}	≤1 230
成型焙烧工序综合能耗 E_{cb}	≤180
组装工序综合能耗 E_{zz}	≤13

表2 新建铝电解用预焙阳极企业单位产品工序综合能耗限额准入值

工序名称	能耗限额准入值 kgce/t
煅烧工序综合能耗 E_{ds}	≤1 200
成型焙烧工序综合能耗 E_{cb}	≤160
组装工序综合能耗 E_{zz}	≤11

4.3 铝电解用预焙阳极企业单位产品工序综合能耗限额先进值

铝电解用预焙阳极企业煅烧工序综合能耗、成型和焙烧工序综合能耗、组装工序综合能耗限额先进值见表3。

表3 铝电解用预焙阳极企业单位产品工序综合能耗限额先进值

工序名称	能耗限额先进值 kgce/t
煅烧工序综合能耗 E_{ds}	≤1 140
成型焙烧工序综合能耗 E_{cb}	≤130
组装工序综合能耗 E_{zz}	≤9

4.4 焙烧(组装)块单位产品综合能耗

焙烧(组装)块单位产品综合能耗由各工序能耗计算得出,见式(10)、式(11)。

5 能耗计算原则及计算方法

5.1 铝电解用预焙阳极工艺流程

铝电解用预焙阳极生产工艺流程见图1。

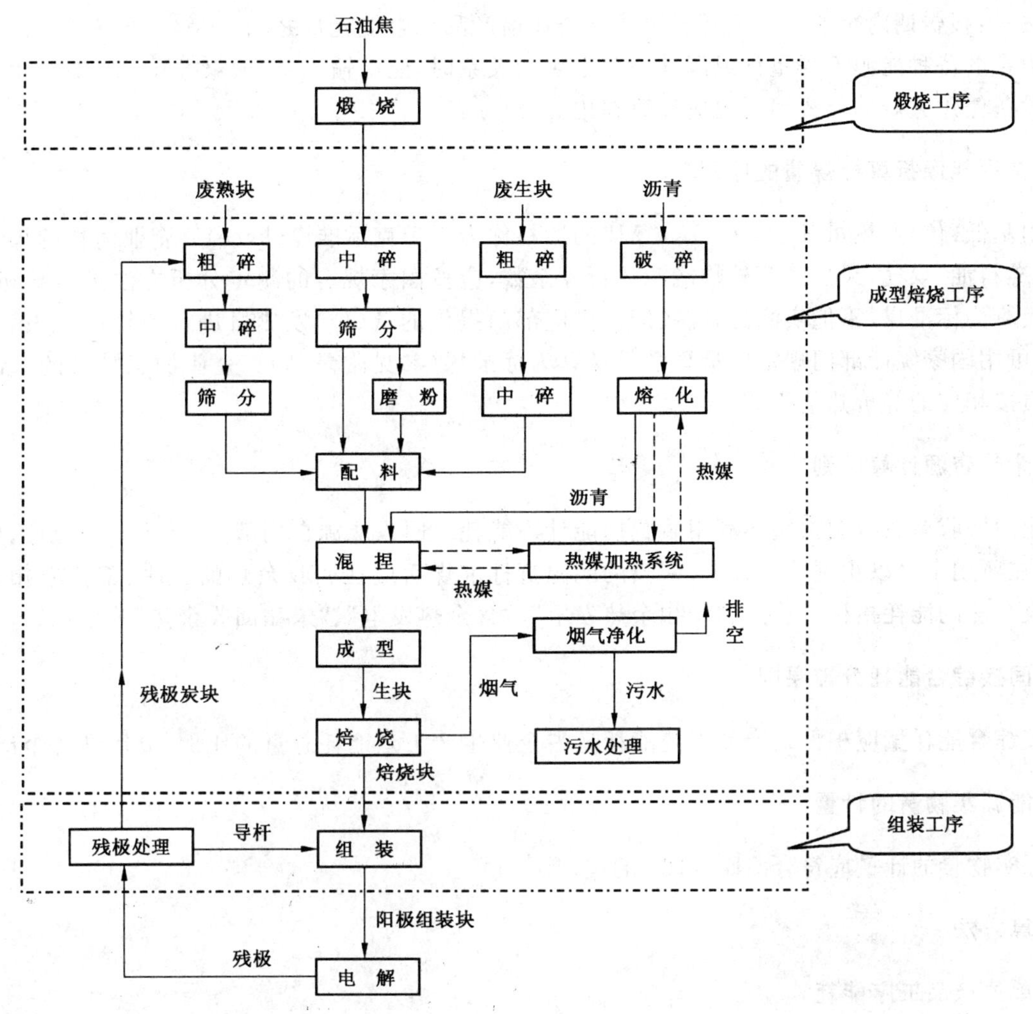

图1 铝电解用预焙阳极生产工艺流程图

5.2 计算原则

5.2.1 铝电解用预焙阳极生产企业的能源消耗

铝电解用预焙阳极生产企业的能源消耗包括：一次能源（原煤、天然气等）、二次能源（石油焦、电力、重油、煤气等）、耗能工质（水、蒸汽、压缩空气等）和余热资源。包括能源及耗能工质在企业内部进行贮存、转换及计量供应（包括转供）中的损耗，但不包括生活用能和批准的基建项目用能。

企业生活用能量是指企业系统内的宿舍、学校、文化娱乐、医疗保健、商业服务和托儿幼教等方面的用能量。不包括车间、管理部门的照明、取暖、降温、洗澡等用能。

5.2.2 报告期内的能源消耗量

报告期内企业生产消耗能源量有三种计算方法。

方法一：报告期内企业生产消耗能源量＝企业购入能源量＋期初库存能源量－企业转供能源量－企业基建项目耗能量－企业生活用能量—期末库存能源量

方法二：报告期内企业生产消耗能源量＝企业诸产品工艺能耗量＋辅助和附属生产系统用能量＋企业内部能源转换损失量

方法三：报告期内企业生产消耗能源量＝企业诸产品综合能耗量之和

所消耗的各种能源不得重计或漏计。存在供需关系时，能源输入、输出双方在计算时量值上应保持一致。设备停炉大修的能源消耗也应计算在内。

5.2.3 常用能源折算标煤量的原则

应用基低(位)发热量等于 29.307 6 MJ 的燃料称为 1 千克标准煤(kgce)。企业消耗的煤炭、焦炭、石油焦、燃料油、煤气、天然气等外购能源的折算系数，应按国家规定的测定分析方法进行分析测定，按实测值换算为标准煤；不能实测的，应按能源供应部门提供的低(位)发热量进行换算；在上述条件均不具备时，可用国家统计部门规定的折算系数换算为标准煤(参见附录 A)。企业加工转换的二次能源及耗能工质按相应的等价热值折算。

5.2.4 余热资源计算原则

企业内回收余热资源按余热利用装置用能计入能耗。回收能源自用部分，计入自用工序；转供其他工序时，在所用工序以正常消耗计入；回收的能源折标准煤后应在回收余热的工序、工艺中扣除。如未扣除回收余热的能耗指标，应标明“未扣余热发电”、“含余热发电”、“未扣回收余热”等字样。

5.2.5 间接综合能耗分摊原则

间接综合能耗量应根据诸产品工艺能耗量占企业生产工艺能耗总量的比例，分摊到各个产品。

5.2.6 能源实物量的计量

能源实物量的计量应符合 GB 17167 的规定。

5.3 计算方法

5.3.1 单位产品工序能耗

5.3.1.1 煅烧工序单位能耗

报告期内，对生石油焦进行煅烧生产出合格煅后焦的过程中消耗的各种能源(含石油焦)，扣除回收的能源量后实际消耗的各种能源折标准煤的总量。按式(1)计算：

$$E_d = \frac{\sum_{i=1}^{n}(e_i \times \rho_i) - e_y}{P_d} = \frac{e_d - e_y}{P_d} \quad \cdots\cdots (1)$$

式中：

E_d ——报告期内煅烧工序单位产品能耗，单位为千克标准煤每吨(kgce/t)；

n ——报告期内煅烧工序消耗的能源种数；

e_i ——报告期内煅烧工序消耗的第 i 种能源实物量，实物单位；

ρ_i ——报告期内第 i 种能源的折标准煤系数；

e_d ——报告期内煅烧工序消耗能源量，$e_d=\sum_{i=1}^{n}(e_i\times\rho_i)$，单位为千克标准煤(kgce)；

e_y ——报告期内回收的余热量，单位为千克标准煤(kgce)；

P_d ——报告期内实收合格煅后焦产量，单位为吨(t)。

5.3.1.2 **成型工序单位能耗**

报告期内，对成型生产所需的原料经破碎、配料、混捏、成型等工序生产出每吨合格阳极生块实际消耗的各种能源折标准煤的总量。按式(2)计算：

$$E_c=\frac{\sum_{i=1}^{n}(e_i\times\rho_i)}{P_c}=\frac{e_c}{P_c} \qquad \cdots\cdots(2)$$

式中：

E_c ——报告期内成型工序单位产品能耗，单位为千克标准煤每吨(kgce/t)；

n ——报告期内成型工序消耗的能源种数；

e_i ——报告期内成型工序消耗的第 i 种能源实物量，实物单位；

ρ_i ——报告期内第 i 种能源的折标系数；

e_c ——报告期内成型工序消耗能源量，$e_c=\sum_{i=1}^{n}(e_i\times\rho_i)$，单位为千克标准煤(kgce)；

P_c ——报告期内合格阳极生块产量，单位为吨(t)。

5.3.1.3 **焙烧工序单位能耗**

该工序消耗能源量包括焙烧生产过程消耗的各种能源量。按式(3)计算：

$$E_b=\frac{\sum_{i=1}^{n}(e_i\times\rho_i)}{P_b}=\frac{e_b}{P_b} \qquad \cdots\cdots(3)$$

式中：

E_b ——报告期内焙烧工序单位产品能耗，单位为千克标准煤每吨(kgce/t)；

n ——报告期内焙烧工序消耗的能源种数；

e_i ——报告期内焙烧工序消耗的第 i 种能源实物量，实物单位；

ρ_i ——报告期内第 i 种能源的折标系数；

e_b ——报告期内焙烧工序消耗能源量，$e_b=\sum_{i=1}^{n}(e_i\times\rho_i)$，单位为千克标准煤(kgce)；

P_b ——报告期内合格焙烧块产量，单位为吨(t)。

5.3.1.4 **组装工序单位能耗**

该工序消耗能源量包括组装生产过程消耗的各种能源量。按式(4)计算：

$$E_z=\frac{\sum_{i=1}^{n}(e_i\times\rho_i)}{P_z}=\frac{e_z}{P_z} \qquad \cdots\cdots(4)$$

式中：

E_z ——报告期内组装工序单位产品能耗，单位为千克标准煤每吨(kgce/t)；

n ——报告期内组装工序消耗的能源种数；

e_i ——报告期内组装工序消耗的能源实物量，实物单位；

ρ_i ——报告期内第 i 种能源的折标系数；

e_z ——报告期内组装工序消耗能源量，$e_z=\sum_{i=1}^{n}(e_i \times \rho_i)$，单位为千克标准煤(kgce)；

P_z ——报告期内合格组装块产量，单位为吨(t)。

5.3.1.5 **辅助附属部门能耗**

该工序消耗能源量包括机修、检修、车队等辅助车间用能和主体车间、管理部门的照明、取暖、降温、洗澡等用能。按式(5)计算：

$$e_f=\sum_{i=1}^{n}(e_i \times \rho_i) \quad \cdots\cdots(5)$$

式中：

e_f ——报告期内辅助附属部门消耗能源量，单位为千克标准煤(kgce)；

n ——报告期内组装工序消耗的能源种数；

e_i ——报告期内组装工序消耗的第 i 种能源实物量，实物单位；

ρ_i ——报告期内第 i 种能源的折标系数。

5.3.1.6 **分摊辅助附属部门能耗**

计算工序综合能耗时，分摊的辅助附属部门能耗。按式(6)计算：

$$e_{ff}=\frac{e_{gi}}{e_{yj}} \times e_f \quad \cdots\cdots(6)$$

式中：

e_{ff}——报告期内某工序分摊的辅助附属部门能耗量，单位为千克标准煤(kgce)；

e_{gi}——报告期内某工序消耗的能源量，单位为千克标准煤(kgce)；

e_{yj}——报告期内预焙阳极焙烧块(或组装块)生产的各工序消耗的能源量总和，扣除回收的余热量，单位为千克标准煤(kgce)。

5.3.2 **单位产品工序综合能耗**

5.3.2.1 **煅烧工序单位综合能耗**

报告期内，生产每吨符合工艺要求煅后焦在煅烧工序实际消耗的各种能源量(包括生石油焦)与分摊辅助、附属生产系统消耗的能源量总和，并扣除回收的余热量。按式(7)计算：

$$E_{ds}=\frac{e_d-e_y+e_{ff}}{P_d} \quad \cdots\cdots(7)$$

式中：

E_{ds}——报告期内煅烧工序单位产品综合能耗，单位为千克标准煤每吨(kgce/t)；

e_d ——报告期内煅烧工序消耗能源量，单位为千克标准煤(kgce)；

e_y ——报告期内回收的余热量，单位为千克标准煤(kgce)；

e_{ff} ——报告期内煅烧工序分摊的辅助附属部门能耗量，单位为千克标准煤(kgce)；

P_d ——报告期内实收合格煅后焦产量，单位为吨(t)。

5.3.2.2 **成型、焙烧工序单位综合能耗**

报告期内，经成型、焙烧工序生产出每吨合格焙烧块实际消耗的各种能源折标准煤的总量，加分摊的辅助附属部门能耗。按式(8)计算：

$$E_{cb}=\frac{e_c+e_b+e_{ff}}{P_b} \quad \cdots\cdots(8)$$

式中：

E_{cb}——报告期内成型、焙烧工序单位产品综合能耗，单位为千克标准煤每吨(kgce/t)；

e_c ——报告期内成型工序消耗能源量，单位为千克标准煤(kgce)；

e_b ——报告期内焙烧工序消耗能源量，单位为千克标准煤(kgce)；

e_{ff} ——报告期内成型、焙烧工序分摊的辅助附属部门能耗量，单位为千克标准煤(kgce)；

P_b ——报告期内合格焙烧块产量，单位为吨(t)。

5.3.2.3 组装工序单位综合能耗

该工序消耗能源量包括组装生产过程消耗的各种能源量，加分摊的辅助附属部门能耗。按式(9)计算：

$$E_{zz}=\frac{e_z+e_{ff}}{P_z} \qquad \cdots\cdots(9)$$

式中：

E_{zz}——报告期内组装工序单位产品综合能耗，单位为千克标准煤每吨(kgce/t)；

e_z ——报告期内组装工序消耗能源量，单位为千克标准煤(kgce)；

e_{ff} ——报告期组装工序分摊的辅助附属部门能耗量，单位为千克标准煤(kgce)；

P_z ——报告期内合格组装块产量，单位为吨(t)。

5.3.3 单位产品综合能耗

预焙阳极焙烧块单位产品综合能耗按式(10)计算：

$$E_{bq}=\frac{e_d+e_c+e_b+e_f-e_y}{P_b} \qquad \cdots\cdots(10)$$

式中：

E_{bq}——报告期内预焙阳极焙烧块单位产品综合能耗，单位为千克标准煤每吨(kgce/t)；

e_d ——报告期内煅烧工序消耗能源量，单位为千克标准煤(kgce)；

e_c ——报告期内成型工序消耗能源量，单位为千克标准煤(kgce)；

e_b ——报告期内焙烧工序消耗能源量，单位为千克标准煤(kgce)；

e_f ——报告期内辅助附属部门消耗能源量，单位为千克标准煤(kgce)；

e_y ——报告期内回收的余热量，单位为千克标准煤(kgce)；

P_b ——报告期内合格焙烧块产量，单位为吨(t)。

预焙阳极组装块单位产品综合能耗按式(11)计算：

$$E_{zq}=\frac{e_d+e_c+e_b+e_z+e_f-e_y}{P_z} \qquad \cdots\cdots(11)$$

式中：

E_{zq}——报告期内预焙阳极组装块单位产品综合能耗，单位为千克标准煤每吨(kgce/t)；

e_d ——报告期内煅烧工序消耗能源量，单位为千克标准煤(kgce)；

e_c ——报告期内成型工序消耗能源量，单位为千克标准煤(kgce)；

e_b ——报告期内焙烧工序消耗能源量，单位为千克标准煤(kgce)；

e_f ——报告期内辅助附属部门消耗能源量，单位为千克标准煤(kgce)；

e_y ——报告期内回收的余热量，单位为千克标准煤(kgce)；

e_z ——报告期内组装工序消耗能源量，单位为千克标准煤(kgce)；

P_z ——报告期内合格组装块产量，单位为吨(t)。

附 录 A
（资料性附录）
常用能源品种现行折标准煤系数和耗能工质能源等价值

A.1 常用能源品种现行折标准煤系数

表 A.1 为常用能源品种现行折标准煤系数。

表 A.1 常用能源品种现行折标准煤系数

能 源		折标准煤系数及单位	
品 种	单 位	系 数	单 位
原煤	吨	0.714 3	吨标准煤每吨(tce/t)
无烟煤	吨	0.900	吨标准煤每吨(tce/t)
洗精煤	吨	0.900	吨标准煤每吨(tce/t)
汽油	吨	1.471 4	吨标准煤每吨(tce/t)
重油	吨	1.428 6	吨标准煤每吨(tce/t)
柴油	吨	1.457 1	吨标准煤每吨(tce/t)
焦炭	吨	0.971 4	吨标准煤每吨(tce/t)
液化石油气	吨	1.714 3	吨标准煤每吨(tce/t)
电力	万千瓦时	1.229	吨标准煤每万千瓦时[$tce/(10^4\ kW\cdot h)$]
煤气(热值为 1 250×4.186 8 kJ/m^3)	万立方米	1.786	吨标准煤每万立方米($tce/10^4\ m^3$)
天然气	千立方米	1.330 0	吨标准煤每千立方米($tce/10^3\ m^3$)
蒸汽(98.1 kPa 饱和蒸汽)	千克	2 674.5	千焦每千克(kJ/kg)
注 1：原煤的热值按 5 000 kcal/kg 计。 注 2：蒸汽折标准煤系数按热值计。			

A.2 耗能工质能源等价值

表 A.2 为耗能工质能源等价值。

表 A.2 耗能工质能源等价值

能 源		折标准煤系数及单位	
名 称	单 位	热值/MJ	折标准煤/kgce
新水	吨	7.535 0	0.257 1
软化水	吨	14.234 7	0.485 7
压缩空气	立方米	1.172 3	0.040 0

表 A.2 耗能工质能源等价值(续)

能源		折标准煤系数及单位	
名称	单位	热值/MJ	折标准煤/kgce
二氧化碳	立方米	6.280 6	0.214 3
氧气	立方米	11.723 0	0.400 0
氮气	立方米	11.723 0	0.400 0
		19.677 1	0.671 4
乙炔	立方米	243.672 2	8.314 3
电石	千克	60.918 8	2.078 6

注1:新水指尚未使用的自来水。
注2:除乙炔、电石外,均按平均耗电计算。
注3:氮气作为副产品时,折标准煤系数取0.400 0。作为主产品时,折标准煤系数取0.671 4。
注4:乙炔按耗电石计算。
注5:电石按平均耗焦炭、电计算。

ICS 27.010
F 01

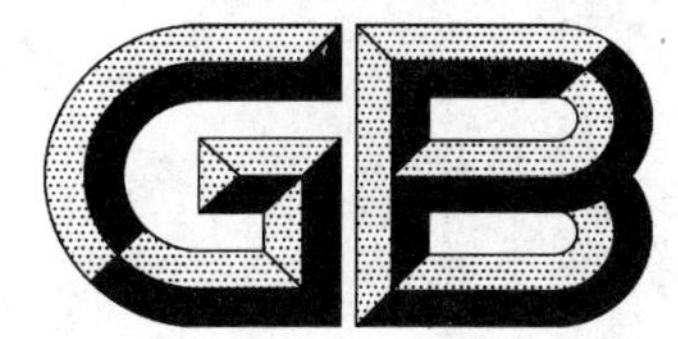

中华人民共和国国家标准

GB 25326—2010

铝及铝合金轧、拉制管、棒材单位产品能源消耗限额

The norm of energy consumption per unit products of rolled or drawn aluminium and aluminium alloy tubes, bars

2010-11-10 发布　　2012-03-01 实施

中华人民共和国国家质量监督检验检疫总局
中国国家标准化管理委员会　发布

前言

本标准的4.1、4.2为强制性的，其余为推荐性的。

本标准按照GB/T 1.1—2009给出的规则起草。

本标准由全国能源基础与管理标准化技术委员会(SAC/TC 20)和全国有色金属标准化技术委员会(SAC/TC 243)归口。

本标准负责起草单位：中国铝业西北铝加工分公司、中国有色金属工业标准计量质量研究所。

本标准参加起草单位：东北轻合金有限责任公司、西南铝业(集团)有限责任公司、广东凤铝铝业有限公司、上虞市东轻特种铝材厂。

本标准主要起草人：侯波、段瑞芬、葛立新、李建荣、司彦平、李树威、徐国英、李文武、胡常云、郑志荣。

铝及铝合金轧、拉制管、棒材单位产品能源消耗限额

1 范围

本标准规定了铝及铝合金轧、拉制管材和棒材单位产品能源消耗(以下简称能耗)限额的技术要求、计算原则、计算范围及计算方法和节能管理与措施。

本标准适用于铝及铝合金轧、拉制管材(以下简称轧、拉制管材)和铝及铝合金轧、拉制棒材(以下简称轧、拉制棒材)生产企业单位产品能耗的计算、考核[1],以及新建项目的能耗控制。

2 规范性引用文件

下列文件对于本文件的应用是必不可少的。凡是注日期的引用文件,仅注日期的版本适用于本文件。凡是不注日期的引用文件,其最新版本(包括所有的修改单)适用于本文件。

GB 17167 用能单位能源计量器具配备和管理通则

YS/T 694.1—2009 变形铝及铝合金单位产品能源消耗限额 第1部分:铸造锭

3 术语和定义

YS/T 694.1—2009 界定的术语和定义适用于本文件。

4 技术要求

4.1 现有轧、拉制管材和轧、拉制棒材生产企业单位产品能耗限额限定值

现有轧、拉制管材和轧、拉制棒材生产企业单位产品能耗限额限定值应符合表1的要求。企业位处长江以北时,表中能耗限额限定值应乘以修正系数 K(山海关以南,取 $K=1.1$;山海关以北,取 $K=1.2$);企业位处海拔高度超过 1 500 m 时,表中能耗限额限定值应乘以 1.03 进行修正。

表1 现有轧、拉制管材和轧、拉制棒材生产企业单位产品能耗限额限定值

产品名称	原料	生产工艺流程	能耗限额限定值/(kgce/t),不大于	
			工艺能耗	综合能耗
轧、拉制管材 轧、拉制棒材	挤压坯料	图1	220	260

1) 企业产品能耗以报告期内企业生产的各类合格产品的产量与对应单位产品能耗限额的乘积之和为限额进行考核评定。

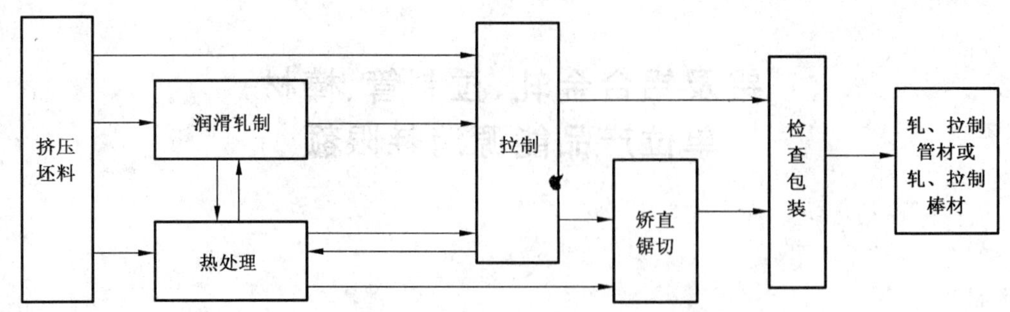

图 1　轧、拉制管材和轧、拉制棒材生产工艺流程简图

4.2　新建轧、拉制管材和轧、拉制棒材生产企业单位产品的能耗限额准入值

新建轧、拉制管材和轧、拉制棒材生产企业单位产品的能耗限额准入值应符合表 2 的要求，企业位处长江以北时，表中能耗限额准入值应乘以修正系数 K（山海关以南，取 $K=1.1$；山海关以北，取 $K=1.2$）；企业位处海拔高度超过 1 500 m 时，表中能耗限额准入值应乘以 1.03 进行修正。

表 2　新建轧、拉制管材和轧、拉制棒材生产企业单位产品能耗限额准入值

产品名称	原　　料	生产工艺流程	能耗限额准入值/(kgce/t)，不大于	
			工艺能耗	综合能耗
轧、拉制管材 轧、拉制棒材	挤压坯料	图 1	185	215

4.3　轧、拉制管材和轧、拉制棒材生产企业单位产品的能耗限额先进值

轧、拉制管材和轧、拉制棒材生产企业单位产品的能耗限额先进值符合表 3 的要求。企业位处长江以北时，表中能耗限额先进值应乘以修正系数 K（山海关以南，取 $K=1.1$；山海关以北，取 $K=1.2$）；企业位处海拔高度超过 1 500 m 时，表中能耗限额先进值应乘以 1.03 进行修正。

表 3　轧、拉制管材和轧、拉制棒材生产企业单位产品能耗限额先进值

产品名称	原　　料	生产工艺流程	能耗限额先进值/(kgce/t)，不大于	
			工艺能耗	综合能耗
轧、拉制管材 轧、拉制棒材	挤压坯料	图 1	155	180

5　能耗计算原则、计算范围及计算方法

5.1　能耗计算原则

能耗计算原则应符合 YS/T 694.1—2009 中 5.1 的规定。常用能源品种现行折标煤系数和耗能工质能源等价值应符合 YS/T 694.1—2009 附录 A 的规定。

5.2 能耗计算范围

本标准能耗计算范围如表 4 所示。

表 4 能耗计算范围

产品分类		能耗分类	能耗计算范围	实物单耗	工艺能耗	综合能耗
产品名称	产品代号			能源单耗代号		
轧、拉制管材	D	工序能耗	热处理工序(工序代号:1)	E_{SD}^{1}	E_{GD}^{1}	E_{ZD}^{1}
			润滑轧制工序(工序代号:2)	E_{SD}^{2}	E_{GD}^{2}	E_{ZD}^{2}
			拉制工序(工序代号:3)	E_{SD}^{3}	E_{GD}^{3}	E_{ZD}^{3}
			矫直、锯切工序(工序代号:4)	E_{SD}^{4}	E_{GD}^{4}	E_{ZD}^{4}
			检查、包装工序(工序代号:5)	E_{SD}^{5}	E_{GD}^{5}	E_{ZD}^{5}
		产品生产能耗	轧、拉制管材生产过程中发生的能耗	E_{SD}	E_{GD}	E_{ZD}
轧、拉制棒材	R	工序能耗	热处理工序(工序代号:1)	E_{SR}^{1}	E_{GR}^{1}	E_{ZR}^{1}
			润滑轧制工序(工序代号:2)	E_{SR}^{2}	E_{GR}^{2}	E_{ZR}^{2}
			拉制工序(工序代号:3)	E_{SR}^{3}	E_{GR}^{3}	E_{ZR}^{3}
			矫直、锯切工序(工序代号:4)	E_{SR}^{4}	E_{GR}^{4}	E_{ZR}^{4}
			检查、包装工序(工序代号:5)	E_{SR}^{5}	E_{GR}^{5}	E_{ZR}^{5}
		产品生产能耗	轧、拉制棒材生产过程中发生的能耗	E_{SR}	E_{GR}	E_{ZR}

5.3 能耗计算方法

5.3.1 工序能耗

5.3.1.1 实物单耗

实物单耗按式(1)计算:

$$E_{SI}^{i}=\frac{M_{SI}^{i}}{P_{ZI}^{i}} \qquad \cdots\cdots(1)$$

式中:

i ——工序代号(1、2、3、4、5)。

I ——产品代号(D、R)。

E_{SI}^{i} ——I 产品生产过程中,i 工序报告期内的实物单耗,单位为吨每吨(t/t)。

M_{SI}^{i} ——I 产品生产过程中,i 工序报告期内直接消耗的某种能源实物总量,单位为吨(t)。

P_{ZI}^{i} ——I 产品生产过程中,i 工序报告期内产出的合格产品总量,单位为吨(t)。

5.3.1.2 工艺能耗

工艺能耗按式(2)计算:

$$E_{GI}^{i}=\frac{E_{HI}^{i}}{P_{ZI}^{i}} \qquad \cdots\cdots(2)$$

式中：

i ——工序代号(1、2、3、4、5)。

I ——产品代号(D、R)。

E_{GI}^{i} ——I 产品生产过程中，i 工序报告期内工艺能耗，单位为千克标准煤每吨(kgce/t)。

E_{HI}^{i} ——I 产品生产过程中，i 工序报告期内直接消耗的各种能源实物量折标煤之和，单位为千克标准煤(kgce)，当含回收余热时，按 YS/T 694.1—2009 中 5.1.7 规定。

P_{ZI}^{i} ——I 产品生产过程中，i 工序报告期内产出的合格产品总量，单位为吨(t)。

5.3.1.3 **综合能耗**

综合能耗按式(3)计算：

$$E_{ZI}^{i}=E_{GI}^{i}+E_{FI}^{i} \qquad \cdots\cdots(3)$$

式中：

i ——工序代号(1、2、3、4、5)。

I ——产品代号(D、R)。

E_{ZI}^{i} ——I 产品生产过程中，i 工序报告期内的综合能耗，单位为千克标准煤每吨(kgce/t)。

E_{GI}^{i} ——I 产品生产过程中，i 工序报告期内的工艺能耗，单位为千克标准煤每吨(kgce/t)。

E_{FI}^{i} ——I 产品生产过程中，i 工序报告期内产出的合格产品间接辅助能源单耗及损耗分摊量，单位为千克标准煤每吨(kgce/t)。

5.3.2 **产品生产能耗**

5.3.2.1 **实物单耗**

实物单耗按式(4)计算：

$$E_{SI}=\frac{M_{SI}}{P_{ZI}} \qquad \cdots\cdots(4)$$

式中：

I ——产品代号(D、R)。

E_{SI} ——报告期内，I 产品生产过程中发生的实物单耗，单位为吨每吨(t/t)。

M_{SI} ——报告期内，I 产品生产过程直接消耗的某种能源实物总量($M_{SI}=M_{SI}^{1}+M_{SI}^{2}+M_{SI}^{3}+M_{SI}^{4}+M_{SI}^{5}$)，单位为吨(t)。

P_{ZI} ——报告期内产出的 I 合格产品总量，单位为吨(t)。

5.3.2.2 **工艺能耗**

工艺能耗按式(5)计算：

$$E_{GI}=\frac{E_{HI}}{P_{ZI}} \qquad \cdots\cdots(5)$$

式中：

I ——产品代号(D、R)。

E_{GI} ——报告期内，I 产品生产过程中发生的工艺能耗，单位为千克标准煤每吨(kgce/t)。

E_{HI} ——报告期内，I 产品生产过程中直接消耗的各种能源实物量折标煤之和，单位为千克标准煤(kgce)，当含回收余热时，按 YS/T 694.1—2009 中 5.1.7 规定($E_{HI}=E_{HI}{}^{1}+E_{HI}{}^{2}+E_{HI}{}^{3}+E_{HI}{}^{4}+E_{HI}{}^{5}$)。

P_{ZI} ——报告期内产出的 I 合格产品总量，单位为吨(t)。

5.3.2.3 综合能耗

综合能耗按式(6)计算：

$$E_{ZI}=E_{GI}+E_{FI} \qquad (6)$$

式中：

I ——产品代号(D、R)。

E_{ZI} ——报告期内，I 产品生产过程中发生的综合能耗，单位为千克标准煤每吨(kgce/t)。

E_{GI} ——报告期内，I 产品生产过程中发生的工艺能耗，单位为千克标准煤每吨(kgce/t)。

E_{FI} ——报告期内，I 产品生产过程中发生的间接辅助能源单耗及损耗分摊量，单位为千克标准煤每吨(kgce/t)。

6 节能管理与措施

6.1 节能基础管理

6.1.1 企业应定期对轧、拉制管材和轧、拉制棒材生产的主要工序能耗情况进行考核，把考核指标分解落实到各基层单位，建立用能责任制度。

6.1.2 企业应根据 GB 17167 的要求配备能源计量器具并建立能源计量管理制度。

6.1.3 通过制定本标准，推动轧、拉制管材和轧、拉制棒材生产企业积极响应国家节能号召，开展科学节能管理。特别是电力资源、水资源及燃料等能源的管理，共享节能技术，达到行业节能的目的。

6.2 节能技术措施

6.2.1 大力推行节能燃烧技术和余热回收技术，最大限度地提高热效率。

6.2.2 引进节能新技术，鼓励企业使用变频节能装置、使用节能型变压器和节能型电机。

6.2.3 推广使用绿色节能环保照明，搞好无功功率补偿。

6.2.4 加强能源转换管理，提高能源转换效率，通过减少转换损失实现系统节能。

6.2.5 加强工艺控制，使产品做到既满足国家标准又不过度生产，减少浪费能源和资源的现象。

ICS 27.010
F 01

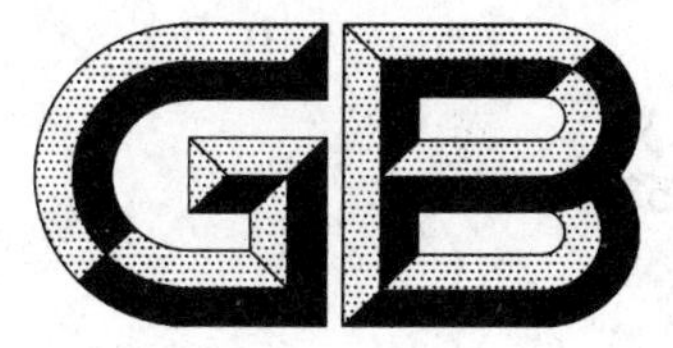

中华人民共和国国家标准

GB 25327—2010

氧化铝企业单位产品能源消耗限额

The norm of energy consumption per unit products of alumina enterprise

2010-11-10 发布　　2012-03-01 实施

中华人民共和国国家质量监督检验检疫总局
中国国家标准化管理委员会　发布

前　言

本标准4.1和4.2是强制性的，其余为推荐性的。

本标准按照GB/T 1.1—2009给出的规则起草。

本标准由全国能源基础与管理标准化技术委员会（SAC/TC 20）和全国有色金属标准化技术委员会（SAC/TC 243）归口。

本标准负责起草单位：中国铝业股份有限公司河南分公司、中国铝业股份有限公司贵州分公司、中国有色金属工业标准计量质量研究所。

本标准参加起草单位：山东南山铝业股份有限公司、洛阳香江万基铝业有限公司、中国铝业股份有限公司广西分公司。

本标准主要起草人：吴红应、张玲仙、狄贵华、牛利民、肖钊铝、石亚飞、罗梅、陈泓钧、蒋炜、董放战、杨越。

氧化铝企业单位产品能源消耗限额

1 范围

本标准规定了氧化铝企业生产能源消耗限额的要求、计算原则、计算范围及计算方法。

本标准适用于氧化铝企业生产能耗的计算与考核评定。

2 规范性引用文件

下列文件对于本文件的应用是必不可少的。凡是注日期的引用文件，仅注日期的版本适用于本文件。凡是不注日期的引用文件，其最新版本(包括所有的修改单)适用于本文件。

GB 17167 用能单位能源计量器具配备和管理通则

3 术语和定义

下列术语和定义适用于本文件。

3.1

单位产品工序能耗 unit energy consumption in working procedure

工序生产过程中生产每吨合格产品消耗的能源量。

3.2

单位产品工艺能耗 unit energy consumption of technology

即产品单位产量直接综合能耗，是指报告期内生产某种产品时主要生产系统的综合能耗与报告期内产出的合格品总量的比值。

3.3

单位产品间接综合能耗 unit consumption of indirect integrate energy

企业的辅助生产系统和附属生产系统在产品生产的时间内实际消耗的各种能源以及耗能工质在企业内部进行贮存、转换及计量供应(包括外销)中的损耗，分摊到该产品上的综合能耗量。

3.4

单位产品综合能耗 unit consumption of integrate energy

产品单位产量直接综合能耗与产品单位产量间接综合能耗之和。

3.5

企业综合能耗 enterprise integrate energy consumption

报告期内企业的主要生产系统、辅助生产系统和附属生产系统的综合能耗总和。

4 要求

4.1 现有氧化铝企业单位产品能耗限额限定值

现有氧化铝企业单位产品能耗限额限定值见表1。表中指标基于拜耳法矿石入磨铝硅比大于8.5，其他工艺入磨铝硅比大于7的条件下提出。

表 1 现有氧化铝企业单位产品能耗限额限定值

工 艺 分 类		能耗限额限定值 kgce/t
拜耳法	工艺能耗	≤490
	综合能耗	≤520
其他工艺	工艺能耗	≤850
	综合能耗	≤900

4.2 新建氧化铝企业单位产品能耗限额准入值

新建氧化铝企业单位产品能耗限额准入值见表 2。表中指标基于拜耳法矿石入磨铝硅比大于 8.5，其他工艺入磨铝硅比大于 7 的条件下提出。

表 2 新建氧化铝企业单位产品能耗限额准入值

工 艺 分 类		能耗限额准入值 kgce/t
拜耳法	工艺能耗	≤470
	综合能耗	≤500
其他工艺	工艺能耗	≤750
	综合能耗	≤800

4.3 氧化铝企业单位产品能耗限额先进值

氧化铝企业单位产品能耗限额先进值见表 3。表中指标基于拜耳法矿石入磨铝硅比大于 8.5，其他工艺入磨铝硅比大于 7 的条件下提出。

表 3 氧化铝企业单位产品能耗限额先进值

工 艺 分 类		能耗限额先进值 kgce/t
拜耳法	工艺能耗	≤450
	综合能耗	≤480
其他工艺	工艺能耗	≤700
	综合能耗	≤750

5 计算原则、计算范围及计算方法

5.1 计算原则

5.1.1 企业生产的能源消耗

企业消耗的能源指用于生产活动的各种能源。包括：一次能源（原煤、原油、天然气等）、二次能源

(如电力、热力、石油制品、焦炭、煤气等)、耗能工质(水、氧气、压缩空气等)和余热资源。包括能源及耗能工质在企业内部进行贮存、转换及计量供应(包括外销)中的损耗,包括用做原料的能源,不包括生活用能和批准的基建项目用能。

5.1.2 报告期内企业生产消耗能源量

报告期内企业生产消耗能源量有三种计算方法。

方法一:报告期内企业生产消耗能源量=企业购入能源量+期初库存能源量-企业外销能源量-企业基建项目耗能量-企业生活用能量-期末库存能源量。

方法二:报告期内企业生产消耗能源量=企业诸产品工艺能耗量+辅助和附属生产系统用能量+企业内部能源转换损失量。

方法三:报告期内企业生产消耗能源量=企业诸产品综合能耗量之和。

5.1.3 能源实物量的计量

能源实物量的计量应符合 GB 17167 的规定。

5.1.4 常用能源(包括生产耗能工质消耗的能源)折算的原则及计量单位

5.1.4.1 单位产品能耗用千克标准煤(kgce)表示,应用基低(位)发热量等于 29.307 6 MJ 称为 1 千克标准煤(kgce)。

5.1.4.2 企业消耗的煤炭、焦炭、燃料油、煤气等外购能源的折算系数,应按国家规定的测定分析方法进行分析测定,按实测值换算为标准煤;不能实测的,应按能源供应部门提供的低(位)发热量进行换算;在上述条件均不具备时,可用国家统计部门规定的折算系数换算为标准煤(参见附录 A)。

5.1.4.3 电力按国家统计部门规定的折算系数换算(参见附录 A 中表 A.1)。

5.1.4.4 在计算工序能耗、工艺能耗和综合能耗时企业加工转换的二次能源及耗能工质按相应的等价热值折算。

5.1.4.5 能源及耗能工质实物消耗量计算单位:

煤、焦炭、重油的单位:kg、t、10^4 t(千克、吨、万吨);

电的单位:kW·h、10^4 kW·h(千瓦时、万千瓦时);

煤气、天然气、压缩空气、氧气的单位:m^3、10^4 m^3(立方米、万立方米);

蒸汽的单位:kg、t(千克、吨);

水的单位:t、10^4 t(吨、万吨)。

5.1.5 余热资源计算原则

企业内回收余热资源按余热利用装置用能计入能耗。回收能源自用部分,计入自用工序;转供其他工序时,在所用工序以正常消耗计入;回收的能源折标准煤后应在回收余热的工序、工艺中扣除。如未扣除回收余热的能耗指标,应标明“未扣余热发电”、“含余热发电”、“未扣回收余热”等字样。

5.1.6 间接综合能耗量

间接综合能耗量应根据诸产品工艺能耗量占企业生产工艺能耗总量的比例,分摊到各个产品。

5.2 计算范围

本标准计算范围包括:氧化铝产品实物单耗、单位产品工序能耗、单位产品工艺能耗和单位产品综合能耗。

5.3 计算方法

5.3.1 实物单耗

5.3.1.1 烧成煤单耗按式(1)计算：

$$D_1=\frac{e_1}{M} \tag{1}$$

式中：

D_1 ——报告期内烧成煤单耗，单位为千克每吨(kg/t)；

e_1 ——报告期内氧化铝生产活动中烧成煤消耗量，单位为千克(kg)；

M ——报告期内氧化铝实产量，单位为吨(t)。

5.3.1.2 生料煤单耗按式(2)计算：

$$D_2=\frac{e_2}{M_{\mathrm{Sl}}}\times\frac{Q_{\mathrm{Sl}}}{M} \tag{2}$$

式中：

D_2 ——报告期内生料煤单耗，单位为千克每吨(kg/t)；

e_2 ——报告期内氧化铝生产活动中生料煤消耗量，单位为千克(kg)；

Q_{Sl} ——报告期内熟料耗用量，单位为吨(t)；

M_{Sl} ——报告期内熟料产量，单位为吨(t)；

M ——报告期内氧化铝实产量，单位为吨(t)。

5.3.1.3 蒸汽单耗按式(3)计算：

$$D_3=\frac{e_3}{M} \tag{3}$$

式中：

D_3 ——报告期内蒸汽单耗，单位为吨每吨(t/t)；

e_3 ——报告期内氧化铝生产活动中蒸汽消耗量，单位为吨(t)；

M ——报告期内氧化铝实产量，单位为吨(t)。

5.3.1.4 焦炭单耗按式(4)计算：

$$D_4=\frac{e_4}{M} \tag{4}$$

式中：

D_4 ——报告期内焦炭单耗，单位为千克每吨(kg/t)；

e_4 ——报告期内氧化铝生产活动中焦炭消耗量，单位为千克(kg)；

M ——报告期内氧化铝实产量，单位为吨(t)。

5.3.1.5 电力单耗按式(5)计算：

$$D_5=\frac{e_5}{M} \tag{5}$$

式中：

D_5 ——报告期内电力单耗，单位为千瓦时每吨(kW·h/t)；

e_5 ——报告期内氧化铝生产活动中电力消耗量，单位为千瓦时(kW·h)；

M ——报告期内氧化铝实产量，单位为吨(t)。

5.3.1.6 焙烧用燃料油(煤气、天然气)单耗按式(6)计算：

$$D_6=\frac{e_6}{M'} \tag{6}$$

式中：

D_6 ——报告期内焙烧用燃料油(煤气、天然气)单耗，单位为千克每吨或立方米每吨(kg/t、m^3/t)；

e_6 ——报告期内氧化铝焙烧过程中燃料油(煤气、天然气)实际消耗量，单位为千克或立方米(kg、m^3)；

M' ——报告期内焙烧氧化铝产量，单位为吨(t)。

5.3.1.7 管道化溶出燃料油(天然气、煤气、煤等)单耗按式(7)计算：

$$D_7=\frac{e_7}{M} \qquad \cdots\cdots(7)$$

式中：

D_7 ——报告期内焙烧用燃料油(天然气、煤气、煤等)单耗，单位为千克每吨或立方米每吨(kg/t、m^3/t)；

e_7 ——报告期内管道化溶出过程中燃料油(天然气、煤气、煤等)消耗量，单位为千克或立方米(kg、m^3)；

M ——报告期内氧化铝实产量，单位为吨(t)。

5.3.1.8 新水单耗按式(8)计算：

$$D_8=\frac{e_8}{M} \qquad \cdots\cdots(8)$$

式中：

D_8 ——报告期内新水单耗，单位为吨每吨(t/t)；

e_8 ——报告期内氧化铝生产活动中新水消耗量，单位为吨(t)；

M ——报告期内氧化铝实产量，单位为吨(t)。

5.3.1.9 循环水单耗按式(9)计算：

$$D_9=\frac{e_9}{M} \qquad \cdots\cdots(9)$$

式中：

D_9 ——报告期内循环水单耗，单位为吨每吨(t/t)；

e_9 ——报告期内氧化铝生产活动中循环水消耗量，单位为吨(t)；

M ——报告期内氧化铝实产量，单位为吨(t)。

5.3.1.10 压缩空气单耗按式(10)计算：

$$D_{10}=\frac{e_{10}}{M} \qquad \cdots\cdots(10)$$

式中：

D_{10} ——报告期内压缩空气单耗，单位为立方米每吨(m^3/t)；

e_{10} ——报告期内氧化铝生产活动中压缩空气消耗量，单位为立方米(m^3)；

M ——报告期内氧化铝实产量，单位为吨(t)。

5.3.1.11 单位蒸汽冷凝回水量按式(11)计算：

$$D_{11}=\frac{e_{11}}{M} \qquad \cdots\cdots(11)$$

式中：

D_{11} ——报告期内单位蒸汽冷凝回水量，单位为吨每吨(t/t)；

e_{11} ——报告期内氧化铝生产中蒸汽冷凝回水量(包括蒸发、溶出过程中冷凝回水)，单位为吨(t)；

M ——报告期内氧化铝实产量，单位为吨(t)。

5.3.2 氧化铝单位产品工序能耗

5.3.2.1 原料制备工序

包括拜耳法和烧结法两部分，从铝矿石、石灰石、生料煤等原料的投入到各种矿浆的制成，单位产品工序能耗按原矿浆、生料浆、管道化矿浆分别计算。其工序能耗按式(12)计算：

$$E_{D1}=\frac{E_1}{M_1} \qquad \cdots\cdots(12)$$

式中：

E_{D1} ——单位产品工序能耗，单位为千克标准煤每立方米(kgce/m³)；

E_1 ——报告期内该工序消耗的各种能源量，单位为千克标准煤(kgce)；

M_1 ——报告期内该工序产出的原矿浆(生料浆、管道化矿浆量)，单位为立方米(m³)。

5.3.2.2 石灰煅烧工序

包括从破碎石灰石到石灰和二氧化碳制成的全过程。其工序能耗按式(13)计算：

$$E_{D2}=\frac{E_2}{M_2} \qquad \cdots\cdots(13)$$

式中：

E_{D2} ——单位产品工序能耗，单位为千克标准煤每吨(kgce/t)；

E_2 ——报告期内该工序消耗的各种能源量，单位为千克标准煤(kgce)；

M_2 ——报告期内该工序入炉石灰石量，单位为吨(t)。

5.3.2.3 熟料烧成工序

包括熟料烧结的全过程，工序能耗按式(14)计算：

$$E_{D3}=\frac{E_3}{M_3} \qquad \cdots\cdots(14)$$

式中：

E_{D3} ——单位产品工序能耗；单位为千克标准煤每吨(kgce/t)；

E_3 ——报告期内该工序消耗的各种能源量，单位为千克标准煤(kgce)；

M_3 ——报告期内该工序生产熟料量，单位为吨(t)。

5.3.2.4 溶出工序

5.3.2.4.1 拜耳法溶出工序

包括从原矿浆投入到溶出精液产出的全过程。此工序送出合格的蒸汽冷凝水以其热焓折算为标准煤从能耗中扣除。工序能耗按式(15)计算：

$$E_{D4}=\frac{E_4}{M_4} \qquad \cdots\cdots(15)$$

式中：

E_{D4} ——单位产品工序能耗，单位为千克标准煤每立方米(kgce/m³)；

E_4 ——报告期内该工序消耗的各种能源量，单位为千克标准煤(kgce)；

M_4 ——报告期内该工序溶出精液量，单位为立方米(m³)。

5.3.2.4.2 烧结法溶出工序

包括从熟料溶出到烧结法精液制成全过程。此工序为间接加热连续脱硅的，送出合格的蒸汽冷凝水以其热焓折算为标准煤从能耗中扣除。工序能耗按式(16)计算：

$$E_{D5}=\frac{E_5}{M_5} \quad \cdots\cdots(16)$$

式中：

E_{D5} ——单位产品工序能耗，单位为千克标准煤每立方米($kgce/m^3$)；

E_5 ——报告期内该工序消耗的各种能源量，单位为千克标准煤(kgce)；

M_5 ——报告期内该工序生产烧结法精液量，单位为立方米(m^3)。

5.3.2.5 分解工序

包括从分解原液到氢氧化铝析出的全过程，单位产品工序能耗按种分和碳分分别计算。工序能耗按式(17)计算：

$$E_{D6}=\frac{E_6}{M_6} \quad \cdots\cdots(17)$$

式中：

E_{D6} ——单位产品工序能耗，单位为千克标准煤每吨(kgce/t)；

E_6 ——报告期内该工序消耗的各种能源量，单位为千克标准煤(kgce)；

M_6 ——报告期内该工序生产氢氧化铝量，单位为吨(t)。

5.3.2.6 蒸发工序

包括从母液到蒸发母液的全过程，其单位产品工序能耗按种分和碳分分别计算。此工序回锅炉的合格的蒸汽冷凝水，以其热焓折算为标准煤从该工序能耗中扣除。工序能耗按式(18)计算：

$$E_{D7}=\frac{E_7}{M_7} \quad \cdots\cdots(18)$$

式中：

E_{D7} ——单位产品工序能耗，单位为千克标准煤每吨(kgce/t)；

E_7 ——报告期内该工序消耗的各种能源量，单位为千克标准煤(kgce)；

M_7 ——报告期内该工序蒸水量，单位为吨(t)。

5.3.2.7 焙烧工序

包括从氢氧化铝到氧化铝焙烧、包装的全过程。工序能耗按式(19)计算：

$$E_{D8}=\frac{E_8}{M_8} \quad \cdots\cdots(19)$$

式中：

E_{D8} ——单位产品工序能耗，单位为千克标准煤每吨(kgce/t)；

E_8 ——报告期内该工序消耗的各种能源量，单位为千克标准煤(kgce)；

M_8 ——报告期内该工序焙烧氧化铝量，单位为吨(t)。

5.3.2.8 辅助附属系统

未列入上述工序，但直接为生产提供服务的辅助系统耗能量。联合企业指氧化铝厂所属的辅助附属系统用能量。如空压站、供排水泵房、化验室、检修车间等。工序能耗按式(20)计算：

$$E_{D9}=\frac{E_9}{M_{AO}} \quad \cdots\cdots(20)$$

式中：

E_{D9} ——单位产品工序能耗，单位为千克标准煤每吨(kgce/t)；

E_9 ——报告期内该工序消耗的各种能源量,单位为千克标准煤(kgce);

M_{AO} ——报告期内氧化铝实产量,单位为吨(t)。

5.3.3 氧化铝单位产品工艺能耗

氧化铝单位产品工艺能耗按式(21)计算:

$$E_Z = \sum_{s=1}^{n}(D_s \times \rho_s) - D_{11} \times \rho_{11} \qquad \cdots\cdots(21)$$

式中:

E_Z ——报告期内氧化铝工艺能耗,单位为千克标准煤每吨(kgce/t);

D_s ——报告期内第 s 种能源实物单耗;

ρ_s ——报告期内第 s 种能源的折标准煤系数;

n ——报告期内该产品消耗的能源种数;

D_{11} ——报告期内氧化铝生产单位蒸汽冷凝回水量,单位为吨每吨(t/t);

ρ_{11} ——报告期内蒸汽冷凝回水折标准煤系数。

5.3.4 氧化铝单位产品综合能耗

氧化铝单位产品综合能耗指氧化铝单位产品工艺能耗与单位产品辅助系统能耗分摊量之和。按式(22)计算:

$$E_D = E_Z + \frac{E_J}{M} \qquad \cdots\cdots(22)$$

式中:

E_D ——报告期内氧化铝单位产品综合能耗,单位为千克标准煤每吨(kgce/t);

E_Z ——报告期内氧化铝单位产品工艺能耗,单位为千克标准煤每吨(kgce/t);

E_J ——报告期内产品辅助附属能耗分摊量,单位为千克标准煤(kgce);

M ——报告期内氧化铝实产量,单位为吨(t)。

附录 A
（资料性附录）
常用能源品种现行折标准煤系数和耗能工质能源等价值

A.1 常用能源品种现行折标准煤系数

表 A.1 为常用能源品种现行折标准煤系数。

表 A.1 常用能源品种现行折标准煤系数

能源		折标准煤系数及单位	
品种	单位	系数	单位
原煤	吨	0.714 3	吨标准煤每吨(tce/t)
无烟煤	吨	0.900	吨标准煤每吨(tce/t)
洗精煤	吨	0.900	吨标准煤每吨(tce/t)
汽油	吨	1.471 4	吨标准煤每吨(tce/t)
重油	吨	1.428 6	吨标准煤每吨(tce/t)
柴油	吨	1.457 1	吨标准煤每吨(tce/t)
焦炭	吨	0.971 4	吨标准煤每吨(tce/t)
液化石油气	吨	1.714 3	吨标准煤每吨(tce/t)
电力	万千瓦时	1.229	吨标准煤每万千瓦时[tce/(10^4 kW·h)]
煤气(热值为 1 250×4.186 8 kJ/m^3)	万立方米	1.786	吨标准煤每万立方米(tce/10^4 m^3)
天然气	千立方米	1.330 0	吨标准煤每千立方米(tce/10^3 m^3)
蒸汽(98.1 kPa 饱和蒸汽)	千克	2 674.5	千焦每千克(kJ/kg)

注 1：原煤的热值按 5 000 千卡/千克计。

注 2：蒸汽折标准煤系数按热值计。

A.2 耗能工质能源等价值

表 A.2 为耗能工质能源等价值。

表 A.2 耗能工质能源等价值

能源		折标准煤系数及单位	
名称	单位	热值/MJ	折标准煤/kgce
新水	吨	7.535 0	0.257 1
软化水	吨	14.234 7	0.485 7
压缩空气	立方米	1.172 3	0.040 0

表 A.2 耗能工质能源等价值(续)

能源		折标准煤系数及单位	
名称	单位	热值/MJ	折标准煤/kgce
二氧化碳	立方米	6.280 6	0.214 3
氧气	立方米	11.723 0	0.400 0
氮气	立方米	11.723 0	0.400 0
		19.677 1	0.671 4
乙炔	立方米	243.672 2	8.314 3
电石	千克	60.918 8	2.078 6

注1:新水指尚未使用的自来水。

注2:除乙炔、电石外,均按平均耗电计算。

注3:氮气作为副产品时,折标准煤系数取0.400 0。作为主产品时,折标准煤系数取0.671 4。

注4:乙炔按耗电石计算。

注5:电石按平均耗焦炭、电计算。

ICS 27.010
F 01

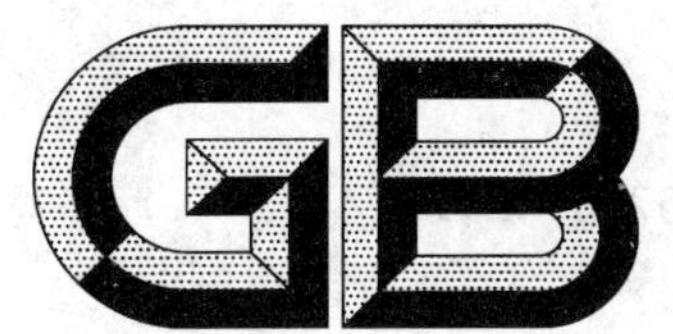

中华人民共和国国家标准

GB 26756—2011

铝及铝合金热挤压棒材单位产品能源消耗限额

The norm of energy consumption per unit products for extruded aluminium and aluminium alloy rods and bars

2011-07-20 发布　　2011-11-01 实施

中华人民共和国国家质量监督检验检疫总局
中国国家标准化管理委员会　发布

前言

本标准中4.1、4.2为强制性的，其余为推荐性的。

本标准按照GB/T 1.1—2009给出的规则起草。

本标准由全国能源基础与管理标准化技术委员会(SAC/TC 20)和全国有色金属标准化技术委员会(SAC/TC 243)归口。

本标准起草单位：中国铝业西北铝加工分公司、中国有色金属工业标准计量质量研究所、东北轻合金有限责任公司、西南铝业(集团)有限责任公司、龙口市丛林铝材有限公司、广东凤铝铝业有限公司、山东兖矿轻合金有限公司、福建省南平铝业有限公司、广东兴发铝业有限公司。

本标准主要起草人：侯波、葛立新、李树威、段瑞芬、李建荣、司彦平、李文武、闫吉太、胡常云、梁凤滨、王刚、陈景春、陈文泗。

铝及铝合金热挤压棒材单位产品能源消耗限额

1 范围

本标准规定了铝及铝合金热挤压棒材单位产品能源消耗(以下简称能耗)限额的技术要求、计算原则、计算范围及计算方法和节能管理与措施。

本标准适用于铝及铝合金热挤压棒材(以下简称热挤压棒材)企业产品能耗的计算、考核[1],以及新建项目的能耗控制。

2 规范性引用文件

下列文件对于本文件的应用是必不可少的。凡是注日期的引用文件,仅注日期的版本适用于本文件。凡是不注日期的引用文件,其最新版本(包括所有的修改单)适用于本文件。

GB/T 14846 铝及铝合金挤压型材尺寸偏差

GB 17167 用能单位能源计量器具配备和管理通则

YS/T 694.1—2009 变形铝及铝合金单位产品能源消耗限额 第1部分:铸造锭

3 术语和定义

YS/T 694.1—2009 界定的术语和定义适用于本文件。

4 技术要求

4.1 现有热挤压棒材生产企业单位产品能耗限额限定值

现有热挤压棒材生产企业单位产品能耗限额限定值应符合表1的要求。企业位处长江以北时,表1中能耗限额限定值应乘以修正系数 K(山海关以南,取 $K=1.1$;山海关以北,取 $K=1.2$);企业位处海拔高度超过 1 500 m 时,表1中能耗限额限定值应乘以1.03进行修正。

表1 现有热挤压棒材生产企业单位产品能耗限额限定值

产品名称	原料	生产工艺流程	能耗限额限定值/(kgce/t),不大于			
			工艺能耗		综合能耗	
			软合金[a]	硬合金[a]	软合金	硬合金
热挤压棒材	铸锭	图1	170	510	210	620
[a] 软、硬合金按 GB/T 14846 划分。						

1) 企业产品能耗以报告期内企业生产的各类合格产品的产量与对应单位产品能耗限额的乘积之和为限额进行考核评定。

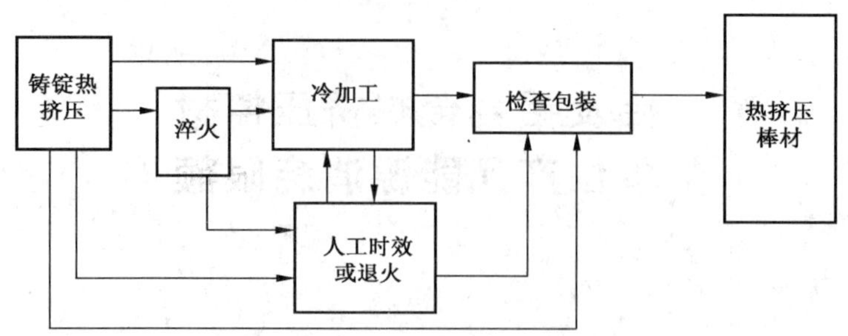

图 1 热挤压棒材生产工艺流程简图

4.2 新建热挤压棒材生产企业单位产品能耗限额准入值

新建热挤压棒材生产企业单位产品的能耗限额准入值应符合表 2 的要求。企业位处长江以北时，表 2 中能耗限额准入值应乘以修正系数 K(山海关以南，取 $K=1.1$；山海关以北，取 $K=1.2$)；企业位处海拔高度超过 1 500 m 时，表 2 中能耗限额准入值应乘以 1.03 进行修正。

表 2 新建热挤压棒材生产企业单位产品能耗限额准入值

产品名称	原料	生产工艺流程	能耗限额准入值/(kgce/t)，不大于			
			工艺能耗		综合能耗	
			软合金[a]	硬合金[a]	软合金	硬合金
热挤压棒材	铸锭	图 1	135	410	165	490
[a] 软、硬合金按 GB/T 14846 划分。						

4.3 热挤压棒材生产企业单位产品能耗限额先进值

热挤压棒材生产企业单位产品的能耗限额先进值应符合表 3 要求。企业位处长江以北时，表 3 中能耗限额先进值应乘以修正系数 K(山海关以南，取 $K=1.1$；山海关以北，取 $K=1.2$)；企业位处海拔高度超过 1 500 m 时，表 3 中能耗限额先进值应乘以 1.03 进行修正。

表 3 热挤压棒材生产企业单位产品能耗限额先进值

产品名称	原料	生产工艺流程	能耗限额先进值/(kgce/t)，不大于			
			工艺能耗		综合能耗	
			软合金[a]	硬合金[a]	软合金	硬合金
热挤压棒材	铸锭	图 1	115	340	130	380
[a] 软、硬合金按 GB/T 14846 划分。						

5 能耗计算原则、计算范围及计算方法

5.1 能耗计算原则

能耗计算原则应符合 YS/T 694.1—2009 中 5.1 的规定。常用能源品种现行折标煤系数和耗能工质能源等价值应符合 YS/T 694.1—2009 附录 A 的规定。

5.2 能耗计算范围

本标准能耗计算范围如表 4 所示。

表 4 能耗计算范围

能耗分类	能耗计算范围	实物单耗	工艺能耗	综合能耗
		能源单耗代号		
工序能耗	铸锭热挤压工序(包括铸锭、工具、挤压筒的加热及一次、二次挤压,工序代号:1)	E_{SB}^{1}	E_{GB}^{1}	E_{ZB}^{1}
	淬火工序(工序代号:2)	E_{SB}^{2}	E_{GB}^{2}	E_{ZB}^{2}
	人工时效和退火工序(工序代号:3)	E_{SB}^{3}	E_{GB}^{3}	E_{ZB}^{3}
	冷加工工序(包括拉伸、矫直、锯切工序、冷加工工序,工序代号:4)	E_{SB}^{4}	E_{GB}^{4}	E_{ZB}^{4}
	检查包装工序(工序代号:5)	E_{SB}^{5}	E_{GB}^{5}	E_{ZB}^{5}
产品生产能耗	热挤压棒材生产过程中发生的能耗	E_{SB}	E_{GB}	E_{ZB}

5.3 能耗计算方法

5.3.1 工序能耗

5.3.1.1 实物单耗

实物单耗按式(1)计算:

$$E_{SB}^{i}=\frac{M_{SB}^{i}}{P_{ZB}^{i}} \qquad \cdots\cdots(1)$$

式中:

i ——工序代号(1、2、3、4、5);

E_{SB}^{i} ——产品生产过程中,i 工序报告期内的实物单耗,单位为吨每吨(t/t);

M_{SB}^{i} ——产品生产过程中,i 工序报告期内直接消耗的某种能源实物总量,单位为吨(t);

P_{ZB}^{i} ——产品生产过程中,i 工序报告期内产出的合格产品总量,单位为吨(t)。

5.3.1.2 工艺能耗

工艺能耗按式(2)计算:

$$E_{GB}^{i}=\frac{E_{HB}^{i}}{P_{ZB}^{i}} \qquad \cdots\cdots(2)$$

式中:

i ——工序代号(1、2、3、4、5);

E_{GB}^{i} ——产品生产过程中,i 工序报告期内工艺能耗,单位为千克标煤每吨(kgce/t);

E_{HB}^{i} ——产品生产过程中,i 工序报告期内直接消耗的各种能源实物量折标煤之和,单位为千克标煤(kgce),当含回收余热时,按 YS/T 694.1—2009 中 5.1.7 的规定;

P_{ZB}^{i} ——产品生产过程中,i 工序报告期内产出的合格产品总量,单位为吨(t)。

5.3.1.3 **综合能耗**

综合能耗按式(3)计算:

$$E_{ZB}^{i}=E_{GB}^{i}+E_{FB}^{i} \qquad (3)$$

式中:

i ——工序代号(1、2、3、4、5);

E_{ZB}^{i} ——产品生产过程中,i 工序报告期内的综合能耗,单位为千克标煤每吨(kgce/t);

E_{GB}^{i} ——产品生产过程中,i 工序报告期内的工艺能耗,单位为千克标煤每吨(kgce/t);

E_{FB}^{i} ——产品生产过程中,i 工序报告期内产出的合格产品间接辅助能源单耗及损耗分摊量,单位为千克标煤每吨(kgce/t)。

5.3.2 **产品生产能耗**

5.3.2.1 **实物单耗**

实物单耗按式(4)计算:

$$E_{SB}=\frac{M_{SB}}{P_{ZB}} \qquad (4)$$

式中:

E_{SB} ——报告期内,产品生产过程中发生的实物单耗,单位为吨每吨(t/t);

M_{SB}——报告期内,产品生产过程直接消耗的某种能源实物总量($M_{SB}=M_{SB}^{1}+M_{SB}^{2}+M_{SB}^{3}+M_{SB}^{4}+M_{SB}^{5}$),单位为吨(t);

P_{ZB}—— 报告期内产出的合格产品总量,单位为吨(t)。

5.3.2.2 **工艺能耗**

工艺能耗按式(5)计算:

$$E_{GB}=\frac{E_{HB}}{P_{ZB}} \qquad (5)$$

式中:

E_{GB}——报告期内,产品生产过程中发生的工艺能耗,单位为千克标煤每吨(kgce/t);

E_{HB}——报告期内,产品生产过程中直接消耗的各种能源实物量折标煤之和,单位为千克标煤(kgce),当含回收余热时,按 YS/T 694.1—2009 中 5.1.7 的规定($E_{HB}=E_{HB}^{1}+E_{HB}^{2}+E_{HB}^{3}+E_{HB}^{4}+E_{HB}^{5}$);

P_{ZB}——报告期内产出的合格产品总量,单位为吨(t)。

5.3.2.3 **综合能耗**

综合能耗按式(6)计算:

$$E_{ZB}=E_{GB}+E_{FB} \qquad (6)$$

式中:

E_{ZB}——报告期内,产品生产过程中发生的综合能耗,单位为千克标煤每吨(kgce/t);

E_{GB}——报告期内,产品生产过程中发生的工艺能耗,单位为千克标煤每吨(kgce/t);

E_{FB}——报告期内,产品生产过程中发生的间接辅助能源单耗及损耗分摊量,单位为千克标煤每吨(kgce/t)。

6 节能管理与措施

6.1 节能管理

6.1.1 企业应定期对热挤压棒材生产的几个主要工序能耗情况进行考核，把考核指标分解落实到各基层单位，建立用能责任制度。

6.1.2 企业应根据 GB 17167 的要求配备能源计量器具并建立能源计量管理制度。

6.1.3 通过制定本标准，推动热挤压棒材生产企业积极响应国家节能号召，开展科学节能管理，特别是电力资源、水资源及燃料等能源的管理，共享节能技术，达到行业节能的目的。

6.2 节能技术措施

6.2.1 大力推行节能燃烧技术和余热回收技术，最大限度地提高热效率。

6.2.2 引进节能新技术，鼓励企业使用变频节能装置、使用节能型变压器和节能型电机。

6.2.3 推广使用绿色节能环保照明，搞好无功功率补偿。

6.2.4 加强能源转换管理，提高能源转换效率，通过减少转换损失实现系统节能。

6.2.5 加强工艺控制，使产品做到既满足国家标准又不过度生产，减少浪费能源和资源的现象。

6.2.6 推广使用循环水，减少新水取水量，实现环保、节能双赢。

ICS 27.010
F 01

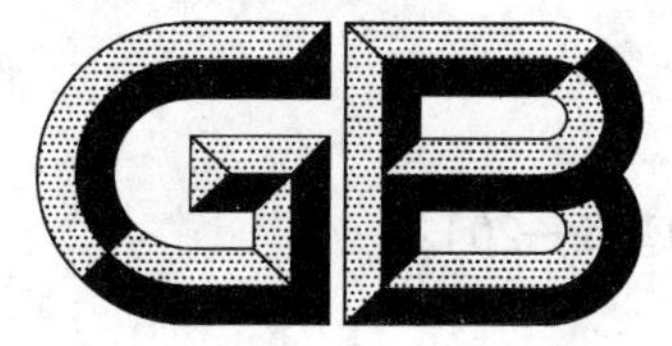

中华人民共和国国家标准

GB 29136—2012

海绵钛单位产品能源消耗限额

The norm of energy consumption per unit product of sponge titanium

2012-12-31 发布 2013-10-01 实施

中华人民共和国国家质量监督检验检疫总局
中国国家标准化管理委员会 发布

前　言

本标准4.3和4.4为强制性的，其余为推荐性的。

本标准由国家发展和改革委员会、工业和信息化部提出。

本标准由全国能源基础和管理标准化技术委员会(SAC/TC 20)、全国有色金属标准化技术委员会(SAC/TC 243)归口。

本标准起草单位：遵义钛业股份有限公司、抚顺钛业有限公司、中国有色金属工业标准计量质量研究所。

本标准主要起草人：陈开建、赵以容、盛远禄、翁启钢、余家华、王忠朝、刘禹明、张江峰、刘洋、张冰洁。

海绵钛单位产品能源消耗限额

1 范围

本标准规定了海绵钛单位产品能源消耗(以下简称能耗)限额的技术要求、计算原则及计算方法、节能管理和措施。

本标准仅适用于镁热还原法(Kroll 法)生产海绵钛企业产品能耗的计算、评定及考核。

2 规范性引用文件

下列文件对于本文件的应用是必不可少的。凡是注日期的引用文件,仅注日期的版本适用于本文件。凡是不注日期的引用文件,其最新版本(包括所有的修改单)适用于本文件。

GB/T 2589 综合能耗计算通则

GB 17167 用能单位能源计量器具配备和管理通则

3 术语和定义

GB/T 2589 界定的以及下列术语和定义适用于本文件。

3.1

一次能源 primary energy sources

煤炭、天然气、原油等能源。

3.2

二次能源 secondary energy sources

焦炭、燃料油、石油焦、煤气、电力、成品油(汽油、柴油、煤油)热力等国家统计制度所规定的能源品种。

3.3

耗能工质 energy-consumed medium

在生产过程中所消耗的不作原料使用、也不进入产品,在生产或制取时需要直接消耗能源的工作物质,如水、压缩空气、氧气等。

3.4

工序能耗 unit energy consumption in working procedure

工序生产过程中生产单位合格产品消耗的能源量。

3.5

工序实物单耗 unit object consumption in working procedure

工序生产过程中生产单位合格产品消耗的某种能源实物量。

3.6

工艺能耗 unit energy consumption of technology

统计报告期内,生产某种产品的生产系统各工序消耗的能源量与同期内产出的合格品量的比值。

3.7

辅助能耗 assistant energy consumption

统计报告期内,辅助生产系统消耗的能源量与同期内产出的合格品量的比值。

3.8

综合能耗　enterprise integrate energy consumption

工艺能耗、辅助能耗及损耗分摊量之和。

4　技术要求

4.1　海绵钛生产企业工序实物单耗限额应符合表1的要求。

表1　海绵钛生产工序实物单耗限额

工序	实物能源		工序实物单耗限额值(tce/t)		
	名称	单位	限定值	准入值	先进值
钛渣	石油焦	t	≤0.230	≤0.200	≤0.180
	电力	10^4 kW·h	≤0.420	≤0.380	≤0.350
氯化	石油焦	t	≤0.200	≤0.180	≤0.160
	电力	10^4 kW·h	≤0.030	≤0.025	≤0.020
精制	电力	10^4 kW·h	≤0.040	≤0.035	≤0.030
镁电解	电力	10^4 kW·h	≤2.000	≤1.800	≤1.600
还原蒸馏	电力	10^4 kW·h	≤0.850	≤0.700	≤0.600
破碎	电力	10^4 kW·h	≤0.030	≤0.025	≤0.020

注1：镁电解实物单耗以无隔板电解槽及坩埚精炼炉为参照；

注2：镁电解能耗受供电状况的影响较大，工序电力消耗限额可考虑0.1(10^4 kW·h)～0.2(10^4 kW·h)的调整余地。

4.2　海绵钛生产企业工序能耗限额应符合表2的要求。

表2　海绵钛生产工序能耗限额

工　序	工序能耗限额值(tce/t)		
	限定值	准入值	先进值
钛渣	≤0.75	≤0.70	≤0.65
氯化	≤0.25	≤0.20	≤0.18
精制	≤0.05	≤0.045	≤0.04
镁电解	≤2.50	≤2.30	≤2.00
还原蒸馏	≤1.05	≤0.90	≤0.75
破碎	≤0.05	≤0.04	≤0.03

4.3　现有海绵钛生产企业单位产品综合能耗限定值应符合表3的要求。

表 3 海绵钛生产企业单位产品综合能耗限定值

生产工艺(工序)	综合能耗限定值(tce/t)
A(钛渣—氯化—精制—镁电解—还原蒸馏—破碎)	≤8.00
B(氯化—精制—镁电解—还原蒸馏—破碎)	≤6.10
C(还原蒸馏—破碎)	≤1.30

4.4 新建海绵钛生产企业单位产品综合能耗准入值应符合表 4 的要求。

表 4 海绵钛生产企业单位产品综合能耗准入值

生产工艺(工序)	综合能耗准入值(tce/t)
A(钛渣—氯化—精制—镁电解—还原蒸馏—破碎)	≤7.00
B(氯化—精制—镁电解—还原蒸馏—破碎)	≤5.30
C(还原蒸馏—破碎)	≤1.10

4.5 海绵钛生产企业单位产品综合能耗先进值应符合表 5 的要求。

表 5 海绵钛生产单位产品综合能耗先进值

生产工艺(工序)	综合能耗先进值(tce/t)
A(钛渣—氯化—精制—镁电解—还原蒸馏—破碎)	≤6.50
B(氯化—精制—镁电解—还原蒸馏—破碎)	≤4.40
C(还原蒸馏—破碎)	≤1.00

5 计算原则

5.1 企业生产消耗的能源

企业消耗的能源,指主要用于生产活动的生产系统、辅助生产系统和附属生产系统的一次能源、二次能源和生产使用的耗能工质所消耗的各种能源。不包括生活用能和基建项目用能。

生活用能是指企业内的宿舍、学校、文化娱乐、医院保健、商业服务等直接用于生活方面能耗。

所消耗的各种能源不得重计或漏计。存在供需关系时,输入输出双方在计算中量值上应保持一致。

企业回收的余热,应从回收余热的工序或工艺能耗中扣减。回收余热装置和余热利用装置用能计入工艺(工序)能耗。

5.2 能源的计量单位

消耗的各种能源计量单位见表 6。

表 6 各种能源计量单位

能源种类	能源计量单位		
煤、焦炭、重油、柴油	kg	t	10^4 t
电	kW·h	10^4 kW·h	—
蒸汽	kg	t	—
压缩空气、天然气、煤气、氧气	Nm^3	10^4 Nm^3	—
水	t	10^4 t	—
能耗计算单位	kgce/t	tce/t	—

5.3 各种能源(包括生产耗能工质消耗的能源)折算标煤量方法

应用基低(位)发热量等于 29.307 6 MJ(兆焦)的能源,称为 1 kg 标煤。

外购能源可取实测的低(位)发热量或供货单位提供的实测值为计算基础,或用国家统计部门的折算系数折算,参见附录 A。二次能源及耗能工质均按相应能源等价值(电用当量值)折算:企业能源转换自产时,按实际投入的能源实物量折算标煤量;由集中生产单位外销供应时,其能源等价值须经主管部门规定;外购外销时,其能源等价值必须相同;当未提供能源等价值时,可按国家统计部门的折算系数折算,参见附录 B。企业回收的余热按热力的折算系数,余热发电统一按电力的折算系数。

5.4 合格品量的确定

钛渣工序合格品量,同一统计报告期内生产的合格钛渣总量;

氯化工序合格品量,同一统计报告期内生产的合格粗四氯化钛总量;

精制工序合格品量,同一统计报告期内生产的合格精四氯化钛总量;

镁电解工序合格品量,同一统计报告期内电解氯化镁产出的合格镁总量;

还原蒸馏及破碎工序合格品量,同一统计报告期内生产的合格海绵钛总量。

5.5 工序能耗统计口径

钛渣工序产品能耗包括钛铁矿配料、电炉熔炼、破碎全过程能耗。

氯化工序产品能耗包括配料、氯气的供给、钛渣的氯化全过程能耗。

精制工序产品能耗包括粗四氯化钛精制全过程的能耗。

镁电解工序包括氯化镁的电解及粗镁精炼,工序产品包括镁及氯气。其中阳极制作、氯化镁处理及尾气处理的能耗计入镁电解工序能耗,氯气回收、输送系统的能耗计入氯化工序能耗。

还原蒸馏工序产品能耗包括设备准备、还原蒸馏、产品取出全过程能耗。

破碎工序产品能耗包括产品切块、破碎包装、抽空充氩贮存全过程能耗。

6 产品能耗的计算方法

6.1 工序实物单耗

工序实物单耗按式(1)计算:

$$X = \frac{e_i}{p} \qquad \cdots\cdots(1)$$

式中：

X ——统计报告期内某工序的 i 实物单耗；

e_i ——统计报告期内某工序消耗的 i 能源实物量；

p ——统计报告期内某工序产出的合格品量。

6.2 工序能耗

工序能耗按式(2)计算：

$$E=\frac{\sum_{i=1}^{n}(e_i\times k_i)-q}{p} \quad \cdots\cdots(2)$$

式中：

E ——统计报告期内某工序能耗；

n ——某工序消耗能源的介质数；

k_i ——统计报告期内工序 i 能源实物折算标煤系数；

q ——统计报告期内某工序回收余热折算标煤量。

6.3 综合能耗

综合能耗按式(3)计算：

$$Z=\frac{E_z+F+S}{p} \quad \cdots\cdots(3)$$

式中：

Z ——统计报告期内某工艺产品综合能耗；

E_z ——统计报告期内某工艺工序能耗总量；

F ——统计报告期内某工艺辅助能耗；

S ——统计报告期内某工艺能源损耗；

p ——统计报告期内某工艺合格产品量。

7 节能管理与措施

7.1 节能基础管理

7.1.1 企业应根据 GB 17167 的要求配备和使用相应的能源计量器具并建立能源计量管理制度。

7.1.2 加强能源基础计量工作，确保能源计量的准确性。

7.1.3 制定考核标准，实施能耗考核。

7.2 节能技术措施

7.2.1 开展科学节能管理，共享节能技术。

7.2.2 推进设备大型化，促进节能新工艺、新技术、新设备的应用。

7.2.3 加强能源的循环利用和回收利用。

7.2.4 加强工业炉窑保温、密封，减少热能损失。

附 录 A
（资料性附录）
常用能源品种现行折标煤系数

表 A.1 常用能源品种现行折标煤系数

能源		折标煤系数及单位	
品种	单位	系数	单位
原煤	t	0.714 3	吨标煤/吨(tce/t)
无烟煤	t	0.900	吨标煤/吨(tce/t)
洗精煤	t	0.900	吨标煤/吨(tce/t)
重油	t	1.428 6	吨标煤/吨(tce/t)
柴油	t	1.457 1	吨标煤/吨(tce/t)
焦炭	t	0.971 4	吨标煤/吨(tce/t)
液化石油气	t	1.714 3	吨标煤/吨(tce/t)
电力	10^4 kW·h	1.229	吨标煤/万千瓦小时(tce/10^4 kW·h)
煤气(热值为 1 250×4.186 8 kJ/m^3)	10^4 m^3	1.786	吨标煤/万立方米(tce/10^4 m^3)
蒸汽(98.1 kPa 饱和蒸汽)	kg	2 674.5	千焦/千克(kJ/kg)

注 1：蒸汽折标煤系数按热值计。

注 2：部分品种仍采用“万”为计量单位。

附　录　B
（资料性附录）
耗能工质能耗等价值

表 B.1　耗能工质能耗等价值

耗能工质		能源等价值	
名　称	单　位	热值/MJ(兆焦)	折标煤/kg(千克)
新鲜水	t	7.535 0	0.257 1
软化水	t	14.234 7	0.485 7
压缩空气	m^3	1.172 3	0.040 0
二氧化碳	m^3	6.280 6	0.214 3
氧气	m^3	11.723 0	0.400 0
氮气	m^3	11.723 0	0.400 0
		19.677 1	0.671 4
乙炔	m^3	243.672 2	8.314 3
电石	kg	60.918 8	2.078 6

注 1：新鲜水指尚未使用过的自来水。

注 2：除乙炔、电石外，均按平均耗电计算。

注 3：氮气作为副产品时，折标煤系数取 0.400 0。作为主产品时，折标煤系数取 0.671 4。

注 4：乙炔按耗电石计算。

注 5：电石按平均耗焦炭、电计算。

ICS 27.010
F 01

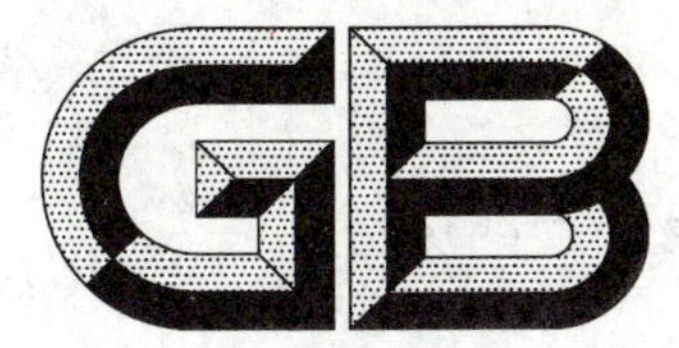

中华人民共和国国家标准

GB 29137—2012

铜及铜合金线材单位产品能源消耗限额

The norm of energy consumption per unit products of copper and copper-alloy wire

2012-12-31 发布　　2013-10-01 实施

中华人民共和国国家质量监督检验检疫总局
中国国家标准化管理委员会　发布

前　　言

本标准的4.1、4.2是强制性的，其余为推荐性的。

本标准是按照GB/T 1.1—2009给出的规则起草的。

本标准是按照GB/T 12723《单位产品能源消耗限额编制通则》的要求和铜及铜合金线材加工企业的单位产品能源消耗实际情况进行编制的。

本标准由国家发展和改革委员会、工业和信息化部提出。

本标准由全国能源基础管理标准化技术委员会(SAC/TC 20)和全国有色金属标准化技术委员会(SAC/TC 243)归口。

本标准起草单位：宁波博威合金材料股份有限公司、中铝沈阳有色金属加工有限公司、浙江宏磊铜业股份有限公司、宁波长振铜业有限公司、宁波金田铜业(集团)股份有限公司、绍兴市力博电气有限公司。

本标准主要起草人：王云松、蔡洎华、徐友飞、张桂敏、张震宇、刘剑、沈守稳、洪燮平、王金美、徐高磊。

铜及铜合金线材单位产品能源消耗限额

1 范围

本标准规定了铜及铜合金线材(以下简称线材)单位产品能源消耗(以下简称能耗)限额的技术要求、计算原则、统计范围和计算方法、节能管理与措施。

本标准适用于铜及铜合金加工企业线材生产能耗的计算、考核、能效评估,以及对新建项目的能耗控制和用能评估。

2 规范性引用文件

下列文件对于本文件的应用是必不可少的。凡是注日期的引用文件,仅注日期的版本适用于本文件。凡是不注日期的引用文件,其最新版本(包括所有的修改单)适用于本文件。

GB/T 2589 综合能耗计算通则

GB/T 3484 企业能量平衡通则

GB 17167 用能单位能源计量器具配备和管理通则

3 术语、定义、符号和说明

3.1 术语和定义

下列术语和定义适用于本文件。

3.1.1

工序能源实物单耗(e_s) unit object consumption in working procedure

单一工序生产过程中生产该工序单位合格产品直接消耗的某种能源实物量。

3.1.2

工序能源单耗(e_j) unit energy consumption in working procedure

单一工序生产过程中生产该工序单位合格产品直接消耗的全部能源量。

3.1.3

直接能耗(E_H) direct energy consumption

线材生产过程中直接消耗的全部能源量。

3.1.4

辅助能耗(E_F) assistant energy consumption

辅助生产系统用于线材生产的能源消耗。例如:车间照明、内部运输等能源消耗。

3.1.5

间接能耗(E_J) indirect energy consumption

间接为生产系统或辅助生产系统提供必要条件所消耗的能源。包括厂区照明、办公、理化检测、工模具制造等能源消耗。

3.1.6

综合能源单耗(e_z) unit consumption of integrate energy

即单位产品综合能耗,是指生产单位合格产品所消耗的全部能源量(包括直接能耗、辅助能耗和间接能耗)。

3.1.7

可比能源单耗(e_{KB})　comparable energy consumption

对于加工工序非完整型线材生产企业的加工工序单耗按照一定的折算方式,与加工工序完整型线材生产企业形成的可以比较的单耗。

3.2　符号和说明

本标准使用的符号和相应的说明见表1。

表1　符号和说明

符号	单　　位	说　　明
E	kgce、tce、10^4 tce、GJ	产品能源消耗量
E_1	kgce、tce、10^4 tce、GJ	企业购入能源量
E_2	kgce、tce、10^4 tce、GJ	期初库存能源量
E_3	kgce、tce、10^4 tce、GJ	外销能源量
E_4	kgce、tce、10^4 tce、GJ	生活和批准的基建项目耗用能源量
E_5	kgce、tce、10^4 tce、GJ	期末库存能源量
E_{ZJ}	kgce	间接能耗总量
E_Z	kgce	全部线材综合能耗量
E_H	kgce	全部线材直接能耗量
E_F	kgce	全部线材辅助能耗量
E_J	kgce	全部线材间接能耗量
E_{Zn}	kgce	某种类线材综合能耗量
E_{Hn}	kgce	某种类线材直接能耗量
E_{Fn}	kgce	某种类线材辅助能耗量
E_{Jn}	kgce	某种类线材间接能耗量
E_{hj}	kgce	某工序消耗的直接能耗量
E_{sj}	kg、kW·h、m^3 等	某工序消耗的某种能源实物量
E'	kg、kW·h、m^3 等	产品的能源实物消耗量
E_1'	kg、kW·h、m^3 等	企业购入能源实物量
E_2'	kg、kW·h、m^3 等	期初库存能源实物量
E_3'	kg、kW·h、m^3 等	外销能源实物量
E_4'	kg、kW·h、m^3 等	生活和批准的基建项目耗用能源实物量
E_5'	kg、kW·h、m^3 等	期末库存能源实物量
e_Z	kgce/t	全部线材综合能源单耗
e_{Zn}	kgce/t	某种类线材综合能源单耗
e_{sj}	kg/t、kW·h/t、m^3/t 等	某工序能源实物单耗
e_j	kgce/t	某工序能源单耗
e_2	kgce/t	加工工序能源单耗
e_{KB}	kgce/t	可比能源单耗
P_{Zi}	t	不同品种铜加工材总产量
P_{Z5}	t	全部线材最终合格产量

表 1(续)

符号	单　位	说　明
P_n	t	某种类线材最终合格产量
p_j	t	某工序合格产品产量
A_i	—	不同品种铜加工材能耗折算系数
A_5	—	线材能耗折算系数
B_n	—	不同种类线材能耗折算系数
C_k	—	实际生产各加工工序能耗分摊系数

4 技术要求

4.1 现有铜及铜合金线材加工企业单耗限定值

现有铜及铜合金线材加工企业单耗限定值应符合表 2、表 3 的规定。其中工艺路线为配料(含中间合金)—熔铸铸锭(包括锯切)—挤压—拉伸(或轧制)—热处理(以下称之为工艺路线 1)的企业单耗应符合表 2 的要求;而工艺路线为配料(含中间合金)—水平连铸(上引连铸)—拉伸(或冷轧)—热处理(以下称之为工艺路线 2)的企业应符合表 3 的要求。

表 2 现有铜及铜合金线材加工企业单耗限定值(工艺路线 1)

单耗种类	产品种类				
	紫铜线	简单黄铜线	复杂黄铜线	青铜线	白铜线
	单耗限定值/(kgce/t)				
熔铸工序能源单耗	≤79	≤84	≤66	≤71	≤103
加工工序能源单耗[a]	≤37	≤135	≤119	≤133	≤132
各种类线材综合能源单耗	≤119	≤232	≤194	≤208	≤247
全部线材综合能源单耗	≤226				

注:生产 $\phi 0.2$ mm~$\phi 1.5$ mm 规格的线材,其单耗需乘以系数 $K=1.2$;生产小于等于 $\phi 0.2$ mm 的线材,其单耗需乘以系数 $K=1.3$。

[a] 加工工序非完整型线材加工企业的加工工序单耗应折算成可比能源单耗,按公式(7)计算,如加工工序仅有拉伸工序的企业,其可比能源单耗为加工工序的能源单耗乘以 0.150。

表 3 现有铜及铜合金线材加工企业单耗限定值(工艺路线 2)

单耗种类	产品种类				
	紫铜线	简单黄铜线	复杂黄铜线	青铜线	白铜线
	单耗限定值/(kgce/t)				
熔铸工序能源单耗	≤52	≤52	≤56	≤130	≤89
加工工序能源单耗[a]	≤78	≤89	≤83	≤131	≤121

表 3（续）

单耗种类	产品种类				
	紫铜线	简单黄铜线	复杂黄铜线	青铜线	白铜线
	单耗限定值/(kgce/t)				
各种类线材综合能源单耗	≤143	≤151	≤150	≤297	≤231
全部线材综合能源单耗	≤216				

注：生产 ϕ0.2 mm～ϕ1.5 mm 规格的线材，其单耗需乘以系数 $K=1.2$；生产小于等于 ϕ0.2 mm 的线材，其单耗需乘以系数 $K=1.3$。

[a] 加工工序非完整型线材加工企业的加工工序单耗应折算成可比能源单耗，按公式(7)计算，如加工工序仅有拉伸工序的企业，其可比能源单耗为加工工序的能源单耗乘以 0.250。

4.2 新建铜及铜合金线材加工企业单耗准入值

新建铜及铜合金线材加工企业单耗准入值应符合表 4、表 5 的规定。其中生产工艺采用工艺路线 1 的企业单耗应符合表 4 的要求，而采用工艺路线 2 的企业应符合表 5 的要求。

表 4 新建铜及铜合金线材加工企业单耗准入值(工艺路线 1)

单耗种类	产品种类				
	紫铜线	简单黄铜线	复杂黄铜线	青铜线	白铜线
	单耗准入值/(kgce/t)				
熔铸工序能源单耗	≤75	≤76	≤60	≤67	≤92
加工工序能源单耗[a]	≤35	≤127	≤97	≤124	≤122
各种类线材综合能源单耗	≤113	≤212	≤164	≤201	≤226
全部线材综合能源单耗	≤204				

注：生产 ϕ0.2 mm～ϕ1.5 mm 规格的线材，其单耗需乘以系数 $K=1.2$；生产小于等于 ϕ0.2 mm 的线材，其单耗需乘以系数 $K=1.3$。

[a] 加工工序非完整型线材加工企业的加工工序单耗应折算成可比能源单耗，按公式(7)计算，如加工工序仅有拉伸工序的企业，其可比能源单耗为加工工序的能源单耗乘以 0.150。

表 5 新建铜及铜合金线材加工企业单耗准入值(工艺路线 2)

单耗种类	产品种类				
	紫铜线	简单黄铜线	复杂黄铜线	青铜线	白铜线
	单耗准入值/(kgce/t)				
熔铸工序能源单耗	≤49	≤48	≤50	≤113	≤85
加工工序能源单耗[a]	≤69	≤81	≤79	≤110	≤109
各种类线材综合能源单耗	≤122	≤139	≤143	≤238	≤216
全部线材综合能源单耗	≤190				

注：生产 ϕ0.2 mm～ϕ1.5 mm 规格的线材，其单耗需乘以系数 $K=1.2$；生产小于等于 ϕ0.2 mm 的线材，其单耗需乘以系数 $K=1.3$。

[a] 加工工序非完整型线材加工企业的加工工序单耗应折算成可比能源单耗，按公式(7)计算，如加工工序仅有拉伸工序的企业，其可比能源单耗为加工工序的能源单耗乘以 0.250。

4.3 铜及铜合金线材加工企业单耗先进值

铜及铜合金线材加工企业单耗先进值应符合表6、表7的规定。其中生产工艺采用工艺路线1的企业单耗应符合表6的要求,而采用工艺路线2的企业应符合表7的要求。

表6 铜及铜合金线材加工企业单耗先进值(工艺路线1)

单耗种类	产品种类				
	紫铜线	简单黄铜线	复杂黄铜线	青铜线	白铜线
	单耗先进值/(kgce/t)				
熔铸工序能源单耗	≤63	≤71	≤43	≤63	≤84
加工工序能源单耗[a]	≤30	≤119	≤72	≤113	≤108
各种类线材综合能源单耗	≤106	≤179	≤135	≤194	≤203
全部线材综合能源单耗	≤183				

注:生产 $\phi 0.2$ mm~$\phi 1.5$ mm 规格的线材,其单耗需乘以系数 $K=1.2$;生产小于等于 $\phi 0.2$mm 的线材,其单耗需乘以系数 $K=1.3$。

[a] 加工工序非完整型线材加工企业的加工工序单耗应折算成可比能源单耗,按公式(7)计算,如加工工序仅有拉伸工序的企业,其可比能源单耗为加工工序的能源单耗乘以0.150。

表7 铜及铜合金线材加工企业单耗先进值(工艺路线2)

单耗种类	产品种类				
	紫铜线	简单黄铜线	复杂黄铜线	青铜线	白铜线
	单耗先进值/(kgce/t)				
熔铸工序能源单耗	≤46	≤42	≤43	≤96	≤78
加工工序能源单耗[a]	≤52	≤77	≤76	≤92	≤99
各种类线材综合能源单耗	≤108	≤130	≤130	≤189	≤199
全部线材综合能源单耗	≤162				

注:生产 $\phi 0.2$ mm~$\phi 1.5$ mm 规格的线材,其单耗需乘以系数 $K=1.2$;生产小于等于 $\phi 0.2$ mm 的线材,其单耗需乘以系数 $K=1.3$。

[a] 加工工序非完整型线材加工企业的加工工序单耗应折算成可比能源单耗,按公式(7)计算,如加工工序仅有拉伸工序的企业,其可比能源单耗为加工工序的能源单耗乘以0.250。

4.4 产品能耗考评原则

4.4.1 按产品种类划分

两种及以上种类线材的生产企业以全部线材综合能源单耗为考核评定依据,单一种类线材或某一种类线材的产量超过全部线材产量的90%时,以单一种类线材综合能源单耗为考核评定依据。

4.4.2 按工序划分

仅有熔铸工序或加工工序的生产企业,以熔铸工序能源单耗或加工工序能源单耗为考核评定依据;既有熔铸工序又有加工工序的生产企业,以各种类线材综合能源单耗或全部线材综合能源单耗为考核评定依据。

5 计算原则、统计范围和计算方法

5.1 计算原则

5.1.1 线材实际(生产)消耗的各种能源

线材实际消耗的各种能源,系指用于线材生产活动的各种能源。包括:一次能源(原煤、原油、天然气等)、二次能源(如电力、热力、石油制品、焦炭、煤气等)和生产使用的耗能工质(水、氧气、压缩空气等)所消耗的能源。其主要用于生产系统、辅助生产系统和附属生产系统,不包括生活用能和批准的基建(包括技改)项目用能。作为辅助材料的能源产品不计入产品能耗,如用作熔液覆盖剂的木炭、润滑油、洗油等。其中厂区内用能和办公楼用能应分摊在各工序能耗中。

生活用能指企业系统内的宿舍、职工培训基地、文化娱乐、医疗保健、食堂、浴室(不包括车间浴室)等方面用能。

5.1.2 线材报告期内的能耗量

产品报告期内的某种能源实物消耗量的计算,应符合式(1):

$$E' = E'_1 + E'_2 - E'_3 - E'_4 - E'_5 \qquad (1)$$

式中:

E'——产品的能源实物消耗量,单位见5.1.4;

E'_1——企业购入能源实物量,单位见5.1.4;

E'_2——期初库存能源实物量,单位见5.1.4;

E'_3——外销能源实物量,单位见5.1.4;

E'_4——生活和批准的基建项目耗用能源实物量,单位见5.1.4;

E'_5——期末库存能源实物量,单位见5.1.4。

产品报告期内的能耗量的计算,应符合式(2):

$$E = E_1 + E_2 - E_3 - E_4 - E_5 \qquad (2)$$

式中:

E——产品能源消耗量,单位见5.1.4;

E_1——企业购入能源量,单位见5.1.4;

E_2——期初库存能源量,单位见5.1.4;

E_3——外销能源量,单位见5.1.4;

E_4——生活和批准的基建项目耗用能源量,单位见5.1.4;

E_5——期末库存能源量,单位见5.1.4。

线材报告期内的能源消耗量的计算,应符合式(3)和式(4):

$$E_{Zn} = E_{Hn} + E_{Fn} + E_{Jn} \qquad (3)$$

$$E_Z = E_H + E_F + E_J \qquad (4)$$

式中:

E_{Zn}——某种类线材综合能耗量,单位见5.1.4;

E_{Hn}——某种类线材直接能耗量,单位见5.1.4;

E_{Fn}——某种类线材辅助能耗量,单位见5.1.4;

E_{Jn}——某种类线材间接能耗量,单位见5.1.4;

E_Z——全部线材综合能耗量,单位见5.1.4;

E_H——全部线材直接能耗量,单位见5.1.4;

E_F ——全部线材辅助能耗量，单位见5.1.4；

E_J ——全部线材间接能耗量，单位见5.1.4。

所消耗的各种能源不得重计或漏计。存在供需关系时，输入、输出双方在计算中量值应保持一致。设备停产大修的能源消耗也应计算在内。

企业回收的余热，属于节约能源循环利用，不属于外购能源，在计算能耗时，应避免和外购能源重复计算。余热利用装置用能计入能耗。回收能源自用部分，计入自用工序；转供其他工序时，在所用工序以正常消耗计入，回收的能源折标煤后应在回收余热的工序、工艺中等量扣除。如是未扣除回收余热的能耗指标，应标明"'未扣回收余热'(或'含回收余热')"的字样。

5.1.3 能源实物量的计量

能源实物量的计量必需符合《中华人民共和国计量法》和GB/T 17167的要求。

5.1.4 各种能源的计量单位

线材能耗单位：kgce(千克标煤)、tce(吨标煤)、10^4 tce(万吨标煤)或GJ(百万千焦)；

煤、焦炭、石油制品的能源实物量单位：kg(千克)、t(吨)、10^4 t(万吨)；

电的能源实物量单位：kW·h(千瓦小时)、10^4 kW·h(万千瓦小时)；

蒸汽的能源实物量单位：kg(千克)、t(吨)或kJ(千焦)、MJ(兆焦)、GJ(百万千焦)；

煤气、水煤气、压缩空气、氧气、氮气、天然气的能源实物量单位：m^3(立方米)、10^3 m^3(千立方米)、10^4 m^3(万立方米)。

5.1.5 各种能源(包括生产耗能工质消耗的能源)折算标煤量方法

发热量等于29.307 6 MJ(兆焦)的燃料，称为1千克标煤(kgce)。

外购燃料能源可取实测的低(位)发热量或供货单位提供的实测值为计算基础，或按国家统计部门的折算系数折算，参见附录A。

二次能源及耗能工质均按相应能源等价值(电用当量值折算)：企业能源转换自产时，按实际投入的能源实物量折算标煤量；由集中生产单位外销供应时，其能源等价值须经主管部门规定；外购外销时，其能源等价值必须相同；当未提供能源等价值时，可按国家统计部门的折算系数折算，参见附录B。

企业回收的余热按热力的折算系数计算。

5.1.6 单位线材能耗的线材产量的计算原则

计算种类铜线综合单耗，应采用同一统计期内产出的合格该类铜线产量，线材退货应冲减当期线材产量。

所有线材产量，均以企业统计部门统计的数据为准。

5.1.7 能耗的计算原则

5.1.7.1 企业及工序能耗应符合GB/T 2589及GB/T 3484的规定。

5.1.7.2 直接能耗由各生产环节直接统计计量。

5.1.7.3 同时生产板、带、箔、线、棒、线等两种以上的综合性铜加工企业计算间接能耗时先按一定的比例分摊，再按线材种类折算各类线材间接能耗。

单一线材加工企业的间接能耗全部计入线材能耗之中。

5.1.7.4 辅助能耗按线材种类折算。

5.2 统计范围

5.2.1 熔铸工序

指从原料开始到产出合格的锯锭(铸坯)为止的用能量:包括配料(包括中间合金)、熔炼、铸造、烟尘吸收、锯切等直接消耗的各种能源量。

注:熔铸工序能耗统计计算时不包括辅助能耗与间接能耗。

5.2.2 加工工序

指从锯锭加热开始到加工产出合格产品并进入成品库为止的用能量。包括锯锭加热、挤压、锯切、(轧制、)制头、拉制、成型、精整、校直定尺、退火、包装等直接消耗的各种能源量。

注:加工工序能耗统计计算时不包括辅助能耗与间接能耗。

5.3 计算方法

5.3.1 工序单耗计算方法

5.3.1.1 工序能源实物单耗计算方法

工序能源实物单耗计算方法按照式(5)计算:

$$e_{sj}=\frac{E_{sj}}{p_j} \qquad \cdots\cdots(5)$$

式中:

e_{sj} ——某工序能源实物单耗,j 取 1、2,分别代表熔铸、加工工序,单位为千克每吨(kg/t)、千瓦小时每吨[(kW·h)/t]、立方米每吨(m^3/t);

E_{sj} ——某工序消耗的某种能源实物量,j 取 1、2,分别代表熔铸、加工工序,单位为千克(kg)、千瓦小时(kW·h)、立方米(m^3);

p_j ——某工序合格产品产量,j 取 1、2,分别代表熔铸、加工工序,单位为吨(t)。

5.3.1.2 工序能源单耗计算方法

工序全部能源单耗按照式(6)计算:

$$e_j=\frac{E_{hj}}{p_j} \qquad \cdots\cdots(6)$$

式中:

e_j ——某工序能源单耗,j 取 1、2,分别代表熔铸、加工工序,单位为千克标煤每吨(kgce/t);

E_{hj} ——某工序消耗的直接能耗量,j 取 1、2,分别代表熔铸、加工工序,单位为千克标煤(kgce);

p_j ——某工序合格产品产量,j 取 1、2,分别代表熔铸、加工工序,单位为吨(t)。

5.3.1.3 可比能源单耗计算方法

加工工序中不具备从挤压到精整的线材生产条件的加工工序非完整型线材加工企业的线材加工工序能源单耗应折算成可比能源单耗。可比能源单耗按照式(7)计算:

$$e_{KB}=e_2\sum_{1}^{4}C_k \qquad \cdots\cdots(7)$$

式中:

e_{KB} ——可比能源单耗,单位为千克标煤每吨(kgce/t);

e_2 ——加工工序能源单耗,单位为千克标煤每吨(kgce/t);

C_k ——实际生产各加工工序能耗分摊系数，见表 8。k 可取 1、2、3、4，分别代表挤压、冷加工（包括轧制和拉伸）、退火、精整成型各加工子工序。

表 8　加工工序非完整型线材生产企业加工工序单耗分摊系数

<table>
<tr><td rowspan="4">工艺路线</td><td colspan="5">加工工序</td></tr>
<tr><td rowspan="2">挤压 C_1</td><td colspan="2">冷加工 C_2</td><td rowspan="2">退火 C_3</td><td rowspan="2">精整、成型 C_4</td></tr>
<tr><td>轧制（包括 Y 形轧线）</td><td>拉伸</td></tr>
<tr><td colspan="5">单耗分摊系数 C_k</td></tr>
<tr><td rowspan="2">工艺路线 1</td><td rowspan="2">0.400</td><td colspan="2">0.250</td><td rowspan="2">0.300</td><td rowspan="2">0.050</td></tr>
<tr><td>0.100</td><td>0.150</td></tr>
<tr><td rowspan="2">工艺路线 2</td><td rowspan="2">—</td><td colspan="2">0.417</td><td rowspan="2">0.500</td><td rowspan="2">0.083</td></tr>
<tr><td>0.167</td><td>0.250</td></tr>
</table>

5.3.2　间接能耗计算方法

5.3.2.1　综合型铜加工企业线材间接能耗分摊量计算方法

综合型铜加工企业线材间接能耗折算量计算方法按照式(8)计算：

$$E_J = E_{ZJ}\frac{P_{Z5}\cdot A_5}{\sum_{1}^{6}(P_{Zi}\cdot A_i)} \quad \cdots\cdots(8)$$

式中：

E_J ——全部线材间接能耗量，单位为千克标煤(kgce)；

E_{ZJ}——间接能耗总量，单位为千克标煤(kgce)；

P_{Z5}——全部线材最终合格产量，单位为吨(t)；

A_5 ——线材能耗折算系数，见表 9；

P_{Zi}——不同品种铜加工材总产量，单位为吨(t)。i 取 1、2、3、4、5、6，分别代表板、带、管、棒、线、箔各品种铜加工材；

A_i ——不同品种铜加工材能耗折算系数，见表 9。i 取 1、2、3、4、5、6，分别代表板、带、管、棒、线、箔各品种铜加工材。

表 9　综合型铜加工企业不同品种铜加工材能耗折算系数

品种	板 A_1	带 A_2	管 A_3	棒 A_4	线 A_5	箔 A_6
能耗折算系数 A_i	0.9	1.0	1.0	0.8	0.7	1.1
注：空心型材按管计算，实心型材按棒计算。						

5.3.2.2　各种类线材间接能耗量计算方法

某种类线材间接能耗量计算方法按照式(9)计算：

$$E_{Jn} = E_J\frac{P_n\cdot B_n}{\sum_{1}^{5}(P_n\cdot B_n)} \quad \cdots\cdots(9)$$

式中：

E_{Jn}——某种类线材间接能耗量，单位为千克标煤(kgce)。n 取 1、2、3、4、5，分别代表紫铜线、简单黄铜线、复杂黄铜线、青铜线、白铜线各种类线材；

E_J ——全部线材间接能耗量，单位为千克标煤(kgce)；

P_n ——某种类线材最终合格产量，单位为吨(t)。n 取 1、2、3、4、5，分别代表紫铜线、简单黄铜线、复杂黄铜线、青铜线、白铜线各种类线材；

B_n ——不同种类线材能耗折算系数，见表 10。n 取 1、2、3、4、5，分别代表紫铜线、简单黄铜线、复杂黄铜线、青铜线、白铜线各种类线材。

表 10 不同种类线材能耗折算系数

种类	紫铜线 B_1	简单黄铜线 B_2	复杂黄铜线 B_3	青铜线 B_4	白铜线 B_5
能耗折算系数 B_n	1.00	1.05	1.10	1.15	1.25

5.3.3 辅助能耗计算方法

某种类线材辅助能耗计算方法按照式(10)计算：

$$E_{Fn}=E_F\frac{P_n\cdot B_n}{\sum_{1}^{5}(P_n\cdot B_n)} \qquad \cdots\cdots(10)$$

式中：

E_{Fn}——某种类线材辅助能耗量，单位为千克标煤(kgce)。n 取 1、2、3、4、5，分别代表紫铜线、简单黄铜线、复杂黄铜线、青铜线、白铜线各种类线材；

E_F ——全部线材辅助能耗量，单位为千克标煤(kgce)；

P_n ——某种类线材最终合格产量，单位为吨(t)。n 取 1、2、3、4、5，分别代表紫铜线、简单黄铜线、复杂黄铜线、青铜线、白铜线各种类线材；

B_n ——不同种类线材能耗折算系数，见表 10。n 取 1、2、3、4、5，分别代表紫铜线、简单黄铜线、复杂黄铜线、青铜线、白铜线各种类线材。

5.3.4 综合能源单耗计算方法

5.3.4.1 各种类线材综合能源单耗

某种类线材综合能源单耗按照式(11)计算：

$$e_{Zn}=\frac{E_{Hn}+E_{Fn}+E_{Jn}}{P_n} \qquad \cdots\cdots(11)$$

式中：

e_{Zn} ——某种类线材综合能源单耗，单位为千克标煤每吨(kgce/t)。n 取 1、2、3、4、5，分别代表紫铜线、简单黄铜线、复杂黄铜线、青铜线、白铜线各种类线材；

E_{Hn}——某种类线材直接能耗量，单位为千克标煤(kgce)。n 取 1、2、3、4、5，分别代表紫铜线、简单黄铜线、复杂黄铜线、青铜线、白铜线各种类线材；

E_{Fn}——某种类线材辅助能耗量，单位为千克标煤(kgce)。n 取 1、2、3、4、5，分别代表紫铜线、简单黄铜线、复杂黄铜线、青铜线、白铜线各种类线材；

E_{Jn} ——某种类铜线间接能耗量，单位为千克标煤(kgce)。n 取 1、2、3、4、5，分别代表紫铜线、简单黄铜线、复杂黄铜线、青铜线、白铜线各种类线材；

P_n ——某种类线材最终合格产量，单位为吨(t)。n 取 1、2、3、4、5，分别代表紫铜线、简单黄铜线、复杂黄铜线、青铜线、白铜线各种类线材。

5.3.4.2 全部线材综合能源单耗

全部线材综合能源单耗按照式(12)计算：

$$e_Z = \frac{E_H + E_F + E_J}{P_{Z5}} \qquad \cdots\cdots (12)$$

式中：

e_Z ——全部线材综合能源单耗，单位为千克标煤每吨(kgce/t)；

E_H ——全部线材直接能耗量，单位为千克标煤(kgce)；

E_F ——全部线材辅助能耗量，单位为千克标煤(kgce)；

E_J ——全部线材间接能耗量，单位为千克标煤(kgce)；

P_{Z5} ——全部线材最终合格产量，单位为吨(t)。

6 节能管理及措施

6.1 节能基础管理

6.1.1 企业应定期对铜线生产的几个主要工序能耗情况进行考核，并把考核指标分解落实到各基层单位，建立用能责任制度。

6.1.2 企业应按要求建立能耗信息系统，建立能耗计算和考核结果的文件档案，并对文件进行受控管理。

6.1.3 企业应根据 GB 17167 的要求配备能源计量器具并建立能源计量管理制度。

6.2 节能技术管理

线材生产企业工序应配备先进的节能设备，逐步淘汰落后的高耗能设备，缩短工艺流程，最大限度地提高能源利用率，尽可能地回收能源。

附 录 A
(资料性附录)
常用能源品种现行参考折标煤系数

表 A.1 常用能源品种现行折标煤系数

能源		折标煤系数及单位	
品种	平均低位发热量	系数	单位
原煤	20 908 kJ/kg(5 000 kcal/kg)	0.714 3	kgce/kg
洗精煤	26 344 kJ/kg(6 300 kcal/kg)	0.900	kgce/kg
重油	41 816 kJ/kg(10 000 kcal/kg)	1.428 6	kgce/kg
柴油	42 652 kJ/kg(10 200 kcal/kg)	1.457 1	kgce/kg
汽油	43 070 kJ/kg(10 300 kcal/kg)	1.471 4	kgce/kg
焦炭	28 435 kJ/kg(6 800 kcal/kg)(灰分 13.5%)	0.971 4	kgce/kg
液化石油气	50 179 kJ/kg(12 000 kcal/kg)	1.714 3	kgce/kg
电力(当量值)	3 600 kJ/ kW·h[860 kcal/ (kW·h)]	0.122 9	kgce/(kW·h)
热力	—	0.034 12	kgce/MJ
煤气	1 250×4.186 8 kJ/m^3	1.786	tec/10^4 m^3
天然气	38 931 kJ/m^3(9 310 kcal/m^3)	1.330 0	tec/10^3 m^3

注 1:蒸汽折标煤系数按热值计。

注 2:部分品种仍采用“万”为计量单位。

注 3:本附录中折标煤系数如遇国家统计部门规定发生变化,能耗等级指标则另行设定。

附录B
（资料性附录）
耗能工质能源等价参考值

表 B.1 常用耗能工质能源等价值

<table>
<tr><th rowspan="2">序号</th><th rowspan="2" colspan="2">名称</th><th rowspan="2">单位</th><th colspan="2">能源等价值</th><th rowspan="2">备注</th></tr>
<tr><th>热值 MJ(兆焦)</th><th>折标煤
kgce(千克标煤)</th></tr>
<tr><td>1</td><td rowspan="2">液体</td><td>新鲜水</td><td>吨(t)</td><td>7.535 0</td><td>0.257 1</td><td rowspan="2">指尚未使用过的自来水，按平均耗电计算</td></tr>
<tr><td>2</td><td>软化水</td><td>吨(t)</td><td>14.234 7</td><td>0.485 7</td></tr>
<tr><td>3</td><td rowspan="6">气体</td><td>压缩空气</td><td>立方米(m^3)</td><td>1.172 3</td><td>0.040 0</td><td rowspan="3"></td></tr>
<tr><td>4</td><td>二氧化碳</td><td>立方米(m^3)</td><td>6.280 6</td><td>0.214 3</td></tr>
<tr><td>5</td><td>氧气</td><td>立方米(m^3)</td><td>11.723 0</td><td>0.400 0</td></tr>
<tr><td rowspan="2">6</td><td rowspan="2">氮气</td><td rowspan="2">立方米(m^3)</td><td>11.723 0</td><td>0.400 0</td><td>当副产品时</td></tr>
<tr><td>19.677 1</td><td>0.671 4</td><td>当主产品时</td></tr>
<tr><td>7</td><td>乙炔</td><td>立方米(m^3)</td><td>243.672 2</td><td>8.314 3</td><td>按耗电石计算</td></tr>
<tr><td>8</td><td>固体</td><td>电石</td><td>千克(kg)</td><td>60.918 8</td><td>2.078 6</td><td>按平均耗焦炭、电等计算</td></tr>
<tr><td colspan="7">**注**：能源等价值如有变动，以国家统计部门最新公布的数据为准。</td></tr>
</table>

ICS 27.010
F 01

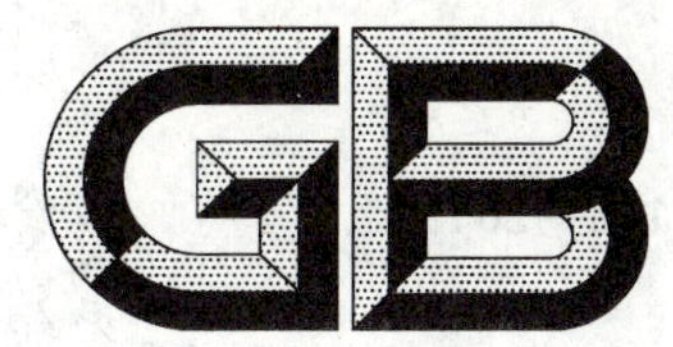

中华人民共和国国家标准

GB 29145—2012

焙烧钼精矿单位产品能源消耗限额

The norm of energy consumption per unit products of roasted molybdenum concentrate

2012-12-31 发布 2013-10-01 实施

中华人民共和国国家质量监督检验检疫总局
中国国家标准化管理委员会 发布

前 言

本标准第 4.1 条和 4.2 条为强制性的,其余为推荐性的。

本标准由国家发展和改革委员会、工业和信息化部和中国有色金属工业协会提出。

本标准由全国能源基础和管理标准化技术委员会(SAC/TC 20)、全国有色金属标准化技术委员会(SAC/TC 243)归口。

本标准起草单位:金堆城钼业股份有限公司、有色金属技术经济研究院。

本标准主要起草人:孙耀林、韩绪峰、马志军、敬尚年、王郭亮、曹亚军、张江峰、屈志伟、张宪铭。

焙烧钼精矿单位产品能源消耗限额

1 范围

本标准规定了焙烧钼精矿单位产品的能源消耗(以下简称能耗)限额的要求、统计范围、计算方法、计算范围和节能管理与措施。

本标准适用于以钼精矿为原料的焙烧钼精矿生产企业产品能耗的计算、考核,以及对新建项目的能耗控制。

2 规范性引用文件

下列文件对于本文件的应用是必不可少的。凡是注日期的引用文件,仅注日期的版本适用于本文件。凡是不注日期的引用文件,其最新版本(包括所有的修改单)适用于本文件。

GB/T 2589 综合能耗计算通则

GB 17167 用能单位能源计量器具配备和管理通则

3 术语和定义

GB/T 2589 界定的以及下列术语和定义适用于本文件。

3.1

工序能源单耗 unit energy consumption in working procedure

工序生产过程中生产单位合格产品消耗的能源量。

3.2

工序实物单耗 unit object consumption in working procedure

工序生产过程中生产单位合格产品消耗的某种能源实物量。

3.3

工艺能源单耗 unit energy consumption of technology

工艺生产过程中生产单位合格产品消耗的能源量。

3.4

辅助能耗 assistant energy consumption

生产单位合格产品辅助生产系统所消耗的能源。

3.5

综合能源单耗 unit consumption of integrate energy

即单位产品综合能耗,是指工艺能源单耗与工艺产品辅助能耗及损耗分摊量之和。

4 要求

4.1 现有焙烧钼精矿生产企业单位产品能耗限定值

现有焙烧钼精矿生产企业单位产品综合能耗限定值应符合表 1 的要求。

表 1　现有焙烧钼精矿生产企业单位产品综合能耗限定值

综合能耗限定值/(kgce/t),不大于		
焙烧钼精矿(普通)	焙烧钼精矿(块)	焙烧钼精矿(高溶)
320	220	350

4.2　新建焙烧钼精矿生产企业单位产品综合能耗准入值

新建焙烧钼精矿生产企业单位产品综合能耗准入值应符合表 2 的要求。

表 2　新建焙烧钼精矿生产企业单位产品综合能耗准入值

综合能耗准入值/(kgce/t),不大于		
焙烧钼精矿(普通)	焙烧钼精矿(块)	焙烧钼精矿(高溶)
250	210	290

4.3　焙烧钼精矿生产企业单位产品综合能耗先进值

焙烧钼精矿生产企业单位产品综合能耗先进值应符合表 3 的要求。

表 3　焙烧钼精矿生产企业单位产品综合能耗先进值

综合能耗先进值/(kgce/t),不大于		
焙烧钼精矿(普通)	焙烧钼精矿(块)	焙烧钼精矿(高溶)
220	190	260

5　统计范围、计算方法和计算范围

5.1　统计范围

5.1.1　企业实际(生产)消耗的各种能源

企业实际消耗的各种能源,系指用于生产活动的各种能源。它包括:一次能源(原煤、原油、天然气等)、二次能源(如电力、热力、石油制品、焦炭、煤气等)和生产使用的耗能工质(水、氧气、压缩空气等)所消耗的能源。

企业实际消耗的各种能源,系指用于生产活动的各种能源。其主要用于生产系统、辅助生产系统和附属生产系统,不包括生活用能和批准的基建项目用能。在企业实际消耗的能源中,用做原料的能源也必需包括在内。

生活用能是指企业系统内的宿舍、学校、文化娱乐、医疗保健、商业服务等直接用于生活方面的能耗。

5.1.2　企业计划报告期内的能源实物消耗量和能源消耗量

企业计划报告期内的某种能源实物消耗量的计算,应符合式(1):

$$e_h = e_1 + e_2 - e_3 - e_4 - e_5 - e_6 \qquad (1)$$

式中：

e_h ——企业的能源实物消耗量；

e_1 ——企业购入能源实物量；

e_2 ——期初库存能源实物量；

e_3 ——期末库存能源实物量；

e_4 ——外销能源实物量；

e_5 ——生活用能源实物量；

e_6 ——企业工程建设用能源量。

企业计划报告期内的能源消耗量的计算，应符合式(2)：

$$E = E_1 + E_2 - E_3 - E_4 - E_5 = E_{ZG} + E_{ZF} = E_{ZZ} \quad \cdots\cdots(2)$$

式中：

E ——企业计划报告期内能源消耗量；

E_1 ——购入能源量；

E_2 ——库存能源增减量；

E_3 ——外销能源量；

E_4 ——生活用能源量；

E_5 ——企业工程建设用能源量；

E_{ZG} ——诸产品工艺能源消耗量；

E_{ZF} ——间接辅助生产部门用能源量及损耗；

E_{ZZ} ——诸产品综合能源消耗量。

所消耗的各种能源不得重计或漏计。存在供需关系时，输入、输出双方在计算中量值上应保持一致。设备停炉大修的能源消耗也应计算在内，且按检修后设备的运行周期逐月平均分摊。企业综合能耗的计算按 GB/T 2589 的规定进行。

注：企业计划统计期内的能源消耗量是指本计划统计期内直接用于生产的能源消耗量，是否属直接用于生产按 5.1.1 的规定划分。

5.1.3 能源实物量的计量

能源实物量的计量应符合《中华人民共和国计量法》和 GB 17167 的规定。

5.1.4 各种能源的计量单位

企业生产能耗量、产品工艺能耗量(或称产品直接综合能耗)、产品综合能耗量的单位：kgce、tce(千克标煤、吨标煤)

煤、焦炭、重油的单位：t、10^4 t(吨、万吨)

电的单位：kW·h、10^4 kW·h(千瓦小时、万千瓦小时)

蒸汽的单位：kg、t 或 kJ、GJ(千克、吨或千焦、百万千焦)

煤气、压缩空气、氧气的单位：m^3、10^4 m^3(立方米、万立方米)

水的单位：t、10^4 t(吨、万吨)

5.1.5 各种能源(包括生产耗能工质消耗的能源)折算标煤量方法

应用基低(位)发热量等于 29.307 6 MJ(兆焦)的能源，称为 1 kg 标煤。

外购能源可取实测的低(位)发热量或供货单位提供的实测值为计算基础，或用国家统计部门的折算系数折算，参见附录 A。二次能源及耗能工质均按相应能源等价值(电用当量值)折算；企业能源转换自产时，按实际投入的能源实物量折算标煤量；由集中生产单位外销供应时，其能源等价值须经主管部门规定；外购外销时，其能源等价值应相同；当未提供能源等价值时，可按国家统计部门的折算系数折算，参见附录B。企业回收的余热按热力的折算系数，余热发电统一按电力的折算系数。

5.1.6 合格产品产量的确定

5.1.6.1 焙烧钼精矿(普通)生产企业合格产品产量的确定

焙烧钼精矿(普通)合格产品产量，应采用同一计划报告期内产出合格焙烧钼精矿(普通)的产量。

5.1.6.2 焙烧钼精矿(块)生产企业合格产品产量的确定

焙烧钼精矿(块)合格产品产量，应采用同一计划报告期内产出合格焙烧钼精矿(块)的产量。

5.1.6.3 焙烧钼精矿(高溶)生产企业合格产品产量的确定

焙烧钼精矿(高溶)合格产品产量，应采用同一计划报告期内产出合格焙烧钼精矿(高溶)的产量。

注：焙烧钼精矿合格产品是指以实物量折算为含钼量48%的标准量为基准。

5.1.7 余热利用能耗的计算原则

企业回收的余热，属于节约能源循环利用，不属于外购能源，在计算能耗时，应避免和外购能源重复计算。余热利用装置用能计入能耗。回收能源自用部分，计入自用工序；转供其他工序时，在所用工序以正常消耗计入；回收的能源折标煤后应在回收余热的工序、工艺中扣除。

5.1.8 其他

间接的辅助、附属生产系统的能源消耗量和能源及耗能工质在企业内部贮存、转换与分配供应及外销中的损耗，即间接综合能耗，应根据各产品工艺能耗占企业生产工艺能耗量的比例，分摊给各个产品。

设备年度大修的能源消耗量，应计入产品工艺能耗，按检修后设备的运行周期逐月平均分摊入各检修耗能工序。

5.2 计算方法

5.2.1 工序(工艺)实物单耗的计算

工序(工艺)实物单耗按式(3)计算：

$$e_S = \frac{M_S}{P_Z} \qquad \cdots\cdots(3)$$

式中：

e_S ——某工序(工艺)的实物单耗，单位为千克每吨(kg/t)、千瓦小时每吨(kW·h/t)、立方米每吨(m^3/t)；

M_S ——某工序(工艺)直接消耗的某种能源实物量，千克(kg)、千瓦小时(kW·h)、立方米(m^3)；

P_Z ——某工序(工艺)产出的合格产品产量，单位为吨(t)。

5.2.2 工序(工艺)能源单耗的计算

工序(工艺)能源单耗按式(4)计算：

$$E_I = \frac{E_H}{P_Z} \qquad \cdots\cdots(4)$$

式中：

E_I ——某工序(工艺)能源单耗，单位为千克标煤每吨(kgce/t)；

E_H——某工序(工艺)直接消耗的各种能源实物量折标煤之和,单位为千克标煤(kgce);

P_Z——某工序(工艺)产出的合格产品总量,单位为吨(t)。

注:该工序直接消耗的各种能源实物量折标煤量之和为代数和,当含回收余热时,按5.1.7处理,以免回收余热和外购能源重复计算。

5.2.3 工序(工艺)综合能源单耗的计算

工序(工艺)综合能源单耗按式(5)计算:

$$E_Z = E_I + E_F \quad \cdots\cdots(5)$$

式中:

E_Z——某产品综合能源单耗,单位为千克标煤每吨(kgce/t);

E_I——某产品工艺(工序)能源单耗,单位为千克标煤每吨(kgce/t);

E_F——某产品间接辅助能耗及损耗分摊量,单位为千克标煤每吨(kgce/t)。

5.3 计算范围

5.3.1 焙烧钼精矿(普通)企业产品能耗的计算范围

5.3.1.1 生产焙烧钼精矿(普通)工艺

生产焙烧钼精矿(普通)工艺产品能耗计算范围,包括从钼精矿备料开始(含钼精矿预处理)到成品焙烧钼精矿(普通)产出的整个生产过程所消耗的各种能源量,其中包括烟尘、余热回收、烟气治理。

5.3.1.2 焙烧钼精矿(普通)工序实物单耗、能源单耗计算

焙烧钼精矿(普通)工序实物单耗参照式(3)计算,能源单耗参照式(4)计算。

5.3.2 焙烧钼精矿(块)企业产品能耗计算范围

5.3.2.1 生产焙烧钼精矿(块)工艺

焙烧钼精矿(块)工艺包括焙烧钼精矿混料、输料、给料、压制、残料回收、干燥、粉尘回收、包装等工序。焙烧钼精矿(块)工艺能耗计算范围,包括从备料开始到焙烧钼精矿(块)包装完成,整个生产过程所消耗的各种能源。

5.3.2.2 焙烧钼精矿(块)工序实物单耗、能源单耗计算

焙烧钼精矿(块)生产工艺各工序实物单耗参照式(3)计算,焙烧钼精矿(块)生产工艺各工序能源单耗参照式(4)计算。

5.3.3 焙烧钼精矿(高溶)企业产品能耗计算范围

5.3.3.1 生产焙烧钼精矿(高溶)工艺

焙烧钼精矿(高溶)工艺包括钼精矿预处理到成品包装等整个生产过程所消耗的各种能源,其中包括烟尘回收、余热回收、烟气治理。

5.3.3.2 焙烧钼精矿(高溶)工序实物单耗、能源单耗计算

焙烧钼精矿(高溶)生产工艺各工序实物单耗参照式(3)计算,焙烧钼精矿(高溶)生产工艺各工序能源单耗参照式(4)计算。

6 节能管理与措施

6.1 节能基础管理

6.1.1 企业应建立节能考核制度,定期对企业的各生产工序能耗情况进行考核,并把考核指标分解落实到各基层单位。

6.1.2 企业应按要求建立能耗统计体系,建立能耗计算和统计结果的文件档案,并对文件进行受控管理。

6.1.3 企业应根据 GB 17167 的要求配备相应的能源计量器具并建立能源计量管理制度。

6.2 节能技术管理

焙烧钼精矿生产企业应依靠科技进步(引进先进设备、工艺、材料等)、加强企业内部管理,最大限度地节约能源。

附 录 A
（资料性附录）
常用能源品种现行参考折标煤系数

表 A.1 常用能源品种现行折标煤系数

能源		折标煤系数及单位	
品种	平均低位发热量	系数	单位
原煤	20 908 kJ/kg (5 000 kcal/kg)	0.714 3	kgce/kg
洗精煤	26 344 kJ/kg(6 300 kcal/kg)	0.900	kgce/kg
重油	41 816 kJ/kg(10 000 kcal/kg)	1.428 6	kgce/kg
柴油	42 652 kJ/kg(10 200 kcal/kg)	1.457 1	kgce/kg
汽油	43 070 kJ/kg(10 300 kcal/kg)	1.471 4	kgce/kg
焦炭	28 435 kJ/kg(6 800kcal/kg)(灰分13.5%)	0.971 4	kgce/kg
液化石油气	50 179 kJ/kg(12 000 kcal/kg)	1.714 3	kgce/kg
电力(当量值)	3 600 kJ/(kW·h)[860 kcal/(kW·h)]	0.122 9	kgce/(kW·h)
热力	—	0.034 12	kgce/MJ
煤气	1 250×4.186 8 kJ/m^3	1.786	tce/10^4 m^3
天然气	38 931 kJ/m^3(9 310 kcal/m^3)	1.330 0	tce/10^3 m^3
本附录中折标煤系数如遇国家统计部门规定发生变化，能耗等级指标则应另行设定。 注 1：蒸汽折标煤系数按热值计。 注 2：部分品种仍采用“万”为计量单位。			

附 录 B
（资料性附录）
耗能工质能源等价参考值

表 B.1 常用耗能工质能源等价值

<table>
<tr><th rowspan="2">序号</th><th colspan="2" rowspan="2">名 称</th><th rowspan="2">单 位</th><th colspan="2">能源等价值</th><th rowspan="2">备 注</th></tr>
<tr><th>热值/MJ</th><th>折标煤
kgce</th></tr>
<tr><td>1</td><td rowspan="2">液体</td><td>新鲜水</td><td>t</td><td>7.535 0</td><td>0.257 1</td><td rowspan="2">指尚未使用过的自来水，按平均耗电计算</td></tr>
<tr><td>2</td><td>软化水</td><td>t</td><td>14.234 7</td><td>0.485 7</td></tr>
<tr><td>3</td><td rowspan="6">气体</td><td>压缩空气</td><td>m^3</td><td>1.172 3</td><td>0.040 0</td><td rowspan="3"></td></tr>
<tr><td>4</td><td>二氧化碳</td><td>m^3</td><td>6.280 6</td><td>0.214 3</td></tr>
<tr><td>5</td><td>氧气</td><td>m^3</td><td>11.723 0</td><td>0.400 0</td></tr>
<tr><td rowspan="2">6</td><td rowspan="2">氮气</td><td rowspan="2">m^3</td><td>11.723 0</td><td>0.400 0</td><td>当副产品时</td></tr>
<tr><td>19.677 1</td><td>0.671 4</td><td>当主产品时</td></tr>
<tr><td>7</td><td>乙炔</td><td>m^3</td><td>243.672 2</td><td>8.314 3</td><td>按耗电石计算</td></tr>
<tr><td>8</td><td>固体</td><td>电石</td><td>kg</td><td>60.918 8</td><td>2.078 6</td><td>按平均耗焦炭、电等计算</td></tr>
<tr><td colspan="7">本附录中的能源等价值如有变动，以国家统计部门最新公布的数据为准。</td></tr>
</table>

ICS 27.010
F 01

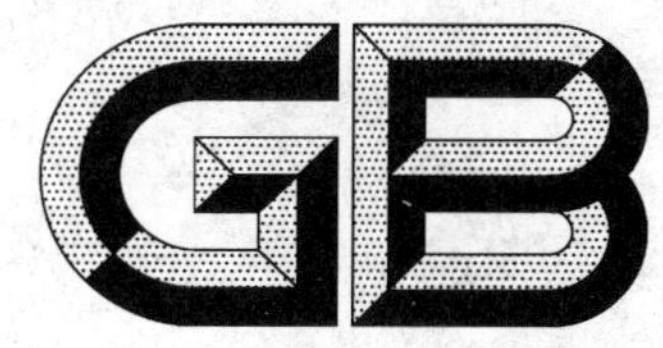

中华人民共和国国家标准

GB 29146—2012

钼精矿单位产品能源消耗限额

The norm of energy consumption per unit products of molybdenum concentrate

2012-12-31 发布　　　　2013-10-01 实施

中华人民共和国国家质量监督检验检疫总局
中国国家标准化管理委员会　发布

前　言

本标准第4.1条和4.2条为强制性的，其余为推荐性的。

本标准由国家发展和改革委员会、工业和信息化部提出。

本标准由全国能源基础和管理标准化技术委员会(SAC/TC 20)、全国有色金属标准化技术委员(SAC/TC 243)会归口。

本标准起草单位：金堆城钼业股份有限公司、有色金属技术经济研究院。

本标准主要起草人：马志军、相炜鹏、冯建军、马晓、蔺佰潮、王郭亮、张江峰、张宪铭。

钼精矿单位产品能源消耗限额

1 范围

本标准规定了钼精矿产品能源消耗(以下简称能耗)限额的技术要求、统计范围、计算方法、计算范围和节能管理与措施。

本标准适用于浮选法生产钼精矿的单位产品能源消耗的计算、考核及对新建项目的能耗控制。

2 规范性引用文件

下列文件对于本文件的应用是必不可少的。凡是注日期的引用文件,仅注日期的版本适用于本文件。凡是不注日期的引用文件,其最新版本(包括所有的修改单)适用于本文件。

GB/T 2589 综合能耗计算通则

GB 17167 用能单位能源计量器具配备和管理通则

3 术语和定义

GB/T 2589 界定的以及下列术语和定义适用于本文件。

3.1

工序能源单耗 unit energy consumption in working procedure

工序生产过程中生产每吨合格产品消耗的能源量。

3.2

工序实物单耗 unit object consumption in working procedure

工序生产过程中生产每吨合格产品消耗的某种能源实物量。

3.3

工艺能源单耗 unit energy consumption of technology

工艺生产过程中生产每吨合格产品消耗的能源量。

3.4

辅助能耗 assistant energy consumption

生产单位合格产品辅助生产系统所消耗的能源。

3.5

综合能源单耗 unit consumption of integrate energy

即单位产品综合能耗,是指工艺能源单耗与工艺产品辅助能耗及损耗分摊量之和。

4 要求

4.1 现有钼精矿生产企业单位产品能耗限定值

现有钼精矿生产企业单位产品综合能耗限定值应符合表 1 的要求。

表 1　现有钼精矿生产企业单位产品综合能耗限定值

工艺	综合能耗限定值/(tce/t),不大于	
	露天开采	地下开采
采矿工艺单耗	0.000 65	0.006 7
选矿工艺单耗	1.200 0	
标准钼精矿综合能源单耗	1.479 5	4.081 0

注：标准钼精矿能源单耗 $E=(E_{采}\times K+E_{选})\times\mu$

$E_{采}$——采矿单耗；$E_{选}$——选矿单耗；K——选矿比；μ——综合能源折算系数，参考附录 C。

4.2　新建钼精矿生产企业单位产品能耗准入值

新建钼精矿生产企业单位产品综合能耗准入值应符合表 2 的要求。

表 2　新建钼精矿生产企业单位产品综合能耗准入值

工艺	综合能耗准入值/(tce/t),不大于	
	露天开采	地下开采
采矿工艺单耗	0.000 50	0.005 00
选矿工艺单耗	1.183 0	
标准钼精矿综合能源单耗	1.398 0	3.333 0

注：标准钼精矿能源单耗 $E=(E_{采}\times K+E_{选})\times\mu$

$E_{采}$——采矿单耗；$E_{选}$——选矿单耗；K——选矿比；μ——综合能源折算系数，参考附录 C。

4.3　钼精矿生产企业单位产品能耗先进值

钼精矿生产企业单位产品综合能耗先进值应达到表 3 的要求。

表 3　钼精矿生产企业单位产品综合能耗先进值

工艺	综合能耗先进值/(tce/t),不大于	
	露天开采	地下开采
采矿工艺单耗	0.000 42	0.004 00
选矿工艺单耗	1.100	
标准钼精矿综合能源单耗	1.280 6	2.820 0

注：标准钼精矿能源单耗 $E=(E_{采}\times K+E_{选})\times\mu$

$E_{采}$——采矿单耗；$E_{选}$——选矿单耗；K——选矿比；μ——综合能源折算系数，参考附录 C。

5 统计范围、计算方法及计算范围

5.1 统计范围

5.1.1 企业实际生产消耗的各种能源

实际消耗的各种能源是指：一次能源(原煤、原油、天然气等)、二次能源(电力、热力、选矿药剂用石油制品、焦炭等)和生产使用的耗能工质(水、氧气、压缩空气等)所消耗的能源。

企业实际消耗的各种能源，系指用于生产活动的各种能源。其包括主要生产系统、辅助生产系统和附属生产系统用能，不包括生活用能和基建项目用能。

生活用能是指企业系统内的宿舍、学校、文化娱乐、医疗保健、商业服务等直接用于生活方面的能耗。

5.1.2 企业计划统计期内的能源实物消耗量和能源消耗量

企业计划统计期内的某种能源实物消耗量的计算，应符合式(1)：

$$e_h = e_1 + e_2 - e_3 - e_4 - e_5 - e_6 \quad \cdots\cdots(1)$$

式中：

e_h ——企业的能源实物消耗量；

e_1 ——企业购入能源实物量；

e_2 ——期初库存能源实物量；

e_3 ——期末库存能源实物量；

e_4 ——外销能源实物量；

e_5 ——生活用能源实物量；

e_6 ——企业工程建设用能源量。

企业计划统计期内的能源消耗量的计算，应符合式(2)：

$$E = E_1 + E_2 - E_3 - E_4 - E_5 = E_{ZG} + E_{ZF} = E_{ZZ} \quad \cdots\cdots(2)$$

式中：

E ——企业计划统计期内能源消耗量；

E_1 ——购入能源量；

E_2 ——库存能源增减量；

E_3 ——外销能源量；

E_4 ——生活用能源量；

E_5 ——企业工程建设用能源量；

E_{ZG} ——诸产品工艺能源消耗量；

E_{ZF} ——间接辅助生产部门用能源量及损耗；

E_{ZZ} ——诸产品综合能源消耗量。

所消耗的各种能源不得重计或漏计。存在供需关系时，输入、输出双方在计算中量值上应保持一致。设备大修的能源消耗也应计算在内，且按检修后设备的运行周期逐月平均分摊。企业综合能耗的计算按 GB/T 2589 的规定进行。

注：企业计划统计期内的能源消耗量是指本计划统计期内直接用于生产的能源消耗量，是否属直接用于生产按 5.1.1 的规定划分。

5.1.3 能源实物量的计量

能源实物量的计量应符合《中华人民共和国计量法》和 GB 17167 的规定。

5.1.4 各种能源的计量单位

企业生产能耗量、产品工艺能耗量(或称产品直接综合能耗)、产品综合能耗量的单位:kgce、tce(千克标煤、吨标煤)

煤、焦炭的单位:t、10^4 t(吨、万吨)

汽油、柴油、煤油的单位:kg、t(千克、吨)

电的单位:kW·h、10^4 kW·h(千瓦小时、万千瓦小时)

蒸汽的单位:kg、t 或 kJ、GJ(千克、吨或千焦、百万千焦)

煤气、压缩空气、氧气的单位:m^3、10^4 m^3(立方米、万立方米)

水的单位:t、104^t(吨、万吨)

5.1.5 各种能源(包括生产耗能工质消耗的能源)折算标煤量方法

应用基低(位)发热量等于 29.307 6 MJ(兆焦)的能源,称为 1 kg 标煤。

外购能源可取实测的低(位)发热量或供货单位提供的实测值为计算基础,或用国家统计部门的折算系数折算,参见附录 A。二次能源及耗能工质均按相应能源等价值(电用当量值)折算:企业能源转换自产时,按实际投入的能源实物量折算标煤量;由集中生产单位外销供应时,其能源等价值须经主管部门规定;外购外销时,其能源等价值应相同;当未提供能源等价值时,可按国家统计部门的折算系数折算,参见附录 B。

5.1.6 单位产品能耗的产品产量的确定

计算单位产品能耗时,应分别采用同一计划统计期内产出的原矿产量(出矿量)、钼精矿的产量。

注:钼精矿合格(或单位)产品:是指以实物量折算为含钼量 45%的标准量为基准。

5.1.7 余热利用能耗的统计原则

凡余热利用生产的能源量,应折算后在该工序能耗量中扣除,用于本工序或其他工序的,该部分能量则以正常消耗计入。

5.1.8 其他

设备年度大修的能源消耗量,应计入产品工艺能耗,按检修后设备的运行周期逐月平均分摊入各检修耗能工序。附属生产设备的能源消耗,应根据各产品工艺能耗量占企业生产工艺总能耗量的比例分摊给各个产品。

5.2 计算方法

5.2.1 工序(工艺)实物单耗的计算

工序(工艺)实物单耗按式(3)计算:

$$e_{dx} = e_{si}/M_x \qquad \cdots\cdots(3)$$

式中:

e_{dx} ——某一工序(艺)的实物单耗,单位为实物单位每吨(实物单位/t);

e_{si} ——该工序(艺)在同一计划统计期消耗的第 i 种能源实物量,单位为实物单位;

M_x——该工序(艺)合格产品的产量,单位为吨(t)。

5.2.2 工序(艺)能耗的计算

工序(艺)能耗按式(4)计算:

$$E_{gx}=\sum_{i=1}^{n}e_{gxi}\rho_i-E_{wg} \quad \cdots\cdots(4)$$

式中：

E_{gx}——某一工序(艺)能耗；

e_{gxi}——该工序(艺)对第 i 种能源(耗能工质)的消耗量；

ρ_i——第 i 种能源(耗能工质)等价折标煤系数(等价值)；

E_{wg}——工序(艺)外供二次能源(耗能工质)折算成一次能源(标煤)的数量。

5.2.3 工序(艺)能源单耗的计算

工序(艺)能源单耗按式(5)计算：

$$E_{gdx}=E_{gx}/M_x \quad \cdots\cdots(5)$$

式中：

E_{gdx}——某一工序(艺)能源单耗；

E_{gx}——计划统计期内该工艺能耗；

M_x——计划统计期内该工艺生产产品产量。

5.2.4 综合能耗的计算

综合能耗按式(6)计算：

$$E=E_z+E_f+E_{f'}+E_s \quad \cdots\cdots(6)$$

式中：

E——企业综合能耗；

E_z——主要生产系统综合能耗；

E_f——辅助生产系统综合能耗；

$E_{f'}$——附属生产系统综合能耗；

E_s——企业各种能源损耗之和。

5.2.5 综合能源单耗的计算

综合能源单耗按式(7)计算：

$$E_{dx}=E_{zx}+E_{jx} \quad \cdots\cdots(7)$$

式中：

E_{dx}——第 x 种产品的单位产量综合能耗；

E_{zx}——第 x 种产品的单位产量直接综合能耗；

E_{jx}——第 x 种产品的单位产量间接综合能耗。

注：产品单位产量直接综合能耗的计算公式：

$$E_{zx}=E_{czx}/M_x \quad \cdots\cdots(8)$$

式中：

E_{czx}——生产某产品的直接综合能耗；

M_x——在同一计划统计期产品 x 的合格品数量。

5.3 计算范围

5.3.1 采矿工艺能源消耗计算范围

5.3.1.1 地下开采工艺的能源消耗计算范围

地下开采工艺能源消耗包括穿孔工序、爆破工序、压风工序、通风工序、供排水工序、排土工序，提升运输工序、采装工序、破碎工序、充填工序、污水处理工序、采暖工序和辅助工序耗能量。

5.3.1.2 露天开采工艺的能源消耗计算范围

露天开采工艺能源消耗包括穿孔工序、爆破工序、铲装运输工序、排水工序、排土工序、水采加压工序、水运工序、破碎工序和辅助工序耗能量。

5.3.2 钼精矿产品选矿工艺能源消耗计算范围

钼精矿产品选矿工艺能源消耗包括破碎工序、磨矿工序、选别工序、脱水工序、尾矿输送及处理工序、废水处理工序、辅助工序耗能量。

6 节能管理与措施

6.1 节能基础管理

6.1.1 企业应建立节能考核制度，定期对企业的各生产工序能耗情况进行考核，并把考核指标分解落实到各基层单位。

6.1.2 企业应按要求建立能耗统计体系，建立能耗计算和统计结果的文件档案，并对文件进行受控管理。

6.1.3 企业应根据 GB 17167 的要求配备相应的能源计量器具并建立能源计量管理制度。

6.2 节能技术管理

钼精矿生产企业应依靠科技进步(引进先进设备、工艺、材料等)、加强企业内部管理，最大限度地节约能源。

附　录　A
（资料性附录）
常用能源品种现行参考折标煤系数

表 A.1　常用能源品种现行折标煤系数

能　源		折标煤系数及单位	
品　种	平均低位发热量	系　数	单　位
原煤	20 908 kJ/kg (5 000 kcal/kg)	0.714 3	kgce/kg
洗精煤	26 344 kJ/kg(6 300 kcal/kg)	0.900	kgce/kg
重油	41 816 kJ/kg(10 000 kcal/kg)	1.428 6	kgce/kg
柴油	42 652 kJ/kg(10 200 kcal/kg)	1.457 1	kgce/kg
汽油	43 070 kJ/kg(10 300 kcal/kg)	1.471 4	kgce/kg
焦炭	28 435 kJ/kg(6 800kcal/kg)(灰分13.5%)	0.971 4	kgce/kg
液化石油气	50 179 kJ/kg(12 000 kcal/kg)	1.714 3	kgce/kg
电力(当量值)	3 600 kJ/(kW・h)[860 kcal/(kW・h)]	0.122 9	kgce/(kW・h)
热力	—	0.034 12	kgce/MJ
煤气	1 250×4.186 8 kJ/m^3	1.786	tce/10^4 m^3
天然气	38 931 kJ/m^3(9 310 kcal/m^3)	1.330 0	tce/10^3 m^3
本附录中折标煤系数如遇国家统计部门规定发生变化，能耗等级指标则应另行设定。 **注 1**：蒸汽折标煤系数按热值计。 **注 2**：部分品种仍采用“万”为计量单位。			

附 录 B
（资料性附录）
耗能工质能源等价参考值

表 B.1 常用耗能工质能源等价值

序号	名称		单位	能源等价值		备 注
				热值/MJ	折标煤 kgce	
1	液体	新鲜水	t	7.535 0	0.257 1	指尚未使用过的自来水，按平均耗电计算
2		软化水	t	14.234 7	0.485 7	
3	气体	压缩空气	m^3	1.172 3	0.040 0	
4		二氧化碳	m^3	6.280 6	0.214 3	
5		氧气	m^3	11.723 0	0.400 0	
6		氮气	m^3	11.723 0	0.400 0	当副产品时
				19.677 1	0.671 4	当主产品时
7		乙炔	m^3	243.672 2	8.314 3	按耗电石计算
8	固体	电石	kg	60.918 8	2.078 6	按平均耗焦炭、电等计算
本附录中的能源等价值如有变动，以国家统计部门最新公布的数据为准。						

附 录 C
(资料性附录)
标准钼精矿综合能源折算系数

表 C.1 标准钼精矿综合能源折算系数

选矿比(K)	综合能源折算系数(μ)
1∶530	1.50
1∶520	1.45
1∶510	1.40
1∶500	1.35
1∶490	1.30
1∶480	1.25
1∶470	1.20
1∶460	1.15
1∶450	1.10
1∶440	1.05
1∶430	1.00
1∶420	0.95
1∶410	0.90
1∶400	0.85
1∶390	0.80
1∶380	0.75
1∶370	0.70
1∶360	0.65
1∶350	0.60
1∶340	0.55
1∶330	0.50

ICS 27.010
F 01

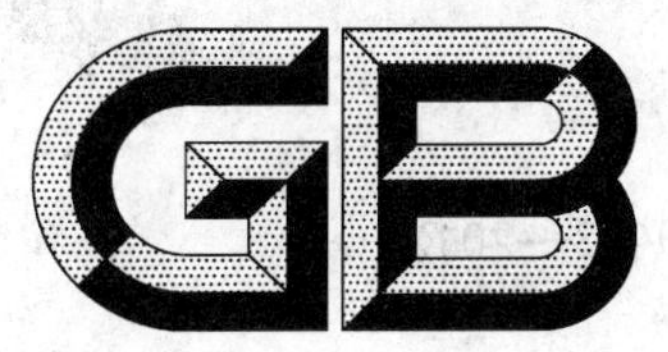

中华人民共和国国家标准

GB 29413—2012

锗单位产品能源消耗限额

The norm of energy consumption per unit products of germanium

2012-12-31 发布　　2013-10-01 实施

中华人民共和国国家质量监督检验检疫总局
中国国家标准化管理委员会　发布

前　言

本标准4.1、4.2为强制性的，其余为推荐性的。

本标准由国家发展和改革委员会、工业和信息化部提出。

本标准由全国能源基础与管理标准化技术委员会(SAC/TC 20)和全国有色金属标准化技术委员会(SAC/TC 243)归口。

本标准起草单位：云南临沧鑫圆锗业股份有限公司、中国有色金属工业标准计量质量研究所。

本标准参加起草单位：南京中锗科技股份有限公司、北京国晶辉红外光学科技有限公司、云南驰宏锌锗股份有限公司、深圳市中金岭南有色金属股份有限公司韶关冶炼厂、内蒙通力锗业有限公司。

本标准主要起草人：普世坤、包文东、贺东江、惠峰、谭萍、苏小平、吴成春、孙玉才。

锗单位产品能源消耗限额

1 范围

本标准规定了锗单位产品能源消耗（以下简称能耗）限额的技术要求、统计范围、计算方法、计算范围、节能管理与节能措施。

本标准适用于所有以含锗褐煤、煤渣（灰）、含锗铅锌矿生产锗精矿，再以锗精矿、锗废料为原料生产区熔锗锭的锗单位产品能耗的计算、考核，以及对新建项目的能耗控制。

2 规范性引用文件

下列文件对于本文件的应用是必不可少的。凡是注日期的引用文件，仅注日期的版本适用于本文件。凡是不注日期的引用文件，其最新版本（包括所有的修改单）适用于本文件。

GB/T 2589 综合能耗计算通则

GB 17167 用能单位能源计量器具配备和管理通则

3 术语和定义

GB/T 2589 界定的以及下列术语和定义适用于本文件。

3.1

工序能源单耗 unit energy consumption in working procedure

工序生产过程中生产单位合格产品消耗的能源量。

3.2

工序实物单耗 unit object consumption in working procedure

工序生产过程中生产单位合格产品消耗的某种能源实物量。

3.3

工艺能源单耗 unit energy consumption of technology

工艺生产过程中生产单位合格产品消耗的能源量。

3.4

辅助能耗 assistant energy consumption

生产单位合格产品辅助生产系统所消耗的能源。

3.5

综合能源单耗 unit energy consumption of integrate

即单位产品综合能源消耗，是指工艺能源单耗与工艺产品辅助能耗及损耗分摊量之和。

4 技术要求

4.1 现有锗生产企业单位产品能耗限定值

现有锗生产企业单位产品能耗限定值应符合表 1 的要求。

表 1 锗生产企业单位产品能耗限定值

产品	工序或工艺	综合能耗限定值/(kgce/kg)	
		工艺能耗	综合能耗
锗矿	锗矿开采工序	≤20	≤21
锗精矿	火法富集工序	≤39	≤41
锗精矿	丹宁(栲胶)沉锗富集或锗精矿预处理	≤70	≤81
粗四氯化锗	氯化蒸馏工序	≤79.5	≤91.5
高纯二氧化锗	氧化	≤81	≤93.5
还原锗	还原工序	≤89	≤102.5
区熔锗锭	区熔工序	≤100	≤113.5
注:缺少采矿工序的,综合能耗应扣减 21 kgce/kg,缺少火法富集工序的,综合能耗应扣减 41 kgce/kg;缺少丹宁(或栲胶)沉锗富集或锗精矿预处理工序的,综合能耗应扣减 81 kgce/kg。			

4.2 新建锗生产企业单位产品能耗准入值

新建锗生产企业单位产品能耗准入值应符合表 2 的要求。

表 2 新建锗生产企业单位产品能耗准入值

产品	工序或工艺	综合能耗准入值/(kgce/kg)	
		工艺能耗	综合能耗
锗 矿	锗矿开采工序	≤18	≤19
锗精矿	火法富集工序	≤35	≤37
锗精矿	丹宁(栲胶)沉锗富集或锗精矿预处理	≤63	≤73
粗四氯化锗	氯化蒸馏工序	≤71.5	≤82
高纯二氧化锗	精馏水解工序	≤73	≤84
还原锗	还原工序	≤80	≤92
区熔锗	区熔工序	≤89	≤102
注:缺少采矿工序的,综合能耗应扣减 19 kgce/kg,缺少火法富集工序的,综合能耗应扣减 37 kgce/kg;缺少丹宁(或栲胶)沉锗富集或锗精矿预处理工序的,综合能耗应扣减 73 kgce/kg。			

4.3 锗生产企业单位产品能耗先进值

锗生产企业单位产品能耗先进值应符合表 3 的要求。

表 3 锗生产企业单位产品能耗先进值

产品	工序或工艺	综合能耗先进值/(kgce/kg)	
		工艺能耗	综合能耗
锗矿	锗矿开采工序	≤16	≤17
锗精矿	火法富集工序	≤31	≤33
锗精矿	丹宁(栲胶)沉锗富集或锗精矿预处理	≤57	≤66
粗四氯化锗	氯化蒸馏工序	≤64	≤74
高纯二氧化锗	精馏水解工序	≤65	≤75.5
还原锗	还原工序	≤72	≤83
区熔锗	区熔工序	≤80	≤91
缺少采矿工序的,综合能耗应扣减 17 kgce/kg,缺少火法富集工序的,综合能耗应扣减 33 kgce/kg;缺少丹宁(或栲胶)沉锗富集或锗精矿预处理工序的,综合能耗应扣减 66 kgce/kg。			

5 统计范围、计算方法及计算范围

5.1 统计范围

5.1.1 企业实际(生产)消耗的各种能源

企业实际消耗的各种能源包括:一次能源(原煤、石油、天然气等),二次能源(电力、热力、石油制品、焦炭、煤气等)和生产使用的耗能工质(水、氧气、压缩空气等)所消耗的能源。

企业实际消耗的各种能源是指用于生产活动的各种能源。其包括主要生产系统、辅助生产系统和附属生产系统用能,不包括生活用能和批准的基建项目用能。在企业实际消耗的能源中,用作原料的能源也必须包括在内。

生活用能是指企业系统内的宿舍、学校、文化娱乐、医疗保健、商业服务等直接用于生活方面的能耗。

5.1.2 企业计划报告期内的能源实物消耗量和能源消耗量

企业计划报告期内的某种能源实物消耗量的计算,应符合式(1):

$$e_h = e_1 + e_2 - e_3 - e_4 - e_5 - e_6 \quad \cdots\cdots(1)$$

式中:

e_h ——企业的能源实物消耗量;

e_1 ——企业购入能源实物量;

e_2 ——期初库存能源实物量;

e_3 ——期末库存能源实物量;

e_4 ——外销能源实物量;

e_5 ——生活用能源实物量;

e_6 ——企业工程建设用能源量。

企业计划报告期内的能源消耗量的计算,应符合式(2):

$$E = E_1 + E_2 - E_3 - E_4 - E_5 \quad \cdots\cdots(2)$$

$$=E_{ZG}+E_{ZF}$$
$$=E_{ZZ}$$

式中：

E ——企业报告期内的能源消耗量；

E_1 ——购入能源量；

E_2 ——库存能源增减量；

E_3 ——外销能源量；

E_4 ——生活用能源量；

E_5 ——企业工程建设用能源量；

E_{ZG}——诸产品工艺能源消耗量；

E_{ZF}——间接辅助生产部门用能源量及损耗；

E_{ZZ}——诸产品综合能源消耗量。

所消耗的各种能源不得重计或漏计。存在供需关系时，输入、输出双方在计算中量值上应保持一致。设备大修的能源消耗也应计算在内，且按检修后设备的运行周期逐月平均分摊。企业综合能耗的计算按照 GB/T 2589 的规定进行。

5.1.3 各种能源的计量单位

企业生产能耗量、产品工艺能耗量、产品综合能耗量的单位：kgce/kg、tce/kg。

煤炭、焦炭、重油、汽油、柴油的单位：kg(千克)、t(吨)；

电力的单位：kW·h(千瓦时)、10^4 kW·h(万千瓦时)；

蒸汽的单位：kJ(千焦)、MJ(兆焦)、GJ(百万千焦)；

煤气、压缩空气、氧气、天然气的单位：m^3(立方米)、$10^4\ m^3$(万立方米)；

水的单位：t(吨)、10^4 t(万吨)。

5.1.4 各种能源(包括生产耗能工质消耗的能源)折算标煤量方法

应用基低发热量等于 29.307 6 MJ(兆焦)的燃料，即 1 kgce(千克标准煤)。

各种能源及耗能工质消耗量在折算标煤量时，外购的燃料能源可取实测的低(位)发热量或供货单位提供的实测值为计算基础，或用国家统计部门的折算系数折算，参见附录 A；二次能源及耗能工质均按相应的能源等价值折算(电用当量值)；企业能源转换自产时，按实际投入的能源实物量折算标煤量；由集中生产单位外销供应时，其能源等价值须主管部门规定；外购外销时，其能源等价值必须相同；当未提供能源等价值时，可按国家统计部门的折算系数折算，参见附录 B；企业回收的余热按热力的折算系数，余热发电统一按电力的折算系数折算。

5.1.5 锗单位产品能耗的计算原则

锗生产各工序能耗的计算，采用同一计划报告期内产出的合格产品实物产量折算成金属量来计算单位产品能耗。

所有产品产量及金属量均以 kg(千克)为计量单位，以企业计划统计部门正式上报的数据为准。

5.1.6 企业余热利用能源的计算原则

企业回收的余热，属于节约能源循环利用，不属于外购能源，在计算时，应避免和外购能源重复计算。余热利用装置用能计入能耗。回收能源自用部分，计入自用工序；转供其他工序时，在所用工序以正常消耗计入；回收的能源折标煤后应在回收余热的工序、工艺中扣除。

5.1.7 其他

企业的辅助、附属生产系统的能源消耗及耗能工质在企业内部贮存、转换与分配供应及外销中的损耗，应根据各产品工艺能耗占企业生产工艺能耗量的比例，分摊给各个产品。

5.2 计算方法

5.2.1 工序(工艺)实物单耗的计算

工序(工艺)实物单耗按式(3)计算：

$$E_{Si}=\frac{M_{Ti}}{P_i} \tag{3}$$

式中：

E_{Si} ——某工序(工艺)的实物单耗，单位为千克每吨(kg/t)、千瓦时每吨(kW·h/t)、立方米每吨(m^3/t)；

M_{Ti} ——某工序(工艺)直接消耗的某种能源实物总量，单位为千克(kg)、千瓦时(kW·h)、立方米(m^3)；

P_i ——某工序(工艺)产出的合格产品总实物量折算成金属量，单位为千克(kg)。

5.2.2 工序(工艺)能源单耗的计算

工序(工艺)能源单耗按式(4)计算：

$$E_{Ei}=\frac{E_{Ti}}{P_i} \tag{4}$$

式中：

E_{Ei}——某工序(工艺)能源单耗，单位为千克标准煤每千克(kgce/kg)；

E_{Ti}——某工序(工艺)直接消耗的各种能源实物量折标准煤为代数和，单位为千克标准煤(kgce)；

P_i ——某工序(工艺)产出的合格产品总实物量的金属量，单位为千克(kg)。

5.2.3 企业综合能耗的计算

综合能耗的计算应符合式(5)：

$$E_Z=E_1+E_F \tag{5}$$

式中：

E_Z ——综合能耗，单位为千克标准煤每千克(kgce/kg)；

E_1——工艺能耗，单位为千克标准煤每千克(kgce/kg)；

E_F——辅助能耗和损耗分摊量，单位为千克标准煤每千克(kgce/kg)。

5.3 计算范围

5.3.1 锗矿开采工序

从含锗矿物(褐煤矿等)开采到产出锗矿为止。按照产出的千克锗矿金属计算，包括矿井巷道掘进过程、制作维修、(人员、锗矿、充填料等)运输过程、通风、抽水、监控监测、爆破、辅助设备及照明等所有能源消耗量。

5.3.2 火法富集工序

从含锗矿、煤渣(灰)开始到产出锗精矿为止，按照产出的千克锗精矿金属计算。包括(沸腾炉、固定炉排炉、链条炉、回转窑等)从备料、配料、进料、燃烧挥发、排渣、供排风、物料输送、收尘、尾气脱硫处理、供排水、辅助设备及照明等所有能源消耗量。

5.3.3 丹宁(或栲胶)沉锗富集工序

从低品位含锗物料浸出液、锌浸出沉锗前液开始到产出锗精矿为止,按照产出的千克锗精矿金属计算。包括从备料、配料、进料、酸浸出、碱浸出、中和沉锗、压滤、灼烧、废液的中和排放、排渣、供排风、物料输送、供排水、辅助设备及照明等所有能源消耗量。

5.3.4 氯化蒸馏工序

从锗精矿开始到产出粗四氯化锗为止,按照产出的千克锗金属计算。包括从备料、进料、制冷、酸浸出、蒸馏、废液中和排放、排渣、供排风、物料输送、供排水、辅助设备及照明等所有能源消耗量。

5.3.5 精馏水解工序

从粗四氯化锗开始到产出高纯二氧化锗为止,按照产出的千克高纯二氧化锗金属计算。包括从备料、制冷、复蒸、萃取、精馏、水解、烘干、包装、废液中和排放、母液洗水处理、供排风、物料输送、供排水、辅助设备及照明等所有能源消耗量。

5.3.6 还原工序

从高纯二氧化锗开始到产出还原锗锭为止,按照产出的千克还原锗金属计算。包括从备料、装料、氨分解制氢、还原、铸锭、供排风、物料输送、供排水、辅助设备及照明等所有能源消耗量。

5.3.7 区熔工序

从还原锗锭开始到产出区熔锗锭为止,按照产出的千克区熔锗金属计算。包括从备料、装料、氨分解制氢、区熔提纯、供排风、物料输送、供排水、辅助设备及照明等所有能源消耗量。

6 企业产品能耗水平的评价

6.1 企业产品的能耗,必须满足公式(6)的条件。

$$\frac{\sum \text{某产品的实际单位产品能耗} \times \text{该产品的合格产量}}{\sum \text{该产品的某一能耗指标} \times \text{该产品的合格产量}} \leqslant 1 \qquad \cdots\cdots\cdots\cdots(6)$$

式中:该产品的某一能耗指标是指本标准所规定的与该产品相对应的某一种能耗指标值,应按企业实际达到的水平选取。参加评价的各产品应取同一种指标值。参加评价的各产品能耗量应与企业在评价期内上报的能源报表一致。

6.2 评价企业产品能耗时,应从综合单耗值中 5.3 中规定的统计计算范围里所缺少项目的工序能源单耗。

7 节能管理与措施

7.1 节能基础管理

7.1.1 企业应建立节能考核制度,定期对锗冶炼企业的各生产工序能耗情况进行考核,并把考核指标分解落实到各基层单位。

7.1.2 企业应按要求建立能耗统计体系,建立能耗计算和统计结果的文件档案,并对文件进行受控管理。

7.1.3　企业应根据 GB 17167 的要求配备相应的能源计量器具并建立能源计量管理制度。

7.2　节能技术管理

7.2.1　企业应定期进行能量平衡测试，根据测试结果挖掘节能潜力，制定节能技术改造规划，逐期实施。

7.2.2　企业应淘汰落后的生产工艺；调整生产工艺中不合理的能耗环节。

7.2.3　企业应对高耗能设备进行节能技术改造，及时更新国家已公布的淘汰机电设备。

7.2.4　企业对新建或引进的耗能项目要有专门的节能篇章并进行可行性节能论证。

7.2.5　企业应适时调整产品结构和能源品种结构，尽可能多的生产低能耗产品，使用优质能源。

附 录 A
（资料性附录）
常用能源品种参考折标煤系数

A.1 常用能源品种参考折标煤系数如表 A.1 所示。

表 A.1 常用能源品种参考折标煤系数

能 源		折标煤系数及单位	
品 种	平均低位发热量	系数	单位
原煤	20 908 kJ/kg(5 000 kcal/kg)	0.714 3	kgce/kg
洗精煤	26 344 kJ/kg(6 300 kcal/kg)	0.900	kgce/kg
重油	41 816 kJ/kg(10 000 kcal/kg)	1.428 6	kgce/kg
柴油	42 652 kJ/kg(10 200 kcal/kg)	1.457 1	kgce/kg
汽油	43 070 kJ/kg(10 300 kcal/kg)	1.471 4	kgce/kg
焦炭	28 435 kJ/kg(6 800 kcal/kg)(灰分13.5%)	0.971 4	kgce/kg
液化石油气	50 179 kJ/kg(12 000 kcal/kg)	1.714 3	kgce/kg
电力(当量值)	3 600 kJ/kW·h(860 kcal/kW·h)	0.122 9	kgce/(kW·h)
热力(蒸汽)	—	0.034 12	kgce/MJ
煤气	1 250×4.186 8 kJ/m^3	1.786	tce/10^4 m^3
天然气	38 931 kJ/m^3(9 310 kcal/m^3)	1.330 0	tce/10^3 m^3

注 1：蒸汽折标煤系数按热值计。

注 2：本附录折标煤系数如遇国家统计部门规定发生变化，能耗等级指标则应另行规定。

A.2 常用耗能工质参考折标煤系数参考如表 A.2 所示。

表 A.2 常用耗能工质参考折标煤系数

序号	品 种	单位	能源等价值		备 注
			热值 MJ	折标煤 kgce	
1	新鲜水	t	7.535 0	0.257 1	指尚未使用过的自来水，按平均耗电计算
2	软化水	t	14.234 7	0.485 7	
3	氧气	m^3	11.723 0	0.400 0	
4	乙炔	m^3	243.672 2	8.314 3	按耗电石计算

注：本附录中的能源等价值如有变动，以国家统计部门最新公布的数据为准。

ICS 27.010
F 01

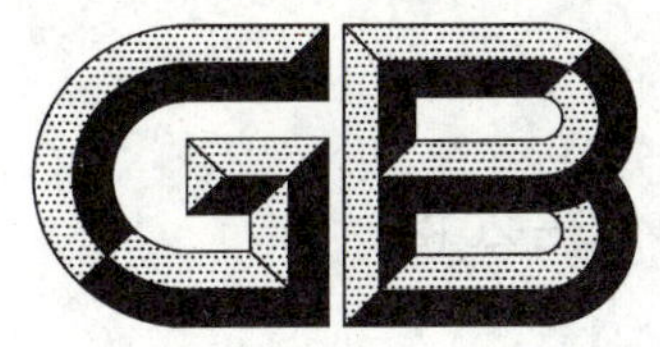

中华人民共和国国家标准

GB 29435—2012

稀土冶炼加工企业单位产品能源消耗限额

The norm of energy consumption per unit product of rare earth metallurgical enterprise

2012-12-31 发布

2013-10-01 实施

中华人民共和国国家质量监督检验检疫总局
中国国家标准化管理委员会 发布

前　言

本标准的4.1、4.2为强制性的,其余为推荐性的。

本标准按照GB/T 1.1—2009给出的规则起草。

本标准由国家发展和改革委员会、工业和信息化部提出。

本标准由全国能源基础与管理标准化技术委员会(SAC/TC 20)和全国稀土标准化技术委员会(SAC/TC 229)归口。

本标准起草单位:江阴加华新材料资源有限公司、内蒙古包钢稀土(集团)高科技股份有限公司、中国有色金属工业标准计量质量研究所、瑞科稀土冶金及功能材料国家工程研究中心有限公司、厦门通士达新材料有限公司、包头天骄清美稀土抛光粉有限公司、北京中和泽能环境工程技术有限公司。

本标准主要起草人:史卫东、肖睿、王静、谢建伟、朱玉华、高兰、王向红、陈国华、魏岚、许义勤、金燕华、俞志春、谢汉民、姚南红、黄小卫、史文范、王清香、潘建忠、唐寅轩、黄瑞甜、廖亮、唐定骧、朱建平、郭霖。

稀土冶炼加工企业单位产品能源消耗限额

1 范围

本标准规定了稀土冶炼加工产品(化合物、金属及合金、荧光粉、抛光粉)生产能源消耗(以下简称能耗)限额的技术要求、统计范围、计算方法、计算范围、节能管理与措施。

本标准适用于稀土冶炼加工产品(化合物、金属及合金、荧光粉、抛光粉)生产能耗的计算与考核。

本标准不适用于稀土废料的综合回收工艺的产品。

2 规范性引用标准

下列文件对于本文件的应用是必不可少的。凡是注日期的引用文件,仅注日期的版本适用于本文件。凡是不注日期的引用文件,其最新版本(包括所有的修改单)适用于本文件。

GB/T 2589 综合能耗计算通则

GB/T 3101 有关量、单位和符号的一般原则

GB 17167 用能单位能源计量器具配备和管理通则

3 术语和定义

GB/T 2589 界定的以及下列术语和定义适用于本文件。

3.1

工序能源单耗 unit energy consumption in working procedure

工序生产过程中生产单位合格产品消耗的能源量。

3.2

工序实物单耗 unit object energy consumption in working procedure

工序生产过程中生产单位合格产品消耗的某种能源实物量。

3.3

工艺能源单耗 unit energy consumption of technology

工艺生产过程中生产单位合格产品消耗的能源量。

3.4

辅助能耗 energy consumption of auxiliary production systems

辅助生产系统用于产品生产的能源消耗。

3.5

标准煤 standard coal equivalent

用能单位实际消耗的燃料能源应以其低(位)发热量为计算基础折算为标准煤量。低(位)发热量等于 29 307 千焦(kJ)的燃料,称为 1 千克标准煤(1 kgce)。

4 技术要求

4.1 现有稀土冶炼加工企业单位产品能耗限定值

现有稀土冶炼加工企业单位产品能耗限定值应符合表 1 的要求。

表 1

序号	产品名称		综合能耗限定值/(tce/t)	序号	产品名称	综合能耗限定值/(tce/t)
1	氧化镧		≤2.54	15	氧化镥	≤2.52
2	氧化铈		≤2.86	16	氧化钇	≤2.39
3	氧化镨		≤2.88	17	荧光级氧化钇铕	≤2.26
4	氧化钕		≤2.84	18	镨钕氧化物	≤2.71
5	氧化钐		≤2.61	19	金属镧	≤1.53
6	氧化铕		≤2.99	20	金属铈	≤1.28
7	氧化钆		≤2.25	21	金属镨	≤1.42
8	氧化铽		≤2.50	22	金属钕	≤1.33
9	氧化镝		≤2.50	23	金属钐	≤3.65
10	氧化钬		≤2.29	24	金属镝	≤2.60
11	氧化铒		≤2.27	25	镨钕合金	≤1.42
12	氧化铥		≤2.35	26	钆铁合金	≤1.52
13	氧化镱		≤2.41	27	镝铁合金	≤1.58
14	灯用稀土三基色荧光粉	红	≤0.94	28	混合稀土金属	≤1.87
		绿	≤3.09	29	稀土抛光粉	≤1.80
		蓝	≤4.48	—	—	—

4.2 新建稀土冶炼加工企业单位产品能耗准入值

新建稀土冶炼加工企业单位产品能耗准入值应符合表 2 的要求。

表 2

序号	产品名称		综合能耗准入值/(tce/t)	序号	产品名称	综合能耗准入值/(tce/t)
1	氧化镧		≤2.31	15	氧化镥	≤2.29
2	氧化铈		≤2.60	16	氧化钇	≤2.17
3	氧化镨		≤2.62	17	荧光级氧化钇铕	≤2.06
4	氧化钕		≤2.58	18	镨钕氧化物	≤2.47
5	氧化钐		≤2.37	19	金属镧	≤1.39
6	氧化铕		≤2.72	20	金属铈	≤1.16
7	氧化钆		≤2.04	21	金属镨	≤1.29
8	氧化铽		≤2.27	22	金属钕	≤1.21
9	氧化镝		≤2.27	23	金属钐	≤3.32
10	氧化钬		≤2.08	24	金属镝	≤2.36
11	氧化铒		≤2.07	25	镨钕合金	≤1.29
12	氧化铥		≤2.13	26	钆铁合金	≤1.38
13	氧化镱		≤2.20	27	镝铁合金	≤1.44
14	灯用稀土三基色荧光粉	红	≤0.85	28	混合稀土金属	≤1.70
		绿	≤2.81	29	稀土抛光粉	≤1.64
		蓝	≤4.07	—	—	—

4.3 稀土冶炼加工企业单位产品能耗先进值

稀土冶炼加工企业单位产品能耗先进值应符合表3的要求。

表 3

<table>
<tr><th>序号</th><th colspan="2">产品名称</th><th>综合能耗先进值/
(tce/t)</th><th>序号</th><th>产品名称</th><th>综合能耗先进值/
(tce/t)</th></tr>
<tr><td>1</td><td colspan="2">氧化镧</td><td>≤2.19</td><td>15</td><td>氧化镥</td><td>≤2.18</td></tr>
<tr><td>2</td><td colspan="2">氧化铈</td><td>≤2.47</td><td>16</td><td>氧化钇</td><td>≤2.06</td></tr>
<tr><td>3</td><td colspan="2">氧化镨</td><td>≤2.49</td><td>17</td><td>荧光级氧化钇铕</td><td>≤1.96</td></tr>
<tr><td>4</td><td colspan="2">氧化钕</td><td>≤2.45</td><td>18</td><td>镨钕氧化物</td><td>≤2.35</td></tr>
<tr><td>5</td><td colspan="2">氧化钐</td><td>≤2.25</td><td>19</td><td>金属镧</td><td>≤1.32</td></tr>
<tr><td>6</td><td colspan="2">氧化铕</td><td>≤2.58</td><td>20</td><td>金属铈</td><td>≤1.10</td></tr>
<tr><td>7</td><td colspan="2">氧化钆</td><td>≤1.94</td><td>21</td><td>金属镨</td><td>≤1.23</td></tr>
<tr><td>8</td><td colspan="2">氧化铽</td><td>≤2.16</td><td>22</td><td>金属钕</td><td>≤1.15</td></tr>
<tr><td>9</td><td colspan="2">氧化镝</td><td>≤2.16</td><td>23</td><td>金属钐</td><td>≤3.15</td></tr>
<tr><td>10</td><td colspan="2">氧化钬</td><td>≤1.98</td><td>24</td><td>金属镝</td><td>≤2.24</td></tr>
<tr><td>11</td><td colspan="2">氧化铒</td><td>≤1.97</td><td>25</td><td>镨钕合金</td><td>≤1.23</td></tr>
<tr><td>12</td><td colspan="2">氧化铥</td><td>≤2.02</td><td>26</td><td>钆铁合金</td><td>≤1.31</td></tr>
<tr><td>13</td><td colspan="2">氧化镱</td><td>≤2.09</td><td>27</td><td>镝铁合金</td><td>≤1.37</td></tr>
<tr><td rowspan="3">14</td><td rowspan="3">灯用稀土三
基色荧光粉</td><td>红</td><td>≤0.81</td><td>28</td><td>混合稀土金属</td><td>≤1.62</td></tr>
<tr><td>绿</td><td>≤2.67</td><td>29</td><td>稀土抛光粉</td><td>≤1.56</td></tr>
<tr><td>蓝</td><td>≤3.87</td><td>—</td><td>—</td><td>—</td></tr>
</table>

5 统计范围、计算方法及计算范围

5.1 统计范围

5.1.1 企业实际(生产)消耗的各种能源

企业实际消耗的各种能源，系指用于生产活动的各种能源。它包括一次能源(原煤、原油、天然气等)、二次能源(如电力、热力、石油制品、焦炭、煤气等)和生产使用的耗能工质(水、氧气、压缩空气等)所消耗的能源。不包括直接处置“三废”所消耗的能源。

5.1.2 企业计划报告期内的能源消耗量

企业计划报告期内的能源消耗量计算应符合式(1)：

$$E_H = E_1 + E_2 - E_3 - E_4 - E_5 \qquad \cdots\cdots(1)$$

式中：

E_H——企业生产能耗；

E_1——企业购入能量；

E_2——库存能源减增量；

E_3 ——外销能源量；

E_4 ——生活用能量；

E_5 ——工程建设耗能量。

5.1.3 能源实物量的计量

能源实物量的计量应符合《中华人民共和国计量法》、GB/T 3101 和 GB 17167 的规定。

5.1.4 计算单位

企业生产能耗量、产品工艺能耗量(或称产品直接综合能耗)、产品综合能耗量的单位：千克标准煤(kgce)、吨标准煤(tce)；

煤、焦炭、重油的单位：千克(kg)、吨(t)；

电的单位：千瓦时(kW·h)；

蒸汽的单位：千克(kg)、吨(t)或千焦(kJ)、百万千焦(GJ)；

煤气、压缩空气、氧气的单位：立方米(m^3)；

水的单位：吨(t)。

5.1.5 各种能源(包括生产耗能工质消耗的能源)折算标准煤量方法

外购燃料能源可取实测的低(位)发热量或供货单位提供的实测值为计算基础，或用国家统计部门的折算系数折算，参见附录 A。二次能源及耗能工质均按相应能源等价值折算：企业能源转换自产时，按实际投入的能源实物量折算标准煤量；由集中生产单位外销供应时，其能源等价值须经主管部门规定；外购外销时，其能源等价值必须相同；当未提供能源等价值时，可按国家统计部门的折算系数折算，参见附录 B。企业回收的余热按热力的折算系数，余热发电统一按电力的折算系数。

5.1.6 余热利用能耗的计算原则

企业回收的余热，属于节约能源循环利用，不属于外购能源，在计算能耗时，应避免和外购能源重复计算。余热利用装置用能计入能耗。回收能源自用部分，计入自用工序；转供其他工序时，在所用工序以正常消耗计入；回收的能源折标准煤后应在回收余热的工序、工艺中扣除。如是未扣除回收余热的能耗指标，应标明“未扣余热发电”(或“含余热发电”)、“未扣回收余热”等字样。

5.1.7 其他计算原则

5.1.7.1 由同一生产线生产的稀土产品，当能耗不能分别计量时，各产品的耗能量以投入原料的稀土金属含量比例分摊。

5.1.7.2 企业自产的二次能源及耗能工质，如蒸汽、新水、纯水、循环水、压缩空气等计入产品工艺能耗时，按企业转换每单位产出量实际消耗的能源品种实物量折算标准煤。

5.1.7.3 计入单位产品工艺能耗的水、蒸汽、电量(包括自发电)按国家统计部门规定的折算系数折算标准煤。企业自发电的实际单位能耗与国家规定的单位能耗之间的差值，摊入企业产品的综合能耗。

5.1.7.4 计入单位产品工艺能耗的煤炭、焦炭、重油、煤气、天然气等，以实际的低位发热值折算为标准煤，无实测条件时，以供应单位提供的发热值或国家统计部门规定的折算系数折算为标准煤。

5.1.7.5 所消耗的各种能源不得重计或漏计。存在供需关系时，输入、输出双方在计算中量值上应保持一致。

5.1.7.6 设备停炉大修的能源消耗也应计算在内，且按检修后设备的运行周期逐月平均分摊。企业综合能耗的计算按 GB/T 2589 的规定进行。

5.1.7.7　间接的辅助、附属生产系统的能源消耗量和能源及耗能工质在企业内部贮存、转换与分配供应及外销中的损耗，即间接综合能耗，应根据各产品工艺能耗占企业生产工艺能耗量的比例，分摊给各个产品。

5.1.7.8　计算工序单位产品能耗，应采用同一计划统计期内产出的合格产品产量。所有产品产量，均以企业计划统计部门正式上报的数据为准。

5.2　计算方法

5.2.1　工序(工艺)实物单耗的计算

工序(工艺)实物单耗按式(2)计算：

$$E_s = \frac{M_s}{P_z} \qquad \cdots\cdots(2)$$

式中：

E_s——某工序(工艺)的实物单耗，单位为千克每吨(kg/t)、千瓦时每吨(kW·h/t)、立方米每吨(m^3/t)；

M_s——某工序(工艺)直接消耗的某种能源实物总量，单位为千克(kg)、千瓦时(kW·h)、立方米(m^3)；

P_z——某工序(工艺)产出的合格产品总量，单位为吨(t)。

5.2.2　工序(工艺)能源单耗的计算

工序(工艺)能源单耗按式(3)计算：

$$E_I = \frac{E_H}{P_z} \qquad \cdots\cdots(3)$$

式中：

E_I——某工序(工艺)能源单耗，单位为吨标准煤每吨(tce/t)；

E_H——某工序(工艺)直接消耗的各种能源实物量折标准煤之和，单位为吨标准煤(tce)；

P_z——某工序(工艺)产出的合格产品总量，单位为吨(t)。

注：该工序直接消耗的各种能源实物量折标准煤量之和为代数和。

5.2.3　工序(工艺)综合能源单耗的计算

工序(工艺)综合能源单耗按式(4)计算：

$$E_Z = E_I + E_F \qquad \cdots\cdots(4)$$

式中：

E_Z——某产品综合能源单耗，单位为吨标准煤每吨(tce/t)；

E_I——某产品工艺(工序)能源单耗，单位为吨标准煤每吨(tce/t)；

E_F——某产品间接辅助能耗及损耗分摊量，单位为吨标准煤每吨(tce/t)。

5.3　计算范围

5.3.1　单一稀土氧化物

单一稀土氧化物的单位产品工艺能耗系指从稀土原料投入至产出符合产品标准的单一稀土氧化物所消耗的能源量与其合格产品产量之比。该计算方法适用于以萃取法提取单一稀土氧化物的企业。单一稀土氧化物合格产品应符合相对应的最新版本所列质量标准。

5.3.2 镨钕氧化物

镨钕氧化物的单位产品工艺能耗系指从稀土原料投入至产出符合产品标准的镨钕氧化物所消耗的能源量与其合格产品产量之比。该计算方法适用于以萃取法提取的镨钕氧化物的企业。镨钕氧化物合格产品应符合相对应的最新版本所列质量标准。

5.3.3 荧光级氧化钇铕

荧光级氧化钇铕的单位产品工艺能耗系指从稀土原料入至产出符合产品标准的荧光级氧化钇铕所消耗的能源量与其合格产品产量之比。该计算方法适用于以萃取法提取的荧光级氧化钇铕物的企业。荧光级氧化钇铕合格产品应符合相对应的最新版本所列质量标准。

5.3.4 灯用稀土三基色荧光粉

灯用稀土三基色荧光粉的单位产品工艺能耗系指从稀土化合物投入至产出符合产品标准的灯用稀土三基色荧光粉所消耗的能源量与其合格产品产量之比。该计算方法适用于以焙烧法生产灯用稀土三基色荧光粉的企业。灯用稀土三基色荧光粉合格产品应符合相对应的最新版本所列质量标准。

5.3.5 稀土抛光粉

稀土抛光粉的单位产品工艺能耗系指从稀土化合物投入至产出符合产品标准的稀土抛光粉所消耗的能源与其合格产品产量之比。该计算方法适用于以沉淀法生产稀土抛光粉的企业。稀土抛光粉合格产品为以铈基稀土盐类为原料,经化学法加工制得的,总稀土含量REO≥88%的玻璃级产品,该产品应符合相对应的最新版本所列质量标准。

5.3.6 单一稀十金属

单一稀土金属的单位产品工艺能耗系指从单一稀土化合物投入至产出符合产品标准的单一稀上金属所消耗的能源量与其合格产品产量之比。该计算方法适用于以电解法制取单一稀土金属的企业。单一稀土金属合格产品应符合相对应的最新版本所列质量标准。

5.3.7 合金(钆铁、镨钕、镝铁)

合金(钆铁、镨钕、镝铁)的单位产品工艺能耗系指从单一稀土氧化物投入至产出符合产品标准的合金(钆铁、镨钕、镝铁)所消耗的能源量与其合格产品产量之比。该计算方法适用于以经熔盐电解制取稀土金属的企业。合金(钆铁、镨钕、镝铁)合格产品应符合相对应的最新版本所列质量标准。

5.3.8 混合稀土金属

混合稀土金属的单位产品工艺能耗系指从混合稀土化合物投入至产出符合产品标准的混合稀土金属所消耗的能源量与其合格产品产量之比。该计算方法适用于经熔盐电解制取的混合稀土金属的企业。混合稀土金属合格产品应符合相对应的最新版本所列质量标准。

6 节能管理与措施

6.1 节能基础管理

6.1.1 企业应建立节能考核制度,定期对稀土冶炼加工企业的各个生产工序能耗情况进行考核,并把考核指标分解落实到各个基层单位。

6.1.2 企业应按要求建立能耗统计体系,建立能耗计算和统计结果的文件档案,并对文件进行控制管理。

6.1.3 企业应根据 GB 17167 的要求配备相应的能源计量器具并建立能源计量管理制度。

6.2 技能技术管理

稀土冶炼加工企业应配备余热回收等节能设备,最大限度地回收工序产生的能源。

附 录 A
（资料性附录）
常用能源品种现行参考折标准煤系数

常用能源品种现行参考折标准煤系数见表 A.1。

表 A.1

能源		折标准煤系数及单位	
品种	单位	系数	单位
原煤	t	0.714 3	tce/t
洗精煤	t	0.900	tce/t
重油	t	1.428 6	tce/t
柴油	t	1.457 1	tce/t
汽油	t	1.471 4	tce/t
焦炭	t	0.971 4	tce/t
液化石油气	t	1.714 3	tce/t
电力	10^4 kW·h	1.229	tce/(10^4 kW·h)
煤气(热值为 1 250×4.186 8 kJ/m^3)	10^4 m^3	1.786	tce/(10^4 m^3)
蒸汽(98.1 kPa 饱和蒸汽)	t	0.091 3	tce/t

注 1：蒸汽折标准煤系数按热值计。

注 2：部分品种仍采用“万”为计量单位。

注 3：本附录中折标准煤系数如遇国家统计部门规定发生变化，能耗等级指标则应另行设定。

附　录　B
（资料性附录）
耗能工质能源等价参考值表

耗能工质能源等价参考值见表 B.1。

表 B.1

<table>
<tr><th rowspan="2">序号</th><th rowspan="2" colspan="2">名称</th><th rowspan="2">单位</th><th colspan="2">能源等价值</th><th rowspan="2">备注</th></tr>
<tr><th>热值/MJ</th><th>折标准煤/kgce</th></tr>
<tr><td>1</td><td rowspan="2">液体</td><td>新鲜水</td><td>t</td><td>7.535 0</td><td>0.257 1</td><td rowspan="2">指尚未使用过的自来水，按平均耗电计算</td></tr>
<tr><td>2</td><td>软化水</td><td>t</td><td>14.234 7</td><td>0.485 7</td></tr>
<tr><td>3</td><td rowspan="6">气体</td><td>压缩空气</td><td>m³</td><td>1.172 3</td><td>0.040 0</td><td></td></tr>
<tr><td>4</td><td>二氧化碳</td><td>m³</td><td>6.280 6</td><td>0.214 3</td><td></td></tr>
<tr><td>5</td><td>氧气</td><td>m³</td><td>11.723 0</td><td>0.400 0</td><td></td></tr>
<tr><td rowspan="2">6</td><td rowspan="2">氮气</td><td>m³</td><td>11.723 0</td><td>0.400 0</td><td>当副产品时</td></tr>
<tr><td>m³</td><td>19.677 1</td><td>0.671 4</td><td>当主产品时</td></tr>
<tr><td>7</td><td>乙炔</td><td>m³</td><td>243.672 2</td><td>8.314 3</td><td>按耗电石计算</td></tr>
<tr><td>8</td><td>固体</td><td>电石</td><td>kg</td><td>60.918 8</td><td>2.078 6</td><td>按平均耗焦炭、电等计算</td></tr>
<tr><td colspan="7">注：附录中的能源等价值如有变动，以国家统计部门最新公布的数据为准。</td></tr>
</table>

ICS 27.010
F 01

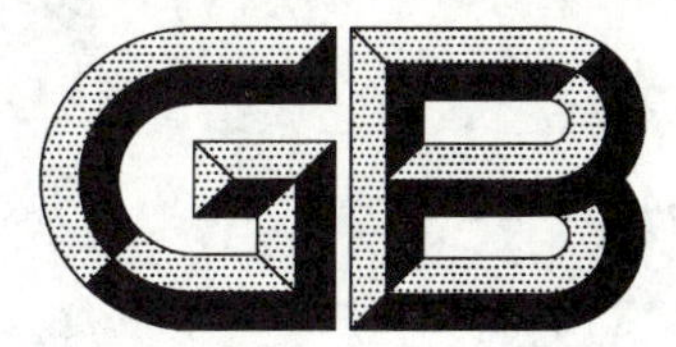

中华人民共和国国家标准

GB 29442—2012

铜及铜合金板、带、箔材单位产品能源消耗限额

The norm of energy consumption per unit products of copper and copper-alloy sheet, strip, foil

2012-12-31 发布　　　　2013-10-01 实施

中华人民共和国国家质量监督检验检疫总局
中国国家标准化管理委员会　发布

前　言

本标准的4.1、4.2是强制性条款，其余为推荐性条款。

本标准按照GB/T 1.1—2009给出的规则起草。

本标准由国家发展和改革委员会资源节约与环境保护司、工业和信息化部节能与综合利用司提出。

本标准由全国能源基础管理标准化技术委员会(SAC/TC 20)和全国有色金属标准化技术委员会(SAC/TC 243)归口。

本标准起草单位：中铝洛阳铜业有限公司、富威科技(吴江)有限公司、绍兴市力博电气有限公司、安徽精诚铜业股份有限公司、中色奥博特铜铝业有限公司、中铝上海铜业有限公司、浙江佳鑫铜业有限公司。

本标准主要起草人：孟惠娟、赵万花、高双玲、李英、胡兆奇、徐高磊、梅聚慧、张海军、陈华、于立新、梁琦明、肖大光、汤昌东、殷明亮、李琳娜。

铜及铜合金板、带、箔材单位产品能源消耗限额

1 范围

本标准规定了铜及铜合金板、带、箔材(以下简称产品)能源消耗(以下简称能耗)限额的技术要求、计算原则、统计范围和计算方法、节能管理与措施。

本标准适用于铜及铜合金加工企业板、带、箔材生产能耗的计算、考核以及对新建项目的能耗控制和用能评估。

2 规范性引用文件

下列文件对于本文件的应用是必不可少的。凡是注日期的引用文件,仅注日期的版本适用于本文件。凡是不注日期的引用文件,其最新版本(包括所有的修改单)适用于本文件。

GB/T 2589 综合能耗计算通则

GB/T 3484 企业能量平衡通则

GB/T 12723 单位产品能源消耗限额编制通则

GB 17167 用能单位能源计量器具配备和管理通则

3 术语、定义和符号

3.1 术语和定义

下列术语和定义适用于本文件。

3.1.1

工序能源实物单耗 unit object consumption in working procedure

e_s

单一工序生产过程中生产该工序单位合格产品直接消耗的某种能源实物量。

3.1.2

工序能源单耗 unit energy consumption in working procedure

e_j

单一工序生产过程中生产该工序单位合格产品直接消耗的全部能源量。

3.1.3

直接能耗 direct energy consumption

E_H

产品生产过程中直接消耗的全部能源量。

3.1.4

辅助能耗 assistant energy consumption

E_F

辅助生产系统用于产品生产的能源消耗。例如:车间照明、内部运输等能源消耗。

3.1.5

间接能耗　indirect energy consumption

E_J

不是直接或辅助生产，但是间接为生产或辅助系统提供必要条件所消耗的能源。包括厂区照明、办公、理化检测、工模具制造等能源消耗。

3.1.6

综合能源单耗　unit consumption of integrate energy

e_z

即单位产品综合能耗，是指生产单位合格产品所消耗的全部能源量（包括直接能耗、辅助能耗和间接能耗）。

3.1.7

可比能源单耗　comparable energy consumption

e_{KB}

对于加工工序非完整型产品生产企业，加工工序单耗按照一定的折算方式，与加工工序完整型产品生产企业形成的可以比较的单耗。

3.2　符号

本标准使用的符号及其含义见表1。

表1　符号及其含义

符号	含　义	单　位
E'	产品的能源实物消耗量	kg、kW·h、m^3等
E_1'	企业购入能源实物量	kg、kW·h、m^3等
E_2'	期初库存能源实物量	kg、kW·h、m^3等
E_3'	外销能源实物量	kg、kW·h、m^3等
E_4'	生活和批准的基建项目耗用能源实物量	kg、kW·h、m^3等
E_5'	期末库存能源实物量	kg、kW·h、m^3等
E	产品能源消耗量	kgce、tce、10^4 tce、GJ
E_1	企业购入能源量	kgce、tce、10^4 tce、GJ
E_2	期初库存能源量	kgce、tce、10^4 tce、GJ
E_3	外销能源量	kgce、tce、10^4 tce、GJ
E_4	生活和批准的基建项目耗用能源量	kgce、tce、10^4 tce、GJ
E_5	期末库存能源量	kgce、tce、10^4 tce、GJ
E_{Zn}	某种类产品综合能耗量	kgce
E_{Hn}	某种类产品直接能耗量	kgce
E_{Fn}	某种类产品辅助能耗量	kgce
E_{Jn}	某种类产品间接能耗量	kgce
E_Z	全部板、带、箔材综合能耗量	kgce
E_H	全部板、带、箔材直接能耗量	kgce

表 1（续）

符号	含 义	单 位
E_F	全部板、带、箔材辅助能耗量	kgce
E_J	全部板、带、箔材间接能耗量	kgce
e_{Sj}	某工序能源实物单耗	kg/t、kW·h/t、m^3/t 等
E_{Sj}	某工序消耗的某种能源实物量	kg、kW·h、m^3 等
p_j	某工序合格产品产量	t
e_j	某工序能源单耗	kgce/t
E_{hj}	某工序消耗的直接能耗量	kgce
e_{KB}	可比能源单耗	kgce/t
e_2	加工工序能源单耗	kgce/t
C_k	实际生产各加工工序能耗分摊系数	
E_{ZJ}	间接能耗总量	kgce
A_n	板、带、箔材产品能耗分摊系数	—
P_{Zi}	各品种铜加工材总产量	t
A_i	不同品种铜加工材能耗分摊系数	—
P_n	某种类产品最终合格产量	t
B_n	不同种类的板、带、箔材能耗分摊系数	—
e_{Zn}	某种类产品综合能源单耗	kgce/t
e_Z	全部板、带、箔材综合能源单耗	kgce/t
P_{Zn}	全部板、带、箔材最终合格产量	t

4 技术要求

4.1 现有企业单耗限定值

4.1.1 以“配料（含中间合金）-熔铸铸锭-热轧-冷轧-热处理”为主要工艺路线（以下简称工艺路线 1）的现有铜及铜合金板、带、箔材加工企业，单耗限定值应符合表 2 的规定。

表 2 现有板、带材加工企业单耗限定值（工艺路线 1）

能耗种类	产品种类				
	紫铜类	简单黄铜类	复杂黄铜类	青铜类	白铜类
	能耗限额限定值/（kgce/t），≤				
熔铸工序单耗	70	65	95	155	155
加工工序单耗[a]	150	250	330	315	305
各种类产品综合单耗[a]	275	380	540	620	580
全部产品综合单耗[a]	450				
[a] 厚度小于 0.06 mm 的箔材，单耗限定值为表中对应值的 1.5 倍；厚度为 0.06 mm～0.15 mm 的箔材，单耗限定值为表中对应值的 1.2 倍。					

4.1.2 以"配料(含中间合金)-水平连铸-冷轧-热处理"为主要工艺路线(以下简称工艺路线2)的现有铜及铜合金板、带、箔材加工企业,单耗限定值应符合表3的规定。

表3 现有板、带材加工企业单耗限定值(工艺路线2)

能耗种类	产品种类			
	紫铜	简单黄铜类	青铜类	白铜类
	能耗限定值/(kgce/t),≤			
熔铸工序单耗	70	65	125	160
加工工序单耗[a]	120	130	260	280
各种类产品综合单耗[a]	220	220	500	560
全部产品综合单耗[a]	470			
[a] 厚度小于0.06 mm的箔材,单耗限定值为表中对应值的1.5倍;厚度为0.06 mm~0.15 mm的箔材,单耗限定值为表中对应值的1.2倍。				

4.1.3 以"配料(含中间合金)-上引铸造铜杆-连续挤压-冷轧-热处理"为主要工艺路线(以下简称工艺路线3)的现有纯铜板、带材加工企业,单耗限定值应符合表4的规定。

表4 现有板、带材加工企业单耗限定值(工艺路线3)

能耗种类	紫铜能耗限定值/(kgce/t),≤
熔铸工序单耗	46
加工工序单耗	130
全部产品综合单耗	190

4.2 新建企业单耗准入值

4.2.1 以"工艺路线1"为主要工艺路线的新建铜及铜合金板、带、箔材加工企业,单耗准入值应符合表5的规定。

表5 新建板、带材加工企业单耗准入值(工艺路线1)

能耗种类	产品种类				
	紫铜类	简单黄铜类	复杂黄铜类	青铜类	白铜类
	能耗准入值/(kgce/t),≤				
熔铸工序单耗	60	55	80	140	140
加工工序单耗[a]	115	215	290	280	275
各种类产品综合单耗[a]	210	335	490	580	530
全部产品综合单耗[a]	390				
[a] 厚度小于0.06 mm的箔材,单耗准入值为表中对应值的1.5倍;厚度为0.06 mm~0.15 mm的箔材,单耗准入值为表中对应值的1.2倍。					

4.2.2 以"工艺路线2"为主要工艺路线的新建铜及铜合金板、带、箔材加工企业,单耗准入值应符合

表 6 的规定。

表 6　新建板、带材加工企业单耗准入值(工艺路线 2)

能耗种类	产品种类			
	紫铜	简单黄铜类	青铜类	白铜类
	能耗准入值/(kgce/t),≤			
熔铸工序单耗	58	53	105	120
加工工序单耗[a]	100	110	230	235
各种类产品综合单耗[a]	190	190	430	460
全部产品综合单耗[a]	400			
[a] 厚度小于 0.06 mm 的箔材,单耗准入值为表中对应值的 1.5 倍;厚度为 0.06 mm～0.15 mm 的箔材,单耗准入值为表中对应值的 1.2 倍。				

4.2.3　以“工艺路线 3”为主要工艺路线的新建纯铜板、带材加工企业,单耗准入值应符合表 7 的规定。

表 7　新建板、带材加工企业单耗准入值(工艺路线 3)

能耗种类	紫铜能耗准入值/(kgce/t),≤
熔铸工序单耗	43
加工工序单耗	120
全部产品综合单耗	175

4.3　单耗先进值

4.3.1　以“工艺路线 1”为主要工艺路线的铜及铜合金板、带、箔材加工企业,单耗先进值应符合表 8 的规定。

表 8　板、带材加工企业单耗先进值(工艺路线 1)

能耗种类	产品种类				
	紫铜类	简单黄铜类	复杂黄铜类	青铜类	白铜类
	能耗先进值/(kgce/t),≤				
熔铸工序单耗	57	52	76	133	133
加工工序单耗[a]	109	204	275	266	261
各种类产品综合单耗[a]	199	318	465	550	503
全部产品综合单耗[a]	370				
[a] 厚度小于 0.06 mm 的箔材,单耗先进值为表中对应值的 1.5 倍;厚度为 0.06 mm～0.15 mm 的箔材,单耗先进值为表中对应值的 1.2 倍。					

4.3.2　以“工艺路线 2”为主要工艺路线的铜及铜合金板、带、箔材加工企业,单耗先进值应符合表 9 的规定。

表 9 板、带材加工企业单耗先进值(工艺路线 2)

能耗种类	产品种类			
	紫铜	简单黄铜类	青铜类	白铜类
	能耗先进值/(kgce/t),≤			
熔铸工序单耗	55	50	99	114
加工工序单耗[a]	95	104	218	223
各种类产品综合单耗[a]	180	180	408	437
全部产品综合单耗[a]	380			

[a] 厚度小于 0.06 mm 的箔材,单耗先进值为表中对应值的 1.5 倍;厚度为 0.06 mm～0.15 mm 的箔材,单耗先进值为表中对应值的 1.2 倍。

4.3.3 以"工艺路线 3"为主要工艺路线的纯铜板、带材加工企业,单耗先进值应符合表 10 的规定。

表 10 板、带材加工企业单耗先进值(工艺路线 3)

能耗种类	紫铜能耗先进值/(kgce/t),≤
熔铸工序单耗	40
加工工序单耗	110
全部产品综合单耗	165

4.4 产品能耗考评原则

4.4.1 按产品种类划分

两种及两种以上产品种类的生产企业,以全部产品综合能源单耗为考核评定依据;单一种类产品或某一种类产品的产量超过全部产品产量的 90%时,以该种类产品综合能源单耗为考核评定依据。

4.4.2 按工序划分

仅有熔铸工序或加工工序的生产企业,以熔铸工序能源单耗或加工工序能源单耗为考核评定依据(加工工序非完整型的生产企业,加工工序单耗应折算成可比能源单耗);既有熔铸工序又有加工工序的生产企业,以各种类产品综合能源单耗或全部产品综合能源单耗为考核评定依据。

5 计算原则、统计范围和计算方法

5.1 计算原则

5.1.1 实际(生产)消耗的各种能源

产品实际消耗的各种能源,系指用于产品生产活动的各种能源。包括:一次能源(原煤、原油、天然气等)、二次能源(如电力、热力、石油制品、焦炭、煤气等)和生产使用的耗能工质(水、氧气、压缩空气等)所消耗的能源。其主要用于生产系统、辅助生产系统和附属生产系统,不包括生活用能和批准的基建(包括技改)项目用能。作为辅助材料的能源产品不计入产品能耗,如用作熔液覆盖剂的木炭、润滑油、洗油等。生活用能指企业系统内的宿舍、学校、商业服务和托儿幼教等方面用能。

5.1.2 报告期内的能耗量

5.1.2.1 产品报告期内的某种能源实物消耗量的计算，应符合式(1)：

$$E' = E_1' + E_2' - E_3' - E_4' - E_5' \quad \cdots\cdots(1)$$

式中：

E' ——产品的能源实物消耗量，单位见5.1.4；

E_1'——企业购入能源实物量，单位见5.1.4；

E_2'——期初库存能源实物量，单位见5.1.4；

E_3'——外销能源实物量，单位见5.1.4；

E_4'——生活和批准的基建项目耗用能源实物量，单位见5.1.4；

E_5'——期末库存能源实物量，单位见5.1.4。

5.1.2.2 产品报告期内的能耗量的计算，应符合式(2)：

$$E = E_1 + E_2 - E_3 - E_4 - E_5 \quad \cdots\cdots(2)$$

式中：

E ——产品能源消耗量，单位见5.1.4；

E_1——企业购入能源量，单位见5.1.4；

E_2——期初库存能源量，单位见5.1.4；

E_3——外销能源量，单位见5.1.4；

E_4——生活和批准的基建项目耗用能源量，单位见5.1.4；

E_5——期末库存能源量，单位见5.1.4。

5.1.2.3 板、带、箔材报告期内的能耗量的计算，应符合式(3)和式(4)：

$$E_{Zn} = E_{Hn} + E_{Fn} + E_{Jn} \quad \cdots\cdots(3)$$

$$E_Z = E_H + E_F + E_J \quad \cdots\cdots(4)$$

式中：

E_{Zn}——某种类产品综合能耗量，单位见5.1.4；

E_{Hn}——某种类产品直接能耗量，单位见5.1.4；

E_{Fn}——某种类产品辅助能耗量，单位见5.1.4；

E_{Jn}——某种类产品间接能耗量，单位见5.1.4；

E_Z——全部板、带、箔材综合能耗量，单位见5.1.4；

E_H——全部板、带、箔材直接能耗量，单位见5.1.4；

E_F——全部板、带、箔材辅助能耗量，单位见5.1.4；

E_J——全部板、带、箔材间接能耗量，单位见5.1.4。

5.1.2.4 所消耗的各种能源不得重计和漏计。存在供需关系时，输入、输出双方在计算中量值应保持一致。设备停产大修的能耗也应计算在内。

5.1.2.5 企业回收的余热，属于节约能源循环利用，不属于外购能源，在计算能耗时，应避免和外购能源重复计算。余热利用装置用能计入能耗。回收能源自用部分，计入自用工序；转供其他工序时，在所用工序以正常消耗计入，回收的能源折标煤后应在回收余热的工序、工艺中等量扣除。如属未扣除回收余热的能耗指标，应标明"'未扣回收余热'(或'含回收余热')"的字样。

5.1.3 能源实物量的计量

能源实物量的计量应符合《中华人民共和国计量法》和GB/T 17167的要求。

5.1.4 各种能源的计量单位

5.1.4.1 板、带、箔材能耗的单位：千克标煤(kgce)、吨标煤(tce)、万吨标煤(10^4 tce)或百万千焦(GJ)。

5.1.4.2 煤、焦炭、石油制品的能源实物量单位：千克(kg)、吨(t)、万吨(10^4 t)。
5.1.4.3 电的能源实物量单位：千瓦小时(kW·h)、万千瓦小时(10^4 kW·h)。
5.1.4.4 蒸汽的能源实物量单位：千克(kg)、吨(t)或千焦(kJ)、兆焦(MJ)、百万千焦(GJ)。
5.1.4.5 煤气、水煤气、压缩空气、氧气、氮气、天然气的能源实物量单位：立方米(m^3)、千立方米(10^3 m^3)、万立方米(10^4 m^3)。

5.1.5 各种能源(包括生产耗能工质消耗的能源)折算标煤量方法

5.1.5.1 发热量等于29.307 6 MJ(兆焦)的燃料，称为1千克标煤(kgce)。
5.1.5.2 外购燃料能源可取实测的低(位)发热量或供货单位提供的实测值为计算基础，或按国家统计部门的折算系数折算，参见附录A。
5.1.5.3 二次能源及耗能工质均按相应能源等价值(电用当量值)折算：企业能源转换自产时，按实际投入的能源实物量折算标煤量；由集中生产单位外销供应时，其能源等价值须经主线部门规定；外购外销时，其能源等价值应相同；当未提供能源等价值时，可按国家统计部门的折算系数折算，参见附录B。
5.1.5.4 企业回收的余热按热力的折算系数计算。

5.1.6 单位产品能耗的产品产量的计算原则

5.1.6.1 计算种类板、带、箔材综合单耗，应采用同一统计期内产出的合格该类产品产量，产品退货应冲减当期产品产量。
5.1.6.2 所有产品产量，均以企业统计部门统计的数据为准。

5.1.7 能耗的计算原则

5.1.7.1 企业及工序能耗应符合GB/T 2589及GB/T 3484的规定。
5.1.7.2 直接能耗：由各生产环节直接统计计量。
5.1.7.3 间接能耗：同时生产板、带、箔、线、棒、线等两种以上的综合性铜加工企业，先按一定的分摊比例，分摊至各品种能耗总量，再按种类分摊至各类板、带、箔材。单一产品加工企业的间接能耗全部计入板、带、箔材能耗之中。
5.1.7.4 辅助能耗：按种类分摊至各类板、带、箔材。

5.2 统计范围

5.2.1 熔铸工序

指从原料开始到产出合格的铸锭为止的用能量：包括配料、熔炼、铸造、锯锭及其配套系统(物料运输，加热燃料，粉、烟尘吸收，余热回收)等消耗的各种能源量。

注：统计计算熔铸工序能耗时，不包括间接能耗和辅助能耗。

5.2.2 加工工序

指从铸锭加热开始到产出合格产品并进入成品库为止的用能量。包括铸锭加热、热轧、剪(锯)切、冷轧、板型控制(定尺)、退火、包装及其配套系统等消耗的各种能源量。

注：统计计算加工工序能耗时，不包括间接能耗和辅助能耗。

5.3 计算方法

5.3.1 工序能源单耗计算方法

5.3.1.1 工序能源实物单耗计算方法

工序能源实物单耗按照式(5)计算：

$$e_{Sj} = \frac{E_{Sj}}{p_j} \quad \cdots\cdots (5)$$

式中：

e_{Sj} ——某工序能源实物单耗，j 取1、2，分别代表熔铸、加工工序，单位为千克每吨(kg/t)、千瓦小时每吨(kW·h/t)、立方米每吨(m^3/t)；

E_{Sj}——某工序消耗的某种能源实物量，j 取1、2，分别代表熔铸、加工工序，单位为千克(kg)、千瓦小时(kW·h)、立方米(m^3)；

p_j ——某工序合格产品产量，j 取1、2，分别代表熔铸、加工工序，单位为吨(t)。

5.3.1.2 工序能源单耗计算方法

工序(全部)能源单耗按照式(6)计算：

$$e_j = \frac{E_{hj}}{p_j} \quad \cdots\cdots (6)$$

式中：

e_j ——某工序能源单耗，j 取1、2，分别代表熔铸、加工工序，单位为千克标煤每吨(kgce/t)；

E_{hj}——某工序消耗的直接能耗量，j 取1、2，分别代表熔铸、加工工序，单位为千克标煤(kgce)；

p_j ——某工序合格产品产量，j 取1、2，分别代表熔铸、加工工序，单位为吨(t)。

5.3.1.3 可比能源单耗计算方法

加工工序中不具备从热轧到精整的板、带、箔材生产条件的加工工序非完整型企业，加工工序能源单耗应折算成可比能源单耗。可比能源单耗按照式(7)计算：

$$e_{KB} = e_2 \sum_{1}^{4} C_k \quad \cdots\cdots (7)$$

式中：

e_{KB}——可比能源单耗，单位为千克标煤每吨(kgce/t)；

e_2 ——加工工序能源单耗，单位为千克标煤每吨(kgce/t)；

C_k ——实际生产各加工工序能耗分摊系数，见表11、表12、表13。表11中的 k 取1、2、3、4，分别代表热轧、冷轧、退火、精整各生产工序；表12中的 k 取1、2、3，分别代表冷轧、退火、精整各生产工序；表13中的 k 取1、2、3、4，分别代表连续挤压、冷轧、退火、精整各生产工序。

表11 加工工序非完整型企业加工工序单耗分摊系数(工艺路线1)

生产工序	热轧(C_1)	冷轧(C_2)	退火(C_3)	精整(C_4)
能耗分摊系数 C_k	0.5	0.22	0.22	0.06

表12 加工工序非完整型企业加工工序单耗分摊系数(工艺路线2)

生产工序	冷轧(C_1)	退火(C_2)	精整(C_3)
能耗分摊系数 C_k	0.45	0.45	0.10

表13 加工工序非完整型企业加工工序单耗分摊系数(工艺路线3)

生产工序	连续挤压(C_1)	冷轧(C_2)	退火(C_3)	精整(C_4)
能耗分摊系数 C_k	0.30	0.27	0.27	0.16

5.3.2 间接能耗计算方法

5.3.2.1 间接能耗分摊量计算方法

综合型铜加工企业板、带、箔材间接能耗分摊量按式(8)计算：

$$E_J = E_{ZJ} \frac{P_{Zn} \cdot A_n}{\sum_{i=1}^{6}(P_{Zi} \cdot A_i)} \quad \cdots\cdots(8)$$

式中：

E_J ——全部板、带、箔材间接能耗量，单位为千克标煤(kgce)；

E_{ZJ} ——间接能耗总量，单位为千克标煤(kgce)；

P_{Zn} ——全部板、带、箔材合格产品产量，单位为吨(t)。n 取1、2、6，分别代表板、带、箔材；

A_n ——板、带、箔材产品能耗折算系数，见表14。n 取1、2、6，分别代表板、带、箔材；

P_{Zi} ——各品种铜加工材总产量，单位为吨(t)。i 取1、2、3、4、5、6，分别代表板、带、管、棒、线、箔各品种铜加工材；

A_i ——不同品种铜加工材间接能耗折算系数，见表14。i 取1、2、3、4、5、6，分别代表板、带、管、棒、线、箔各品种铜加工材。

表14 综合型铜加工企业品种间接能耗折算系数

品种	板(A_1)	带(A_2)	管(A_3)	棒(A_4)	线(A_5)	箔(A_6)
间接能耗折算系数 A_i	0.9	1.0	1.0	0.8	0.7	1.1
注：空心型材按管计算，实心型材按棒计算。						

5.3.2.2 间接能耗计算方法

某种类板、带、箔材间接能耗量按照式(9)计算：

$$E_{Jn} = E_J \frac{P_n \cdot B_n}{\sum_{1}^{5}(P_n \cdot B_n)} \quad \cdots\cdots(9)$$

式中：

E_{Jn}——某种类产品间接能耗量，单位为千克标准煤(kgce)。n 取1、2、3、4、5，分别代表紫铜、简单黄铜、复杂黄铜、青铜、白铜各种类板、带、箔材；

E_J ——全部板、带、箔材间接能耗量，单位为千克标准煤(kgce)；

P_n ——某种类产品最终合格产量，单位为吨(t)。n 取1、2、3、4、5，分别代表紫铜、简单黄铜、复杂黄铜、青铜、白铜各种类板、带、箔材；

B_n ——不同种类的板、带、箔材间接能耗折算系数，见表15。n 取1、2、3、4、5，分别代表紫铜、简单黄铜、复杂黄铜、青铜、白铜各种类板、带、箔材。

表15 不同种类的产品间接(或辅助)能耗折算系数

种类	紫铜类(B_1)	简单黄铜类(B_2)	复杂黄铜类(B_3)	青铜类(B_4)	白铜类(B_5)
间接(或辅助)能耗折算系数 B_n	1.0	1.0	1.25	1.75	1.75

5.3.3 辅助能耗计算方法

某种类板、带、箔材辅助能耗按照式(10)计算：

$$E_{Fn}=E_F\frac{P_n\cdot B_n}{\sum_1^5(P_n\cdot B_n)} \qquad \cdots\cdots(10)$$

式中：

E_{Fn}——某种类产品辅助能耗量，单位为千克标煤(kgce)。n 取 1,2,3,4,5，分别代表紫铜、简单黄铜、复杂黄铜、青铜、白铜各种类板、带、箔材；

E_F——全部板、带、箔材辅助能耗总量，单位为千克标煤(kgce)；

P_n——某种类产品最终合格产量，单位为吨(t)。n 取 1,2,3,4,5，分别代表紫铜、简单黄铜、复杂黄铜、青铜、白铜各种类板、带、箔材；

B_n——不同种类的板、带、箔材辅助能耗折算系数，见表 15。n 取 1,2,3,4,5，分别代表紫铜、简单黄铜、复杂黄铜、青铜、白铜各种类板、带、箔材。

5.3.4 综合能耗计算方法

5.3.4.1 各种类产品综合能源单耗

某种类产品综合能源单耗按照式(11)计算：

$$e_{Zn}=\frac{E_{Hn}+E_{Fn}+E_{Jn}}{P_n} \qquad \cdots\cdots(11)$$

式中：

e_{Zn}——某种类产品综合能源单耗，单位为千克标准煤每吨(kgce/t)。n 取 1、2、3、4、5，分别代表紫铜、简单黄铜、复杂黄铜、青铜、白铜各种类板、带、箔材；

E_{Hn}——某种类产品直接能耗量，单位为千克标准煤(kgce)。n 取 1、2、3、4、5，分别代表紫铜、简单黄铜、复杂黄铜、青铜、白铜各种类板、带、箔材；

E_{Fn}——某种类产品辅助能耗量，单位为千克标准煤(kgce)。n 取 1、2、3、4、5，分别代表紫铜、简单黄铜、复杂黄铜、青铜、白铜各种类板、带、箔材；

E_{Jn}——某种类产品间接能耗量，单位为千克标准煤(kgce)；

P_n——某种类产品最终合格产量，单位为吨(t)。n 取 1,2,3,4,5，分别代表紫铜、简单黄铜、复杂黄铜、青铜、白铜各种类板、带、箔材。

5.3.4.2 全部产品综合能耗

全部板、带、箔材综合能源单耗按照式(12)计算：

$$e_Z=\frac{E_H+E_F+E_J}{P_{Zn}} \qquad \cdots\cdots(12)$$

式中：

e_Z——全部板、带、箔材综合能源单耗，单位为千克标煤每吨(kgce/t)；

E_H——全部板、带、箔材直接能耗量，单位为千克标煤(kgce)；

E_F——全部板、带、箔材辅助能耗量，单位为千克标煤(kgce)；

E_J——全部板、带、箔材间接能耗量，单位为千克标煤(kgce)；

P_{Zn}——全部板、带、箔材合格产品产量，单位为吨(t)。n 取 1、2、6，分别代表板、带、箔材。

6 节能管理及措施

6.1 节能基础管理

6.1.1 企业应定期对铜板、带、箔生产的几个主要工序能耗情况进行考核，并把考核指标分解落实到各基层单位，建立用能责任制度。

6.1.2 企业应按要求建立能耗统计体系，建立能耗计算和考核结果的文件档案，并对文件进行受控管理。

6.1.3 企业应根据 GB 17167 的要求配备能源计量器具并建立能源计量管理制度。

6.2 节能技术管理

6.2.1 板、带、箔材生产企业工序应配备先进的节能设备，最大限度地提高能源利用率，尽可能地回收能源。

附　录　A
（资料性附录）
常用能源品种现行参考折标煤系数

常用能源品种现行参考折标煤系数见表 A.1。

表 A.1　常用能源品种现行折标煤系数

能源名称	平均低位发热量	折标准煤系数
原煤	20 908 kJ/kg(5 000 kcal/kg)	0.714 3 kgce/kg
洗精煤	26 344 kJ/kg(6 300 kcal/kg)	0.900 0 kgce/kg
原油	41 816 kJ/kg(10 000 kcal/kg)	1.428 6 kgce/kg
柴油	42 652 kJ/kg(10 200 kcal/kg)	1.457 1 kgce/kg
汽油	43 070 kJ/kg(10 300 kcal/kg)	1.471 4 kgce/kg
焦炭	28 435 kJ/kg(6 800 kcal/kg)	0.971 4 kgce/kg
液化石油气	50 179 kJ/kg(12 000 kcal/kg)	1.714 3 kgce/kg
电力(当量值)	3 600 kJ/(kW·h)[860 kcal/(kW·h)]	0.122 9 kgce/(kW·h)
热力(当量值)	—	0.034 12 kgce/MJ
发生炉煤气	5 227 kJ/m^3(1 250 kcal/m^3)	0.178 6 kgce/m^3
油田天然气	38 931 kJ/m^3(9 310 kcal/m^3)	1.330 0 kgce/m^3
本附录中折标煤系数如遇国家统计部门规定发生变化，能耗等级指标则应另行设定。 注 1：蒸汽折标煤系数按热值计。 注 2：部分品种仍采用“万”为计量单位。		

附　录　B
（资料性附录）
常用耗能工质能源等价参考值

常用耗能工质能源等价参考值见表B.1。

表B.1　常用耗能工质能源等价值

品种	单位耗能工质耗能量	折标准煤系数
新水	2.51 MJ/t(600 kcal/t)	0.085 7 kgce/t
软水	14.23 MJ/t(600 kcal/t)	0.485 7 kgce/t
压缩空气	1.17 MJ/m^3(280 kcal/m^3)	0.040 0 kgce/m^3
二氧化碳气	6.28 MJ/m^3(1 500 kcal/m^3)	0.214 3 kgce/m^3
氧气	11.72 MJ/m^3(2 800 kcal/m^3)	0.400 0 kgce/m^3
氮气(做副产品时)	11.72 MJ/m^3(2 800 kcal/m^3)	0.400 0 kgce/m^3
氮气(做主产品时)	19.66 MJ/m^3(4 700 kcal/m^3)	0.671 4 kgce/m^3
乙炔	243.67 MJ/m^3	8.314 3 kgce/m^3
电石	60.92 MJ/kg	2.078 6 kgce/kg
本附录中的能源等价值，以国家统计部门最新公布的数据为准。		

ICS 27.010
F 01

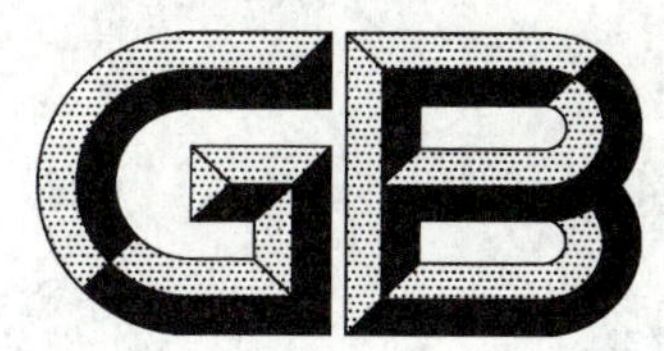

中华人民共和国国家标准

GB 29443—2012

铜及铜合金棒材单位产品能源消耗限额

The norm of energy consumption per unit product of copper and copper-alloy rod and bar

2012-12-31 发布　　2013-10-01 实施

中华人民共和国国家质量监督检验检疫总局
中国国家标准化管理委员会　发布

前　言

本标准的4.1、4.2是强制性的，其余条款为推荐性的。

本标准是按照GB/T 1.1—2009给出的规则起草的。

本标准由国家发展和改革委员会资源节约与环境保护司、工业和信息化部节能与综合利用司提出。

本标准由全国能源基础管理标准化技术委员会(SAC/TC 20)和全国有色金属标准化技术委员会(SAC/TC 243)归口。

本标准起草单位：中铝沈阳有色金属加工有限公司、宁波博威合金材料股份有限公司、宁波长振铜业有限公司、绍兴市力博电气有限公司、浙江海亮股份有限公司、宁波金田铜业(集团)股份有限公司、浙江佳鑫铜业有限公司。

本标准主要起草人：王振有、张桂敏、雷红、王丽、董艳霞、蔡洎华、徐友飞、沈守稳、徐高磊、冯焕锋、王爕平、王金美、王焱焱、彭刚、于振涛。

铜及铜合金棒材单位产品能源消耗限额

1 范围

本标准规定了铜及铜合金棒材(以下简称棒材)单位产品能源消耗(以下简称能耗)限额的技术要求、计算原则、统计范围和计算方法、节能管理与措施。

本标准适用于铜及铜合金加工企业棒材生产能耗的计算、考核,以及对新建项目的能耗控制和用能评估。

2 规范性引用文件

下列文件对于本文件的应用是必不可少的。凡是注日期的引用文件,仅注日期的版本适用于本文件。凡是不注日期的引用文件,其最新版本(包括所有的修改单)适用于本文件。

GB/T 2589 综合能耗计算通则

GB/T 3484 企业能量平衡通则

GB/T 12723 单位产品能源消耗限额编制通则

GB 17167 用能单位能源计量器具配备和管理通则

3 术语和定义、符号

3.1 术语和定义

下列术语和定义、符号适用于本文件。

3.1.1

工序能源实物单耗(e_s)　unit object consumption in working procedure

单一工序生产过程中生产该工序单位合格产品直接消耗的某种能源实物量。

3.1.2

工序能源单耗(e_j)　unit energy consumption in working procedure

单一工序生产过程中生产该工序单位合格产品直接消耗的全部能源量。

3.1.3

直接能耗(E_H)　drect energy consumption

棒材生产过程中直接消耗的全部能源量。

3.1.4

辅助能耗(E_F)　assistant energy consumption

辅助生产系统用于棒材生产的能源消耗。例如:车间照明、内部运输等能源消耗。

3.1.5

间接能耗(E_J)　indrect energy consumption

不是直接或辅助生产,但是间接为生产或辅助系统提供必要条件所消耗的能源。包括厂区照明、办公、理化检测、工模具制造等能源消耗。

3.1.6

综合能源单耗(e_z)　unit consumption of integrate energy

即单位产品综合能耗,是指生产单位合格产品所消耗的全部能源量(包括直接能耗、辅助能耗和间接能耗）。

3.1.7

可比能源单耗（e_{KB}） comparable energy consumption

对于加工工序非完整型棒材生产企业，加工工序能源单耗按照一定的折算方式，与加工工序完整型棒材生产企业形成的可以比较的能源单耗。

3.2 符号

本标准使用的符号和相应的说明见表1。

表1 符号和说明

符号	单位	说明
E	kgce、tce、10^4 tce、GJ	产品能源消耗量
E_1	kgce、tce、10^4 tce、GJ	企业购入能源量
E_2	kgce、tce、10^4 tce、GJ	期初库存能源量
E_3	kgce、tce、10^4 tce、GJ	外销能源量
E_4	kgce、tce、10^4 tce、GJ	生活和批准的基建项目耗用能源量
E_5	kgce、tce、10^4 tce、GJ	期末库存能源量
E_{ZJ}	kgce	间接能耗总量
E_Z	kgce	全部棒材综合能耗量
E_H	kgce	全部棒材直接能耗量
E_F	kgce	全部棒材辅助能耗量
E_J	kgce	全部棒材间接能耗量
E_{Zn}	kgce	某种类棒材综合能耗量
E_{Hn}	kgce	某种类棒材直接能耗量
E_{Fn}	kgce	某种类棒材辅助能耗量
E_{Jn}	kgce	某种类棒材间接能耗量
E_{hj}	kgce	某工序消耗的直接能耗量
E_{Sj}	kg、kW·h、m^3 等	某工序消耗的某种能源实物量
E'	kg、kW·h、m^3 等	产品的能源实物消耗量
E_1'	kg、kW·h、m^3 等	企业购入能源实物量
E_2'	kg、kW·h、m^3 等	期初库存能源实物量
E_3'	kg、kW·h、m^3 等	外销能源实物量
E_4'	kg、kW·h、m^3 等	生活和批准的基建项目耗用能源实物量
E_5'	kg、kW·h、m^3 等	期末库存能源实物量
e_Z	kgce/t	全部棒材综合能源单耗
e_{Zn}	kgce/t	某种类棒材综合能源单耗
e_{Sj}	kg/t、kW·h/t、m^3/t 等	某工序能源实物单耗
e_j	kgce/t	某工序能源单耗
e_2	kgce/t	加工工序能源单耗

表 1（续）

符号	单位	说明
e_{KB}	kgce/t	可比能源单耗
P_{Zi}	t	不同品种铜加工材总产量
P_{Z4}	t	全部棒材最终合格产量
P_n	t	某种类棒材最终合格产量
P_j	t	某工序合格产品产量
A_i	—	不同品种铜加工材能耗折算系数
A_5	—	棒材能耗折算系数
B_n	—	不同种类棒材能耗折算系数
C_k	—	实际生产各加工工序能耗分摊系数

4 技术要求

4.1 现有铜及铜合金棒材加工企业单位产品能耗限定值

现有铜及铜合金棒材加工企业单位产品能耗限定值应符合表2、表3的规定。其中工艺路线为"配料(含中间合金)—熔铸铸锭(含锯切)—挤压—拉伸(或轧制)—热处理"(以下称之为工艺路线1)的企业单位产品能耗应符合表2的要求;而工艺路线为"配料(含中间合金)—水平连铸(含上引连铸)—拉伸(或轧制)—热处理"(以下称之为工艺路线2)的企业应符合表3的要求。

表 2 现有铜及铜合金棒材加工企业单位产品能耗限定值(工艺路线1)

能源单耗种类	产品种类				
	紫铜棒	简单黄铜棒	复杂黄铜棒	青铜棒	白铜棒
	单位产品能耗限定值/(kgce/t)/≤				
熔铸工序能源单耗	85	72	83	140	138
加工工序能源单耗	137	192	188	266	243
各种类棒材综合能源单耗	275	304	315	458	428
全部棒材综合能源单耗	356				

表 3 现有铜及铜合金棒材加工企业单位产品能耗限定值(工艺路线2)

能源单耗种类	产品种类				
	紫铜棒	简单黄铜棒	复杂黄铜棒	青铜棒	白铜棒
	单位产品能耗限定值/(kgce/t)/≤				
熔铸工序能源单耗	46	50	55	65	65
加工工序能源单耗	42	70	70	115	100
各种类棒材综合能源单耗	100	135	140	195	180
全部棒材综合能源单耗	150				

4.2 新建铜及铜合金棒材加工企业单位产品能耗准入值

新建铜及铜合金棒材加工企业单位产品能耗准入值应符合表4、表5的规定。其中生产工艺采用工艺路线1的企业单位产品能耗应符合表4的要求;而采用工艺路线2的企业应符合表5的要求。

表4 新建铜及铜合金棒材加工企业单位产品能耗准入值(工艺路线1)

能源单耗种类	产品种类				
	紫铜棒	简单黄铜棒	复杂黄铜棒	青铜棒	白铜棒
	单位产品能耗准入值/(kgce/t)/≤				
熔铸工序能源单耗	68	58	66	112	110
加工工序能源单耗	110	154	150	213	194
各种类棒材综合能源单耗	220	243	252	366	342
全部棒材综合能源单耗	285				

表5 新建铜及铜合金棒材加工企业单位产品能耗准入值(工艺路线2)

能源单耗种类	产品种类				
	紫铜棒	简单黄铜棒	复杂黄铜棒	青铜棒	白铜棒
	单位产品能耗准入值/(kgce/t)/≤				
熔铸工序能源单耗	43	47	52	61	61
加工工序能源单耗	40	66	66	109	95
各种类棒材综合能源单耗	95	128	133	185	171
全部棒材综合能源单耗	147				

4.3 铜及铜合金棒材加工企业单位产品能耗先进值

铜及铜合金棒材加工企业单位产品能耗先进值应符合表6、表7的规定。其中生产采用工艺路线1的企业单位产品能耗应符合表6的要求,而采用工艺路线2的企业应符合表7的要求。

表6 铜及铜合金棒材加工企业单位产品能耗先进值(工艺路线1)

能源单耗种类	产品种类				
	紫铜棒	简单黄铜棒	复杂黄铜棒	青铜棒	白铜棒
	单位产品能耗先进值/(kgce/t)/≤				
熔铸工序能源单耗	63	54	61	104	102
加工工序能源单耗	102	143	140	198	180
各种类棒材综合能源单耗	204	226	234	340	318
全部棒材综合能源单耗	265				

表 7　铜及铜合金棒材加工企业单位产品能耗先进值(工艺路线 2)

能源单耗种类	产品种类				
	紫铜棒	简单黄铜棒	复杂黄铜棒	青铜棒	白铜棒
	单位产品能耗先进值/(kgce/t)/≤				
熔铸工序能源单耗	40	44	48	57	57
加工工序能源单耗	37	61	61	101	88
各种类棒材综合能源单耗	88	119	123	172	159
全部棒材综合能源单耗	136				

4.4　产品能源单耗考评原则

4.4.1　按产品种类划分

两种及两种以上种类棒材的生产企业只以全部棒材综合能源单耗为考核评定依据,单一种类棒材或某一种类棒材的产量超过全部棒材产量的 90%时,只以单一种类棒材综合能源单耗为考核评定依据。

4.4.2　按工序划分

仅有熔铸工序或加工工序的生产企业,只以熔铸工序能源单耗或加工工序能源单耗为考核评定依据;既有熔铸工序又有加工工序的生产企业,只以单一品种按各种类产品综合能源单耗计算或多品种全部棒材产品综合能源单耗为考核评定依据。

5　计算原则、统计范围和计算方法

5.1　计算原则

5.1.1　棒材实际(生产)消耗的各种能源

5.1.1.1　棒材实际消耗的各种能源,系指用于棒材生产活动的各种能源。它包括主要生产系统、辅助生产系统和附属生产系统用能,不包括生活用能和批准的基建(包括技改)项目用能。

5.1.1.2　实际消耗的各种能源是指一次能源(原煤、原油、天然气等)、二次能源(如电力、热力、石油制品、焦炭、煤气等)和生产使用的耗能工质(水、氧气、压缩空气等)所消耗的能源。

5.1.1.3　作为辅助生产的能源产品不计入产品能耗,如用作熔液覆盖剂的木炭、润滑油、洗油等。

5.1.1.4　生活用能指企业系统内的宿舍、学校、文化、娱乐、医疗保健、食堂、浴室、商业服务和托儿幼教等方面用能。

5.1.2　棒材报告期内的能耗量

5.1.2.1　产品报告期内的某种能源实物消耗量的计算,应符合式(1):

$$E' = E_1' + E_2' - E_3' - E_4' - E_5' \quad \cdots\cdots(1)$$

式中:

E' ——产品的能源实物消耗量,单位见 5.1.4;

E_1'——企业购入能源实物量,单位见 5.1.4;

E_2'——期初库存能源实物量,单位见 5.1.4;

E_3'——外销能源实物量，单位见 5.1.4；

E_4'——生活和批准的基建项目耗用能源实物量，单位见 5.1.4；

E_5'——期末库存能源实物量，单位见 5.1.4。

5.1.2.2 产品报告期内的能耗量的计算，应符合式(2)：

$$E = E_1 + E_2 - E_3 - E_4 - E_5 \quad \cdots\cdots (2)$$

式中：

E ——产品能源消耗量，单位见 5.1.4；

E_1——企业购入能源量，单位见 5.1.4；

E_2——期初库存能源量，单位见 5.1.4；

E_3——外销能源量，单位见 5.1.4；

E_4——生活和批准的基建项目耗用能源量，单位见 5.1.4；

E_5——期末库存能源量，单位见 5.1.4。

5.1.2.3 棒材报告期内的能耗量的计算，应符合式(3)和(4)：

$$E_{Zn} = E_{Hn} + E_{Fn} + E_{Jn} \quad \cdots\cdots (3)$$

$$E_Z = E_H + E_F + E_J \quad \cdots\cdots (4)$$

式中：

E_{Zn}——某种类棒材综合能耗量，单位见 5.1.4；

E_{Hn}——某种类棒材直接能耗量，单位见 5.1.4；

E_{Fn}——某种类棒材辅助能耗量，单位见 5.1.4；

E_{Jn}——某种类棒材间接能耗量，单位见 5.1.4；

E_Z——全部棒材综合能耗量，单位见 5.1.4；

E_H——全部棒材直接能耗量，单位见 5.1.4；

E_F——全部棒材辅助能耗量，单位见 5.1.4；

E_J——全部棒材间接能耗量，单位见 5.1.4。

5.1.2.4 所消耗的各种能源不得重计或漏计。存在供需关系时，输入、输出双方在计算中量值应保持一致。设备停产大修的能耗也计算在内，且按大修后设备的运行周期逐月平均分摊。

5.1.2.5 企业回收的余热，属于节约能源循环自用，不属于外购能源，在计算能耗时，应避免和外购能源重复计算。余热自用装置用能计入能耗。回收能源自用部分，计入自用工序；转供其他工序时，在所用工序以正常消耗计入。回收的能源折标准煤后应在回收余热的工序、工艺中等量扣除。如属未扣除回收余热的能耗指标，应标明"'未扣回收余热'(或'含回收余热')的字样。

5.1.3 能源实物量的计量

能源实物量的计量应符合《中华人民共和国计量法》和 GB 17167 的要求。

5.1.4 各种能源的计量单位

5.1.4.1 棒材能耗单位：千克标准煤(kgce)、吨标准煤(tce)、万吨标准煤(10^4 tce)或百万千焦(GJ)。

5.1.4.2 煤、焦炭、石油制品的能源实物量单位：千克(kg)、吨(t)、万吨(10^4 t)。

5.1.4.3 电的能源实物量单位：千瓦时(kW·h)、万千瓦时(10^4 kW·h)。

5.1.4.4 蒸汽能源实物量单位：千克(kg)、吨(t)或千焦(kJ)、兆焦(MJ)、百万千焦(GJ)。

5.1.4.5 煤气、水煤气、压缩空气、氧气、氮气、天然气的能源实物量单位：立方米(m^3)、万立方米(10^4 m^3)。

5.1.5 各种能源(包括生产耗能工质消耗的能源)折算标准煤量方法

5.1.5.1 发热量等于 29.307 6 MJ 的燃料，称为 1 千克标准煤(kgce)。

5.1.5.2 外购燃料能源可取实测的低(位)发热量或供货单位提供的实测值为计算基础，或按国家统计部门的折算系数折算，参见附录A。

5.1.5.3 二次能源及耗能工质均按相应能源等价值(电用当量值)折算：企业能源转换自产时，按实际投入的能源实物量折算标准煤量；由集中生产单位外销供应时，其能源等价值须经主管部门规定；外购外销时，其能源等价值应相同；当未提供能源等价值时，可按国家统计部门的折算系数折算，参见附录B。

5.1.5.4 企业回收的余热按热力的折算系数计算。

5.1.6 单位棒材能耗的棒材产量的计算原则

5.1.6.1 计算某种类铜棒综合单耗，应采用同一统计期内产出的合格该类铜棒产量，棒材退货应冲减当期棒材产量。

5.1.6.2 所有棒材产量，均以企业统计部门统计的数据为准。

5.1.7 能耗的计算原则

5.1.7.1 企业及工序能耗应符合GB/T 2589及GB/T 3484的规定。

5.1.7.2 直接能耗：由各生产环节直接统计计量。

5.1.7.3 间接能耗：同时生产板、带、箔、管、棒、线等两种以上的综合型铜加工企业计算间接能耗时，先按一定的比例分摊，再按棒材种类折算各类间接能耗。单一棒材加工企业的间接能耗全部计入棒材能耗之中。

5.1.7.4 辅助能耗：按种类分摊。

5.2 统计范围

5.2.1 熔铸工序

指从原料开始到产出合格的铸锭(铸坯)为止的用能量：包括配料(含中间合金)、熔炼、铸造、烟尘收集、锯切等直接消耗的各种能源量。

注：统计计算熔铸工序能耗时不包括间接能耗和辅助能耗。

5.2.2 加工工序

指从铸锭加热开始到加工产出合格产品并进入成品库为止的用能量。包括铸锭加热、挤压、锯切、轧制、制头、拉制、成型、精整、校直定尺、退火、包装等直接消耗的各种能源量。

注：统计计算加工工序能耗时不包括间接能耗和辅助能耗。

5.3 计算方法

5.3.1 工序单耗计算方法

5.3.1.1 工序能源实物单耗计算方法

工序能源实物单耗计算方法按照式(5)计算：

$$e_{Sj}=\frac{E_{Sj}}{P_j} \qquad \cdots\cdots(5)$$

式中：

e_{Sj}——某工序能源实物单耗，j 取1、2，分别代表熔铸、加工工序，单位为千克每吨(kg/t)、千瓦时每吨(kW·h/t)、立方米每吨(m^3/t)；

E_{Sj}——某工序消耗的某种能源实物量，j 取1、2，分别代表熔铸、加工工序，单位为千克(kg)、

千瓦时(kW·h)、立方米(m^3);

P_j ——某工序合格产品产量,j 取1、2,分别代表熔铸、加工工序,单位为吨(t)。

5.3.1.2 工序能源单耗计算方法

工序全部能源单耗按照式(6)计算:

$$e_j = \frac{E_{hj}}{P_j} \quad \cdots\cdots (6)$$

式中:

e_j ——某工序能源单耗,j 取1、2,分别代表熔铸、加工工序,单位为千克标煤每吨(kgce/t);

E_{hj}——某工序消耗的直接能耗量,j 取1、2,分别代表熔铸、加工工序,单位为千克标煤(kgce);

P_j ——某工序合格产品产量,j 取1、2,分别代表熔铸、加工工序,单位为吨(t)。

5.3.1.3 可比能源单耗计算方法

加工工序中对于非完整型加工工序棒材生产条件的非完整型铜棒材加工企业的棒材能耗应折算成可比能源单耗。可比能源单耗按式(7)计算:

$$e_{KB} = e_2 \sum_{1}^{5} C_k \quad \cdots\cdots (7)$$

式中:

e_{KB}——可比能源单耗,单位为千克标煤每吨(kgce/t);

e_2 ——加工工序能源单耗,单位为千克标煤每吨(kgce/t);

C_k ——实际生产各加工工序能耗分摊系数,见表8。k 取1、2、3、4、5,分别代表挤压、轧制、拉伸、退火、精整成型各加工工序。

表8 非完整型加工工序铜棒生产企业加工工序能耗分摊系数

加工工序		挤压(或连续挤压)C_1	轧制 C_2	拉伸 C_3	退火 C_4	精整、成型 C_5
		能源单耗分摊系数 C_k				
工艺路线	工艺路线1	0.400	0.100	0.150	0.300	0.050
	工艺路线2	—	0.167	0.250	0.500	0.083
		0.370	—	0.200	0.370	0.060

5.3.2 间接能耗计算方法

5.3.2.1 间接能耗分摊量计算方法

综合型铜加工企业棒材间接能耗分摊量计算方法按照式(8)计算:

$$E_J = E_{ZJ} \frac{P_{Z4} \cdot A_4}{\sum_{1}^{6} (P_{Zi} \cdot A_i)} \quad \cdots\cdots (8)$$

式中:

E_J ——全部棒材间接能耗量,单位为千克标煤(kgce);

E_{ZJ} ——间接能耗总量,单位为千克标煤(kgce);

P_{Z4} ——全部棒材最终合格产量,单位为吨(t);

A_4 ——棒材能耗折算系数，见表 9；

P_{Zi} ——各品种铜加工材总产量，单位为吨(t)。i 取 1、2、3、4、5、6，分别代表板、带、管、棒、线、箔各种铜加工材。

A_i ——不同品种铜加工材间接能耗折算系数，见表 9。i 取 1、2、3、4、5、6，分别代表板、带、管、棒、线、箔各品种铜加工材。

表 9 综合型铜加工企业不同品种间接能耗折算系数

品　　种	板(A_1)	带(A_2)	管(A_3)	棒(A_4)	线(A_5)	箔(A_6)
间接能耗折算系数 A_i	0.9	1.0	1.0	0.8	0.7	1.1
空心型材按管计算，实心型材按棒计算。						

5.3.2.2 间接能耗计算方法

某种类棒材间接能耗计算方法按照式(9)计算：

$$E_{Jn}=E_J\frac{P_n\cdot B_n}{\sum_{1}^{5}(P_n\cdot B_n)} \qquad \cdots\cdots(9)$$

式中：

E_{Jn}——某种类棒材间接能耗量，单位为千克标煤(kgce)。n 取 1、2、3、4、5，分别代表紫铜棒、简单黄铜棒、复杂黄铜棒、青铜棒、白铜棒各种类铜棒；

E_J ——全部棒材间接能耗量，单位为千克标煤(kgce)；

P_n ——某种类棒材最终合格产量，单位为吨(t)。n 取 1、2、3、4、5，分别代表紫铜棒、简单黄铜棒、复杂黄铜棒、青铜棒、白铜棒各种类铜棒；

B_n ——不同种类棒材间接能耗折算系数，见表 10。n 取 1、2、3、4、5，分别代表紫铜棒、简单黄铜棒、复杂黄铜棒、青铜棒、白铜棒各种类铜棒。

表 10 不同种类铜棒材间接(或辅助)能耗折算系数

种　　类	紫铜棒 (B_1)	简单黄铜棒 (B_2)	复杂黄铜棒 (B_3)	青铜棒 (B_4)	白铜棒 (B_5)
间接(或辅助)能耗折算系数 B_n	1.00	1.05	1.10	1.15	1.25

5.3.3 辅助能耗计算方法

某种类棒材辅助能耗计算方法按照式(10)计算：

$$E_{Fn}=E_F\frac{P_n\cdot B_n}{\sum_{1}^{5}(P_n\cdot B_n)} \qquad \cdots\cdots(10)$$

式中：

E_{Fn}——某种类棒材辅助能耗量，单位为千克标煤(kgce)。n 取 1、2、3、4、5，分别代表紫铜棒、简单黄铜棒、复杂黄铜棒、青铜棒、白铜棒各种类铜棒；

E_F ——全部棒材辅助能耗量，单位为千克标煤(kgce)；

P_n ——某种类铜棒最终合格产量，单位为吨(t)。n 取 1、2、3、4、5，分别代表紫铜棒、简单黄铜棒、复杂黄铜棒、青铜棒、白铜棒各种类铜棒；

B_n ——不同种类棒材辅助能耗折算系数，见表10。n 取1、2、3、4、5，分别代表紫铜棒、简单黄铜棒、复杂黄铜棒、青铜棒、白铜棒各种类铜棒。

5.3.4 综合能耗计算方法

5.3.4.1 各种类棒材综合能耗

某种类棒材综合能源单耗按照式(11)计算：

$$e_{Zn} = \frac{E_{Hn} + E_{Fn} + E_{Jn}}{P_n} \quad \cdots\cdots (11)$$

式中：

e_{Zn} ——某种类棒材综合能源单耗，单位为千克标煤每吨(kgce/t)。n 取1、2、3、4、5，分别代表紫铜棒、简单黄铜棒、复杂黄铜棒、青铜棒、白铜棒各种类铜棒；

E_{Hn} ——某种类棒材直接能耗量，单位为千克标煤(kgce)；n 取1、2、3、4、5，分别代表紫铜棒、简单黄铜棒、复杂黄铜棒、青铜棒、白铜棒各种类铜棒；

E_{Fn} ——某种类棒材辅助能耗量，单位为千克标煤(kgce)；n 取1、2、3、4、5，分别代表紫铜棒、简单黄铜棒、复杂黄铜棒、青铜棒、白铜棒各种类铜棒；

E_{Jn} ——某种类棒材间接能耗量，单位为千克标煤(kgce)；n 取1、2、3、4、5，分别代表紫铜棒、简单黄铜棒、复杂黄铜棒、青铜棒、白铜棒各种类铜棒；

P_n ——某种类棒材最终合格产量，单位为吨(t)。n 取1、2、3、4、5，分别代表紫铜棒、简单黄铜棒、复杂黄铜棒、青铜棒、白铜棒各种类铜棒。

5.3.4.2 全部棒材综合能耗

全部棒材综合能源单耗按式(12)计算：

$$e_Z = \frac{E_H + E_F + E_J}{P_{Z4}} \quad \cdots\cdots (12)$$

式中：

e_Z ——全部棒材综合能源单耗，单位为千克标煤每吨(kgce/t)；

E_H ——企业生产全部棒材消耗的各种直接能耗，单位为千克标煤(kgce)；

E_J ——棒材间接能耗总量，单位为千克标煤(kgce)；

E_F ——辅助能耗总量，单位为千克标煤(kgce)；

P_{Z4} ——全部棒材最终合格产量，单位为吨(t)。

6 节能基础管理

6.1 节能基础管理

6.1.1 企业应建立健全用能责任制度，定期对铜棒生产的几个主要工序能耗情况进行考核，并把考核指标分解落实到各基层单位。

6.1.2 企业应按要求建立健全能耗信息系统，建立能耗统计、计算和考核结果的文件档案，并对该文件进行受控管理。

6.1.3 企业应根据GB 17167的要求配备能源计量器具并建立能源计量管理制度。

6.2 节能技术管理

6.2.1 棒材生产企业各工序应配备先进的设备，最大限度地提高能源利用率，尽可能地回收能源。

6.2.2 企业应进行技术改造，采用先进工艺，提高生产效率和能源利用率。

附 录 A
（资料性附录）
常用能源品种现行参考折标煤系数

常用能源品种现行参考折标煤系数见表A。

表A 常用能源品种现行折标煤系数

能源名称	平均低位发热量	折标准煤系数
原煤	20 908 kJ/kg(5 000 kcal/kg)	0.714 3 kgce/kg
洗精煤	26 344 kJ/kg(6 300 kcal/kg)	0.900 0 kgce/kg
原油	41 816 kJ/kg(10 000 kcal/kg)	1.428 6 kgce/kg
柴油	42 652 kJ/kg(10 200 kcal/kg)	1.457 1 kgce/kg
汽油	43 070 kJ/kg(10 300 kcal/kg)	1.471 4 kgce/kg
焦炭	28 435 kJ/kg(6 800 kcal/kg)	0.971 4 kgce/kg
液化石油气	50 179 kJ/kg(12 000 kcal/kg)	1.714 3 kgce/kg
电力(当量值)	3 600 kJ/(kW·h)[860 kcal/(kW·h)]	0.122 9 kgce/(kW·h)
热力(当量值)	—	0.034 12 kgce/MJ
发生炉煤气	5 227 kJ/m^3(1 250 kcal/m^3)	0.178 6 kgce/m^3
油田天然气	38 931 kJ/m^3(9 310 kcal/m^3)	1.330 0 kgce/m^3

注1：蒸汽折标煤系数按热值计。

注2：部分品种仍采用“万”为计量单位。

本附录中折标煤系数如遇国家统计部门规定发生变化，能耗等级指标则应另行设定。

附 录 B
（资料性附录）
常用耗能工质能源等价参考值

常用能耗工质能源等价参考值见表 B。

表 B 常用耗能工质能源等价值

品种	单位耗能工质耗能量	折标准煤系数
新水	2.51 MJ/t(600 kal/t)	0.085 7 kgce/t
软水	14.23 MJ/t(600 kal/t)	0.485 7 kgce/t
压缩空气	1.17 MJ/m^3(280 kal/m^3)	0.040 0 kgce/m^3
二氧化碳气	6.28 MJ/m^3(1 500 kal/m^3)	0.214 3 kgce/m^3
氧气	11.72 MJ/m^3(280 0 kal/m^3)	0.400 0 kgce/m^3
氮气(做副产品时)	11.72 MJ/m^3(2 800 kal/m^3)	0.400 0 kgce/m^3
氮气(做主产品时)	19.66 MJ/m^3(4 700 kal/m^3)	0.671 4 kgce/m^3
乙炔	243.67 MJ/m^3	8.314 3 kgce/m^3
电石	60.92 MJ/kg	2.078 6 kgce/kg
本附录中的能源等价值，以国家统计部门最新公布的数据为准。		

ICS 27.010
F 01

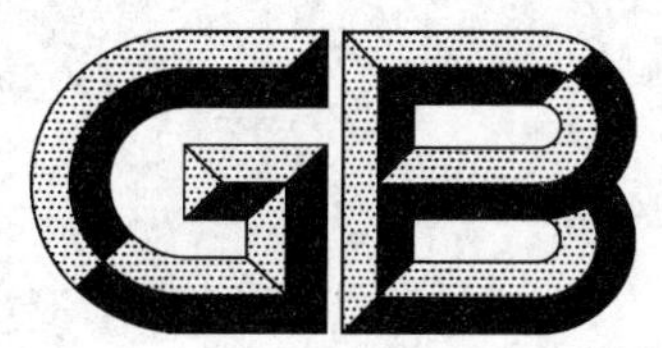

中华人民共和国国家标准

GB 29447—2012

多晶硅企业单位产品能源消耗限额

The norm of energy consumption per unit products of polysilicon enterprise

2012-12-31 发布　　2013-10-01 实施

中华人民共和国国家质量监督检验检疫总局
中国国家标准化管理委员会　发布

前 言

本标准4.1、4.2为强制性的，其余为推荐性的。

本标准由国家发展和改革委员会资源节约与环境保护司、工业与信息化部节能与综合利用司提出。

本标准由全国能源基础与管理标准化技术委员会(SAC/TC 20)和全国有色金属标准化技术委员会(SAC/TC 243)归口。

本标准起草单位：洛阳中硅高科技有限公司、多晶硅材料制备技术国家工程实验室、中国恩菲工程技术有限公司、中国有色金属工业标准计量质量研究所、江苏中能硅业科技发展有限公司、四川新光硅业科技有限责任公司、东方电气集团峨嵋半导体材料有限公司、乐山乐电天威硅业科技有限责任公司、江西赛维LDK光伏硅科技有限公司、陕西天宏硅材料有限责任公司、亚洲硅业(青海)有限公司、特变电工新疆硅业有限公司、宜昌南玻硅材料有限公司、内蒙古神舟硅业有限责任公司。

本标准主要起草人：严大洲、汤传斌、肖荣晖、贺东江、万烨、杜俊平、袁金满、谢秦、银波。

多晶硅企业单位产品能源消耗限额

1 范围

本标准规定了多晶硅企业单位产品能源消耗(以下简称能耗)限额的技术要求、统计范围、计算方法、计算范围、节能管理与措施。

本标准适用于所有以工业硅、氯气、氢气为原料生产三氯氢硅,以及副产物四氯化硅经氢化生产三氯氢硅,三氯氢硅经精馏提纯后,用高纯氢气还原生产多晶硅的企业单位产品能耗的计算、考核,以及对新建项目的能耗控制。

2 规范性引用文件

下列文件对于本文件的应用是必不可少的。凡是注日期的引用文件,仅注日期的版本适用于本文件。凡是不注日期的引用文件,其最新版本(包括所有的修改单)适用于本文件。

GB/T 2589 综合能耗计算通则

GB/T 12963 硅多晶

GB/T 17167 用能单位能源计量器具配备和管理通则

GB/T 25074 太阳能级多晶硅

3 术语和定义

下列术语和定义适用于本文件。

3.1

工序能源单耗 unit energy consumption in working procedure

工序生产过程中生产单位合格产品消耗的能源量。

3.2

工序实物单耗 unit object consumption in working procedure

工序生产过程中生产单位合格产品消耗的某种能源实物量。

3.3

工艺能源单耗 unit energy consumption of technology

工艺生产过程中生产单位合格产品消耗的能源量。

3.4

工艺电耗 unit electricity consumption of technology

工艺生产过程中生产单位合格产品消耗的电量。

3.5

蒸汽消耗 steam consumption

生产单位合格产品所消耗的蒸汽。

3.6

综合电能源单耗　unit consumption of integrate electricity

即单位产品综合电能消耗，是指工艺电能源单耗与工艺产品辅助电能消耗及损耗分摊量之和。

3.7

综合能源单耗　unit consumption of integrate energy

即单位产品综合能源消耗，是指工艺能源单耗与工艺产品辅助能耗及损耗分摊量之和。

4　技术要求

4.1　现有多晶硅企业单位产品能耗限定值

现有多晶硅企业单位产品能耗限定值应符合表1的要求。

表1　多晶硅企业单位产品能耗限定值

序号	工艺、工序	每公斤多晶硅综合能耗限定值			
		工艺电耗 kW·h/kg	蒸汽消耗 kg/kg	综合电耗 kW·h/kg	综合能耗 kgce/kg
1	三氯氢硅合成工序	≤3.0	≤20	≤3.6	≤3.23
2	三氯氢硅精馏提纯工序	≤2.0	≤60	≤2.6	≤8.45
3	四氯化硅高温氢化工序	≤65	≤35	≤67	≤13.16
4	四氯化硅低温氢化工序	≤35	≤35	≤37	≤9.59
5	还原工序	≤75	≤5	≤80	≤10.62
6	还原尾气干法回收工序	≤18	≤15	≤18	≤4.53
7	多晶硅产品处理、包装工序	≤0.5	0	≤0.5	≤0.07
8	硅芯制备工序	≤2.0	0	≤2.0	≤0.25
9	公用工程包括：纯水系统、循环水、脱盐水、制氮、压缩空气、锅炉、空调、水源、中控及其他	≤13.3	≤10	≤13.3	≤3.01
10	制氢系统	≤11	0	≤11	≤1.37
11	“三废”处理工序	≤1.0	0	≤1.0	≤0.18
12	其他	≤1	10	≤1	≤1.42
13	多晶硅工艺能耗(高温氢化)	≤191.8	≤155	≤200	≤46.28
14	多晶硅工艺能耗(低温氢化)	≤161.2	≤155	≤170	≤42.71

4.2　新建多晶硅企业单位产品能耗准入值

新建多晶硅企业单位产品能耗准入值应符合表2的要求。

表 2　新建多晶硅企业单位产品能耗准入值

序号	工艺、工序	每公斤多晶硅综合能耗准入值			
		工艺电耗 kW·h/kg	蒸汽消耗 kg/kg	综合电耗 kW·h/kg	综合能耗 kgce/kg
1	三氯氢硅合成工序	≤2.6	≤17	≤3.1	≤2.75
2	三氯氢硅精馏提纯工序	≤1.7	≤51	≤2.2	≤7.2
3	四氯化硅高温氢化工序	≤55.3	≤29.8	≤57	≤11.2
4	四氯化硅低温氢化工序	≤30	≤29.8	≤31.5	≤8.15
5	还原工序	≤60	≤4.3	≤64.2	≤8.53
6	还原尾气干法回收工序	≤15.3	≤12.75	≤15.3	≤3.85
7	多晶硅产品处理、包装工序	≤0.43	0	≤0.43	≤0.06
8	硅芯制备工序	≤1.7	0	≤1.7	≤0.21
9	公用工程包括：纯水系统、循环水、纯水、脱盐水、制氮、压缩空气、锅炉、空调、水源、中控及其他	≤11.3	≤8.5	≤11.3	≤2.56
10	制氢系统	≤9.4	0	≤9.4	≤1.16
11	“三废”处理工序	≤0.9	0	≤0.85	≤0.15
12	其他	≤0.9	≤8.5	≤0.85	≤1.2
13	多晶硅工艺能耗(高温氢化)	≤159.2	≤131.8	≤166.2	≤38.87
14	多晶硅工艺能耗(低温氢化)	≤133.2	≤131.8	≤141.2	≤35.83

4.3　多晶硅企业单位产品能耗先进值

多晶硅企业单位产品能耗先进值应符合表 3 的要求。

表 3　多晶硅企业单位产品能耗先进值

序号	工艺、工序	每公斤多晶硅综合能耗先进值			
		工艺电耗 kW·h/kg	蒸汽消耗 kg/kg	综合电耗 kW·h/kg	综合能耗 kgce/kg
1	三氯氢硅合成工序	≤2.17	≤14.5	≤2.6	≤2.33
2	三氯氢硅精馏提纯工序	≤1.45	≤43.4	≤1.9	≤6.1
3	四氯化硅高温氢化工序	≤47	≤25.3	≤48.4	≤9.5
4	四氯化硅低温氢化工序	≤25.3	≤25.3	≤26.7	≤6.93
5	还原工序	≤54.2	≤3.6	≤57.8	≤7.67
6	还原尾气干法回收工序	≤13	≤10.8	≤13	≤3.27
7	多晶硅产品处理、包装工序	≤0.36	0	≤0.36	≤0.05
8	硅芯制备工序	≤1.45	0	≤1.45	≤0.18

表 3（续）

序号	工艺、工序	每公斤多晶硅综合能耗先进值			
		工艺电耗 kW·h/kg	蒸汽消耗 kg/kg	综合电耗 kW·h/kg	综合能耗 kgce/kg
9	公用工程包括：纯水系统、循环水、纯水、脱盐水、制氮、压缩空气、锅炉、空调、水源、中控及其他	≤9.6	≤7.2	≤9.6	≤2.17
10	制氢系统	≤7.95	0	≤7.95	≤0.99
11	“三废”处理工序	≤0.72	0	≤0.72	≤0.13
12	其他	≤0.72	≤7.2	≤0.72	≤1.03
13	多晶硅工艺能耗(高温氢化)	≤138.6	≤112	≤145	≤33.5
14	多晶硅工艺能耗(低温氢化)	≤116.5	≤112	≤123	≤30.9

4.4 其他

半导体级直拉用多晶硅还原电耗≤100 kW·h/kg，区熔用多晶硅还原电耗≤120 kW·h/kg，半导体级产品，其他工序能耗限额参照执行。多晶硅产品质量应满足 GB/T 25074 和 GB/T 12963 的要求。

5 统计范围、计算方法及计算范围

5.1 统计范围

5.1.1 企业实际（生产）消耗的各种能源

企业实际消耗的各种能源包括：一次能源（原煤、石油、天然气等），二次能源（电力、热力、石油制品、焦炭、煤气等）和生产使用的耗能工质（水、氧气、压缩空气等）所消耗的能源。

企业实际消耗的各种能源是指用于生产活动的各种能源。其包括主要生产系统、辅助生产系统和附属生产系统用能，不包括生活用能和批准的基建项目用能。在企业实际消耗的能源中，用作原料的能源也必须包括在内。

生活用能是指企业系统内的宿舍、学校、文化娱乐、医疗保健、商业服务等直接用于生活方面的能耗。

5.1.2 企业计划报告期内的能源实物消耗量和能源消耗量

企业计划报告期内的某种能源实物消耗量的计算，应符合式(1)：

$$e_h = e_1 + e_2 - e_3 - e_4 - e_5 - e_6 \quad \cdots\cdots(1)$$

式中：

e_h ——企业的能源实物消耗量；

e_1 ——企业购入能源实物量；

e_2 ——期初库存能源实物量；

e_3 ——期末库存能源实物量；

e_4 ——外销能源实物量；

e_5 ——生活用能源实物量；

e_6 ——企业工程建设用能源量。

企业计划报告期内的能源消耗量的计算，应符合公式(2)：

$$E = E_1 + E_2 - E_3 - E_4 - E_5 \quad \text{或} \quad E = E_{ZG} + E_{ZF} = E_{ZZ} \qquad (2)$$

式中：

E ——企业报告期内的能源消耗量；

E_1 ——购入能源量；

E_2 ——库存能源增减量；

E_3 ——外销能源量；

E_4 ——生活用能源量；

E_5 ——企业工程建设用能源量；

E_{ZG}——诸产品工艺能源消耗量；

E_{ZF}——间接辅助生产部门用能源量及损耗；

E_{ZZ}——诸产品综合能源消耗量。

所消耗的各种能源不得重计或漏计。存在供需关系时，输入、输出双方在计算中量值上应保持一致。设备大修的能源消耗也应计算在内，且按检修后设备的运行周期逐月平均分摊。企业综合能耗的计算按照 GB/T 2589 的规定进行。

5.1.3 各种能源的计量单位

企业生产能耗量、产品工艺能耗量、产品综合能耗量的单位：千克标准煤每千克(kgce/kg)、吨标准煤每千克(tce/kg)。

煤炭、焦炭、重油、汽油、柴油的单位：千克(kg)、吨(t)。

电力的单位：千瓦时(kW·h)、万千瓦时(10^4 kW·h)；

蒸汽的单位：千焦(kJ)、兆焦(MJ)、百万千焦(GJ)；

煤气、压缩空气、氧气、天然气的单位：立方米(m^3)、万立方米(10^4 m^3)；

水的单位：吨(t)、万吨(10^4 t)。

多晶硅综合能耗量的单位：kgce/kg(千克标准煤每千克)。

5.1.4 各种能源(包括生产耗能工质消耗的能源)折算标准煤量方法

应用基于发热量等于 29.307 6 MJ 的燃料，即 1 kgce。

各种能源及耗能工质消耗量在折算标准煤量时，外购的燃料能源可取实测的低(位)发热量或供货单位提供的实测值为计算基础，或用国家统计部门的折算系数折算，参见附录 A；二次能源及耗能工质均按相应的能源等价值折算(电用当量值)；企业能源转换自产时，按实际投入的能源实物量折算标准煤量；由集中生产单位外销供应时，其能源等价值按主管部门规定；外购外销时，其能源等价值应相同；当未提供能源等价值时，可按国家统计部门的折算系数折算，参见附录 B；企业回收的余热按热力的折算系数，余热发电统一按电力的折算系数折算。

5.1.5 多晶硅产品能耗的计算原则

多晶硅各工序能耗的计算，采用同一计划报告期内产出的合格产品实物产量计算单位产品能耗。所有产品产量均以千克(kg)为计量单位，以企业计划统计部门正式上报的数据为准。

5.1.6 企业余热利用能源的计算原则

企业回收的余热，属于节约能源循环利用，不属于外购能源，在计算时，应避免和外购能源重复计算。余热利用装置用能计入能耗。回收能源自用部分，计入自用工序；转供其他工序时，在所用工序以正常消耗计入；回收的能源折标准煤后应在回收余热的工序、工艺中扣除。

5.1.7 其他

企业的辅助、附属生产系统的能源消耗及耗能工质在企业内部贮存、转换与分配供应及外销中的损耗，应根据各产品工艺能耗占企业生产工艺能耗量的比例，分摊给各个产品。

5.2 计算方法

5.2.1 工序（工艺）实物单耗的计算

工序（工艺）实物单耗按式(3)计算：

$$E_S = \frac{M_S}{P_Z} \qquad \cdots\cdots (3)$$

式中：

E_S ——某工序（工艺）的实物单耗，单位为千克每千克(kg/kg)、千瓦时每千克(kW · h/kg)、立方米每千克(m^3/kg)；

M_S ——某工序（工艺）直接消耗的某种能源实物总量，单位为千克(kg)、千瓦时(kW · h)、立方米(m^3)；

P_Z ——某工序（工艺）产出的合格产品总实物量，折合成多晶硅计算，单位为千克(kg)。

5.2.2 工序（工艺）能源单耗的计算

工序（工艺）能源单耗按式(4)计算：

$$E_1 = \frac{E_H}{P_Z} \qquad \cdots\cdots (4)$$

式中：

E_1 ——某工序（工艺）能源单耗，单位为千克标准煤每千克，(kgce/kg)；

E_H ——某工序（工艺）直接消耗的各种能源实物量折标准煤为代数和，单位为千克标准煤(kgce)；

P_Z ——某工序（工艺）产出的合格产品总实物量，折合成多晶硅计算，单位为千克(kg)。

5.2.3 企业综合能耗的计算

综合能耗的计算应符合公式(5)：

$$E_Z = E_1 + E_F \qquad \cdots\cdots (5)$$

式中：

E_Z ——综合能耗，单位为千克标准煤每千克(kgce/kg)；

E_1 ——工艺能耗，单位为千克标准煤每千克(kgce/kg)；

E_F ——辅助能耗和损耗分摊量，单位为千克标准煤每千克(kgce/kg)。

5.3 计算范围

5.3.1 三氯氢硅合成工序

从合成用氢气制备、氢气纯化、液氯气化、氯化氢合成、氯化氢脱水、氯化氢预热，硅粉干燥预热、三氯氢硅合成、合成产物分离、尾气回收，到分离得到含三氯氢硅 99%为止。包括从备料、配料、进料、合成、分离提纯、排渣、供排风、物料输送、收尘、供排水、辅助设备及照明等所有能源消耗量。按一吨三氯氢硅产品计算能源消耗，折多晶硅能源消耗时，按每吨多晶硅消耗的三氯氢硅数量确定。

5.3.2 三氯氢硅精馏提纯工序

从粗三氯氢硅开始到产出精三氯氢硅为止。包括从备料、进料、蒸发、冷凝、废液排放、排渣、制冷、供排风、物料输送、供排水、辅助设备及照明等所有能源消耗量。

5.3.3 四氯化硅氢化工序

从四氯化硅开始到氢化产出98%三氯氢硅为止。包括从备料、配料、进料、活化、氢化、氢气循环、尾气回收、氢化料分离、废液处理、排渣、制冷、供排风、物料输送、供排水、辅助设备及照明等所有能源消耗量。

5.3.4 还原工序

从精馏后合格的三氯氢硅开始到产出多晶硅棒为止。包括从石墨件煅烧等备件处理、备料、进料、预热、还原、停炉取棒、供排风、物料输送、供排水、辅助设备及照明等所有能源消耗量。

5.3.5 多晶硅还原尾气干法回收工序

从还原炉排出尾气开始到回收、分离得到合格氢气、氯化氢和氯硅烷为止。包括从尾气缓冲、进料、淋洗、混合气体压缩、氯硅烷分离、氯化氢吸收分离、制冷、氢气回收纯化、储存、供排风、物料输送、供排水、辅助设备及照明等所有能源消耗量。

5.3.6 多晶硅产品处理、包装工序

从棒状多晶硅开始到产出免清洗、洁净包装的多晶硅为止。包括从多晶硅破碎、酸腐蚀、纯水清洗、烘干、包装、废液中和排放、废气处理、制冷、供排风、物料输送、供排水、辅助设备及照明等所有能源消耗量。

5.3.7 公用工程

包括纯水系统、循环水、脱盐水、制氮、压缩空气、锅炉、空调、水源、中控及其他等工序所有能源消耗量。

5.3.8 硅芯制备工序

从棒状多晶硅开始到产出洁净包装的硅芯为止。包括从棒状多晶硅加工、酸腐蚀、纯水清洗、烘干、棒状多晶硅包装、硅芯拉制(或切割)、硅芯磨削加工、酸腐蚀、纯水清洗、烘干、包装等过程中的物料输送、加工、供排风、供排水、辅助设备及照明等所有能源消耗量。

5.3.9 氢气制备工序

包括电解液制备、电解、氢气纯化等制备工艺,或其他氢气方法制备氢气的工艺过程中的物料输送、工艺、供排风、辅助设备及照明等所有能源消耗量。

5.3.10 “三废”处理工序

包括多晶硅生产过程中尾气收集、尾气淋洗(或燃烧、水解)、污水收集、污水处理、固渣处理等系统物料输送、供排风、供排水、辅助设备及照明等所有能源消耗量。

5.4 表1、表2、表3取值说明

5.4.1 缺省工序,综合能耗应增加该工序能耗。例如:缺省“三氯氢硅合成工序”,应增加相应的能源

消耗。

5.4.2 采用高温氢化的按高温氢化能耗指标考核，采用低温氢化的按低温氢化能耗指标考核，两项都有的按产能比列核算。

5.4.3 蒸汽计算基准条件：压力 0.9 MPa(表)，温度 197 ℃，其他质量蒸汽按热值折算。

5.4.4 每千克多晶硅消耗新三氯氢硅按 3 kg 计算；增加或减少用量按比例折算。

5.4.5 每千克多晶硅需要氢化的四氯化硅按 19 kg 计算；增加或减少用量按比例折算。

5.4.6 每千克多晶硅氢气消耗按 2 Nm^3 计算，增加或减少用量按比例折算。

5.4.7 每千克多晶硅消耗高纯三氯氢硅总量按 50 kg 计算，增加或减少用量按比例折算。

5.4.8 各工艺、工序能耗为考核参考值。建议综合利用热能，考核以综合能耗为准。

6 节能管理与措施

6.1 节能基础管理

6.1.1 企业应建立节能考核制度，定期对多晶硅各生产工序能耗情况进行考核，并把考核指标分解落实到各基层单位。

6.1.2 企业应按要求建立能耗统计体系，建立能耗计算和统计结果的文件档案，并对文件进行受控管理。

6.1.3 企业应根据 GB 17167 的要求配备相应的能源计量器具并建立能源计量管理制度。

6.2 节能技术管理

多晶硅企业应配备余热回收等节能设备，最大限度地回收各工序产生的能源。

附 录 A
（资料性附录）
常用能源品种现行参考折标准煤系数

A.1 常用能源品种现行折标准煤系数见表A.1。

表 A.1 常用能源品种现行折标准煤系数

能源		折标准煤系数及单位	
品种	平均低位发热量	系数	单位
原煤	20 908 kJ/kg(5 000 kcal/kg)	0.714 3	kgce/kg
洗精煤	26 344 kJ/kg(6 300 kcal/kg)	0.900	kgce/kg
重油	41 816 kJ/kg(10 000 kcal/kg)	1.428 6	kgce/kg
柴油	42 652 kJ/kg(10 200 kcal/kg)	1.457 1	kgce/kg
汽油	43 070 kJ/kg(10 300 kcal/kg)	1.471 4	kgce/kg
焦炭	28 435 kJ/kg(6 800 kcal/kg)(灰分13.5%)	0.971 4	kgce/kg
液化石油气	50 179 kJ/kg(12 000kcal/kg)	1.714 3	kgce/kg
电力(当量值)	3 600 kJ/(kW·h)[860 kcal/(kW·h)]	0.122 9	kgce/(kW·h)
热力	—	0.034 12	kgce/MJ
煤气	1 250×4.186 8 kJ/m³	1.786	tce/10⁴ m³
天然气	38 931 kJ/m³(9 310 kcal/m³)	1.330 0	tce/10³ m³
蒸汽	压力0.9 MPa(表),温度197 ℃	0.129	tce/t

注1：蒸汽折标准煤系数按热值计。

注2：部分品种仍采用"万"为计量单位。

注3：折标准煤系数如遇国家统计部门规定发生变化，能耗等级指标则应另行规定。

附　录　B
（资料性附录）
耗能工质能源等价参考值

B.1　常用耗能工质能源等价值见表 B.1。

表 B.1　常用耗能工质能源等价值

<table>
<tr><th rowspan="2">序号</th><th rowspan="2" colspan="2">名称</th><th rowspan="2">单位</th><th colspan="2">能源等价值</th><th rowspan="2">备注</th></tr>
<tr><th>热值/
MJ</th><th>折标准煤/
kgce</th></tr>
<tr><td>1</td><td rowspan="2">液体</td><td>新鲜水</td><td>t</td><td>7.535 0</td><td>0.257 1</td><td rowspan="2">指尚未使用过的自来水，按平均耗电计算</td></tr>
<tr><td>2</td><td>软化水</td><td>t</td><td>14.234 7</td><td>0.485 7</td></tr>
<tr><td>3</td><td rowspan="5">气体</td><td>压缩空气</td><td>m³</td><td>1.172 3</td><td>0.040 0</td><td rowspan="3"></td></tr>
<tr><td>4</td><td>二氧化碳气</td><td>m³</td><td>6.280 6</td><td>0.214 3</td></tr>
<tr><td>5</td><td>氧气</td><td>m³</td><td>11.723 0</td><td>0.400 0</td></tr>
<tr><td>6</td><td rowspan="2">氮气</td><td rowspan="2">m³</td><td>11.723 0</td><td>0.400 0</td><td>当副产品时</td></tr>
<tr><td>7</td><td>19.677 1</td><td>0.671 4</td><td>当主产品时</td></tr>
<tr><td rowspan="2">8</td><td rowspan="2">固体</td><td>乙炔</td><td>m³</td><td>243.672 2</td><td>8.314 3</td><td>按耗电石计算</td></tr>
<tr><td>电石</td><td>kg</td><td>60.918 8</td><td>2.078 6</td><td>按平均耗焦炭、电等计算</td></tr>
<tr><td colspan="7">注：能源等价值如有变动，以国家统计部门最新公布的数据为准。</td></tr>
</table>

ICS 27.010
F 01

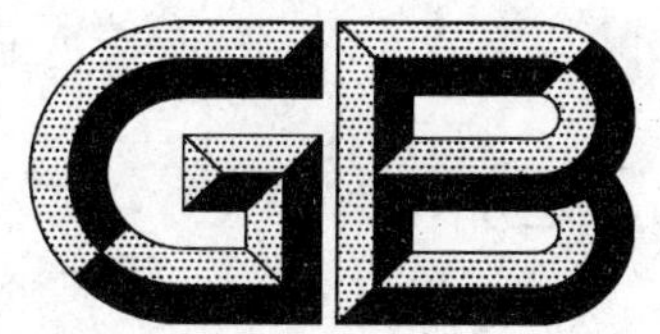

中华人民共和国国家标准

GB 29448—2012

钛及钛合金铸锭单位产品能源消耗限额

The norm of energy consumption per unit production of titanium and titanium alloy ingots

2012-12-31 发布　　2013-10-01 实施

中华人民共和国国家质量监督检验检疫总局
中国国家标准化管理委员会　发布

前言

本标准的 4.1 和 4.2 为强制性的，其余为推荐性的。

本标准按照 GB/T 1.1—2009 给出的规则起草。

本标准由国家发展和改革委员会资源节约与环境保护司、工业和信息化部节能与综合利用司提出。

本标准由全国能源基础和管理标准化技术委员会(SAC/TC 20)、全国有色金属标准化技术委员会(SAC/TC 243)归口。

本标准起草单位：宝钛集团有限公司、湖南金天钛业科技有限公司、宝鸡钛业股份有限公司、中国有色金属工业标准计量质量研究所。

本标准主要起草人：冯军宁、张俊峰、何育兴、高选庆、陈峰、彭晖、李卫、李献军、乔璐。

钛及钛合金铸锭单位产品能源消耗限额

1 范围

本标准规定了钛及钛合金铸锭(以下简称钛锭)单位产品能源消耗(以下简称能耗)限额的技术要求、计算原则及计算方法、节能管理和措施。

本标准仅适用于真空自耗电弧炉生产钛及钛合金铸锭的能源消耗的计算、考核及对新建项目的能耗控制。

2 规范性引用文件

下列文件对于本文件的应用是必不可少的。凡是注日期的引用文件,仅注日期的版本适用于本文件。凡是不注日期的引用文件,其最新版本(包括所有的修改单)适用于本文件。

GB/T 2589 综合能耗计算通则

GB 17167 用能单位能源计量器具配备和管理通则

3 术语、定义和符号

GB/T 2589 界定的以及下列术语和定义适用于本文件。

3.1

工序能源单耗 unit energy consumption in working procedure

工序生产过程中生产每吨合格产品消耗的能源量。

3.2

辅助能耗 assistant energy consumption

辅助生产系统用于产品生产的能源消耗量。

3.3

综合能源单耗 unit consumption of integrate energy

即单位产品综合能耗,指直接综合能源单耗与间接综合能源单耗之和,即工艺能源单耗、工艺产品辅助能耗及损耗分摊量之和。

4 技术要求

4.1 钛锭单位产品能耗限定值

现有钛锭生产企业单位产品能耗限定值应符合表1的要求。

表1 钛锭单位产品能耗限定值

成品熔次	综合能源单耗 tce/t
两次熔炼	≤1.15
三次熔炼	≤1.55

4.2 钛锭单位产品能耗准入值

新建钛锭生产企业单位产品能耗准入值应符合表2的要求。

表2 钛锭单位产品能耗准入值

成品熔次	综合能源单耗 tce/t
两次熔炼	≤1.10
三次熔炼	≤1.45

4.3 钛锭单位产品能耗先进值

钛锭生产企业单位产品能耗先进值应符合表3的要求。

表3 钛锭单位产品能耗先进值

成品熔次	综合能源单耗 tce/t
两次熔炼	≤1.00
三次熔炼	≤1.30

5 计算原则

5.1 企业生产实际消耗的各种能源

实际消耗的能源包括:一次能源、二次能源和生产使用的能耗工质所消耗的能源。

企业实际消耗的各种能源,系指用于生产活动的各种能源。其包括主要生产系统、辅助生产系统和附属生产系统用能,不包括生活用能和基建项目用能。

生活用能是指企业系统内的宿舍、学校、文化娱乐、医院保健、商业服务等直接用于生活方面能耗。

5.2 企业计划统计期内的能源消耗量

企业计划统计期内的能源消耗量是指本计划统计期内直接用于生产的能源消耗量。

企业回收余热所消耗的能源量,在计算工艺能耗时应从产品工艺能耗中扣除,如回收的余热返回本系统自用时不能扣除。

5.3 各种能源的计算单位

各种能源、耗能工质、能源单耗计算单位:

各种能源及耗能工质消耗量计算单位应折算为标准煤量,折算系数见附录A、附录B。

能源单耗计算单位:千克标准煤每吨(kgce/t)或吨标准煤每吨(tce/t)。

能源及耗能工质实物消耗量计算单位:

企业生产能耗、产品工艺能耗、产品综合能耗计算单位:千克标准煤(kgce)、吨标准煤(tce)。

煤炭、焦油、重油消耗量计算单位:千克(kg)、吨(t)。

电消耗量计算单位:千瓦时(kW·h)、万千瓦时(10^4 kW·h)。

蒸汽消耗量计算单位：千克(kg)、吨(t)。

煤气、压缩空气、氧气、氮气消耗量计算单位：立方米(m^3)。

水消耗量计算单位：吨(t)。

5.4 钛锭生产工序划分

钛锭生产全流程划分为：

配料 → 制备电极 → 真空自耗熔炼 ↔ 铸锭处理

注 1：真空自耗熔炼：成品为两次熔炼时包括一次自耗电极熔炼(一次铸锭熔炼)、二次成品铸锭熔炼；成品为三次熔炼时包括一次自耗电极熔炼(一次铸锭熔炼)、小二次铸锭熔炼和三次成品铸锭熔炼。

注 2：铸锭处理：成品为两次熔炼时包括一次铸锭处理、二次成品铸锭处理；成品为三次熔炼时包括一次铸锭处理、小二次铸锭处理和三次成品铸锭处理。

5.5 工序能耗的计算

5.5.1 工序能源单耗的计算

5.5.1.1 由海绵钛到配料工序的能耗全部计入配料工序能耗。

5.5.1.2 电极制备工序的产品为一次自耗电极，工序能耗包括电极块制备能耗和一次自耗电极焊接能耗，电极制备工序全部计入一次自耗电极能耗。

5.5.1.3 真空自耗熔炼工序的产品能源单耗分为两类：

a) 成品铸锭熔次为两次时：真空自耗熔炼能耗包括一次自耗电极熔炼能耗、二次成品铸锭熔炼能耗，真空自耗熔炼工序的能耗全部计入二次成品铸锭熔炼能耗；

b) 成品铸锭熔次为三次时：真空自耗熔炼能耗包括一次自耗电极熔炼能耗、小二次铸锭熔炼能耗和三次成品铸锭熔炼能耗，真空自耗熔炼工序的能耗全部计入三次成品铸锭熔炼能耗。

5.5.1.4 铸锭处理工序能源单耗分为两类：

a) 成品铸锭熔次为两次时：铸锭处理能耗包括一次铸锭处理能耗、二次成品铸锭处理能耗，铸锭处理工序的能耗全部计入二次成品铸锭处理能耗；

b) 成品铸锭熔次为三次时：铸锭处理能耗包括一次铸锭处理能耗、小二次成品铸锭处理能耗和三次成品铸锭处理能耗，铸锭处理工序的能耗全部计入三次成品铸锭处理能耗。

5.5.2 辅助、附属生产系统的能耗，应根据各产品工序能耗量占企业生产工序总能耗的比例分摊至各个产品。

6 产品能耗的计算

6.1 工序能耗的计算方法

工序能源单耗的计算方法按式(1)进行：

$$\text{工序能源单耗}=\frac{\text{该工序消耗的各种能源实物量折算标准煤之和}}{\text{该工序的合格产品总产量}} \quad \cdots\cdots(1)$$

6.2 计算公式

6.2.1 工序能源单耗按式(2)进行：

$$X_i=\frac{E_i}{P_i} \quad \cdots\cdots(2)$$

式中：

i ——工序代号(1、2、3、……)；

X_i——第 i 道工序的工序能源单耗；

E_i——第 i 道工序的工序消耗的能源量；

P_i——第 i 道工序产出的合格产品量。

6.2.2 产品综合能耗按式(3)进行：

$$E = \sum X_i \quad \cdots\cdots (3)$$

式中：

E——产品的综合能耗。

7 节能管理与措施

7.1 节能基础管理

7.1.1 企业应根据 GB 17167 的要求配备和使用相应的能源计量器具并建立能源计量管理制度。

7.1.2 加强能源基础计量工作，确保能源计量的准确性。

7.1.3 制定考核标准，实施能耗考核。

7.2 节能技术措施

7.2.1 开展科学节能管理，共享节能技术。

7.2.2 推进设备大型化，促进节能新工艺、新技术、新设备的应用。

7.2.3 加强能源的循环利用和回收利用。

附 录 A
（资料性附录）
常用能源品种现行折标准煤系数

A.1 常用能源品种现行折标准煤系数

常用能源品种现行折标准煤系数见表A.1。

表 A.1 常用能源品种现行折标准煤系数

能源		折标准煤系数及单位	
品种	单位	系数	单位
原煤	t	0.714 3	tce/t
无烟煤	t	0.900	tce/t
洗精煤	t	0.900	tce/t
重油	t	1.428 6	tce/t
柴油	t	1.457 1	tce/t
液化石油气	t	1.714 3	tce/t
电力(当量值)	10^4 kW·h	1.229	tce/(10^4 kW·h)
蒸汽(98.1 kPa 饱和蒸汽)	kg	2 674.5	kJ/kg
注1：蒸汽折标准煤系数按热值计。 注2：部分品种仍采用“万”为计量单位。 注3：以国家统计部门发布的折标系数为准。			

附 录 B
（资料性附录）
耗能工质能耗等价值

B.1 耗能工质能耗等价值

耗能工质能耗等价值见表B.1。

表B.1 耗能工质能耗等价值

耗能工质		能源等价值	
名称	单位	热值/MJ	折标准煤/kg
新鲜水	t	7.535 0	0.257 1
软化水	t	14.234 7	0.485 7
压缩空气	m^3	1.172 3	0.040 0
氮气	m^3	11.723 0	0.400 0
		19.677 1	0.671 4

注1：新鲜水指尚未使用过的自来水。

注2：氮气作为副产品时，折标准煤系数取0.400 0。作为主产品时，折标准煤系数取0.671 4。

七、煤炭行业

ICS 27.010
F 01

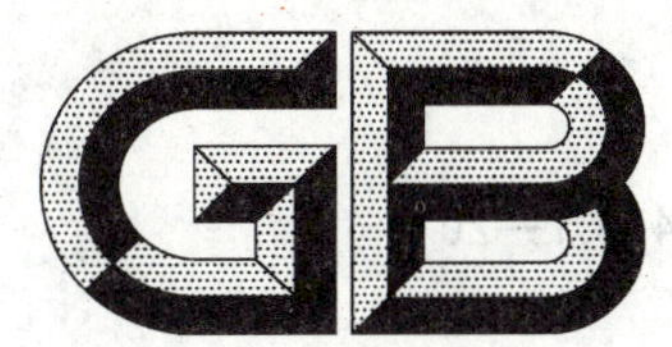

中华人民共和国国家标准

GB 29436.1—2012

甲醇单位产品能源消耗限额 第1部分：煤制甲醇

The norm of energy consumption per unit product of methanol—Part 1：Coal to methanol

2012-12-31 发布　　　　2013-10-01 实施

中华人民共和国国家质量监督检验检疫总局
中国国家标准化管理委员会　发布

前　言

本部分的4.1和4.2为强制性的，其余为推荐性的。

本部分按照GB/T 1.1—2009给出的规则起草。

GB 29436《甲醇单位产品能源消耗限额》分为如下几部分：

——第1部分：煤制甲醇；

——第2部分：天然气制甲醇；

——第3部分：合成氨联产甲醇；

——第4部分：焦炉煤气制甲醇。

本部分为GB 29436的第1部分。

本部分由国家发展和改革委员会资源节约与环境保护司提出。

本部分由全国能源基础与管理标准化技术委员会(SAC/TC 20)和全国煤炭标准化技术委员会(SAC/TC 42)归口。

本部分起草单位：煤炭科学研究总院北京煤化工研究分院、煤炭工业节能技术服务中心、开滦能源化工股份有限公司、航天长征化学工程股份有限公司、山西潞安矿业(集团)有限责任公司、中国氮肥工业协会。

本部分主要起草人：盛明、张国光、裴华、姜从斌、肖亚宁、罗陨飞、姜英、房承宣、朱玉营、李文德、蒋翠蓉、王亚涛、张荣、殷德强。

甲醇单位产品能源消耗限额
第1部分:煤制甲醇

1 范围

GB 29436的本部分规定了以煤为原料的甲醇单位产品能源消耗(以下简称能耗)限额的要求、统计范围和计算方法、节能管理与措施。

本部分适用以煤为原料生产甲醇的企业单位产品能耗的计算、考核,以及对新建项目的能耗控制。

2 规范性引用文件

下列文件对于本文件的应用是必不可少的。凡是注日期的引用文件,仅注日期的版本适用于本文件。凡是不注日期的引用文件,其最新版本(包括所有的修改单)适用于本文件。

GB/T 2589 综合能耗计算通则

GB/T 3484 企业能量平衡通则

GB/T 5751 中国煤炭分类

GB/T 12497 三相异步电动机经济运行

GB/T 13462 电力变压器经济运行

GB/T 13466 交流电气传动风机(泵类、压缩机)系统经济运行通则

GB 17167 用能单位能源计量器具配备和管理通则

3 术语和定义

下列术语和定义适用于本文件。

3.1

甲醇综合能耗 total energy consumption of methanol production

在报告期内,生产甲醇所消耗的各种能量总量。其值等于报告期内甲醇生产过程中所输入的各种能量之和减去向外输出的各种能量之和。

3.2

甲醇单位产品综合能耗 total energy consumption per unit product of methanol

用单位产量表示的甲醇产品综合能耗。

4 技术要求

4.1 现有煤制甲醇生产企业单位产品能耗限定值

现有煤制甲醇生产企业单位产品能耗限定值应符合表1要求。

表 1　现有煤制甲醇生产企业单位产品能耗限定值

原料类型[a]	单位产品综合能耗/(kgce/t)
褐煤	≤2 400
烟煤	≤2 200
无烟煤	≤1 800
[a] 原料煤分类参照 GB/T 5751。	

4.2　新建煤制甲醇生产企业单位产品能耗准入值

新建煤制甲醇生产企业单位产品能耗准入值应符合表 2 要求。

表 2　新建煤制甲醇生产企业单位产品能耗准入值

原料类型[a]	单位产品综合能耗/(kgce/t)
褐煤	≤2 000
烟煤	≤1 800
无烟煤	≤1 600
[a] 原料煤分类参照 GB/T 5751。	

4.3　煤制甲醇生产企业单位产品能耗先进值

煤制甲醇生产企业单位产品能耗先进值应符合表 3 要求。

表 3　煤制甲醇生产企业单位产品能耗先进值

原料类型[a]	单位产品综合能耗/(kgce/t)
褐煤	≤1 900
烟煤	≤1 700
无烟煤	≤1 500
[a] 原料煤分类参照 GB/T 5751。	

5　统计的范围和计算方法

5.1　统计范围

5.1.1　甲醇生产输入能量包括生产系统、辅助生产系统、附属生产系统所消耗的各种一次能源量(原煤、石油、天然气等)、二次能源量(电力、热力、石油制品、焦炭、煤气等)和生产使用的耗能工质(水、氧气、压缩空气等)所消耗的能源,不包括建设和改造过程用能和生活用能(指企业系统内宿舍、学校、文化娱乐、医疗保健、商业服务和托儿幼教等方面用能)。生产系统主要包括原料煤准备、气化、变换、净化、甲醇合成、甲醇精馏等,辅助生产系统主要包括气化剂(氧气、富氧空气、空气和蒸汽)制备、水处理及循环冷却水系统、供热系统、仪表控制等,附属生产系统主要包括三废治理、机修、电修等。

5.1.2　甲醇输出能量是指甲醇系统向外输出的能量。甲醇生产系统产生的废气、废液和废渣中未回收使用的、无计量的、没有实测热值以及不作为能源利用的(如直接用于修路和盖房等),均不得计入输出能量。

5.1.3 外供粗甲醇(含外销和未经精馏直接供下游产品生产的粗甲醇)所消耗的能量、外购粗甲醇加工精甲醇所消耗的能量应从输入能量中扣除,所产生的输出能量也应从甲醇输出能源总量中扣除。

5.1.4 甲醇生产回收利用的能量,用于本系统时不得作为输入能量计入。向外系统输出时,应计入甲醇向外输出能量。如炉渣、合成放空气、甲醇贮罐驰放气、硫磺、煤焦油、副产蒸汽等向外系统输出时,不得折为标准煤从输入能量中扣除,而应计入甲醇输出能量中。

5.1.5 甲醇生产所必须的安全、环保措施消耗的能量(如硫磺回收、油回收、污水处理等的能耗),应计入甲醇能耗。

5.1.6 多用户共享的原料、公用工程(蒸汽、耗能工质等)能耗,应按有关规定合理分摊。

5.1.7 大修、库损等消耗的能量,应按月分摊。

5.2 计算方法

5.2.1 甲醇综合能耗按式(1)计算:

$$E=\sum_{i=1}^{n}(E_i\times k_i)-\sum_{j=1}^{m}(E_j\times k_j) \quad\cdots\cdots(1)$$

式中:

E ——甲醇综合能耗,单位为千克标准煤(kgce);

n ——输入的能源种类数量;

E_i ——甲醇生产过程中输入的第 i 种能源实物量,单位为吨(t)或千瓦时(kW·h)或立方米(m^3);

k_i ——输入的第 i 种能源的折标系数,单位为千克标准煤每吨(kgce/t)或千克标准煤每千瓦时[kgce/(kW·h)]或千克标准煤每立方米(kgce/m^3);

m ——输出的能源种类数量;

E_j ——甲醇生产过程中输出的第 j 种能源实物量,单位为吨(t)或千瓦时(kW·h)或立方米(m^3);

k_j ——输出的第 j 种能源的折标系数,单位为千克标准煤每吨(kgce/t)或千克标准煤每千瓦时[kgce/(kW·h)]或千克标准煤每立方米(kgce/m^3)。

注:甲醇的各种输入、输出能量的计算方法见附录 A。

5.2.2 甲醇产量的计算方法见附录 B。

5.2.3 甲醇单位产品综合能耗按式(2)计算:

$$e=\frac{E}{P} \quad\cdots\cdots(2)$$

式中:

e ——甲醇单位产品综合能耗,单位为千克标准煤每吨(kgce/t);

E——报告期内甲醇综合能耗,单位为千克标准煤(kgce);

P——报告期内甲醇产量,单位为吨(t)。

5.2.4 各种能源折标准煤系数以企业在报告期内实测的热值计算为准,各种能源应对实测值按 GB/T 2589 折算为标准煤。

6 节能管理与措施

6.1 节能基础管理

6.1.1 建立健全能源管理组织机构,对节能工作进行组织、管理、监督、考核和评价。

6.1.2 制定行之有效的节能制度和措施，强化责任制，建立健全节能责任考核体系。

6.1.3 企业应按照 GB 17167 的要求合理配备和用好能源计量器具和仪器仪表，使计量设备处于良好状态；对基础数据进行有效的检测、度量和计算，确保能源基础数据的准确性和完整性。

6.1.4 企业应按照 GB/T 3484 科学、有效地组织能源统计工作，确保能源统计数据的准确性与及时性，做好能源消费和利用状况的统计分析，并做好能耗统计资料的管理与归档工作。

6.1.5 建立能耗测试、能耗统计、能源平衡和能耗考核结果的文件档案，并对文件进行受控管理。

6.2 节能技术管理

6.2.1 经济运行

6.2.1.1 企业应使生产通用设备达到经济运行的状态，对电动机的经济运行管理应符合 GB/T 12497 的规定；对风机、泵类和空气压缩机的经济运行管理应符合 GB/T 13466 的规定；对电力变压器的经济运行管理应符合 GB/T 13462 的规定。

6.2.1.2 企业应加强设备的检修、维护工作，提高设备的负荷率，使其可长周期运行；应使生产转动设备合理匹配，经济运行；应使静止设备处于高效率低能耗运行状态；应按照合理用能的原则，对各种热能科学使用，梯级利用；对余热和余压，加强回收和利用；对各种带热(冷)设备和管网应加强维护管理，防止跑、冒、滴、漏的现象发生。

6.2.2 节能技术

6.2.2.1 开发利用高效节能的新技术、新工艺、新设备。

6.2.2.2 推进清洁生产，提高资源利用效率，减少污染物排放量。

6.2.2.3 推广“三废”综合利用技术。

6.2.2.4 推广高效率的气化、净化、合成技术。

6.2.2.5 淘汰高能耗、高污染的工艺和设备。

附 录 A
（规范性附录）
甲醇生产输入、输出能量的计算方法

A.1 甲醇生产各种输入能量

A.1.1 甲醇生产耗煤量

A.1.1.1 甲醇耗煤总量，包括用于原料和燃料的煤。单位为吨标准煤(tce)。

A.1.1.2 甲醇耗原料煤是指实际投入气化装置的原料煤，不包括返炭、返焦等。

A.1.1.3 甲醇耗燃料煤系指实际投入锅炉的燃料煤，不包括掺烧该锅炉的炉渣等。

A.1.1.4 锅炉生产的(或外购的)蒸汽为多产品使用时，应按各用户消耗的蒸汽热量分摊燃料煤或外(购蒸汽)的消耗量。甲醇消耗的蒸汽量，包括甲醇生产系统和辅助、附属生产系统所用的蒸汽总量。输出蒸汽热量应计入输出能量。

A.1.1.5 蒸汽来自企业自备电厂时，应合理分摊自备电厂的燃料煤消耗。

A.1.1.6 外购蒸汽按购入蒸汽的焓值折标准煤。

A.1.1.7 外供粗甲醇、外购粗甲醇加工的精甲醇所分摊的煤耗均应从甲醇耗煤总量中扣除。外购粗甲醇加工的精甲醇的产量从甲醇产量中扣除。

A.1.2 甲醇生产耗电量

A.1.2.1 甲醇生产耗电量包括甲醇生产系统和辅助、附属生产系统消耗和损失的电量，也包括生产系统中的事故检修、计划中小修和年度大修耗电，不包括建设和改造过程用能和生活用能(指企业系统内的宿舍、学校、文化娱乐、医疗保健、商业服务和托儿幼教等方面用能)。以电表计量为准。

A.1.2.2 甲醇热电联产用甲醇余热、余压发电时，热电系统独立核算，甲醇的耗电量不应扣减自发电量。

A.1.2.3 外供的粗甲醇、外购粗甲醇加工的精甲醇所分摊的电耗均应从甲醇耗电总量中扣除。外购粗甲醇加工的精甲醇的产量从甲醇产量中扣除。

A.1.3 甲醇生产使用耗能工质所消耗的能量

A.1.3.1 甲醇生产使用耗能工质(新水、软化水、氧气和压缩空气等)所消耗的能量应计入甲醇生产输入能源，但不包括自产的耗能工质。其能源折标系数可参照国家统计局公布的数据。

A.1.3.2 外供粗甲醇、外购粗甲醇加工的精甲醇所分摊的耗能工质所消耗的能量均应从甲醇耗能工质消耗能量的总量中扣除。外购粗甲醇加工的精甲醇的产量从甲醇产量中扣除。

A.2 甲醇生产各种输出能量

A.2.1 甲醇吹出气、驰放气、解析气作为能源(原料、燃料)供其他产品或装置使用的(包括作为民用燃料气使用的)按实测低位发热值计入输出能量。

A.2.2 甲醇系统输出的物料(锅炉排出的炉渣等)作为能源供其他产品或装置使用的(如制蜂窝煤、煤球、烧制砖瓦和用作热电厂燃料等)按实测低位发热值计入输出能量。

A.2.3 甲醇热电联产用甲醇余热、余压发电时，甲醇余热、余压的热量按实际利用的能量，计入甲醇输出能量。

A.2.4　利用甲醇生产中的余热来预热物料(或生产用水),供其他产品或装置使用的(按回收热能量)。回收热能量计算见式(A.1):

$$Q = D \times c \times (T_1 - T_2) \qquad \cdots\cdots\cdots\cdots (A.1)$$

式中:

D ——被预热的物料量,单位为千克(kg);

c ——被预热物料的比热容,单位为兆焦每千克摄氏度[MJ/(kg·℃)];

T_1——被预热物料离开甲醇系统的温度,单位为摄氏度(℃);

T_2——被预热物料进入甲醇系统的温度,单位为摄氏度(℃)。

A.2.5　甲醇系统外送冷凝液(热水)供其他产品或用户使用的(包括用于生活目的),可作为输出能量从综合能耗中扣除(向外输送冷凝液或热水所耗用的电力也应扣除)。计算见式(A.2):

$$Q = W \times c \times (T_1 - T_2) \qquad \cdots\cdots\cdots\cdots (A.2)$$

式中:

W ——甲醇系统外送冷凝液(或热水)量,单位为千克(kg);

c ——外送冷凝液(或热水)量的比热容,单位为兆焦每千克摄氏度[MJ/(kg·℃)];

T_1——外送冷凝液(热水)温度,单位为摄氏度(℃);

T_2——报告期平均环境温度,单位为摄氏度(℃)。

A.2.6　外供粗甲醇、外购粗甲醇加工的精甲醇所分摊的输出能量均应从甲醇输出能源总量中扣除。外购粗甲醇加工的精甲醇的产量从甲醇产量中扣除。

附 录 B
（规范性附录）
甲醇产量计算方法

B.1 甲醇产量计算的原则和范围

B.1.1 甲醇产量是企业在报告期内生产的符合国家产品质量标准或合同要求的实物量折符合国家产品质量标准的合格品量。

B.1.2 甲醇生产企业应配备必要的计量设备，对产量进行实际计量。当企业既有甲醇产量总表，又有各用户的使用量分表时，总表必须与分表平衡，不得超过甲醇流量表允许误差值。

B.1.3 产品必须符合国家质量标准的规定或订货合同规定的技术条件，才可统计产量。

B.1.4 凡在报告期内生产的合格产品都应该计算在报告期产量内。

B.1.5 企业甲醇产量，包括销售的商品量和本企业的自用量。在生产工业产品的同时，产生的废料不应统计为产品产量；企业从外购进的未经本企业任何加工的工业品，不得作为企业的产品产量统计。

B.1.6 粗甲醇属于半成品，不作为产品统计，应统计为半成品产量便于消耗的分摊计算。

B.2 甲醇产量计算方法

B.2.1 粗甲醇产量（实物量）计算方法

流量计在粗醇罐后：

粗甲醇产量（吨）＝（期末粗甲醇存量－期初粗甲醇存量）＋粗醇罐后各流量计计量之和

流量计在粗醇罐前：

粗甲醇产量（吨）＝粗醇罐前各流量计计量之和

没有流量计：

粗甲醇产量（吨）＝各粗醇罐液面计计量值之和

B.2.2 精甲醇产量（实物量）计算方法

流量计在精醇罐后：

精甲醇产量（吨）＝（期末精甲醇存量－期初精甲醇存量）＋精醇罐后各流量计计量之和

流量计在精醇罐前：

精甲醇产量（吨）＝精醇罐前各流量计计量之和

没有流量计：

精甲醇产量（吨）＝各精醇罐液面计计量值之和

ICS 27.010
F 10

中华人民共和国国家标准

GB 29444—2012

煤炭井工开采单位产品能源消耗限额

The norm of the energy consumption per unit product of coal underground mining

2012-12-31 发布 2013-10-01 实施

中华人民共和国国家质量监督检验检疫总局
中国国家标准化管理委员会 发布

前言

本标准的4.1和4.2为强制性的，其余为推荐性的。

本标准按照GB/T 1.1—2009规则起草。

本标准由国家发展和改革委员会提出。

本标准由全国能源基础与管理标准化技术委员会(SAC/TC 20)和全国煤炭标准化技术委员会(SAC/TC 42)归口。

本标准起草单位：煤炭工业节能技术服务中心，煤炭科学研究总院北京煤化工研究分院，太原煤炭气化(集团)有限责任公司，中国煤炭工业协会生产力促进中心。

本标准主要起草人：张国光、姜英、李金元、刘峰、蒋翠蓉、杨养龙、盛明。

煤炭井工开采单位产品能源消耗限额

1 范围

本标准规定了煤炭井工开采单位产品能源消耗(以下简称能耗)限额的技术要求、统计范围和计算方法、节能管理与措施。

本标准适用于煤炭井工开采企业单位产品能耗的计算、考核以及新建企业的能耗控制。

2 规范性引用文件

下列文件对于本文件的应用是必不可少的,凡是注日期的引用文件,仅注日期的版本适用于本文件。凡是不注日期的引用文件,其最新版本(包括所有的修改单)适用于本文件。

GB 17167 用能单位能源计量器具配备和管理通则

GB/T 28398—2012 煤炭企业能源消费统计规范

MT/T 1000 煤矿在用工业锅炉节能监测方法和判定规则

MT/T 1001 煤矿在用提升机节能监测方法和判定规则

MT/T 1002 煤矿在用主排水系统节能监测方法和判定规则

MT/T 1070 煤矿在用主提升带式输送机节能监测方法和判定规则

MT/T 1071 煤矿在用主通风机装置节能监测方法和判定规则

3 术语和定义

下列术语和定义适用于本文件。

3.1

煤炭井工开采单位产品能耗　the norm of the energy consumption per unit product of coal
煤炭井工开采吨原煤生产综合能耗　underground mining

统计期内煤炭生产能源消费量与矿井原煤产量的比值。

注:本标准在计算单位产品能耗时使用能源消费量的折算值。

3.2

矿井原煤产量　the output of raw coal in mine

统计期内回采产量、掘进产量和矿井其他产量的总和。

3.3

回采产量　the winning output of raw coal in mine

统计期内生产矿井中全部回采工作面所采出的煤量。

3.4

掘进产量　the tunneling output of raw coal in mine

统计期内生产矿井中由生产费用负担的生产掘进巷道所出的煤量。不包括由更改资金进行的掘进工作出煤和井巷维修工作出煤。

3.5

矿井其他产量　the other output of raw coal in mine

统计期内生产矿井回采和掘进产量以外的其他产量,主要包括井巷维修出煤,已报废矿井或已采完采区复采后所出的煤，不合格质量经处理后合格的回收煤，科研试采出煤，出井无牌煤，水砂充填或水采矿井扫沉淀的煤泥，盘点发生的涨(亏)吨煤，以及由生产费用开支不计能力的矿井产量。

3.6

煤炭生产能源消费量 energy consumption of coal production

统计期内主要生产能源消费量和辅助生产能源消费量折标准煤之和。

注：见 GB/T 28398—2012 中 3.6。

3.7

主要生产能源消费量 main production energy consumption

统计期内直接用于煤炭开采的各种能源消费折标准煤之和。

注：见 GB/T 28398—2012 中 3.7。

3.8

辅助生产能源消费量 auxiliary production energy consumption

统计期内为主要生产配套的辅助生产系统所消费的各种能源折标准煤之和。

注：见 GB/T 28398—2012 中 3.8。

4 技术要求

4.1 现有煤炭井工开采企业单位产品能耗限定值

电力折标准煤系数采用当量值时，现有煤炭井工开采企业单位产品能耗限定值应不大于11.8 kgce/t。

4.2 新建煤炭井工开采企业单位产品能耗准入值

电力折标准煤系数采用当量值时，新建煤炭井工开采企业单位产品能耗准入值应不大于7.0 kgce/t。

4.3 煤炭井工开采企业单位产品能耗先进值

电力折标准煤系数采用当量值时，煤炭井工开采企业应通过节能技术改造和加强节能管理，单位产品能耗先进值为不大于 3.0 kgce/t。

5 能耗统计范围和计算方法

5.1 能耗统计范围及能源折标准煤系数取值原则

5.1.1 统计范围

主要生产系统、辅助生产系统所消耗的各种一次能源量、二次能源量和损失量。见 GB/T 28398—2012第 4 章“能源消费量的分类”。

5.1.2 能源折标准煤系数取值原则

各种能源的热值以标准煤计。各种能源当量热值以企业在统计期内实测的热值为准。没有实测条件的，采用附录 A 中各种能源折标准煤参考系数。

5.2 计算方法

5.2.1 单矿井煤炭井工开采企业单位产品能耗计算公式

单矿井煤炭井工开采企业单位产品能耗应按式(1)计算：

$$e_{jg}=\frac{E_{jg}\times(k_1+k_2+k_3+k_4+k_5)}{M} \qquad \cdots\cdots(1)$$

式中：

e_{jg} ——指煤炭井工开采单位产品能耗，单位为千克标准煤每吨原煤(kgce/t)；

E_{jg}——指煤炭生产能源消费量，单位为千克标准煤(kgce)；

M ——指矿井原煤产量，单位为吨(t)；

k_1 ——采煤条件及工艺折算系数，见附录 B；

k_2 ——运输距离折算系数，见附录 C；

k_3 ——矿井瓦斯等级折算系数，见附录 D；

k_4 ——矿井涌水量折算系数，见附录 E；

k_5 ——单井生产能力折算系数，见附录 F。

5.2.2 多矿井煤炭井工开采企业单位产品能耗计算公式

多矿井煤炭井工开采企业单位产品能耗应按式(2)计算：

$$e_{jg}=\frac{\sum_{i=1}^{n}(e_{i,jg}\times M_i)}{\sum_{i=1}^{n}M_i} \qquad \cdots\cdots(2)$$

式中：

$e_{i,jg}$ ——指多矿井煤炭井工开采企业第 i 个矿井的单位产品能耗，单位为千克标准煤每吨原煤(kgce/t)；

M_i ——指多矿井煤炭井工开采企业第 i 个矿井的原煤产量，单位为吨(t)；

n ——多矿井煤炭井工开采企业矿井个数。

6 节能管理与措施

6.1 节能基础管理

6.1.1 企业应定期对煤炭生产的能耗情况进行考核，并把考核指标分解落实到各基层部门，建立用能责任制度。

6.1.2 企业应按要求建立能耗统计体系，建立能耗计算和考核结果的文件档案，并对文件进行受控管理。

6.1.3 企业应根据 GB 17167 的要求配备能源计量器具并建立能源计量管理制度。

6.2 节能技术管理

6.2.1 经济运行

6.2.1.1 企业应选用达到经济运行状态的煤矿专用大型固定设备和通用设备。

6.2.1.2 企业应加强设备的维护、检修工作，提高设备的负荷率；应使生产运行设备合理匹配，经济运行；应使设备处于高效率低能耗运行状态；应加强各种管网的维护管理，防止跑、冒、滴、漏的现象发生。

6.2.2 企业应对主要耗能设备进行定期监测，监测方法和判定规则执行 MT/T 1000、MT/T 1001、MT/T 1002、MT/T 1070 和 MT/T 1071。

6.2.3 企业应积极推广、应用以下节能技术：

——开发利用高效节能的新技术、新工艺、新设备、新材料。

——推进清洁生产，提高资源利用效率，减少污染物排放量。

——淘汰高能耗、高污染、低效率的工艺和设备。

——推广“三废”综合利用技术。

6.3 监督与考核

企业应建立能耗测试、能耗统计、能量平衡和能耗考核结果的文件档案，并对文件进行受控管理。

附 录 A
（资料性附录）
各种能源折算标准煤系数

各种能源折算标准煤系数见表 A.1。

表 A.1 各种能源折算标准煤系数

<table>
<tr><th colspan="2">能源名称</th><th>平均低位发热量</th><th>折标准煤系数</th></tr>
<tr><td colspan="2">原煤</td><td>20 908 kJ/kg(5 000 kcal/kg)</td><td>0.714 3</td></tr>
<tr><td colspan="2">洗精煤</td><td>26 344 kJ/kg(6 300 kcal/kg)</td><td>0.900 0</td></tr>
<tr><td rowspan="2">其他洗煤</td><td>(1) 洗中煤</td><td>8 363 kJ/kg(2 000 kcal/kg)</td><td>0.285 7</td></tr>
<tr><td>(2) 煤泥</td><td>8 363 kJ/kg～12 545 kJ/kg(2 000 kcal/kg～3 000 kcal/kg)</td><td>0.285 7～0.428 6</td></tr>
<tr><td colspan="2">焦炭</td><td>2 8435 kJ/kg(6 800 kcal/kg)</td><td>0.971 4</td></tr>
<tr><td colspan="2">原油</td><td>41 816 kJ/kg(10 000 kcal/kg)</td><td>1.428 6</td></tr>
<tr><td colspan="2">重油</td><td>41 816 kJ/kg(10 000 kcal/kg)</td><td>1.428 6</td></tr>
<tr><td colspan="2">煤油</td><td>43 070 kJ/kg(10 300 kcal/kg)</td><td>1.471 4</td></tr>
<tr><td colspan="2">汽油</td><td>43 070 kJ/kg(10 300 kcal/kg)</td><td>1.471 4</td></tr>
<tr><td colspan="2">柴油</td><td>42 652 kJ/kg(10 200 kcal/kg)</td><td>1.457 1</td></tr>
<tr><td colspan="2">煤焦油</td><td>33 453 kJ/kg(8 000 kcal/kg)</td><td>1.142 9</td></tr>
<tr><td colspan="2">渣油</td><td>41 816 kJ/kg(10 000 kcal/kg)</td><td>1.428 6</td></tr>
<tr><td colspan="2">液化石油气</td><td>50 179 kJ/kg(12 000 kcal/kg)</td><td>1.714 3</td></tr>
<tr><td colspan="2">炼厂干气</td><td>46 055 kJ/kg(11 000 kcal/kg)</td><td>1.571 4</td></tr>
<tr><td colspan="2">油田天然气</td><td>38 931 kJ/m³(9 310 kcal/m³)</td><td>1.330 0</td></tr>
<tr><td colspan="2">气田天然气</td><td>35 544 kJ/m³(8 500 kcal/m³)</td><td>1.214 3</td></tr>
<tr><td colspan="2">煤矿瓦斯气</td><td>14 636 kJ/m³～16 726 kJ/m³(3 500 kcal/m³～4 000 kcal/m³)</td><td>0.500 0～0.571 4</td></tr>
<tr><td colspan="2">焦炉煤气</td><td>16 726 kJ/m³～17 981 kJ/m³(4 000 kcal/m³～4 300 kcal/m³)</td><td>0.571 4～0.614 3</td></tr>
<tr><td colspan="2">高炉煤气</td><td>3 763 kJ/m³</td><td>0.128 6</td></tr>
<tr><td rowspan="6">其他煤气</td><td>(1) 发生炉煤气</td><td>5 227 kJ/m³(1 250 kcal/m³)</td><td>0.178 6</td></tr>
<tr><td>(2) 重油催化裂解煤气</td><td>19 235 kJ/m³(4 600 kcal/m³)</td><td>0.651 7</td></tr>
<tr><td>(3) 重油热裂解煤气</td><td>35 544 kJ/m³(8 500 kcal/m³)</td><td>1.214 3</td></tr>
<tr><td>(4) 焦炭制气</td><td>16 308 kJ/m³(3 900 kcal/m³)</td><td>0.557 1</td></tr>
<tr><td>(5) 压力气化煤气</td><td>15 054 kJ/m³(3 600 kcal/m³)</td><td>0.514 3</td></tr>
<tr><td>(6) 水煤气</td><td>10 454 kJ/m³(2 500 kcal/m³)</td><td>0.357 1</td></tr>
<tr><td colspan="2">粗苯</td><td>41 816 kJ/kg(10 000kcal/kg)</td><td>1.428 6</td></tr>
<tr><td colspan="2">热力</td><td></td><td>0.034 12</td></tr>
<tr><td colspan="2">电力(当量)</td><td>3 600 kJ/kW·h[860 kcal/(kW·h)]</td><td>0.122 9</td></tr>
<tr><td colspan="2">蒸汽(低压)</td><td>3 673 MJ/t(900 Mcal/t)</td><td>0.128 6</td></tr>
</table>

附 录 B
（规范性附录）
采煤条件及工艺折算系数

采煤条件及工艺折算系数见表B.1。

表B.1 采煤条件及工艺折算系数

采煤条件及工艺 （以可采用机械化采煤方式采出的产量比例（%）来表示）	折算系数取值
≥90	0.16
60（含）～90	0.15
30（含）～60	0.13
0（含）～30	0.12

附 录 C
（规范性附录）
运输距离折算系数

运输距离折算系数见表C.1。

表C.1 运输距离折算系数

运输距离/km	折算系数取值
≤10	0.04
>10	0.02

附　录　D
（规范性附录）
矿井瓦斯等级折算系数

矿井瓦斯等级折算系数见表 D.1。

表 D.1　矿井瓦斯等级折算系数

矿井瓦斯等级		折算系数取值
低瓦斯矿井	无瓦斯抽放系统	0.12
	有瓦斯抽放系统	0.09
高瓦斯矿井		0.07
煤（岩）与瓦斯（二氧化碳）突出矿井		0.05
注：矿井瓦斯等级划分参照《煤矿安全规程》。		

附　录　E
（规范性附录）
矿井涌水量折算系数

矿井涌水量折算系数见表 E.1。

表 E.1　矿井涌水量折算系数

矿井涌水量/(m^3/h)	折算系数取值
≤180	0.19
180～600(含)	0.17
600～2 100(含)	0.15
>2 100	0.13

附 录 F
（资料性附录）
单井生产能力折算系数

单井生产能力折算系数见表 F.1。

表 F.1 单井生产能力折算系数

单井生产能力/(Mt/a)	折算系数取值
≥0.9	0.49
<0.9	0.37

ICS 27.010
F 10

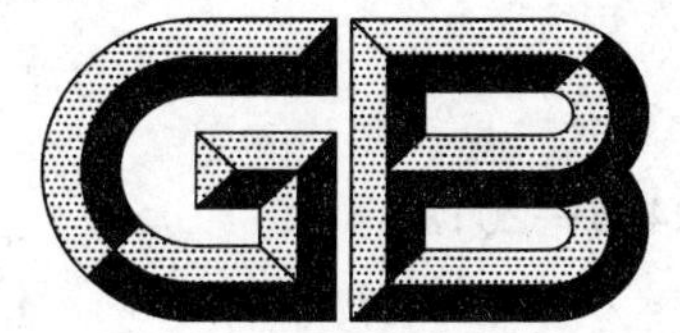

中华人民共和国国家标准

GB 29445—2012

煤炭露天开采单位产品能源消耗限额

The norm of the energy consumption per unit product of coal surface mining

2012-12-31 发布　　2013-10-01 实施

中华人民共和国国家质量监督检验检疫总局
中国国家标准化管理委员会　发布

前 言

本标准的 4.1 和 4.2 为强制性的，其余为推荐性的。

本标准按照 GB/T 1.1—2009 给出的规则起草。

本标准由国家发展和改革委员会提出。

本标准由全国能源基础与管理标准化技术委员会(SAC/TC 20)和全国煤炭标准化技术委员会(SAC/TC 42)归口。

本标准起草单位：煤炭工业节能技术服务中心、煤炭科学研究总院北京煤化工研究分院、中煤平朔煤业有限责任公司、中国煤炭工业协会生产力促进中心。

本标准主要起草人：张国光、贺振伟、刘峰、蒋翠蓉、张亚兰、盛明。

煤炭露天开采单位产品能源消耗限额

1 范围

本标准规定了煤炭露天开采单位产品能源消耗(以下简称能耗)限额的技术要求、统计范围和计算方法、节能管理与措施。

本标准适用于煤炭露天开采企业单位产品能耗的计算、考核以及新建企业的能耗控制。

2 规范性引用文件

下列文件对于本文件的应用是必不可少的,凡是注日期的引用文件,仅注日期的版本适用于本文件。凡是不注日期的引用文件,其最新版本(包括所有的修改单)适用于本文件。

GB 17167 用能单位能源计量器具配备和管理通则

GB/T 28398—2012 煤炭企业能源消费统计规范

3 术语和定义

下列术语和定义适用于本文件。

3.1

煤炭露天开采单位产品能耗 the norm of the energy consumption per unit product of coal surface mining

煤炭露天开采吨原煤生产综合能耗

统计期内煤炭生产能源消费量与露天原煤产量的比值。

注:本标准在计算单位产品能耗时使用能源消费量的折算值。

3.2

露天原煤产量 the output of raw coal in surface mine

统计期内采煤阶段产量和露天其他产量的总和。

3.3

露天其他产量 the other output of raw coal in surface mine

统计期内采煤阶段产量以外的其他产量。主要包括由生产费用开支的露天产量,由排土场回收的拣煤量,露天坑内的残煤回收量。

3.4

煤炭生产能源消费量 energy consumption of coal production

统计期内主要生产能源消费和辅助生产能源消费折标准煤之和。

注:见 GB/T 28398—2012 中 3.6。

3.5

主要生产能源消费量 main production energy consumption

统计期内直接用于煤炭开采的各种能源消费折标准煤之和。

注:见 GB/T 28398—2012 中 3.7。

3.6

辅助生产能源消费量　auxiliary production energy consumption

统计期内为主要生产配套的辅助生产系统所消费的各种能源折标准煤之和。

注：见 GB/T 28398—2012 中 3.8。

4 技术要求

4.1 现有煤炭露天开采企业单位产品能耗限定值

电力折标准煤系数采用当量值时，现有煤炭露天开采企业单位产品能耗限定值应不大于 8.2 kgce/t。

4.2 新建煤炭露天开采企业单位产品能耗准入值

电力折标准煤系数采用当量值时，新建煤炭露天开采企业单位产品能耗准入值应不大于 6.5 kgce/t。

4.3 煤炭露天开采企业单位产品能耗先进值

电力折标准煤系数采用当量值时，煤炭露天开采企业应通过节能技术改造和加强节能管理，单位产品能耗先进值不大于 5.0 kgce/t。

5 能耗统计范围和计算方法

5.1 能耗统计范围及能源折标准煤系数取值原则

5.1.1 统计范围

主要生产系统、辅助生产系统所消耗的各种一次能源量、二次能源量和损失量。见 GB/T 28398—2012 中第 4 章。

5.1.2 能源折标准煤系数取值原则

各种能源的热值以标准煤计。各种能源当量热值以企业在统计期内实测的热值为准。没有实测条件的，采用附录 A 中各种能源折标准煤参考系数。

5.2 计算方法

5.2.1 单矿(坑)煤炭露天开采企业单位产品能耗计算公式

单矿(坑)煤炭露天开采企业单位产品能耗应按式(1)计算：

$$e_{lt}=\frac{E_{lt}\times(k_1+k_2+k_3+k_4+k_5)}{M} \qquad \cdots\cdots(1)$$

式中：

e_{lt} ——煤炭露天开采单位产品能耗，单位为千克标准煤每吨(kgce/t)；

E_{lt}——煤炭生产能源消费量，单位为千克标准煤(kgce)；

M ——露天原煤产量，单位为吨(t)；

k_1 ——采煤条件及工艺折算系数，见附录 B；

k_2 ——剥采比折算系数，见附录 C；

k_3 ——平均高差折算系数，见附录 D；

k_4 ——平均运距折算系数，见附录 E；

k_5 ——单矿(坑)生产能力折算系数,见附录 F。

5.2.2 多矿(坑)煤炭露天开采企业单位产品能耗计算公式

多矿(坑)煤炭露天开采企业单位产品能耗应按式(2)计算:

$$e_{\mathrm{lt}}=\frac{\sum_{i=1}^{n}(e_{i,\mathrm{lt}}\times M_i)}{\sum_{i=1}^{n}M_i} \quad \cdots\cdots(2)$$

式中:

$e_{i,\mathrm{lt}}$——指多矿(坑)煤炭露天开采企业第 i 个矿(坑)的单位产品能耗,单位为千克标准煤每吨(kgce/t);

M_i ——指多矿(坑)煤炭露天开采企业第 i 个矿(坑)的原煤产量,单位为吨(t);

n ——多矿(坑)煤炭露天开采企业矿(坑)的个数。

6 节能管理与措施

6.1 节能基础管理

6.1.1 企业应定期对煤炭生产的能耗情况进行考核,并把考核指标分解落实到各基层部门,建立用能责任制度。

6.1.2 企业应按要求建立能耗统计体系,建立能耗计算和考核结果的文件档案,并对文件进行受控管理。

6.1.3 企业应根据 GB 17167 的要求配备能源计量器具并建立能源计量管理制度。

6.2 节能技术管理

6.2.1 经济运行

6.2.1.1 企业应选用达到经济运行状态的煤矿专用大型设备和通用设备。

6.2.1.2 企业应加强设备的维护、检修工作,提高设备的负荷率;应使生产运行设备合理匹配,经济运行;应使设备处于高效率低能耗运行状态;应加强各种管网的维护管理,防止跑、冒、滴、漏的现象发生。

6.2.2 企业应对主要耗能设备进行定期监测。

6.2.3 企业应积极推广、应用以下节能技术:

——开发利用高效节能的新技术、新工艺、新设备、新材料;

——推进清洁生产,提高资源利用效率,减少污染物排放量;

——淘汰高能耗、高污染、低效率的工艺和设备;

——推广“三废”综合利用技术。

6.3 监督与考核

企业应建立能耗测试、能耗统计、能量平衡和能耗考核结果的文件档案,并对文件进行受控管理。

附 录 A
（资料性附录）
各种能源折算标准煤系数

能源名称	平均低位发热量	折标准煤系数
原煤	20 908 kJ/kg（5 000 kcal/kg）	0.714 3
洗精煤	26 344 kJ/kg（6 300 kcal/kg）	0.900 0
其他洗煤		
（1）洗中煤	8 363 kJ/kg（2 000 kcal/kg）	0.285 7
（2）煤泥	8 363 kJ/kg～12 545 kJ/kg（2 000 kcal/kg～3 000 kcal/kg）	0.285 7～0.428 6
焦炭	28 435 kJ/kg（6 800 kcal/kg）	0.971 4
原油	41 816 kJ/kg（10 000 kcal/kg）	1.428 6
重油	41 816 kJ/kg（10 000 kcal/kg）	1.428 6
煤油	43 070 kJ/kg（10 300 kcal/kg）	1.471 4
汽油	43 070 kJ/kg（10 300 kcal/kg）	1.471 4
柴油	42 652 kJ/kg（10 200 kcal/kg）	1.457 1
煤焦油	33 453 kJ/kg（8 000 kcal/kg）	1.142 9
渣油	41 816 kJ/kg（10 000 kcal/kg）	1.428 6
液化石油气	50 179 kJ/kg（12 000 kcal/kg）	1.714 3
炼厂干气	46 055 kJ/kg（11 000 kcal/kg）	1.571 4
油田天然气	38 931 kJ/m^3（9 310 kcal/m^3）	1.330 0
气田天然气	35 544 kJ/m^3（8 500 kcal/m^3）	1.214 3
煤矿瓦斯气	14 636 kJ/m^3～16 726 kJ/m^3（3 500 kcal/m^3～4 000 kcal/m^3）	0.500 0～0.571 4
焦炉煤气	16 726 kJ/m^3～17 981 kJ/m^3（4 000 kcal/m^3～4 300 kcal/m^3）	0.571 4～0.614 3
高炉煤气	3 763 kJ/m^3	0.128 6
其他煤气		
（1）发生炉煤气	5 227 kJ/m^3（1 250 kcal/m^3）	0.178 6
（2）重油催化裂解煤气	19 235 kJ/m^3（4 600 kcal/m^3）	0.651 7
（3）重油热裂解煤气	35 544 kJ/m^3（8 500 kcal/m^3）	1.214 3
（4）焦炭制气	16 308 kJ/m^3（3 900 kcal/m^3）	0.557 1
（5）压力气化煤气	15 054 kJ/m^3（3 600 kcal/m^3）	0.514 3
（6）水煤气	10 454 kJ/m^3（2 500 kcal/m^3）	0.357 1
粗苯	41 816 kJ/kg（10 000 kcal/kg）	1.428 6
热力		0.034 12
电力（当量）	3 600 kJ/(kW・h)[860 kcal/(kW・h)]	0.122 9
蒸汽（低压）	3 673 MJ/t（900 Mcal/t）	0.128 6

附 录 B
（规范性附录）
采煤条件及工艺折算系数

采煤条件及工艺 （以采煤方式来表示）	折算系数取值
连续开采工艺系统	0.24
半连续开采工艺系统	0.18
间断开采工艺系统	0.13

附　录　C
（规范性附录）
剥采比折算系数

剥采比/(m/t)	折算系数取值
≤6.0	0.24
6.0～10.0(含)	0.19
>10.0	0.13

附 录 D
（规范性附录）
平均高差折算系数

平均高差/m	折算系数取值
≤40	0.19
40～80(含)	0.15
>80	0.10

附 录 E
（规范性附录）
平均运距折算系数

平均运距/m	折算系数取值
≤2 000	0.16
2 000～4 000(含)	0.13
>4 000	0.10

附 录 F
（规范性附录）
单矿（坑）生产能力折算系数

单矿（坑）生产能力/（Mt/a）	折算系数取值
≥10.0	0.17
4.0（含）～10.0	0.13
<4.0	0.10

ICS 27.010
F 10

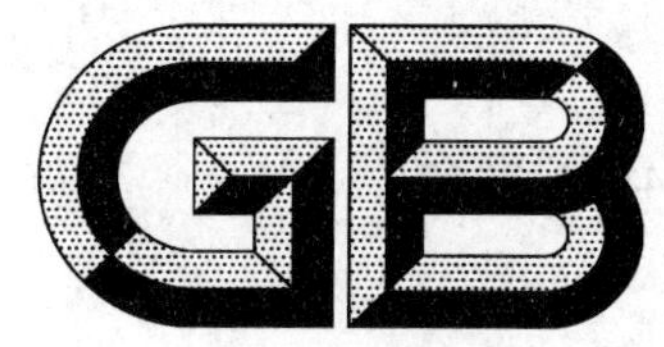

中华人民共和国国家标准

GB 29446—2012

选煤电力消耗限额

The norm of the power consumption per unit product of coal washing

2012-12-31 发布　　　　2013-10-01 实施

中华人民共和国国家质量监督检验检疫总局
中国国家标准化管理委员会　发布

前　言

本标准的 4.1.1、4.1.2、4.2.1 和 4.2.2 为强制性的，其余为推荐性的。

本标准按照 GB/T 1.1—2009 给出的规则起草。

本标准由国家发展和改革委员会提出。

本标准由全国能源基础与管理标准化技术委员会(SAC/TC 20)和全国煤炭标准化技术委员会(SAC/TC 42)归口。

本标准起草单位：煤炭工业节能技术服务中心，煤炭科学研究总院北京煤化工研究分院，太原煤炭气化(集团)有限责任公司，中国煤炭工业协会生产力促进中心。

本标准主要起草人：张国光、罗陨飞、王兆文、刘富、梁茂彬、郑厚发、盛明。

选煤电力消耗限额

1 范围

本标准规定了选煤电力消耗限额的技术要求、统计范围和计算方法、节能管理与措施。

本标准适用于选煤企业电力消耗的计算、考核以及新建企业的电力消耗控制。

2 规范性引用文件

下列文件对于本文件的应用是必不可少的，凡是注日期的引用文件，仅注日期的版本适用于本文件。凡是不注日期的引用文件，其最新版本（包括所有的修改单）适用于本文件。

GB/T 12497 三相异步电动机经济运行

GB/T 13462 电力变压器经济运行

GB/T 13466 交流电气传动风机（泵类、空气压缩机）系统经济运行通则

GB 17167 用能单位能源计量器具配备和管理通则

3 术语和定义

下列术语和定义适用于本文件。

3.1

选煤电力消耗 the norm of the power consumption per unit product of coal washing

统计期内选煤所消费的电量与入选原煤量的比值。

注：本标准在计算选煤电力消耗时使用电能消费量的折算值。

3.2

入选原煤量 the output of feed coal

统计期内经过手选出不计入入选原煤量的大块（一般指 50 mm 以上）矸石后进入选煤加工过程，进行加工处理的原煤量。

4 技术要求

4.1 炼焦煤选煤企业选煤电力消耗限额

4.1.1 限定值

现有的炼焦煤选煤企业选煤电力消耗限定值应不大于 9.5(kW·h)/t。

4.1.2 准入值

新建的炼焦煤选煤企业选煤电力消耗准入值应不大于 7.5(kW·h)/t。

4.1.3 先进值

炼焦煤选煤企业通过节能技术改造和加强节能管理，选煤电力消耗先进值为不大于 5.7(kW·h)/t。

4.2 动力煤选煤企业选煤电力消耗限额

4.2.1 限定值

现有的动力煤选煤企业选煤电力消耗限定值应不大于6.3(kW·h)/t。

4.2.2 准入值

新建的动力煤选煤企业选煤电力消耗准入值应不大于4.6(kW·h)/t。

4.2.3 先进值

动力煤选煤企业通过节能技术改造和加强节能管理,选煤电力消耗先进值为不大于3.2(kW·h)/t。

5 选煤电力消耗统计范围和计算方法

5.1 选煤电力消耗统计范围

直接生产系统、间接生产系统所消耗的电能,包括入洗、各级产品回收、机修、照明、化验室等用电量,以及与上述有关的线路和变压器的电损失。

5.2 选煤电力消耗计算方法

选煤企业选煤电力消耗应按式(1)计算:

$$e_d = \frac{E_d \times k}{M} \qquad (1)$$

式中:

e_d ——选煤电力消耗,单位为千瓦时每吨(kW·h/t);

E_d ——统计期内选煤电能消费量,单位为千瓦时(kW·h);

M ——统计期内入选原煤量,单位为吨(t);

k ——选煤工艺类型折算系数,见附录A。

6 节能管理与措施

6.1 节能基础管理

6.1.1 企业应定期对煤炭生产的电耗情况进行考核,并把考核指标分解落实到各基层部门,建立用能责任制度。

6.1.2 企业应按要求建立电耗统计体系,建立电耗计算和考核结果的文件档案,并对文件进行受控管理。

6.1.3 企业应根据GB 17167的要求配备电能计量器具并建立电能计量管理制度。

6.2 节能技术管理

6.2.1 经济运行

6.2.1.1 企业应使用达到经济运行状态的通用设备,对电动机的经济运行管理应符合GB/T 12497的规定;对风机、泵类和空气压缩机的经济运行管理应符合GB/T 13466的规定;对电力变压器的经济运行管理应符合GB/T 13462的规定。

6.2.1.2 企业应加强设备的检修、维护工作,提高设备的负荷率,使其长期保持周期运行;应使生产运行设备合理匹配，经济运行；应使设备处于高效率低能耗运行状态。

6.2.2　企业应积极推广、应用以下节能技术：

——开发利用高效节能的新技术、新工艺、新设备；

——推进清洁生产，提高资源利用效率，减少污染物排放量；

——淘汰高能耗、高污染、低效率的工艺和设备；

——推广“三废”综合利用技术。

6.3　监督与考核

企业应建立能耗测试、能耗统计、能源平衡和能耗考核结果的文件档案，并对文件进行受控管理。

附 录 A
（规范性附录）
选煤工艺类型折算系数

选煤企业类型	选煤工艺类型	折算系数
炼焦煤	跳汰	1.26
	跳汰、浮选联合	1.00
	重介	1.12
	重介、浮选联合	0.83
	重介、跳汰、浮选联合	0.78
动力煤	风选	2.50
	跳汰	0.94
	跳汰、浮选联合	0.80
	跳汰、重介联合	0.85
	重介	0.89
	重介、浮选联合	0.76
	重介、跳汰、浮选联合	0.72

ICS 27.010
F 10

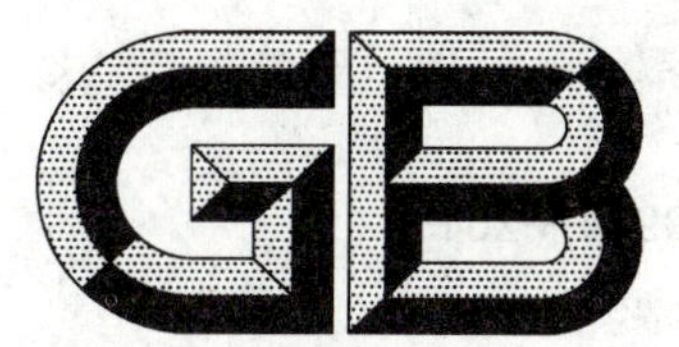

中华人民共和国国家标准

GB 29994—2013

煤基活性炭单位产品能源消耗限额

The norm of energy consumption per unit product of coal-based activated carbon

2013-11-27 发布　　　　2014-11-01 实施

中华人民共和国国家质量监督检验检疫总局
中国国家标准化管理委员会　发布

前言

本标准的第4.1条和第4.2条为强制性的，其余为推荐性的。

本标准按照GB/T 1.1—2009给出的规则起草。

本标准由国家发展和改革委员会资源节约与环境保护司提出。

本标准由全国能源基础与管理标准化技术委员会(SAC/TC 20)和全国煤炭标准化技术委员会(SAC/TC 42)归口。

本标准起草单位:煤炭工业节能技术服务中心、煤炭科学研究总院北京煤化工研究分院、内蒙古太西煤集团兴泰煤化有限责任公司、宁夏华辉活性炭股份有限公司、淮北市协力重型机器有限责任公司。

本标准主要起草人:盛明、梁大明、杨弟元、李国栋、赵胜利、张国光、姜英、兰存良、王学忠、席铁。

煤基活性炭单位产品能源消耗限额

1 范围

本标准规定了煤基活性炭单位产品能源消耗限额的技术要求、统计范围和计算方法、节能管理与措施。

本标准适用于以煤为原料生产活性炭产品企业的单位产品能源消耗的计算、考核,以及对新建项目的能源消耗控制。

2 规范性引用文件

下列文件对于本文件的应用是必不可少的。凡是注日期的引用文件,仅注日期的版本适用于本文件。凡是不注日期的引用文件,其最新版本(包括所有的修改单)适用于本文件。

GB/T 2589 综合能耗计算通则

GB/T 12723 单位产品能源消耗限额编制通则

GB 17167 用能单位能源计量器具配备和管理通则

3 术语和定义

GB/T 12723 中界定的以及下列术语和定义适用于本文件。

3.1

活性炭 activated carbon

由含碳材料制成的外观呈黑色,内部孔隙结构发达、比表面积大(500 m^2/g～2 500 m^2/g)、吸附能力强的一类微晶质碳素材料。按制造工艺可以分为柱状活性炭、压块活性炭、原煤破碎活性炭和活性焦。

3.2

活性焦 activated coke

对二氧化硫有特殊吸附性能的活性炭类吸附剂。

3.3

活性炭生产综合能耗 total energy consumption of activated carbon production

统计报告期内,生产活性炭所消耗的各种能源总量。其值等于活性炭生产过程中输入的各种能源折标准煤合计量减去向外输出的各种能源折标准煤合计量。

3.4

活性炭单位产品能源消耗 total energy consumption per unit product of activated carbon

统计报告期内,用单位产量表示的活性炭生产综合能耗。

4 技术要求

4.1 煤基活性炭单位产品能源消耗限定值

电力折标准煤系数采用当量值时,现有煤基活性炭生产企业的单位产品能源消耗限定值应符合

表 1 要求。

表 1　现有煤基活性炭生产企业单位产品能源消耗限定值

类　　别	单位产品能源消耗限定值/(kgce/t)
柱状活性炭	≤4 600
压块活性炭	≤4 800
原煤破碎活性炭	≤4 400
活性焦	≤2 600

4.2　煤基活性炭单位产品能源消耗准入值

电力折标准煤系数采用当量值时，新建或改扩建煤基活性炭生产企业的单位产品能源消耗准入值应符合表 2 要求。

表 2　新建或改扩建煤基活性炭生产企业单位产品能源消耗准入值

类　　别	单位产品能源消耗准入值/(kgce/t)
柱状活性炭	≤4 400
压块活性炭	≤4 600
原煤破碎活性炭	≤4 200
活性焦	≤2 300

4.3　煤基活性炭单位产品能源消耗先进值

电力折标准煤系数采用当量值时，煤基活性炭生产企业或车间通过节能技术改造和加强节能管理，单位产品能源消耗先进值应符合表 3 的规定。

表 3　煤基活性炭生产企业单位产品能源消耗先进值

类　　别	单位产品能源消耗先进值/(kgce/t)
柱状活性炭	≤4 000
压块活性炭	≤4 000
原煤破碎活性炭	≤3 800
活性焦	≤2 000

5　统计范围和计算方法

5.1　能耗统计范围

5.1.1　活性炭生产输入能量包括主要生产系统、辅助生产系统和附属生产系统所消耗的各种一次能源量(原煤、石油、天然气等)、二次能源量(电力、热力、石油制品、焦炭、煤气等)和生产使用的耗能工质(水、氧气、压缩空气等)所消耗的能源，不包括建设和改造过程用能和生活用能(指企业系统内宿舍、学校、文化娱乐、医疗保健、商业服务和托儿幼教等方面用能)。主要生产系统主要包括破碎、成型、炭化、活化、成品处理等工艺环节，辅助生产系统主要包括供电系统、供热系统等，附属生产系统包括生产管理、水处理系统、三废治理等。

5.1.2　活性炭生产输出能量是指活性炭生产系统向外输出的能量。活性炭生产所产生的废气、废液和废渣中未回收使用的、无计量的、没有实测热值以及不作为能源利用的（如直接用于修路和盖房等），均不得计入输出能量。

5.1.3　活性炭生产回收利用的能量，用于本系统时不得作为输入能量计入。向外系统输出时，应计入活性炭向外输出能量。如炉渣、副产蒸汽等向外系统输出时，不得折为标准煤从输入能量中扣除，而应计入活性炭输出能量中。

5.1.4　活性炭生产所必需的安全、环保措施消耗的能量，应计入活性炭能耗。

5.1.5　多用户共享的原料、公用工程（蒸汽、耗能工质等）能耗，应按有关规定合理分摊。

5.2　计算方法

5.2.1　活性炭生产综合能耗的计算

活性炭生产综合能耗按式（1）计算：

$$E=\sum_{i=1}^{n}(E_i \times k_i)-\sum_{j=1}^{m}(E_j \times k_j) \qquad \cdots\cdots(1)$$

式中：

E ——活性炭生产综合能耗，单位为千克标准煤（kgce）；

E_i ——活性炭生产过程中输入的第 i 种能源实物量，单位为吨（t）或千瓦时（kW·h）或标准立方米（Nm^3）；

k_i ——输入的第 i 种能源的折标系数，单位为千克标准煤每吨（kgce/t）或千克标准煤每千瓦时（kgce/kW·h）或千克标准煤每标准立方米（kgce/Nm^3）；

n ——输入的能源种类数量；

m ——输出的能源种类数量；

E_j ——活性炭生产过程中输出的第 j 种能源实物量，单位为吨（t）或千瓦时（kW·h）或标准立方米（Nm^3）；

k_j ——输出的第 j 种能源的折标系数，单位为千克标准煤每吨（kgce/t）或千克标准煤每千瓦时（kgce/kW·h）或千克标准煤每标准立方米（kgce/Nm^3）。

5.2.2　活性炭单位产品能源消耗的计算

活性炭单位产品能源消耗按式（2）计算：

$$e=\frac{E}{P}\times m \qquad \cdots\cdots(2)$$

式中：

e ——活性炭单位产品能源消耗，单位为千克标准煤每吨（kgce/t）；

E ——活性炭生产综合能耗，单位为千克标准煤（kgce）；

P ——活性炭产品产量，单位为吨（t）；

m ——活性炭产品折算系数，计算方法见附录 A。

5.2.3　能源折标准煤系数取值原则

各种能源应以其低位发热量为计算基础折算为标准煤量，以企业在统计报告期内的实测值为准，没有实测条件的，应按 GB/T 2589 中给出的能源折标准煤参考系数折算为标准煤。

低位发热量等于 29 307 千焦（kJ）的燃料，称为 1 千克标准煤（1 kgce）。

6 节能管理与措施

6.1 节能基础管理

6.1.1 企业应定期对煤基活性炭生产的能耗情况进行考核,并把考核指标分解落实到各基层部门,建立用能责任制度。

6.1.2 企业应按要求建立能耗统计体系,建立能耗计算和考核结果的文件档案,并对文件进行受控管理。

6.1.3 企业应根据 GB 17167 的要求配备能源计量器具并建立能源计量管理制度。

6.2 节能技术管理

6.2.1 经济运行要求如下:

——企业应选用达到经济运行状态的专用大型固定设备和通用设备。

——企业应加强设备的维护、检修工作,提高设备的负荷率;应使生产运行设备合理匹配,经济运行;应使设备处于高效率低能耗运行状态;应加强各种管网的维护管理,防止跑、冒、滴、漏的现象发生。

6.2.2 企业应充分将炭化尾气、活化尾气的余热余能回收利用。

6.2.3 企业应对主要耗能设备进行定期监测。

6.2.4 企业应积极推广、应用以下节能技术:

——开发利用高效节能的新技术、新工艺、新设备、新材料。

——推进清洁生产,提高资源利用效率,减少污染物排放量。

——淘汰高能耗、高污染、低效率的工艺和设备。

——推广废气、废水和固体废弃物的综合利用技术。

6.3 监督与考核

企业应建立能耗测试、能耗统计、能量平衡和能耗考核结果的文件档案,并对文件进行受控管理。

附　录　A
（规范性附录）
活性炭产品折算系数的计算方法

A.1　各种不同规格活性炭产品折算系数

各种不同规格活性炭产品折算系数见表 A.1。

表 A.1　各种不同规格活性炭产品折算系数

序号	规格型号	折算系数
1	CTC30(CCl_4 吸附率≥30%)	1.82
2	CTC35(CCl_4 吸附率≥35%)	1.67
3	CTC40(CCl_4 吸附率≥40%)	1.54
4	CTC45(CCl_4 吸附率≥45%)	1.43
5	CTC50(CCl_4 吸附率≥50%)	1.18
6	CTC55(CCl_4 吸附率≥55%)	1.08
7	CTC60(CCl_4 吸附率≥60%)	1.00
8	CTC65(CCl_4 吸附率≥65%)	0.91
9	CTC70(CCl_4 吸附率≥70%)	0.80
10	CTC75(CCl_4 吸附率≥75%)	0.69
11	CTC80(CCl_4 吸附率≥80%)	0.61
12	CTC85(CCl_4 吸附率≥85%)	0.51
13	CTC90(CCl_4 吸附率≥90%)	0.44
14	CTC95(CCl_4 吸附率≥95%)	0.40
15	CTC100(CCl_4 吸附率≥100%)	0.38
16	CTC105(CCl_4 吸附率≥105%)	0.37

A.2　活性炭产品折算系数的计算方法

统计报告期内，活性炭产品的折算系数按式(A.1)计算：

$$m=\frac{\sum_{i=1}^{n}(P_i\times m_i)}{\sum_{i=1}^{n}P_i} \qquad \text{(A.1)}$$

式中：

m ——煤基活性炭产品折算系数；

P_i ——生产第 i 种规格的活性炭产品产量，单位为吨(t)；

m_i ——第 i 种规格的活性炭产品折算系数，见表 A.1。

ICS 27.010
F 10

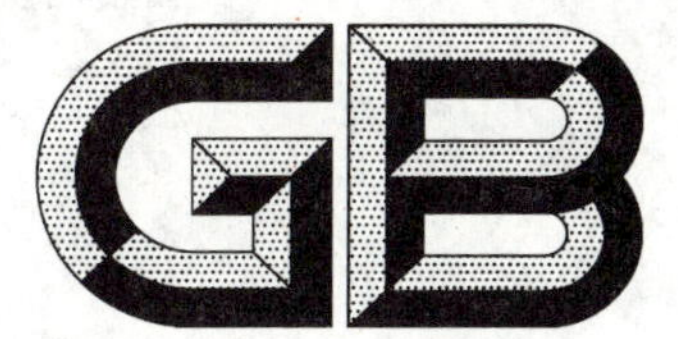

中华人民共和国国家标准

GB 29995—2013

兰炭单位产品能源消耗限额

The norm of the energy consumption per unit product of blue-coke

2013-11-27 发布　　2014-11-01 实施

中华人民共和国国家质量监督检验检疫总局
中国国家标准化管理委员会　发布

前　言

本标准的第 4.1 条和第 4.2 条为强制性的，其余是推荐性的。

本标准按照 GB/T 1.1—2009 给出的规则起草。

本标准由国家发展和改革委员会资源节约与环境保护司提出。

本标准由全国能源基础与管理标准化技术委员会(SAC/TC 20)和全国煤炭标准化技术委员会(SAC/TC 42)归口。

本标准起草单位：煤炭工业节能技术服务中心、煤炭科学研究总院北京煤化工研究分院、神木县煤化工产业发展领导小组办公室、神木县三江煤化工有限责任公司、神府经济开发区恒源煤化工有限公司。

本标准主要起草人：张国光、姜英、贾志强、尚文智、刘在堂、丁华、连进京、贾建军、王茂义、王建平、盛明、方胜利。

兰炭单位产品能源消耗限额

1 范围

本标准规定了兰炭单位产品能源消耗限额的技术要求、统计范围和计算方法、节能管理与措施。

本标准适用于兰炭单位产品能源消耗的计算、考核以及新建企业或工序的能源消耗控制。

2 规范性引用文件

下列文件对于本文件的应用是必不可少的。凡是注日期的引用文件,仅注日期的版本适用于本文件。凡是不注日期的引用文件,其最新版本(包括所有的修改单)适用于本文件。

GB/T 12723 单位产品能源消耗限额编制通则

GB 17167 用能单位能源计量器具配备和管理通则

GB/T 25212 兰炭产品品种及等级划分

3 术语和定义

GB/T 12723 中界定的以及下列术语和定义适用于本文件。

3.1

兰炭 blue-coke

无黏结性或弱黏结性的高挥发分烟煤在中低温条件下干馏热解,得到的较低挥发分的固体炭质产品。

[GB/T 25212,定义 3.1]

3.2

兰炭产量 output of blue-coke

统计报告期内不同用途合格兰炭产品的总产量,包括兰炭混、兰炭块和兰炭末。

3.3

兰炭混 raw blue-coke

不经过破碎和筛分的兰炭产品,一般粒度小于 50 mm 或小于 80 mm。

[GB/T 25212,定义 3.2]

3.4

兰炭块 sized blue-coke

经过破碎或筛分得到的粒度大于或等于 6 mm 的兰炭产品。

[GB/T 25212,定义 3.3]

3.5

兰炭末 fine blue-coke

粒度小于 6 mm 的兰炭。

[GB/T 25212,定义 3.8]

3.6

兰炭生产综合能耗 comprehensive energy consumption of blue-coke

统计报告期内,兰炭生产所消耗的各种能源总量。其值等于兰炭生产过程中输入的各种能源折标准煤合计量减去向外输出的各种能源折标准煤合计量。

3.7

兰炭单位产品能源消耗　comprehensive energy consumption per unit product of blue-coke

统计报告期内,生产单位合格兰炭产品所消耗的综合能耗量。

4　技术要求

4.1　兰炭生产单位产品能源消耗限定值

电力折标准煤系数采用当量值时,兰炭生产企业或工序的单位产品能源消耗指标限定值应不大于240 kgce/t。

4.2　兰炭生产单位产品能源消耗准入值

电力折标准煤系数采用当量值时,新建或改扩建的兰炭生产企业或工序的单位产品能源消耗指标准入值应不大于210 kgce/t。

4.3　兰炭生产单位产品能源消耗先进值

电力折标准煤系数采用当量值时,兰炭生产企业或工序应通过节能技术改造和加强节能管理,单位产品能源消耗先进值为不大于190 kgce/t。

5　统计范围和计算方法

5.1　能源消耗统计范围及能源折标准煤系数取值原则

5.1.1　统计范围

兰炭生产能源消耗量的统计范围包括主要生产系统和辅助生产系统,不包括建设和改造过程用能和生活用能(指企业系统内宿舍、学校、文化娱乐、医疗保健、商业服务和托儿幼教等方面用能)。主要生产系统包括备煤(不包括选煤)、干馏和煤气净化工段(不包括煤气深度净化)。辅助生产系统包括机修、化验、计量、食堂、浴池、生产管理、调度指挥、安全与环保等所消耗的各种能源。

5.1.2　能源折标准煤系数取值原则

各种能源应以其低位发热量为计算基础折算为标准煤量,以企业在统计报告期内的实测值为准,没有实测条件的,采用附录A中各种能源折标准煤参考系数。

低位发热量等于29 307千焦(kJ)的燃料,称为1千克标准煤(1 kgce)。

5.2　计算方法

5.2.1　兰炭生产综合能耗的计算

兰炭生产综合能耗应按式(1)计算:

$$E=\sum_{i=1}^{n}(E_i\times k_i)-\sum_{j=1}^{m}(E_j\times k_j) \quad \cdots\cdots(1)$$

式中:

E ——兰炭生产综合能耗,单位为千克标准煤(kgce);

E_i ——兰炭生产过程中输入的第 i 种能源实物量,包括原料煤、电、各种油类等能源,单位为吨(t)

或千瓦时(kW·h)或标准立方米(Nm^3)；

k_i ——输入的第 i 种能源的折标系数，单位为千克标准煤每吨(kgce/t)或千克标准煤每千瓦时(kgce/kW·h)或千克标准煤每标准立方米(kgce/Nm^3)；

n ——输入的能源种类数量；

m ——输出的能源种类数量；

E_j ——兰炭生产过程中输出的第 j 种能源实物量，包括各类合格兰炭产品、外供干馏煤气(不包括回炉用量)、粗焦油等，单位为吨(t)或千瓦时(kW·h)或标准立方米(Nm^3)；

k_j ——输出的第 j 种能源的折标系数，单位为千克标准煤每吨(kgce/t)或千克标准煤每千瓦时(kgce/kW·h)或千克标准煤每标准立方米(kgce/Nm^3)。

5.2.2 兰炭单位产品能源消耗的计算

兰炭单位产品能源消耗按式(2)计算：

$$e=\frac{E}{P} \qquad \cdots\cdots(2)$$

式中：

e ——兰炭单位产品能源消耗，单位为千克标准煤每吨(kgce/t)；

E ——兰炭生产综合能耗，单位为千克标准煤(kgce)；

P ——合格兰炭产品的产量，单位为吨(t)。

6 节能管理与措施

6.1 节能基础管理

6.1.1 企业应根据 GB 17167 的要求配备能源计量器具并建立能源计量管理制度。

6.1.2 企业应定期对兰炭生产的能耗情况进行考核，并把考核指标分解落实到各基层部门，建立用能责任制度。

6.1.3 企业应按要求建立能耗统计体系，建立能耗计算和考核结果的文件档案，并对文件进行受控管理。

6.2 节能技术管理

6.2.1 经济运行要求如下：

——企业应选用达到经济运行状态的专用大型固定设备和通用设备；

——企业应加强设备的维护、检修工作，提高设备的负荷率；应使生产运行设备合理匹配，经济运行；应使设备处于高效率低能耗运行状态；应加强各种管网的维护管理，防止跑、冒、滴、漏的现象发生。

6.2.2 企业应对主要耗能设备进行定期监测。

6.2.3 企业应积极推广、应用以下节能技术：

——新建或改扩建干馏炉，原则上要求同步配套建设干熄焦装置；

——干馏炉煤气应全部回收利用，不得放空直排或点火焚烧；

——采用先进工艺设备，鼓励应用煤粉生产兰炭；

——推广废气、废水和固体废弃物的综合利用技术。

6.3 监督与考核

企业应建立能耗测试、能耗统计、能量平衡、能耗监督和考核制度及能耗考核结果的文件档案，并对文件进行受控管理。

附 录 A
（资料性附录）
各种能源折算标准煤系数

表 A.1 各种能源折算标准煤系数

<table>
<tr><th colspan="2">能源名称</th><th>平均低位发热量</th><th>折标准煤系数</th></tr>
<tr><td colspan="2">原煤</td><td>20 908 kJ/kg（5 000 kcal/kg）</td><td>0.714 3 kgce/kg</td></tr>
<tr><td colspan="2">洗精煤</td><td>26 344 kJ/kg（6 300 kcal/kg）</td><td>0.900 0 kgce/kg</td></tr>
<tr><td rowspan="2">其他洗煤</td><td>洗中煤</td><td>8 363 kJ/kg（2 000 kcal/kg）</td><td>0.285 7 kgce/kg</td></tr>
<tr><td>煤泥</td><td>8 363 kJ/kg～12 545 kJ/kg
（2 000 kcal/kg～3 000 kcal/kg）</td><td>0.285 7 kgce/kg～0.428 6 kgce/kg</td></tr>
<tr><td colspan="2">焦炭</td><td>28 435 kJ/kg（6 800 kcal/kg）</td><td>0.971 4 kgce/kg</td></tr>
<tr><td colspan="2">原油</td><td>41 816 kJ/kg（10 000 kcal/kg）</td><td>1.428 6 kgce/kg</td></tr>
<tr><td colspan="2">重油</td><td>41 816 kJ/kg（10 000 kcal/kg）</td><td>1.428 6 kgce/kg</td></tr>
<tr><td colspan="2">煤油</td><td>43 070 kJ/kg（10 300 kcal/kg）</td><td>1.471 4 kgce/kg</td></tr>
<tr><td colspan="2">汽油</td><td>43 070 kJ/kg（10 300 kcal/kg）</td><td>1.471 4 kgce/kg</td></tr>
<tr><td colspan="2">柴油</td><td>42 652 kJ/kg（10 200 kcal/kg）</td><td>1.457 1 kgce/kg</td></tr>
<tr><td colspan="2">煤焦油</td><td>33 453 kJ/kg（8 000 kcal/kg）</td><td>1.142 9 kgce/kg</td></tr>
<tr><td colspan="2">渣油</td><td>41 816 kJ/kg（10 000 kcal/kg）</td><td>1.428 6 kgce/kg</td></tr>
<tr><td colspan="2">液化石油气</td><td>50 179 kJ/kg（12 000 kcal/kg）</td><td>1.714 3 kgce/kg</td></tr>
<tr><td colspan="2">炼厂干气</td><td>46 055 kJ/kg（11 000 kcal/kg）</td><td>1.571 4 kgce/kg</td></tr>
<tr><td colspan="2">油田天然气</td><td>38 931 kJ/m³（9 310 kcal/m³）</td><td>1.330 0 kgce/m³</td></tr>
<tr><td colspan="2">气田天然气</td><td>35 544 kJ/m³（8 500 kcal/m³）</td><td>1.214 3 kgce/m³</td></tr>
<tr><td colspan="2">煤矿瓦斯气</td><td>14 636 kJ/m³～16 726 kJ/m³
（3 500 kcal/m³～4 000 kcal/m³）</td><td>0.500 0 kgce/m³～0.571 4 kgce/m³</td></tr>
<tr><td colspan="2">焦炉煤气</td><td>16 726 kJ/m³～17 981 kJ/m³
（4 000 kcal/m³～4 300 kcal/m³）</td><td>0.571 4 kgce/m³～0.614 3 kgce/m³</td></tr>
<tr><td colspan="2">高炉煤气</td><td>3 763 kJ/m³</td><td>0.128 6 kgce/m³</td></tr>
<tr><td rowspan="6">其他煤气</td><td>a） 发生炉煤气</td><td>5 227 kJ/m³（1 250 kcal/m³）</td><td>0.178 6 kgce/m³</td></tr>
<tr><td>b） 重油催化裂解煤气</td><td>19 235 kJ/m³（4 600 kcal/m³）</td><td>0.651 7 kgce/m³</td></tr>
<tr><td>c） 重油热裂解煤气</td><td>35 544 kJ/m³（8 500 kcal/m³）</td><td>1.214 3 kgce/m³</td></tr>
<tr><td>d） 焦炭制气</td><td>16 308 kJ/m³（3 900 kcal/m³）</td><td>0.557 1 kgce/m³</td></tr>
<tr><td>e） 压力气化煤气</td><td>15 054 kJ/m³（3 600 kcal/m³）</td><td>0.514 3 kgce/m³</td></tr>
<tr><td>f） 水煤气</td><td>10 454 kJ/m³（2 500 kcal/m³）</td><td>0.357 1 kgce/m³</td></tr>
</table>

表 A.1（续）

能源名称	平均低位发热量	折标准煤系数
粗苯	41 816 kJ/kg（10 000 kcal/kg）	1.428 6 kgce/m^3
热力(当量值)	—	0.034 12 kgce/MJ
电力(当量值)	3 600 kJ/kW·h[860 kcal/(kW·h)]	0.122 9 kgce/kW·h
蒸汽(低压)	3 673 MJ/t(900 Mcal/t)	0.128 6 kgce/kg

ICS 27.010
F 10

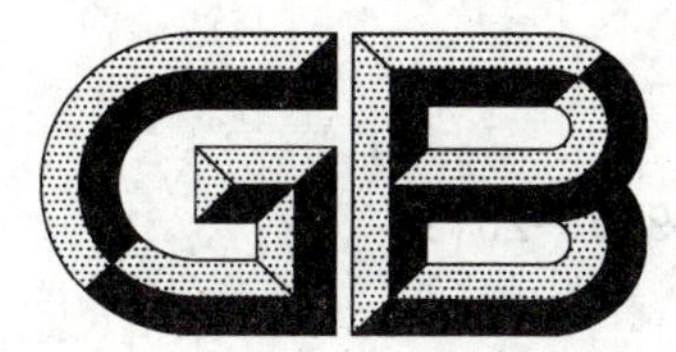

中华人民共和国国家标准

GB 29996—2013

水煤浆单位产品能源消耗限额

The norm of the energy consumption per unit product of coal water mixture

2013-11-27 发布 2014-11-01 实施

中华人民共和国国家质量监督检验检疫总局
中国国家标准化管理委员会 发布

前 言

本标准的第 4.2 条和第 4.3 条为强制性的，其余为推荐性的。

本标准按照 GB/T 1.1—2009 给出的规则起草。

本标准由国家发展和改革委员会资源节约与环境保护司提出。

本标准由全国能源基础与管理标准化技术委员会(SAC/TC 20)和全国煤炭标准化技术委员会(SAC/TC 42)归口。

本标准起草单位：煤炭工业节能技术服务中心、煤炭科学研究总院北京煤化工研究分院、国家水煤浆工程技术研究中心。

本标准主要起草人：张国光、姜英、王国房、盛明、丁华、段清兵、郭志新、张胜局。

水煤浆单位产品能源消耗限额

1 范围

本标准规定了水煤浆单位产品能源消耗限额的技术要求、统计范围和计算方法、节能管理与措施。

本标准适用于水煤浆单位产品能源消耗的计算、考核以及新建企业或车间的能源消耗控制。

2 规范性引用文件

下列文件对于本文件的应用是必不可少的。凡是注日期的引用文件，仅注日期的版本适用于本文件。凡是不注日期的引用文件，其最新版本(包括所有的修改单)适用于本文件。

GB/T 12723 单位产品能源消耗限额编制通则

GB 17167 用能单位能源计量器具配备和管理通则

MT/T 852 煤的哈氏可磨性指数分级

3 术语和定义

GB/T 12723 中界定的以及下列术语和定义适用于本文件。

3.1

水煤浆 coal water mixture；CWM

由煤、水和少量添加剂经过加工制成的具有一定粒度分布、流动性和稳定性的浆体。可按用途分为燃料用水煤浆和气化用水煤浆。

3.2

水煤浆产量 output of coal water mixture

统计报告期内合格水煤浆产品的总产量。

3.3

分级研磨制浆工艺 classified grinding pulping process

采用粗磨和细磨相结合的制浆工艺。

3.4

其他制浆工艺 other pulping process

除分级研磨工艺外的其他制浆工艺。

3.5

水煤浆单位产品能源消耗 energy consumption per unit product of coal water mixture

用能单位在统计报告期内生产单位合格水煤浆产品的能源消耗量。

4 技术要求

4.1 水煤浆单位产品能源消耗以单位产品的电能消耗量作为统计值。

4.2 水煤浆单位产品能源消耗限定值

现有水煤浆生产企业或车间的单位产品能源消耗限定值应符合表 1 的规定。

表 1 现有水煤浆生产企业或车间单位产品能源消耗限定值

产品用途	原料煤哈氏可磨性指数[a]	生产工艺类型	单位产品能源消耗限定值/(kW·h/t)
燃料	HGI>60	分级研磨制浆工艺	≤35
		其他制浆工艺	≤45
	HGI≤60	分级研磨制浆工艺	≤40
		其他制浆工艺	≤50
气化	—	分级研磨制浆工艺	≤25
		其他制浆工艺	≤30

[a] 依据 MT/T 852。

4.3 水煤浆单位产品能源消耗准入值

新建或改扩建水煤浆生产企业或车间的单位产品能源消耗准入值应符合表 2 的规定。

表 2 新建或改扩建水煤浆生产企业或车间单位产品能源消耗准入值

产品用途	原料煤哈氏可磨性指数[a]	单位产品能源消耗准入值/(kW·h/t)
燃料	HGI>60	≤33
	HGI≤60	≤38
气化	—	≤22

[a] 依据 MT/T 852。

4.4 水煤浆单位产品能源消耗先进值

现有水煤浆生产企业或车间通过节能技术改造和加强节能管理，其单位产品能源消耗先进值应符合表 3 的规定。

表 3 水煤浆生产企业或车间单位产品能源消耗先进值

产品用途	原料煤哈氏可磨性指数[a]	单位产品能源消耗准入值/(kW·h/t)
燃料	HGI>60	≤28
	HGI≤60	≤34
气化	—	≤17

[a] 依据 MT/T 852。

5 统计范围和计算方法

5.1 能源消耗统计范围

水煤浆生产电能消耗量的统计范围包括主要生产系统和辅助生产系统的电能消耗量，不包括建设和改造过程用能和生活用能(指企业系统内宿舍、学校、文化娱乐、医疗保健、商业服务和托儿幼教等方面用能)。主要生产系统包括备煤(不包括选煤)、制浆、储存和添加剂配加等工段。辅助生产系统包括机修、化验、计量、食堂、浴池、生产管理、调度指挥、安全与环保等。

5.2 计算方法

水煤浆单位产品电能消耗应按式(1)计算：

$$e_{CWM}=\frac{E_d}{P_{CWM}} \qquad \cdots\cdots(1)$$

式中：

e_{CWM} ——水煤浆单位产品能源消耗，单位为千瓦时每吨(kW·h/t)；

E_d ——水煤浆生产过程中的电能消耗量，单位为千瓦时(kW·h)；

P_{CWM}——合格水煤浆产品产量，单位为吨(t)。

6 节能管理与措施

6.1 节能基础管理

6.1.1 企业应根据 GB 17167 的要求配备能源计量器具并建立能源计量管理制度。

6.1.2 企业应定期对水煤浆生产的能耗情况进行考核，并把考核指标分解落实到各基层部门，建立用能责任制度。

6.1.3 企业应按要求建立能耗统计体系，建立能耗计算和考核结果的文件档案，并对文件进行受控管理。

6.2 节能技术管理

6.2.1 经济运行要求如下：

——企业应选用达到经济运行状态的专用大型固定设备和通用设备；

——企业应加强设备的维护、检修工作，提高设备的负荷率；应使生产运行设备合理匹配，经济运行；应使设备处于高效率低能耗运行状态；应加强各种管网的维护管理，防止跑、冒、滴、漏的现象发生。

6.2.2 企业应对主要耗能设备进行定期监测。

6.2.3 企业应积极推广、应用以下节能技术：

——开发利用高效节能的新技术、新工艺、新设备、新材料；

——推进清洁生产，提高资源利用效率，减少污染物排放量；

——淘汰高能耗、高污染、低效率的工艺和设备；

——推广废气、废水和固体废弃物的综合利用技术。

6.3 监督与考核

企业应建立能耗测试、能耗统计、能量平衡和能耗考核结果的文件档案，并对文件进行受控管理。

ICS 27.010
F 10

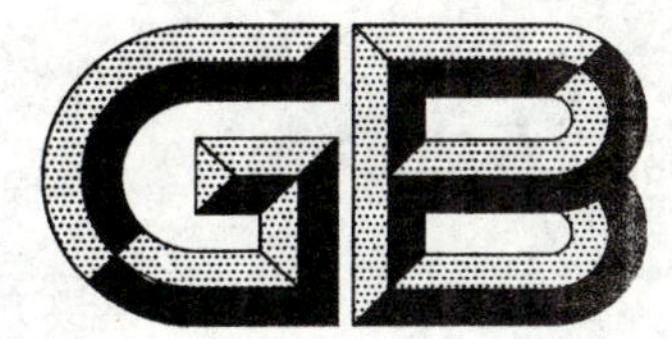

中华人民共和国国家标准

GB 30178—2013

煤直接液化制油单位产品能源消耗限额

The norm of energy consumption per unit product from direct coal to oil

2013-12-31 发布　　　　2014-12-01 实施

中华人民共和国国家质量监督检验检疫总局
中国国家标准化管理委员会　发布

前 言

本标准的4.1和4.2为强制性的，其余为推荐性的。

本标准按照GB/T 1.1—2009给出的规则起草。

本标准由国家发展和改革委员会资源节约与环境保护司提出。

本标准由全国能源基础与管理标准化技术委员会(SAC/TC 20)和全国煤炭标准化技术委员会(SAC/TC 42)归口。

本标准起草单位：煤炭科学研究总院北京煤化工研究分院、神华集团有限责任公司、石油和化学工业规划院、煤炭工业节能技术服务中心。

本标准主要起草人：张国光、张惠民、姜英、袁根乐、丁华、梁仕普、袁明、罗陨飞、李晨、龚华俊。

煤直接液化制油单位产品能源消耗限额

1 范围

本标准规定了煤直接液化制油单位产品能源消耗限额的技术要求、统计范围和计算方法、节能管理与措施。

本标准适用于煤直接液化制油企业能源消耗的计算、考核，以及对新建企业的能源消耗控制。

2 规范性引用文件

下列文件对于本文件的应用是必不可少的。凡是注日期的引用文件，仅注日期的版本适用于本文件。凡是不注日期的引用文件，其最新版本(包括所有的修改单)适用于本文件。

GB/T 12723 单位产品能源消耗限额编制通则

GB 17167 用能单位能源计量器具配备和管理通则

3 术语和定义

GB/T 12723 界定的以及下列术语和定义适用于本文件。

3.1

煤直接液化制油产品产量 output of direct coal to oil

统计报告期内，柴油、石脑油和液化气等三项产品折算成标准油的合计量。

3.2

煤直接液化制油综合能耗 comprehensive energy consumption from direct coal to oil

统计报告期内，煤直接液化制油所消耗的各种能源总量。其值等于煤直接液化制油生产过程中输入的各种能源折标准煤合计量减去向外输出的各种能源折标准煤合计量。

3.3

煤直接液化制油单位产品能源消耗 comprehensive energy consumption per unit product from direct coal to oil

统计报告期内，煤直接液化制油企业生产单位合格产品的综合能耗。

4 技术要求

4.1 煤直接液化制油单位产品能源消耗限定值

电力折标准煤系数采用当量值时，现有煤直接液化制油企业单位产品能源消耗限定值应不大于 2 200 kgce/toe。

4.2 煤直接液化制油单位产品能源消耗准入值

电力折标准煤系数采用当量值时，新建煤直接液化制油企业单位产品能源消耗准入值应不大于 1 900 kgce/toe。

4.3 煤直接液化制油单位产品能源消耗先进值

电力折标准煤系数采用当量值时，煤直接液化制油企业单位产品能源消耗先进值应不大于1 900 kgce/toe。

5 能耗统计范围和计算方法

5.1 能耗统计范围及能源折标准煤系数取值原则

5.1.1 统计范围

5.1.1.1 煤直接液化制油综合能耗包括主要生产系统、辅助生产系统和附属生产系统所消耗的各种一次能源量、二次能源量和损失量，不包括建设和改造过程用能和生活用能(指企业系统内宿舍、学校、文化娱乐、医疗保健、商业服务和托儿幼教等方面用能)。其中，主要生产系统包括备煤、催化剂制备、煤液化、加氢稳定、加氢改质、轻烃回收和制氢等生产装置；辅助生产系统是为主要生产系统服务的公用工程、热电和安全环保等工艺过程、设施和设备，包括自备电站、空分、循环水厂、化学水处理、油品罐区以及气体脱硫、硫回收、污水处理和酚回收等装置；附属生产系统是为生产系统配置的服务部门和单位，包括办公室、化验、浴室和维修等。

5.1.1.2 煤直接液化制油输出能量是指煤直接液化制油系统向外输出的供其他产品或装置使用的能量。煤直接液化制油生产系统产生的废气、废液、废渣中未回收使用的、无计量的、没有实测热值以及不作为能源利用的(如直接用于修路和盖房等)，均不得计入输出能量。

5.1.1.3 煤直接液化制油生产回收利用的能量，用于本系统时不得作为输入能量计入。向外系统输出时，应计入煤直接液化制油向外输出能量。

5.1.1.4 耗能工质(包括外购和自产自用)不计入煤直接液化制油综合能耗。外购的耗能工质应计入煤直接液化制油企业单位产品能源消耗；自产自用的耗能工质不应计入煤直接液化制油企业单位产品能源消耗。

5.1.2 能源折标准煤系数取值原则

各种能源应以其低位发热量为计算基础折算为标准煤量，以企业在统计报告期内的实测值为准，没有实测条件的，参见附录A中各种能源折标准煤系数。

低位发热量等于29 307 kJ的燃料，称为1 kgce。

5.1.3 耗能工质折标准煤系数取值原则

各种耗能工质可参见附录B中各种耗能工质折标准煤系数为计算基础折算为标准煤量。

5.2 计算方法

5.2.1 煤直接液化制油综合能耗的计算

煤直接液化制油综合能耗按式(1)计算：

$$E=\sum_{i=1}^{n}(E_i \times k_i)-\sum_{j=1}^{m}(E_j \times k_j) \qquad \cdots\cdots(1)$$

式中：

E ——煤直接液化制油综合能耗，单位为千克标准煤(kgce)；

E_i ——煤直接液化制油生产过程中输入的第 i 种能源实物量，包括原料煤、燃料煤、天然气、电力和各种油类等，单位为吨(t)或千瓦时(kW·h)或立方米(m^3)；

k_i ——输入的第 i 种能源的折标系数,单位为千克标准煤每吨(kgce/t)或千克标准煤每千瓦时[kgce/(kW·h)]或千克标准煤每立方米(kgce/m^3);

n ——输入的能源种类数量;

E_j ——煤直接液化制油生产过程中输出的第 j 种能源实物量,包括液化气、石脑油、汽油、柴油、航空煤油和油渣等,单位为吨(t)或千瓦时(kW·h)或立方米(m^3);

k_j ——输出的第 j 种能源的折标系数,单位为千克标准煤每吨(kgce/t)或千克标准煤每千瓦时[kgce/(kW·h)]或千克标准煤每立方米(kgce/m^3);

m ——输出的能源种类数量。

5.2.2 煤直接液化制油产品产量的计算

煤直接液化制油产品产量应按统计报告期内,柴油、石脑油和液化气等三项产品的低位发热量为计算基础折算为标准油量后相加。低位发热量应以企业在统计报告期内的实测值为准。

低位发热量等于 41 870 MJ 的燃料,称为 1 toe。

5.2.3 煤直接液化制油单位产品能源消耗的计算

煤直接液化制油单位产品能源消耗按式(2)计算:

$$e=\frac{E+E'}{P} \qquad (2)$$

式中:

e ——煤直接液化制油单位产品能源消耗,单位为千克标煤每吨标准油(kgce/toe);

E'——外购耗能工质能源消耗折算量,单位为千克标准煤(kgce),按式(3)进行折算;

P ——煤直接液化制油产品产量,单位为吨标准油(toe)。

$$E'=\sum_{t=1}^{u}(E'_t \times p_t) \qquad (3)$$

式中:

E'_t——煤直接液化制油生产过程中外购的第 t 种耗能工质,包括新水、软化水、压缩空气、氧气和氮气等,单位为吨(t)或立方米(m^3);

p_t ——外购的第 t 种耗能工质的折标系数,单位为千克标准煤每吨(kgce/t)或千克标准煤每立方米(kgce/m^3);

u ——外购的耗能工质种类数量。

6 节能管理与措施

6.1 节能基础管理

6.1.1 企业应定期对煤直接液化制油生产的能耗情况进行考核,建立用能责任制度。

6.1.2 企业应按要求建立能耗统计体系,建立能耗计算和考核结果的文件档案,并对文件进行受控管理。

6.1.3 企业应根据 GB 17167 的要求配备能源计量器具并建立能源计量管理制度。

6.2 节能技术管理

6.2.1 经济运行

6.2.1.1 企业应选用达到经济运行状态的专用大型固定设备和通用设备。

6.2.1.2　企业应开展设备的检修、维护工作，提高设备的负荷率，其长周期运行；应使生产转动设备合理匹配，经济运行；应使设备处于高效率低能耗运行状态；应按照合理用能的原则，对各种热能科学使用，梯级利用；对余热和余压，加强回收和利用；对各种带热(冷)设备和管网应开展维护管理工作。

6.2.2　节能技术

6.2.2.1　开发利用高效节能的新技术、新工艺、新设备。

6.2.2.2　推进清洁生产，提高资源利用效率，减少污染物排放量。

6.2.2.3　推广废气、废水和固体废弃物的综合利用技术。

6.2.2.4　推广高效率的气化、净化、合成技术。

6.2.2.5　淘汰高能耗、高污染的工艺和设备。

6.3　监督与考核

建立能耗测试、能耗统计、能源平衡和能耗考核结果的文件档案，并对文件进行受控管理。

附　录　A
（资料性附录）
各种能源折算标准煤系数

各种能源折算标准煤系数见表A.1。

表A.1　各种能源折算标准煤系数

能源名称		平均低位发热量	折标准煤系数
原煤		20 908 kJ/kg（5 000 kcal/kg）	0.714 3 kgce/kg
洗精煤		26 344 kJ/kg（6 300 kcal/kg）	0.900 0 kgce/kg
其他洗煤	洗中煤	8 363 kJ/kg（2 000 kcal/kg）	0.285 7 kgce/kg
	煤泥	8 363 kJ/kg～12 545 kJ/kg （2 000 kcal/kg～3 000 kcal/kg）	0.285 7 kgce/kg～0.428 6 kgce/kg
焦炭		28 435 kJ/kg（6 800 kcal/kg）	0.971 4 kgce/kg
原油		41 816 kJ/kg（10 000 kcal/kg）	1.428 6 kgce/kg
重油		41 816 kJ/kg（10 000 kcal/kg）	1.428 6 kgce/kg
煤油		43 070 kJ/kg（10 300 kcal/kg）	1.471 4 kgce/kg
汽油		43 070 kJ/kg（10 300 kcal/kg）	1.471 4 kgce/kg
柴油		42 652 kJ/kg（10 200 kcal/kg）	1.457 1 kgce/kg
煤焦油		33 453 kJ/kg（8 000 kcal/kg）	1.142 9 kgce/kg
渣油		41 816 kJ/kg（10 000 kcal/kg）	1.428 6 kgce/kg
液化石油气		50 179 kJ/kg（12 000 kcal/kg）	1.714 3 kgce/kg
炼厂干气		46 055 kJ/kg（11 000 kcal/kg）	1.571 4 kgce/kg
油田天然气		38 931 kJ/m^3（9 310 kcal/m^3）	1.330 0 kgce/m^3
气田天然气		35 544 kJ/m^3（8 500 kcal/m^3）	1.214 3 kgce/m^3
煤矿瓦斯气		14 636 kJ/m^3～16 726 kJ/m^3 （3 500 kcal/m^3～4 000 kcal/m^3）	0.500 0 kgce/m^3～0.571 4 kgce/m^3
焦炉煤气		16 726 kJ/m^3～17 981 kJ/m^3 （4 000 kcal/m^3～4 300 kcal/m^3）	0.571 4 kgce/m^3～0.614 3 kgce/m^3
高炉煤气		3 763 kJ/m^3	0.128 6 kgce/m^3
其他煤气	a）发生炉煤气	5 227 kJ/m^3（1 250 kcal/m^3）	0.178 6 kgce/m^3
	b）重油催化裂解煤气	19 235 kJ/m^3（4 600 kcal/m^3）	0.651 7 kgce/m^3
	c）重油热裂解煤气	35 544 kJ/m^3（8 500 kcal/m^3）	1.214 3 kgce/m^3
	d）焦炭制气	16 308 kJ/m^3（3 900 kcal/m^3）	0.557 1 kgce/m^3
	e）压力气化煤气	15 054 kJ/m^3（3 600 kcal/m^3）	0.514 3 kgce/m^3
	f）水煤气	10 454 kJ/m^3（2 500 kcal/m^3）	0.357 1 kgce/m^3

表 A.1（续）

能源名称	平均低位发热量	折标准煤系数
粗苯	41 816 kJ/kg (10 000 kcal/kg)	1.428 6 $kgce/m^3$
热力(当量值)		0.034 12 kgce/MJ
电力(当量值)	3 600 kJ/(kW・h)[860 kcal/(kW・h)]	0.122 9 kgce/(kW・h)
电力(等价值)	按当年火力发电标准煤耗计算	
蒸汽(低压)	3 673 MJ/t(900 Mcal/t)	0.128 6 kgce/kg

附 录 B
（资料性附录）
耗能工质能源等价值

耗能工质能源等价值见表B.1。

表B.1 耗能工质能源等价值

品种	单位耗能工质耗能量	折标准煤系数
新水	2.51 MJ/t(600 kcal/t)	0.085 7 kgce/t
软水	14.23 MJ/t(3 400 kcal/t)	0.485 7 kgce/t
除氧水	28.45 MJ/t(6 800 kcal/t)	0.971 4 kgce/t
压缩空气	1.17 MJ/m^3(280 kcal/m^3)	0.040 0 kgce/m^3
鼓风	0.88 MJ/m^3(210 kcal/m^3)	0.030 0 kgce/m^3
氧气	11.72 MJ/m^3(2 800 kcal/m^3)	0.400 0 kgce/m^3
氮气(做副产品时)	11.72 MJ/m^3(2 800 kcal/m^3)	0.400 0 kgce/m^3
氮气(做主产品时)	19.66 MJ/m^3(4 700 kcal/m^3)	0.671 4 kgce/m^3
二氧化碳气	6.28 MJ/m^3(1 500 kcal/m^3)	0.214 3 kgce/m^3

ICS 27.010
F 10

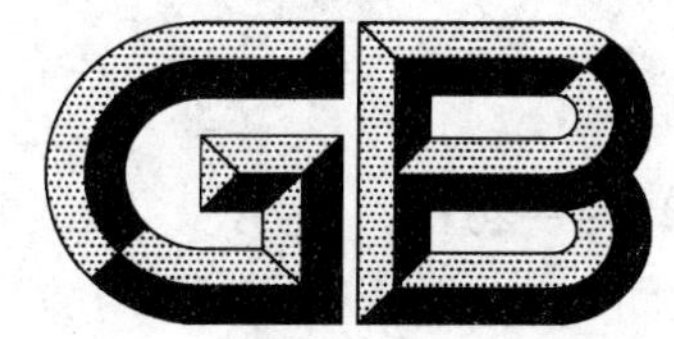

中华人民共和国国家标准

GB 30179—2013

煤制天然气单位产品能源消耗限额

The norm of energy consumption per unit product from coal to synthetic natural gas

2013-12-31 发布　　2014-12-01 实施

中华人民共和国国家质量监督检验检疫总局
中国国家标准化管理委员会　发布

前 言

本标准的4.1和4.2为强制性的，其余为推荐性的。

本标准按照GB/T 1.1—2009给出的规则起草。

本标准由国家发展和改革委员会资源节约与环境保护司提出。

本标准由全国能源基础与管理标准化技术委员会(SAC/TC 20)和全国煤炭标准化技术委员会(SAC/TC 42)归口。

本标准起草单位：煤炭科学研究总院北京煤化工研究分院、大唐国际化工技术研究院有限公司、航天长征化学工程股份有限公司、神华集团有限责任公司、石油和化学工业规划院、煤炭工业节能技术服务中心。

本标准主要起草人：张国光、李春启、姜从斌、袁根乐、姜英、梅长松、朱玉营、张惠民、梁仕普、罗陨飞、李晨、龚华俊。

煤制天然气单位产品能源消耗限额

1 范围

本标准规定了采用不同工艺技术生产的煤制天然气单位产品能源消耗限额的技术要求、统计范围和计算方法、节能管理与措施。

本标准适用于不同工艺技术生产煤制天然气企业能源消耗的计算、考核，以及对新建企业的能源消耗控制。

2 规范性引用文件

下列文件对于本文件的应用是必不可少的。凡是注日期的引用文件，仅注日期的版本适用于本文件。凡是不注日期的引用文件，其最新版本(包括所有的修改单)适用于本文件。

GB/T 12723 单位产品能源消耗限额编制通则

GB 17167 用能单位能源计量器具配备和管理通则

3 术语和定义

GB/T 12723 界定的以及下列术语和定义适用于本文件。

3.1

煤制天然气产量 output of coal to synthetic natural gas

统计报告期内，以煤为原料生产符合规定的替代天然气的产品总量。

3.2

煤制天然气综合能耗 comprehensive energy consumption of coal to synthetic natural gas

统计报告期内，煤制天然气所消耗的各种能源总量。其值等于煤制天然气生产过程中输入的各种能源折标准煤合计量减去向外输出的各种能源折标准煤合计量。

3.3

煤制天然气单位产品能源消耗 comprehensive energy consumption per unit product from coal to synthetic natural gas

统计报告期内，煤制天然气企业生产单位合格产品的综合能耗。

4 技术要求

4.1 煤制天然气单位产品能源消耗限定值

电力折标准煤系数采用当量值时，现有煤制天然气企业单位产品能源消耗限定值应不大于1.5 kgce/m^3。

4.2 煤制天然气单位产品能源消耗准入值

电力折标准煤系数采用当量值时，新建煤制天然气企业单位产品能源消耗准入值应不大于1.4 kgce/m^3。

4.3 煤制天然气单位产品能源消耗先进值

电力折标准煤系数采用当量值时，煤制天然气企业应通过节能技术改造和加强节能管理，单位产品能源消耗先进值应不大于 1.3 kgce/m^3。

5 能耗统计范围和计算方法

5.1 能耗统计范围及能源折标准煤系数取值原则

5.1.1 统计范围

5.1.1.1 煤制天然气综合能耗包括主要生产系统、辅助生产系统和附属生产系统所消耗的各种一次能源量、二次能源量和损失量，不包括建设和改造过程用能和生活用能(指企业系统内宿舍、学校、文化娱乐、医疗保健、商业服务和托儿幼教等方面用能)。其中，主要生产系统包括备煤、空分、气化、净化、甲烷化和产品压送等；辅助生产系统是为主要生产系统服务的公用工程、热电和安全环保等工艺过程、设施和设备，包括动力、供电、机修、供水、供气和硫回收等生产装置；附属生产系统是为生产系统配置的部门和单位，包括办公室、化验、浴室和维修等。

5.1.1.2 煤制天然气输出能量是指煤制天然气系统向外输出的供其他产品或装置使用的能量。煤制天然气生产系统产生的废气、废液和废渣中未回收使用的、无计量的、没有实测热值以及不作为能源利用的(如直接用于修路和盖房等)，均不得计入输出能量。

5.1.1.3 煤制天然气生产回收利用的能量，用于本系统时不得作为输入能量计入。向外系统输出时，应计入煤制天然气向外输出能量。

5.1.1.4 耗能工质(包括外购和自产自用)不计入煤制天然气综合能耗。外购的耗能工质应计入煤制天然气企业单位产品能源消耗；自产自用的耗能工质不应计入煤制天然气企业单位产品能源消耗。

5.1.2 能源折标准煤系数取值原则

各种能源应以其低位发热量为计算基础折算为标准煤量，以企业在统计报告期内的实测值为准，没有实测条件的，参见附录 A 中各种能源折标准煤系数。

低位发热量等于 29 307 kJ 的燃料，称为 1 kgce。

5.1.3 耗能工质折标准煤系数取值原则

各种耗能工质可参见附录 B 中各种耗能工质折标准煤系数为计算基础折算为标准煤量。

5.2 计算方法

5.2.1 煤制天然气综合能耗的计算

煤制天然气综合能耗按式(1)计算：

$$E=\sum_{i=1}^{n}(E_i\times k_i)-\sum_{j=1}^{m}(E_j\times k_j) \qquad (1)$$

式中：

E ——煤制天然气综合能耗，单位为千克标准煤(kgce)；

E_i——煤制天然气生产过程中输入的第 i 种能源实物量，包括原料煤、燃料煤、外购电力和各种油类等，单位为吨(t)或千瓦时(kW·h)或立方米(m^3)；

k_i ——输入的第 i 种能源的折标系数，单位为千克标准煤每吨(kgce/t)或千克标准煤每千瓦时[kgce/(kW·h)]或千克标准煤每立方米(kgce/m^3)；

n ——输入的能源种类数量；

E_j——煤制天然气生产过程中输出的第 j 种能源实物量，包括天然气、焦油和石脑油等，单位为吨(t)或千瓦时(k·Wh)或立方米(m^3)；

k_j——输出的第 j 种能源的折标系数，单位为千克标准煤每吨(kgce/t)或千克标准煤每千瓦时[kgce/(kW·h)]或千克标准煤每立方米(kgce/m^3)；

m ——输出的能源种类数量。

5.2.2 煤制天然气单位产品能源消耗的计算

煤制天然气单位产品能源消耗按式(2)计算：

$$e=\frac{E+E'}{P} \qquad (2)$$

式中：

e ——煤制天然气单位产品能源消耗，单位为千克标准煤每立方米(kgce/m^3)；

E'——外购耗能工质能源消耗折算量，单位为千克标准煤(kgce)，按式(3)进行折算；

P ——指合格煤制天然气产量，单位为立方米(m^3)。

$$E'=\sum_{t=1}^{u}(E'_t\times p_t) \qquad (3)$$

式中：

E_t'——煤制天然气生产过程中外购的第 t 种耗能工质，包括新水、软化水、压缩空气、氧气和氮气等，单位为吨(t)或立方米(m^3)；

p_t ——外购的第 t 种耗能工质的折标系数，单位为千克标准煤每吨(kgce/t)或千克标准煤每立方米(kgce/m^3)；

u ——外购的耗能工质种类数量。

6 节能管理与措施

6.1 节能基础管理

6.1.1 企业应定期对煤制天然气生产的能耗情况进行考核，建立用能责任制度。

6.1.2 企业应按要求建立能耗统计体系，建立能耗计算和考核结果的文件档案，并对文件进行受控管理。

6.1.3 企业应根据 GB 17167 的要求配备能源计量器具并建立能源计量管理制度。

6.2 节能技术管理

6.2.1 经济运行

6.2.1.1 企业应选用达到经济运行状态的专用大型固定设备和通用设备。

6.2.1.2 企业应开展设备的检修、维护工作，提高设备的负荷率，使其长周期运行；应使生产转动设备合理匹配，经济运行；应使设备处于高效率低能耗运行状态；应按照合理用能的原则，对各种热能科学使用，梯级利用；对余热和余压，加强回收和利用；对各种带热(冷)设备和管网应开展维护管理工作。

6.2.2 节能技术

6.2.2.1 开发利用高效节能的新技术、新工艺和新设备。

6.2.2.2 推进清洁生产，提高资源利用效率，减少污染物排放量。

6.2.2.3 推广废气、废水和固体废弃物的综合利用技术。

6.2.2.4 推广高效率的气化、净化和合成技术。

6.2.2.5 淘汰高能耗、高污染的工艺和设备。

6.3 监督与考核

建立能耗测试、能耗统计、能源平衡和能耗考核结果的文件档案，并对文件进行受控管理。

附 录 A
（资料性附录）
各种能源折算标准煤系数

各种能源折算标准煤系数见表A.1。

表 A.1 各种能源折算标准煤系数

<table>
<tr><th colspan="2">能源名称</th><th>平均低位发热量</th><th>折标准煤系数</th></tr>
<tr><td colspan="2">原煤</td><td>20 908 kJ/kg（5 000 kcal/kg）</td><td>0.714 3 kgce/kg</td></tr>
<tr><td colspan="2">洗精煤</td><td>26 344 kJ/kg（6 300 kcal/kg）</td><td>0.900 0 kgce/kg</td></tr>
<tr><td rowspan="2">其他洗煤</td><td>洗中煤</td><td>8 363 kJ/kg（2 000 kcal/kg）</td><td>0.285 7 kgce/kg</td></tr>
<tr><td>煤泥</td><td>8 363 kJ/kg～12 545 kJ/kg
（2 000 kcal/kg～3 000 kcal/kg）</td><td>0.285 7 kgce/kg～0.428 6 kgce/kg</td></tr>
<tr><td colspan="2">焦炭</td><td>28 435 kJ/kg（6 800 kcal/kg）</td><td>0.971 4 kgce/kg</td></tr>
<tr><td colspan="2">原油</td><td>41 816 kJ/kg（10 000 kcal/kg）</td><td>1.428 6 kgce/kg</td></tr>
<tr><td colspan="2">重油</td><td>41 816 kJ/kg（10 000 kcal/kg）</td><td>1.428 6 kgce/kg</td></tr>
<tr><td colspan="2">煤油</td><td>43 070 kJ/kg（10 300 kcal/kg）</td><td>1.471 4 kgce/kg</td></tr>
<tr><td colspan="2">汽油</td><td>43 070 kJ/kg（10 300 kcal/kg）</td><td>1.471 4 kgce/kg</td></tr>
<tr><td colspan="2">柴油</td><td>42 652 kJ/kg（10 200 kcal/kg）</td><td>1.457 1 kgce/kg</td></tr>
<tr><td colspan="2">煤焦油</td><td>33 453 kJ/kg（8 000 kcal/kg）</td><td>1.142 9 kgce/kg</td></tr>
<tr><td colspan="2">渣油</td><td>41 816 kJ/kg（10 000 kcal/kg）</td><td>1.428 6 kgce/kg</td></tr>
<tr><td colspan="2">液化石油气</td><td>50 179 kJ/kg（12 000 kcal/kg）</td><td>1.714 3 kgce/kg</td></tr>
<tr><td colspan="2">炼厂干气</td><td>46 055 kJ/kg（11 000 kcal/kg）</td><td>1.571 4 kgce/kg</td></tr>
<tr><td colspan="2">油田天然气</td><td>38 931 kJ/m³（9 310 kcal/m³）</td><td>1.330 0 kgce/m³</td></tr>
<tr><td colspan="2">气田天然气</td><td>35 544 kJ/m³（8 500 kcal/m³）</td><td>1.214 3 kgce/m³</td></tr>
<tr><td colspan="2">煤矿瓦斯气</td><td>14 636 kJ/m³～16 726 kJ/m³
（3 500 kcal/m³～4 000 kcal/m³）</td><td>0.500 0 kgce/m³～0.571 4 kgce/m³</td></tr>
<tr><td colspan="2">焦炉煤气</td><td>16 726 kJ/m³～17 981 kJ/m³
（4 000 kcal/m³～4 300 kcal/m³）</td><td>0.571 4 kgce/m³～0.614 3 kgce/m³</td></tr>
<tr><td colspan="2">高炉煤气</td><td>3 763 kJ/m³</td><td>0.128 6 kgce/m³</td></tr>
<tr><td rowspan="6">其他煤气</td><td>a） 发生炉煤气</td><td>5 227 kJ/m³（1 250 kcal/m³）</td><td>0.178 6 kgce/m³</td></tr>
<tr><td>b） 重油催化裂解煤气</td><td>19 235 kJ/m³（4 600 kcal/m³）</td><td>0.651 7 kgce/m³</td></tr>
<tr><td>c） 重油热裂解煤气</td><td>35 544 kJ/m³（8 500 kcal/m³）</td><td>1.214 3 kgce/m³</td></tr>
<tr><td>d） 焦炭制气</td><td>16 308 kJ/m³（3 900 kcal/m³）</td><td>0.557 1 kgce/m³</td></tr>
<tr><td>e） 压力气化煤气</td><td>15 054 kJ/m³（3 600 kcal/m³）</td><td>0.514 3 kgce/m³</td></tr>
<tr><td>f） 水煤气</td><td>10 454 kJ/m³（2 500 kcal/m³）</td><td>0.357 1 kgce/m³</td></tr>
</table>

表 A.1(续)

能源名称	平均低位发热量	折标准煤系数
粗苯	41 816 kJ/kg (10 000 kcal/kg)	1.428 6 kgce/m^3
热力(当量值)		0.034 12 kgce/MJ
电力(当量值)	3 600 kJ/(kW·h)[860 kcal/(kW·h)]	0.122 9 kgce/(kW·h)
电力(等价值)	按当年火力发电标准煤耗计算	
蒸汽(低压)	3 673 MJ/t(900 Mcal/t)	0.128 6 kgce/kg

附 录 B
（资料性附录）
耗能工质能源等价值

耗能工质能源等价值见表B.1。

表B.1 耗能工质能源等价值

品种	单位耗能工质耗能量	折标准煤系数
新水	2.51 MJ/t(600 kcal/t)	0.085 7 kgce/t
软水	14.23 MJ/t(3 400 kcal/t)	0.485 7 kgce/t
除氧水	28.45 MJ/t(6 800 kcal/t)	0.971 4 kgce/t
压缩空气	1.17MJ/m^3(280 kcal/m^3)	0.040 0 kgce/m^3
鼓风	0.88 MJ/m^3(210 kcal/m^3)	0.030 0 kgce/m^3
氧气	11.72 MJ/m^3(2 800 kcal/m^3)	0.400 0 kgce/m^3
氮气(做副产品时)	11.72 MJ/m^3(2 800 kcal/m^3)	0.400 0 kgce/m^3
氮气(做主产品时)	19.66 MJ/m^3(4 700 kcal/m^3)	0.671 4 kgce/m^3
二氧化碳气	6.28 MJ/m^3(1 500 kcal/m^3)	0.214 3 kgce/m^3

ICS 27.010
F 10

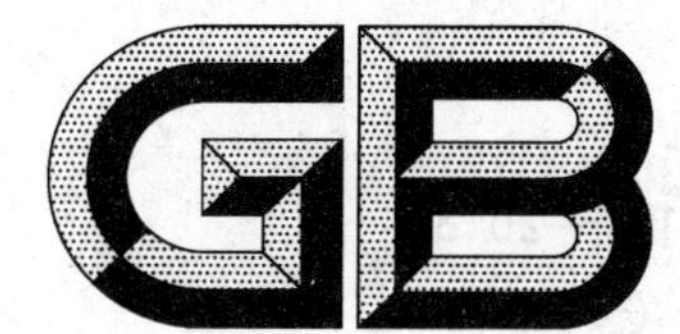

中华人民共和国国家标准

GB 30180—2013

煤制烯烃单位产品能源消耗限额

The norm of energy consumption per unit product from coal to olefin

2013-12-31 发布　　　　2014-12-01 实施

中华人民共和国国家质量监督检验检疫总局
中国国家标准化管理委员会　发布

前 言

本标准的4.1和4.2为强制性的,其余为推荐性的。

本标准按照GB/T 1.1—2009给出的规则起草。

本标准由国家发展和改革委员会资源节约与环境保护司提出。

本标准由全国能源基础与管理标准化技术委员会(SAC/TC 20)和全国煤炭标准化技术委员会(SAC/TC 42)归口。

本标准起草单位:煤炭科学研究总院北京煤化工研究分院、神华集团有限责任公司、航天长征化学工程股份有限公司、石油和化学工业规划院、煤炭工业节能技术服务中心。

本标准主要起草人:张国光、袁根乐、姜从斌、姜英、张惠民、丁建平、梁仕普、董斌琦、罗陨飞、李晨、龚华俊。

煤制烯烃单位产品能源消耗限额

1 范围

本标准规定了采用不同工艺技术生产的煤制烯烃单位产品能源消耗限额的技术要求、统计范围和计算方法、节能管理与措施。

本标准适用于不同工艺技术生产煤制烯烃企业能源消耗的计算、考核，以及对新建或改扩建企业的能源消耗控制。

2 规范性引用文件

下列文件对于本文件的应用是必不可少的。凡是注日期的引用文件，仅注日期的版本适用于本文件。凡是不注日期的引用文件，其最新版本(包括所有的修改单)适用于本文件。

GB/T 12723 单位产品能源消耗限额编制通则

GB 17167 用能单位能源计量器具配备和管理通则

3 术语和定义

GB/T 12723 界定的以及下列术语和定义适用于本文件。

3.1

煤制烯烃产量 output of coal to olefin

以乙烯和丙烯的合计产量作为煤制烯烃生产的产量，两项产品的产量直接相加。

3.2

煤制烯烃综合能耗 comprehensive energy consumption of coal to olefin

统计报告期内，煤制烯烃所消耗的各种能源总量。其值等于煤制烯烃生产过程中输入的各种能源折标准煤合计量减去向外输出的各种产品实物量折标准煤合计量。

3.3

煤制烯烃单位产品能源消耗 comprehensive energy consumption per unit product from coal to olefin

统计报告期内，煤制烯烃企业生产单位合格产品的综合能耗。

4 技术要求

4.1 煤制烯烃单位产品能源消耗限定值

电力折标准煤系数采用当量值时，现有煤制烯烃企业单位产品能源消耗限定值应符合表1的要求。

表1 煤制烯烃单位产品能源消耗限定值

主产品结构	单位产品能源消耗限定值/(kgce/t)
乙烯和丙烯	≤4 500
丙烯	≤6 000

4.2 煤制烯烃单位产品能源消耗准入值

电力折标准煤系数采用当量值时，新建或改扩建煤制烯烃企业单位产品能源消耗准入值应符合表2的要求。

表2 煤制烯烃单位产品能源消耗准入值

主产品结构	单位产品能源消耗准入值/(kgce/t)
乙烯和丙烯	≤4 000
丙烯	≤5 500

4.3 煤制烯烃单位产品能源消耗先进值

电力折标准煤系数采用当量值时，煤制烯烃企业应通过节能技术改造和加强节能管理，单位产品能源消耗先进值应符合表3的要求。

表3 煤制烯烃单位产品能源消耗先进值

主产品结构	单位产品能源消耗先进值/(kgce/t)
乙烯和丙烯	≤3 700
丙烯	≤5 200

5 能耗统计范围和计算方法

5.1 能耗统计范围及能源折标准煤系数取值原则

5.1.1 统计范围

5.1.1.1 煤制烯烃综合能耗包括主要生产系统、辅助生产系统和附属生产系统所消耗的各种一次能源量、二次能源量和损失量；不包括建设和改造过程用能和生活用能(指企业系统内宿舍、学校、文化娱乐、医疗保健、商业服务和托儿幼教等方面用能)；不包括烯烃聚合工艺的能源消耗量。主要生产系统包括备煤、气化、空分、变换净化、甲醇合成、甲醇制烯烃、烯烃分离和硫回收等生产装置；辅助生产系统是为主要生产系统服务的公用工程、热电和安全环保等工艺过程、设施和设备，包括动力、供电、机修、供水和供气等生产装置；附属生产系统是为生产系统配置的服务部门和单位，包括办公室、化验、浴室和维修等。

5.1.1.2 煤制烯烃输出能量是指煤制烯烃系统向外输出的供其他产品或装置使用的能量。煤制烯烃生产系统产生的废气、废液、废渣中未回收使用的、无计量的、没有实测热值以及不作为能源利用的(如直接用于修路、盖房等)，均不得计入输出能量。

5.1.1.3 煤制烯烃生产回收利用的能量，用于本系统时不得作为输入能量计入。向外系统输出时，应计入煤制烯烃向外输出能量。

5.1.1.4 烯烃聚合及其他深加工工序消耗的各种能源折标准煤合计量应从煤制烯烃的综合能耗中扣除。

5.1.1.5 耗能工质(包括外购和自产自用)不计入煤制烯烃综合能耗。外购的耗能工质应计入煤制烯烃企业单位产品能源消耗；自产自用的耗能工质不应计入煤制烯烃企业单位产品能源消耗。

5.1.2 能源折标准煤系数取值原则

各种能源应以其低位发热量为计算基础折算为标准煤量，以企业在统计报告期内的实测值为准，没有实测条件的，参见附录 A 中各种能源折标准煤系数。

低位发热量等于 29 307 kJ 的燃料，称为 1 kgce 。

5.1.3 耗能工质折标准煤系数取值原则

各种耗能工质可参见附录 B 中各种耗能工质折标准煤系数为计算基础折算为标准煤量。

5.2 计算方法

5.2.1 煤制烯烃综合能耗的计算

煤制烯烃综合能耗按式(1)计算：

$$E=\sum_{i=1}^{n}(E_i \times k_i)-\sum_{j=1}^{m}(E_j \times k_j) \qquad \cdots\cdots(1)$$

式中：

E ——煤制烯烃综合能耗，单位为千克标准煤(kgce)；

E_i ——煤制烯烃生产过程中输入的第 i 种能源实物量，包括原料煤、燃料煤、外购电力和各种油类等，单位为吨(t)或千瓦时(kW·h)或立方米(m^3)；

k_i ——输入的第 i 种能源的折标系数，单位为千克标准煤每吨(kgce/t)或千克标准煤每千瓦时[kgce/(kW·h)]或千克标准煤每立方米(kgce/m^3)；

n ——输入的能源种类数量；

E_j ——煤制烯烃生产过程中输出的第 j 种产品实物量，包括乙烯、丙烯、C_4、C_5^+ 类、LPG 和油品等，单位为吨(t)或千瓦时(kW·h)或立方米(m^3)；

k_j ——输出的第 j 种产品的折标系数，单位为千克标准煤每吨(kgce/t)或千克标准煤每千瓦时[kgce/(kW·h)]或千克标准煤每立方米(kgce/m^3)；

m ——输出的能源种类数量。

5.2.2 煤制烯烃单位产品能源消耗的计算

煤制烯烃单位产品能源消耗按式(2)计算：

$$e=\frac{E+E'}{P} \qquad \cdots\cdots(2)$$

式中：

e ——煤制烯烃单位产品能源消耗，单位为千克标准煤每吨(kgce/t)；

E'——外购耗能工质能源消耗折算量，单位为千克标准煤(kgce)，按式(3)进行折算；

P ——指合格煤制烯烃产品产量，单位为吨(t)。

$$E'=\sum_{t=1}^{u}(E'_t \times p_t) \qquad \cdots\cdots(3)$$

式中：

E'_t——煤制烯烃生产过程中外购的第 t 种耗能工质，包括新水、软化水、压缩空气、氧气和氮气等，单位为吨(t)或立方米(m^3)；

p_t ——外购的第 t 种耗能工质的折标系数，单位为千克标准煤每吨(kgce/t)或千克标准煤每立方米(kgce/m^3)；

u ——外购的耗能工质种类数量。

6 节能管理与措施

6.1 节能基础管理

6.1.1 企业应定期对煤制烯烃生产的能耗情况进行考核，建立用能责任制度。

6.1.2 企业应按要求建立能耗统计体系，建立能耗计算和考核结果的文件档案，并对文件进行受控管理。

6.1.3 企业应根据GB 17167的要求配备能源计量器具并建立能源计量管理制度。

6.2 节能技术管理

6.2.1 经济运行

6.2.1.1 企业应选用达到经济运行状态的专用大型固定设备和通用设备。

6.2.1.2 企业应开展设备的检修、维护工作，提高设备的负荷率，使其长周期运行；应使生产转动设备合理匹配，经济运行；应使设备处于高效率低能耗运行状态；应按照合理用能的原则，对各种热能科学使用，梯级利用；对余热和余压，加强回收和利用；对各种带热(冷)设备和管网应开展维护管理工作。

6.2.2 节能技术

6.2.2.1 开发利用高效节能的新技术、新工艺和新设备。

6.2.2.2 推进清洁生产，提高资源利用效率，减少污染物排放量。

6.2.2.3 推广废气、废水和固体废弃物的综合利用技术。

6.2.2.4 推广高效率的气化、净化和合成技术。

6.2.2.5 淘汰高能耗、高污染的工艺和设备。

6.3 监督与考核

建立能耗测试、能耗统计、能源平衡和能耗考核结果的文件档案，并对文件进行受控管理。

附 录 A
（资料性附录）
各种能源折算标准煤系数

各种能源折算标准煤系数见表A.1。

表A.1 各种能源折算标准煤系数

能源名称		平均低位发热量	折标准煤系数
原煤		20 908 kJ/kg（5 000 kcal/kg）	0.714 3 kgce/kg
洗精煤		26 344 kJ/kg（6 300 kcal/kg）	0.900 0 kgce/kg
其他洗煤	洗中煤	8 363 kJ/kg（2 000 kcal/kg）	0.285 7 kgce/kg
	煤泥	8 363 kJ/kg～12 545 kJ/kg（2 000 kcal/kg～3 000 kcal/kg）	0.285 7 kgce/kg～0.428 6 kgce/kg
焦炭		28 435 kJ/kg（6 800 kcal/kg）	0.971 4 kgce/kg
原油		41 816 kJ/kg（10 000 kcal/kg）	1.428 6 kgce/kg
重油		41 816 kJ/kg（10 000 kcal/kg）	1.428 6 kgce/kg
煤油		43 070 kJ/kg（10 300 kcal/kg）	1.471 4 kgce/kg
汽油		43 070 kJ/kg（10 300 kcal/kg）	1.471 4 kgce/kg
柴油		42 652 kJ/kg（10 200 kcal/kg）	1.457 1 kgce/kg
煤焦油		33 453 kJ/kg（8 000 kcal/kg）	1.142 9 kgce/kg
渣油		41 816 kJ/kg（10 000 kcal/kg）	1.428 6 kgce/kg
液化石油气		50 179 kJ/kg（12 000 kcal/kg）	1.714 3 kgce/kg
炼厂干气		46 055 kJ/kg（11 000 kcal/kg）	1.571 4 kgce/kg
油田烯烃		38 931 kJ/m³（9 310 kcal/m³）	1.330 0 kgce/m³
气田烯烃		35 544 kJ/m³（8 500 kcal/m³）	1.214 3 kgce/m³
煤矿瓦斯气		14 636 kJ/m³～16 726 kJ/m³（3 500 kcal/m³～4 000 kcal/m³）	0.500 0 kgce/m³～0.571 4 kgce/m³
焦炉煤气		16 726 kJ/m³～17 981 kJ/m³（4 000 kcal/m³～4 300 kcal/m³）	0.571 4 kgce/m³～0.614 3 kgce/m³
高炉煤气		3 763 kJ/m³	0.128 6 kgce/m³
其他煤气	a） 发生炉煤气	5 227 kJ/m³（1 250 kcal/m³）	0.178 6 kgce/m³
	b） 重油催化裂解煤气	19 235 kJ/m³（4 600 kcal/m³）	0.651 7 kgce/m³
	c） 重油热裂解煤气	35 544 kJ/m³（8 500 kcal/m³）	1.214 3 kgce/m³
	d） 焦炭制气	16 308 kJ/m³（3 900 kcal/m³）	0.557 1 kgce/m³
	e） 压力气化煤气	15 054 kJ/m³（3 600 kcal/m³）	0.514 3 kgce/m³
	f） 水煤气	10 454 kJ/m³（2 500 kcal/m³）	0.357 1 kgce/m³
乙烯		50 303 kJ/kg（12 030 kcal/kg）	1.716 2 kgce/kg

表 A.1（续）

能源名称	平均低位发热量	折标准煤系数
丙烯	48 692 kJ/kg（11 644 kcal/kg）	1.661 3 kgce/kg
粗苯	41 816 kJ/kg（10 000 kcal/kg）	1.428 6 kgce/m^3
热力（当量值）		0.034 12 kgce/MJ
电力（当量值）	3 600 kJ/(kW·h)[860 kcal/(kW·h)]	0.122 9 kgce/(kW·h)
电力（等价值）	按当年火力发电标准煤耗计算	
蒸汽（低压）	3 673 MJ/t(900 Mcal/t)	0.128 6 kgce/kg

附 录 B
（资料性附录）
耗能工质能源等价值

耗能工质能源等价值见表 B.1。

表 B.1 耗能工质能源等价值

品 种	单位耗能工质耗能量	折标准煤系数
新水	2.51 MJ/t（600 kcal/t）	0.085 7 kgce/t
软水	14.23 MJ/t（3 400 kcal/t）	0.485 7 kgce/t
除氧水	28.45 MJ/t（6 800 kcal/t）	0.971 4 kgce/t
压缩空气	1.17 MJ/m^3（280 $kcal/m^3$）	0.040 0 $kgce/m^3$
鼓风	0.88 MJ/m^3（210 $kcal/m^3$）	0.030 0 $kgce/m^3$
氧气	11.72 MJ/m^3（2 800 $kcal/m^3$）	0.400 0 $kgce/m^3$
氮气（做副产品时）	11.72 MJ/m^3（2 800 $kcal/m^3$）	0.400 0 $kgce/m^3$
氮气（做主产品时）	19.66 MJ/m^3（4 700 $kcal/m^3$）	0.671 4 $kgce/m^3$
二氧化碳气	6.28 MJ/m^3（1 500 $kcal/m^3$）	0.214 3 $kgce/m^3$